코딩의 기술

객체지향

알고리즘

파이썬

python™

저자 서문

"코딩의 진짜 원리"를 탐구하기 위한
여정을 함께 떠나볼까요?"

이 책을 통해서 '코딩의 원리'를 찾아보려고 합니다. 모든 것에는 '원리'가 있습니다. 한 움큼 정도 될까요? 알고 나면 너무 단순하고 당연해서 허무할 정도입니다. 지금 우리가 공부하고 있는 모든 지식은 '역사상' 가장 쉽고 단순한 것입니다. 만약, 그렇지 않다면 우리의 아버지 세대 중 누군가가 '더 쉬운' 새로운 방법을 찾아냈을 테고 다음 세대인 우리는 그 '새롭고 쉬운' 방법으로 세상을 배우며 살고 있겠지요. 코딩도 마찬가지입니다. 이 책은 (그 한 움큼 겨우 될까 말까 한) '코딩의 진짜 원리'를 같이 탐구하고자 만들었습니다. 컴퓨터 언어는 사람들이 '자신의 언어를 본떠서' 만든 것이어서, '우리말을 쓰는 데 문제가 없으면' 어려울 것이 전혀 없습니다. 사람의 언어와 정말 많이 닮아 있기 때문입니다.

또한 이 책은 셀프 스터디(Self Study)로 코딩을 공부하려는 학생을 위해 만들었습니다. 이러한 목적에 맞추다 보니 코딩과 관련한 책이지만 코드보다는 말(글)이나 그림이 많은 책입니다. 외국어를 배울 때 초반에 조금 어려움을 겪는 것처럼, 컴퓨터 언어도 하나의 언어이다 보니 초반을 쉽게 지나가기는 어렵습니다. 제대로 된 문장을 하나 만들려면 단어도 '어느 정도는' 알아야 하고, 문법도 '어느 정도는' 알아야 합니다. 한참 뒤의 챕터에서나 배울 내용들에 대한 지식이 '어느 정도는' 있어야 하는 경우도 많습니다. 그래서 처음 시작은 조금 까다롭습니다. (어느 분야나 마찬가지겠지만) 좋은 선생님이나 좋은 책이 필요한 이유입니다.

마지막으로 이 책은 파이썬 언어를 통해 알고리즘(algorithm), 함수(function), 그리고 객체(object) 기술을 공부하는 책입니다. 세상에 컴퓨터 언어가 정말로 많지만, 컴퓨터 언어의 원리는 똑같습니다. 가끔은 두세 개 컴퓨터 언어를 동시에 공부하는 학생들이 있는데, 이는 바람직하지 않습니다. 한 가지 언어만 마스터하면 다른 언어는 금세 마스터합

코딩의 기술

객체지향

알고리즘

파이썬

파이썬 · 알고리즘 · 객체지향 · 코딩의 기술

지은이 장무경 **1판 1쇄 발행일** 2022년 12월 23일
펴낸이 임성춘 **펴낸곳** 로드북 **편집** 홍원규 **디자인** 이호용(표지), 심용희(본문)
주소 서울시 동작구 동작대로 11길 96-5 401호
출판 등록 제 25100-2017-000015호(2011년 3월 22일) **전화** 02)874-7883 **팩스** 02)6280-6901
정가 35,000원 **ISBN** 979-11-978880-1-4 93000

이메일 chief@roadbook.co.kr **블로그** www.roadbook.co.kr

니다. 그렇다면 무슨 언어로 시작할지가 고민이 되는데, 파이썬은 정말 괜찮은 선택입니다. 실제로 파이썬은 쉽게 시작할 수 있는 언어입니다(오해하면 안 됩니다. 언어 자체가 쉽다는 뜻이 아닙니다. 말 그대로 시작하기가 쉽다는 뜻입니다. 세상에 쉬운 언어, 어려운 언어가 따로 있는 것이 아닙니다). 게다가 파이썬은 코딩 이외에도 빅데이터 분석이나 인공지능 분야에서도 많이 활용되고 있어서, 코딩 공부를 시작하는 데 이만한 언어가 없는 것 같습니다.

코딩의 첫발을 여러분과 함께 하게 되어 정말 영광입니다. 이제 "코딩의 진짜 원리"를 탐구하기 위한 여정을 함께 떠나볼까요?

2022년 12월

저자 장무경

파알객코(파이썬 알고리즘 객체지향 코딩의 기술)를 소개합니다

1. 왜 이 책을 기획하였나?

인기 프로그래밍 언어는 시대에 따라 변화해왔습니다. 인공지능이나 빅데이터, 데이터 분석 등이 뜨면서 이에 맞는 파이썬이 자연스레 인기 언어의 대열에 합류하였습니다. 그리고 수많은 파이썬 책이 나오게 되었죠. 입문 서적이 가장 많고 그다음이 실습 서적, 주제에 따른 응용 서적 순으로 많이 출간되었습니다. 하지만 "진짜 코딩을 왜 해야 하는가"라는 관점에서 기획된 주제는 찾아보기 힘들었습니다. 기초 문법은 당연히 중요하지만, 문제 해결이라는 코딩의 최종 목적에 맞는 책을 기획하고 싶었습니다. 그래서 기초 문법은 정확하게 설명하고 알고리즘을 만들어가는 과정을 실습해 보며, 객체지향을 학습하며, 프로그램을 설계한다는 의미를 알고, 테스트와 디버깅을 배우며 코딩의 기술을 연마할 수 있는 책을 만들게 되었습니다. 또한 라이브러리 활용법은 다양한 주제의 프로그램을 만들 수 있도록 도움을 받을 수 있습니다. 이 책의 처음부터 끝까지 "문제와 해결"이라는 코딩의 목적이 고스란히 배어 있습니다. 베타 리더에 참여했던 분들도 기획 주제에 딱 맞는 소감을 보내주셔서 담당 기획자로 너무 기뻤습니다.

2. 이 책을 어떻게 공부하면 좋은가?

2-1 가장 좋은 방법은 처음부터 끝까지 정독하며 하나하나 코드를 쳐보고 의미를 파악하는 것입니다.

2-2 빠르게 파이썬 문법을 배우고자 하는 독자는 이 책의 3분의 1만 학습하면 됩니다. 최소한 10장의 자료구조까지만 익히면 파이썬의 기초는 뗄 수 있습니다.

2-3 파이썬 기본 문법서를 이미 뗀 독자라면 10장 자료구조부터 읽어볼 것을 추천합니다. 이 책은 기초 문법 외에 알고리즘, 객체지향 및 코딩의 기술을 다루고 있기에 파이썬을 제대로 활용할 수 있도록 도움을 받을 수 있습니다.

3. 이 책의 소스코드는 아래 깃허브에 정리해두었습니다

https://github.com/roadbookgit/pyalgocoding

4. 무슨 내용을 담고 있나?

1장	코딩을 공부해야 하는 이유를 다룹니다. 무슨 공부든 목적이 분명해야 합니다. 그래야 방향을 정확하게 잡을 수 있고 시간을 허투루 쓰지 않게 됩니다.
2~3장	파이썬을 설치하고 개발할 수 있는 환경을 구축합니다. 세 가지 개발도구에 대해서 알아보지만, 이 책에서는 초보자가 활용하기 쉬운 주피터 노트북을 중점적으로 배웁니다.
4~6장	컴퓨터 명령문은 $y=s.f(x)$의 형태로 만들어집니다. s는 f의 행위 주체를 의미합니다. "공을 찬다"의 예에서 공을 찬 주체가 홍길동이라면, "홍길동.찬다(공)"의 형태가 됩니다. 프로그램 구성의 설명 방식을 보여드렸는데, 데이터와 연산, 변수 그리고 입출력 함수도 초보자가 이해하기 쉽게 설명하고 있습니다.
7~9장	컨트롤 구조, 분기, 반복을 배웁니다. 이 챕터를 통해 여러분은 프로그램을 구성하는 여러 명령문 간에 다양한 실행 순서를 배울 수 있습니다. 예를 들어 else와 elif를 추가하면 훨씬 효과적인 표현법을 만들어낼 수 있습니다. 아무리 복잡한 프로그램, 심지어 인공지능이라도 이러한 조합을 잘 활용하여 만듭니다.
10장	파이썬의 표준 데이터구조인 리스트, 튜플, 딕셔너리, 그리고 문자열을 배웁니다. 여기까지 잘 따라와야 11장부터 알고리즘을 배울 수 있습니다.
11~14장	드디어 알고리즘을 공부합니다. 좋은 알고리즘이란 무엇인지를 알아봅니다. 어떤 문제든 작은 알고리즘으로 쪼개고 그것을 합치는 연습도 해보면서 알고리즘을 생각해 내는 능력을 키울 수 있습니다.
16~18장	함수를 배우고 테스트와 디버깅을 배웁니다. 즉 실제 코딩의 기술을 연마하는 시간입니다. 프로그램을 완성할 때까지 계속해서 반복해야 하는 과정들을 배웁니다.
19~21장	사실 파이썬에서 객체가 아닌 것은 하나도 없습니다. 파이썬에서는 모든 것이 객체로 다루어집니다. 우리가 목표로 했던 "생각만 하면 저절로 코드가 만들어지는" 수준에 도달하기 위한 마지막 관문입니다. 이 과정을 통해 프로그램을 설계하는 것이 어떤 의미인지, 어떻게 하는지 알 수 있게 됩니다.

5. 실습 문제와 중요 라이브러리

22장에서는 최단경로를 찾는 다익스트라 알고리즘을 함께 구현해봅니다. 이를 통해 알고리즘과 객체에 대한 이해도를 높일 수 있습니다. 23장에서는 라이브러리와 패키지가 무엇인지 알아보고, 24장에서 26장까지는 대표적인 라이브러리로서 터틀, 맷플롯립, 판다스를 공부해보면서 스스로 필요한 기능을 찾고 활용할 수 있는 수준이 될 수 있도록 구성하였습니다.

6. 책을 읽다가 궁금한 점이 있다면?

책을 읽으면서 궁금한 점은 네이버 카페에 가입하면 누구나 질문을 하여 답을 구할 수 있습니다. 공부하다 막히면 언제든지 질문하세요.

목차

저자 서문 04

파알객코(파이썬 알고리즘 객체지향 코딩의 기술)를 소개합니다 06

1장 코딩을 공부해야 하는 이유

컴퓨터를 이용해서 기계를 자동화합니다 20

소프트웨어가 하드웨어를 움직입니다 21

소프트웨어의 기본은 알고리즘입니다 24

컴퓨터 언어는 사람의 언어와 다르지 않습니다 27

그래서 우리는 이 책에서 이런 공부를 하려고 합니다 29

2장 파이썬을 설치하고 개발환경 갖추기

1단계: 파이썬을 설치합니다 33

2단계: 파이썬 가상환경을 설치합니다 39

3단계: IPython 개발도구를 설치합니다 43

IPython의 사용법을 간단하게 소개합니다 45

2장을 정리하겠습니다 47

3장 주피터 노트북을 설치하고 사용하기

주피터 노트북을 설치하겠습니다 51

주피터 노트북을 실행해보겠습니다 52

주피터 노트북의 사용법을 알아보겠습니다 53

3장을 정리하겠습니다 62

4장 변수와 함수로 구성되는 프로그램

사람의 언어와 컴퓨터 언어는 서로 다르지 않습니다 64

컴퓨터 프로그램은 IPO입니다 65

컴퓨터 명령문은 y=s.f(x) 형태로 만들어집니다 68

변수는 데이터의 이름, 함수는 프로세스의 이름입니다 69

4장을 정리하겠습니다 70

5장 데이터와 연산, 그리고 변수

변수란 데이터의 이름입니다. 그럼, 데이터는 무엇인가요? 72

데이터는 숫자, 문자, 불리언으로 구분할 수 있습니다 73

데이터의 연산을 살펴보겠습니다 75

숫자 데이터의 산술연산을 알아봅니다 78

데이터를 가리키는 이름을 '변수'라고 부릅니다 79

리어사인먼트: 변수가 가리키는 값이 바뀝니다 82

변수명은 마음대로 짓는 것이 아닙니다. 규칙이 있습니다 83

5장을 정리하겠습니다 84

6장 입출력함수, input( )과 print( )

파이썬은 기본적인 기능을 내장함수로 제공하고 있습니다 86

출력함수인 print( )를 알아보겠습니다 87

print( ) 함수에는 몇 가지 옵션이 있습니다 91

입력함수인 input( )을 알아보겠습니다 95

input( ) 함수와 형변환(Type Casting) 98

6장을 정리하겠습니다 103

7장 컨트롤구조의 개요

가장 기본적인 형태는 순차입니다 106
프로그램의 실행은 토큰의 흐름으로 설명할 수 있습니다 107
분기: "경우(조건)에 따라서"라는 로직을 표현합니다 110
반복: "여러 번" 반복하는 로직을 표현합니다 111
조건: 조건식은 비교연산으로 만들어집니다 113
복합조건: 조건식을 연결하여 복잡한 로직을 표현합니다 114
7장을 정리하겠습니다 118

8장 분기를 나타내는 if문

if문: "~이면"의 논리를 표현합니다 122
if~else문: "그렇지 않으면"의 논리를 표현합니다 126
if~elif~else문: 세 개 이상의 경로를 표현합니다 129
8장을 정리하겠습니다 136

9장 반복을 위한 for문과 while문

for 루프를 알아보겠습니다 140
while 루프를 알아보겠습니다 149
9장을 정리하겠습니다 154

10장 표준 데이터구조: 리스트, 튜플, 문자열, 딕셔너리

데이터를 메모리에 저장하고 참조하는 방법을 알아봅니다 156
리스트 데이터구조를 알아보겠습니다 159
튜플은 수정할 수 없는 리스트입니다 166

문자열은 문자들의 튜플입니다 168
딕셔너리의 형태는 key:value입니다 171
10장을 정리하겠습니다 173

11장 알고리즘 연습 파트 1
알고리즘은 문제해결 절차입니다 176
첫 번째 알고리즘 연습: 최댓값을 찾는 문제입니다 176
확장이 쉬운 알고리즘이 좋은 알고리즘입니다 183
최댓값 알고리즘을 응용해보겠습니다 187
11장을 정리하겠습니다 192

12장 알고리즘 연습 파트 2
여러 값의 합을 구하는 문제를 풀어봅니다 194
데이터 개수를 카운트합니다 205
프로그램 실행은 변수 할당의 연속입니다 206
12장을 정리하겠습니다 209

13장 알고리즘 연습 파트 3
선택정렬을 알아봅니다 212
거품정렬을 알아봅니다 223
문자열도 정렬이 가능합니다 227
13장을 정리하겠습니다 228

14장 알고리즘 연습 파트 4

아이디어 1: 최댓값을 찾아서 최솟값으로 대체한 후에 다시 최댓값을 찾습니다 230
아이디어 2: 오름차순으로 정렬했을 때 마지막에서 두 번째로 있는 값입니다 239
아이디어 3: 리스트의 각 값에 대해 자신의 값보다 큰 값의 개수를 세었을 때 그 개수가 1인 수가 두 번째로 큰 값입니다 240
아이디어 4: 두 번째로 큰 값은 max 값보다 작은 값 중에 가장 큰 값입니다 244
14장을 정리하겠습니다 245

15장 함수

함수는 def 키워드를 사용해서 정의합니다 248
함수는 알고리즘을 담는 그릇이 됩니다 250
함수의 호출은 토큰의 전달입니다 251
프로그램은 IPO로 만들어진 하나의 서비스입니다 253
인자와 반환값이 있는 함수를 만들어 보겠습니다 255
15장을 정리하겠습니다 262

16장 함수의 인자와 반환값

함수는 프로그램을 구성하는 기본 단위입니다 264
함수의 인자 전달을 알아보겠습니다 265
변수의 범위와 이름공간, 그리고 수명주기를 이해해야 합니다 268
인자 전달 방식에는 위치인자와 키워드인자, 그리고 디폴트인자가 있습니다 274
함수의 반환을 알아봅니다 280
16장을 정리하겠습니다 282

17장 코딩의 완성: 테스팅과 디버깅

첫 번째는 구문에러입니다 286
실행 중에 만나게 되는 런타임에러를 살펴봅니다 287
마지막으로 논리에러를 만나보겠습니다 296
먼저, 블랙박스 테스팅을 살펴보겠습니다 298
다음으로, 화이트박스 테스팅을 살펴보겠습니다 300
그럼, 실제로 디버깅은 어떻게 해야 하는 것일까요? 302
17장을 정리하겠습니다 306

18장 스크립트와 모듈 그리고 매직명령어

파이썬은 대화형 모드와 스크립트 모드로 사용할 수 있습니다 308
파일과 폴더(디렉터리)를 알아보겠습니다 311
매직명령어를 소개합니다 315
이제 모듈과 패키지를 알아봅니다 323
파이썬 스크립트를 실행합니다 329
18장을 정리하겠습니다 338
부록 A_ 노트패드++를 소개합니다 339

19장 객체의 개요

객체를 활용하여 행위의 주체를 표현할 수 있습니다 342
클래스와 객체 간의 의미를 구별하는 것이 객체 공부의 시작입니다 345
객체를 생성하고 객체와 커뮤니케이션해봅니다 348
객체의 정적인 속성은 인스턴스 변수로 표현됩니다 352
19장을 정리하겠습니다 357

20장 객체와 캡슐화

메서드의 호출은 실제로는 ECA로 동작합니다 362
자판기 예제로 객체 개발을 연습하겠습니다 366
인스턴스 변수에 대한 접근과 setter/getter 메서드를 알아봅니다 370
20장을 정리하겠습니다 377

21장 객체 간의 관계: 컴포지션과 상속

인스턴스, 정적, 클래스 메서드를 살펴봅니다 380
일급 객체와 데코레이터를 알아봅니다 387
객체 간의 관계 중 첫 번째로, 컴포지션입니다 392
두 번째로 상속관계를 알아보겠습니다 398
21장을 정리하겠습니다 409

22장 종합편: 최단경로를 찾는 다익스트라 알고리즘

먼저, 컴퓨터에서 도로를 어떻게 표현할 수 있을지 살펴보겠습니다 412
최단 경로의 의의를 알아보겠습니다 413
다익스트라 알고리즘을 알아보겠습니다 414
다익스트라 알고리즘을 구현하겠습니다 421
22장을 정리하겠습니다 434
부록 B_ 다익스트라 알고리즘의 전체 코드 435

23장 라이브러리와 패키지

라이브러리가 무엇인지 알아보겠습니다 441

패키지에 대해 알아보겠습니다 442

패키지도 모듈처럼 임포트할 수 있습니다 445

패키지도 모듈처럼 명령창에서 실행할 수 있습니다 448

독스트링을 통해 도움말을 제공합니다 449

23장을 정리하겠습니다 452

24장 파이썬 라이브러리: 터틀

터틀 모듈을 알아보겠습니다 454

그 외에 유용한 몇 가지 메서드를 소개하겠습니다 459

터틀 그래픽스를 이용해서 그림을 그려보겠습니다 461

터틀 그래픽스를 확장해보겠습니다 465

24장을 정리하겠습니다 468

25장 파이썬 라이브러리: 맷플롯립

맷플롯립을 시작합니다 470

맷플롯립에서 한글을 사용하려면 조금 준비가 필요합니다 479

여러 개의 Axes를 포함하는 Figure 객체를 생성합니다 486

그 외에 다양한 차트를 그릴 수 있습니다 491

pyplot 모듈을 잠시 소개하겠습니다 492

매직명령어 %matplotlib을 활용해봅시다 493

몇 가지 유용한 메서드를 소개하겠습니다 496

25장을 정리하겠습니다 502

부록 C_ 위치인자와 키워드인자, 그리고 키워드-온리 인자 504

26장 파이썬 라이브러리: 판다스

시리즈 데이터 타입을 살펴보겠습니다 515
데이터프레임을 살펴보겠습니다 536
26장을 정리하겠습니다 568

찾아보기 569

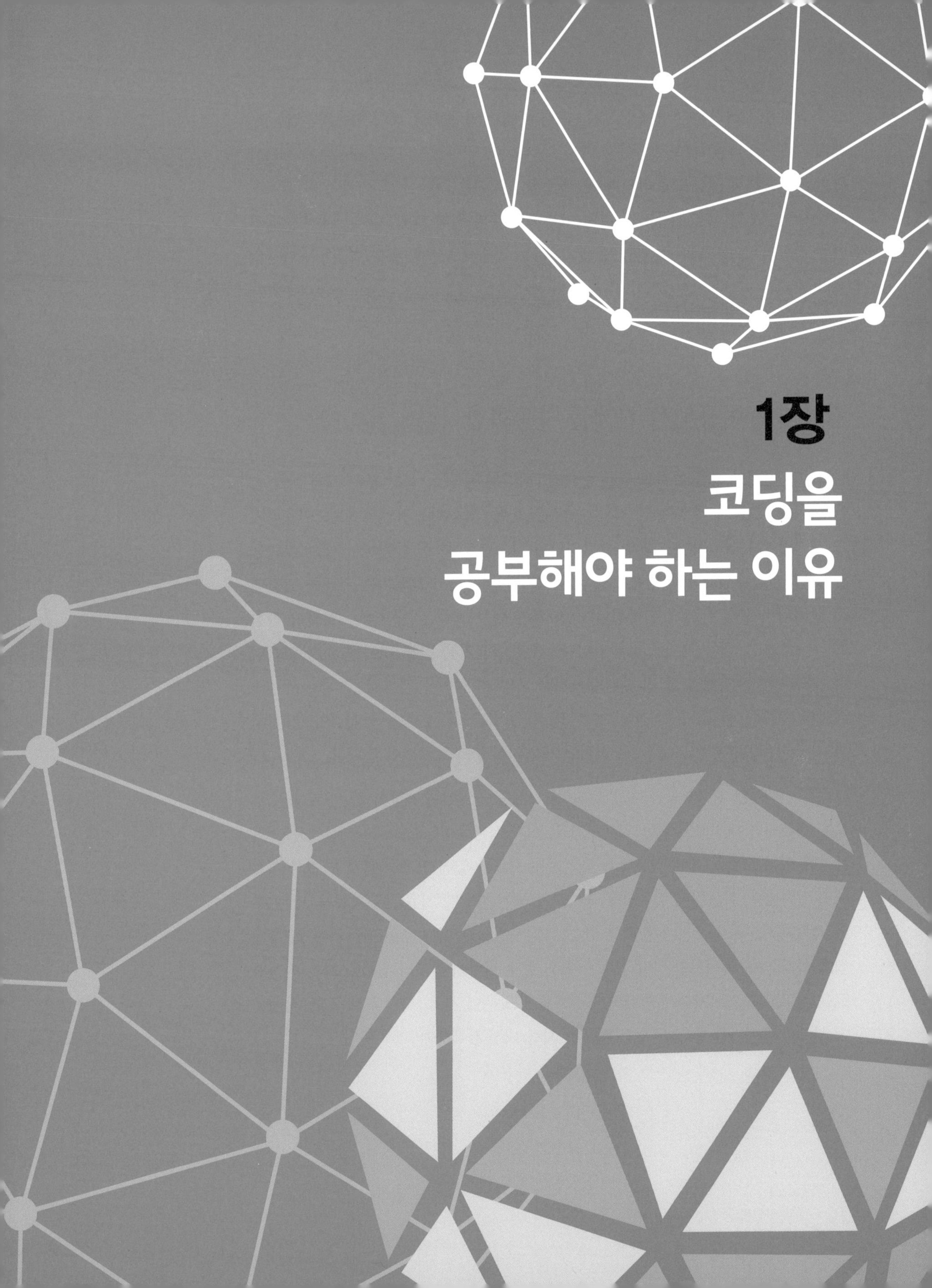

1장

코딩을 공부해야 하는 이유

코딩 공부를 시작하는 마당에 "우리는 도대체 왜 코딩 공부를 해야 하는가?"라는 주제에 대해 잠시 생각해보겠습니다. 결론부터 먼저 말하겠습니다. 사람들은 소프트웨어를 이용해서 세상을 움직입니다. 세상을 움직이는 수단이 되는 것이 바로 소프트웨어라는 뜻입니다. 컴퓨터가 없던 아주 옛날부터 원래 그랬습니다. 세상을 움직이는 수단인 소프트웨어를 만들어 낼 수 있는 기술. 그것이 바로 코딩이기 때문입니다.

컴퓨터를 이용해서 기계를 자동화합니다

사람들은 머리와 몸을 가지고 일을 합니다. 머리는 지시를 하고, 몸은 그에 따라 힘을 씁니다. 사람의 몸으로 감당하기 어려운 힘은 가축이나 자연의 힘을 이용하기도 했지만 1차 산업혁명을 통해 증기기관이 나오면서 큰 힘을 만들어 내는 수단을 갖게 됩니다. 내연기관이나 전기 등의 에너지를 이용해서 움직이는 기계를 만들면서 산업의 생산성은 크게 향상됩니다. 하지만 이 기계들은 사람들이 일일이 간섭(intervention)을 해야 제대로 움직입니다. 사람들이 기계 곁을 벗어날 수가 없습니다. 자동차라는 기계를 한 번 생각해봅시다. 사람이 시동을 걸어줘야 하고, 액셀러레이터(가속페달)를 밟아줘야 가속이 되고, 스티어링 휠(운전대)을 돌려줘야 방향 전환이 이루어집니다. 이 모든 것을 사람들이 일일이 통제해 주어야 합니다.

그래서 기계에다 컴퓨터를 붙이게 됩니다. 기계를 일일이 통제해야 하는 '귀찮은' 부분을 컴퓨터가 대신하도록 만드는 것이죠. 실제로 자동화(automation)라는 이름으로 세상에 있는 모든 기계에 컴퓨터를 붙이려는 시도가 있어 왔고 지금도 당연히 계속되고 있습니다. 자동차에 컴퓨터를 붙이고자 하는 시도가 '자율주행 자동차' 또는 '무인 자동차'라는 이름으로 진행되고 있습니다. 사람들은 이제 무인 자동차에게 "우리 집에 가자"라고 목적지만 전달하면 됩니다. 현재 위치에서 우리 집까지 가는 최단경로를 찾고, 그 길을 따라 움직이면서 신호등에 맞추어 서고, 차선을 바꾸고, 장애물이 있으면 돌아가는 등 모든 일을 이제는 사람 대신 컴퓨터가 하게 됩니다.

[그림 1-1] 기계에 컴퓨터를 연결하여 만드는 자동화 기계

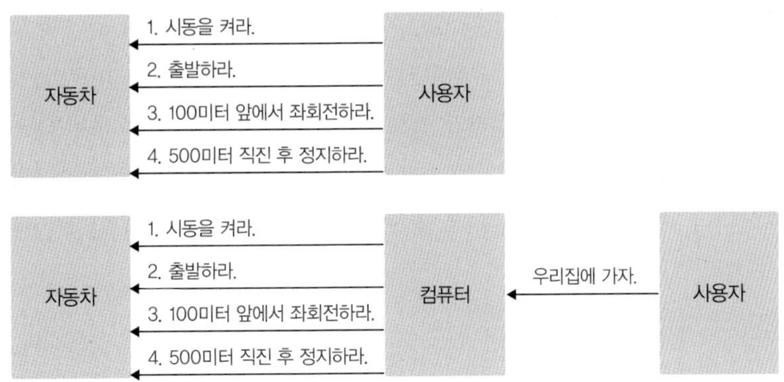

사람의 머리로 했던 일의 많은 부분을 지금은 컴퓨터가 대체하고 있다는 얘기를 하고 있습니다. 여기서 얘기하는 컴퓨터란 소프트웨어를 말합니다. 보통 컴퓨터를 '하드웨어^hardware^'와 '소프트웨어^software^'로 나눕니다. 사람들이 보고 만질 수 있는(보통 "tangible하다"라고 말합니다) 부분을 하드웨어라고 부릅니다. 그런데 하드웨어만 가지고는 컴퓨터가 정상적으로 동작할 수 없습니다. 눈에 보이지는 않지만, 컴퓨터가 정상적으로 동작하기 위해서 필요한 나머지 부분이 있습니다. (눈에 보이지 않아서 믿기는 어렵지만) 이것을 소프트웨어라고 부릅니다.

실제로 사람의 명령은 컴퓨터 소프트웨어에게 전달됩니다. 소프트웨어는 컴퓨터 하드웨어를 통제하게 되고, 하드웨어는 기계를 움직이게 됩니다. 자동화된 기계를 사람에 비유해 본다면, 머리는 소프트웨어이고, 몸통은 기계인데, 그 사이를 연결해주는 것이 컴퓨터 하드웨어인 셈입니다. 소프트웨어에서 만들어진 명령을 하드웨어가 전기신호로 바꾸어 기계에게 전달해줍니다.

소프트웨어가 하드웨어를 움직입니다

컴퓨터 소프트웨어가 컴퓨터 하드웨어를 움직입니다. 아주 단순한 예를 들어 보겠습니다. 집이 어두워서 전등을 켜려고 합니다. 어떻게 해야 하나요? 네, 맞습니다. 스위치를 찾아야 합니다. 스위치라는 조그맣고 단순한 장치를 이용해서 전등을 "껐다, 켰다" 합니다. 스위치는 두 가지 상태를 가집니다. 어떨 때는 ON 상태로 있고, 어떨 때는 OFF 상태로 있습니다. 스위치와 아주 유사하게 동작하는 것으로 밸브^valve^

가 있습니다. 화장실에서 물을 사용할 때 밸브(수도꼭지)를 열거나 닫아서 물의 흐름을 조절합니다. 물은 저 멀리 한강에서 취수되어서 우리 집 화장실 밸브 바로 뒤에 와서 대기하고 있습니다. 그러다가 우리가 밸브를 열면 수도꼭지를 통해 물이 나오게 되는 것입니다. 스위치를 통해 전기의 흐름을 통제하고, 밸브를 통해 수돗물의 흐름을 통제합니다. 통제라고 하니까 너무 거창해 보이는데, 딱 두 가지 일만 합니다. 켜거나 끄거나.

이런 스위치를 두 개 이상 모으게 되면 조금 더 복잡한 논리를 표현할 수 있습니다. [그림 1-2]의 (가)처럼 스위치 두 개를 직렬로 연결하면 스위치 두 개가 동시에 ON이 되어야 꼬마전구에 불이 들어옵니다. (나)와 같이 스위치 두 개를 병렬로 연결하는 경우에는 둘 중 (최소) 하나만 ON이 되어도 꼬마전구에 불이 들어옵니다.

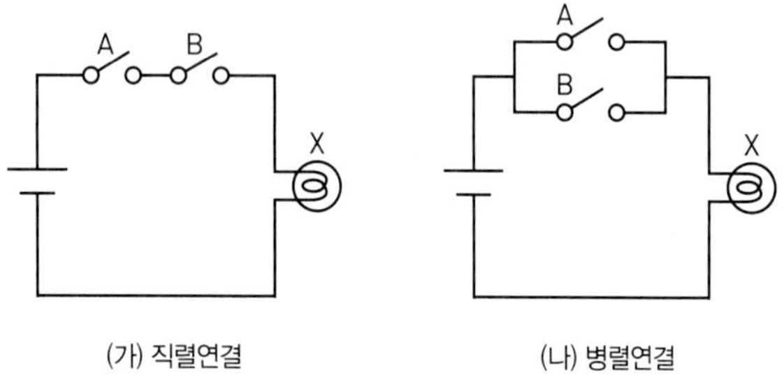

[그림 1-2] 연결 방법에 따른 스위치 논리 구조

만약에 우리가 꼬마전구 수십 개를 제각각의 논리로 "껐다, 켰다" 하려면 아마 스위치도 수십 개나 수백 개가 연결되어야 할 것 같습니다. 이렇게 여러 개의 스위치가 모인 커다란 스위치 하나를 이용해서 꼬마전구 수십 개를 통제할 수 있습니다. 우리가 사용하고 있는 컴퓨터도 이런 커다란 스위치에 불과하다면 믿어지나요? 대신, 기계식 스위치가 아니고 반도체라고 불리는 전자식 스위치를 사용합니다. 그리고 수십 개, 수백 개가 아니라 수백만 개 내지 수천만 개의 스위치가 연결됩니다.

자동화라고 하면 빼놓을 수 없는 것이 '로봇robot'입니다. 로봇을 비롯해서 동작하는 모든 기계는 내부에 모터가 있습니다. 모터는 전류를 흘리면 회전하고, 전류를 끊으면 멈춥니다. 그리고 전류량을 높이면 빨리 회전하고, 전류량을 낮추면 천천히 회전하는 장치입니다. 결국 전기로 모터를 움직이고, 모터로 기계를 움직이는 셈이 됩니다. 그럼 결국 몸통(기계)을 통제하려면 전기(신호)를 통제해야 한다는 얘기입니다.

내가 원할 때 전기를 흘려서 모터를 돌리고, 내가 원할 때 전기를 끊어서 모터를 멈추고. 스위치switch가 연상됩니다. 그 로직이 복잡하다면 크고 복잡한 스위치를 사용해야겠습니다. 그럴 때 사용하는 스위치가 바로 컴퓨터 하드웨어입니다.

사람이 삶을 영위하는 데 필수적인 요소로 '의·식·주'를 얘기합니다. 그런데 요즘은 하나가 더 있는 것 같습니다. 이동을 위한 자동차를 말하고 싶습니다. 자동차 없는 세상은 상상하기 어려울 만큼, 자동차는 우리 생활의 깊숙한 곳까지 들어와 있습니다. 그런데 이 자동차라는 기계를 이제는 전기로 움직입니다. 전기로 모터를 움직이고, 모터가 바퀴를 회전시키고, 그 힘으로 자동차가 움직입니다. 그것도 스스로. 그러기 위해서 사람 눈에 해당하는 카메라를 달고, 레이저laser나 소나sonar같은 소리신호 센서sensor를 달아서 도로에 대한 정보를 얻습니다. 그것만으로는 부족해서, 인터넷으로 연결되어 세상(도로, 앞뒤의 차, 인공위성 등)으로부터 주행에 필요한 정보를 얻습니다. 그렇게 모아진 정보를 이용해서 무인 자동차는 스스로 계획하고 스스로 움직입니다. 정말 우리 코앞에 와 있는 세상입니다. 지금의 자동차도 진정한 의미의 기계제품이라고 말하기는 어렵지만, 이쯤 되면 자동차는 정말 전자제품입니다. 여기서 한 번 더 강조하겠습니다. 컴퓨터는 뭐로 움직인다고요? 그렇습니다. 소프트웨어로 움직입니다.

CPU와 메모리만 있으면 컴퓨터라고 부릅니다. 그래서 하드디스크, 그래픽카드, 모니터 등 나머지 장치는 모두 주변장치라고 부릅니다. 있어도 되고 없어도 된다는 얘기입니다.

세상에 있는 모든 가전제품에도 조그마한 컴퓨터가 들어갑니다. 집에서 흔하게 사용하는 가전제품인 밥솥이나 냉장고, 세탁기, 시계, 하물며 전등에까지 컴퓨터가 들어있습니다. 여기서 얘기하는 컴퓨터는 정말 조그만 컴퓨터입니다. 이런 가전제품은 하는 일이 복잡하지 않아서 그를 통제하는 컴퓨터도 크고 복잡할 필요가 없습니다. 그래도 CPU(중앙처리장치)가 있고, 조그만 메모리장치가 들어갑니다. 여기에 조그만 안테나까지 붙이면 그야말로 커넥티드connected 세탁기, 커넥티드 냉장고가 되는 것입니다.

사람은 자동차를 움직이고, 세탁기를 움직이고, 로봇을 움직입니다. 나아가 기업을 움직이고 사회를 움직이고 국가를 움직입니다. 무엇으로요? 바로 컴퓨터로요. 정리하자면, 컴퓨터 하드웨어는 전기를 "껐다, 켰다" 하는 스위치 장치에 불과하고 그런 전자식 스위치를 실제로 "껐다, 켰다" 하는 것이 바로 소프트웨어라는 것입니다.

소프트웨어의 기본은 알고리즘입니다

컴퓨터로는 연산(또는 계산)이라는 것을 합니다. 예를 들어, '2+3'과 같은 계산을 하려고 만들어진 기계가 컴퓨터입니다. 여기서 +란 기호는 "더하다"라는 연산 행위를 가리키는 기호입니다. 보통 '연산자(operator)'라고 부릅니다. 연산자 기호 앞, 뒤에 붙어 있는 2와 3은 '더해지는 대상'인 숫자로서 '피연산자(operand)'라고 부릅니다.

'2+3×5'와 같은 조금 복잡한 연산을 하나 생각해봅시다. 이 계산에는 연산 행위가 두 개 존재합니다. '더하는' 연산과 '곱하는' 연산이 있습니다. 그런데 이 두 개의 연산 사이에는 순서가 있습니다. 그 순서를 제대로 지키지 않으면 올바른 답을 구할 수 없습니다. 우리가 상식으로 알고 있는 바와 같이, 곱하기를 먼저 하고 그다음에 더하기를 수행해야 올바른 답을 구할 수 있습니다.

2 + 3×5 = 2 + 15 = 17 (○)

2 + 3×5 = 5×5 = 25 (×)

[그림 1-3] 순서가 필요한 복잡한 연산

이런 연산 외에도 사람이 하는 모든 일에는, 특히 복잡한 일에는, 여러 행위가 포함됩니다. 양치를 하는 행위를 예로 들면 다음과 같습니다.

A 칫솔을 집는 행위

B 치약 뚜껑을 여는 행위

C 치약을 짜서 칫솔에 묻히는 행위

D 칫솔질을 하는 행위

E 물로 입을 헹구는 행위

F 칫솔을 물로 씻는 행위

G 치약 뚜껑을 닫는 행위

이 모든 행위가 성공적으로 이루어져야 우리가 원하는 양치질의 목적을 달성할 수 있다는 것은 당연한 얘기입니다. 그런데 정확한 순서에 맞게 "잘" 실행하지 않으면 양치질은 했으되 양치질의 목적을 제대로 달성하지 못하거나 아예 양치질을 끝내지 못하는 경우도 있습니다.

예를 들어, A → C → B → D → E → F → G의 순서로 양치질을 하는 경우에는 두 번째 행위인 C를 성공할 수가 없어서 (왜? 치약 뚜껑이 열려있지 않아서 치약을 짤 수가 없을 테니까요.) 중도에서 포기해야 하는 경우가 됩니다.

또 하나의 예를 들어, A → B → C → E → D → F → G의 순서로 양치질을 하는 경우에는 양치질에 필요한 모든 행위가 이루어지긴 하지만 양치질을 끝내고도 입 안에 치약거품이 가득 묻어 있어서 성공적인 양치질이라고 말하기 어렵습니다. 왜 그런가요? 칫솔질을 하는 행위(D) 다음에 해야 하는 입을 헹구는 행위(E)를 칫솔질을 하는 행위 이전(D)에 했기 때문에 그렇습니다.

아마 추천할 만한 양치질 순서는 A → B → C → D → E → F → G이겠습니다. 물론, 칫솔에 치약을 묻힌(C) 후에도 양치질이 끝날 때까지 치약 튜브가 계속 열려 있어서 물이나 이물질이 들어갈 염려가 있다면 치약 뚜껑을 연 후(B)에 치약을 칫솔에 묻히고(C) 바로 치약 뚜껑을 닫는(G) A → B → C → D → G → E → F의 순서도 좋은 방법입니다.

우리가 이 간단한 예제에서 알 수 있었던 핵심은 다음과 같습니다.

첫째, 모든 복잡한 일은 여러 단순한 행위를 포함합니다. 그런데 복잡한 일을 통해 달성하려고 하는 목적을 올바르게 이루려면, 복잡한 일에 포함되어 있는 단순한 행위를 어떤 일정한 순서에 맞추어 실행해야 합니다. 사실 일이 복잡한 이유는 조그마한 일들을 여럿 해야 해서라기보다는 그 조그마한 일들 사이에 일의 순서가 존재하기 때문입니다. 우리가 원하는 목적을 달성하기 위한 일의 순서를 찾아내는 것은 매우 중요한 일입니다. 이와 같이 특정한 문제를 해결하는 데 효과적인 절차를 '알고리즘algorithm'이라고 부릅니다.

둘째, 하나의 목적을 달성하는 데에는 여러 대안적 순서(alternates)가 존재할 수 있습니다. 어떤 순서는 다른 순서보다 조금 더 쉽게, 또는 조금 더 빠르게 일을 끝낼 수 있습니다. 다른 방법보다 조금 더 쉽게 또는 조금 더 빠르게 목적을 달성하는 것을

"효율적이다"라고 표현합니다. 효율적인 방식을 찾는 것은 시간이나 비용 측면에서 매우 중요하다고 할 수 있습니다.

컴퓨터에서 이루어지는 연산도 이와 똑같습니다. 설마 간단한 덧셈, 뺄셈, 곱셈, 나눗셈이나 시키려고 그 비싼 컴퓨터가 필요한 것은 아니겠지요? 아마 그냥 풀기에는 너무 어려운 어떤 복잡한 연산을 실행하려고 컴퓨터가 만들어졌을 텐데, 이 복잡한 연산에는 결국 여러 개의 간단한 연산이 일정한 순서를 통해서 이루어지게 됩니다. 여기서 간단한 연산이란 결국 덧셈, 뺄셈, 곱셈, 나눗셈과 같은 사칙연산이나 크다(>), 작다(<), 또는 같다(==)와 같은 비교연산을 말합니다. 이런 기본적인 연산들은 결코 어렵지 않습니다.

나중에 살펴보겠지만 컴퓨터 언어에서 같다는 의미는 등호(=)를 두 개 붙인 ==를 사용합니다. 하나로 쓰인 등호는 어사인먼트(assignment)라고 하는 매우 특별한 용도로 사용됩니다.

결국, 사람들은 복잡한 연산을 여러 개의 작은 연산으로 나누어 쉽게 처리합니다. 대신, 일을 나누는 대가로 그 작은 연산들 간에 연산의 순서가 생기게 되는데, 복잡한 연산을 온전히 끝내려면 그 순서를 찾아내야 합니다. 이와 같이 컴퓨터에서 실행될 수 있는 연산들의 절차를 '프로그램[program]' 또는 '코드[code]'라고 부릅니다. 그리고 프로그램이나 코드를 만드는 행위를 '프로그래밍[programming]' 또는 '코딩[coding]'이라고 부릅니다.

이러한 접근은 우리가 문제를 해결할 때 사용하는 분할과 정복(Divide-and-Conquer)이라고 하는 방식과 매우 닮아있습니다. 사회에서 우리가 부딪히는 문제들은 여러 요소가 뭉쳐진 복잡한 문제입니다. 그냥 그대로 하나의 문제로 풀기는 어렵습니다. 어떻게 풀어야 할까요? (문제에 답이 있습니다.) 여러 요소가 뭉쳐 있는 문제라고 했으니 각 요소를 서로 떼어낸다면 하나의 복잡한 문제를 여러 개의 조그마한 (그래서 풀기 쉬운) 문제로 나눌 수 있습니다. 이것을 '분할(divide)'이라고 부릅니다. 그다음에 나누어진 각 문제를 풉니다. 만약, 나누었는데도 여전히 문제가 어렵다면 두 가지 경우 중 하나입니다. 아직 충분히 나누어지지 않았거나, 잘못 나누었거나. 주어진 문제를 충분히 잘 나누고 난 후에 각 문제를 해결하는 과정이 진행됩니다. 문제를 정복하는 과정이라는 의미에서 'conquer'이라고 부릅니다. 쪼개어진 각 문제에 대해 모두 답을 구하게 되면, 그 답들을 모아서 전체 문제에 대한 해답을 구하게 됩니다.

[그림 1-4] 문제를 해결하는 과정인 분할과 정복

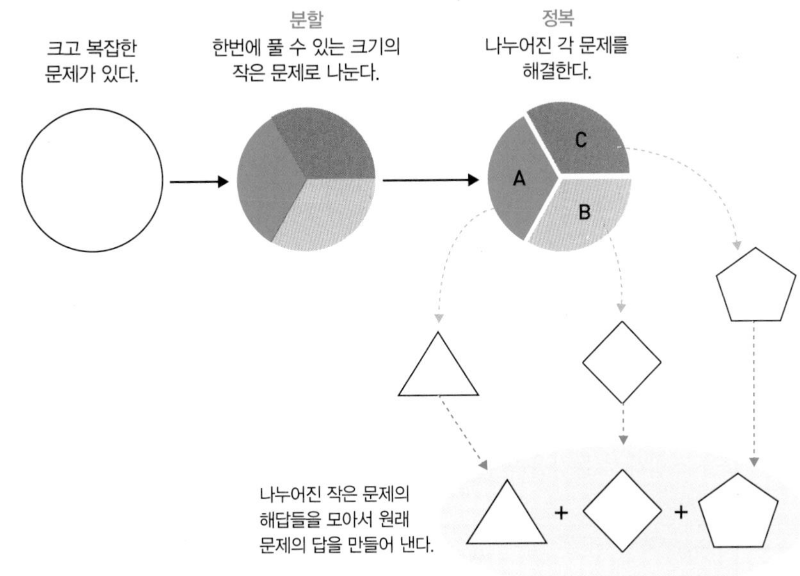

분할
정복
크고 복잡한
문제가 있다.
한번에 풀 수 있는 크기의
작은 문제로 나눈다.
나누어진 각 문제를
해결한다.
C
A
B
나누어진 작은 문제의
해답들을 모아서 원래
문제의 답을 만들어 낸다.
+
+

컴퓨터 언어는 사람의 언어와 다르지 않습니다

컴퓨터 언어는 어려울 이유가 전혀 없습니다. 사람들이 (익숙한) 자기의 언어를 본떠서 만들었기 때문입니다.

사람과 사람 간에 커뮤니케이션communication을 하려면 언어(language)가 필요하듯이 사람과 컴퓨터 간에도 커뮤니케이션을 하려면 컴퓨터 언어(Computer Language)가 필요합니다. 사람의 언어에도 한국어, 영어, 일어, 독일어, 중국어 등 여러 종류가 있듯이 컴퓨터 언어도 수백 가지가 만들어져 사용되고 있습니다. 만약, 하나의 언어만을 공부해야 한다면 무슨 언어를 공부해야 할까요? 아마 많은 사람이 사용하고 있고, 활용범위가 점점 늘어가고 있는 언어를 선택하는 것이 유리할 것입니다. 파이썬이 바로 그런 언어입니다. 파이썬 외에도 전통적으로 C/C++, 자바Java가 많이 선호되고 있습니다.

취업이나 경력개발을 위해 여러 언어를 동시에 공부하는 학생들이 간혹 있는데, 바람직하지 않습니다. 하나의 언어를 마스터하면 나머지 언어는 아주 쉽게 터득할 수 있습니다. 하나의 언어를 신중하게 선택하고, 그 언어 하나만 깊숙하게 파헤치는 것이 코딩을 완성할 수 있는 가장 좋은 길입니다. 그리고 첫 번째 언어로서 파이썬은 매우 현명한 선택입니다.

컴퓨터 언어도 사람의 언어처럼 하나의 언어입니다. 사람의 언어를 보면 여러 단어(words)가 조합(combination)되어 문장(statements)이 만들어집니다. 여기서 단어들을 조합하는 데 사용되는 규칙(rules)을 보통 문법(grammar)이라고 부릅니다. 즉, 사람의 언어에서 하나의 문장은 사전에 그 의미가 약속되어 있는 단어들을 문법이라는 규칙에 맞추어 나열해서 만들어집니다. 그런데 전달해야 할 내용이 많고 복잡하다면, 하나의 문장만으로는 충분하게 의미를 전달할 수 없습니다. 문장 여러 개가 필요합니다. 여러 개의 문장으로 구성된 하나의 단위를 문단(phrase)이라고 부릅니다.

파이썬을 비롯한 컴퓨터 언어도 이와 똑같습니다. 파이썬에서 기본적으로 제공되는 단어를 아래에 적어봤습니다(보통 예약어(Reserved Word)라고 부릅니다). 딱 35개입니다. 이 단어들을 조합해서 문장을 만들게 됩니다.

False	None	True	and	as	assert	async
await	break	class	continue	def	del	elif
else	except	finally	for	from	global	if
import	in	is	lambda	nonlocal	not	or
pass	raise	return	try	while	with	yield

[표 1-1] 파이썬에서 기본으로 제공하는 예약어

바로 드는 생각이 무엇인가요? "공부해야 할 단어가 얼마 안 되니 공부할 것이 별로 없겠구나. 흠, 어렵지 않겠는 걸?" 반은 맞고 반은 틀렸습니다. 이 쉬운 것을 마스터한 사람을 의외로 찾기가 어렵습니다. 그다음에 또 드는 생각은 "근데 이 몇 개 안 되는 단어를 조합해서 만들 수 있는 문장이 몇 개나 되려고? 들어보니 수십만 행(문장 한 개를 라인(line)이라고 부르기도 합니다)짜리 프로그램도 만든다던데, 그건 어떻게 가능한 것일까?"입니다. 컴퓨터 언어의 문장에서 사용되는 단어들은 프로그래머(개발자)가 직접 정의하여 만들 수가 있습니다. 이를 보통 '사용자 정의 식별자(User-Defined Identifier)'라고 부릅니다. 즉, 단어를 직접 선언하고 그 단어가 어떻게 사용되고 조합될지를 개발자가 정의합니다. 필요한 단어를 필요한 만큼 정의하여 사용할 수 있습니다. 우리가 가장 중요하게 공부할 내용도 사실 이 부분입니다. 컴퓨터 언어에서 사용자 정의 식별자는 '변수'와 '함수', 딱 두 가지입니다. "변수와 함수를 이해하면 끝"이라는 의미입니다. 실제로 변수는 사람들의 언어에서 명사와 그 의미가 같고, 함수는 동사와 같습니다. 사람의 언어에서 "주어+동사+목적어"가 가장 기본적인 형태가 될 텐데, 파이썬에서는 이 형태가 "주어.동사(목적어)"로 표현됩니다. 여기서 동사 자리에는 함수가 사용되고 주어와 목적어의 자리에는 (예외가 있을 수는 있으나) 기본적으로 변수가 사용됩니다.

이런 방식으로 (파이썬이 정의했든 사용자가 정의했든 간에) 변수와 함수들을 조합하여 하나의 문장을 만듭니다. 여기서의 문장은 보통 컴퓨터에게 어떤 특별한 연산을 수행하라는 지시가 됩니다. 그래서 '명령문(instructions)'이라고 부르기도 합니다. 앞서 살펴봤듯이 조금 복잡한 연산에서는 여러 개의 명령문이 필요한데, 이렇게 하나로 묶인 여러 개의 명령문을 '명령문 블록(Command Block)' 또는 그냥 '블록'이라고 부릅니다.

그래서 우리는 이 책에서 이런 공부를 하려고 합니다

우리는 이 책에서 파이썬이라는 컴퓨터 언어를 통해 알고리즘 코딩과 객체기술에 대해 정확하게 이해하는 것을 목표로 합니다.

우선, 주어진 문제에 대해 알고리즘(연산의 절차)을 만들어 낼 수 있고 그 절차를 컴퓨터 언어(우리의 경우는 파이썬)로 표현할 수 있도록 합니다. 어떤 문제가 주어졌을 때 그 문제를 해결할 수 있는 절차를 만들어 내는 것은 매우 중요한 능력입니다. 이렇게 저렇게 궁리해서 해답을 찾습니다. 하지만 아직은 우리 머릿속에 있는 아이디어이고, 아직은 우리나라 말로 만들어져 있는 생각입니다. 코딩이란 결국 우리나라 말로 만들어져 있는 문제해결 절차를 파이썬 언어로 번역하는 것입니다. 우리나라 말을 영어로 바꾸는 것과 같다고 볼 수 있습니다. 하지만 코딩 연습을 꾸준히 하다 보면 어느새 파이썬 언어로 생각하고 파이썬 언어로 써진 알고리즘을 중간에 번역 과정 없이 바로 만들어 내는 높은 수준에 도달하게 됩니다. 하지만 우리가 우리나라 말로 생각을 표현할 때에는 이렇게 복잡한 과정을 거치지 않습니다. 무엇을 말할지 생각만 하면, 즉, 어떤 얘기를 해야겠다고 의지만 가지면, 입이 알아서 말을 합니다. 그런 사람을 보통 원어민(Native Tongue)이라고 부릅니다. 컴퓨터 언어도 마찬가지입니다. 머리로 무엇(what)을 만들어 낼지 생각만 하면 손이 알아서 (컴퓨터 키보드를 통해) 파이썬으로 써진 문장들(how)을 만들어 낼 수 있습니다.

다음으로, 객체지향 기술(Object-Oriented Technology)을 명확하게 이해하도록 합니다. 현대의 모든 정보기술은 객체지향 기술로 만들어져 있습니다. 객체지향 기술을 이해하게 되면 현대의 모든 정보기술을 읽고 해석할 수 있다는 뜻입니다. 객체지향 기술은 프로그램 개발기술이라기보다는 설계기술입니다. 아주 큰 프로그램을 만들기 위해서는 어떤 체계를 갖추는 것이 필요합니다. 체계란 서로 연관된 것을 하나로 묶는 것입니다. 여러 개를 따로 관리하는 것은 어렵고 불편합니다. 여러 개를 관리하고 통제하기 위해서 사람들은 하나로 '묶는' 방법을 사용합니다. 예를 들어, 오늘 있을 수업에 책 5권이 필요합니다. 그럼 그냥 5권을 따로 들고 가지 않고 가방 하나에 넣어서 (우리 표현으로는 '묶어서') 이동합니다. 사람들이 수를 셀 때에도 10개씩 '묶어서' 쉽게 개수를 표현합니다. 여기 사탕 12개가 있습니다. 12개라는 뜻은 10개짜리 묶음 하나와 낱개 두 개가 있는 것입니다. 결국 세 개가 있는 거네요. 12개가 있는 것보다는 세 개 밖에 없는 것이 훨씬 쉽습니다. 앞서 프로그램이란 결국 '변수'와 '함수'라고 얘기했었는데, 객체는 변수와 함수를 하나로 묶는 기술입니다.

마지막으로 노파심에 하나만 덧붙이자면, 코딩능력은 결코 목적이 될 수 없습니다. 코딩능력은 수단입니다. 우리의 아이디어를 실현시켜 세상에 내어 보여줄 수 있는 수단입니다. 파이썬 언어로 뭔가를 만들어 내는 것이 목표가 되어야지, 파이썬 언어를 공부하는 것 자체가 목표가 되어서는 안 된다는 것입니다.

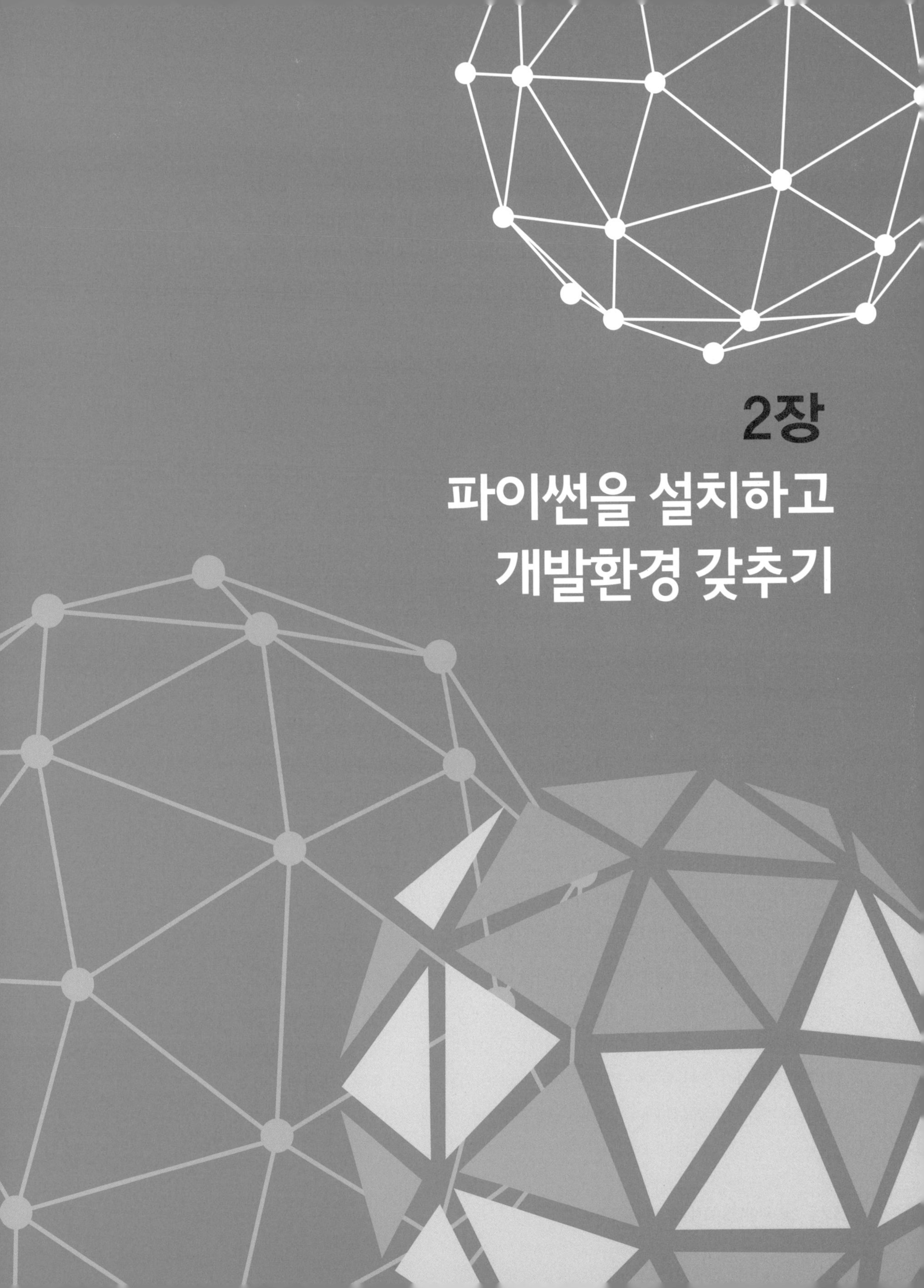

2장

파이썬을 설치하고 개발환경 갖추기

2장에서는 파이썬 프로그램을 편집하고 실행할 수 있는 파이썬 개발환경(Development Environment)을 구축하고 간단한 사용법을 익혀 보겠습니다. 컴퓨터를 공부하는 첫걸음은 사실 파일[file]을 아는 것이고, 파일을 저장하는 폴더[folder]를 이해하는 것입니다. 이를 보통은 파일구조(File Structure)라고 부르는데, 특히 파이썬과 관련해서 알아야 하는 부분은 '18장. 스크립트와 모듈, 그리고 매직명령어'에서 소개하고 있으니 혹시 파일구조에 대한 이해가 필요한 경우에는 18장 전반부를 먼저 읽어 보는 것을 추천합니다.

그럼 본론으로 돌아가서, 파이썬 설치를 진행하겠습니다. 내 컴퓨터에 파이썬 개발환경을 만드는 과정은 ① 파이썬 설치 → ② 가상환경 설치 → ③ 개발환경 구축의 세 단계로 진행됩니다.

첫 번째 단계는 내 컴퓨터에 파이썬 언어를 설치하는 과정입니다. 파이썬 언어를 설치한다는 것은 마치 내 컴퓨터에게 파이썬 언어를 가르치는 것과 같습니다. 나도 파이썬을 알고 내 컴퓨터도 파이썬을 알게 되면, 이제부터는 내 컴퓨터와 파이썬 언어로 커뮤니케이션할 수 있게 되는 셈입니다. 파이썬 언어를 구성하는 기본 단어와 문법, 그리고 파이썬을 사용하는 데 도움이 되는 몇 가지 기능이 함께 설치됩니다.

두 번째 단계는 가상환경(Virtual Environment)을 설치하는 단계입니다. 파이썬 가상환경은 개발자로 하여금 파이썬 프로그램을 코딩할 수 있는 최적의 개발 공간을 제공합니다. 만약 내가 잠을 자기 위한 공간도 필요하고, 취미생활(예를 들어, 그림 그리기)을 할 수 있는 공간도 필요할 경우, 방 하나를 두 가지 용도로 사용하는 것은 매우 불편할 수 있습니다. 만약, 내가 원하는 만큼 방을 가질 수 있다면 누구라도 어느 한 방은 '편안한 수면을 위한' 방으로, 그리고 다른 어느 방은 '즐거운 취미생활을 위한' 공간으로 따로 만들고 싶을 것입니다. 그리고 각 공간은 그 목적에 가장 알맞도록 공간이 갖추어지겠지요. 파이썬 가상환경도 이와 똑같습니다. 실제로는 패스[path] 설정과 연관되어 있습니다. 18장을 공부할 때 확인하겠습니다.

세 번째 단계는 이렇게 만들어진 가상환경에 파이썬 프로그램을 편집하고 실행할 수 있도록 개발환경을 갖추는 것입니다. 파이썬 프로그램을 만들기 위해서는 파이썬 언어의 설치가 필수적이지만, 그 외에도 파이썬 프로그램을 편집하고, 번역한 후에 실행하기 위한 환경이 필요합니다. 보통 이러한 환경을 통합개발환경(IDE, Integrated Development Environment)이라고 부릅니다. 이 책에서는 파이썬 개발환경으로 주피터 노트북Jupyter Notebook을 사용하고 있습니다. IPython이나 주피터 랩Jupyter Lab도 좋은 대안이고, 파이썬에서 기본적으로 제공하는 IDLE도 기능은 다르지 않습니다.

이제 각자 본인의 컴퓨터에 파이썬 개발환경을 구축해보겠습니다. 파이썬 개발환경을 갖추는 방법은 실제로 아주 다양합니다. 클릭 몇 번으로 끝나는 방법도 있습니다. 이 책에서 설명하는 설치 과정은 조금 번거로울 수 있습니다만, 파이썬에 익숙해지면 결국은 이 방법이 최선임을 알게 됩니다. 같이 시작해보겠습니다.

1단계: 파이썬을 설치합니다

이제 컴퓨터에 파이썬을 설치합니다. 파이썬은 윈도우즈 버전 외에 유닉스, 리눅스, 맥 버전으로도 제공됩니다. 이 책에서는 윈도우즈를 기준으로 설명합니다. 파이썬 설치 과정을 단계별로 보면 다음과 같습니다.

1. 먼저 파이썬 홈페이지인 http://www.python.org에 방문합니다. 홈페이지 화면 상단에 있는 [Downloads] 메뉴를 클릭하면 다운로드 페이지로 이동합니다. 다운로드 화면 상단에 파이썬 최신 버전(윈도우즈용)을 다운로드할 수 있는 버튼이 보입니다. 2022년 4월 현재 파이썬의 최신 버전은 3.10.4입니다. [그림 2-1]에서 보는 것처럼, 〈Download Python 3.10.4〉 버튼을 누르면 해당 버전의 파이썬을 다운로드하게 됩니다.

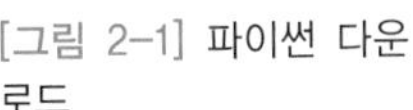
[그림 2-1] 파이썬 다운로드

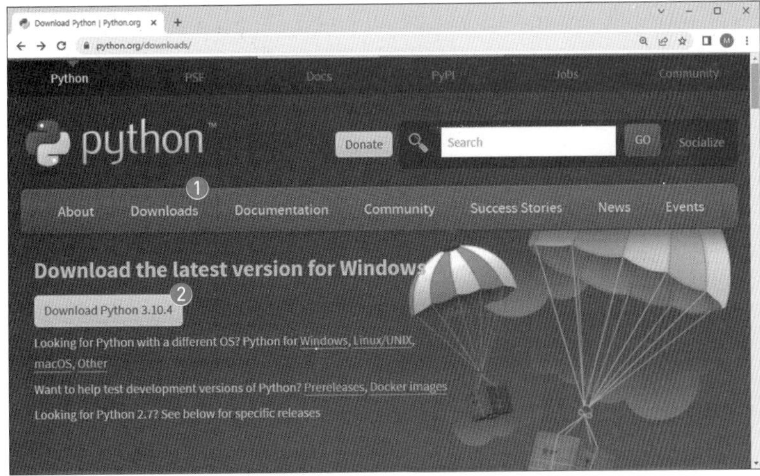

2. 다운로드한 파이썬 설치 파일을 실행합니다. 설치 중에 몇 가지 조정할 사항이 있습니다. 첫 화면에서 화면 하단의 'Add Python 3.10 to PATH' 앞에 있는 체크박스를 체크한 후에 화면 중간에 있는 'Customize installation'을 클릭하여 다음으로 진행합니다.

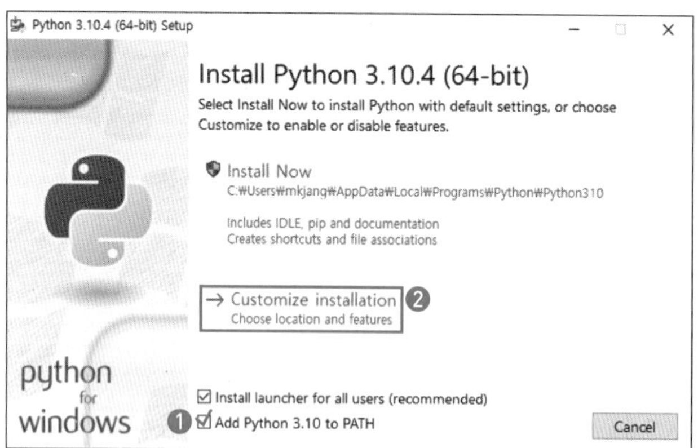

[그림 2-2] 파이썬 설치 파일 실행

3. 다음으로 'Optional Features'라는 화면이 뜨는데, 따로 조정할 것이 없으므로 〈Next〉 버튼을 누릅니다.

4. 그다음으로 보게 되는 'Advanced Options' 화면에서 상단의 'Install for all users' 앞의 체크박스를 클릭합니다. 그러면 화면 하단의 'Customize install location(파이썬의 설치경로를 말합니다)'이 사용자(Users) 폴더에서 'C:\Program Files\Python310'으로 바뀌는 것을 확인할 수 있습니다. 나중에 여러 번 방문해야 하는 폴더이니 꼭 염두에 두기 바랍니다. 다음으로, 화면 하단의 〈Install〉 버튼을 클릭하면 파이썬이 설치되기 시작됩니다. 설치하는 데에는 거의 문제가 발생하지 않습니다. 'Setup was successful'이라는 메시지 화면이 뜨면 전체 설치 과정이 무사히 완료된 것입니다.

[그림 2-3] 파이썬 설치 폴더 변경 및 설치 과정 진행

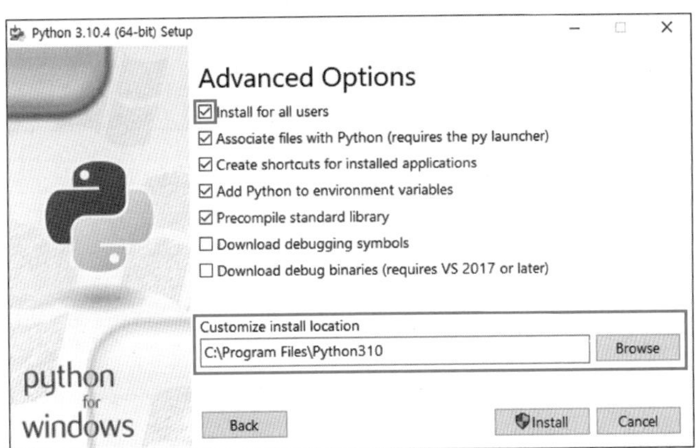

5. 파이썬 설치가 완료되었으면, 제대로 잘 설치되었는지(즉, 파이썬이 제대로 실행되는지) 한 번 확인해 보는 것이 좋겠습니다. 먼저, 탐색기를 이용해서 파이썬이 설치되어 있는 폴더를 찾아갑니다. 폴더 경로는 C:\Program Files\Python310입니다. 탐색기를 이용해서 폴더를 클릭해보면, DLLs, Doc, include 등의 이름으로 여러 폴더가 보이고, LICENSE.txt 등의 파일 몇 개가 보입니다. 그 중에서 가장 중요한 파일은 python.exe라는 실행 파일입니다. 탐색기에 확장자가 안 보이도록 설정되어 있는 경우에는 python이라는 이름의 응용프로그램을 찾으면 되겠습니다. python.exe 응용프로그램을 파이썬 인터프리터interpreter라고 부릅니다. 이 응용프로그램을 이용해서 실제로 파이썬 명령어를 입력하고 (번역하여) 실행할 수 있습니다.

[그림 2-4] 파이썬 설치 후 확인

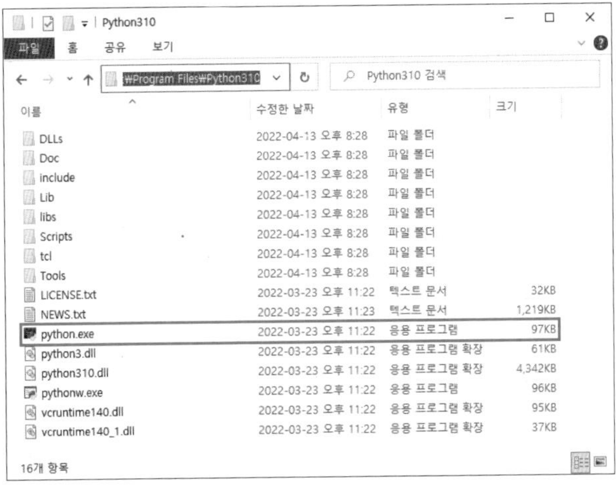

파이썬 인터프리터는 번역기이면서 개발도구이기도 합니다

컴퓨터 언어는 '컴파일러compiler' 방식과 '인터프리터interpreter' 방식으로 구분하기도 하는데, 어쨌거나 사용자가 입력한 파이썬 문장은, 사람은 읽고 이해할 수 있지만(Human Readable이라고 부릅니다) 컴퓨터라는 기계는 읽을 수 없는 문장입니다. 이것을 컴퓨터가 읽을 수 있는(Machine Readable) 문장으로 바꾸기 위해 '일종의' 번역 과정을 거쳐야 합니다. 그 번역 방식에 컴파일러 방식과 인터프리터 방식이 있습니다.

파이썬은 주로 인터프리터 방식으로 작동하지만 컴파일러 방식으로도 동작하는 언어입니다.

여기서 잠깐!!

참고하기 바랍니다 !!

다음에 좀 더 설명할 기회가 있겠지만, 컴퓨터는 오로지 0과 1만 이해할 수 있습니다. 1장에서 컴퓨터는 하나의 커다란 스위치라고 설명했는데 0은 스위치를 끈 상태를 나타내고 1은 스위치를 켠 상태에 해당합니다.

다시 돌아가서, 탐색기에서 파이썬 응용프로그램(python.exe)을 더블클릭해서 실행해보면 [그림 2-5]와 같은 검은색 배경의 창이 실행되는 것을 확인할 수 있습니다. 인터프리터를 실행하면 꺽쇠(부등호 기호, >) 세 개가 보이고 커서cursor가 깜빡이고 있습니다. 여기서 꺽쇠 세 개를 프롬프트prompt라고 부릅니다. 프롬프트는 파이썬 인터프리터가 사용자로부터 명령어를 입력받을 준비가 되어 있다는 것을 나타냅니다.

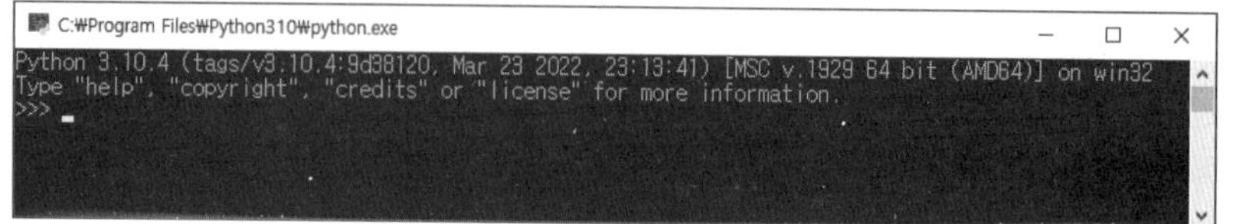

[그림 2-5] 입력받을 준비가 된 파이썬 프롬프트 상태

이제 파이썬과 대화할 준비가 되었습니다. 먼저, [그림 2-6]처럼 `print('Hello, World')`라는 문장을 타이핑해봅니다. `print()`는 "괄호 안의 내용을 화면에 출력하라"는 명령문입니다. 문장을 타이핑한 후에 〈Enter〉를 입력하면, 사용자가 입력한 문장을 파이썬이 해석해서 그에 맞는 연산을 실행합니다. 그 결과, `print()` 문장 아래에 Hello, World라는 응답을 보여 줍니다. 다음 프롬프트가 나타나면 `2+3`이라는 문장을 입력해봅니다. 이것은 "2와 3을 더하라"는 명령문입니다. 파이썬은 그다음 행에 바로 5라는 결괏값을 보여줍니다. 그리고 다시 프롬프트를 나타내어 주고, 사용자로부터 다음 문장이 입력되기를 기다리고 있습니다.

[그림 2-6] 파이썬에서 입력하고 실행한 명령문

```
C:\Program Files\Python310\python.exe
Python 3.10.4 (tags/v3.10.4:9d38120, Mar 23 2022, 23:13:41) [MSC v.1929 64 bit (AMD64)] on win32
Type "help", "copyright", "credits" or "license" for more information.
>>> print('Hello, World')
Hello, World
>>> 2+3
5
>>>
```

어떤 느낌인가요? 사용자가 키보드를 통해 어떤 문장을 입력하면 파이썬이 그 문장에 해당하는 명령을 실행한 후 그 결과를 응답합니다. 마치, 파이썬과 대화를 이어가는듯한 느낌이 듭니다. 이러한 형태로 파이썬을 사용하는 방식을 대화형(interactive) 모드라고 부릅니다. 참고로 대화형 외에 스크립트script 모드라는 방식이 있습니다. 파이썬 기초 문법과 알고리즘 연습이 끝난 후에(18장 이후에) 실제로 프로그램을 개발할 때 같이 활용하겠습니다.

여기서 잠깐!!

참고하기 바랍니다 !!

파이썬 응용프로그램은 시작메뉴(윈도우즈 화면의 왼쪽 하단에 ⊞ 모양의 아이콘)에서도 실행할 수 있습니다. 시작메뉴를 클릭해보면, 파이썬 [Python 3.10]이라는 이름의 그룹이 보이고 ("새로 설치됨"이라는 메시지와 함께) 그 안에 IDLE(Python 3.10 64-bit)와 Python 3.10(64-bit)이 보이는데, 두 번째인 Python 3.10(64-bit)을 클릭하면 파이썬 인터프리터가 실행됩니다.

파이썬 인터프리터는 그 자체로 파이썬 번역기이지만, 파이썬 코딩을 위한 개발환경으로 사용할 수 있을만큼 충분히 유용합니다. 하지만 파이썬을 좀 더 쉽고, 편하게 사용할 수 있는 개발환경이 있습니다. 그중에 두 번째로 살펴볼 것은 'IDLE'라고 불리는 응용프로그램입니다.

IDLE에 대해 알아보겠습니다

IDLE Integrated DeveLopment Environment는 파이썬이 설치되면 기본으로 설치되는 개발환경이기도 하고, 최근 업그레이드된 후에 사용 편의성이 좋아지면서 활용도가 높아지고 있는 개발도구입니다. IDLE도 파이썬 인터프리터와 마찬가지로 시작메뉴에서 실행할 수 있습니다. 시작메뉴의 [Python 3.10] 그룹에서 IDLE(Python 3.10 64-bit)를 클릭하면 실행됩니다. IDLE 응용프로그램 파일은 파이썬 설치 폴더(C:\Program Files\Python310) 안의 Lib 폴더에 있습니다. Lib 폴더를 열어보면, 그 안에 idlelib이라는 이름의 폴더가 보이는데, 클릭하고 들어가서 idle.py라는 파일을 더블클릭하여 실행할 수 있습니다. 그러면 [그림 2-7]과 같은 화면이 실행됩니다.

```
IDLE Shell 3.10.4
File  Edit  Shell  Debug  Options  Window  Help
    Python 3.10.4 (tags/v3.10.4:9d38120, Mar 23 2022, 23:13:41) [MSC v.1929 64 bit (
    AMD64)] on win32
    Type "help", "copyright", "credits" or "license()" for more information.
>>> print('Hello, World')
    Hello, World
>>> 2+3
    5
>>> |
                                                                  Ln: 7  Col: 0
```

[그림 2-7] IDLE 실행

파이썬 인터프리터와 같이 꺽쇠 세 개 모양(>>>)의 프롬프트가 보입니다. 실제로 파이썬 인터프리터에서 실행했던 명령문을 입력해보면, 똑같이 동작하는 것을 확인할 수 있습니다. 파이썬 인터프리터와는 다르게 [File], [Edit], [Shell], [Debug], [Options], [Window], [Help] 등과 같은 메뉴를 갖추고 있어서 사용자가 코딩하는 데 도움이 되는 여러 기능을 제공하고 있습니다. 실제로 명령문을 입력해보면, 각 단어의 의미에 따라 글자 색깔을 다르게 보여주는 등 가시성이 높은 장점도 있습니다.

여기서 잠깐!!

파이썬을 재설치하려면

설치 과정에 문제가 생겨 파이썬을 새로 설치해야 하는 경우에는 이전에 (잘못) 설치된 파이썬을 삭제한 후에 새로 설치해야 합니다. 그럴 경우에는 먼저, 파이썬 설치 파일을 다시 실행합니다(컴퓨터에 설치되어 있는 파이썬과 버전이 같아야 합니다). 실행하게 되면, 최초 설치할 때와는 다르게 'Modify Setup'이라는 화면이 나타납니다. [그림 2-8]에서 보는 것처럼, 현재 설치되어 있는 파이썬을 수정(Modify)하거나 복구(Repair)하거나 제거(uninstall)할 수 있습니다. 수정이나 복구는 크게 의미가 없는 것 같고, 문제가 있다 싶으면 제거(uninstall)하고 새로 설치하는 것을 추천합니다.

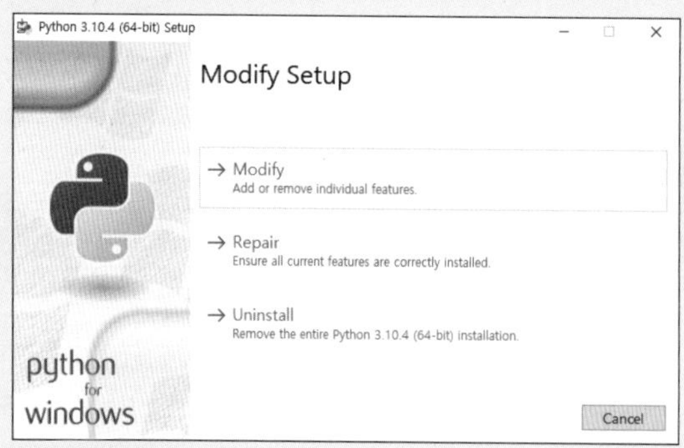

[그림 2-8] 파이썬를 재설치할 수 있는 Modify Setup

여기서 잠깐!!

참고하기 바랍니다 !!

파이썬 인터프리터나 IDLE을 끝내려면 윈도우 오른쪽 상단의 ☒ 모양 버튼을 클릭하거나 >>> 프롬프트에서 quit()라는 명령문을 입력하면 됩니다.

자, 이제 파이썬 설치가 완료되었습니다. 이 과정에 문제가 없었으면 다음의 가상환경 설정 단계로 넘어갑니다.

2단계: 파이썬 가상환경을 설치합니다

파이썬의 가상환경(Virtual Environment)은 사용자가 자신에게 알맞은 (즉, 본인이 이제 진행하려고 하는 개발 프로젝트에 가장 적합한) 파이썬 개발환경을 스스로 만들 수 있도록 도와줍니다. 게다가 하나의 컴퓨터에 여러 개의 가상환경을 만들 수 있기 때문에, 그중에 하나를 활성화(activate)하게 되면, '마치' 이 컴퓨터에서는 파이썬이 해당 가상환경으로 설치된 것처럼 사용할 수 있습니다. 예를 들어 보겠습니다. 2년 전에 파이썬 3.7 버전으로 게임 프로그램을 하나 만들었습니다. 그러다가 최근에 새로 빅데이터 분석 프로그램을 만드는 데 파이썬이 필요해서 최신버전인 3.10을 설치하게 되었습니다. 결과적으로 하나의 컴퓨터에 두 개의 파이썬 버전이 설치된 건데, 이런 경우에 '보통은' 버전 간에 '충돌'하는 문제가 생길 수 있습니다. 그래서 '보통' 최신 버전을 설치하는 경우에는 그 이전 버전을 삭제하는 것이 안전합니다. 3.7 버전에서 만든 게임 프로그램이 3.10 버전에서도 제대로 실행된다는 보장만 있으면 3.7 버전을 3.10 버전으로 업그레이드해도 좋겠지만 만약에 그렇지 않다면 둘 중 하나는 포기해야 합니다. 해결 방안은 한 대의 컴퓨터를 더 구입하는 것입니다. 한 컴퓨터에서는 3.7 버전으로 게임 프로그램을 실행하고, 다른 컴퓨터에서는 3.10 버전으로 빅데이터 분석 프로그램을 실행하는 것이죠. 근데, 음… 뭔가 아주 많이 불합리해 보입니다.

파이썬은 가상환경을 통해 이러한 문제를 해결합니다. 가상환경을 이용하면, 게임 프로그램을 실행할 수 있는 3.7 버전의 개발환경과 빅데이터 분석 프로그램을 실행할 수 있는 3.10 버전의 개발환경을 동시에, 하나의 컴퓨터에 (서로 충돌없이) 둘 수 있습니다. 가상환경은 개수에 무관하게 필요한만큼 만들 수 있습니다. 게다가, 각 환경에 맞는 라이브러리(일단은 추가로 설치된 파이썬 프로그램이라고 생각하고 넘어가겠습니다)를 추가로 따로 설치하여 사용할 수 있습니다. 마치, 내 컴퓨터에 여러 개의 파이썬이 깔려있는 것 같은 생각이 듭니다. 그래서 '가상'입니다. "마치 ~인 것처럼"은 가상의 키워드입니다. 구체적인 내용은 천천히 파악해 보는 것으로 하고, 일단 가상환경을 구축하겠습니다.

먼저, 탐색기를 이용하여 파이썬 설치 폴더를 찾아갑니다. 탐색기의 주소창을 클릭한 후에 ([그림 2-9]의 ❶ 참조) cmd(command의 줄임말)를 입력하고 〈Enter〉를 누릅니다([그림 2-9]의 ❷ 참조). 그러면 검은색 배경 화면의 창이 뜨는데, 이것을 도스 셸 DOS Shell 또는 콘솔창Console이라고 부릅니다([그림 2-9]의 ❸ 참조). 앞으로 콘솔창을 실행할 필요가 있을 때에는 항상 탐색기를 이용해서 원하는 폴더를 선택한 후에 탐색기 주소창에 cmd 명령어를 실행하는 것으로 하겠습니다.

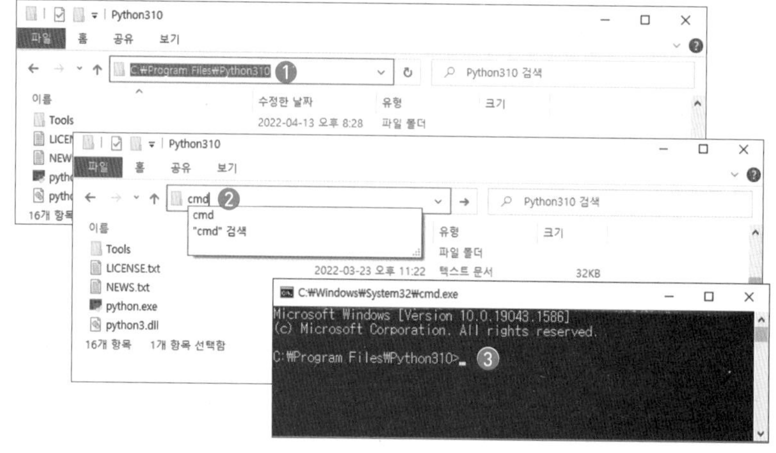

[그림 2-9] 파이썬 가상 환경 구축

콘솔창에도 프롬프트와 커서가 보이는데, 프롬프트는 현재의 폴더 경로를 표시하고 있습니다. 현재 경로는 파이썬이 설치되어 있는 C:₩Program Files₩Python310입니다. 참고로 우리나라 화폐기호(₩)와 비슷하게 생긴 문자는 역슬래시(\)와 같은 문자입니다. 실제로 키보드에서도 하나의 키에 함께 있는 문자입니다. 콘솔창의 프롬프트에 `python -m venv c:\dev`라고 입력해봅니다. 중간 띄어쓰기에 유의하기 바랍니다([그림 2-10] 참고).

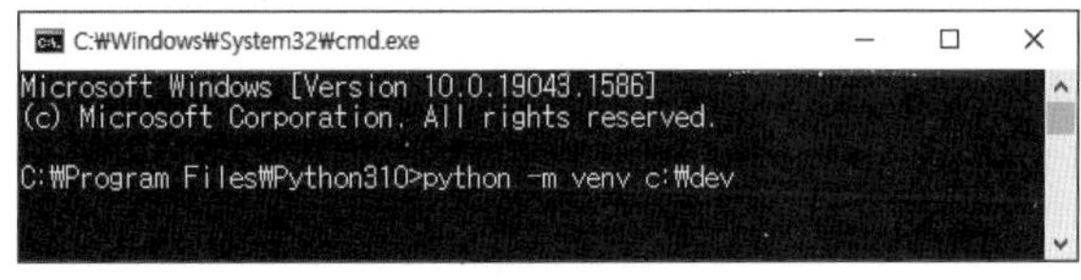

[그림 2-10] python -m venv c:\dev 입력

모듈은 파이썬 안에서 실행되는 (파이썬으로 만들어진) 프로그램입니다.

이 명령어는 파이썬 응용프로그램으로 하여금 가상환경을 만들어주는 venv 모듈을 이용해서 c:₩dev 폴더에 가상환경을 만들라는 명령입니다. 가상환경으로 사용할 폴더의 경로와 이름은 각자의 마음대로 정해도 됩니다만 일단 이 책에서처럼 c:₩dev에 만드는 것이 좋겠습니다. 콘솔창에 해당 명령을 입력하고 〈Enter〉를 누르면, 약간의 시간이 경과된 후에 프롬프트가 다시 나타납니다. 별다른 에러 메시지가 안 보이면, 파이썬 가상환경이 제대로 만들어진 것입니다. [그림 2-11]을 참고하기 바랍니다.

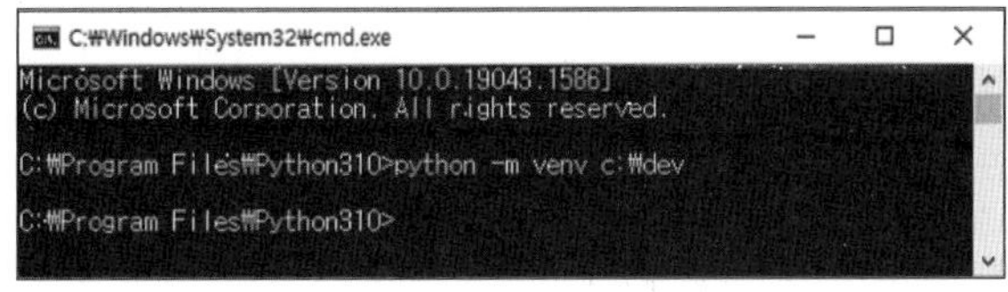

[그림 2-11] 만들어진 가상환경

이제 " 폴더가 만들어졌습니다. 윈도우즈 탐색기를 통해 해당 폴더인 C:₩dev 폴더를 찾아가 봅니다. 실제 가상환경 폴더 안의 내용을 보면, include, Lib, Scripts라는 세 개의 폴더와 pyvenv.cfg라는 환경설정 파일이 기본으로 만들어져 있는 것을 확인할 수 있습니다.

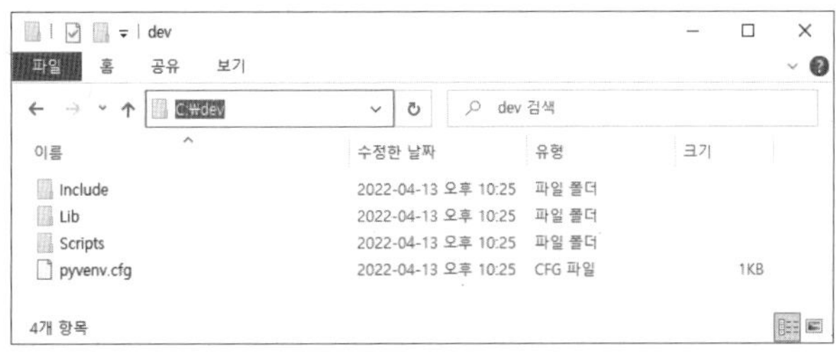

[그림 2-12] 만들어진 가상환경 확인

가상환경이 만들어지고, 가상환경에 필요한 설정을 하려면 먼저 가상환경을 활성화(activate)해야 합니다. 내 컴퓨터에 있는 여러 가상환경 중에 하나를 선택하는 것이라고 생각하면 되겠습니다. 당연히, 한 번에 하나의 가상환경만 활성화될 수 있습니다. 가상환경을 활성화하려면 우선 탐색기를 활용하여 가상환경 폴더 아래의 Scripts 폴더에 들어갑니다. Scripts 폴더 안에는 가상환경을 활성화하는 activate.bat 실행파일 외에도 활성화된 가상환경을 비활성화하는 deactivate.bat, 가상환경 폴더에 외부 라이브러리를 추가로 설치할 때 사용하는 pip 응용프로그램이 있습니다.

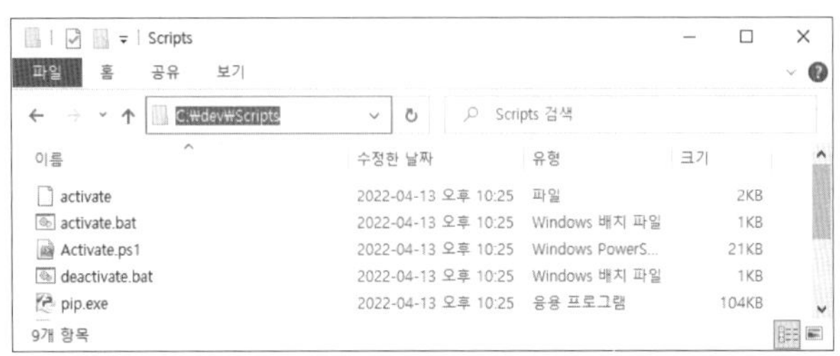

[그림 2-13] 가상환경 안의 Scripts 폴더

여기서 다시, 주소창에 cmd를 입력하여 콘솔창을 실행합니다. 콘솔의 프롬프트는 현재의 폴더 위치가 C:\dev\Scripts라는 것을 나타내고 있습니다. 프롬프트에 activate라고 입력합니다. 그러면 현재 폴더에 있는 activate라는 이름의 배치파일(batch 파일, 확장자가 .bat입니다)이 실행되면서 가상환경이 활성화됩니다.

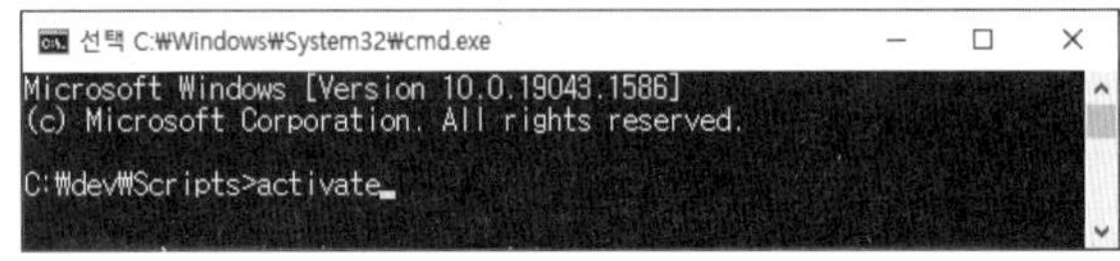

[그림 2-14] 가상환경 활성화

가상환경이 활성화되면 프롬프트의 형태가 조금 달라집니다. C:로 시작하는 경로 앞에 우리가 만든 가상환경의 이름(폴더 이름과 같습니다)이 괄호와 함께 나타납니다. [그림 2-15]를 참고하기 바랍니다. 가상환경이 활성화된 상태임을 나타냅니다.

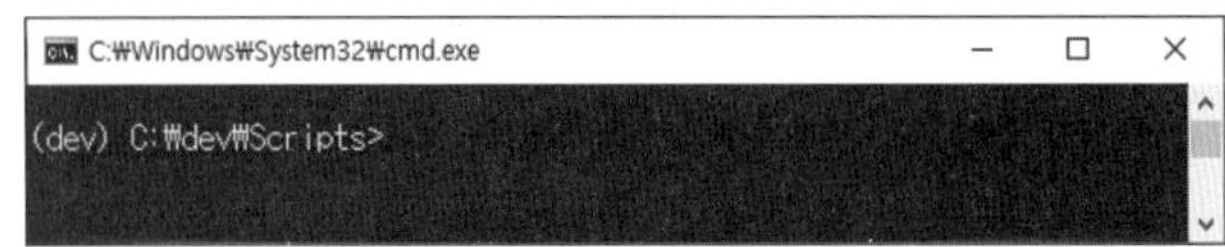

[그림 2-15] 가상환경으로 인한 프롬프트 변화

일반적으로 프로그램을 개발하는 데 필요한 모듈을 라이브러리(library)라고 부릅니다.

이제, 가상환경을 우리에게 알맞도록 커스터마이징customizing합니다. pip 응용프로그램을 이용하여 프로그램을 개발하는 데 필요한 모듈을 추가로 설치할 수 있습니다. 원래 파이썬을 설치하면 기본적으로 설치되는 표준 라이브러리가 있습니다. 표준 라이브러리 외에 추가로 설치가 필요한 라이브러리들은 pip 응용프로그램을 사용하여 다운로드하고 설치할 수 있습니다. 인터넷을 통해 다운로드하기 때문에 pip를 실행할 때에는 인터넷에 연결된 상태여야 합니다. pip 응용프로그램은 가상환경의 Scripts 폴더에 pip.exe라는 이름으로 있습니다.

파이썬의 pip 실행파일을 이용하여, PyPI Python Package Index라는 인터넷 저장소로부터 우리가 원하는 파이썬 모듈을 설치(install)하거나, 업그레이드upgrade하거나 삭제(uninstall)할 수 있습니다. 명령 프롬프트에서 `pip`라고 입력하고 〈Enter〉를 누르면 pip 응용프로그램의 상세한 명세를 확인할 수 있습니다. `pip` 명령어는 기본적으로 `pip <command> [options]` 형태로 사용됩니다. 예를 들어, ipython 라이브러리를 설치하는 경우에는 `pip install ipython`, ipython을 업그레이드하는 경우에는 `pip upgrade ipython`, ipython을 삭제하는 경우에는 `pip uninstall ipython` 등의 형태로 사용됩니다.

3단계: IPython 개발도구를 설치합니다

이번에는 IPython이라는 이름의 (아주 유명한) 개발환경에 대해 살펴보겠습니다. 파이썬 인터프리터와 IDLE에 이어 살펴보게 되는 세 번째 개발도구입니다.

여기서 잠깐!!

여러 개의 개발도구 중에 어느 도구를 사용하는 게 좋을까요?

조금씩 차이는 있지만 서로 비슷비슷합니다. 지금은 많이 달라 보일 수 있지만, 조금 익숙해지면 크게 차이가 나지도 않습니다. 어느 개발도구를 사용할 것인지는 결국 개인 간의 선호도 문제인 것 같습니다. 그런데 일부 개발환경은 설치하고 실행하는 데 높은 컴퓨터 사양을 요구하는 경우가 있습니다. 본인의 컴퓨터 사양에 따라 설치가 안 되거나, 설치는 했지만 정상적으로 실행되지 않는 경우도 있습니다. 그런데 IPython의 경우는 (워낙에 크고 복잡한 프로그램이 아니다 보니) 설치나 실행에 문제가 있는 경우를 본 적이 없습니다. 이 책에서 기본 개발환경으로 사용하고 있는 주피터 노트북은 안타깝게도 설치에 실패하는 경우가 가끔 보입니다. 그럴 경우에 IPython은 정말 좋은 대안이 됩니다. 혹시 주피터 노트북이 설치되지 않는 경우에는 IPython으로 실습할 것을 추천합니다.

IPython은 표준 라이브러리가 아니기 때문에 pip 도구를 이용해서 따로 설치해야 합니다. 가상환경의 Scripts 폴더에서 `cmd`를 실행하고 가상환경을 활성화한 후에 콘솔창에서 `pip install ipython` 명령을 실행하면 됩니다. 그러면 IPython을 실행하는 데 필요한 몇 가지 라이브러리와 함께 IPython이 설치되는 것을 확인할 수 있습니다.

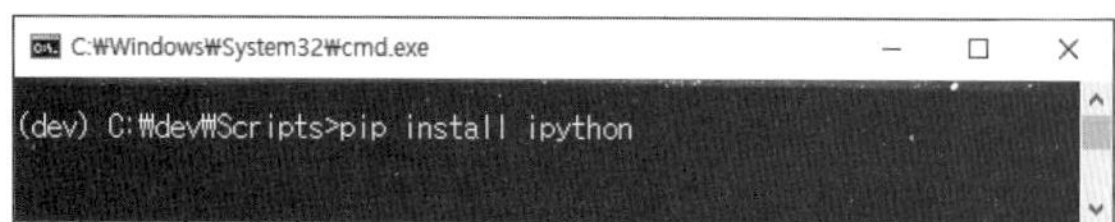

[그림 2-16] pip install ipython 명령 실행

설치가 끝나면 Scripts 폴더에 ipython 응용프로그램(ipython.exe)이 만들어집니다. 실제로 IPython 실행에 필요한 여러 라이브러리도 함께 설치되는데, 설치되는 경로는 가상환경의 Lib 폴더 안에 site-packages라는 이름의 폴더에 설치됩니다. 실제로 pip 응용프로그램을 통해 설치되는 모든 외부 라이브러리는 site-packages 폴더에 설치됩니다. IPython을 실행하려면 탐색기에서 ipython.exe를 더블클릭해도 됩니다. [그림 2-17]은 ipython 응용프로그램을 실행해본 화면입니다. 일단, 파이썬 인터프리터와 IDLE과는 프롬프트의 모양이 달라 보입니다.

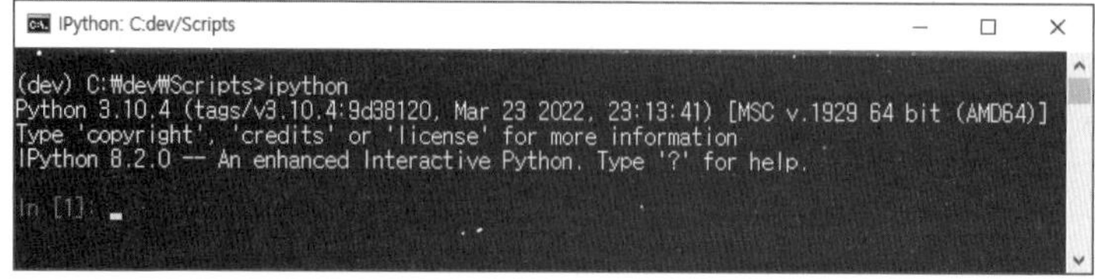

[그림 2-17] IPython 응용프로그램 실행

연습 삼아, In [1]로 표시된 프롬프트에 `print('Hello, World')`를 입력해봅니다. 파이썬 인터프리터에서와 마찬가지로 Hello, World라는 글자가 출력되는 것을 확인할 수 있습니다. 해당 명령문의 실행이 끝나면, 사용자가 다음 명령어를 입력하기를 기다린다는 의미로 In [2]라는 프롬프트를 보여줍니다. 첫 번째 명령어인 `print()` 명령문 실행을 완료한 후에 이제 두 번째 명령문을 입력할 차례라는 것을 알려줍니다. 실제로 명령문이 추가될 때마다 In에 따라 나오는 대괄호 [ ] 안의 숫자가 1씩 증가하는 것을 확인할 수 있습니다. 두 번째 명령어로 `2+3`을 입력합니다. 그랬더니, IPython은 Out[2]이라는 텍스트와 연산의 결괏값인 5를 보여 줍니다. Out[2]는 두 번째 명령문인 In [2]의 결과라는 것을 나타냅니다. 연산의 결과로서 새로운 값이 만

들어지는 경우에 그 결괏값을 Out[ ]이라는 헤더와 함께 보여줍니다. 사족을 단다면, In은 사용자가 명령문을 컴퓨터 안으로(in) 넣는다는 의미이고, Out은 컴퓨터가 자신이 가지고 있는 데이터를 밖으로(out) 내 보낸다는 의미입니다. [그림 2-18]을 참고하기 바랍니다.

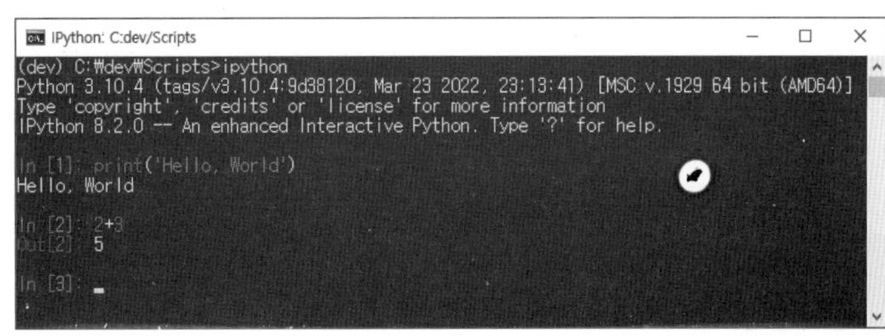

[그림 2-18] IPython의 실행 예

IPython의 사용법을 간단하게 소개합니다

아직은 파이썬 공부를 시작하기 전이어서 개발도구의 사용법을 살펴본다는 것이 조금 이르기는 하지만 이왕에 개발도구들을 살펴봤으니 개발도구의 사용법(또는 주의사항)에 대해 간단하게 짚고 넘어가겠습니다. 앞으로 파이썬 문법에 익숙해지면 저절로 개발도구에도 익숙해지게 됩니다.

"한 행에는 하나의 명령문만 입력할 수 있습니다"

현재까지 살펴봤던 모든 파이썬 개발도구들은 하나의 프롬프트에 한 개의 명령문만을 입력할 수 있습니다. 그렇다면 여러 개의 명령문으로 만들어진 프로그램은 어떻게 만들 수 있을까요? 나중에 스크립트 모드를 사용하게 되면 몇십 행에서 몇백 행, 몇천 행, 심지어 몇만 행의 프로그램도 자유롭게 만들고 실행할 수 있게 되겠지만, 대화형 모드에서는, 상태 기반(State-Based)이라고 해서, 앞서 입력된 모든 명령문이 지금 입력하려는 명령문의 문맥이 되고 전제가 되는 형태로 명령문이 서로 연관되게 됩니다. 예를 들어 보겠습니다.

[그림 2-19]에서 In [5]의 `a=10`이라는 명령문은 "앞으로 10이란 값을 a라는 이름으로 부르겠다"는 의미입니다. 즉, 이제부터 "a 값"이라고 하면 10을 가리킨다는 뜻입니다. 그다음으로 In [6]에서 실행된 `print(a)` 명령문은 "a 값을 화면에 출력하라"는 명령문입니다. In [6]이 실행되는 시점에서 a 값은 10인 상태입니다. 실제로 결과를 보면 10이 출력되는 것을 확인할 수 있습니다. 즉, 하나의 프롬프트에 하나의 명령문만이 입력되지만, 그런 코드가 계속 쌓이면서 대화형 방식으로 하나의 절차를 만들어 나가게 되는 것입니다

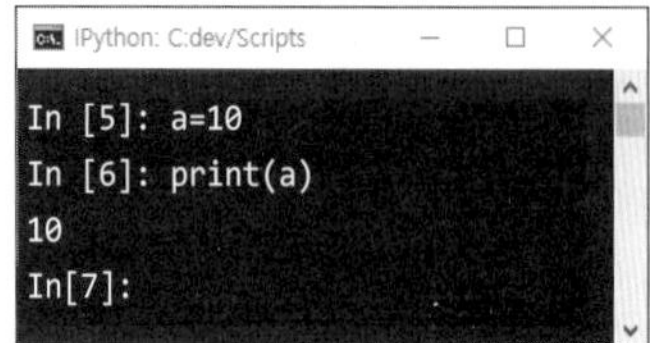

[그림 2-19] 대화형 방식으로 실행한 명령문

"여러 행의 명령문도 입력할 수 있습니다"

앞으로 파이썬 문법을 같이 공부하겠지만, 복잡한 로직의 경우에는 하나의 명령문이 여러 행(줄)에 걸쳐서 나타나게 되는 경우가 있습니다. [그림 2-20]의 예를 참조하기 바랍니다. In [7]에 있는 명령문은 두 행에 걸쳐있는 명령문입니다. 두 번째 줄에 있는 `print('positive')` 문장은 그 자체로 독립적인 문장이 아니라 바로 위의 `if a>0:`에 딸려있는 문장입니다. 그래서 앞에 In [ ] 대신에 …:이라는 심볼이 나타나면서 "아직 문장이 끝나지 않고 계속되고 있음"을 나타내고 있습니다. 그리고 `print('positive')` 앞에 탭[TAB] 한 개만큼 들여쓰기(indentation)가 되어 있는데, 파이썬에서 들여쓰기는 그냥 보기 좋게 하는 것이 아니라 문법의 일부입니다. 즉, 들여쓰기가 필요한 부분에 들여쓰기가 없으면 에러가 발생합니다. 참고로 IDLE와 IPython은 들여쓰기를 자동으로 만들어줍니다. 파이썬 인터프리터의 경우에는 사용자가 직접 들여쓰기를 해줘야 하는데, 들여쓰기는 항상 〈TAB〉을 이용해서 하도록 합니다. 〈Space Bar〉를 여러 번 눌러서 들여쓰기하면 나중에 큰 문제가 됩니다.

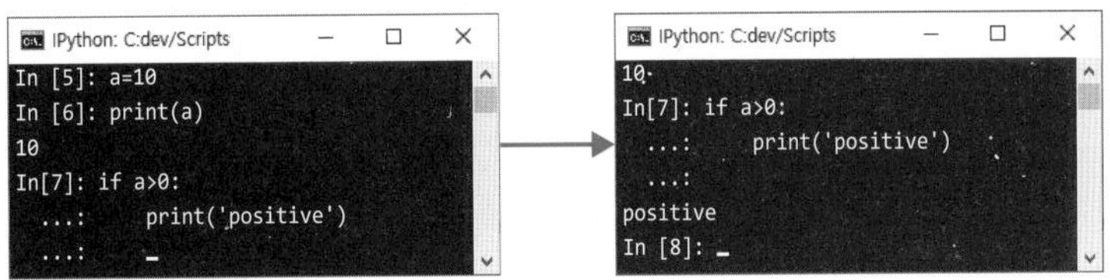

[그림 2-20] 두 행에 걸쳐있는 명령문

두 행에 걸쳐있는 명령문이 완성된 다음에 〈Enter〉를 한 번 더 누르면 해당 코드가 실행됩니다. 다시 말해서, [그림 2-20]의 왼쪽 그림에 해당하는 상태에서 〈Enter〉를 한 번 더 누르면 [그림 2-20]의 오른쪽 그림처럼 해당 코드가 실행됩니다.

"이전에 입력한 명령문을 불러올 수 있습니다"

또 하나 유용한 팁으로, 키보드에서 위쪽 화살표(〈↑〉)를 누르면 앞서 입력한 명령문들을 최근 명령문부터 다시 불러올 수 있습니다. 한 번 누르면 직전에 입력한 명령문이 나타나고, 한 번 더 누르면 그 앞에 입력한 명령문을 불러오는 식입니다. 아래쪽 화살표(〈↓〉)를 이용하면 현재 보이는 명령문 다음에 입력한 명령문을 불러옵니다. 유용한 기능이니 한 번 사용해보기 바랍니다. 단, IDLE의 경우에는 화살표 키를 누르면 커서가 실제로 위, 아래 행으로 움직이면서 앞에서 입력한 코드를 수정해서 실행할 수 있도록 해 줍니다.

2장을 정리하겠습니다

2장에서는 파이썬을 설치하고, 세 가지 개발도구(파이썬 인터프리터, IDLE, IPython)에 대해 알아봤습니다. 파이썬에 익숙해지면 어느 도구든 모두 비슷합니다. 전문가는 연장을 탓하지 않는 법입니다. 하지만 아무래도 모든 게 조심스러운 초보자 입장에서는 어떤 연장을 쓰는지가 중요합니다. 그나마 사용하기 쉬운 개발환경이 큰 도움이 됩니다. 그런 점에서 다음 장에서 살펴볼 주피터 노트북은 꽤 괜찮은 대안이 됩니다. 이 책에서는 거의 모든 예제를 주피터 노트북을 이용해서 만들고 있습니다.

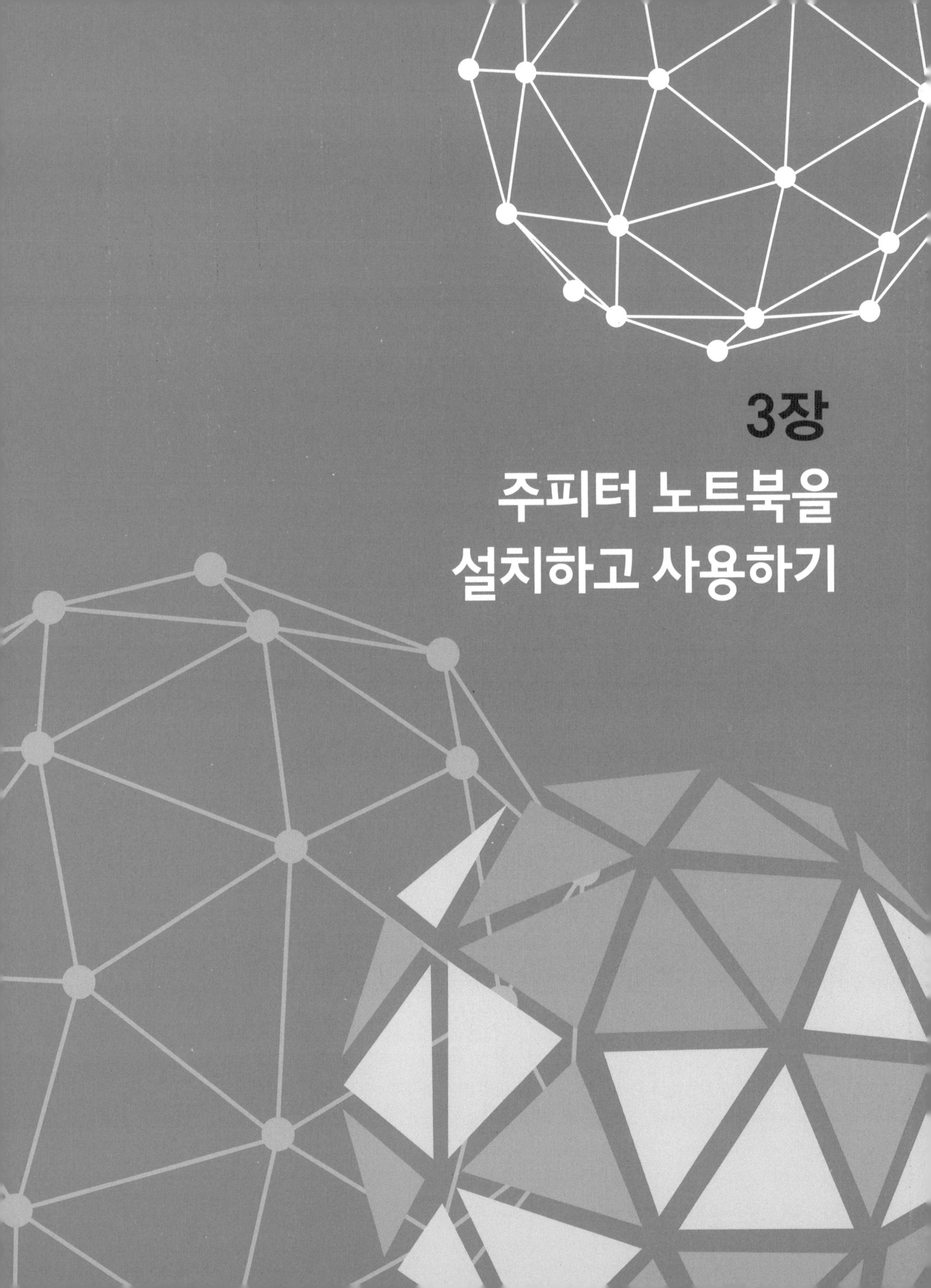

3장

주피터 노트북을 설치하고 사용하기

주피터 노트북Jupyter Notebook은 파이썬 프로그램과 문서(글, 그림, 웹 페이지 링크, 수식 등 여러 요소로 구성된 문서)를 함께 만들 수 있는 응용프로그램으로서, 파이썬 프로그래밍뿐만 아니라, 빅데이터 분석(또는 데이터 과학) 등의 분야에서 많이 사용되고 있습니다. 참고로 주피터 노트북의 노트북은 노트북 컴퓨터의 노트북이 아니라 공책을 나타내는 노트북입니다.

가끔은 전화번호만 달랑 하나 또는 숫자만 달랑 하나 쓰여 있는 메모를 보게 됩니다. 분명히 내가 쓴 것임에도 그 전화번호가 누구의 것인지, 또는 그 숫자가 무엇을 나타내는 것인지에 대한 정보를 빠뜨림에 따라 그 데이터는 (그 전화번호가 누구의 전화번호인지 또는 그 숫자가 무엇을 표현한 것인지를 기억하기 전까지는) 그냥 쓰레기가 됩니다. 정보가 있으면 그 정보에 대한 설명도 함께 묶여 있어야 정보의 활용도나 가치가 높아지는 법입니다.

마찬가지로, 우리가 어떤 문제를 해결하는 프로그램을 개발한다고 할 때 (예를 들어, 빅데이터 분석 프로그램과 같은) 주어진 문제로부터 그 문제의 해답이 되는 결과(프로그램 코드)를 만들어 내기까지 어떠한 문제해결 절차(알고리즘)를 사용했는지, 그리고 어떤 데이터가 분석에 사용되었으며 그 데이터를 어떻게 수집하였는지 등에 대한 설명을 만들어 프로그램과 함께 하나의 문서로 만들어 둔다면 차후에 프로그램을 개선한다거나 다른 문제(또는 다른 사람의 문제)를 해결하는 데 좀 더 쉽게 활용할 수 있을 것입니다.

주피터 노트북은 그 자체로 파이썬 프로그래밍을 위한 개발환경이면서 웹 문서 편집과 파이썬 소스코드(파일) 관리 기능을 포함하고 있습니다. 앞으로 계속 살펴보겠지만, 개발환경으로서의 주피터 노트북은 그 안에서 파이썬 프로그램을 편집하고, 번역하고, 실행할 수 있는 환경을 제공합니다.

그리고 앞에서 소개한 바와 같이 주피터 노트북 안에서 문서 편집이 가능합니다. 우리가 인터넷으로 보내고 받는 웹 문서는 HTMLHyper Text Markup Language이라는 특별한 문법(마크업)에 따라 만들어진 문서입니다. 주피터 노트북에서는 마크업Markup이나 마크다운Markdown으로 일반 웹 문서를 만들 수 있습니다.

마크다운은 마크업의 쉬운 버전이라고 생각하면 됩니다.

또한 주피터 노트북 안에서 파일과 폴더를 관리할 수 있습니다. 굳이 탐색기를 사용하지 않더라도, 주피터 노트북 안에서 파이썬 파일을 생성하고, 수정하고, 삭제할 수 있으며 폴더를 생성하여 관리(이름 변경이나 삭제)할 수 있습니다. 이러한 기능을 위해 매직명령어(Magic Commands)라는 특별한 명령어를 제공합니다. 매직명령어는 18장에서 자세히 살펴보겠습니다.

주피터 노트북을 설치하겠습니다

주피터 노트북을 우리의 가상환경에 설치하겠습니다. 우선, 가상환경을 활성화합니다. 다음으로 [그림 3-1]과 같이 명령 프롬프트에서 `pip install jupyter`를 입력하고 〈Enter〉를 누릅니다. 그러면 Ipython 설치 과정과 비슷한 과정이 진행되면서 주피터 노트북이 설치됩니다. 설치 과정에서 여러 개의 프로그레스바Progress Bar를 보게 되는데, 주피터 노트북 패키지를 구성하는 여러 모듈을 함께 설치하는 과정입니다.

설치율을 보여주는 막대 모양의 차트를 '프로그레스바' 라고 합니다.

[그림 3-1] 주피터 노트북 설치 명령

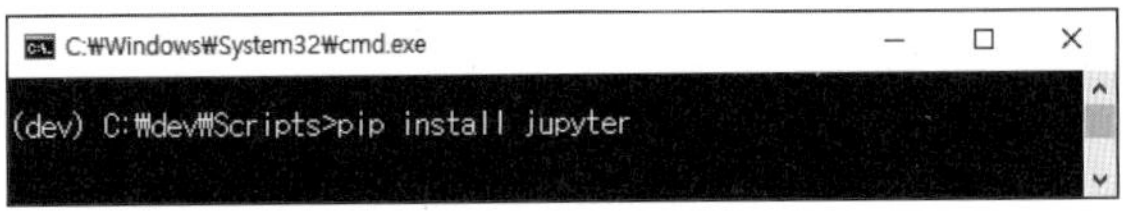

```
C:\Windows\System32\cmd.exe
(dev) C:\dev\Scripts>pip install jupyter
```

파이썬 설치에는 문제가 없었는데, 주피터 노트북을 설치하는 중에 에러를 만나는 경우가 간혹 있습니다. 이런 경우에는 파이썬을 다운그레이드해 보는 것을 추천합니다. 하나의 컴퓨터에 여러 개 버전의 파이썬을 설치할 수 있으니, 조금 이전 버전을 다운로드해서 설치해보기 바랍니다. IPython과 마찬가지로, 주피터 노트북도 가상환경 안의 Lib/site-packages 폴더에 설치됩니다. 가상환경에서 설치되는 모든 라이브러리는 가상환경 안의 Lib/site-packages에 설치된다는 것을 상기해주기 바랍니다. 참고로 가상환경에 설치하지 않는 경우에는 파이썬 폴더(C:\Program Files\Python310)의 site-packages 폴더에 설치됩니다.

노파심에 다시 언급합니다. 주피터 노트북 설치가 잘 안 되는 경우 (무리하지 말고) IPython으로 실습을 진행하는 것을 추천합니다. IPython도 안 되면 IDLE를 사용해도 전혀 문제없습니다.

IPython의 경우 실제 라이브러리는 Lib/site-packages 폴더에 설치되지만 IPython 실행파일은 가상환경의 Scripts 폴더에 따로 저장되었는데, 주피터 노트북도 마찬가지입니다. Scripts 폴더의 jupyter.exe 파일이 주피터 노트북 응용프로그램입니다.

주피터 노트북을 실행해보겠습니다

앞서 주피터 노트북 설치에 문제가 없었으면, 가상환경의 Scripts 폴더에서 `cmd`를 실행한 후에 명령창에서 `jupyter notebook`이라고 입력합니다. 그러면 [그림 3-2]와 같은 화면이 뜨면서 (기본으로 설정되어 있는) 웹 브라우저에 주피터 노트북이 실행되는 것을 확인할 수 있습니다. 주피터 노트북을 처음 실행하는 경우에 혹시 주피터 노트북을 실행할 웹 브라우저를 선택하라는 창이 뜨면 본인이 즐겨 사용하는 웹 브라우저를 선택하면 됩니다.

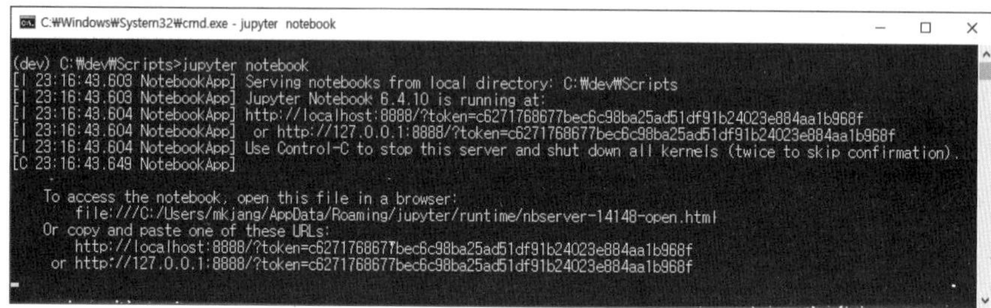

[그림 3-2] 실행 중인 주피터 노트북

[그림 3-3]은 실행된 주피터 노트북 화면입니다.

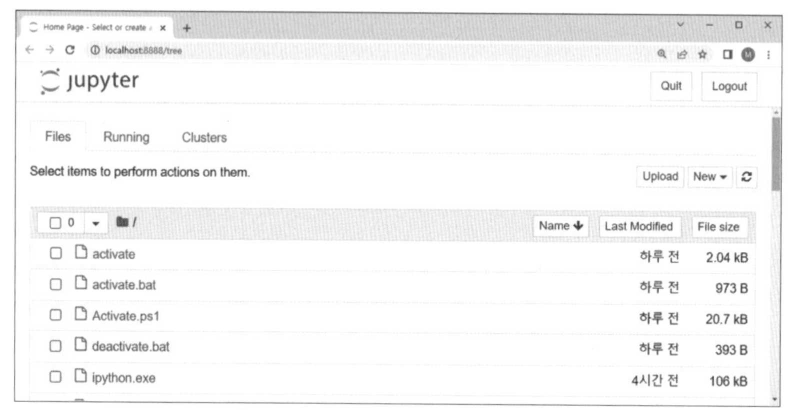

[그림 3-3] 실행된 주피터 노트북

한 가지 조심할 것은 콘솔창을 닫게 되면 주피터 노트북도 함께 종료된다는 것입니다. 그러므로 주피터 노트북을 실행하는 동안은 콘솔창을 닫으면 안 됩니다. 그래서 주피터 노트북 화면이 뜨면 콘솔창은 최소화(minimize)해 두는 것이 좋습니다.

만약, 실수로 주피터 노트북의 화면을 닫은 경우에는 (콘솔창이 실행되고 있는 중이라면) 다시 주피터 노트북을 실행할 필요 없이, 새로 웹 브라우저를 열어서 주소창에 `localhost:8888/tree`를 입력하고 〈Enter〉를 누르면 됩니다.

주피터 노트북의 사용법을 알아보겠습니다

이제 주피터 노트북을 사용하는 데 필요한 몇 가지 기초적인 내용을 살펴보겠습니다. 원래 도구는 쥐는 법만 배우면 됩니다(기초). 사용하다 보면 저절로 익숙해지는 법입니다(응용). 추가로 필요한 기능은 필요할 때마다 따로 설명하겠습니다.

새로 노트북을 만듭니다

새로운 프로젝트를 시작하기 위해서는 새 공책(notebook)이 필요합니다. 주피터 노트북 화면 오른쪽 상단에 있는 〈New▾〉 버튼을 클릭해서 'Python3'을 선택합니다.

[그림 3-4] 새 노트북 선택

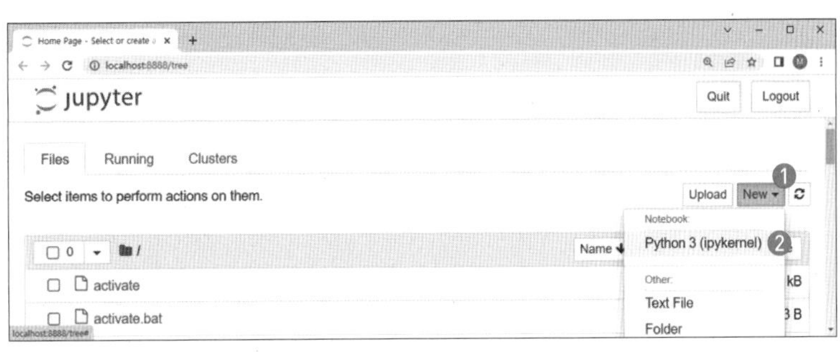

그러면 [그림 3-5]에서 보는 것처럼, 새 노트북이 만들어집니다. IPython에서 봤던, 익숙한 프롬프트 In [ ]이 보여서 반가운 마음이 듭니다. 실제로 주피터 노트북은 IPython을 커널로 사용하고 있습니다(엔진이라고 생각하면 되겠습니다). IPython의 웹 버전이라고 봐도 좋겠지만 뭐 굳이 연관 짓지 않아도 괜찮습니다.

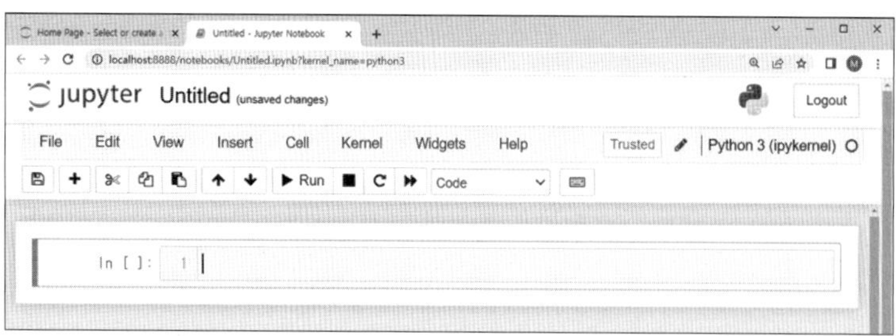

[그림 3-5] 새 노트북 실행

실제로 주피터 노트북 화면은 IPython에서 봤던 화면과 매우 닮았습니다. 여기서 In [ ]: 오른쪽에 있는 회색 창을 셀cell이라고 부릅니다. 셀에 명령문을 입력하면 그 결과가 셀 바로 아래에 나타납니다. 여기서 In은 Input의 줄임말로 주피터 노트북이 사용자로부터 명령문을 입력받을 준비가 되었다는 뜻입니다. 여태껏 우리가 프롬프트란 용어로 설명했던 것과 같다고 보면 되겠습니다. 첫 번째 명령어가 입력되어 실행이 완료되면 In 옆의 중괄호 [ ]에 셀 번호 1이 나타나게 되고 사용자가 다음 번 명령어를 입력할 수 있도록 아래에 셀을 하나 더 만들어 줍니다. 한 번만 따라해보면 금세 익숙해질 만큼, 화면도 깔끔하고 사용법이 아주 명료합니다.

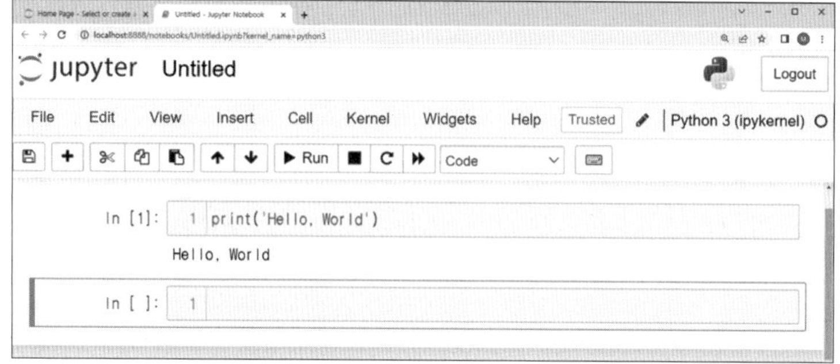

[그림 3-6] 새로운 셀 생성

2장에서 살펴봤던 개발도구들과는 다르게 주피터 노트북의 셀에는 여러 개의 명령문을 입력할 수 있습니다. 실제로 앞에서처럼 `print('Hello, World')` 명령문을 타이핑한 후에 〈Enter〉를 누르면 명령문이 실행되는 것이 아니라 아래로 줄바꿈이 되는 것을 확인할 수 있습니다. 다음의 [코드 3-1]을 참조하기 바랍니다. 결국, 주피터 노트북에서의 실행은 명령문을 실행하는 것이 아니라, 하나의 셀(하나의 셀에 들어가 있는 모든 명령문)을 실행하는 것입니다. 셀을 실행하기 위해서는 〈Enter〉가 아니라 〈Shift〉+〈Enter〉를 누릅니다. 여기서 〈Shift〉+〈Enter〉는 〈Shift〉를 누른 상태에서 〈Enter〉를 누르는 것을 말합니다.

[코드 3-1] 〈Shift〉+〈Enter〉로 실행하는 명령문

```
In [1]:  print('Hello, World')
         print('Hi, everyone')

         Hello, World
         Hi, everyone
```

여기서 잠깐!!

주피터 노트북의 유래

주피터 노트북을 실행하고 나서 'New'하면 바로 파이썬 노트북이 만들어지는 것이 아니라 Python3을 선택해줘야 하는 것이 조금 의아하게 느껴질 수 있습니다. 주피터 노트북은 비록 IPython으로부터 유래했지만, 이후에 데이터 과학 및 과학적 연산에 여러 프로그래밍 언어를 활용할 수 있도록 확장되었습니다. 실제로, 현재 파이썬 외에도 줄리아(Julia), R, 루비(Ruby), 하스켈(Haskell), 스칼라(Scala), node.js, Go 언어를 주피터 노트북에서 실행할 수 있습니다. 주피터 노트북 개발은 2014년경에 시작되었는데, 초기에는 줄리아, 파이썬, R 등 세 개 언어를 대상으로 개발이 시작되었습니다. 주피터란 이름도 이 세 개 언어의 이름으로부터 유래되었다고 합니다.

주피터 노트북 화면의 역할

[그림 3-7]에서 보다시피 Input 셀에 명령어를 입력하면 그 명령어는 커널(Kernel)이라고 불리는 (화면 뒤에 숨어서 보이지 않는) 번역기에 보내지며, 거기서 번역되고 실행됩니다. 그리고 그 실행 결과를 다시 원래 화면에 나타내 줍니다.

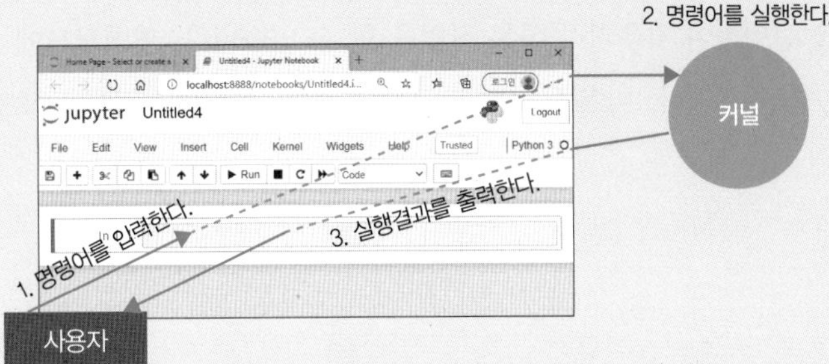

[그림 3-7] 명령어의 입력, 실행, 출력 과정

우리가 보게 되는 주피터 노트북 화면은 실제로는 사용자와 커널을 이어주는 역할을 한다고 볼 수 있습니다. 응용프로그램 중에 이런 역할을 하는 부분을 특별히 사용자 인터페이스라고 부릅니다(User Interface, 줄여서 UI라고 씁니다). 따라서 주피터 노트북 화면은 그대로 둔 채 커널만 다른 언어의 번역기로 바꿀 수 있다면 여러 언어에서 활용 가능한 도구가 될 수 있는데, 주피터 노트북도 실제 그러한 구조로 개발되었습니다.

주피터 노트북은 편집모드와 명령모드로 사용됩니다

주피터 노트북에는 두 가지 모드가 있습니다. 하나는 편집모드(에디트모드, Edit-Mode)이고, 나머지 하나는 명령모드(커맨드모드, Command-Mode)라고 부릅니다. 주피터 노트북에 익숙해지면 사실 굳이 구분하여 사용하지는 않습니다. 우선, 편집모드는 주피터 노트북이 셀에 명령문을 입력할 수 있는 상태에 있는 것을 말합니다. 편집모드에서는 셀의 경계선이 녹색(Green)으로 나타납니다.

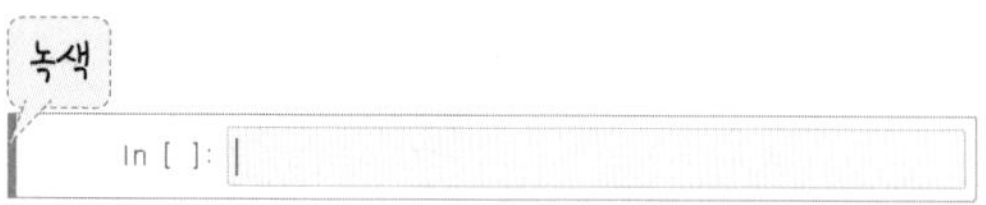

[그림 3-8] 주피터 노트북의 편집모드

편집모드에서는 우리가 텍스트 편집기를 사용하는 것처럼 셀 내부에 코드 또는 텍스트를 입력할 수 있습니다. 그래서 편집모드에서는 키보드 입력을 기다리는 커서가 셀 내부에서 깜빡이는 것을 볼 수 있습니다. 현재 편집모드가 아니라면 (그렇다면, 당연히 명령모드겠죠?) 〈Enter〉를 누르거나, 마우스로 셀 내부를 클릭하게 되면 편집모드로 바뀝니다.

반대로 명령모드에서의 셀 경계선은 청색(Blue)으로 나타납니다. 편집모드가 셀 내부에 명령문을 편집할 수 있는 상태인 것에 비해, 명령모드에서는 셀 바깥에서 셀 자체를 다루는 명령어를 실행할 수 있습니다. 예를 들어, 셀 사이에 새로운 셀을 삽입하거나, 특정한 셀을 선택하여 지우거나 하는 작업을 할 수 있습니다. 편집모드에 있는 상태에서 〈ESC〉를 누르거나, 마우스로 셀 바깥을 클릭하게 되면 명령모드로 바뀝니다.

이 책에서는 편집모드와 명령모드의 색상 차이를 구분하기 어려우니 실제 화면에서 확인하기 바랍니다.

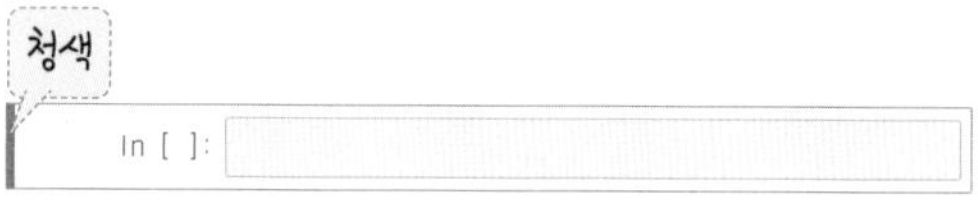

청색

In [ ]:

[그림 3-9] 주피터 노트북의 명령모드

편집모드에서 명령문을 편집합니다

주피터 노트북에서 새로 노트북을 만들면 [그림 3-10]과 같은 화면이 뜹니다. 첫 번째 셀을 보면 앞에 In [ ]:이라는 제목과 회색(Gray) 셀이 녹색 박스로 함께 감싸져 있는 것이 보입니다. 현재 선택된(활성화된) 셀은 편집모드에 있다는 뜻입니다.

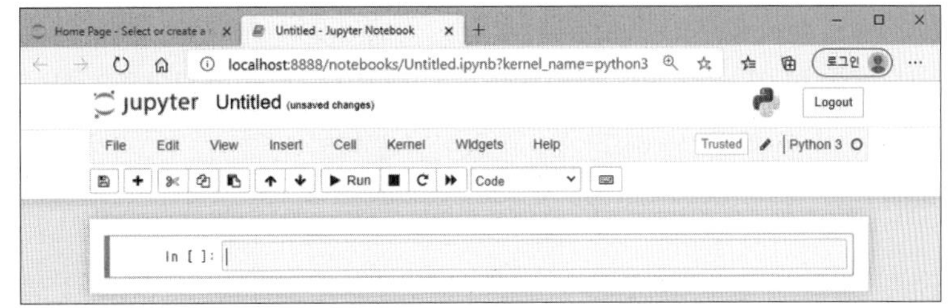

[그림 3-10] 활성화된 편집모드

셀에 명령문을 입력하기 위해서는 주피터 노트북이 편집모드에 있어야 합니다. 셀의 경계선이 녹색이고 커서가 깜빡이고 있으면 편집모드에 있으니 바로 명령문을 입력할 수 있습니다. 혹시, 청색으로 명령모드에 있다면, 〈Enter〉를 누르거나 셀 내부를 마우스로 클릭하여 편집모드로 바꿉니다.

셀에 `print('Hello~ World')`를 입력하고, 〈Enter〉를 눌러 봅니다. 편집모드에서 〈Enter〉를 누르면 동일한 셀에서 줄 바꿈이 되는 것을 확인할 수 있습니다. 실제로 하나의 셀에 여러 개의 명령문을 입력할 수 있습니다. 편집모드에서 입력된 명령어를 실제로 실행하려면 〈Shift〉+〈Enter〉를 누릅니다. 〈Ctrl〉+〈Enter〉, 〈Alt〉+〈Enter〉를 사용할 수도 있지만 용도가 조금 다릅니다. 〈Shift〉+〈Enter〉를 기본으로 사용하는 것이 좋습니다.

이왕에 줄을 바꾼 김에, 다음 줄에 `print('Welcome to Python Programming')`이라는 명령어를 입력해봅니다. 그러면 [그림 3-11]과 같이, 두 줄의 파이썬 코드를 만들 수 있게 됩니다. 여기서 〈Shift〉+〈Enter〉를 누르면 현재 셀에 편집되어 있던 명령문이 번역되어(해석되어) 실행되고 그 아래에 그 결과가 나타납니다. 그리고 새로운 셀이 추가되는 것을 확인할 수 있습니다.

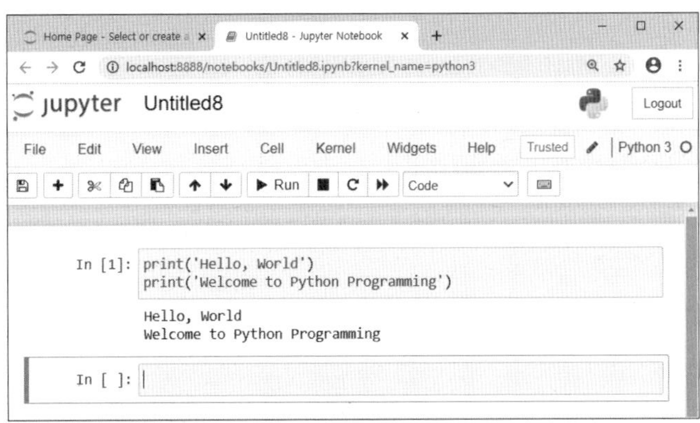

[그림 3-11] 편집모드에서의 명령문 입력과 실행

셀에 입력된 명령어가 실행되면 In [ ]의 괄호에 일련번호가 부여됩니다. [그림 3-11]에서 방금 실행된 첫 번째 셀의 타이틀이 In [ ]에서 In [1]로 바뀌었음을 확인할 수 있습니다. 셀의 일련번호는 셀의 개수가 늘어남에 따라 1, 2, 3, 4, …의 순으로 계속 증가합니다.

이전에 실행했던 셀을 다시 선택하면(해당 셀 내부를 마우스로 클릭하면 됩니다.) 그 셀이 다시 활성화되어 명령문을 수정하거나 새로 실행할 수 있습니다. 이 경우, 셀 번호가 직전에 실행된 셀의 번호보다 1만큼 큰 값으로 바뀌는 것을 확인할 수 있습니다. 실제로 In [ ]의 중괄호에 씌어지는 숫자는 현재의 노트북에서 이 셀이 몇 번째로 실행되었는지를 나타내게 됩니다.

명령모드에서 셀을 편집합니다

명령모드에서는 셀 자체를 추가, 삽입, 삭제 또는 이동할 수 있습니다. 실제로, 셀을 중간에 삽입하거나(insert), 기존의 셀을 삭제하거나(cut), 기존의 셀을 복사해서(copy) 새로운 셀로 덧붙이는것이 가능합니다(paste). 또한 셀 자체를 위로 또는 아래로 움직여서 셀 간의 순서를 바꿀 수도 있습니다.

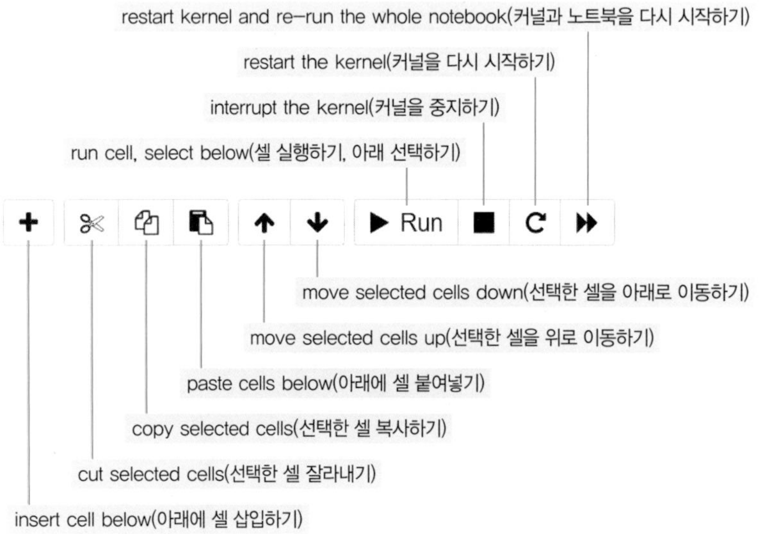

[그림 3-12] 명령모드에서 사용하는 메뉴 툴바

이러한 기능들이 화면 상단의 [Edit] 메뉴와 [Insert] 메뉴에서 제공되고 있습니다. 특히, 자주 사용되는 메뉴의 경우에는 메뉴 아래의 툴바[Toolbar]에 아이콘으로도 제공되고 있습니다. 툴바 아이콘과 기능은 [그림 3-12]와 같습니다. 그림에 나타낸 기능은 마우스 포인터를 아이콘 위에 올리면 해당 아이콘의 기능이 도움말 풍선으로 뜨게 되어 있는데 그 내용들을 정리한 것입니다. 명령모드의 명령들은 툴바에서 제공되는 정도만 알아도 충분합니다(조금 익숙해지면 핫키(Hot-key)를 활용하는 것을 추천합니다).

먼저 실습을 위해서 [그림 3-13]과 같은 화면을 만들어 봅니다. 참고로 # 다음에 있는 모든 텍스트는 파이썬에게 명령어로 인식되지 않습니다. 파이썬이 # 기호부터 해당 줄 끝까지의 내용은 "없는 것으로 본다" 또는 "무시한다(ignore)"라고 생각하면 됩니다. # 기호로 시작하는 문자열(문자가 쭉 이어졌다고 해서 문자열이라고 부릅니다)을 코멘트[comments]라고 부릅니다. 파이썬에게 전달하는 명령어가 아니라, 파이썬 프로그램 중간 중간에 (본인이 잊지 않도록, 보면 금세 생각나도록) 달아놓는 메모라고 보면 되겠습니다. 실제로, 코드 중 일부에 대해 그 코드가 무엇인지, 또는 어떻게 실행되는지 등에 대한 설명을 코멘트로 만들어 추가합니다. 설명이 길어졌는데, "파이썬에서 코멘트는 # 기호로 표시한다"라고 정리하고 넘어가겠습니다.

[그림 3-13] 실습을 위한 화면구성 및 코멘트

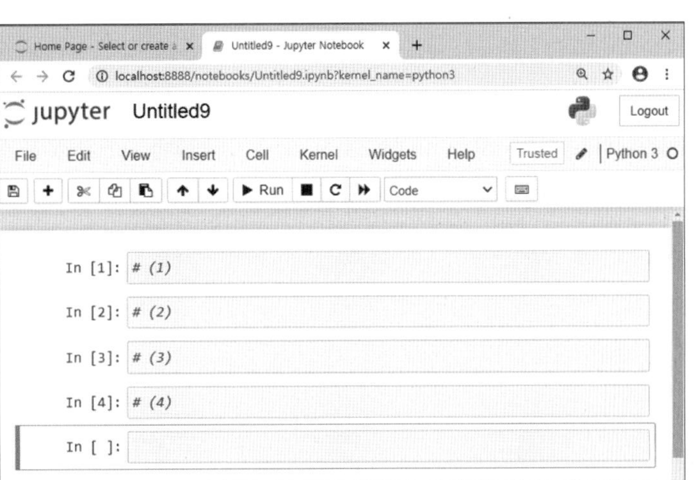

현재 상태에서 In [2] 셀을 선택합니다. 여기서는 명령모드에서의 명령을 연습하므로 셀 안을 클릭하지 말고 셀 바깥(추천하기는 In [2]의 글자 부분)을 클릭해서 선택합니다. 그러면 In [2] 셀이 청색 경계선으로 표시됩니다. 5개 셀 중에 2번 셀이 선택된 것입니다.

[그림 3-14] 명령모드에서 2번 셀 선택

이 상태에서 [insert cell below] 아이콘을 누르면 현재 선택된 셀 아래에 새로운 셀이 추가됩니다. 실제로 [그림 3-15]와 같이 셀이 삽입되는 것을 확인해보기 바랍니다. 이 상태에서 3번 셀을 선택해서 [cut selected cells] 아이콘을 클릭합니다. 해당 셀이 삭제되고 그다음 셀이 현재 셀로 선택되는 것을 확인할 수 있습니다.

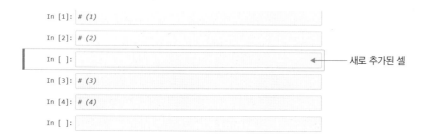

[그림 3-15] 셀 추가

그런데 명령어를 가만히 보면 [cut selected cells]라고 해서 여러 개의 셀을 한꺼번에 선택해서 삭제할 수 있다는 의미로 보입니다. 실제로, 〈Shift〉를 누른 상태에서 키보드 〈화살표〉(위, 또는 아래)를 누르거나 마우스를 클릭하면 여러 개의 셀을 동시에 선택할 수 있습니다([그림 3-16] 참조). 참고로 새로 추가된 셀에 코멘트 문장을 하나 추가해보고 셀 번호가 어떻게 변하는지를 확인해보기 바랍니다. 위치상으로는 2번 셀과 3번 셀 사이에 있지만, 이 노트북에서 5번째로 실행되는 문장이어서 셀 번호가 5번이 됩니다.

```
In [1]: # (1)
In [2]: # (2)
In [ ]:
In [4]: # (4)
In [ ]:
```

[그림 3-16] 여러 개 셀의 선택

이제 다른 명령도 어떻게 작동할지 느낌이 올 겁니다. 사실 기초만 알면, 도구 사용법이야 쓰다 보면 저절로 터득하게 되는 것 같습니다. 그다음에 있는 두 개의 아이콘 [copy selected cells]와 [paste cells below]는 우리가 소위 '복붙(복사해서 붙이기)'이라고 부르는 기능입니다. 한 개 이상의 셀을 선택한 후에 [copy selected cells]를 실행합니다. 그리고 어떤 셀을 선택한 후에 [paste cells below]하면, 말 그대로 조금 전 선택했던 셀들이 현재 선택된 셀 아래로 덧붙여집니다.

그다음에 있는 아이콘 [move selected cells up]과 [move selected cells down]은 현재 선택된 셀(들)을 위로 한 칸, 또는 아래로 한 칸 이동시키는 기능입니다. 그러면 위 아래 셀 간에 순서가 바뀌게 됩니다. 반복하면 여러 칸을 이동할 수 있습니다. 그다음에 있는 아이콘은 이후 설명이 필요한 부분에서 따로 소개하겠습니다.

여기서 잠깐!!

주피터 랩

주피터 노트북의 후속으로 제작되고 있는 도구가 있습니다(사실 명확하게 후속이라고 발표된 것은 아닙니다). 주피터 랩(Jupyter Lab)이라는 도구인데 주피터 노트북을 만든 프로젝트팀에서 2018년 초에 발표한 주피터 노트북의 업그레이드 버전 정도되는 응용프로그램입니다. [그림 3-17]은 주피터 랩을 실행한 화면입니다. 화면에서 보다시피 (우리가 이미 익숙한) 주피터 노트북에 탐색기 기능(화면 왼쪽)뿐만 아니라, 콘솔, 터미널 기능이 추가되어 편의성이 높아졌습니다. 특히, 텍스트 파일 편집 기능이 포함되어 있어 주피터 랩 안에서 파이썬 스크립트를 편집하여 파일로 저장하는 것이 가능하게 되었습니다. 주피터 노트북에서도 매직명령어(참고로 %%writefile, %load, %run 등)를 이용하여 파일 편집이 가능하긴 하나 제법 불편하여 보통은 외부 편집기를 따로 사용하게 됩니다. 주피터 랩은 주피터 노트북을 대체할 수 있는 좋은 대안입니다. 나중에 한 번 활용해보기 바랍니다.

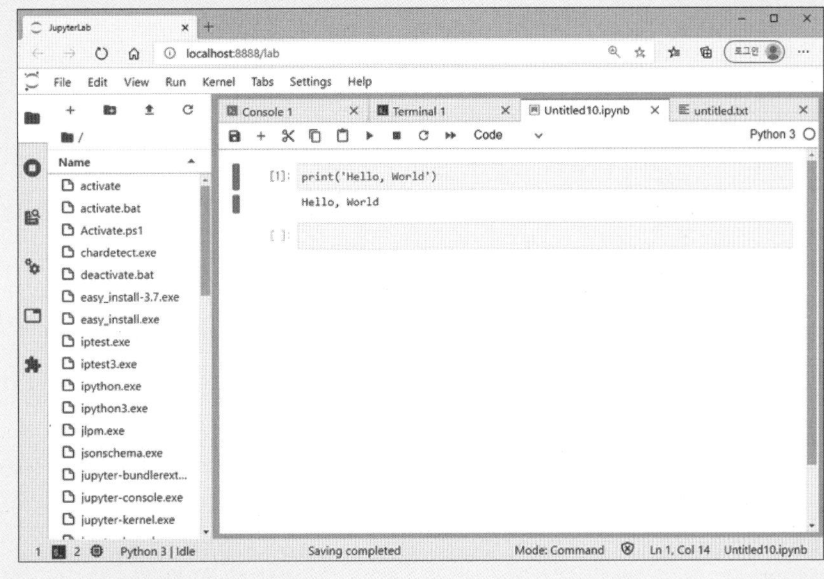

[그림 3-17] 주피터 랩을 실행한 화면

여기서 잠깐!!

노트북 파일의 확장자는 ipynb를 사용합니다

주피터 노트북에서 만들어진 노트북 파일은 확장자가 ipynb입니다. ipynb는 ipython note book의 줄임말입니다. 저장 폴더를 변경하지 않았다면 가상환경의 Scripts 폴더 안에 저장됩니다. 주피터 노트북은 자동 저장(Auto Save) 기능이 있어 작업 내용을 잃어 버릴 염려는 거의 없습니다. 파일명은 디폴트값으로 'Untitled'를 사용합니다. 파일명을 따로 저장하지 않으면 Untitled, Untitled1, Untitled2, …로 만들어집니다. 아무래도 노트북이 담고 있는 코드 의미에 맞게 파일명도 유의미하게 짓는 것이 좋겠습니다. 그래야 다음에 필요할 때 쉽게 찾을 수 있으니까요. 파일명을 바꾸고 싶으면 [File]의 [Save as…] 메뉴를 사용하면 됩니다.

3장을 정리하겠습니다

3장에서는 이 책에서 파이썬 개발환경으로 주로 사용할 파이썬 노트북의 설치와 사용법을 살펴보았습니다. 벌써 3장이 지났는데, 아직 파이썬 문법은 하나도 다루지 못했네요. 그런데 다음 장마저도 파이썬 문법을 직접 다루는 내용이 아닙니다. 프로그래밍 공부는 준비에 노력이 많이 들어가는 편이긴 합니다만, 조금 재미없어질라고 합니다. 그래도 "시작이 반"이라고 했으니 모두 파이팅~!!

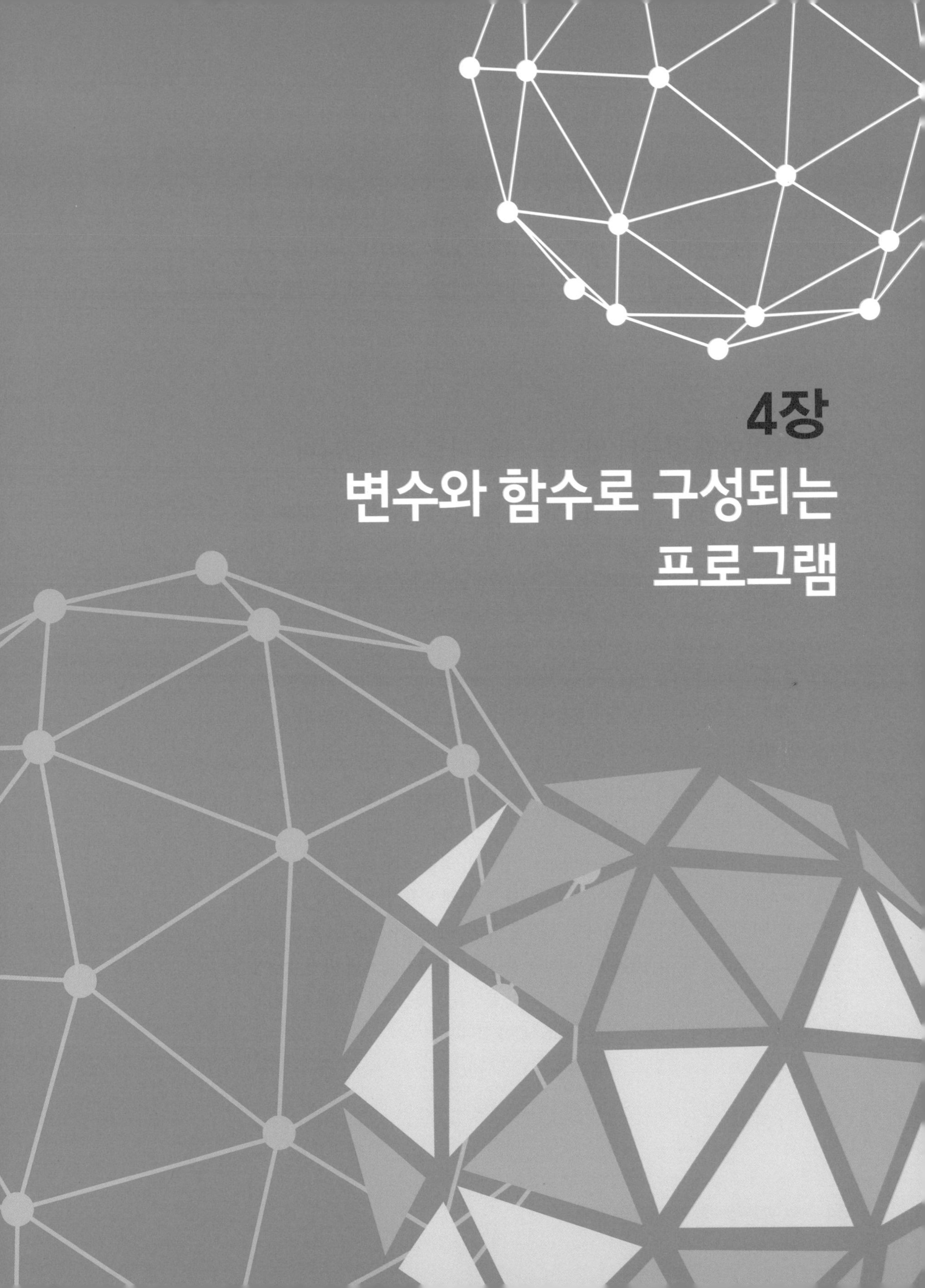

4장

변수와 함수로 구성되는 프로그램

4장에서는 "프로그램은 변수와 함수로 만들어진다"는 것을 주제로 얘기를 나눠보려고 합니다. 프로그램이야 지금부터 공부할 주제이기는 한데, 변수와 함수는 너무 익숙한 용어라서 "이거 뭐야?"라는 생각이 들 수도 있을 것 같습니다. 맞습니다. 우리가 익히 너무 잘 알고 있는 '그' 변수와 '그' 함수가 맞습니다. 조금은 뜬구름 잡는 얘기처럼 들릴 수도 있지만, 우리는 이미 프로그래밍을 공부할 충분한 준비가 되어 있다는 것을 먼저 알려주고 싶어서 (그래서 프로그래밍 공부를 조금은 편하게 생각해 보라고) 이 장을 준비했습니다.

사람의 언어와 컴퓨터 언어는 서로 다르지 않습니다

1장에서 "사람의 언어와 컴퓨터 언어는 다르지 않다"라고 얘기했습니다. 컴퓨터 언어를 공부하다 보면, 컴퓨터 언어가 사람의 언어와 정말 많이 닮아있는 것을 알게 됩니다. 어쩌면 너무 당연한 일입니다. 컴퓨터 언어는 사람이 만들었기 때문입니다. 조물주가 당신의 모습으로 사람을 창조했듯이 사람도 자신의 언어를 본떠 컴퓨터 언어를 만드는 것은 너무 당연한 일입니다. 그렇습니다. 컴퓨터 언어는 우리가 태어나서부터 줄곧 잘 사용하고 있는 우리 사람의 말과 똑같습니다. 게다가 외워야 하는 단어도 얼마 되지 않습니다. 심지어 문장에 쓰일 단어를 내 마음대로 창조할 수 있는 언어입니다.

조금만 더 보충해서 얘기하겠습니다. 사람의 언어에서는 명사, 대명사, 동사, 부사, 형용사, 전치사, 접속사, 감탄사 등 여러 품사의 단어(words)가 사용됩니다. 이 단어들이 조합(combination)되어 문장(statements)이 됩니다. 물론, 단어를 조합하는 데는 문법(grammar)이라는 특별한 규칙이 적용됩니다. 이렇게 만들어진 문장을 여러 개 모은 것을 문단(phrase)이라고 부릅니다. 문장을 조합하여 문단을 만드는 조합 규칙은 논리(logic)라고 부를 수 있습니다. 논리를 갖추어 얘기하지 않으면 말에 앞뒤가 없다는 소리를 듣게 됩니다. 문단이 만들어지면 문단들을 묶음으로써 절(section)과 장(chapter)이 만들어지고, 장이 모여서 책(book)이 됩니다.

명령문이라는 명칭에는 컴퓨터와 대화한다기보다는 컴퓨터에게 뭔가를 지시한다는 생각이 깔려 있습니다.

구문은 단어를 조합(나열) 하여 하나의 온전한 문장을 만드는데 필요한 (또는 지켜야 하는) 규칙입니다.

사람의 언어와 대비하여, 컴퓨터 언어에서 사용되는 단어는 '변수(variable)'와 '함수(function)', 두 가지입니다. 계속해서 살펴보겠지만, '변수는 명사에 해당'하고 '함수는 동사에 해당'합니다. 컴퓨터 언어에서는 변수와 함수를 조합하여 문장을 만듭니다. 이렇게 만들어진 문장을 명령문(instructions)이라고 부릅니다. 물론, 여기서도 조합의 규칙이 있습니다. 거창하게 문법이라고 할 정도는 아니고 보통은 구문(syntax)이라고 불리는 규칙이 마련되어 있습니다. 이렇게 만들어진 문장들을 조합하여 프로그램program을 만들게 됩니다. 프로그램은 그 형태에 따라 함수(function), 객체(object), 모듈module 및 패키지package 등 여러 이름으로 불립니다. 물론, 사람의 언어와 마찬가지로 논리에 의해 문장들이 결합됩니다. 특별히 컴퓨터 언어에서 '문장들을 결합하는 논리'를 알고리즘algorithm이라고 부릅니다. 우리가 이 책에서 가장 중심에 두고 얘기해 보려고 하는 주제입니다. 이러한 내용을 그림으로 한 번 나타내 보았습니다.

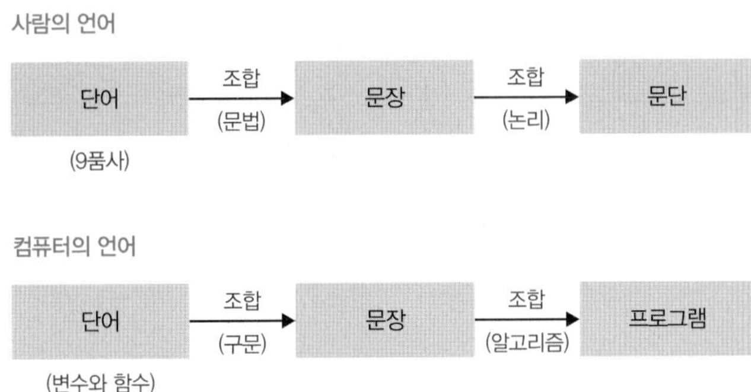

[그림 4-1] 사람의 언어 vs. 컴퓨터의 언어

컴퓨터 프로그램은 IPO입니다

컴퓨터 프로그램은 '데이터를 가공(또는 처리)하는 절차'입니다. 데이터를 가공한다는 의미는 무엇일까요? 우리에게 익숙한 음식 재료를 가공해서 요리를 만드는 절차로부터 연상해보겠습니다.

쌀, 고기, 감자, 당근, 양파, 카레가루 등의 재료를 이용해서 카레라이스를 만드는 과정을 한 번 상상해보기 바랍니다. 그 과정을 그림으로 표현해 본다면 [그림 4-2]와 같이 나타낼 수 있을 것 같습니다. 여기서 하나의 박스는 하나의 행위를 의미합니다(재료를 가공하거나 처리합니다). 화살표는 재료의 흐름(Material Flow라고 부릅니다)을 나타냅니다. 음식 재료들이 화살표 방향을 따라 박스를 거쳐 흘러갑니다. 박스를 거친다는 것은 재료들이 해당 박스의 가공, 처리 과정을 거친다는 뜻입니다.

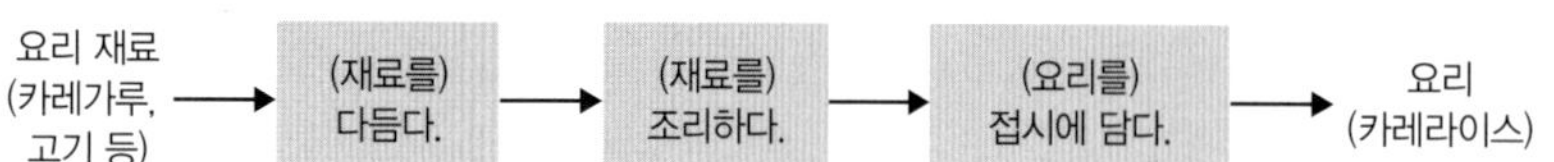

[그림 4-2] 카레라이스를 만드는 과정

위의 요리과정에서 박스들을 하나의 '큰 박스'로 묶게 되면, 위의 요리과정은 크게 세 개의 부분으로 구분할 수 있습니다. 여기서 하나로 뭉뚱그려진 큰 박스를 프로세스^process^라고 부릅니다. 프로세스에 재료들을 투입하는 것을 입력(input)이라고 부르고, 전체 요리과정이 성공적으로 끝나서 만들어진 요리(결과물)를 출력(output)이라고 합니다. 이 세 가지 요소를 묶어서 IPO^Input-Process-Output^라고 부릅니다.

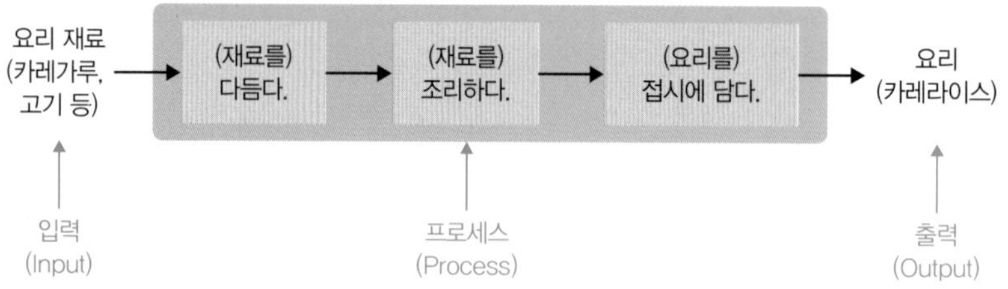

[그림 4-3] 카레라이스를 위한 IPO

참고로 재료의 경우, 어디에 있는지에 따라 다양한 이름으로 불립니다. 프로세스에 들어가기 전의 재료, 즉, 아직 전혀 가공되지 않은 '날 것의' 재료를 '원재료(Raw Material)'라고 부르고, 가공 중에 있으면 '재공품(WIP, Work In Process)'이라고 부릅니다. 가공이 끝나서 완성되면 '제품(Product)'이라고 부릅니다. input이란 단어는 in과 put이란 단어가 조합된 단어입니다. "안(in)으로 둔다(put)"는 뜻이네요. 프로세스 밖에 있던 재료들을 프로세스 "안으로 두는" 것을 말합니다. output은 그와는 반대의 의미겠습니다. 프로세스가 "밖에다 두는" 것을 말합니다.

컴퓨터에서 실행되는 프로세스인 컴퓨터 프로그램도 요리과정과 똑같습니다. 대신, 프로세스에 입력되는 것은 재료(material)가 아니고 데이터^data^입니다. 화살표를 따라서 데이터가 흘러갑니다. 이것을 데이터 플로우Data Flow라고 부릅니다. 마치 재료가 요리과정을 거쳐서 요리가 만들어지듯이 입력데이터가 처리과정을 거쳐서 (우리가 구하려고 하는 결과물인) 출력데이터로 변환됩니다.

요리사들이 주어진 재료(쌀, 카레가루, 고기, 당근, 감자)를 어떻게 해야 카레라이스로 변환할 수 있을지 그 과정을 고민하듯이, 실제 우리 개발자들은 주어진 입력데이터로부터 출력데이터를 어떻게 산출할 수 있는지, 그 과정(프로세스)을 찾아내고, 그 과정을 컴퓨터 프로그램으로 만드는 것입니다(우리의 경우는 파이썬 프로그램으로 만듭니다). 이 과정이 우리가 1장에서 잠시 살펴봤던 분할과 정복(Divide & Conquer)의 과정입니다([그림 4-4]의 ❶ 참조).

[그림 4-4] 데이터 처리를 위한 IPO

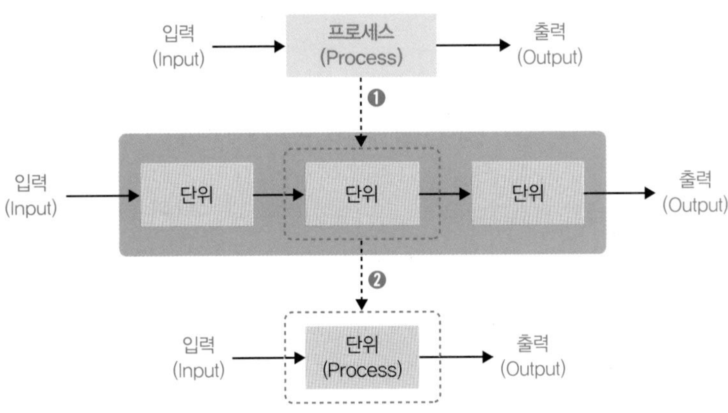

참고로 입력데이터와 출력데이터가 주어져 있을 때, 입력데이터로부터 출력데이터를 만들어 낼 수 있는 과정(프로세스)을 알고리즘algorithm이라고 합니다. 알고리즘이 만들어지면, 알고리즘을 컴퓨터 프로그램으로 번역하는 과정이 따르는데, 이 과정을 보통 코딩coding이라고 부릅니다. 프로그래밍programming이라고 하면 이 두 가지 과정을 모두 포함하는 것으로 얘기합니다. 코딩과 프로그래밍을 구분하여 말하는 사람들이 있습니다만, 굳이 그렇게 하는 이유를 잘 모르겠습니다. 주어진 알고리즘을 단순하게 컴퓨터 언어로 바꾸는 일만 하는 사람들은 없습니다(실제 가능하지도 않습니다). 이 책에서는 코딩과 프로그래밍을 구별 없이 사용하겠습니다.

[그림 4-4]에서 프로세스를 구성하는 하나의 단위(Unit) 프로세스를 따로 떼어보면, 그 역시도 하나의 IPO가 되는 것을 알 수 있습니다([그림 4-4]의 ❷ 참조). 만약, 단위 프로세스가 여전히 어렵고 복잡하다면 정복하기 위해 다시 분할해야 합니다. 이러

한 분할과 정복과정이 더 이상 분할이 필요없을 때까지 (그만큼 하나의 프로세스가 단순해질 때까지) 계속해서 반복됩니다. 더 이상 나누어지지 않는 마지막 단위 프로세스가 프로그램에서는 하나의 명령문으로 만들어져 나타나게 됩니다.

이를 거꾸로 한 번 생각해봅시다. 여러 개의 명령문이 "어떤 논리에 의해 묶여서" 하나의 프로세스를 만듭니다. 컴퓨터 언어에서는 이 프로세스를 보통 '함수(function)'라고 부릅니다. 이렇게 만들어진 함수는 또 다른 함수와 "어떤 논리에 의해 묶여서" 더 큰 프로세스를 구성하게 됩니다. 파이썬에서는 이를 특별히 '모듈module'이라고 부릅니다. 객체도 이와 비슷합니다. 일반적으로 프로그램이라고 하면 이 모든 것을 포함하는 용어로 사용된다고 말할 수 있겠습니다.

컴퓨터 명령문은 $y=s.f(x)$ 형태로 만들어집니다

앞서 살펴본 것처럼, 하나의 프로그램에는 많은 수의 명령문이 포함됩니다. 각 명령문은 모두 IPO입니다. Output(출력)을 y, Input(입력)을 x라고 하고 명령문(함수)의 이름을 f라고 하면, 이를 컴퓨터 언어에서는 $y=f(x)$라고 표현합니다. 뭔가 아주 익숙한 느낌인데요. 그렇습니다. 중학교 시절부터 숱하게 보아 온 수학 '함수'와 똑같은 표현법을 씁니다. 심지어 그 의미도 똑같습니다. 달리 함수로 불리는 것이 아니었네요.

그렇지만 컴퓨터 프로그램에서는 조금 더 확장된 개념으로 행위의 주체까지 표현할 수 있습니다. 그래서 컴퓨터 언어에서는 $y=s.f(x)$와 같은 명령문이 가장 완벽한 형태입니다. 여기서 가장 핵심이 되는 요소는 물론 프로세스를 나타내는 함수 f입니다. 프로세스는 행위입니다. 해당 행위의 대상이나 목적이 있을 텐데(사람의 언어에서는 동사의 목적어에 해당하겠습니다), 그것(들)을 f 뒤에 붙어 있는 괄호( ) 안에 나타냅니다.

$y=s.f(x)$에서 $f(x)$만을 해석해 본다면 "x를 f한다"라는 뜻으로 해석할 수 있습니다. 사람의 언어로 본다면 "공을 찬다" "이를 닦는다" "빗자루로 청소한다" 등과 같은 예를 들 수 있겠습니다. 실제로, 이 문장을 컴퓨터 언어로 표현을 바꾸어 본다면 "찬다(공)", "닦는다(이)", "청소한다(빗자루)" 등으로 나타낼 수 있습니다. 컴퓨터 언

어에서 동작을 가리키는 이름을 함수라고 부르는데, 함수는 뒤에 괄호를 반드시 끌고 다닌다는 것에 유의해주기 바랍니다.

*s*는 *f* 행위의 주체를 의미합니다. 사람의 언어에서 행위의 주체를 '주어'라고 부릅니다. 만약 "공을 찬다"의 예에서 공을 찬 주체가 '홍길동'이라면 사람의 표현으로는 "홍길동이 공을 찬다"가 될테고, 컴퓨터 언어에서는 "홍길동.찬다(공)"의 형태가 됩니다. 우리나라 말로 그대로 읽으면 됩니다. "홍길동"이 "찹니다". 무엇을? "공을". 참고로 주체인 *s*와 주체의 동작인 *f* 사이에 닷(.)이 있는 것에 유의해주세요. 우리가 나중에 다시 살펴볼 기회가 있겠지만 이 닷(.)을 멤버 오퍼레이터Member Operator라고 부릅니다.

사람의 생활에서도 어떤 행위가 일어나면 세상에는 어떤 변화가 생깁니다(그러한 변화는 행위의 목적이 되기도 합니다). 예를 들어, "홍길동이 공을 찼는데, 100미터나 날아갔다"면 공을 차기 전의 공의 위치와 공을 차고 난 다음의 공의 위치가 달라집니다. 이전 세상에서의 공은 홍길동 오른발 앞에 있었는데, 이제는 공이 홍길동으로부터 100미터나 떨어져 있습니다. 세상이 바뀌었습니다. 홍길동이 공을 찼기 때문입니다. 이러한 의미를 컴퓨터 언어에서는 상태(state)라는 용어로 설명을 합니다(다음에 자세히 살펴보겠습니다). 어쨌든 이렇게 변화된 상태가 *y*로 표현됩니다.

변수는 데이터의 이름, 함수는 프로세스의 이름입니다

세상의 모든 것에는 이름이 있습니다. 서로 구별되기 위해서입니다. 서로 다른 동작에 서로 다른 이름(동사)이 붙어 있고, 서로 다른 사물에 서로 다른 이름(명사)이 붙어 있습니다. 행위를 구별하기 위해 각 행위에 붙인 이름이 동사이고, 사물들을 구별하기 위해 각 사물에 붙인 이름이 명사입니다.

우리의 프로그램에는 데이터와 처리과정(프로세스)이 있습니다. 여러 개의 데이터가 있고, 여러 개의 프로세스가 있다면 각각을 서로 구별할 수 있어야 합니다(구별할 수 없다는 건 어찌 보면 존재하지 않는 것과 같습니다). 어떻게 구별할 수 있을까요? 네, 맞습니다. 각각에 서로 다른 이름을 부여함으로써 구별되도록 합니다. 여기서 데이터에 부여된 이름을 변수(variables)라고 부르고, 프로세스에 부여된 이름을 함수

(function)라고 부릅니다. 결국, 프로그램은 변수와 함수로 만들어집니다. 실제로 변수를 알고, 함수를 이해하면 코딩은 "끝"이라는 뜻입니다. 이 책을 통해 같이 확인하겠습니다.

4장을 정리하겠습니다

컴퓨터 언어는 결국, 변수와 함수입니다. 변수를 알고 함수를 이해하면 컴퓨터 언어의 문법은 끝나는 것입니다. 그럼 뭐만 남는다? 그렇습니다. 알고리즘만 남습니다. 우리가 컴퓨터를 이용해서 무엇을 하나요? 세상의 문제를 해결합니다. 한방에(하나의 명령문으로) 해결되나요? 아닙니다. 복잡해서 여러 과정이 순서에 맞게 잘 이루어져야 합니다. 이를 보통 절차적 사고(Procedural Thinking), 절차적 문제해결(Procedural Problem Solving)이라고 부릅니다. 문제해결의 중심에 절차(algorithm)가 있습니다. "생각하는 대로 저절로 코딩이 되는 수준"에 이르면 생각 외로 많은 것을 얻을 수 있는 이유입니다. 이제 5장부터 데이터와 변수를 시작으로 '변수와 함수'를 알아보겠습니다.

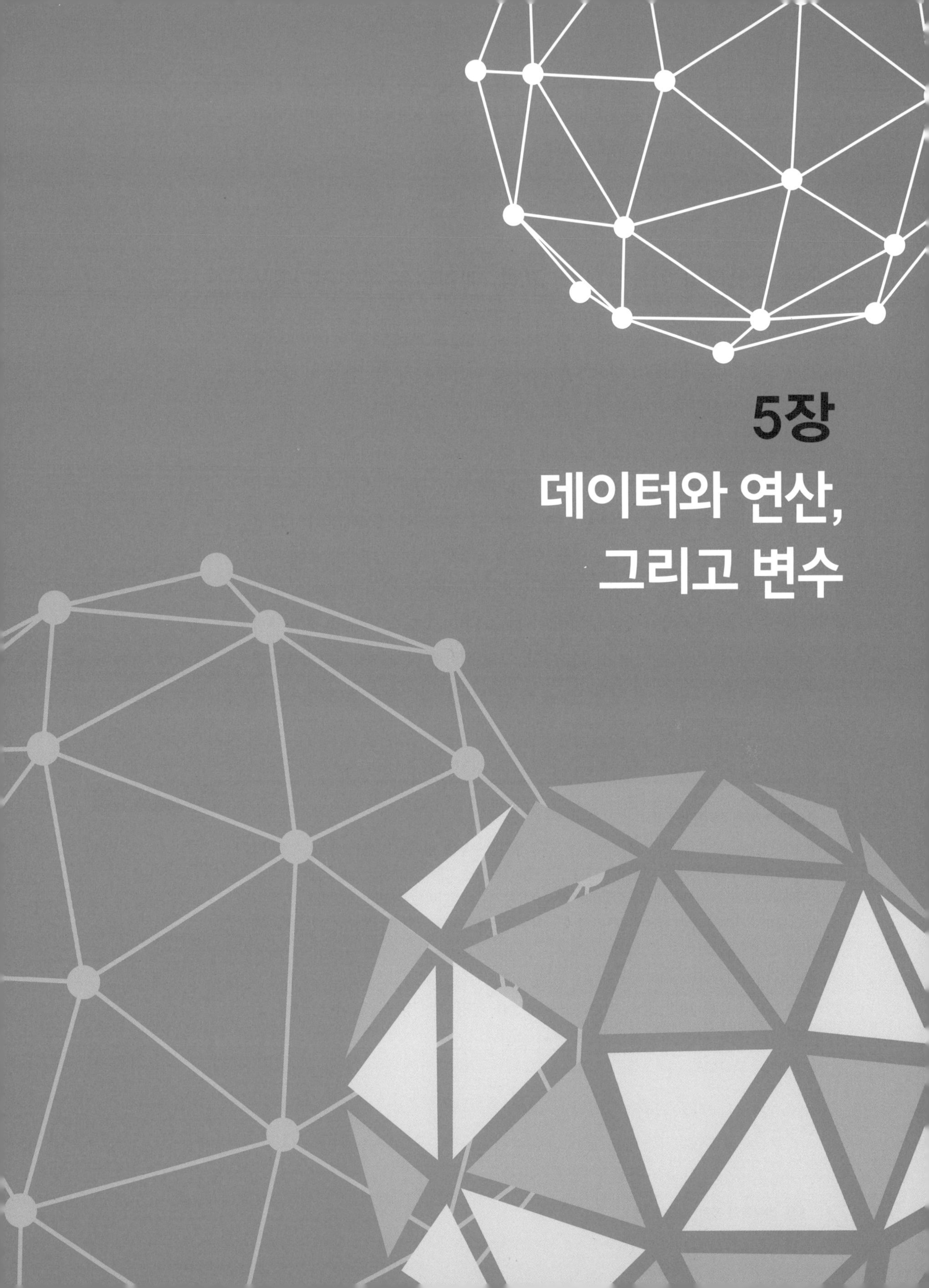

5장

데이터와 연산, 그리고 변수

프로그램을 구성하는 하나의 문장(명령문)은 변수와 함수를 조합하여 만들어집니다. 5장에서는 먼저 변수에 대해 살펴보겠습니다.

변수란 데이터의 이름입니다. 그럼, 데이터는 무엇인가요?

5장의 제목은 '데이터와 연산, 그리고 변수'입니다. 5장의 타이틀 롤Title Role인 만큼 데이터가 무엇인지를 정의하고 넘어가면 좋겠는데 뭐라고 딱히 설명할 말이 떠오르지 않습니다. 어쨌거나 우리가 잘 알고 있는 그 '데이터'가 맞습니다.

데이터와 연관된 용어로는 정보(information)와 지식(knowledge)이 있습니다. 일반적으로 데이터를 가공하여 정보를 만들고, 정보가 쌓이면 지식이 된다고 얘기합니다. 굳이 구분하여 설명해 본다면, 말, 글, 숫자, 그림으로 표현되어 세상에 존재하고 있는 모든 것은 데이터입니다(무형은 곤란하고 형태는 갖춰야 합니다). 데이터 중에 나에게 특별히 유용한 것은 정보가 되고, 비슷한 정보가 쌓이면서 지식이 만들어집니다. 심지어, 한발 더 나가 지식이 쌓여서 지혜(wisdom)가 된다고도 하는데, 특별히 구별해서 사용해야 하는 용어는 아닌 것 같습니다. 그냥 맥락에 맞게 사용하면 좋은, 비슷한 의미의 단어입니다. 우리 책에서는 그냥 '데이터'와 '정보'를 구별 없이 사용하겠습니다. 단, 맥락에 맞게.

여기서 잠깐!!

쓸데없는 얘기 하나!

지식! 지식! 하다 보니 갑자기 이런 생각이 듭니다. 이런저런 공부를 하다 보면 (물론, 치열한 고민의 흔적이겠지만) 머릿속에 저절로 어떤 이미지(심상)가 만들어지는데, 그런 것이야말로 진짜 '나만의' 지식입니다(교과서를 벗어나 진짜 세상에 정답이란 것이 존재할까 싶습니다마는, 어쨌든). 정답이든 정답이 아니든 '나만의' 지식이 '모든 사람의' 지식보다 훨씬 가치 있는 것입니다. 극히 개인적인 생각이긴 합니다.

데이터는 일반적으로 내가 알고 싶은 어떤 대상을 설명하는 정보들입니다. 예를 들어, 알고 싶은 어떤 사람이 있습니다. 무엇이 궁금한가요?

- Q1: 그 사람의 이름은? A1: 홍길동
- Q2: 그 사람의 나이는? A2: 21세
- Q3: 그 사람의 키는? A3: 175.4cm
- Q4: 그 사람의 머리카락 색깔은? A4: 검정(black)

여기서 홍길동, 21, 175.4, 검정은 어떤 특정한 대상을 설명하는 '정보' 또는 '데이터'입니다.

또 다른 예를 들어 보겠습니다. 여기 어떤 차가 있습니다. 이 차를 설명하는 데 필요한 데이터는 무엇이 있을까요?

- Q1: 이 차의 배기량은? A2: 2000cc
- Q2: 이 차의 색깔은? A2: 하양
- Q3: 이 차의 제조 연도는? A3: 2018년
- Q4: 이 차의 제조사는? A4: K사

여기서는 2000, 하양, 2018, K사 등이 데이터입니다.

데이터는 숫자, 문자, 불리언으로 구분할 수 있습니다

사람들이 사용하는 데이터는 크게 숫자, 문자, 불리언boolean으로 구분할 수 있습니다.

숫자 데이터

숫자 데이터는 0부터 1, 2, 3, …, 9까지 10개의 심볼symbol을 조합해서 만듭니다. 이 책에서 조합이란 단어를 벌써 여러 번 사용하고 있는데, 조합에는 항상 일정한 규칙을 포함하고 있습니다. 숫자를 만들 때 사용되는 조합 규칙을 특별히 '진법'이라고 부릅니다. 숫자를 나타내는 데 사용하는 심볼의 개수가 10개이면 10진법입니다. 사람들이 사용하는 숫자체계입니다. 컴퓨터인 경우는 2진수를 사용합니다. 숫자를 표현하는 데 사용되는 심볼이 0과 1, 두 개입니다. 그런데 2진법이든 10진법이든 몇 개 안 되는 심볼로도 세지 못할 숫자가 없습니다. 모두 진법 덕분입니다.

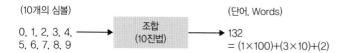

(10개의 심볼)
0, 1, 2, 3, 4,
5, 6, 7, 8, 9
→ 조합 (10진법) →
(단어, Words)
132
= (1×100)+(3×10)+(2)

[그림 5-1] 숫자 데이터의 조합

앞서 본 데이터 중에 21, 175.4, 2000, 2018 등은 숫자 데이터입니다. 단, 숫자 심볼로 만들어졌다고 해서 모두가 숫자 데이터인 것은 아닙니다. 숫자 심볼로 만들어진 문자 데이터가 존재합니다. 그러한 데이터를 코드code라고 부릅니다. 코드는 잠시 뒤에 소개하겠습니다.

문자 데이터

앞의 데이터 중에서 홍길동, 하양, K사 등은 문자 데이터입니다. 문자 데이터는 우리가 알파벳alphabet이라고 부르는 문자 심볼을 조합해서 만들어집니다. 숫자 데이터를 만드는 방식과 다르지 않습니다. 물론, 조합의 규칙은 달라집니다. 예를 들어, 한글의 경우는 초성+중성+종성을 결합해서 하나의 문자가 되는데, 초성, 종성은 자음만 올 수 있고 중성은 모음이 들어가야 합니다. 종성은 생략이 가능하고, 초성이 생략된 경우에는 'ㅇ'이 대신 사용됩니다(초등학교 때부터 익히 들어서 알고 있는 규칙입니다).

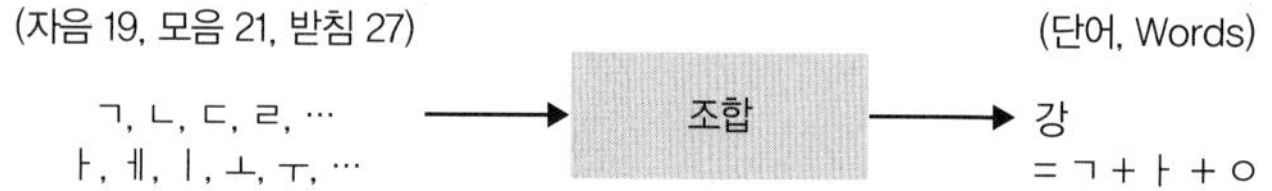

[그림 5-2] 문자 데이터의 조합

데이터를 숫자와 문자로 나누는 것은 "사람을 기준으로 한" 데이터 분류입니다. 사람은 숫자 데이터와 문자 데이터를 명확하게 구별해서 사용하지만 (물론, 중간에 코드라는 애매한 위치의 정보가 있습니다만) 컴퓨터는 모든 데이터를 0과 1, 두 개의 심볼만으로 표현합니다. 그러다 보니 형태만으로 보면 숫자 데이터와 문자 데이터는 전혀 구별되지 않습니다. 그래서 문자 데이터의 경우에는 데이터의 앞과 뒤에 홑따옴표를 붙여서 '이 데이터는 문자 데이터'라는 것을 컴퓨터에 알려주어야 합니다. 예를 들어, 문자 데이터 홍길동은 '홍길동'이라고 표현한다는 뜻입니다. 파이썬 언어의 경우에 문자 데이터를 표현하는 데 홑따옴표 외에도 겹따옴표, 세겹따옴표(홑따옴표 또는 겹따옴표를 세 개 붙여 놓은 것)를 함께 사용합니다. 사용법은 조금씩 다릅니다(10장에서 문자열을 다룰 때 자세히 설명하겠습니다).

불리언 데이터

불리언 데이터는 '참(True)'과 '거짓(False)'입니다. 중·고등학교 수학 수업에서 배웠던 것 중에 명제(proposition)라는 것이 있습니다. 잠시 기억을 더듬어 보면, 명제란 참, 거짓을 판단할 수 있는 문장이나 수식으로 정의됩니다. 즉, 어떤 문장이 맞는지 틀린지 판단할 수 있으면 해당 문장을 '명제'라고 부릅니다. 명제가 맞는 경우 참(True)인 명제라고 하고, 틀린 경우 거짓(False) 명제라고 부릅니다. 여기서의 참, 거짓을, 논리학을 집대성한 영국 수학자 조지 부울George Boole의 이름을 따서 '불리언 상수'라고 부릅니다.

데이터의 연산을 살펴보겠습니다

데이터와 짝을 이루는 것이 '연산'입니다. 예를 들어 보겠습니다.

> 나는 남산에 사는 다람쥐입니다. 올해 겨울은 90일입니다. 겨울 동안 하루에 세 개씩의 도토리가 필요합니다. 그럼 겨울을 무사히 지내는 데 몇 개의 도토리가 필요할까요? (어떻게 구해야 하나요. 도와주세요.) 현재 220개를 모아 두었습니다. (이건 어떻게 알았을까요? 당연히 세어봐서 알죠. 셀 줄은 알아요.) 그럼 몇 개가 부족한가요? (이건 어떻게 구하죠? 도와주세요.)

남산 다람쥐를 도와주세요. 토토리 개수는 어떻게 구하나요? 첫 번째 문제는 곱셈 연산을 통해서 답을 구할 수 있습니다. 3×90=270. 겨울이 90일인 것을 알고 하루에 도토리가 세 개 필요한 것을 알면 곱셈을 통해 겨울을 나는 데 필요한 도토리의 총 개수를 구할 수 있습니다. 두 번째 문제는 전체 필요한 개수인 270에서 현재 모아 둔 도토리 개수 220을 뺄셈하면 됩니다. 270−220=50. 겨울을 무사히 나기에는 아직 50개가 부족합니다.

우리가 하나, 둘, …이라고 세면(count) 그 결과로 하나의 값(정숫값)을 구할 수 있습니다. 여태까지는 없었던 새로운 정수 데이터가 생기게 됩니다. 앞선 남산 다람쥐 문제에서 셈 없이 세는 것만으로도 문제를 풀 수는 있습니다. 세 개씩 90번을 세어 나뭇잎을 모으고, 지금 모아둔 도토리랑 하나씩 짝을 지은 다음에 짝을 만들지 못한 나뭇잎의 개수를 세면 됩니다. 이처럼 세는 것만으로도 답을 구하려면 할 수는 있지만 너무 번거롭고 불편한 일입니다. 연산이 필요한 이유입니다. 우리가 초등학교 1학년 때 이렇게 중요한 걸 배웠습니다.

여기서 잠깐!!

실숫값은 어떻게 구하나요?

정숫값은 세어서 구하게 되는 값이라고 했는데, 그렇다면 실숫값은 어떻게 구할 수 있을까요? 정답은 '측정해서'입니다. 자로 길이를 재면 하나의 실숫값을 구할 수 있습니다. 저울로 무게를 측정하면 하나의 실숫값을 구할 수 있습니다.

여기서 잠깐!!

코드란 무엇인가요?

숫자는 사칙연산과 짝을 이룹니다. 그런데 사람들이 사용하는 정보 중에는 숫자 심볼로 표현되어 있지만, 더하거나 빼거나 곱하거나 나누는 것에 아무런 의미를 부여할 수 없는 그런 정보가 있습니다. 예를 들어, 주민번호입니다. 혹시 부모님 중 한 분의 주민번호와 본인의 주민번호를 더해본 적이 있나요? 백번 양보해서 더할 수 있다고 칩시다. 그럼 더해서 나온 값의 의미는 무엇인가요? 아무런 의미를 부여할 수 없는 값은 '쓸모 있는' 데이터가 아닙니다. 이렇게 숫자 심볼로 만들어졌지만 더하거나 뺄 수 없는 정보는 의외로 많습니다. 전화번호도 그렇고요. 우리 집 앞을 지나가는 마을버스 번호도 그렇습니다. 우리 집 우편번호도 그렇고, 학교에서 받은 학번도 그렇습니다. 일부 번호는 일련번호로 만들어져서 덧셈, 뺄셈을 하는 약간의 의의가 있기는 합니다만 어쨌거나 연산하기 위한 목적으로 만들어진 정보는 아니라는 것입니다. 이러한 정보는 회사에 가면 넘쳐납니다. 회사 안에 있는 모든 자산에 번호가 붙어 있습니다. 이런 정보를 '코드(code)'라고 부릅니다. 숫자 심볼로 만들어진 문자 정보입니다(해당 사물에 대해 이름을 부여했다고 보면 됩니다). 코드는 컴퓨터 안에서 세상을 표현하는 데 아주 중요한 수단이 됩니다.

아래의 덧셈 연산을 봅시다. 우리가 초등학교에서 익힌 연산 중 하나입니다.

$$100+30$$

실제로 파이썬에서 실행해보면 금세 답을 구할 수 있습니다. 묻고 답하고. 파이썬의 대화형 모드입니다.

[코드 5-1]
파이썬에서 실행한 연산

100+30은 무엇인가요?

```
In [1]:  100+30
Out[1]:  130
```

130입니다.

여기서 잠깐!!

노파심에 한 마디!

아직 주피터 노트북이 익숙하지 않을 수 있어서 노파심에 사용법을 조금 보충합니다. 주피터 노트북의 셀을 클릭해서 (편집모드로 바꾸고) 100+30을 입력한 후에 〈Shift〉+〈Enter〉를 누르면(〈Shift〉를 누른 상태에서 〈Enter〉를 누르는 것) 셀 안에 있는 명령문(들)이 실행됩니다.

여기서 잠깐!!

노파심에 또 한 마디!

책에서 보는 모든 예제는 직접 실행해보고 스스로 결과를 확인해야 합니다. 코딩은 눈으로만 따라오면 절대 통달할 수 없습니다. 꼭 직접 해봐야 합니다.

100+30의 연산은 이렇게 '읽을' 수 있습니다. "100과 30을 더하시오." 또는 "100에다 더하시오. (무엇을?) 30을." 또는 "더하시오. (무엇을?) 100과 30을." 여기서 + 기호는 덧셈 연산이라는 행위(동작)를 나타내는 기호로서 '연산자(operator)'라고 부릅니다. 나머지인 100과 30은 그 동작의 대상이 되는 '피연산자(operand)'입니다.

파이썬에서 사용되는 연산자를 보면 [표 5-1]과 같습니다. 한꺼번에 정리하고 외울 필요는 없습니다. 필요할 때 한 번씩 사용해보면 저절로 익숙해지게 됩니다. 그리고 몇 개 외에는 사람들이 사용하는 연산자와 똑같습니다.

[표 5-1] 파이썬에서 사용되는 연산자

+	−	*	**	/	//	%
〈〈	〉〉	&	|	^	~	@
〈	〉	〈=	〉=	==	:=	!=

당연히, 데이터의 유형(또는 타입(type)이라고 합니다)별로 정의되는(또는 사용되는) 연산의 종류가 달라집니다. 여기서는 가장 중요하고 기본적인 숫자 데이터의 연산에 대해서만 살펴보고, 문자 데이터와 불리언 데이터의 연산에 대해서는 따로 설명하겠습니다. 문자 데이터의 연산은 '10장. 표준 데이터구조: 리스트, 튜플, 문자열, 딕셔너리'에서, 불리언 데이터의 연산은 '7장. 컨트롤구조의 개요'에서 자세히 살펴봅니다.

숫자 데이터의 산술연산을 알아봅니다

숫자 데이터의 연산에는 산술(arithmetic)연산과 비교(comparison)연산이 있습니다. 여기서는 덧셈, 빼셈, 곱셈, 나눗셈 등의 산술연산을 살펴보겠습니다. 비교연산에 대해서는 7장에서 살펴보겠습니다.

두 개의 정숫값 10과 3의 산술연산 결과를 보면 [코드 5-2]와 같습니다. 덧셈을 나타내는 연산자는 +, 빼셈 연산자는 -, 곱셈 연산자는 *(키보드에서 숫자 8에 있는 별 모양 심볼), 나눗셈 연산자로는 /를 사용합니다.

```
In [2]:   10+3
Out[2]:   13

In [3]:   10-3
Out[3]:   7

In [4]:   10*3
Out[4]:   30

In [4]:   10/3
Out[4]:   3.3333333333333335
```

[코드 5-2]
10과 3의 산술연산 결과

추가로 '몫' 연산과 '나머지' 연산이 있습니다. [코드 5-3]의 수식에서처럼, 어떤 수(피젯수)를 또 다른 어떤 수(젯수)로 나누었을 때 몫 값과 나머지 값을 구하는 데 사용됩니다. 피젯수가 47이고 젯수가 5이면, 47=5×(몫)+(나머지)이므로 몫은 9, 나머지는 2가 됩니다. 몫 연산자는 //(나눗셈을 나타내는 슬래시(/) 심볼을 두 개 붙여서 사용합니다), 나머지 연산자는 % 기호를 사용합니다.

[코드 5-3]
47과 5의 몫 연산과 나머지 연산

47을 5로 나누었을 때 몫은?

```
In [6]:   47//5
Out[6]:   9

In [7]:   47%5
Out[7]:   2
```

47을 5로 나누었을 때 나머지는?

여러 데이터 중에 숫자 데이터와 산술연산에 대해 살펴보았는데, 이제 본격적으로 변수를 살펴보겠습니다. 집중하기 바랍니다. 변수를 올바로 이해하면 코딩의 전부를 얻을 수 있습니다.

데이터를 가리키는 이름을 '변수'라고 부릅니다

모든 데이터에는 이름이 붙습니다. 왜 이름을 붙일까요? 사람들은 여러 개를 서로 구별하기 위해서 각각에 이름을 붙입니다. 만약 데이터가 한 개 뿐이라면 그냥 그것(it)이라고 불러도 전혀 문제가 없겠지만, 두 개 이상의 데이터를 서로 구별(identify)하기 위해서 각각의 데이터에 이름을 붙이게 됩니다. 여기서 데이터를 가리키는 데 사용된 이름(name)을 변수명(Variable Name)이라고 부르기도 하고, 경우에 따라서 식별자(identifier) 또는 참조자(reference)라고 부르기도 합니다.

어사인먼트와 바인딩의 용어 간의 차이에 대해서는 나중에 변수를 한 번 더 리뷰할 때 살펴보겠습니다.

데이터에 이름을 부여하는 것을 어사인먼트 Assignment 또는 바인딩 Binding 이라고 부릅니다. 어떤 데이터에 이름을 부여할 때에는 등호(=) 기호를 사용합니다. 예를 들어, [코드 5-4]와 같이 a=21이라는 문장은, 21이라는 숫자 데이터를 만들고 앞으로 그 데이터를 a라는 이름으로 부르겠다는 의미입니다.

[코드 5-4]
데이터에 이름 부여하기

a=21은 명령문입니다(파이썬이 해석해서 실행합니다).
#부터는 코멘트입니다(파이썬이 무시~하고 해석, 실행하지 않습니다).

```
In [8]:   a=21     # Assignment
```

다시 얘기하면, "앞으로 a라는 이름을 21이란 숫자 데이터를 가리키는 데 사용하겠다"라는 뜻입니다. 즉, 이제부터 "a 값"이라고 하면 21을 가리킨다는 의미입니다. 여기에서 사용되는 = 기호는 좌변과 우변이 같다(equal)는 뜻으로 사용된 것이 아닙니다. 참고로 컴퓨터 언어에서 좌변과 우변이 같다는 의미를 나타내는 기호는 등호 기호 두 개를 붙인 == 기호를 사용합니다. 파이썬을 포함한 모든 컴퓨터 언어에서 등호(=) 기호는 어사인먼트를 나타내는 심볼로 사용되고, 좌변과 우변이 같다는 의미는 == 기호를 사용합니다.

여기서 잠깐!!

어사인먼트의 중요성

코딩을 공부하다 보면, 결국 어사인먼트가 전부라는 것을 깨닫게 됩니다(왜 그런지, 그리고 정말 그런지는 진도가 어느 정도 나간 다음에 다시 한 번 얘기해보겠습니다). 그만큼 중요합니다. 어사인먼트는 "변수명=값"의 형태가 됩니다. 여기서 = 기호를 중심으로 좌변(Left Side)과 우변(Right Side)이 있는데, 우변에는 값(value)이 위치하고, 좌변에는 변수명이 위치합니다. 이제부터 우변의 값(데이터)을 좌변의 이름으로 가리키겠다는 (또는 부르겠다는) 의미입니다.

a=21이란 문장은 "앞으로 a라는 단어(word)는 21이란 숫자 데이터를 가리키는 이름으로 쓰겠다"라고 정의한 것입니다. a란 단어와 그 의미를 정의한 것입니다. 이제 그 의미에 따라 a라는 단어를 다른 명령문을 만드는 데 사용할 수 있게 됩니다(예를 들어, b=a+10의 형태로).

[코드 5-5] In [9]에서 a=21 명령문 뒤에 실행된 In [10]: a+100 문장은 "a 값에 100을 더하라"라는 명령어가 됩니다. 현재 우리가 a라고 부르는 값은 무엇인가요? 네, 21입니다. 따라서 In [10]: a+100 명령어는 21에 100을 더하여 121이라는 결과를 보여주게 됩니다. 결괏값인 121 앞에 Out[ ] 문자열이 헤더로 붙어있는 것에 유의하기 바랍니다. 사용자가 주문한 연산을 실행한 결과, 새로운 값이 만들어졌다는 의미입니다.

```
In [9]:   a=21

In [10]:  a+100
Out[10]:  121
```

[코드 5-5]
어사인먼트와 데이터 연산

여기서 잠깐!!

할당과 참조의 차이

변수는 데이터를 가리키는 이름입니다. 변수가 사용된 문장은 형태상 두 가지로 나눠 볼 수 있습니다. 변수 뒤에 어사인먼트 기호(=)가 붙어 있는 경우와 그렇지 않은 경우입니다. 전자는 어사인먼트입니다. 우변에 있는 값을 해당 변수명에 할당(assignment) 하겠다는 뜻입니다. 후자는 참조(reference)입니다. 해당 변수가 가리키는 값을 읽어오게 됩니다.

참조(reference)에 대해서 조금만 더 부연하겠습니다. 참조가 이루어지면, 해당 변수는 불러온 값으로 치환됩니다. 예를 들어, a=21인 상태에서 b=a+100이 실행되면 우변의 a는 a가 가리키는 값인 21로 치환되면서 실제로는 b=21+100, 결국은 b=121로 실행되게 되는 것입니다.

여기서 잠깐!!

참고하기 바랍니다 !!

우리가 배웠던 중·고등학교 수학에서 어떤 숫자 대신에 문자를 사용하는 문제가 많았습니다. 숫자 대신 문자를 사용한다고 해서 '대수학(algebra)'이라고 부릅니다. "어떤 값 x가 3일 때 …." 무슨의미일까요? x=3이란 어사인먼트입니다. "2x+5는 11입니다." 무슨 의미일까요? x 값이 3이므로, 2x+5=2×(3)+5=11이 구해진 것입니다.

변수에 대해서 살펴보고 있는데, 가만히 보니 우리가 이미 너무 잘 알고 있는 개념입니다. 우리가 수학 수업에서 배웠던 변수와 다르지 않습니다. 너무 당연한 얘기를 설명하느라 많은 지면을 할애한 것 같아 미안하기까지 합니다. 하지만 이상하게 많은 학생이 고전하는 부분이기도 합니다. 너무 초반에 배워서일까요? 그런데 이와 똑같은 메커니즘으로 아주 큰 데이터(여러 값이 모여 있는 데이터)에 값을 할당하고, 해당 변숫값을 참조합니다. 이 부분이 조금 까다로울 수 있습니다. 하지만 이것도 결국 우리가 살펴봤던 a=21과 다르지 않습니다.

계속 살펴보겠지만, 코딩은 결국 어사인먼트입니다. 그래서 변수에 대한 얘기는 이 책이 끝날 때까지 계속 이어집니다. 변수에 대한 '나만의' 심상이 만들어질 때까지 계속 같이 가보겠습니다. 이러한 견지에서, 어느 정도 진도를 나간 후에 변수를 다시 한 번 총정리하겠습니다. 프로그래밍의 반이 변수인데 (나머지 반은? 당연히 함수입니다) 이 정도 수고와 노력은 필요합니다. 그때, 변수가 컴퓨터 메모리에서 어떻게 만들어지고, 어떻게 참조되는지, 즉, 할당과 참조의 메커니즘은 실제로 어떻게 이루어지는지에 대해서도 같이 살펴보겠습니다.

리어사인먼트: 변수가 가리키는 값이 바뀝니다

이번에는 리어사인먼트re-assignment를 알아보겠습니다. [코드 5-6]을 보면, In [11]에서 a라는 이름을 (또는 단어를) 21이라는 데이터 값을 가리키는 데 사용하겠다고 선언한 후에, In [13]에서 다시 똑같은 이름의 변수에 새로운 할당이 이루어지고 있습니다. 이 두 번째 어사인먼트의 의미는 무엇일까요?

[코드 5-6]
똑같은 이름으로 행해진 어사인먼트

```
In [11]:  a=21

In [12]:  a+100
Out[12]:  121

In [13]:  a=200
```

In [13]의 문장은 어사인먼트의 의미 그대로, 새로운 숫자 데이터 200을 앞으로 a라고 부르겠다는 뜻입니다. 이 명령어가 실행되면, 그 전에 a라는 이름으로 불리던 데이터(숫자 데이터 21을 말합니다)는 더 이상 a라는 이름으로 참조되지 못합니다. 이제부터 a라는 이름은 다른 새로운 데이터(즉, 200)를 가리키는 이름으로 사용하게 됩니다. 이를 리어사인먼트(재할당)라고 부릅니다. 다시 말해서, 어떤 이름이 가리키는 값은 어사인먼트를 통해 항상 변할 수 있다는 뜻입니다. 그러한 의미에서 a를 '변수(變數, variable)'라고 부릅니다. 변하지 않는 값을 나타내는 '상수(常數, constant)'라는 용어와 명확히 구별해야 하는 개념입니다.

따라서 기존 변수에 리어사인먼트가 이루어지면, 이전에 그 이름으로 지칭되던 데이터는 더 이상 참조할 수 없는 "쓸모없는" 데이터가 됩니다. 더 이상 필요하지 않은 쓰레기 데이터라는 의미로 '가비지garbage'라고 불리며, 파이썬이 스스로 알아서 삭제합니다. 쓰레기 데이터를 방치하면 쓸모 있는 진짜 데이터를 담아둘 공간이 부족해지기 때문입니다. 이것을 '가비지 컬렉션Garbage Collection'이라고 부릅니다.

여기서 잠깐!!

변수의 초기화

어떤 변수에 최초의 할당이 이루어지는 것을 변수의 초기화(initialization)라고 부릅니다. 이전까지 존재하지 않았던 새로운 이름이 만들어진다는 데 의의가 있습니다.

변수명은 마음대로 짓는 것이 아닙니다. 규칙이 있습니다

지금까지 변수라는 '이름'을 알아보았습니다. 앞으로 함수라는 이름과 객체라는 이름, 모듈/패키지라는 이름도 살펴볼 텐데요. 이런 이름을 모두 '식별자(identifier)'라고 부릅니다. 이름은 서로 구별하기 위한 용도로 만들어졌다는 의미에서 정확한 표현이네요. 파이썬에서 사용되는 여러 식별자 중에서 그 의미를 바꾸면 안 되는 식별자가 있습니다. 원래 정해진 의미로만 사용해야 하는, 이런 이름을 '예약어(Reserved Word)'라고 부릅니다. 그 외에 사용자(개발자)가 직접 선언한 식별자는 따로 '사용자 정의 식별자(User–Defined Identifier)'라고 부릅니다. 사용자가 정의한 이름이네요.

변수명을 포함해서 사용자 정의 식별자로 사용되는 이름은 그 이름이 가리키는 대상의 의미나 특징을 나타낼 수 있는 단어로 사용자가 마음대로 만들 수 있습니다. 단, 다음과 같은 몇 가지 제약사항이 있습니다.

첫째, 예약어들은 식별자로 사용할 수 없습니다. 예약어를 키워드keyword라고 부르기도 하는데, 파이썬의 예약어로는 for, if, return 등의 단어를 비롯해서 아래와 같은 것들이 있습니다.

[표 5-2] 파이썬에서 기본으로 제공하는 예약어

False	None	True	and	as	assert	async
await	break	class	continue	def	del	elif
else	except	finally	for	from	global	if
import	in	is	lambda	nonlocal	not	or
pass	raise	return	try	while	with	yield

둘째, 파이썬은 대문자와 소문자를 구별합니다. 이를 보통 '케이스 센서티브Case-Sensitive'라고 합니다. 실제 거의 모든 컴퓨터 언어가 케이스 센서티브합니다. 즉, A라는 변수명과 a라는 변수명은 서로 다르게 구별됩니다. [코드 5-7]의 In [14]를 참고하기 바랍니다. 하지만 식별자로는 소문자가 주로 사용되며, 클래스명의 첫 글자와 같이 특별한 경우에만 대문자를 사용하도록 합니다.

클래스는 객체의 타입을 가리키는 용어입니다. 객체를 공부할 때 알아보겠습니다.

In [14]:
```
a=10
A=20
print(a, A)
```
```
10 20
```

[코드 5-7]
케이스 센서티브로 구별된 변수

셋째, 식별자를 만드는 데 사용할 수 있는 문자는 대문자 A~Z, 소문자 a~z, 숫자 0~9, 그리고 언더스코어(_)가 있습니다. 단, 첫 글자에 숫자는 사용할 수 없습니다. 그래서 a, a10, abc_11, _a 등의 이름은 식별자로 사용할 수 있지만, 123abc는 식별자로 사용될 수 없습니다.

넷째, 식별자에 블랭크(blank, 스페이스바를 누르면 만들어지는 빈칸 문자)를 비롯해서 특수문자를 포함하면 안 됩니다. 예를 들어, abc def, abc@def와 같이 중간에 blank가 들어가 있거나 특수문자가 사용된 경우는 식별자로 사용할 수 없습니다. 특수 문자로는 '언더스코어'만 유일하게 사용할 수 있습니다.

다섯째, 여러 개 단어를 묶어서 하나의 식별자로 사용하는 경우에는 캐멀 노테이션Camel Notation이라고 해서 연속되는 각 단어의 첫 글자는 대문자를 사용하는 것이 보통입니다. 단, 첫 단어의 첫 글자는 소문자를 씁니다. 이것은 여러 개의 단어가 사용되어 길어진 식별자를 사람들이 쉽게 읽고 구별하기 위해서 추천되는 사항입니다. 당연히, 이에 따르지 않는다고 해서 에러가 발생하는 것은 아닙니다. 예를 들어, find, max, from, list의 4개 단어를 연결하여 식별자를 만드는 경우에 findMaxFromList의 형태를 추천한다는 뜻입니다. 중간에 대문자를 전혀 사용하지 않은 findmaxfromlist로 식별자를 만드는 경우에 비해 훨씬 가독성이 좋습니다. 전문가 대부분이 이렇게 쓰고 있으니 그대로 따라하는 것을 추천합니다.

5장을 정리하겠습니다

사실 5장에서 공부한 내용은 "변수란, 데이터를 가리키는 이름이다"가 전부입니다. 그런데 코딩 공부를 이제 막 시작한 우리에게 이 한 문장이 던져주는 의의는 사실 상상하기 어려울 정도로 큽니다. 계속해서 자기만의 이미지를 완성해 나가기 바랍니다. 다음 장에서는 내장함수를 중심으로 함수의 의미를 살펴보겠습니다.

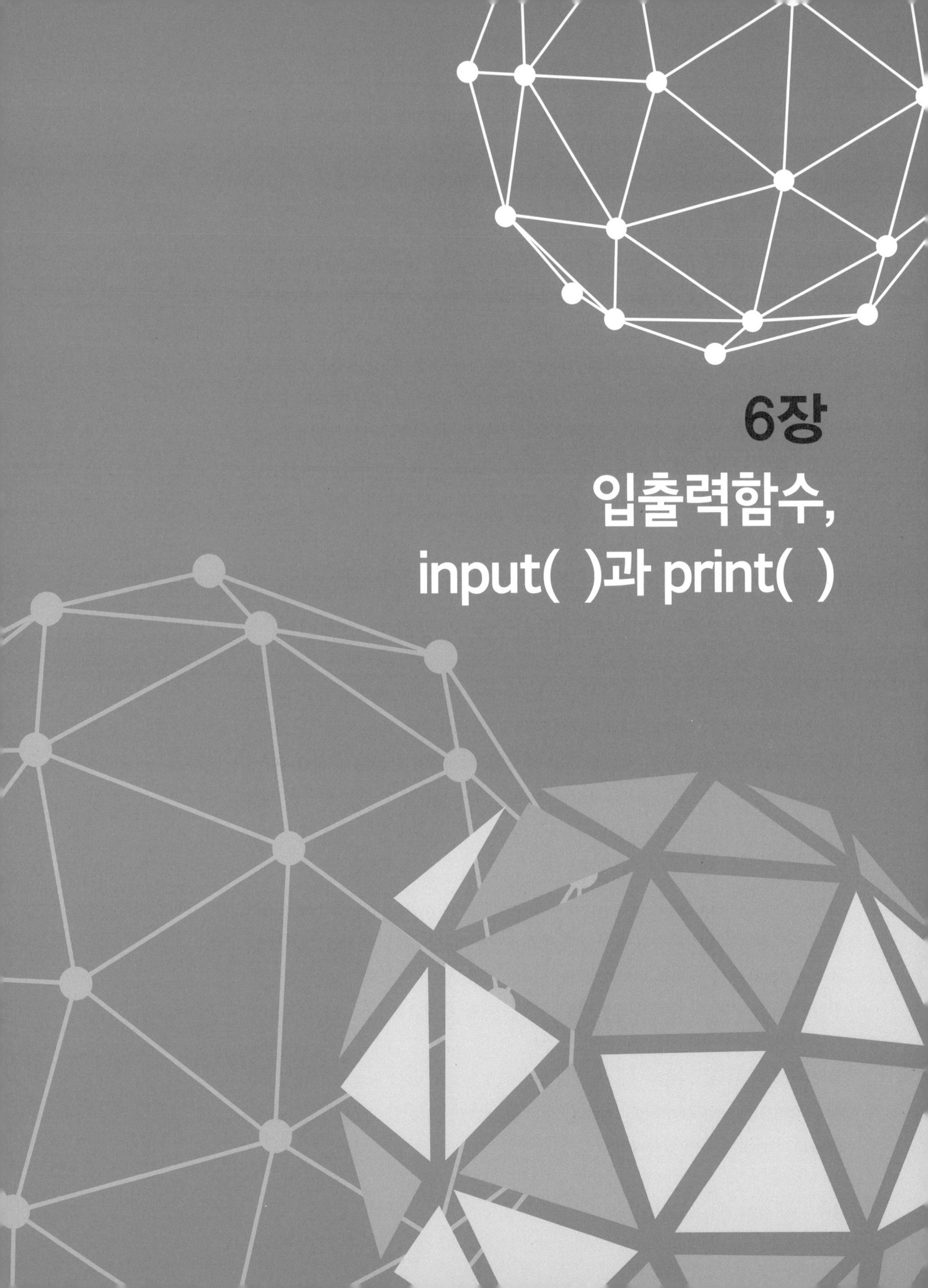

6장

입출력함수,
input( )과 print( )

프로그램에서 함수를 'function'이라고 부르는데, function이란 영어 단어는 '함수'라는 의미 외에 '기능'이란 뜻도 있습니다. 결국 같은 의미이긴 합니다만 어쨌든 함수는 실제로 "무엇인가를 하는" 기능입니다. 사람의 언어에 비유하면, 함수는 동사에 해당합니다.

함수는 프로그램을 구성하는 가장 기본적인 단위(빌딩 블록(Building Block)이라는 표현을 씁니다)가 됩니다. 벽돌(block)을 쌓아서 집이 만들어지듯이 여러 개의 함수가 모여서 하나의 프로그램이 만들어지게 된다는 뜻입니다. 결국 코딩한다는 것은 내가 필요한 기능을 내가 직접 함수로 만드는 것이라고 말할 수 있습니다. 사용자가 직접 정의하는 함수 이외에 파이썬이 사용자를 위해 제공하고 있는 함수도 있습니다. 이런 함수를 '내장함수'라고 부르는데, 대표적인 내장함수인 `print()`와 `input()`을 사용해보면서 함수에 대해 감을 잡아보겠습니다. 물론, `print()`와 `input()`은 그 자체로도 아주 중요한 함수입니다.

그럼 변수는요? 변수는 함수 안에서 쓰이는, 또는 함수 간에 전달되는 데이터를 위해 사용됩니다.

파이썬은 기본적인 기능을 내장함수로 제공하고 있습니다

파이썬을 켜는 순간부터 바로 사용할 수 있는 함수가 있습니다. 보통의 함수들은 '모듈' 또는 '패키지'라는 파이썬 소프트웨어 단위 안에 포함되어 있어, 해당 모듈을 우리 프로그램(현재로는 주피터 노트북을 말합니다)으로 가져와야 사용할 수 있습니다(임포트(import)라고 부릅니다). 임포트라는 과정 없이 바로 사용할 수 있는 함수를 '내장함수(Built-In Function)'라고 부릅니다. 내장함수는 파이썬을 설치할 때 함께 설치되는 함수여서 따로 설치할 필요는 없습니다.

검색엔진에 'python built-in functions'를 검색해보면 python.org에서 제공하고 있는 매뉴얼에서 내장함수의 목록을 찾아볼 수 있습니다. 해당 목록을 살펴보면, `abs()`, `delattr()` 함수를 비롯해서 70여 개의 내장함수가 제공되고 있는 것을 확인할 수 있습니다. 이 중에서 사용자로부터 데이터를 입력받는 `input()` 함수와 어떤 정보를 화면에 출력하는 `print()` 함수를 중심으로 이와 연관된 몇몇 내장함수를 살펴보겠습니다. (사용자마다 개인차가 있겠지만) 특별히 많이 사용하는 내장함수를 나열해보면, `enumerate()`, `input()`, `int()`, `str()`, `float()`, `print()`, `len()`, `type()`, `range()` 등이 있습니다.

여기서 잠깐!!

변수와 함수의 구별 팁

우리가 잘 알다시피 변수는 '어떤 데이터에 대한 이름'이며 함수는 '어떤 기능을 가리키는 이름'이라는 차이가 있습니다. 형태상으로도 특별한 차이가 존재하는데, 함수는 항상 이름 뒤에 ()(소괄호)를 달고 다닙니다. 어떤 이름이 (괄호 없이) 혼자 쓰이면 변수, 괄호를 달고 있으면 함수라고 생각하면 됩니다. 단, 항상 그런 것은 아닙니다. 함수도 괄호 없이 이름만으로 사용되는 경우가 있습니다. '일급 객체(First-Class Citizen)'란 주제와 연관되어 있습니다. 후반부에 한 번 다루겠습니다.

출력함수인 print( )를 알아보겠습니다

파이썬의 `print()` 함수는 어떤 정보를 (사람들이 확인할 수 있도록) 모니터에 출력(output) 해주는 기능을 수행합니다. 출력되는 값은 `print()` 함수의 괄호 안에 위치합니다. [코드 6-1]을 참고하기 바랍니다.

[코드 6-1]
print() 함수의 사용 예

```
In [1]:  print(100)

         100

In [2]:  print('Hello')

         Hello

In [3]:  a=55
         print(a)

         55

In [4]:  a=55; b=100
         print(a, b)

         55 100

In [5]:  a=3; b=8
         print(a, '*', b, '=', a*b)  # 3*8=24 구구단

         3 * 8 = 24
```

In [1]에서 `print(100)` 문장은 "100이라는 숫자를 화면에 출력하라"는 명령입니다. 〈Shift〉+ 〈Enter〉로 실행해보면, 명령문 아래에 해당 값이 제대로 출력되는 것을 확인할 수 있습니다. 파이썬이 내보내 주는 정보일 텐데, 이 출력 앞에는 Out[ ]이라는 타이틀이 달려있지 않습니다. `print()`문에 의해 출력되는 정보는 파이썬이 사용자에게 전달하는 정보가 아닙니다.

이런 상상을 한 번 해보겠습니다. 파이썬은 나와 밀당하고 있는 '그대'입니다. 그대가 나에게 메시지(정보)를 주는 방식은 두 가지입니다. 첫 번째 방식은 '직접' 나에게 건네주는 방식입니다. 그럼, 내가 '받아서' 열어보면 무슨 의미를 담은 메시지인지 확인할 수 있습니다. 이런 메시지는 앞에 Out[ ]을 달고 있습니다. 또 하나의 방식은, 파이썬이 나에게 전달하려고 하는 메시지를, 나와 파이썬 사이에 있는 화이트보드 위에 써주는 방식입니다. 그런 정보는 내가 '받는' 것이 아니라 그냥 '보고 확인하는' 정보가 됩니다. 이 정보는 나에게 직접 전달된 정보가 아니기 때문에 내가 따로 저장해 둘 수 없습니다. 그냥 어떤 정보를 한 번 보고 (확인하고) 싶을 때 파이썬에게 "화이트보드에다 한 번 써 줘 봐"라고 하는 것이 `print()`문이라고 할 수 있습니다. 디폴트(default)로 화이트보드 역할은 모니터가 합니다.

여기서 잠깐!!

디폴트

컴퓨터 분야에서 많이 사용되는 용어 중에 '디폴트(default)'가 있습니다. 디폴트란 사전에 약속되어 있는 어떤 것을 말합니다. 사용자가 따로 지정하지 않으면, 즉, "따로 얘기가 없으면" 디폴트가 적용됩니다. 코딩에서 어떤 의의가 있는지는 16장에서 함수를 공부할 때 제대로 살펴보겠습니다.

`print(100)` 문장이 "100이라는 숫자를 화면에 출력하라"는 명령문이라고 얘기했는데, 그렇다면 괄호 안의 데이터 100이 숫자인 것은 어떻게 알 수 있을까요? 네, 데이터에 따옴표가 없습니다(문자 데이터는 따옴표로 묶어서 나타냅니다). 다시 얘기하지만 숫자 심볼로 만들어진 데이터여도 따옴표로 묶으면 문자 데이터가 됩니다. 보통의 컴퓨터 언어와 마찬가지로, 파이썬에서도 문자 데이터를 '스트링(string, 문자열이라고 번역합니다)'이라고 부릅니다.

In [2]에서 `print('Hello')`는 "Hello라는 문자열을 출력하라"는 명령이 됩니다. 그런데 `print()`문을 통해 출력된 모양에서는 따옴표가 없는 것에 유의하기 바랍니다. 왜 그럴까요? 파이썬 담당교수 이름이 '강철수'인데 첫 시간에 본인 소개를 하면서 칠판에다 이름을 적습니다. 어떻게 적었을까요? '강철수'라고 적었을까요? 그냥 강철수라고 적었을까요? 당연히 그냥 강철수라고 적었겠지요. "Hello라는 글자를 적으시오"라고 하면 그냥 Hello라고 적는 것이 맞겠습니다. 크게 의미를 부여할 내용은 아닙니다만, 수업 시간에 누군가는 꼭 한 번 질문하는 내용이어서 조금 부연해서 설명했습니다.

In [3]의 `print(a)`는 "a 값을 출력하라"는 명령입니다. 그런데 a 값은 얼마인가요? 바로 전 문장(a=55)에서 a 변수에 55라는 값이 어사인되어 있습니다. 결과로 55라는 값이 출력됨을 확인할 수 있습니다. In [3]에는 두 개의 문장이 포함되어 있습니다. 첫 번째 문장은 `a=55`, 두 번째 문장은 `print(a)`입니다. 이렇게 하나의 셀에 두 개 이상의 명령문이 포함되어 있으면 (당연하게) 위 문장부터 아래 문장으로 차례대로 실행됩니다.

우리가 사용하고 있는 컴퓨터는 두 개 이상의 명령을 동시에 실행하지 못합니다. 항상, 한 번에 하나씩 실행합니다. 즉, 여러 개의 명령문을 실행해야 하는 경우에는 무조건 실행 순서가 있기 마련입니다. 여러분이 별다른 조정을 취하지 않으면 파이썬은 항상 위에 있는 문장부터 순서대로 (즉, 아래로) 실행합니다. 물론, 이 순서를 임의로 바꿀 수 있습니다. 이를 '컨트롤구조(Control Structure)'라고 부릅니다. `if`와 `for`가 키워드로 사용됩니다. 다음 장에서 살펴볼 내용입니다.

만약, 어떤 변수에 값이 할당되어 있지 않은데 해당 변숫값을 참조하여 출력하려고 하면 당연히 에러가 발생합니다. [코드 6-2]를 참고해주기 바랍니다. 어떤 프로그램을 실행하는 데 에러가 있는 경우에는 그 에러가 어디서 생겼는지, 그리고 무슨 에러인지를 알려줍니다.

[코드 6-2]
변수에 값이 할당되지 않아 발생한 에러 내용

```
In [6]:  print(c)

         ---------------------------------------------------------------------
         NameError                            Traceback (most recent call last)
         ~\AppData\Local\Temp/ipykernel_4436/2743823995.py in <module>
         ----> 1 print(c)

         NameError: name 'c' is not defined
```

이 경우에는 `print(c)`라는 문장을 실행하는 데 에러가 생겼다는 것이고, 문장에서 사용된 이름 c가 무슨 값인지 정의되어 있지 않기 때문이라고 알려줍니다. 에러 메시지를 참고해서 에러를 수정합니다. 이러한 과정을 '디버깅[debugging]'이라고 부릅니다. 파이썬에서 보게 되는 전형적인 에러 메시지와 디버깅 방법은 '17장. 코딩의 완성: 테스팅과 디버깅'에서 자세히 살펴보겠습니다.

print()문에서 여러 개의 값을 동시에 출력할 때에는 각 값을 콤마(,)로 구분합니다. In [4]에서 print(a, b) 문장은 "a 값과 b 값을 화면에 출력하라"는 명령입니다. 실제 a 값 55와 b 값 100이 화면에 출력되었습니다. 여기서 콤마(,) 기호는 print() 명령문의 괄호 안에 두 개 이상의 값이 포함될 때 그것을 구분하기 위해 사용됩니다. 이렇게 여러 개를 구분하기 위해 사용되는 기호를 '구분자(delimiter)'라고 부릅니다.

여기서 잠깐!!

파이썬에서 하나의 문장이 끝났음을 나타내는 기호

모든 문장에는 마지막에 마침표가 있습니다. 마침표는 하나의 문장이 끝났다는 것을 나타내 주는 기호입니다. 사람들은 마침표로 점(.)을 사용합니다. 파이썬에서는 한 줄에 한 개의 문장을 쓰는 것이 기본이어서 따로 마침표를 찍을 필요가 없습니다. 참고로 C/C++나 자바(Java) 같은 컴퓨터 언어는 문장이 끝나면 반드시 마침표를 찍도록 되어 있고, 세미콜론(;) 기호를 마침표로 사용합니다. 파이썬에서도 한 줄에 여러 개의 명령문을 쓰고자 하는 경우에는, In [4]에서 보는 것처럼, 문장을 세미콜론(;)으로 구분할 수 있기는 합니다. 하지만 전혀 추천하지 않습니다. 이렇게 할 수 있다는 것만 알고 넘어갑니다. 참고로 이 책에서 세미콜론을 마침표로 쓰고 있으면 페이지 공간을 줄이려는 순수한 의도일 뿐이라는 것을 미리 밝혀둡니다.

In [5]에서는 조금 복잡한 형태의 문자열을 출력해 보았습니다. 구구단 중 3*8=24를 출력하는 print()문을 만들어 보았는데 조금 복잡해 보입니다. 이 문장을 우리말로 한 번 옮겨 보겠습니다.

```
print(a, '*', b, '=', a*b)      # in python

a 값 찍고, (그다음에) *라는 글자 찍고, (그다음에) b 값 찍고, (그다음에) = 글자 찍고,
(그다음에) a*b 값을 계산해서 찍고      # in Korean
```

print() 함수를 소개하면서 이런저런 얘기를 같이 해보고 있습니다. 어쨌든, print() 함수는 괄호 안에 포함되어 있는 값을 컴퓨터 화면에 출력해주는 함수입니다. 그런데 우리말에서 "달리다"라는 동사를 보면, "100미터를"과 같은 목적어와도 연관되지만, "빨리"라는 부사와도 연관되어 사용됩니다. "100미터를 달리다." 목적어와 동사가 있는 문장입니다. "빨리 달리다." 부사와 동사가 있는 문장입니다. 그럼

"100미터를 빨리 달리다." 이건 뭘까요? 네, 동사가 목적어와 부사와 함께 사용된 문장입니다.

우리도 얼마 있지 않아 "나만의(내가 만든)" 함수를 정의하게 될 것입니다. 함수를 쓰임이 많도록 만들려면 실제 그 기능이 무슨 목적어와 어떤 부사가 연관되는지를 제대로 파악하는 것이 중요합니다. 이런 요소를 함수의 '인자(argument)'라고 부릅니다. `print()` 함수의 괄호 안에도 일종의 부사에 해당하는 의미의 인자가 들어갈 수 있습니다. 이러한 값은 '무엇을' 출력하는지에 대한 것이 아니라, '어떻게' 출력하는지에 대한 정보를 나타냅니다. 일종의 '옵션option'이라고 볼 수 있겠습니다.

print( ) 함수에는 몇 가지 옵션이 있습니다

주피터 노트북에서 `print?`라는 명령어를 입력해봅니다. 주피터 노트북에서 어떤 이름 뒤에 물음표(?)를 붙이면 그 이름에 대한 설명이 팝업되어 나타납니다. [코드 6–3]을 참고하기 바랍니다. `print?`라는 문장은 "print라는 이름은 뭐지?"라는 뜻 정도로 해석하면 되겠습니다.

[코드 6–3]
print() 함수의
독스트링

```
In [7]:  print?

         Docstring:
         print(value, ..., sep=' ', end='\n', file=sys.stdout, flush=False)

         Prints the values to a stream, or to sys.stdout by default.
         Optional keyword arguments:
         file:  a file-like object (stream); defaults to the current sys.stdout.
         sep:   string inserted between values, default a space.
         end:   string appended after the last value, default a newline.
         flush: whether to forcibly flush the stream.
         Type:       builtin_function_or_method
```

팝업된 설명을 보면, Docstring:이라는 타이틀 밑으로 `print()` 함수가 무슨 기능을 하는지, 그리고 어떻게 동작하는지에 대한 설명이 나와 있습니다. 참고로 파이썬에서 정의되는 함수를 비롯해서 모듈, 패키지, 객체 등에 그것이 무엇인지를 나타내는 일종의 설명(내역)을 코드 안에 넣어둘 수 있습니다. 이것을 '독스트링docstring'이라고 부릅니다. 이름 그대로 Documentation String의 줄임말입니다. 우리도 곧 만들어 볼 기회가 있을 것입니다. 참고로 물음표(?) 대신에 help() 함수를 사용할 수도 있습니다. help() 함수의 괄호에 print를 넣어주면 앞서 봤던 내용들을 확인할 수 있습니다. 형태는 조금 달라 보입니다.

[코드 6-4]
help() 함수를 사용한 print의 옵션 보기

```
In [8]:  help(print)

         Help on built-in function print in module builtins:

         print(...)
          print(value, ..., sep=' ', end='\n', file=sys.stdout, flush=False)

          Prints the values to a stream, or to sys.stdout by default.
          Optional keyword arguments:
          file:  a file-like object (stream); defaults to the current sys.stdout.
          sep:   string inserted between values, default a space.
          end:   string appended after the last value, default a newline.
          flush: whether to forcibly flush the stream.
```

print() 함수의 독스트링 첫 줄을 보면 print(value, …, sep=' ', end='\n', file=sys.stdout, flush=False)라고 씌어 있습니다. print() 함수명과 인자들이 나타나 있습니다(실제로는 매개변수에 해당합니다. 천천히 살펴보겠습니다). 이를 함수의 '시그니처[signature]'라고 부릅니다. 아직 함수를 배우기 전이어서 조금 혼란스러울 수는 있는데 "함수란 것이 이런 거구나" 하는 정도에서 감을 잡아보면 좋겠습니다.

여기서 잠깐!!

언어는 감입니다

예전에 학생일 때의 에피소드를 하나 소개하겠습니다. 영어 작문 수업이었습니다. 원어민 선생님과 함께 한글 문장을 영어로 번역하는 연습을 하고 있을 때입니다. (어떤 문제인지 기억은 안 나는데) 영어 표현 두 개 중 어느 것이 맞는지 확신이 없었습니다. 그래서 선생님에게 어느 표현이 '맞는지'를 질문했습니다. 그러자 선생님이 되묻습니다 "학생은 어느 표현이 더 '나아' 보이나요?" "저는 두 번째 것이 좋아 보입니다"라고 했더니 "그럼, 그것이 좋은 답입니다. 언어는 감입니다. 나도 그 표현이 좋아 보입니다. 하지만 왜 좋은지 설명하기는 힘듭니다"라고 하셨습니다. 언어는 감(feeling)입니다. "이러면 될 것 같은데"라는 생각이 들면 그냥 그렇게 만들어 보는 것입니다. 그게 첫 번째 단계입니다. 첫 번째 단계가 없으면 두 번째, 세 번째 단계는 당연히 없습니다.

우선, print() 함수의 괄호 안을 보면 여러 요소가 콤마로 구분되어 있습니다. 여기서 콤마로 구분되어 있는 각 요소를 매개변수(parameter)라고 부릅니다. 비슷한 듯 다른 용어로 인자(argument)가 있습니다. print() 함수의 괄호 안에 첫 번째로 나타나는 value는 출력하는 값을 가리키는 변수입니다. 예를 들어, print(10)이라고 실행하면(이를 함수의 호출이라고 부릅니다), value에 10이 할당됩니다. print() 함수 안에서 정의되어 있는 value는 출력할 값을 가리키는 변수로 사용되고 있고, value 변숫값은 실제로 print() 함수의 호출이 있을 때에 할당됩니다. 함수의 시그니처에 정의되어 있는 value와 같은 변수를 특별히 매개변수라고 부르고, 해당 매개변수에 할당되는 10과 같은 값은 인자라고 부릅니다. '15장. 함수'에서 정확하게 알아보겠습니다. 아직까지는 그냥 "감으로" 따라와 주기 바랍니다.

그 다음에 sep, end, file, flush라는 매개변수가 보이는데, 이 매개변수들은 value 변수와는 다르게 어떤 값이 이미 어사인(할당)되어 있습니다. 이 값은 각 매개변수의 디폴트값을 나타냅니다. 예를 들어, sep 매개변수(separator의 준말입니다)의 디폴트값인 '␣'는 사용자가 따로 지정하지 않는 한, 두 개 이상의 value를 출력할 때 블랭크 문자를 구분자로 사용하겠다는 것을 나타냅니다. [코드 6-5]에서 그 의미를 한번 유추하겠습니다.

[코드 6-5] 매개변수에 따라 함수의 동작이 달라짐

```
In [9]:  a=100
         b='Good'

In [10]: print(a, b)
         100 Good

In [11]: print(a, b, sep=', ')
         100, Good

In [12]: print(a, b, sep='/')
         100/Good
```

In [9]에서 100을 a 변수에, 'Good'을 b 변수에 할당하였습니다. In [10]에서는 In [11]이나 In [12]와는 다르게 print() 함수 호출에 sep 매개변수에 대한 어사인먼트가 포함되어 있지 않습니다. sep 매개변수의 디폴트값을 그대로 사용한다는 뜻입니다. 실제 결과를 보면 100과 Good 사이에 한 칸 띄어져 있는 것이 보입니다. In [11]과 In [12]에서는 sep 매개변수를 콤마+블랭크(,) 문자와 슬래시(/) 문자로 바꾸어 보았습니다. 결과를 비교해보고 sep 매개변수의 쓰임새를 유추해보기 바랍니다.

print() 함수가 sep이라는 매개변수를 통해, 사용자가 '어떻게' 출력할지를 옵션처럼 선택할 수 있도록 하고 있습니다. 매개변수 sep 덕분에 print() 함수가 훨씬 유용해졌다(즉, 좀 더 다양하게 활용할 수 있겠다)는 생각이 듭니다.

print() 함수의 옵션에는 sep 이외에도 end, file, flush 변수가 있습니다. 아직은 필요하지 않은 내용이니, 지금은 그냥 훑어보고 지나가면 좋겠습니다.

하나의 print()문이 실행되면, 그다음에 줄바꿈(개행)이 이루어집니다. end는 줄바꿈을 어떻게 할지 즉, 줄바꿈을 할지 안할지, 안한다면 무슨 문자로 대체할지 등을 결정하는 변수입니다.

file 변수는 스트림stream이라는 개념과 연관되어 있습니다. 우리가 print()문을 실행하면 일종의 데이터 흐름이 생깁니다(여러 값이 한 줄로 화면에 쭉 출력됩니다). 이를 스트림이라고 부르는데 이 스트림을 모니터(file 변수의 디폴트값인 sys.stdout에 해당합니다)로 보내면 모니터에 문자열이 출력되고, 이를 파일로 보내면 그 내용이 파일에 저장됩니다. 심지어, 통신 라인(소켓)으로 보내면 인터넷을 통해 다른 컴퓨터로 그 데이터를 보낼 수 있게 됩니다.

flush 변수는 버퍼buffer라는 개념과 연관되어 있습니다. 양변기에 물 내리는 버튼을 플러시flush 버튼이라고 부르는데, 플러시는 "그동안 쌓인 내용물을 분출하여 내보내는 것"을 말합니다. 양변기 물통에 물이 쌓여 있다가 플러시 버튼을 누르면 그동안 모아져 있던 물이 한꺼번에 쏟아집니다. 여기서 양변기 물통처럼 중간에 쌓는 장치를 '버퍼buffer'라고 부릅니다. 문자열을 출력하는데, 이렇게 버퍼를 사용해서 한꺼번에 할지, 버퍼를 사용하지 않고 하나씩 하나씩 할지를 결정하는 변수가 flush입니다. 사용자 입장에서는 큰 차이를 못 느낍니다. 특별한 경우 이외에는 사용하지 않는다고 봐도 좋겠습니다.

입력함수인 input( )을 알아보겠습니다

print() 함수가 출력함수인 것에 비해, 파이썬 프로그램에 데이터를 입력하는 것과 관련된 함수가 input() 함수입니다. 파이썬의 input() 함수를 통해 (사람이 가지고 있는) 어떤 정보를 파이썬으로 전달할 수 있게 됩니다.

다음 문제를 한 번 살펴봅니다.

[문제 6-1] 어떤 사람에게 hello라고 인사를 한다. 그 사람의 이름은 Jang이다.

[코드 6-6]은 모범답안이 되겠습니다.

[코드 6-6] [문제 6-1]을 구현한 모범답안

```
In [13]: name='Jang'
         print('Hello,', name)

         Hello, Jang
```

여기서 출력되는 name 값은 코드가 실행되기 전에 이미 'Jang'이란 문자열로 결정되어 있습니다. name 변수에 할당될 데이터 값이 소스코드 내에 이미 '밝혀져(적혀)' 있습니다. 이를 보통 "하드코딩Hard Coding되어 있다"라고 표현합니다. In [13] 코드는 몇 번을 실행하더라도 항상 같은 결과를 보여줍니다. name 값이 바뀌지 않습니다.

이와 반대로 코드를 편집하는 동안에는 변숫값이 무엇이 될지 알 수 없는 경우가 있습니다. 프로그램이 실행되는 중에 "사용자가 알려주거나 지정해 주면" 그제야 변숫값이 결정되는 경우를 말합니다.

여기서 잠깐!!

프로그램 개발과정에 대하여

설명하는 중에 프로그램을 편집하고 실행한다는 얘기가 나오는데, 실제 프로그램을 개발하는 과정에 대해 잠깐 알아보고 지나가겠습니다. 우리가 만든 파이썬 언어로 써진 프로그램을 '소스코드(Source Code)'라고 부릅니다. 소스코드를 만드는 과정을 보통은 "소스코드를 편집(edit)한다"라고 부르고 편집을 위한 소프트웨어 도구를 '편집기(editor)'라고 부릅니다. 하지만 이렇게 만들어진 소스코드는 사람이 읽기 위한 코드(Human-Readable Code)이지, 컴퓨터가 읽고 실행할 수 있는 코드는 아닙니다. 그래서 소스코드를 컴퓨터가 읽을 수 있는 코드(기계어, Machine-Readable Code)로 바꾸는 (번역하는) 과정이 필요합니다. 번역 후에 실제 실행단계가 이루어지는데, 이 과정은 크게 컴파일러(compiler) 방식과 인터프리터(interpreter) 방식으로 나누어집니다. 컴파일러 방식은 전체 소스코드를 한꺼번에 기계어(2진수로 만들어진 코드입니다)로 번역한 후에 실행파일(확장자가 .exe인 파일이 됩니다)을 만들고, 실행파일을 운영체제(윈도우즈)가 직접 실행하게 됩니다. 반면에 인터프리터 방식은 인터프리터가 프로그램에 있는 명령문을 한 개씩 차례대로 가져와서 번역하여 실행하는 방식으로 동작합니다. 참고로 파이썬은 인터프리터 방식에 가깝지만, 컴파일러 방식도 함께 사용합니다.

다시 원래로 돌아가겠습니다. 어떤 변수에 할당되는 값이 소스코드 안에서 (어사인먼트를 통해) 이미 정의되어 있는 경우가 아닌 경우를 얘기하고 있습니다. 예를 들어, 앞서 다루었던 [문제 6-1]을 조금 바꾸어 보겠습니다.

[문제 6-2] 사용자가 어떤 사람의 이름을 알려주면, 그 사람에게 hello 인사를 한다.

[문제 6-2]의 힌트를 주자면 사용자가 어떤 이름을 알려주기 전까지 파이썬 프로그램은 그 이름이 무엇인지 알 수 없다는 것입니다.

이러한 경우를 다루기 위해서는 사용자가 컴퓨터(파이썬)에게 "프로그램 실행 중에" 어떤 정보를 전달할 수 있어야 합니다. 이러한 경우에 사용할 수 있는 내장함수가 input()입니다. print() 함수를 살펴봤을 때처럼 물음표(?)를 이용해서 input() 함수가 어떤 함수인지 한 번 살펴보겠습니다. print() 함수에 비해서 설명의 내용이 많지 않습니다. 독스트링을 보면 사용자가 키보드로 입력한 데이터(raw_data)를 프런트엔드로 전달해주는 함수라고 설명되어 있습니다.

프런트엔드는 파이썬 프로그래밍을 위해 사용하고 있는 UI를 말합니다. 우리 경우는 주피터 노트북입니다.

[코드 6-7] input() 함수의 독스트링

```
Signature: input(prompt='')
Docstring:
Forward raw_input to frontends

Raises
-----
StdinNotImplentedError if active frontend doesn't support stdin.
file:      c:\pydev\lib\site-packages\ipykernel\kernelbase.py
Type:      method
```

몇 가지 예제를 통해 input() 함수의 쓰임새를 살펴보겠습니다. input() 함수의 기본적인 형태는 [그림 6-1]과 같습니다. 다음과 같이, name=input()이라고 입력하고 실행해봅니다.

```
In [ ]: name=input()
```

[그림 6-1] input() 함수의 기본 형태

문장을 실행하면, [그림 6-2]와 같이 박스(데이터를 입력할 수 있는 창)가 나타나고, 박스 내에 커서(|)가 깜빡이는 것을 확인할 수 있습니다.

```
In [*]: name=input()
```

[그림 6-2] input() 함수의 입력 준비

실제로 아래와 같이 Jang(또는 본인의 이름)을 타이핑한 다음에 〈Enter〉를 눌러 봅니다.

[그림 6-3] input() 함수에서의 실제 타이핑

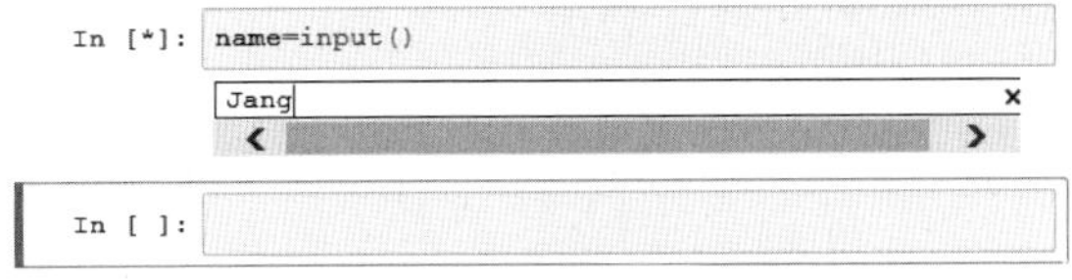

그럼 [그림 6-4]와 같이 화면이 바뀝니다.

[그림 6-4] input() 함수에서의 타이핑 결과

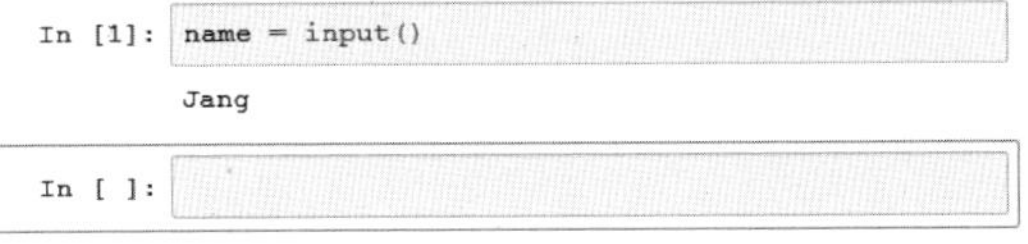

여기서 name 값을 print() 해보면, 직전에 입력했던 데이터가 name 변수에 저장되어 있는 것을 확인할 수 있습니다.

[코드 6-8] input() 함수의 결과

```
In [14]: name=input()
         Jang

In [15]: print(name)
         Jang
```

결국, 우리가 살펴봤던 name=input()이라는 문장은 "사용자로부터 입력된 데이터를 name 변수에 저장하는" 기능임을 알 수 있습니다. 참고로 여기서 name에 저장되는 값은 input() 함수의 수행결과로, input() 함수가 사용자에게 되돌려주는 값입니다("반환한다"라고 부릅니다). 그 값을 "name ="을 통해 name 변수에 어사인먼트한 것입니다.

4장에서 일반적인 명령문의 형태로 $y = s.f(x)$를 얘기했는데, 그 기준으로 설명해보면 f는 input이란 이름의 함수이고 x(목적어)는 없습니다. 그리고 그 실행 결과가 y 변수에 어사인됩니다. 단, 주체는 (명확하기 때문에) 생략되어 있습니다(누가 실행하나요? 네, 파이썬이 직접 실행합니다).

input() 함수의 기능이 실행되고, 그 결과가 name 변수에 저장됩니다. input() 함수는 사용자가 키보드를 통해 입력한 "자판 값(들)"을 읽어 들여 그것을 다시 사용자에게 데이터로 되돌려 주는 기능을 한다고 보면 되겠습니다.

결론적으로, [문제 6-2]에 대한 코드의 실행화면, 결과화면은 아래와 같습니다.

```
In [*]: name=input()
        print('Hello', name)

        Jang
```

[그림 6-5] [문제 6-2]에 대한 실행화면

```
In [16]: name=input()
         print('Hello', name)

         Jang
         Hello Jang
```

[코드 6-9] [문제 6-2]에 대한 결과화면

사용자에게 조금 친절하게(friendly) 코드를 바꿔보겠습니다. [코드 6-7]의 input() 함수의 명세를 보면, prompt라는 이름의 매개변수가 포함되어 있는 것을 확인할 수 있습니다. 디폴트값은 '빈 문자'입니다. 인자로 어떤 문자열을 주게 되면, 데이터 입력을 기다리는 커서 앞에 그 문자열이 (프롬프트로 사용되어) 사용자에게 보내는 메시지로서 나타나게 됩니다. 커서만 그냥 깜빡이는 것보다는, "이름을 넣어주세요 :"라는 메시지를 먼저 보여주고, 사용자 입력을 기다리는 것이 사용자와의 소통을 좀 더 용이하게 하는 측면이 있습니다. [그림 6-6]을 참고하기 바랍니다.

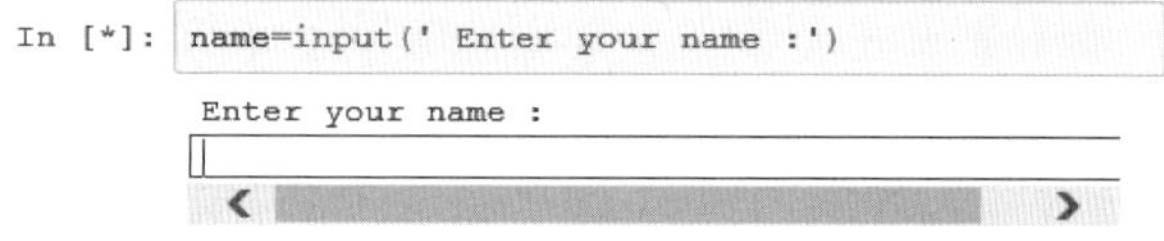
In [*]: name=input(' Enter your name :')
Enter your name :

[그림 6-6] input() 함수의 prompt 매개변수 사용

input( ) 함수와 형변환(Type Casting)

input() 함수를 사용하는 데 있어서, 한 가지 유의해야 할 사항이 있습니다. 그것은, [코드 6-10]에서 보다시피, 입력된 데이터 값이 항상 문자열 데이터(string)로 반환된다는 것입니다.

[코드 6-10]
문자열로 반환되는
입력 값

```
In [18]: n=input('Enter a Number ')
         Enter a Number 11

In [19]: type(n)
Out[19]: str
```

In [18]에서 숫자 값을 하나 입력받으려고 사용자로부터 11이라는 값을 입력받았습니다. 그리고 In [19]에서 type() 함수를 이용해 n 변수가 가리키는 데이터(또는 n 변수에 할당된 데이터)의 타입을 출력하게 했더니 str이란 응답이 나온 것을 확인할 수 있습니다. Out[19] 응답으로 보인 str은 string의 줄임말로 n 값이 문자열 데이터임을 나타냅니다.

type() 함수를 잠시 살펴보겠습니다. type() 함수도 파이썬 내장함수입니다. 함수의 인자로 어떤 값이나 변수명을 넣어주면, [코드 6-11]과 같이 해당 값의 데이터 타입을 알려줍니다. 여기서 int는 integer(정수)의 준말로 인자로 전달된 값이 정숫값이라는 것을 나타내고 있습니다.

[코드 6-11]
데이터 타입을 알려주는
type() 함수

```
In [20]: type(123)
Out[20]: int

In [21]: a=123
         type(a)
Out[21]: int
```

type() 함수를 통해 파이썬에서 제공하고 있는 여러 데이터 타입 중에 가장 기본적인 몇 가지만 살펴보면 [코드 6-12]와 같습니다.

[코드 6-12]
파이썬의 기본
데이터 타입

```
In [22]: a=11              # integer 정수
         b=11.11           # floating point 실수
         c='University'    # string 문자열
         d='a'             # character 문자
         e=True            # boolean 불리언

In [23]: type(a)
Out[23]: int

In [24]: type(b)
Out[24]: float
```

```
In [25]:  type(c)
Out[25]:  str
```

```
In [26]:  type(d)
Out[26]:  str
```

```
In [27]:  type(e)
Out[27]:  bool
```

정수 데이터는 int(integer의 준말), 실수는 float(부동소수점, floating point의 준말), 한 개 문자이든 여러 개의 연속된 문자(문자열로 부릅니다)이든 문자는 모두 str(문자열, string의 준말), True와 False 등의 불리언 상수는 bool(boolean의 준말)로 표시된다는 것을 확인할 수 있습니다.

파이썬에서 다루어지는 모든 것에는 타입이 있습니다. 예를 들어, `print()` 함수의 타입을 확인해보면 아래와 같습니다.

```
In [28]:  type(print)
Out[28]:  builtin_function_or_method
```

[코드 6-13]
`print()` 함수의 타입

다시 돌아가서, `input()` 함수에서 반환되는 값의 타입은 항상 문자열이 됩니다. 문자 데이터를 입력하면 문자열(str)로 반환되는 것은 당연한 일입니다만, 숫자 데이터를 입력해도 문자열로 반환되다 보니 실제 덧셈, 뺄셈에 바로 사용할 수가 없습니다. 그래서 필요에 따라 우리가 원하는 데이터 타입으로 바꾸어(변환시켜) 줄 필요가 있습니다. 이러한 변환을 '형변환(Type Casting)'이라고 부릅니다.

여기서 잠깐!!

타입이란?

사실 타입(type)은 쉬운 용어가 아닙니다. 우리가 TV 드라마에서 흔히 듣게 되는 대사인 "너는 내 타입이 아냐"에서 사용된 '타입'과 같은 뜻이긴 합니다만, 일단은 이렇게 한 번 생각해 보죠. 1은 [ ]이다. 여기서 [ ]에 들어갈 수 있는 단어가 1이란 데이터의 타입이 됩니다. "1은 [숫자]이다." "1은 [정수]이다." 여기서 숫자나 정수가 1이란 데이터의 타입이 됩니다. 참고로 파이썬에서는 숫자(number)라는 타입은 따로 정의되어 있지 않습니다. 돌려서 얘기해보면, 1은 (여러) 정수 중의 하나입니다(sample 또는 instance라고 부릅니다). 그럼, "아리스토텔레스는 [ ]이다"에는 어떤 단어가 들어갈 수 있을까요? "아리스토텔레스는 [사람]이다." "아리스토텔레스는 [철학자]이다." "아리스토텔레스는 [수학자]이다." 여기서 사람, 철학자, 수학자 등이 아리스토텔레스의 타입이 됩니다. 다음에 또 타입을 얘기할 기회가 있을 것입니다. 일단은 이 정도로 이해한 상태에서 계속 진행해보겠습니다.

그런데 왜 모두 str일까요? 만약 사용자가 11이라는 데이터를 키보드로 입력했는데, 사용자는 과연 11이라는 숫자 데이터를 입력했을까요? 아니면 11이라는 글자 데이터를 입력했을까요. 파이썬과 같이 input() 함수를 통해 입력되는 모든 데이터를 문자 데이터로 보게 되면 그러한 혼란을 없앨 수 있을 것 같습니다. 그리고 키보드로 보면 문자나 숫자나 똑같이 하나의 자판입니다. 굳이 구별하려다 보면 더 복잡해질 수도 있을 것 같습니다. 원래의 사용자 의도에 맞는 데이터로의 변환은 사용자 책임인 셈입니다.

파이썬 내장함수에는 데이터 변환과 관련된 몇 개의 형변환 함수가 있습니다. 예제를 통해 살펴보겠습니다. 먼저 int() 함수는 문자열이나 불리언 데이터를 숫자로 바꿔주는 함수입니다. 물론, 여기서의 문자열은 숫자를 나타내는 글자(0, 1, 2, …, 9)의 조합으로 만들어진 문자열을 말합니다. 예를 들어, '11' '345' '902' 등과 같은 문자열을 말합니다. 참고로 '123a'와 같이 숫자 심볼 이외의 문자가 포함된 문자열은 숫자로 변환될 수 없습니다.

[코드 6-14]
정숫값으로 형변환

```
In [29]:  a='11'
          type(a)
Out[29]:  str

In [30]:  b=int(a)
          type(b)
Out[30]:  int
```

In [29]에서 문자열 '11'을 a 변수에 할당했습니다. 타입을 찍어보면 str이 나옵니다. In [30]에서 int() 함수를 실행하는 데 인자로 a 값을 줍니다. int(a)를 우리말로 바꿔보면, "a 값을 int로 변환하라"는 의미입니다. 그러면 형변환된 결괏값이 만들어지게 되는데 "b="로 그 값을 b 변수에 어사인한 것입니다. 그러면 b 값은 문자열 '11'을 정수로 형변환한 11이란 정숫값이 됩니다.

int() 함수를 이용하여 불리언 데이터를 숫자 데이터로 변환할 수 있습니다. 일반적으로, False는 0 값으로 표현되고, True는 0이 아닌 값(Non-zero)으로 표현되는데 대표적으로 1 값이 사용됩니다. 2진수에서 1은 신호가 있다는 뜻으로, 0은 신호가 없다는 뜻으로 사용되고 있음을 연상하면 좋겠습니다.

```
In [31]: a=True; b=False
         c=int(a); d=int(b)
```

[코드 6-15]
불리언으로 형변환

```
In [32]: print(c, d)

1 0
```

부동소수점 값을 int() 함수를 이용해서 정수로 변환할 수 있습니다. 실수의 소수점 이하를 버림(Round Down)해서 구합니다.

```
In [33]: a=11.11
         b=int(a)
```

[코드 6-16]
정수로 변환한 부동소수점

```
In [34]: print(b)

11
```

여기서 잠깐!!

부동소수점

컴퓨터 과학에서는 실수를 부동소수점(Floating Point)이라고 부릅니다. 수학 수업에서 실수는 원래 "실제 존재하는 수"란 의미에서 R(Real Number)로 나타내었는데요. 세상에 존재하는 (진짜, real) 값들은 정숫값처럼 딱딱 끊어져 있는 값이 아닙니다. 쭉 연속된 (실수) 값입니다. 진짜 값이란 의미가 와 닿습니다. 참고로 정숫값은 사람의 머릿속에서만 존재하는 값입니다. 정숫값은 언제 생긴다고 했나요? 그렇습니다. 사람이 머릿속으로 하나, 둘 셀 때에(만) 생기는 값입니다. 그런데 이런 실숫값을 컴퓨터 과학에서는 부동소수점이라고 부릅니다. 실수는 정수와 다르게 소수점이 포함되어 있는데, 부동소수점이란 그 소수점이 여기저기로 움직일 수 있다는 뜻입니다. 하나의 실수를 지수 표기법으로 나타내 보면 그 의미가 금세 눈에 들어옵니다. 소수점이 3과 4 사이에 있다가, 2와 3 사이에 있다가, 1과 2 사이로 마치 물 위에 떠다니듯이(floating) 움직입니다.

$$123.456=12.3456\times10=1.23456\times10^{2}=\cdots$$

데이터와 프로그램 코드는 컴퓨터 메모리(memory) 장치에 저장됩니다. 메모리는 여러 개의 셀로 나누어져 있는데, 각 셀의 크기는 일정합니다. 그러다보니 하나의 셀에 저장할 수 있는 데이터의 크기도 한계가 존재합니다. 실수를 숫자 그대로 저장하다 보면 아주 큰 수(또는 아주 작은 수)의 경우에는 제대로 저장할 수 없게 됩니다. 이러한 문제를 해결하기 위해 컴퓨터에서는 실수를 지수 형태로 저장하게 됩니다. 그에 따라, 당연히 소수점이 움직입니다. 참고로 컴퓨터에서는 아래와 같이 지수의 표현을 위해 E(Exponential, 지수)를 사용합니다. 소수 부분에서 유효숫자 이하로 잘려지는 값은 결국 (컴퓨터에서는 피할 수 없는) 오차로 나타나게 됩니다.

$$123,456,789,012,345,678,901,234=1.23456\times10^{23}=1.23456E+23$$

물론, 컴퓨터에서 실수를 실수 그대로 저장하는 고정소수점(Fixed Point) 방식도 있습니다만, 현재에는 거의 사용되고 있지 않습니다.

반대로, 여타의 문자열 아닌 데이터를 문자열 데이터로 변환하는 것이 필요한 경우도 있습니다. 이런 경우에는 str() 함수를 활용할 수 있습니다. 위의 int() 함수와 똑같은 방식으로 작동합니다. 몇 가지 예를 들면 다음과 같습니다.

[코드 6-17]
str() 함수를 사용한 형변환

```
In [35]:  a=11
          b=str(a)
          print(b)

          11

In [36]:  type(b)

Out[36]:  str

In [37]:  a=True
          b=str(a)
          print(b)

          True
```

6장을 정리하겠습니다

6장에서는 파이썬이 제공하고 있는 내장함수 중에서 특별히 중요한 print() 함수와 input() 함수를 중심으로 type() 함수와 몇 가지 형변환 함수인 int(), float(), str()을 살펴보았습니다. 아직 함수를 제대로 공부하기 전이어서 아마 조금은 까다롭게 느껴지는 부분이 있었을 것입니다(함수를 공부하고 나면 금세 눈에 들어오는 문법입니다). 일단은 "감으로" 계속 사용해 보기 바랍니다. 사용하다 보니 저절로 알게 되는 부분도 많습니다. 이런저런 얘기에 욕심을 내다보니, 원래 계획보다는 양이 조금 많아졌습니다. 이어지는 세 개 장에서는 컨트롤구조(Control Structure)에 대해서 공부합니다. if문, for문 등 프로그램의 실행 순서를 조정할 수 있는 문법을 중심으로 실제적인 알고리즘 문제를 다루어 봅니다.

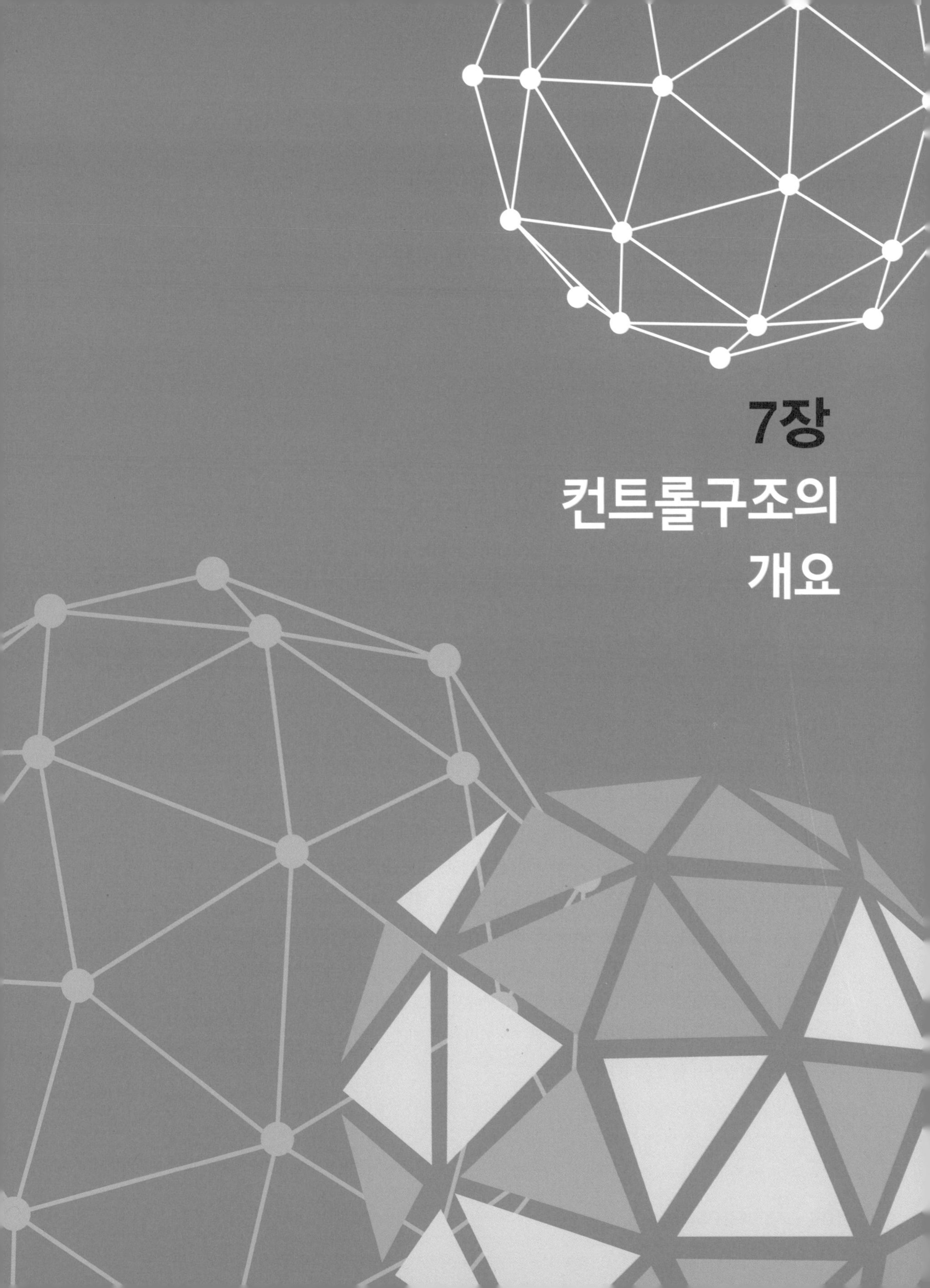
7장
컨트롤구조의
개요

우리가 만드는 프로그램은 하나의 절차(procedure)로, 그 내부에 두 개 이상의 명령문을 포함합니다. 그런데 우리가 사용하는 컴퓨터는 구조상 두 개 이상의 명령어를 동시에 실행할 수 없습니다. 한 번에 하나의 명령어만 실행할 수 있습니다. 다시 말해서, 어떤 명령어의 실행이 끝나야 다른 (또는 그다음) 명령어가 실행될 수 있습니다. 결과적으로, 프로그램을 구성하는 여러 명령문 간에 실행순서가 만들어지게 되는데, 유형에 따라 순차(sequence), 분기(branch), 반복(repetition, 또는 loop) 등의 세 가지 형태가 있습니다. 이 세 가지 유형을 묶어서 '컨트롤구조(Control Structure)'라고 부릅니다.

가장 기본적인 형태는 순차입니다

컨트롤구조의 가장 기본적인 형태는 '순차(sequence)'입니다. 순차는 말 그대로 여러 개의 명령문이 위에서부터 아래로 순차적으로 실행되는 형태를 말합니다.

[코드 7–1]
여러 개의 명령문이 순차적으로 실행되는 구조

```
In [1]: a=24
        b=32
        c=a+b
        print(c)

        56
```

[코드 7–1]의 In [1]에는 명령문 4개가 포함되어 있습니다. 우리가 따로 명시적으로 밝히지 않더라도 이들 간에는 "먼저 정의된 문장이 먼저 실행된다"는 규칙이 저절로 성립합니다. 그래서 a=24 명령문이 가장 먼저 실행되고, 그다음에 b=32 명령문이, 그다음에 c=a+b 명령문이, 그리고 마지막으로 print(c) 명령문이 실행됩니다. 이를 아래의 [그림 7–1]과 같은 이미지로 표현할 수 있겠습니다. 각각의 명령문은 하나의 박스로 표시했고, 명령문 간의 순서는 화살표로 표시했습니다. 이와 같이 나타내는 그림을 플로우차트[Flow Chart]라고 부르며, 이 책에서도 그 표기법에 따라 프로세스를 나타내고 있습니다. 플로우차트는 책을 쭉 읽다보면 저절로 익숙해지는 내용이므로 따로 설명하지 않겠습니다.

[그림 7-1] 순차 구조

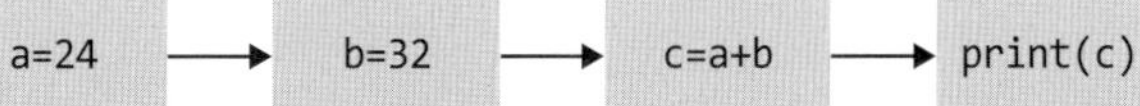

물론, 선행하는 명령문이 "성공적으로 실행이 완료되어야" 그다음 명령문이 실행될 기회가 생깁니다. 예를 들어, a 변숫값이 제대로 초기화되지 않았다는 등의 이유로 c=a+b 명령문이 제대로 실행될 수 없으면 (즉, 에러가 발생하면) 거기서 프로그램의 실행이 중단됩니다. 이런 에러 없이 마지막 문장까지 성공적으로 실행이 완료되어야 우리가 원하는 결과를 얻을 수 있게 되는 것입니다.

프로그램의 실행 순서는 토큰[token]의 흐름(flow)으로 해석해보면 '개념적으로' 아주 명확하게 이해할 수 있습니다. 컴퓨터에서 토큰이란 용어는 여러 뜻으로 사용됩니다. 코딩과 연관해서는 문자열을 구성하는 하나의 형태소를 가리키는 용도로도 사용되며, 일종의 '권리'라는 뜻으로 사용되기도 합니다. 우리가 살펴보려고 하는 것은 후자인 '권리'라는 의미에서의 토큰입니다. 아래의 설명은 꼭 이미지화해서 머릿속에 담아둘 것을 추천합니다.

프로그램의 실행은 토큰의 흐름으로 설명할 수 있습니다

우리가 어떤 프로그램을 실행하고자 합니다. 주피터 노트북에서 여러 줄의 명령문이 포함된 셀을 실행(〈Shift〉+〈Enter〉)하는 경우를 상상해도 좋고, 윈도우즈 탐색기에서 아래아한글 응용프로그램을 더블클릭해서 '한글을 띄우는 것'을 생각해도 좋겠습니다. 여기서 〈Shift〉+〈Enter〉를 누르거나 더블클릭하는 것은 컴퓨터에게 (실제로는 운영체제에게) 해당 프로그램을 실행해달라고 요청하는 것입니다. 만약, 컴퓨터가 요청을 받아들이게 되면 해당 프로그램의 첫 번째 명령문에게 실행될 권리를 뜻하는 토큰을 제공합니다([그림 7-2] 참고). 모든 실행되는 프로그램은 한 개의 토큰을 가지게 되며 프로그램에 포함되어 있는 여러 명령문 중에 오직 하나, 토큰을 가지고 있는 명령문만이 실행될 권리를 가지게 됩니다.

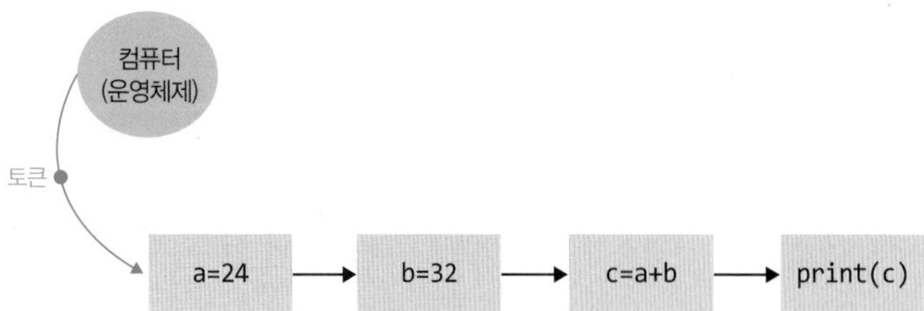

[그림 7-2] 프로그램의 첫 문장에게 토큰을 전달하는 운영체제

현재는 첫 번째 명령문이 토큰을 가지고 있으므로, 첫 번째 문장이 실행될 권리를 가지게 됩니다([그림 7-3]의 ❶ 참조). 실행이 완료되면 첫 번째 문장이 가지고 있던 토큰을 그다음 명령문으로 보내줍니다([그림 7-3]의 ❷ 참조). 마치 화살표를 따라서 토큰을 흘려보내는 느낌이 드는데요. 이를 '컨트롤 플로우Control Flow'라고 부릅니다.

[그림 7-3] 컨트롤 플로우를 통해 본 프로그램의 실행 순서

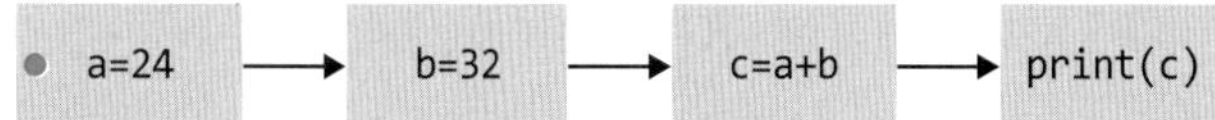

❶ 토큰을 가진 첫 번째 명령어가 실행됩니다.

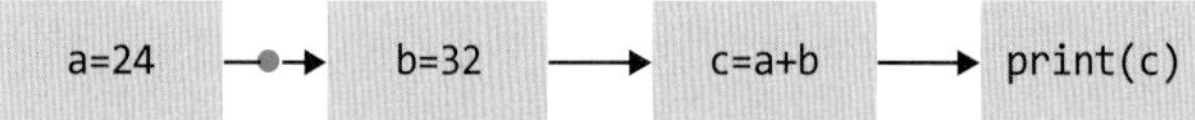

❷ 실행이 완료되면 화살표를 따라서 토큰을 다음 명령어로 전달합니다.

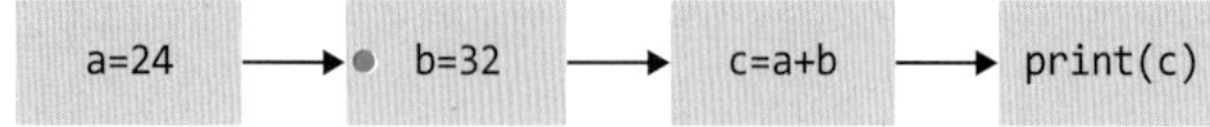

❸ 토큰을 가진 두 번째 명령어가 실행됩니다.

최종적으로 마지막 명령문의 실행이 끝나면, (실행될 명령문이 더 이상 없으므로) 토큰을 컴퓨터에게 반환하게 됩니다([그림 7-4] 참조). 권리를 받아서 실행을 하고, 실행이 완료되면 권리를 다시 반환하는 것입니다. 사람들이 사는 세상에도 버스표(예전에는 토큰이라 불리기도 했습니다), 기차표, 영화관람 티켓, 공원 출입 티켓 등이 사용되고 있는데, 모두 어떤 권리를 (특별히, 무엇인가를 사용할 권리를) 나타낸다는 점에서 우리가 살펴본 토큰과 다르지 않습니다.

[그림 7-4] 실행 완료 후 토큰 반환

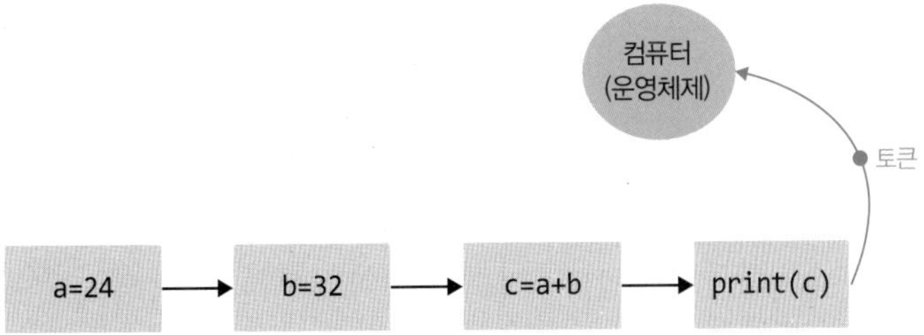

정리해보면, 순차는 모든 명령문이 정의된 순서에 따라 '반드시' 그리고 '한 번만' 실행되는 매우 단순한 컨트롤구조를 나타냅니다. 여기서 '반드시'와 '한 번만'이라는 제약을 없애게 되면 아주 다양한 형태로 컨트롤 플로우를 묘사할 수 있습니다. '반드시'를 '경우에 따라서'로 바꾸고, '한 번만'을 '여러 번'으로 바꾸게 되면 '분기'와 '반복'이라는 컨트롤구조를 만들 수 있게 됩니다.

여기서 잠깐!!

플로우에 대하여

이런저런 분야를 공부하다 보면 '플로우'가 붙은 용어를 가끔 만나게 됩니다. 예를 들어, 자재 플로우(Material Flow), 데이터 플로우(Data Flow), 컨트롤 플로우(Control Flow), 메시지 플로우(Message Flow) 등이 있습니다. 실제 해당 분야의 '프로세스'를 표현하기 위해 사용되는 용어입니다. 프로세스란 결국 '무엇인가'의 흐름(flow)으로 표현할 수 있다는 뜻입니다. 자재가 흘러가는 순서대로 물류 프로세스가 만들어지고 (반대로 생각하면, 물류 프로세스를 따라 자재가 흘러가고) 컴퓨터의 프로세스를 따라 데이터가 흘러가고, 토큰(컨트롤)이 흘러갑니다. 어떤 일에 관여하고 있는 여러 참여자 간에 의사 커뮤니케이션을 위해 메시지가 왔다 갔다 합니다. 그런 메시지의 흐름이 결국 참여자 간의 '일의 방식(순서, 프로세스)'을 표현하게 됩니다.

혹시 다음에 또 다른 플로우를 만나게 되면, "아, 이것도 프로세스인가 보다"라고 생각하면 되겠습니다. 실제로 우리가 시스템(system)이라고 부르는 모든 것에 프로세스가 존재합니다. 그런데 신기하게도 세상의 모든 것이 시스템입니다. 컴퓨터시스템, 경영시스템, 생산시스템, 교통시스템, 행정시스템, 복지시스템, 항공시스템, 관제시스템 등. 참고로 시스템은 존재 목적을 달성하기 위해 여러 부분이 함께 모여 있으면서 그 경계가 외부와 뚜렷하게 구별되는 것을 가리킵니다.*

시스템을 움직이는 것이 프로세스입니다. 세상의 모든 것이 시스템이라고 했으니, 결국 세상은 프로세스에 따라 움직이는 셈이 됩니다. 세상을 이해하는데, 그리고 세상을 자동화하는데, 프로세스가 근간에 있음을 알게 됩니다.

* 예를 들어, 교통시스템의 목적은 도로망에 들어온 자동차들이 지체 없이 도로를 통과하여 빠져나갈 수 있도록 합니다. 그러기 위해서 교통시스템은 도로, 차선, 신호등, 신호주기 등으로 구성됩니다. 명확하게 선이 그어진 것은 아니지만 어디까지가 교통시스템에 포함되는 것인지는 명확하게 알 수 있습니다.

분기: "경우(조건)에 따라서"라는 로직을 표현합니다

어떤 경우에는 실행되고, 다른 어떤 경우에는 실행되지 않는 명령문(들)이 존재합니다. 아주 흔하고도 중요한 예를 들어 보겠습니다. 여기 어떤 수 b를 어떤 수 a로 나누는 연산이 있습니다. 이 연산은 항상(반드시) 실행될 수 있나요? 그렇지 않습니다. 제수 a가 0이면 나누기 연산을 실행할 수 없습니다. 실제로 나눌 수 없는데 나누려고 시도하면 [코드 7-2]와 같이 에러(Zero Division Error)가 발생하여 결국 프로그램의 실행이 중단됩니다.

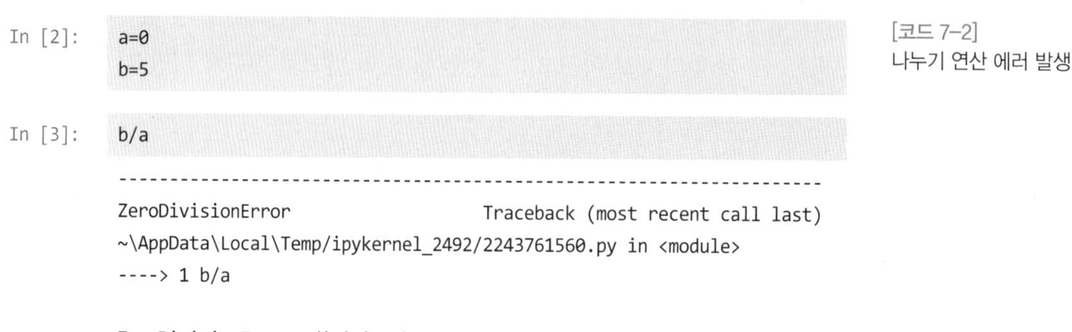

```
In [2]:  a=0
         b=5

In [3]:  b/a

         ---------------------------------------------------------------------------
         ZeroDivisionError                         Traceback (most recent call last)
         ~\AppData\Local\Temp/ipykernel_2492/2243761560.py in <module>
         ----> 1 b/a

         ZeroDivisionError: division by zero
```

[코드 7-2]
나누기 연산 에러 발생

그래서 나누는 연산은 "제수 a가 0이 아닌 경우에만" 실행되어야 합니다. 이처럼 조건이 붙게 되면 토큰이 흘러가는 길(Control Flow)이 두 개 이상으로 나뉘게 됩니다. 이를 플로우차트로 나타내어 보면 [그림 7-5]와 같습니다. 플로우차트에서 조건은 마름모꼴 심볼로 표현합니다. 조건에 따라 어느 길(경로)을 선택할지를 결정한다는 의미에서 '디시전decision'이라고 부릅니다.

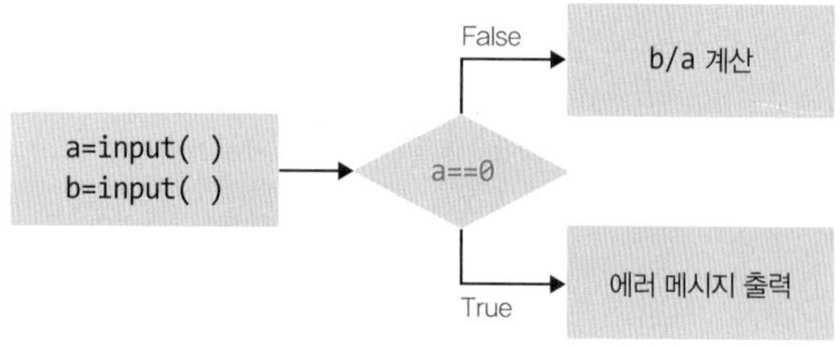

[그림 7-5] 조건 분기

[그림 7-5]를 보면, 마름모 안에 a==0(a 값과 0 값이 같은지)이라는 조건이 표시되어 있습니다. 이 조건은 a 값에 따라 참(True)이 되기도 하고 거짓(False)이 되기도 합니다. 만약에 사용자가 입력한 a 값이 0이 아니면(즉, 조건을 만족하지 않으면) 토큰을 [b/a 계산] 하는 명령문 쪽으로 흘려 보냅니다. 만약, 조건이 만족되면 [에러 메시지 출력]하는 명령문 쪽으로 토큰을 흘려서, a 값이 0이므로 더 이상 연산을 진행할 수 없음을 사용자에게 알려주게 됩니다. 이 두 번째 경로에는 b/a 값을 계산하는 과정을 포함하지 않으므로 'division by zero' 에러는 생기지 않는다는 것에 유의해주기 바랍니다.

이러한 형태의 컨트롤구조를, 마치 하나의 나뭇가지에서 두 개(또는 그 이상)의 나뭇가지가 나누어지는 모양이라고 해서, '분기(branch)'라고 부릅니다. 프로그램 내에 분기가 만들어지면, 토큰이 흘러가는 경로가 여러 개로 나뉘게 됩니다. 조건식의 결과에 따라서 그 중 하나의 경로만이 선택되게 됩니다. 파이썬을 포함해서 거의 모든 컴퓨터 언어에서 분기는 `if` 키워드를 이용하여 만들어집니다. `if`로 만들어지는 문장이란 의미에서 'if문'이라고 부릅니다. 다음 장인 '8장. 분기를 나타내는 if문'에서 자세히 살펴보겠습니다.

반복: "여러 번" 반복하는 로직을 표현합니다

어떤 명령문(들)은 여러 번 반복하여 실행될 필요가 있습니다. 앞의 b/a 예제를 다시 한 번 살펴보겠습니다. 만약 사용자가 입력한 a 값이 0이어서 우리가 원래 목적했던 b/a 값을 계산하지 못하는 경우에는 어떻게 하면 좋을까요? 물론 여러 시나리오가 가능하겠지만, 사용자에게 "a 값이 0이 되어서는 안 된다"라고 알려주고 새로 a 값과 b 값을 입력받도록 하는 것도 꽤 좋아 보입니다. 이를 플로우차트로 나타내 보면 [그림 7-6]과 같습니다. 다시 입력받는다는 의미를 나타내기 위해, [에러 메시지 출력] 박스에서 [a 값, b 값을 입력] 받는 박스로 화살표를 연결하였습니다. 이렇게 연결하고 보니, 경우에 따라서 [a 값, b 값을 입력] 받는 명령어가 여러 번 반복 실행하게 됩니다.

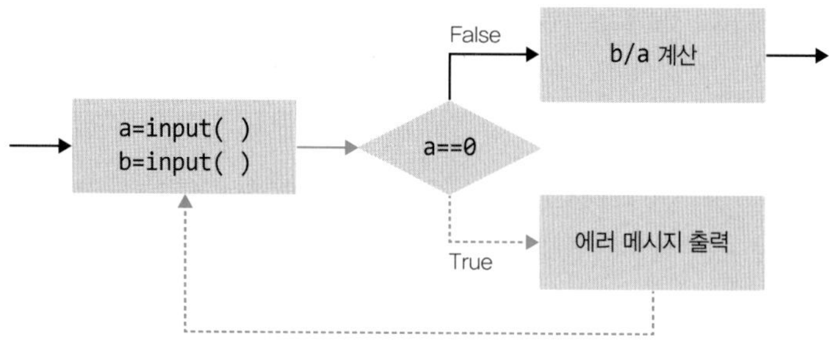

[그림 7-6] 하나의 사이클(cycle)과 같은 반복

정상적인 컨트롤 플로우(보통 Normal Flow라고 부릅니다)는 왼쪽에서 오른쪽으로(또는 위에서 아래로) 가는 방향입니다. 그런데 정상적인 진행방향과 반대방향으로 화살표 하나가 추가되면, 일부 명령문이 2회 이상 반복 실행되는 구조가 만들어집니다. 형태상으로는 하나의 고리(cycle) 모양이 만들어지게 되는데([그림 7-6]에서 올리브색 선으로 표시된 부분을 말합니다) 이러한 의미에서 반복을 '루프loop'라고 부르기도 합니다. 만약에 토큰이 루프를 여러 번 돌게 되면, 루프에 포함되어 있는 명령문은 그 수만큼 반복해서 실행됩니다.

반복도 조건식(조건을 표현하는 수식을 말합니다)과 연관되어 있습니다. 앞서 분기가 조건식과 연관되어 만들어지는 것을 살펴봤는데 반복도 마찬가지입니다. 앞선 예제에서, "a 값이 0인 동안은" 계속 반복해서 루프가 돌아갑니다. 즉, 반복은 "~하는 동안"이란 의미의 조건과 연관되는데 `while` 키워드를 통해 구현할 수 있습니다. 이렇게 `while`로 만들어진 반복문을 'while문'이라고 부릅니다.

반복을 나타내는 데 `while`보다 더 쓰임이 많은 키워드는 사실 `for`입니다. 반복의 아주 특별한 경우로, 여러 대상에 대해 각각 어떤 연산이 반복해서 적용되어야 하는 경우를 나타내는 데 적합합니다. 그 대상 각각에 '대하여'란 의미에서 `for`가 키워드로 사용됩니다. 반복을 나타내는 for문과 while문은 '9장. 반복을 위한 for문과 while문'에서 자세히 알아보겠습니다.

앞에서, 컨트롤구조에는 순차를 기준으로 하여 분기와 반복의 세 가지 유형이 있다는 것을 알아보았습니다. 그런데 이 중 분기와 반복의 경우에는 '조건(condition)'과 연관되어 있음을 확인할 수 있었습니다. 바로 이어서 파이썬에서는 조건이 어떻게 표현되고 연산되는지를 살펴보겠습니다.

조건: 조건식은 비교연산으로 만들어집니다

컴퓨터에서 모든 조건식은 비교연산을 통해 만들어집니다. 데이터 중에는 크기 또는 순서를 비교할 수 있는 데이터도 있고, 그렇지 않은 데이터도 있습니다. 숫자 데이터는 크기를 비교할 수 있습니다. 2는 1보다 큽니다. 문자열 데이터의 경우에도 사전적 순서를 비교할 수 있습니다. 'Hello'보다 'Hi'가 사전 순서상으로 뒤에 있습니다. 사전 뒤쪽에 있는 단어가 앞쪽에 있는 단어보다 큽니다. 물론 사전적 순서에 의한 비교입니다. [코드 7-3]을 참고하기 바랍니다. 나중에 살펴볼 기회가 있겠지만 색깔(color)도 하나의 데이터로 표현됩니다. 하지만 빨간색과 파란색은 어느 색깔이 더 큰지, 어느 색깔이 더 앞서는지를 비교할 수 없습니다.

[코드 7-3]
문자 데이터 비교

```
In [4]:  'Hello' > 'Hi'
Out[4]:  False

In [5]:  'Hello' < 'Hi'
Out[5]:  True
```

숫자 데이터의 연산은 산술연산과 비교연산으로 나누어 볼 수 있습니다. 비교연산은 산술연산만큼이나 (어쩌면, 오히려 더) 중요한 연산입니다. 1보다는 2가 큽니다. 이것이 옳은 비교입니다. 반대로, "1이 2보다 크다"라고 하면 잘못된 주장입니다. 비교연산은 두 값의 크기(또는 순서)를 비교하는 것인데, 비교연산식이 나타내는 주장의 옳고 그름에 따라 그 결과는 참(True)이 되거나 거짓(False)이 됩니다. 예를 들어, `5>3`(5가 3보다 크다는 주장)은 올바른 비교이므로 연산의 결과는 `True`가 됩니다([코드 7-4]의 In [6] 참고). 비교가 올바르면 `True` 값이, 올바르지 않으면 `False` 값이 나옵니다.

[코드 7-4]
숫자 데이터 비교

```
In [6]:  5>3
Out[6]:  True

In [7]:  5<3
Out[7]:  False

In [8]:  5==3
Out[8]:  False
```

비교연산에 사용하는 연산자에는 〉(좌변이 우변보다 크다), 〈(작다), 〉=(크거나 같다), 〈=(작거나 같다), ==(같다), !=(같지 않다) 등이 사용됩니다. 여기서 같다는 뜻의 비교 연산자로 = 기호를 쓰지 않고, = 기호를 두 개 연달아서 == 기호를 사용하는 것에 조심하기 바랍니다. 코딩 초보일 때 누구나 겪게 되는 전형적인 실수 몇 가지가 있습니다. 그 중에, == 기호를 사용해야 하는 곳에 = 기호를 사용하는 바람에 "(내가 보기에는) 분명히 문제가 없는 코드인데" 원하는 결과가 나오지 않아 며칠을 고민하게 만드는 경우가 있습니다. 정말 성장통 같은 실수 중 하나입니다.

산술연산의 결괏값을 변수에 저장할 수 있었던 것처럼, 비교연산의 결괏값도 (당연히) 변수에 저장할 수 있습니다. [코드 7-5]의 In [9]에서 `5>3`의 비교연산 결과를 `a` 변수에 할당하고 있습니다. `a` 값을 참조해보면 `True` 값이 할당되어 있는 것을 확인할 수 있습니다(In [10] 참조). `a` 변수는 `True` 값 또는 `False` 값을 가리키기 위해 사용되고 있으므로, 타입은 불리언[bool]이 됩니다. In [11]에서 확인하기 바랍니다.

[코드 7-5]
비교연산 결과를 할당한 변수

```
In [9]:   a=5>3

In [10]:  print(a)
          True

In [11]:  type(a)
Out[11]:  bool
```

이상으로 조건식은 비교연산으로 표현되고, 조건식의 연산 결과는 `True`나 `False`가 된다는 것을 알아보았습니다. 비교 연산자가 한 개만 사용된 비교연산식을 '단순조건(Atomic Condition)'이라고 부릅니다. 그리고 단순조건을 조합하여 복잡한 조건식을 표현할 수 있습니다. 이를 '복합조건(Composite Condition)'이라고 부릅니다.

복합조건: 조건식을 연결하여 복잡한 로직을 표현합니다

True 값과 False 값은 논리연산에 사용되는 불리언 데이터입니다. 1, 2, 3, …의 정숫값에 산술연산을 적용할 수 있듯이, `True`와 `False` 등의 불리언 값에 대해서는 `and`, `or`, `not` 등의 논리연산을 적용할 수 있습니다([코드 7-6] 참고).

[코드 7-6]
불리언 데이터 비교

```
In [12]: True and True
Out[12]: True

In [13]: True or True
Out[13]: True

In [14]: not True
Out[14]: False
```

and 연산에 대해 살펴봅니다

and 연산은 피연산자 두 개의 값이 동시에 True일 때에만 True가 되고, 나머지 경우에는 False가 되는 논리연산입니다. 예를 들어, 두 개의 명제가 있습니다.

"나는 남자이다." (사실입니다.)

"나는 천안에 산다." (사실입니다.)

이 명제 두 개를 '그리고(and)'로 조합해서 하나의 복합 명제를 만들어보겠습니다.

"나는 남자이고 천안에 산다"는 당연히 옳습니다. (True)

"나는 남자이고 천안에 살지 않는다"는 틀린 문장입니다. (False)

and로 만들어진 복합명제의 논리연산 결과는 [표 7-1]과 같이 정리할 수 있습니다. 이 표를 '진리표(Truth Table)'라고 부릅니다. A와 B가 불리언 값일 때 A and B 연산의 결과는 A와 B 모두 True일 때만 True가 되고, 그 외의 경우에는 모두 False가 됩니다.

[표 7-1] and 연산의 진리표

A	B	A and B
True	True	True
True	False	False
False	True	False
False	False	False

[코드 7-7]의 In [18]에서 보인 것처럼, a>5 연산식과 b<10이란 연산식을 and로 묶어서 a>5 and b<10과 같이 복합연산식을 만들어 봅니다. 여기서 만약 a 값이 10이고 b 값이 5라면(In [15] 참고), 첫 번째 비교연산은 10>5이므로 True가 되고, 두 번째 비교연산식도 5<10이어서 True가 됩니다. In [18]에서 보는 것처럼, 복합연산 결과는 True and True여서 결국 True가 됩니다. 만약에 a 값이 10이고 b 값도 10이라면, 첫 번째 연산식은 True인 반면에 두 번째 연산식은 False가 되어 결과는 True and False로 False가 됩니다.

[코드 7-7]
and 연산 결과

```
In [15]:  a=10
          b=5

In [16]:  a>5     # 10>5 : 올바른 비교
Out[16]:  True

In [17]:  b<10     # 5<10 : 올바른 비교
Out[17]:  True

In [18]:  a>5 and b<10
Out[18]:  True
```

or 연산에 대해 살펴봅니다

역시 두 개의 단위 명제가 있습니다.

"나는 성격이 좋다." (실제로 그렇지 않습니다. False)

"나는 키가 크다." (실제로 그렇습니다. True)

만약, 어떤 여성이 결혼할 상대로 "성격이 좋고 키가 큰 사람"을 찾고 있으면 나는 후보가 될 수 있을까요? 아닙니다. 그 여성의 기준에 맞지 않아서 False입니다. 만약, 그 여성이 "성격이 좋거나 키가 큰 사람"을 찾고 있으면 어떨까요? 답은 True입니다. or 연산의 경우에는 두 가지 조건 중에 하나만 만족해도 참(True)이 됩니다. 물론, 두 가지 조건 모두를 만족하는 경우에도 당연히 참이 됩니다. [표 7-2]는 or 연산의 진리표입니다.

[표 7-2] or 연산의 진리표

A	B	A or B
True	True	True
True	False	True
False	True	True
False	False	False

[코드 7-8]에서 확인해보기 바랍니다.

[코드 7-8] or 연산 결과

```
In [19]:  False or False
Out[19]:  False

In [20]:  False or True
Out[20]:  True

In [21]:  True or False
Out[21]:  True

In [22]:  True or True
Out[22]:  True
```

not 연산에 대해 살펴봅니다

not 연산은 피연산자가 한 개(unary)인 연산입니다. 참인 명제를 "not(아니다)"이라고 하면 거짓이 되고, 거짓인 명제를 "아니다"라고 하면 참이 되는 로직을 표현합니다.

> "나는 키가 크다." (실제로 그렇습니다.)

그런 나를 가리키며 "키가 크지 않다"라고 하면 잘못된(False) 판단이 되겠습니다. not 연산의 진리표는 [표 7-3]이고 실행 예는 [코드 7-9]입니다. True를 False로 만들고, False를 True로 만드는(바꾸는) 연산이 not 연산입니다.

A	not A
True	False
False	True

[표 7-3] not 연산의 진리표

```
In [23]: not True
Out[23]: False
```

```
In [24]: not False
Out[24]: True
```

[코드 7-9] not 연산 결과

7장을 정리하겠습니다

7장에서는 아무리 복잡한 프로그램이라 하더라도 순차, 반복, 분기의 세 가지 요소로 만들어 낼 수 있음을 살펴보았습니다. [그림 7-7]의 플로우차트는 조금 복잡해 보입니다. 이 차트에서 순차 요소를 한 번 찾아보기 바랍니다. A→B가 순차이고, D→E가 순차입니다. 분기도 하나 눈에 띕니다. C 조건식의 결과에 따라 D 또는 F로 분기가 이루어지고 있습니다. 반복도 하나 포함하고 있습니다. A→B→F→A→…가 그것인데요. 반복이 몇 번이나 이루어질지는 역시 C 조건식에 따라 결정되고 있습니다. 아무리 복잡해 보여도 나누어 보면 결국 순차, 분기, 반복 중의 하나가 된다는 뜻입니다.

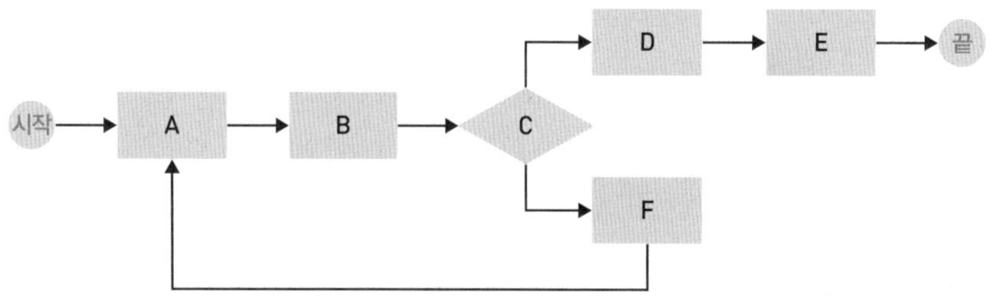

[그림 7-7] 프로그램의 전형적인 컨트롤구조

그리고 분기와 반복은 결국 조건식과 연관되어 있으며, 조건식은 비교연산식으로 만들어진다는 것을 살펴보았습니다. 다음 장에서는 분기를 위한 if문을, 그다음 장에서는 반복을 위한 for문과 while문을 살펴볼텐데, 조건식이 실제 프로그램에서 어떻게 사용되는지를 확인해보기 바랍니다.

여기서 잠깐!!

운영체제

운영체제 얘기가 가끔씩 언급이 되고 있어서 여기서 잠깐 살펴보고 지나가겠습니다. 운영체제(OS, Operating System)도 하나의 소프트웨어입니다. 대표적으로 윈도우즈, 유닉스/리눅스, MacOS 등이 있습니다. 컴퓨터 하드웨어를 직접 동작시키는 소프트웨어여서 시스템 소프트웨어(System Software)라고 불립니다. 물론, 우리가 만드는 응용프로그램도 컴퓨터 하드웨어를 동작시켜서 실행됩니다. 그런데 우리 프로그램은 컴퓨터 하드웨어를 직접 움직이지는 않고 (그렇게 하는 것은 조금 복잡합니다) 운영체제를 통해서 (즉, 운영체제의 도움을 얻어) 컴퓨터를 동작시키게 됩니다. 운영체제에게 "컴퓨터를 이렇게 동작시켜 달라"라고 요청하면 운영체제가 그에 따라 컴퓨터를 동작시키고 그 결과를 우리에게 알려주게 됩니다. 이것이 운영체제의 가장 기본적인 역할입니다. 이해를 돕기 위해 그림으로 한 번 나타내 보았습니다.

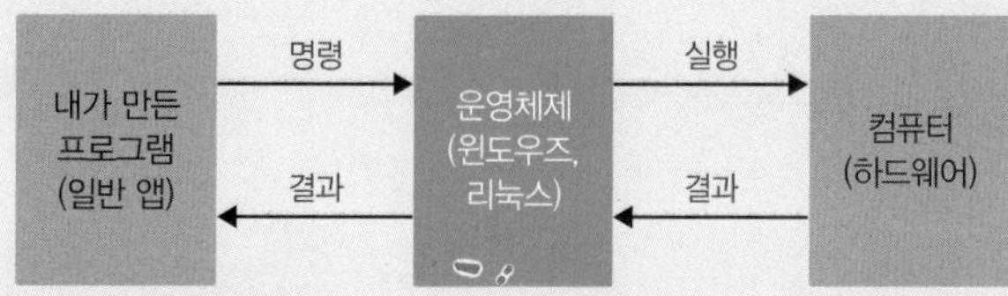

[그림 A-1] 하드웨어를 직접 움직이는 운영체제

그런데 운영체제의 실질적인 의의는 다음과 같은 역할에 있습니다. 컴퓨터 하드웨어는 하나인데, 그 컴퓨터에서 실행하고자 하는 앱(응용프로그램)은 여러 개입니다. 자원은 하나인데 여러 사람이 동시에 나누어 써야 하는 상황과 같습니다. 하나의 자원을 공유하는 여러 앱은 각자의 목적을 위해 공유자원을 독점하려고 합니다. 그럼, 결국 충돌이 생기게 됩니다. 이런 충돌을 원만하게 해결하기 위해서는, 컴퓨터와 앱 사이에서, 앱의 요청을 통제하고 교통 정리할 수 있는 중간자적 존재가 필요합니다. 운영체제가 그런 역할을 수행합니다.

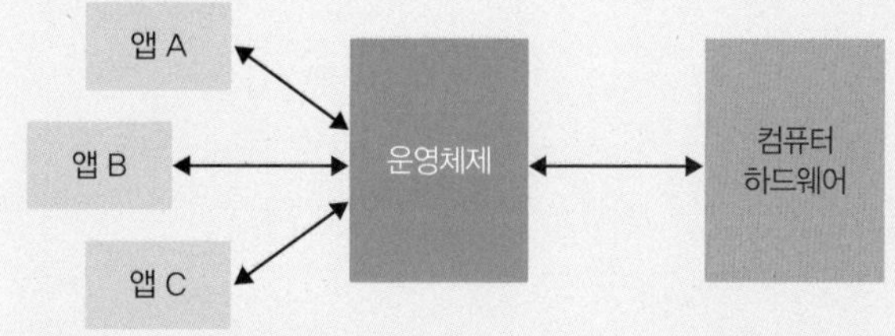

[그림 A-2] 여러 앱의 요청을 교통 정리하는 운영체제

여기서 잠깐!!

'플로우차트'라는 다이어그램

이 책에서는 프로그램의 실행절차를 나타내기 위해 '플로우차트'라는 이름의 다이어그램(diagram)을 사용하고 있습니다. 우리가 어떤 정보를 표현하고자 할 때, 말이나 글을 사용하기도 하지만 전달성 측면으로 본다면 그림만한 것이 없지요. 그런데 정보를 전달하기 위한 용도의 그림들은 특별한 모양의 심볼(symbol)과 선(line)을 사용해서 표현됩니다. 여기서 심볼과 선은 그 의미가 사전에 약속되어 있습니다. 예를 들어, 플로우차트에서 박스는 명령문을, 마름모는 디시전(decision)을 나타냅니다. 그러한 심볼을 선으로 연결해서 의미를 확장합니다. 예를 들어, 플로우차트에서도 화살표를 이용해서 심볼을 연결하게 되는데, 여기서 화살표(선)는 명령문이나 디시전 간의 선후 관계를 나타내게 됩니다. 이렇게 사전에 약속된 심볼과 선을 조합하여 만들어지는, 특별한 형식을 갖는 그림을 다이어그램이라고 부릅니다.

8장

분기를 나타내는 if문

if문: "~이면"의 논리를 표현합니다

[코드 8-1]에서 print(a) 문장은 무조건적(unconditionally)으로, 항상 실행되는 명령문입니다. 여기서 '항상'이란 표현은 이 셀이 선택되어 〈Shift〉+〈Enter〉로 실행될 때마다 무조건 실행된다는 의미입니다.

```
In [1]:  a=3
         print(a)

         3
```

[코드 8-1]
항상 실행되는 명령문

위의 print(a) 명령문을 특정한 상황 또는 조건(condition)에서만 실행되도록 바꾸어 보겠습니다. 즉, print(a) 문장에다 조건을 달아보겠습니다. 예를 들어, a 값이 10보다 작을 때에만 print(a)가 실행되도록 바꾸면 [코드 8-2]와 같습니다.

```
In [2]:  a=3
         if a<10:
             print(a)

         3
```

[코드 8-2]
조건에 따라 실행되는 명령문

if(조건식) 구문을 추가하여 print(a) 문장이 실행될 수 있는 조건을 표시해 보았습니다. if 키워드에 붙어 있는 조건식이 참(True)이 될 때만 print(a) 문장이 실행됩니다. 여태껏 보지 못했던 콜론(colon, :)기호와 들여쓰기(인덴트(indent)라고 부릅니다)가 사용된 것이 눈에 띕니다. 구체적인 설명은 잠시 뒤에 바로 하겠습니다.

코드 In [2]의 실행절차를 플로우차트로 나타내 보면 [그림 8-1]과 같습니다. if의 조건식이 참이 될 때에만 print(a) 문장이 실행됩니다. 그렇지 않으면(즉, 조건이 만족되지 않으면) print(a) 문장이 실행되지 않고 건너뛰게 됩니다. 즉, if 키워드 뒤에 붙어 있는 비교연산식을 연산하여 참이 될 때에만 print(a) 명령문이 실행되어 a 값이 화면에 출력됩니다. 현재는 a 값이 3이기 때문에 조건식(a<10)이 True여서 print() 문장이 실행되는 경우에 해당합니다.

[그림 8-1] if 조건식에 따른 실행 절차

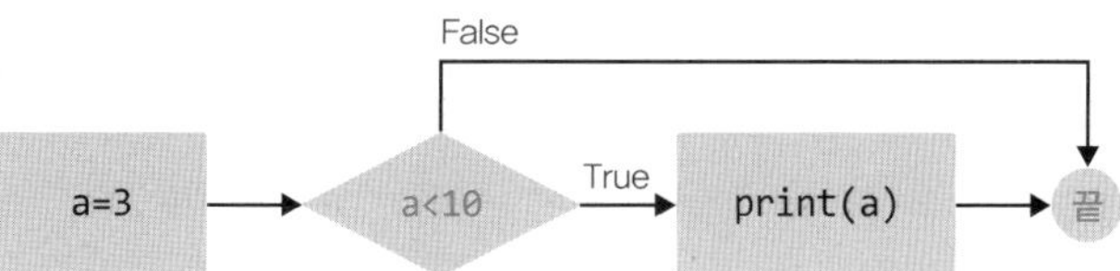

여기서, 만약 a 값을 15로 바꾸면 어떻게 될까요? 그러면 if문의 조건식이 15<10이 되어 False가 됩니다. 결과적으로 print(a) 명령문은 실행되지 않습니다.

[코드 8-3] if 조건식에 따른 실행 결과

```
In [3]:  a=15
         if a<10:
             print(a)

In [ ]:  |
```

파이썬에서 if문을 사용함에 있어서 유의해야 할 사항을 정리하겠습니다.

1. 조건식은 참(True) 또는 거짓(False)으로 판정될 수 있는 비교연산식이어야 합니다. 예를 들어, a<10이란 조건은 a 값이 10보다 작은 수일 때에는 참이 되고, 그렇지 않을 때에는 거짓이 되는 조건식입니다. 또 다른 예로, a<10 and b>5는 a 값은 10보다 작고 b 값은 5보다 큰 경우에 참이 되는 복합 조건식입니다.

2. if문의 조건식은 괄호로 묶어도 되고, 괄호를 사용하지 않아도 됩니다. 괄호를 쓰지 않는 것을 추천합니다. 트렌드입니다.

[코드 8-4] 조건식의 표현 방법

```
In [4]:  a=15
         if a<10:
             print(a)

In [5]:  a=3
         if (a<10):
             print(a)

         3
```

3. if문의 조건식 뒤에는 반드시 콜론(:)이 있어야 합니다. 그리고 콜론 아래에는 한 개 이상의 명령문을 들여쓰기해서 나타내야 합니다. 해당 명령문(들)은 if 조건식이 참이 될 때에만 실행됩니다. 참고로 파이썬의 콜론은 C/C++나 자바에서 중괄호({ })의 의미와 똑같습니다.

4. if의 조건식에 걸려있는 문장은 if 키워드의 위치보다 오른쪽으로 한 칸 이상 들여쓰기가 되어 있어야 합니다. 한 칸 이상이기만 하면 몇 칸이든 상관없습니다. 단, 해당 조건에 걸려있는 모든 문장은 들여쓰기의 깊이(즉, 들여쓰기의 칸 수)가 똑같아야 합니다. 명령문마다 들여쓰기의 깊이가 다르면 에러가 발생합니다. 그럼 몇 칸을 들여쓰기 할 지가 고민일 수 있는데, 들여쓰기는 1 탭(TAB)만큼 하는 것이 표준입니다. 시스템마다 다를 수는 있지만, 1 탭은 보통 4글자 간격입니다. IPython이나 주피터 노트북의 경우, 콜론을 적고 〈Enter〉를 누르면 자동적으로 들여쓰기가 이루어집니다. 그렇지 않은 개발 도구인 경우에는 직접 〈TAB〉을 눌러서 들여쓰기를 합니다.

if 키워드의 콜론 뒤에 들여쓰기된 문장이 하나도 없으면 에러입니다. "만약, ~이면"으로 문장이 끝나버린 셈입니다. "그러면 도대체 어떡하겠다는 것인지"가 따라 나와야 합니다. [코드 8-5]를 참고하기 바랍니다. 실제로 'expected an indented block'이라는 에러 메시지에서 알 수 있듯이 들여쓰기를 한 문장(들)이 없으면 에러가 발생합니다. 앞으로 여러 형태의 문장에서 콜론을 보게 될텐데, 콜론이 있다는 것은 그다음에 연결된(즉, 들여쓰기된) 명령문(들)이 있음을 나타냅니다. 사실, 들여쓰기만 하면(즉, 최소 한 칸 이상만 들여쓰기 하면) 실행에는 전혀 문제가 없습니다. 하지만 항상 〈Tab〉을 이용해서 4칸씩 들여쓰기 하는 것을 원칙으로 삼기 바랍니다. 그렇지 않으면 (다행히 에러가 발생하지 않는다고 하더라도) 코드가 정말 엉망이 됩니다.

```
In [6]:  a=15
         if a<10:
         print(a)

         File "C:\Users\mkjang\AppData\Local\Temp/
         ipykernel_6568/3671816842.py", line 3
             print(a)
             ^
         IndentationError: expected an indented block
```

[코드 8-5]
들여쓰기를 하지 않아서 생긴 에러

if 조건식에 두 개 이상의 문장이 달려있는 경우에는 모두 동일한 깊이로 들여쓰기를 해야 합니다. 그러지 않으면 에러입니다. [코드 8-6]의 In [6]에서 두 개의 print()문은 if 조건에 종속되어 있습니다. 즉, 조건식이 True이면 두 개의

print()문이 모두 실행되어 [코드 8-6]에서 보는 것과 같은 결과가 나타나게 됩니다. 이런 상황에서 (나) 문장을 1 탭보다 더 많이 들여쓰기하거나 더 적게 들여쓰기하면 두 가지 경우에서 모두 에러가 발생합니다. 들여쓰기는 1 탭으로 통일합니다.

[코드 8-6]
if 조건식에 두 개 이상의 명령문이 연결된 경우

```
In [6]:  a=15
         if a>10:
             print('The value of a is')   #(가)
             print('greater than 10')     #(나)

         The value of a is
         greater than 10
```

[코드 8-7]처럼 (나) 문장의 들여쓰기를 없애 버리면 해당 문장은 if에 종속되지 않습니다.

[코드 8-7]
들여쓰기의 의미

```
In [7]:  a=15
         if a>10:
             print('The value of a is')   #(가)
         print('greater than 10')         #(나)

         The value of a is
         greater than 10
```

In [6]과 In [7]의 실행 결과는 동일하게 나타나고 있습니다만, In [6]의 (나) 문장은 조건이 달려있는 문장이고 In [7]의 (나) 문장은 조건이 달려있지 않은 (즉, 무조건 실행되는) 문장입니다. a 값을 3으로 바꾸어서 if 조건식이 False가 되도록 만들어 보면 실행 결과는 당연히 달라집니다. [코드 8-8]과 비교해보기 바랍니다.

[코드 8-8]
if문 실행 예

```
In [8]:  a=3
         if a>10:
             print('The value of a is')   #(가)
         print('greater than 10')         #(나)

         greater than 10
```

위의 두 개 코드 간의 차이는 플로우차트를 그려보면 좀 더 명확하게 드러납니다. [그림 8-2]에서 ⓐ는 In [6]의 플로우차트를, ⓑ는 In [7]의 플로우차트를 나타내고 있습니다.

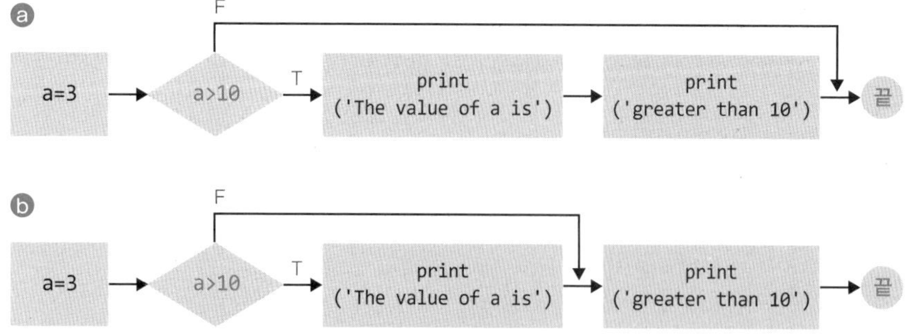

[그림 8-2] 들여쓰기 차이로 인해 달라진 연산과정을 나타낸 플로우차트

여기서 잠깐!!

라인번호를 표시합니다

주피터 노트북에서 코딩을 할 때 도움이 되는 기능으로 라인번호(Line Number)를 보여주는 기능이 있습니다. 화면 상단의 [View] 메뉴에 [Toggle Line Numbers]라는 메뉴를 클릭하게 되면 [그림 8-3]처럼 셀에 라인번호가 나타납니다. 에러가 발생하면 에러의 위치를 라인번호를 기준으로 보여주기 때문에 코드를 디버깅할 때 많은 도움이 됩니다.

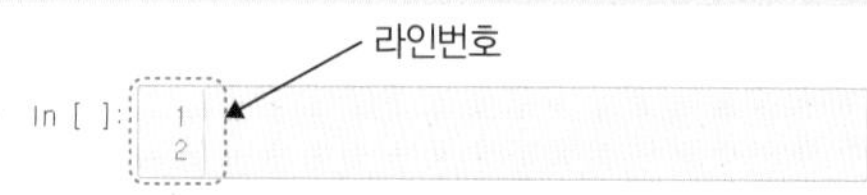

[그림 8-3] 디버깅에 도움이 되는 라인번호

[Toggle Line Numbers] 메뉴는 이름에서 보듯이 토글(toggle) 메뉴입니다. 어떤 특정 기능을 껐다(On) 켰다(Off) 할 수 있는 장치(메뉴, 버튼 또는 스위치 등)를 토글이라고 부릅니다. 현재 라인번호를 보이게 하는 기능이 On인 상태에서 [Toggle Line Numbers] 메뉴를 실행하면 라인번호 기능을 Off로 만들어 줍니다. 반대로, 라인번호 기능이 Off인 상태에서 메뉴를 실행하면 라인번호 기능을 On으로 바꾸어 줍니다. 참고로 어떤 특정 셀에 대해서만 라인번호 기능을 껐다 켰다할 수도 있습니다. 이럴 때에는 명령모드에서 해당 셀을 선택한 다음에 영문 키 〈L〉을 누르면 됩니다.

if~else문: "그렇지 않으면"의 논리를 표현합니다

다음의 [문제 8-1]을 파이썬 코드로 만들어 보기 바랍니다.

[문제 8-1] 사용자가 어떤 임의의 값을 입력한다. 만약에 그 값이 10보다 크면 "greater than 10" 문장을 화면에 출력하고, 만약에 그 값이 10보다 작거나 같으면 "less than or equal to 10" 문장을 화면에 출력한다.

[문제 8-1]에 해당하는 파이썬 코드는 [코드 8-9]와 같습니다.

[코드 8-9]
[문제 8-1]을 구현한 코드

In [9]:
```
1 a=input()
2 b=int(a)
3 if b>10:
4     print('greater than 10')
5 if b<=10:
6     print('less than or equal to 10')
```

```
11
greater than 10
```

코드의 실행을 따라가 보겠습니다.

- 1~2행을 보면 사용자로부터 어떤 숫자값을 입력받아 b 변수에 할당합니다.
- 4행의 print()문은 3행의 if 조건이 만족될 때에만 실행됩니다. 즉, b 값이 10보다 클 경우에만 greater than 10이라는 문자열이 화면에 출력됩니다.
- 6행의 print()문에도 조건이 달려 있습니다. 5행의 if 조건이 만족될 경우에만, 즉, b 값이 10보다 작거나 같을 때에만 실행됩니다.

결과적으로 [코드 8-9]는 실제 [문제 8-1]에서 주어진 대로 잘 동작하는 코드입니다. 하지만 좋지 않은 코드입니다.

이 코드에는 두 개의 if문이 포함되어 있습니다. 여기에 사용된 두 개의 조건식들을 가만히 보면 서로 연관되어 있는 조건임을 알 수 있습니다. 첫 번째 조건인 b>10을 만족하는 b 값은 절대로 두 번째 조건인 b<=0을 만족시킬 수 없습니다. 반대로, 첫 번째 조건인 b>10을 만족시키지 못하는 b 값은 무조건 두 번째 조건인 b<=0을 만족시키게 됩니다. 이러한 조건을 서로 '배타적(exclusive)'이라고 부릅니다. 이해를 돕기 위해 그림으로 표현해보겠습니다.

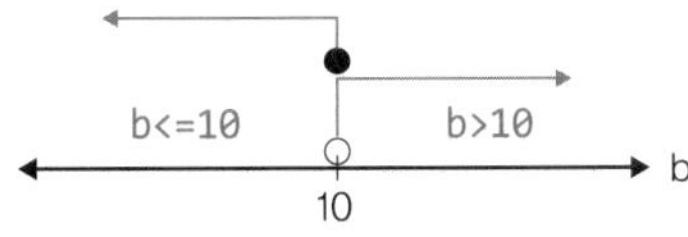

[그림 8-4] 상호 배타적인 두 개의 조건식

위 두 개의 조건식에서, 동시에 참이 되거나 동시에 거짓이 되는 경우는 없습니다.

즉, 3행의 조건이 True이면 5행의 조건은 무조건 False가 되고, 3행의 조건이 False이면 5행의 조건은 무조건 True가 됩니다. 즉, 5행의 조건식의 값은 항상 3행의 조건식 값에 따라 결정되기 때문에, 실제적으로 5행의 조건식은 불필요해 보입니다.

사실, [문제 8-1]은 다음과 같이 쓰는 것이 맞습니다.

[문제 8-2] 사용자가 어떤 임의의 값을 입력한다. 만약에 그 값이 10보다 크면 "greater than 10" 문장을 화면에 출력하고, 그렇지 않으면 "less than or equal to 10" 문장을 화면에 출력한다.

여기서 "그렇지 않으면"에 해당하는 파이썬 키워드가 있습니다. 그 키워드는 `else`입니다. 실제 `else`를 사용하여 [코드 8-9]를 수정해보면 [코드 8-10]과 같습니다. else는 우리말로는 "그렇지 않으면"으로, 영어로는 "otherwise"로 해석할 수 있습니다.

[코드 8-10]
[문제 8-2]를 if~else문을 사용해서 구현한 코드

In [10]:
```
a=input()
b=int(a)
if b>10:
    print('greater than 10')
else:
    print('less than or equal to 10')
```
```
11
greater than 10
```

코딩한 후에 실제로 실행해보면, [문제 8-1]의 코드와 똑같이 동작하는 것을 확인할 수 있습니다. 그럼 둘 중에 아무 것이나 사용해도 될까요? 아닙니다. 그렇지 않습니다. if~else 구조가 필요한 문제의 경우는 반드시 if~else의 형태로 나타내줘야 합니다. 왜 꼭 그래야 하는지 그 이유를 살펴보겠습니다.

계속 공부하고 있는 내용이지만, 숫자 데이터의 연산에는 산술연산과 비교연산이 있습니다. 산술연산과 비교연산의 실행속도를 측정해보면, 일반 산술연산의 속도에 비해 비교연산의 실행속도는 매우 느리다는 것을 알 수 있습니다. 비교연산에는 컴퓨터가 계산하기 복잡해하는 판단(decision) 과정이 포함되기 때문입니다. 지금 연습하고 있는 코드들은 길이가 짧아서 차이가 드러나지 않지만, 규모가 큰 소프트웨어에서 실행속도는 매우 중요한 요인이 됩니다. 불필요하게 비교연산을 많이 사용하는 코드는 느려질 수밖에 없습니다. 비교연산의 수가 적을수록 좋은 코드가 됩니다. 앞선 문제를 플로우차트로 그려 보면 그 차이가 더욱 잘 드러납니다. 아래 [그림 8-5]에서 그 차이를 한 번 확인해보기 바랍니다.

[그림 8-5] ⓐ 두 개의 if를 사용하는 경우 vs. ⓑ if~else를 사용하는 경우

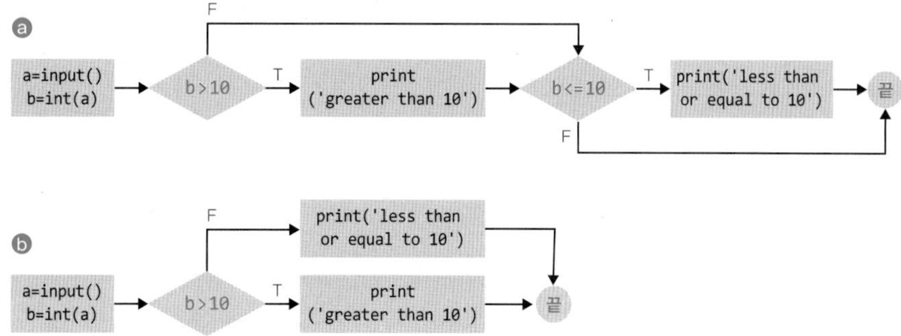

[문제 8-2]는 조건식의 결과에 따라 두 개의 경로로 나누어지는 경우입니다. 그럼 조건식의 연산결과가 세 개 이상으로 나누어지는 경우에는 어떻게 해야 할까요? 다음의 if~elif~else문에서 해답을 찾아보겠습니다.

if~elif~else문: 세 개 이상의 경로를 표현합니다

이런 형태의 문제로, 정말 자주 보게 되는 예제는 아래와 같이 학점을 구하는 문제입니다. 먼저, 문제를 살펴보겠습니다.

[문제 8-3] 0점에서 100점 사이의 값을 갖는 점수를 입력하면 그에 따라 학점을 계산해주는 코드를 만들고자 한다. 입력된 점수 값이 90점 이상이면 A학점, 80점 이상 90점 미만이면 B학점, 70점 이상 80점 미만이면 C학점, 60점 이상 70점 미만이면 D학점, 60점 미만이면 F학점이 된다.

점수를 score라는 이름의 변수에 할당하고, 학점은 grade라는 변수를 사용해서 만들겠습니다. 점수(score) 변숫값은 0부터 100까지의 구간이고, 그 구간은 총 5개의 구간으로 나뉘어져 있습니다. 즉, 90〈=score〈=100, 80〈=socre〈90, 70〈=socre〈80, 60〈=socre〈70, 그리고 나머지 구간인 0〈=socre〈60입니다.

어떤 문제이든 여러 경우를 한꺼번에 고려하는 것은 어렵습니다. 두 개로 나누는 것이 가장 단순하고 명확합니다. 그런데 여러 가지로 나누어야 하는 경우에도 두 개씩 나누는 것을 여러 번 반복하면 똑같은 결과를 얻을 수 있습니다.

[문제 8-3]에서, 전체 0~100 구간을 두 개 구간으로, 예를 들어 90 이상인 A 구간과 나머지 구간으로 나누어 보겠습니다. 이를 그림으로 나타내 보면 [그림 8-6]과 같습니다.

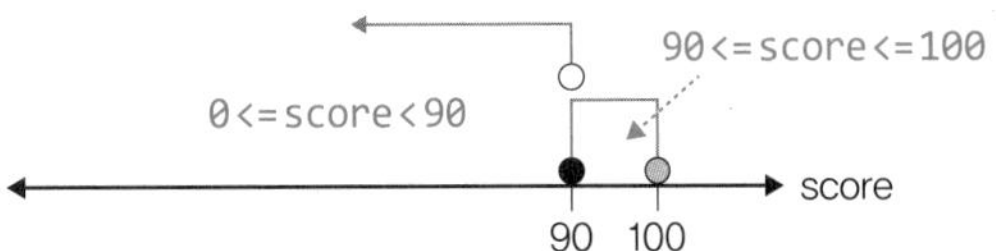

[그림 8-6] 0~100 구간을 두 개의 구간으로 나눈 조건식

score가 90 이상인 경우는 A, 그렇지 않은 경우는 B이거나 C이거나 D이거나 F입니다. 이 로직을 코드로 만들어 보면 [그림 8-7]의 In [11]과 같습니다. 이 코드는 아직 완벽하지는 않으나, 최소한 A학점인 경우는 틀림없이 구해낼 수 있습니다. 단, B, C, D, F학점에 해당하는 경우가 else 구문 하나에 뭉뚱그려져 있습니다. 1행의 `score=int(input())`은 `a=input()` 문장과 `score=int(a)` 문장을 하나의 문장으로 묶어본 것입니다. `score=int(a)`에서 `a` 값은 결국 `input()`한 값이니, `a` 위치에 `input()` 문장을 넣은 형태입니다. 함수를 공부하고 나면 너무 당연한 표현입니다만, 아직은 마음에 와닿지 않더라도 "이렇게 쓸 수도 있구나" 하고 넘어가겠습니다.

```
In [11]: score=int(input())    # integer : 0~100
         if score>=90:
             grade='A'
         else:
             grade='NOT A'

         90
```

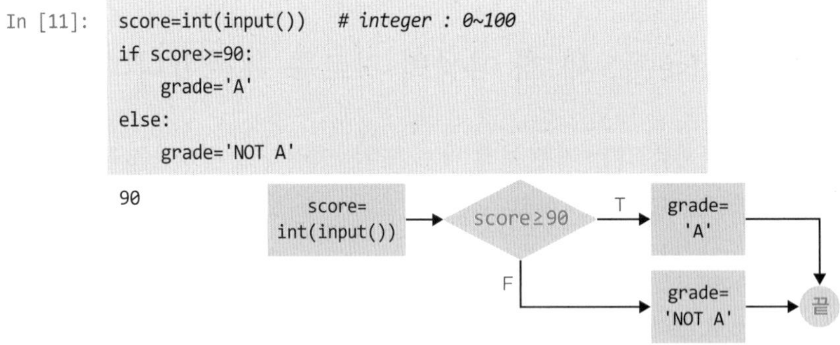

[그림 8-7] 0~100점 구간을 두 개의 구간으로 나눈 조건식의 코드와 플로우차트

[그림 8-7]의 코드를 실행한 후에 결괏값을 화면에 출력해보기 바랍니다. 예를 들어, 90점을 입력한 경우와 85점을 입력한 경우에 `score`와 `grade` 값을 출력해보면 [코드 8-11]과 같습니다.

```
In [12]: print(score, grade)

         90 A

In [13]: print(score, grade)

         85 NOT A
```

[코드 8-11] 입력값에 따른 출력값 비교

현재, else에는 B, C, D, F의 4개 경우가 하나로 묶여 있는데, 이를 다시 두 가지 경우로 나누어 보겠습니다. [그림 8-7]에서 else 조건은 "90점 이상이 아니면"에 해당합니다. 즉, "90점 미만인 경우"를 나타내고 있습니다. 전체 0부터 100점까지의 구간에서 90점 이상을 A 구간으로 구분해 내었던 것처럼, 전체 0부터 90점 미만의 구간에서 80점 이상을 B 구간으로 추려내어 보고자 합니다. [그림 8-8]은 이에 해당합니다.

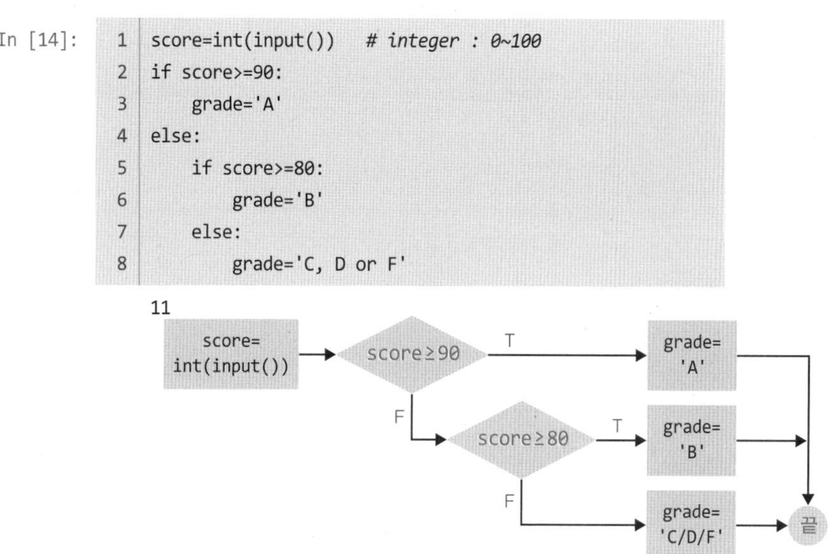
In [14]:
1 score=int(input())   # integer : 0~100
2 if score>=90:
3   grade='A'
4 else:
5   if score>=80:
6   grade='B'
7   else:
8   grade='C, D or F'
11
score=
int(input())
score≥90
T
grade=
'A'
F
score≥80
T
grade=
'B'
F
grade=
'C/D/F'
끝

[그림 8-8] 0~90점 미만인 구간을 두 개의 구간으로 나눈 조건식의 코드와 플로우차트

[그림 8-8]에서 4행의 `else`문이 실행된다는 것은 2행에서 `if` 조건식이 False라는 뜻이어서 일단 `score` 값은 90 미만이 됩니다. 4행의 else문은 그 내부에 또 다른 하나의 `if~else`문을 포함하고 있습니다. 5행의 `if` 조건식은 90 미만인 값 중에서 80 이상인 경우로 `80<=score<90` 구간에 해당합니다. 참고로 5행에서 `if` 조건식은 `score>=80`으로 표현되어 있습니다. `score<90`이라는 조건은 불필요하여 생략되어 있는 것에 유의하기 바랍니다.

여기서 잠깐!!

복합 조건식의 코딩 스타일

보통의 컴퓨터 언어는 하나의 조건식에 두 개 이상의 비교 연산자가 포함되지 못합니다. 무슨 뜻이냐면, "어떤 값 a가 0보다 크고 10보다 작다"라는 조건은 `0<a<10`과 같이 나타낼 수 없고, `a>0 and a<10`의 형태로 표현해야 합니다. 파이썬의 경우에는 이 두 가지 형태를 모두 사용할 수 있습니다. 후자의 경우가 (조금 불편해 보이기는 하나) 좀 더 일반적인 형태로서 (보통의 컴퓨터 언어에서 주로 사용하는 방식이기 때문에) 개인적으로 선호하는 스타일입니다. [코드 8-12]에서 확인해보기 바랍니다.

```
In [16]:  a=6
          if 0<a<10:
              print('Between 0 and 10')

          Between 0 and 10

In [16]:  a=6
          if 0<a and a<10:
              print('Between 0 and 10')

          Between 0 and 10
```

[코드 8-12] 복합 조건식의 코딩 스타일 비교

또 하나 짚고 넘어가고 싶은 것이 있습니다. "어떤 값 a가 0보다 크다"라는 조건은 `a>0`으로 써도 되고 `0<a`로 쓸 수도 있습니다. 그렇지만 변수는 항상 좌변에 두는 것이 좋겠습니다. `a>0`이 올바른 표현입니다.

사람들은 개인마다 '말투'가 다릅니다. 글도 마찬가지이고 코딩도 역시 마찬가지입니다. 사람마다 코딩의 '스타일'이란 것이 있습니다. 같이 협업을 많이 해 본 사람은 코딩 한 조각만 보더라도 누가 만들었는지 금세 알 수 있을 정도입니다. 자신만의 스타일을 가지고 있는 것은 정말 가치 있는 일입니다만, 당분간은 "많은 사람이 거의 표준처럼 사용하는" 스타일들을 그대로 따라해 보는 것이 좋겠습니다. 창조보다는 모방이 먼저입니다.

원래 문제로 다시 돌아가겠습니다. 현재, 전체 5개의 구간 중에서 A, B학점을 구별해 낼 수 있게 되었습니다. 하지만 나머지 세 개 구간인 C, D, F는 여전히 7행의 `else`문에 뭉뚱그려져 있습니다. 이제 무슨 스토리로 흘러갈지 뻔해 보입니다. 중간 과정을 생략하고, 전체 코드를 같이 한 번 보겠습니다. [코드 8-13]의 코드를 봐주기 바랍니다. 실제로 잘 동작하는 코드입니다. 원래는 5개 구간으로 나누어야 하는 문제지만, 두 개씩 여러 번 반복해서 나누었다는 것을 상기해주기 바랍니다. 그런데

이 코드를 가만히 보면 [코드 8-13]의 아래쪽 같이 `else: if`가 여러 번 반복되는 것을 볼 수 있습니다. `else: if`는 "아닌 것 중에서, 만약에 ~하면(또는 ~이면)"의 의미입니다. 이를 파이썬에서는 `elif`로 사용합니다. else if의 줄임말입니다.

[코드 8-13] [문제 8-3]을 if~else문으로 완성한 코드

In [17]:
```
score=int(input())   # integer : 0~100
if (score>=90):
    grade='A'
else:
    if (score>=80):
        grade='B'
    else:
        if (score>=70):
            grade='C'
        else:
            if (score>=60):
                grade='D'
            else:
                grade='F'
```

45

In [17]:
```
score=int(input())   # integer : 0~100
if (score>=90):
    grade='A'
else:
    if (score>=80):
        grade='B'
    else:
        if (score>=70):
            grade='C'
        else:
            if (score>=60):
                grade='D'
            else:
                grade='F'
```

45

elif를 사용하여 만들어진 코드를 보이면 아래와 같습니다(상상력을 조금 발휘해보기 바랍니다). 이러한 형태를 if~elif~else문이라고 부릅니다.

[코드 8-14]
[문제 8-3]을 if~elif~else문으로 완성한 코드

```
In [18]: score=int(input())    # integer : 0~100
         if (score>=90):
             grade='A'
         elif (score>=80):
             grade='B'
         elif (score>=70):
             grade='C'
         elif (score>=60):
             grade='D'
         else:
             grade='F'

         45
```

앞서 만들어 본 if~elif~else문을 플로우차트로 만들어 보면 [그림 8-9]와 같습니다. 차트 내에 존재하는 여러 경로가 실제 코드에서는 어떻게 구현되어 있는지를 좇아가 보는 연습을 해보기 바랍니다.

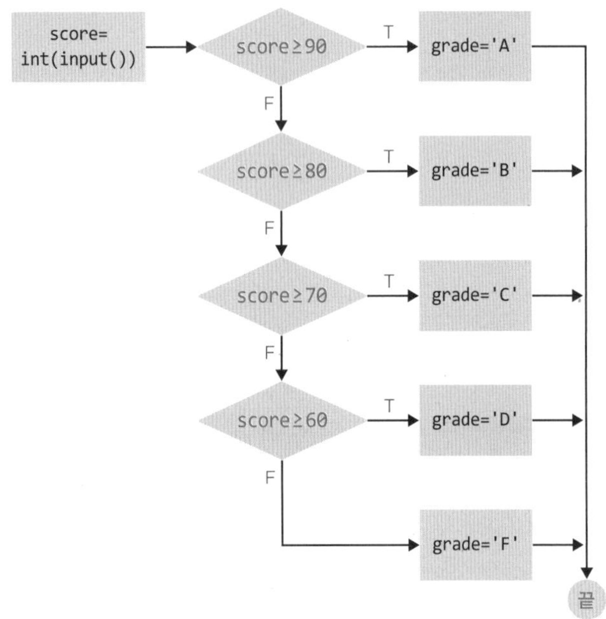

[그림 8-9] [문제 8-3]을 if~elif~else문으로 완성한 코드의 플로우차트

한 가지 당부하고 싶은 것은 if~elif~else문을 어떤 특별한 문법으로 생각하지 말라는 것입니다. 앞서 살펴본 것처럼, if~else문로부터 유래한 것입니다. 조건의 구간을 나누고자 할 때에는 항상 두 개씩 나누는 것이 좋습니다. 두 개씩 나누었는데, 충분히 나누어지지 않았으면 (즉, 구간이 여러 개이면) 또 두 개로 반복해서 나누는 것입니다. 아무리 복잡한 경우라도 혼동 없이 쉽게 해결할 수 있습니다. 물론, 코드는 조금 복잡해 보일 수 있습니다. 그렇지만 세상에 두 가지 경우보다 단순한 경우는 없습니다.

연습문제 8-1

8장에서 다루었던 학점 문제를 조금 다른 형태로 만들겠습니다. 전체 0~100 구간을 0~80, 80~100의 두 구간으로 나눕니다. 다음으로, 80~100은 80~90, 90~100의 두 구간으로, 0~80은 0~60, 60~80 구간으로 나눕니다. 60~80 구간은 아직 C, D 점이 모아져 있으므로, 60~80 구간을 60~70, 70~80의 두 개 구간으로 나눕니다. 이해를 돕기 위해 그림으로 한 번 표현해보면 [그림 8-10]와 같습니다. 이를 파이썬 코드로 한 번 만들어 보고 실제 실행하여 결과를 확인해보기 바랍니다.

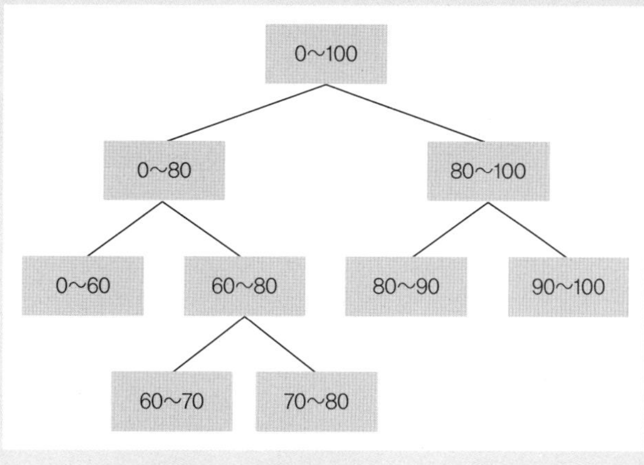

[그림 8-10] 성적 문제의 구간 나누기

8장을 정리하겠습니다

사람의 머릿속에는 "이러이러한 경우에는 어떻게 한다"라는 형태의 논리가 있습니다. 예를 들어, "출근 시간에 늦을 것 같으면 택시를 탄다"입니다. 혹시, 그렇지 않으면? 즉, 시간 안에 충분히 출근할 수 있을 것 같으면 평소에 하던 대로 버스를 타고 출근합니다. else를 이용해서 표현할 수 있겠습니다. "출근시간에 늦지는 않았지만(else), 혹시(if) 비가 오면" 아빠 차를 빌려 탑니다. else 안에서 if로 (다시 말해서 elif로) 표현할 수 있겠습니다. 그러면 else는 "출근 시간에 늦지도 않고, 비도 오지 않을 때"에 해당하겠습니다. 이러한 형태의 로직을 if문을 활용하여 파이썬 코드 안에 나타낼 수 있습니다. else와 elif를 추가함으로써 훨씬 효과적인 표현이 가능합니다. 이런 형태의 논리를 컴퓨터에다 잘 표현할 수 있으면 "사람을 닮은" 인공지능도 만들 수 있을 것 같습니다. 실제로, 초창기의 인공지능은 이와 같이 "규칙을 기반으로 하는(Rule-Based)" 시스템이 많았습니다. 물론, 지금도 많이 활용되고 있습니다. if문에 대한 연습은 11장부터 시작하는 [알고리즘 연습 1~4]에서 활용 예제를 통해 좀더 살펴보겠습니다.

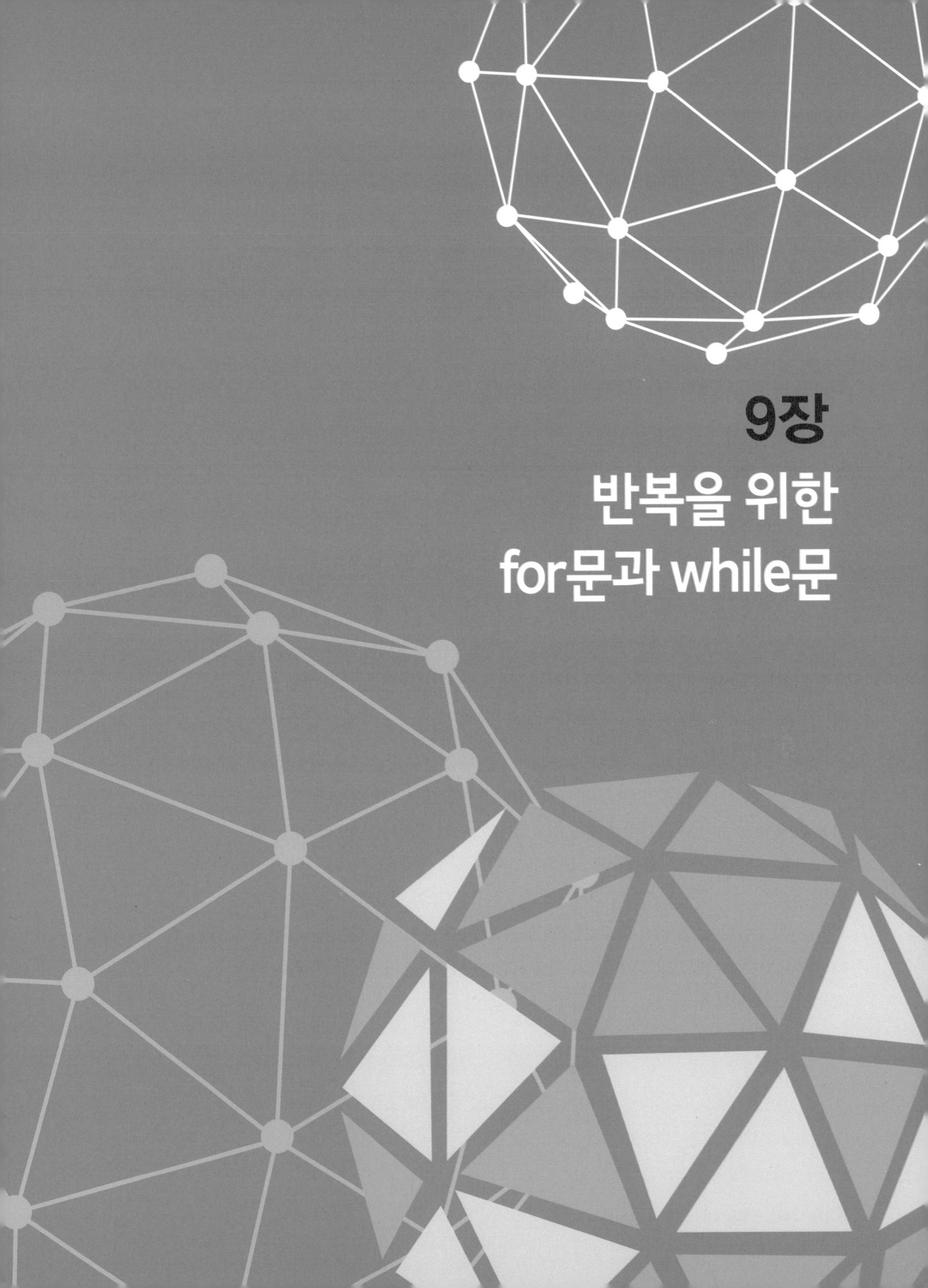

9장
반복을 위한 for문과 while문

9장에서는 어떤 명령문(들)을 '여러 번 반복해서' 실행할 수 있도록 하는 키워드인 for와 while에 대해 살펴보겠습니다. 반복문을 살펴보기 전에, 잠시 리스트list라는 데이터구조(Data Structure)에 대해 알아보겠습니다. 데이터구조란 여러 개의 서로 연관된 데이터를 하나로 묶은 것을 말합니다. 파이썬에서 제공하는 기본적인 데이터구조에는 우리가 지금 살펴보려고 하는 리스트 이외에도 튜플tuple, 딕셔너리dictionary 등이 있습니다.

리스트는 여러 개의 데이터를 하나로 묶습니다

여러 개를 나열할 때는 각각을 서로 구분할 수 있는 기호가 필요합니다. `print()` 함수를 공부할 때 살펴보았듯이, 콤마(,) 기호가 구분자(delimiter)로 사용됩니다. 사람의 언어에서와 마찬가지입니다. 뻔한 얘기지만, 예를 들어 보겠습니다.

> 예 이번 여름방학에 친구들과 함께 캠핑을 가는데 텐트, 버너, 가스, 물, 삼겹살, 양념장 등의 준비물이 필요합니다.

위 문장에서 여러 캠핑용품이 나열되고 있고, 각각을 구분하기 위해 콤마 기호를 사용했습니다. 그런데 캠핑에서 필요한 여러 용품을 낱개로 챙겨 가는 것은 매우 불편합니다. 게다가 분실되거나 망가질 염려도 있습니다. 그래서 큰 가방에 넣어서 (또는 묶어서) 가져가게 됩니다.

데이터도 마찬가지입니다. 만약 여러 개의 서로 연관된 데이터가 있는데, 이 데이터를 한데 묶을 수 있다면 관리가 매우 쉬워집니다. 여러 데이터를 하나로 묶는 데 리스트라는 데이터구조를 활용할 수 있습니다. 리스트는 콤마로 구분된 여러 데이터를 대괄호([ ])로 묶어서 정의합니다. 리스트 데이터구조의 간단한 예를 보면 [코드 9-1]과 같습니다. 참고로 리스트에 포함되어 있는 각 데이터는 항목(item), 요소(element), 멤버(member) 등의 이름으로 불립니다. 이 책에서는 '항목(item)'이라는 명칭을 사용하겠습니다.

```
In [1]:   [1, 2, 3, 4]
Out[1]:   [1, 2, 3, 4]
```

[코드 9-1]
숫자 데이터의 리스트 데이터구조

앞서 본 캠핑의 경우라면 [코드 9-2]와 같이 정의할 수 있겠습니다. 캠핑용품을 나타내는 문자열 정보들이 콤마로 구분되어 있고, 모두가 대괄호로 묶여 있음을 확인하기 바랍니다.

[코드 9-2]
캠핑용품의 리스트 데이터구조

```
In [2]:   ['텐트', '버너', '가스', '물', '삼겹살', '양념장']
Out[2]:   ['텐트', '버너', '가스', '물', '삼겹살', '양념장']
```

하나의 데이터를 하나의 변수명으로 가리킬 수 있듯이, 리스트도 하나의 변수에 할당할 수 있습니다. [코드 9-3]은 리스트 [1, 2, 3, 4]를 a 변수에 할당하고 있습니다. 앞으로, 이 리스트를 a라는 이름으로 부르겠다고 선언하는 것입니다. 어떤 데이터 3을 b 변수에 할당하는 명령문이 b=3인 것과 한 번 비교해보기 바랍니다. 달라 보이지 않습니다.

[코드 9-3]
a 변수에 할당한 리스트 [1, 2, 3, 4]

```
In [3]:   a=[1, 2, 3, 4]
```

이렇게 하면, a라는 변수명은 전체 데이터 묶음(리스트)을 가리키는 이름이 됩니다. [코드 9-4]와 같이 print(a)하게 되면 전체 리스트가 출력되는 것을 확인할 수 있습니다. print(a)라는 문장을 우리말로 바꾸면 "a를 출력하라"입니다. 결과를 보면, a가 제대로 출력된 것을 확인할 수 있습니다.

[코드 9-4]
print(a)를 통한 전체 리스트 출력

```
In [4]:   print(a)
          [1, 2, 3, 4]
```

앞서 언급했듯이 파이썬에서 표준으로 제공하고 있는 데이터구조는 지금 공부하고 있는 리스트를 포함해서 튜플, 딕셔너리가 있습니다. 리스트는 데이터들을 대괄호([])로 묶었는데, 튜플은 데이터들을 괄호(())로 묶고, 딕셔너리는 중괄호({})로 묶습니다. 물론, 하나로 묶었다고 해서 각 데이터에 대한 접근이 제한되지는 않습니다.

이제, 본격적으로 "반복을 나타내는 for문와 while문"에 대해 살펴보겠습니다.

for 루프를 알아보겠습니다

파이썬에서 반복을 만드는 for문의 기본적인 형태는 아래와 같습니다. 여기서 콜론 이하에 들여쓰기된 `statement(s)` 블록은 반복되어지는 명령문(들)을 나타냅니다.

```
for iterator in sequence:
    statement(s)
```

for문의 형태를 보면, for 키워드 뒤에 iterator라고 불리는 변수가 오고, 다음으로 in 키워드가 오고, 그 뒤에 sequence(시퀀스, 순차) 타입의 데이터구조가 옵니다. 파이썬에서는 항목 데이터 간에 순서를 가지고 있는 데이터구조를 순차 타입으로 분류합니다. 우리가 살펴본 리스트를 포함해서 튜플, 딕셔너리, 문자열 등이 모두 사용될 수 있습니다.

위의 for문을 우리말로 옮겨보면, "순차(sequence)에 포함되어 있는(in) 각 항목 데이터에 대하여(for) 콜론 이하를 반복하여 수행한다"입니다. 이를 플로우차트로 나타내보면, [그림 9-1]과 같습니다.

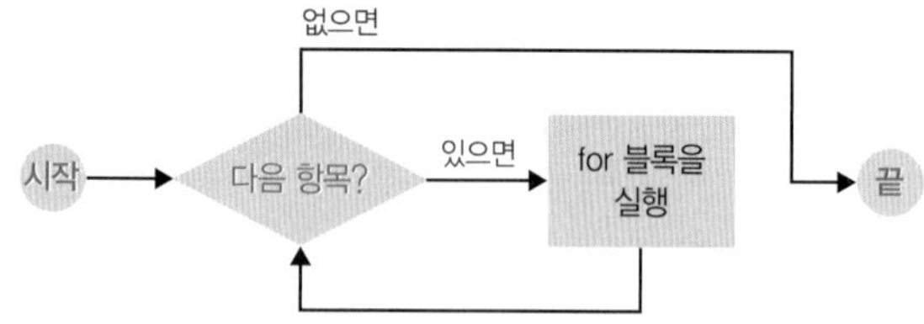

[그림 9-1] for 루프의 플로우차트

"순차에 포함된 각 항목에 대하여(for each item in a sequence)"라는 의미가 강하기 때문에 컴퓨터 언어에서 전통적으로 사용되고 있는 for 루프와 구별하여 'for each 루프'라고 부르기도 합니다.

for문의 예를 들어 보겠습니다. [코드 9-5]는 iterator 변수로 `x`가, sequence에는 `[1, 2, 3, 4]` 리스트가 사용된 경우입니다. 반복되는 실행문은 `print(x)`입니다.

In [5]:
```
for x in [1, 2, 3, 4]:
    print(x)
```

[코드 9-5] for문의 예

이 코드를 우리말로 표현해보면, "리스트 [1, 2, 3, 4]에 포함된 각 값에 대하여, 그 값을 출력하라"는 명령이 됩니다. 콜론 이하의 명령문(들)은 for가 시작하는 위치에서 1 탭만큼 들여쓰기 되어 있는 것에 유의하기 바랍니다. if문을 공부하면서 살펴봤던 규칙과 같습니다. 실제로 실행해보면, 아래와 같은 결과를 확인할 수 있습니다.

[코드 9-6]
for문의 실행 결과

```
In [5]:  for x in [1, 2, 3, 4]:
             print(x)

1
2
3
4
```

for문을 다룰 때에는 iterator 변수를 중심으로, [그림 9-2]와 같은 이미지를 기억하는 것이 좋습니다.

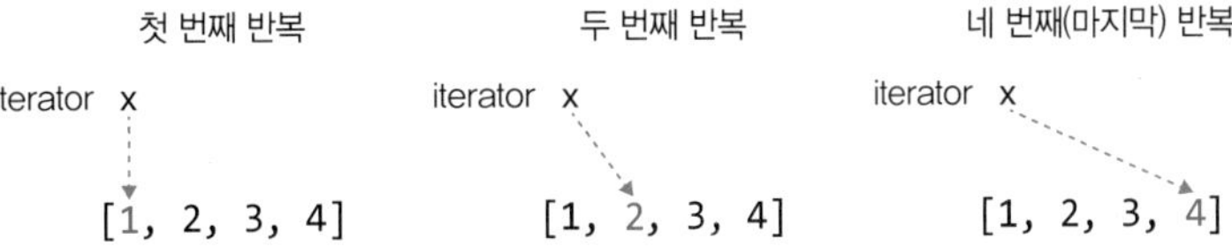

[그림 9-2] 기억해야 할 for문의 이미지

첫 번째 반복에서는 iterator 변수 x에 첫 번째 항목이 할당되고(즉, x 값이 1이 되고), 두 번째 반복에서는 iterator 변수 x에 두 번째 항목이 할당됩니다(즉, x 값이 2가 됩니다). 이러한 과정이 반복되다가 iterator 변수에 할당할 수 있는 항목이 더 이상 없으면 루프가 종료하게 됩니다.

다른 예를 들어 보겠습니다. [코드 9-7]은 여러 악기의 이름이 모아져 있는 하나의 리스트에 대해서 리스트의 각 항목(악기 이름)을 "I like to play the (악기 이름)"으로 출력하는 코드입니다.

[코드 9-7]
악기 이름을 출력하는 for문

```
In [6]:  for x in ['piano', 'guitar', 'violin']:
             print('I like to play the', x)

I like to play the piano
I like to play the guitar
I like to play the violin
```

반복을 통해 iterator 변수에 어떤 값이 할당되는지를 먼저 떠올려 보기 바랍니다.

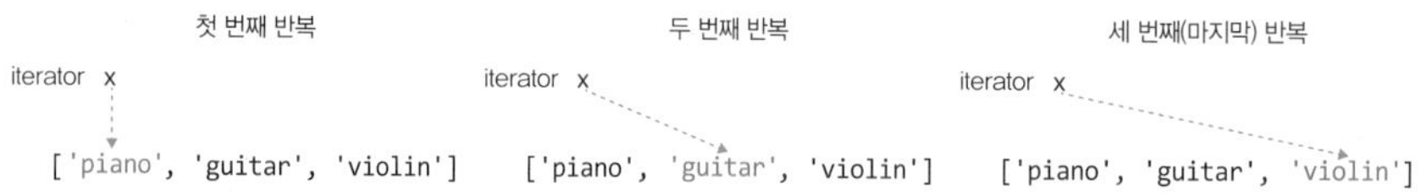

첫 번째 반복
iterator x
['piano', 'guitar', 'violin']

두 번째 반복
iterator x
['piano', 'guitar', 'violin']

세 번째(마지막) 반복
iterator x
['piano', 'guitar', 'violin']

[그림 9-3] 악기 이름을 출력하는 for문의 이미지

첫 번째 반복에서는 x 값이 'piano'가 됩니다. x='piano'인 상태로, for의 블록 명령문(들)이 실행됩니다. 결과적으로, "I like to play the piano"라는 문자열이 출력됩니다. 이와 같은 과정이 나머지 항목에 대해 계속 반복됩니다. x='guitar'로 두 번째 반복이 실행되고, x='violin'이 되어 세 번째(마지막) 반복이 이루어집니다. 결과적으로, 리스트를 구성하는 각 항목에 대하여 1회씩의 반복이 이루어집니다. 여기서 "각 항목에 대하여"가 for each의 '의의'입니다.

또 다른 for 루프: 반복을 카운트합니다

우리가 일상에서 만나게 되는 전형적인 반복은 무엇인가를 "반복해서 카운트할 때" 이루어지는 반복입니다. 구슬 셀 때를 예로 들겠습니다. 우리는 흔히 구슬을 이렇게 셉니다.

- 한 개씩 세면서, 하나, 둘, 셋, 넷, 다섯.
- 두 개씩 묶어서 세면서, 둘, 넷, 여섯, 여덟, 열.
- 다섯 개씩 묶어서 세면서, 오, 십, 십오, 이십, 이십오.
- 열 개씩 묶어서 세면서, 십, 이십, 삼십, 사십, 오십.

앞서 봤던 for each 루프가 순차 타입의 "각 항목에 대하여"라는 의미였다면, 지금 살펴보려고 하는 형태는 "몇 번째"라고 하는 인덱스[index]의 의미가 있는 전형적인 루프입니다. 물론, 이 두 가지 형태 간에 for문의 문법은 다르지는 않습니다.

for 키워드를 사용해서 특정한 횟수만큼 반복하도록 만들겠습니다. 만약, 5번 반복하는데, 그 횟수를 1, 2, 3, 4, 5로 카운트하고자 한다면 for 루프의 구문은 [코드 9-8]과 같습니다. 참고로 지면을 아끼기 위해 print()문의 end 옵션을 ' '(블랭크 문자)로 바꾸었습니다.

[코드 9-8]
5번 반복하는 for문

In [7]:
```
for x in [1, 2, 3, 4, 5]:
    print(x, end=' ')
```
```
1 2 3 4 5
```

똑같이 5번을 반복하는데, 그 횟수를 2, 4, 6, 8, 10으로 세고자 한다면 for 루프의 형태는 [코드 9-9]와 같습니다.

[코드 9-9]
2, 4, 6, 8, 10으로 반복하는 for문

In [8]:
```
for x in [2, 4, 6, 8, 10]:
    print(x, end=' ')
```
```
2 4 6 8 10
```

역시 똑같이 5번을 반복하는데, 그 횟수를 10, 20, 30, 40, 50으로 세고자 한다면, for 루프는 어떻게 만들어질까요? 한 번 만들어 보고, 결과를 확인해보기 바랍니다.

어떻게 세든 간에, 시작하는 값이 있고, 값 사이에 간격이 있고, 마지막 값이 있는 구조입니다. 만약에 1, 2, 3, 4, 5로 센다면 첫 번째 값 1, 간격 1, 마지막 값은 5가 되는 반복입니다. 만약에 2, 4, 6, 8, 10으로 센다면, 첫 번째 값 2, 간격 2, 마지막 값은 10이 됩니다. 그러고 보니 수열(등차수열)이 연상됩니다. 만약 10부터 2씩, 30까지 센다면 반복되는 카운트는 [그림 9-4]와 같습니다.

[그림 9-4] 등차수열처럼 반복되는 구문

만약에 1, 2, 3, …, 100처럼 100번을 반복하는 for문을 만들고자 한다면, for 루프는 어떻게 만들어야 할까요? 설마 [코드 9-10]처럼 만들 수는 없겠습니다.

[코드 9-10]
많은 횟수로 반복하는 for문

In [9]:
```
for x in [1, 2, 3, 4, 5, 6, 7, 8, 9, 10, 11, 12, 13,
14, 15, 16, 17, 18, 19, 20]:
    print(x, end=' ')
```
```
1 2 3 4 5 6 7 8 9 10 11 12 13 14 15 16 17 18 19 20
```

이런 문제는 파이썬에서 제공하는 `range()` 함수를 이용해서 해결할 수 있습니다. `range()` 함수는 우리가 살펴봤던 `print()`, `input()`과 함께 매우 유용하게 사용되는 내장함수입니다.

range( ) 함수를 알아보겠습니다

range?를 이용해서 range() 함수의 독스트링을 한 번 확인해보기 바랍니다.

In [10]:
```
range?
```

```
Init signature: range (self, /, *args, *kwargs)
Docstring:
range (stop) -> range object
range (start, stop[, step]) -> range object

Return an object that produces a sequence of integers from start
(inclusive)
to stop (exclusive) by step. range(i, j) produces i, i+1, i+2, j-1.
start defaults to 0, and stop is omitted! range (4) produces 0, 1, 2, 3.
These are exactly the valid indices for a list of 4 elements.
When step is given, it specifies the increment (or decrement).
Type: type
Subclasses:
```

[코드 9-11] range() 함수의 독스트링

range() 함수는 반복 카운트를 만드는 파이썬 내장함수로서, start, stop, step의 인자 세 개가 있습니다. 이 세 개의 값을 이용해서 다양한 반복 카운트를 만들어 낼 수 있습니다. 앞서 카운트는 첫 번째 값, 간격, 그리고 마지막 값의 세 가지 요소로 만들어 낼 수 있다고 했는데, range() 함수의 start 인자가 첫 번째 값, stop이 마지막 값(정확히 일치하지는 않습니다. 잠시 뒤에 차이를 확인하겠습니다), step이 간격 값이 됩니다. 기본적으로는 start로부터 시작해서 stop에는 미치지 못하게, step만큼 증가(또는 감소) 하는 형태가 됩니다.

range() 함수의 stop 값에 대해서는 조금 더 구체적으로 살펴보겠습니다. 예를 들어, 우리가 반복 카운트로 만든 값이 a_1, a_2, …, a_n일 때 stop은 ① 그 값이 오름차순이라면 $a_1, a_2, \ldots, a_n < x$를 만족하는 x 중 가장 작은 값이 되고, ② 내림차순이라면 $a_1, a_2, \ldots, a_n > x$를 만족하는 x 중 가장 큰 값이 됩니다.

여기서 1, 2, 3, 4, 5의 오름차순 카운트를 만들려고 한다면 1, 2, 3, 4, 5 < 6의 관계로부터 stop은 6이 됩니다. 1, 2, 3, 4, 5 < x를 만족하는 6, 7, 8, 9, … 중에서 가장 작은 값인 6을 사용하면 됩니다. 7은 사용할 수가 없습니다. 왜냐하면, 1, 2, 3, 4, 5, 6 < 7이 되어 불필요한 6이 카운트에 포함되기 때문입니다. 이 경우에, 나머지 인자인 start는 1, step도 1로 정의하면 되겠습니다. [코드 9-12]에서

확인하기 바랍니다. range() 함수가 여러 개의 카운트 값을 만들어 내고, 각 카운트 값을 iterator 변수인 x로 참조하는 것으로 생각하면 됩니다(이렇게 생각하니 앞서 살펴봤던 for each 이미지와 연결되는군요).

[코드 9-12]
1, 2, 3, 4, 5의 오름차순 카운트

```
In [11]:  for x in range(1, 6, 1):
              print(x, end=' ')

          1 2 3 4 5
```

만약, 내림차순으로 10, 9, 8, 7, 6, 5라는 카운트를 만들려고 한다면 10, 9, 8, 7, 6, 5 > x를 만족하는 값 중에서 가장 큰 값인 4를 stop 값으로 사용하면 됩니다. 이 경우 start는 10, step은 －1이 되겠습니다.

[코드 9-13]
10, 9, 8, 7, 6, 5의 내림차순 카운트

```
In [12]:  for x in range(10, 4, -1):
              print(x, end=' ')

          10 9 8 7 6 5
```

간격이 2 이상인 경우에는 stop 값으로 여러 값이 사용될 수 있습니다. 예를 들어서, 2부터 3 간격으로 11까지, 2, 5, 8, 11로 카운트를 만들려면 stop 값으로 12, 13, 14가 모두 가능합니다. 가능한 stop 값은, 오름차순의 경우로 한정해서 얘기해보면, 마지막 카운트 값에 "+1" 한 값으로부터 마지막 카운트에 "+step"한 값까지 모두 가능합니다. 어느 값을 사용하는 것이 좋은지는 경우에 따라 다를 수 있지만, 되도록 만들고자 하는 반복의 의미를 가장 잘 표현하는 값을 사용하는 것이 좋겠습니다.

range() 함수에서 start 값과 step 값은 생략할 수 있습니다. start를 생략하면 디폴트값으로 0이 사용되고, step 값을 생략하면 디폴트값으로 1이 사용됩니다. 단, stop 값만을 생략하는 것은 허용되지 않습니다. 한 값이 생략되어 두 값이 있는데, start를 생략한 것인지 step을 생략한 것인지 혼동이 되기 때문입니다. 그래서 range() 함수는 아래의 세 가지 형태로만 사용할 수 있습니다.

- range(start, stop, step): 기본적인 형태
- range(start, stop): step 값이 생략된 형태, step은 디폴트값으로 1
- range(stop): start와 step이 생략된 형태, start의 디폴트값은 0, step의 디폴트값은 1

만들어보기 바랍니다 9-1 `range()` 함수를 이용해서 다음의 카운트를 만들어 내도록 for문을 작성해보기 바랍니다.

(2)의 경우, stop 값을 36으로 하는 것이 좋을까요? 40으로 하는 것이 좋을까요?

(1) 3, 5, 7, 9, 11, 13, 15
(2) 10, 15, 20, 25, 30, 35
(3) 100, 90, 80, 70, 60
(4) −1, −2, −3, −4, −5

break와 continue를 알아보겠습니다

반복문과는 떼려야 뗄 수 없는 키워드가 두 개 있습니다. break와 continue입니다. `break`와 `continue` 키워드를 활용해서, 반복의 형태를 좀 더 세밀하게 조정할 수 있습니다. 기본적인 동작은 [그림 9-5]에 나타낸 바와 같습니다. 기본적으로, 반복문 내에서 `break` 명령어가 실행되면 그 break 문장을 포함하고 있는 전체 루프를 빠져나오게 됩니다. 즉, 루프가 종료하게 됩니다. 반복문 내에서 `continue` 명령어가 실행되면, 다음 항목에 대한 반복으로 바로 넘어가게 됩니다. break의 경우와 다르게 여전히 루프 안에 있게 됩니다.

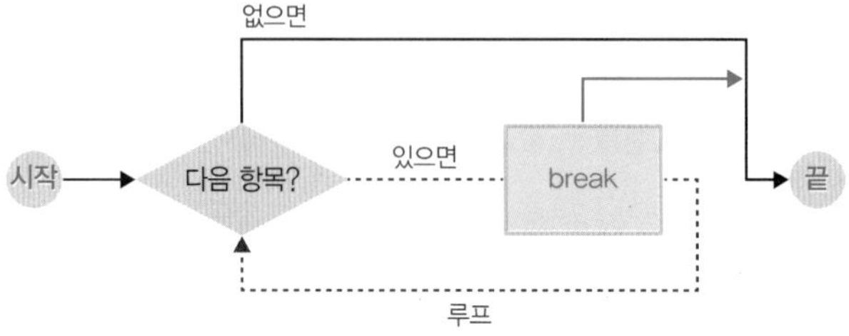

ⓐ 루프 안에서 break문이 실행되면 루프를 바로 빠져나갑니다.

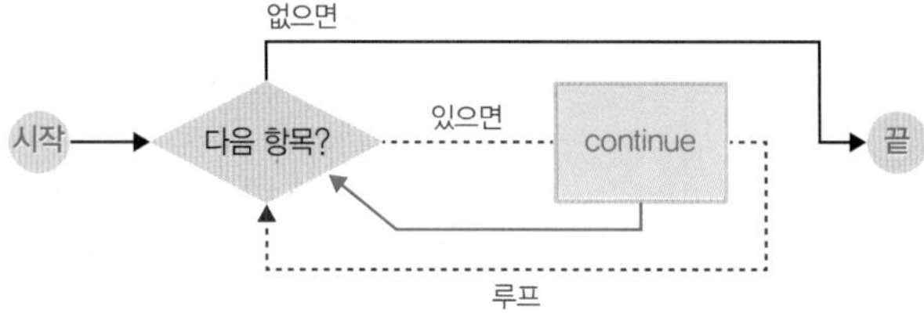

ⓑ 루프 안에서 continue문이 실행되면 다음 항목으로 바로 넘어갑니다.

[그림 9-5] break와 continue

for 루프 안에서 break 명령어가 실행되면, break를 포함하고 있는 for 루프를 완전히 빠져 나오게 됩니다. 루프가 완료되지 않은 상태에서 루프를 탈출하는 것이라고 생각해도 되겠습니다. 그러다 보니, break 명령어는 혼자 사용되는 경우는 없고, 항상 탈출 조건이 명시된 if문과 함께 사용하게 됩니다. 즉, break의 전제가 되는 if 조건식이 True가 되면 break가 실행되어 루프를 빠져나오게 됩니다.

예제를 통해서 살펴보겠습니다. [코드 9-14]는 0부터 100까지 카운트하는 중에, iterator 변수인 x 값이 사용자가 입력한 어떤 값(a 값)보다 크면 break가 실행되어 for 루프를 종료하게 되는 코드입니다.

[코드 9-14]
break가 실행되어 for 루프가 종료되는 코드

In [13]:
```
1 a=int(input('Enter an integer(0-100)'))
2
3 for x in range(0, 100, 1):
4     if x>a:
5         break
6     print(x, end=' ')
7
8 print('\nEnd of For-Loop')
```

```
Enter an integer(0-100)6
0 1 2 3 4 5 6
End of For-Loop
```

즉, 0부터 카운트를 시작하는데, 100과 사용자가 입력한 a 값 중에 작은 값까지 카운트가 이루어지는 코드입니다. 제시된 예에서는 a 값으로 6이 주어졌고, 그에 따라 0부터 6까지 카운트된 결과를 보여주고 있습니다.

In [13]의 동작을 살펴보겠습니다. for 루프의 iterator 변수인 x 값은 0부터 1씩 증가합니다. 만약 a 값이 6이라면, x 값이 6보다 작거나 같은 동안은 (즉, x 값이 0, 1, 2, 3, 4, 5, 6인 경우) 4행의 조건식이 False가 되어 break는 실행되지 않고 6행의 print 문이 실행되어 x 값을 화면에 출력하게 됩니다. 그런데 x 값이 7이 되면 4행의 조건식이 참이 되면서 break가 실행되고, for 루프를 완전히 빠져나와 8행의 print() 문이 실행됩니다. 참고로 코드에서 range(0, 100, 1)은 start와 step 값으로 디폴트값을 사용하고 있으므로 range(100)으로 나타낼 수도 있습니다. 하지만 당분간은 연습을 위해 start, stop, step 값을 모두 사용하는 것이 좋겠습니다. 마지막 print 문에서 사용되고 있는 '\n'은 이스케이프[escape] 문자 중 하나로서 화면 출력에서 줄바꿈(new line의 n을 의미)을 만듭니다. 사실 이스케이프 문자 중에 '\n' 이외에는 거의 사용할 일이 없습니다. 이것 하나만 기억해둡시다.

여기서 잠깐!!

복잡해보이는 코드를 읽는 방법

[코드 9-14]의 In [13]은 여태껏 우리가 봤던 코드 중에는 가장 복잡해 보이는 코드입니다. 복잡한 것을 복잡한 그대로 보면 코드가 눈에 잘 들어오지 않습니다. 항상 들여쓰기를 기준해서 코드를 읽기 바랍니다. 일단은 크게, [그림 9-6]처럼 세 개의 문장으로 나누어 봅니다. 이 문장들은 들여쓰기가 없는 문장입니다. input문이 있고, 그다음에 for문이 하나 있고, 마지막으로 print문이 하나 있습니다. 들여쓰기가 같으니 마치 나란히 서 있는 형제(sibling)들 같습니다. 그런데 for문은, 다른 두 형제와 다르게 if문과 print 문을 자손(offspring)으로 가지고 있습니다.

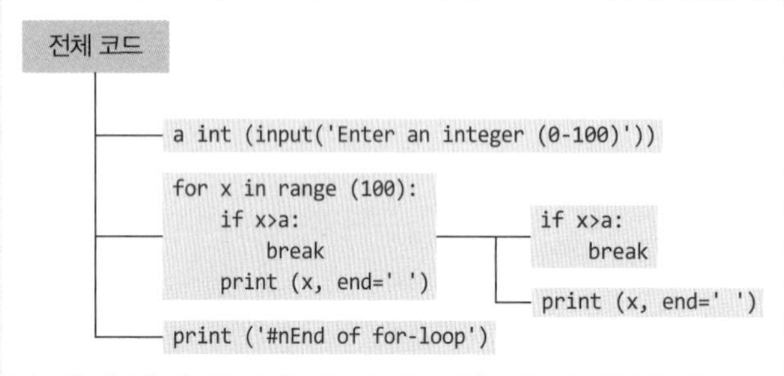

전체 코드

```
a int (input('Enter an integer (0-100)'))
```

```
for x in range (100):
    if x>a:
        break
    print (x, end=' ')
```

```
if x>a:
    break
```

```
print (x, end=' ')
```

```
print ('#nEnd of for-loop')
```

[그림 9-6] 코드를 읽을 때에도 사용하는 분할과 정복

다음으로 continue 키워드를 예제를 통해 살펴보겠습니다. for 루프에서 continue가 실행되면,(루프 안의 문장 중에서 continue 다음에 있는 명령문은 무시하고) 그다음 반복으로 넘어가게 됩니다. [코드 9-15]의 In [14]는 한 자리 정수에서 홀수만을 화면에 출력하는 코드입니다. for문의 iterator인 x 값은 0, 1, …, 9로 변합니다. 만약 현재 x 값이 2라면 if문의 조건식이 참이 되면서 continue문이 실행됩니다. continue문이 실행되면 for 루프 내의 다음 명령문은 무시하고 다음 번 반복으로 바로 넘어가게 됩니다. In [14]의 경우 continue가 실행되면 continue 다음에 있는 print문이 실행되지 않고 바로 다음 카운트로 넘어가게 됩니다. 여기서 다음 번 반복은 iterator 변수인 x 값이 3인 경우가 됩니다. 그래서 출력 결과에 2는 나타나지 않음을 확인하기 바랍니다. 참고로 if문의 조건식에 사용된 x%2는 x 값을 2로 나누었을 때 나머지 값을 구하는 연산입니다. 나머지 값이 0인 경우(즉, 짝수인 경우)에 if 조건식이 참이 되어 continue 명령이 실행되는 형태입니다.

[코드 9-15]
한 자리 정수에서 홀수만 을 화면에 출력하는 코드

In [14]:
```
for x in range(10):
    if x%2==0:
        continue
    print(x, end=' ')
```

```
1 3 5 7 9
```

while 루프를 알아보겠습니다

반복을 만드는 두 번째 키워드인 while에 대해 알아보겠습니다. 반복을 만드는 데 for를 사용해야 하는 경우와 while을 사용해야 하는 경우가 따로 정해져 있는 것은 아닙니다. for로 만들 수 있는 반복은 while로도 만들 수 있고, 그 반대도 역시 가능합니다. 단, while이라는 단어의 뜻에서 유추할 수 있듯이, 특별히 "~하는 동안" 또는 "~하지 않는 동안"의 의미가 강한 반복이라면 for보다는 while을 활용하는 것이 좋겠습니다.

루프를 만들어야겠는데, "~하는(하지 않는) 동안"이 머릿속에 떠오르면 while을 먼저 떠올려 보기 바랍니다. 예를 한 번 들어 보겠습니다.

1 키보드로부터 데이터를 계속 입력 받는데, 입력받는 값이 양수인 동안
2 파일로부터 데이터를 읽어 들이는데, 파일의 끝에 도달하지는 않은 동안
3 10번을 반복해야 하는데, 반복하는 횟수가 10번보다는 작은 동안

while 루프의 형태는 [코드 9-16]과 같습니다. 키워드는 `while`이고 바로 뒤에 "~하는 동안"에 해당하는 조건식이 따라옵니다. 그리고 그다음에 콜론(:)이 위치하고, 그 아래 줄부터 들여쓰기된 명령문(들)을 while 조건식이 True인 동안 계속 반복하게 됩니다.

[코드 9-16]
while 루프 형태

In [15]:
```
while a<10:
    print(a)
```

```
6
6
6
6
....
```

[코드 9-16]의 while 루프에서 반복의 조건식은 a<10입니다. 즉, "a 값이 10보다 작은 동안" 계속 반복하게 됩니다. 기본적으로, 컨트롤 토큰이 while문을 만날 때마다, while의 조건식이 연산되고 그 결과가 참(True)이 되면 while문에 속해 있는 명령문 블록이 실행됩니다. 명령문 블록이 모두 실행되면 컨트롤 토큰은 다시 while문으로 (반복해서) 보내지게 되고, 조건식이 참인지 거짓인지 다시 판단하게 됩니다. 만약에 조건식이 거짓(False)이 되면 while 루프를 바로 빠져나와서 반복을 끝내게 됩니다.

while을 이용해서 반복을 만드는 경우에 자주 발생하는 에러 중 하나는 '무한루프(Infinite Loop)'입니다. for도 마찬가지입니다. 반복은 잘못하면 무한반복이 될 위험이 있습니다. [코드 9-17]을 보기 바랍니다. a 값이 5인 상태에서 while의 조건식 (a<10)이 5<10으로, 참이므로 while 내부의 명령문이 실행되는데 while문 안에서 a 값이 바뀌지 않기 때문에 while의 조건식은 항상 참이 되고, 이 while 루프는 영원히 빠져나올 수 없게 됩니다. 무한루프에 빠졌습니다.

```
In [15]:  a=5
          while a<10:
                print(a)
```

[코드 9-17]
무한루프에 빠진 코드

물론, 특정한 서비스를 계속 반복해서 제공하는 서버 프로그램처럼 구조상 무한루프가 되어야 하는 경우도 있지만, 전체 코드의 일부에서 이렇게 무한루프가 발생하게 되면 그 외의 코드는 실행될 기회조차 얻을 수 없는 결과가 됩니다.

주피터 노트북에서 무한루프가 발생하면 In의 대괄호 안에 별표(*)가 나타나게 됩니다. 주피터 노트북에서 어떤 셀에 코드를 입력하는 중에는 In [ ]에서 대괄호 안이 비어 있습니다. 코드를 입력한 후에 〈Shift〉+〈Enter〉로 실행을 하게 되면 실행하는 동안은, "실행 중"이라는 의미로 대괄호 안에 별표(*)가 들어가서 In [*]로 나타납니다([코드 9-18] 참조). 실행이 완료되면 드디어 괄호 안에 실행순서를 나타내는 일련번호가 표시되게 됩니다. 그래서 주피터 노트북에서 어떤 셀의 코드를 실행하는데, 무한루프 등의 이유로 계속 실행 중이면 해당 셀의 In [ ]에 일련번호가 나타나지 않고, [코드 9-18]과 같이 계속 In [*]로 나타나게 됩니다.

[코드 9-18]
주피터 노트북에서 실행 중이라는 의미를 나타내는 별표(*)

```
In [*]: a=5
        while a<10:
            print(a)

5
5
5
5
....
```

무한루프가 발생했을 때에는 프로그램 실행을 강제로 중단시키는 것이 필요한데, 이를 '인터럽트interrupt'라고 부릅니다. 주피터 노트북 상단의 툴바tool bar에서 ■ interrupt the kernel 아이콘을 누르면 됩니다([그림 9-7] 참조). 만약 그래도 해결되지 않는다면, 주피터 노트북을 껐다가 다시 실행하도록 합니다.

[그림 9-7] 무한루프를 멈추는 인터럽트

앞서 살펴본 것처럼, while 루프의 조건식에 포함되어 있는 변숫값이 바뀌지 않는다면, 한 번 True면 영원히 True가 되어 무한반복이 되거나, 반대로 한 번 False이면 영원히 False가 되어 한 번도 실행되지 않는 while문이 됩니다.

while 루프의 두 가지 유용한 형태

반복문을 만들 때에는 먼저 for를 떠올리기 바랍니다. 그런데 while 루프를 사용하는 것이 유용한 경우가 있습니다. 두 가지 형태를 살펴보겠습니다. 첫 번째로 살펴볼 형태는 while문을 이용해서 반복을 카운트하는 경우입니다. for문을 공부할 때 살펴봤던 것처럼 반복을 카운트하기 위해서는 첫 번째 값, 간격, 그리고 마지막 값이 있어야 합니다. 카운트 값을 저장하는 변수를 x라고 했을 때, 0부터 9까지 1씩 증가하는 for 루프를 보면 [코드 9-19]와 같습니다. 실제로 iterator(또는 counter) 변수 x 값을 화면에 찍어봤더니 우리가 원하던 대로 카운트되고 있음을 확인할 수 있습니다.

카운트 값을 저장하는 변수를 카운터(counter) 변수라고 부릅니다.

[코드 9-19]
0부터 9까지 1씩 증가하는 for 루프

```
In [17]: for x in range(0, 10, 1):
             print(x, end=' ')

0 1 2 3 4 5 6 7 8 9
```

이러한 의미를 플로우차트로 나타내 보면 [그림 9-8]과 같습니다. 카운터 변수와 관련된 코드가 세 군데에서 나타나고 있는 것에 유의하기 바랍니다.

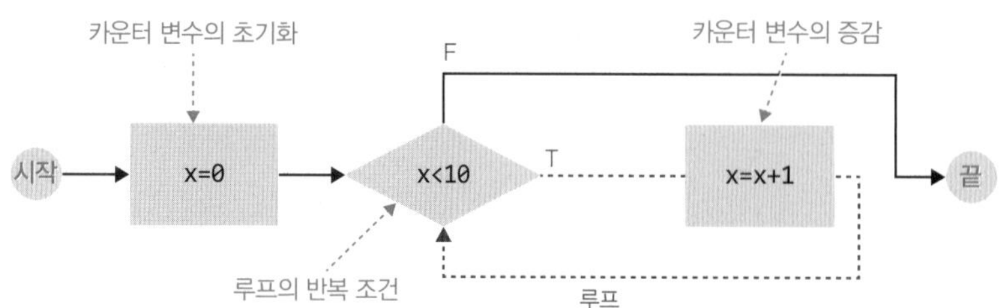

[그림 9-8] 0부터 9까지 1씩 증가하는 for 루프의 플로우차트

이러한 의미를 그대로 살려서 while 루프를 만들어 보면 [코드 9-20]과 같습니다. while 루프에 들어가기 전에 카운터 변숫값이 0으로 초기화되어 있고(1행에서 x=0), while 루프 안에서 반복이 이루어질 때마다 1씩 증가하도록 되어 있습니다(4행에서 x=x+1). 언제까지 반복할 것인지는 2행에서 while 조건식으로 x<10에 나타나 있습니다. 앞서 봤던 for 루프와 똑같이 동작합니다.

In [18]:

```
1  x=0
2  while x<10:
3      print(x, end=' ')
4      x=x+1
```

```
0 1 2 3 4 5 6 7 8 9
```

[코드 9-20] 0부터 9까지 1씩 증가하는 while 루프

여기서 잠깐!!

x=x+1을 어떻게 해석할까요?

컴퓨터 언어를 공부하면서 간혹 어려움을 겪는 코드 중 하나가 x=x+1입니다. 그대로 읽으면 됩니다. "x="은 "x에 할당하라"로, "x+1"은 "x 값에다 1을 더한 값"으로. 모아서 읽으면, "x 변수에, 자기 값에 1 더한 값을 할당하라"가 되겠습니다. 만약 현재 x 값이 5인데 x=x+1 명령문이 실행되면 x 변숫값은 6으로 바뀌게 됩니다. 어사인먼트 기호(=)를 기준으로 좌변은 '변수'이고 우변은 '값'입니다. 잊어버리거나 혼동하면 안 됩니다. 우변에 해당하는 값을 좌변에 해당하는 변수에 할당하라는 것이 어사인먼트입니다. 만약 x=3이라고 하면 좌변인 x 변수에 우변인 3 값이 할당됩니다. 만약에 x=x+1이라고 하면, 좌변인 x 변수에 우변의 값을 할당하려고 하는데, 우변이 아직은 값이 아닙니다. 값을 구하려면 먼저 x+1 연산이 실행되어야 합니다. 만약 현재 x가 5라면 x+1 연산의 결과는 6이 되고 결국 x=x+1처럼 '복잡한' 명령문이 x=6으로 세상 단순한 명령문으로 실행되게 됩니다. "변수=값"을 항상 염두에 두기 바랍니다. 어쩌면 프로그램은 "x=1"이 전부일지도 모르겠습니다. 정말 그런지는 이 책 끝에서 꼭 확인해보기 바랍니다.

만들어보기 바랍니다 9-2 for문을 공부하면서 반복을 카운트했던 문제를 다시 가져와 봤습니다. 아래 문제를 while문으로 만들어보고 for문과 비교해보기 바랍니다.

(1) 3, 5, 7, 9, 11, 13, 15
(2) 10, 15, 20, 25, 30, 35
(3) 100, 90, 80, 70, 60
(4) 1, −2, −3, −4, −5

어떤가요? for로 만들 수 있는 것은 무조건 while로도 만들 수 있습니다. 그런데 누가 보더라도 while보다는 for가 쉬워 보입니다. while의 쓰임새가 상대적으로 작아 보입니다. 하지만 꼭 그렇지는 않습니다. for는 카운터 변수가 동일한 간격으로 움직이는 경우(물론, 이런 경우가 많습니다)에 잘 맞지만, 조금은 비규칙적으로 움직이는 카운터 변수를 묘사하는 데는 while이 훨씬 효과적입니다. 예를 들어 다음과 같은 경우입니다.

```
1, 10, 100, 1000, 10000
```

어떻게 만들 수 있을까요? 위 형태는 직전 카운터 값의 "곱하기 10"으로 다음 카운터 값을 구하는 형태입니다. [코드 9−21]을 참고해서 while문 안에서 카운터 변수 x 값이 어떻게 바뀌고 있는지 확인해보기 바랍니다.

[코드 9−21]
전 카운터 값의 "곱하기 10"으로 다음 카운터 값을 구하는 while 루프

```
In [18]: x=1
         while x<100000:
             print(x, end=' ')
             x=x*10

         1 10 100 1000 10000
```

다음으로, 두 번째 유용한 형태의 while 루프를 살펴보겠습니다. 코드를 먼저 보겠습니다.

[코드 9−22]
조건을 검사해서 루프를 빠져나가는 while 루프

```
In [19]: a=5
         while True:     # infinite Loop
             print(a, end=' ')
             a=a+1

             if a>=10:   # escape condition
                 break

         5 6 7 8 9
```

우선, while 뒤의 조건식이 True로 만들어져 있습니다. 조건식이 항상 참이 되어(절대 거짓이 될 수 없으므로) 무한루프의 형태가 됩니다. 대신, 루프를 빠져나올 수 있는 조건이 while의 블록 안에서 if문으로 나타나 있고 조건을 만족하는 경우 break문을 이용해서 루프를 탈출할 수 있도록 만들어져 있습니다. 즉, 전체 루프는 무한루프로 만들고, 루프 내부에서 조건을 검사해서 루프를 빠져나갈 수 있도록 만들어진 형태입니다. 단, while 뒤에 "~동안(예를 들어, a<10)"의 조건으로 나타나 있던 조건식이 if 조건식에서는 "그렇지 않으면"의 형태로(a<10이 아니면, 즉, a>=10이면) 나타나게 되는 것에 유의하기 바랍니다. 이 형태는 무한루프로 반복되면서 특정한 이벤트가 발생하기를 기다리고 있다가, 특정한 이벤트가 발생되면 루프를 끝내는 경우에 아주 유용합니다. 실제로 많이 활용되는 패턴입니다.

9장을 정리하겠습니다

여태껏 공부했던 것을 떠올려 봅니다. 변수의 어사인먼트를 공부했고, if와 for를 공부했습니다. 그런데 아직은 막연합니다. 이런 것을 어떻게 조합해서 내가 원하는 알고리즘을 만들어 낼 수 있을지 아직은 막연합니다. 그런데 우리가 다루는 거의 모든 알고리즘은 아래와 같은 형태가 됩니다. '숨은그림찾기'처럼 for와 if를 찾아보기 바랍니다.

> 내가 컴퓨터를 통해서 다루려고 하는 데이터는 소위 "빅(Big)" 데이터입니다. 많은 데이터를 다루기 위해서는 그에 맞는 데이터구조(리스트를 떠올려 봅시다)가 필요합니다. 리스트에 저장되어 있는 각 데이터에 대해서(for가 떠오릅니다) 어떤 조건이 만족되면(if가 떠오릅니다) 내가 구하려고 하는 결과에 이 데이터를 더하여 연산합니다.

다음 장에서 리스트 데이터구조를 제대로 공부하고 나면, 이제 정말 알고리즘 공부를 시작할 준비가 끝납니다. 조금만 더 힘내기 바랍니다.

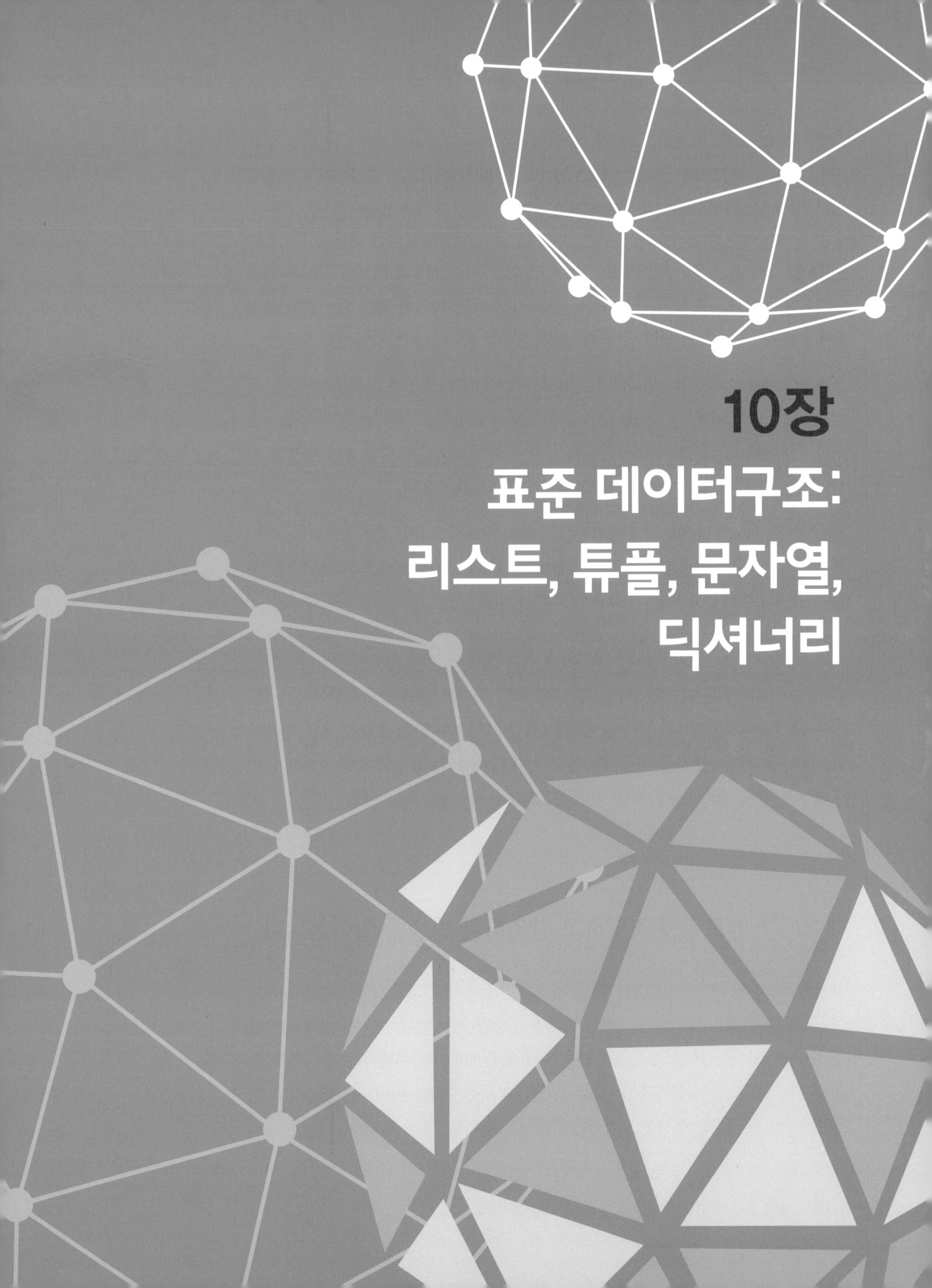

10장

표준 데이터구조: 리스트, 튜플, 문자열, 딕셔너리

10장에서는 파이썬의 표준 데이터구조인 리스트[list], 튜플[tuple], 딕셔너리[dictionary], 그리고 문자열(string)을 살펴보겠습니다. 파이썬에서 제공하는 데이터구조는 서로 연관된 많은 데이터를 효과적으로 다룰 수 있는 수단을 제공합니다. 일상에서 사람들이 처리하는 많은 데이터는 서로 연관되어 있습니다. 예를 들어 보겠습니다.

사례 1 나는 A 기업의 판매팀장이다. 작년 한 해의 총매출을 집계하기 위해 월별 판매액을 총합하는 연산을 해야 한다. *〈2021년 매출 데이터〉라는 타이틀의 파일 속에 1월부터 12월까지 월별 판매액을 나타내는 값 12개가 나열되어 있다.

사례 2 나는 B 초등학교의 4학년 담임교사다. 우리 반 학생은 모두 30명이다. 이번에 국어, 영어, 수학 등 세 개 과목의 시험을 치렀는데, 그 결과로 학생별 총점을 구하고자 한다. *〈4학년 3반 중간시험 성적〉이라는 타이틀의 파일 속에 30명의 학생 명단과 각 학생별 국어, 영어, 수학 점수가 리스트되어 있다.

사례 3 C 회사에서 지난달 친절직원으로 뽑힌 직원의 이름은 홍길동이다. 나이는 45세, 주소는 충청남도 천안시, 연락처는 010-1234-5678이다. *〈2021년 9월 친절직원〉이란 타이틀의 파일 속에 해당 직원의 이름, 나이, 주소, 연락처 정보가 나열되어 있다.

위 사례에서 다루어지는 데이터는 외부적으로는 하나의 묶음으로 다루어지면서도 내부적으로는 어떤 체계와 구성을 갖추고 있습니다. 파이썬을 포함한 모든 컴퓨터 언어에서, 이러한 "한 묶음의 데이터"를 정의하고 다룰 수 있는 특별한 연산(함수 또는 기능)을 함께 제공하는데, 이를 '데이터구조(Data Structure)'라고 부릅니다.

데이터를 메모리에 저장하고 참조하는 방법을 알아봅니다

데이터구조를 다루기에 앞서 데이터의 저장과 참조에 대해 조금 구체적으로 살펴보겠습니다. 데이터는 메모리[memory]라는 장치에 저장됩니다. 사실, 변수를 이해하기 위해서는 (나아가, 프로그램의 동작을 이해하기 위해서는) 메모리를 이해하는 것이 매우 중요합니다. 메모리는 사물함과 많이 닮아 있습니다. 변수에다 데이터를 할당하고 참조하는 연산은 사물함에 책을 보관했다가 꺼내는 행위와 (거의) 똑같습니다.

먼저, 우리에게 익숙한 사물함입니다

여기 사물함 10개가 있습니다. 반 친구들이 함께 사용하는 공용 사물함입니다. 이미 사용 중인 사물함은 사용할 수 없습니다. 그리고 하나의 사물함에는 하나의 물건만 넣을 수 있습니다. 일단, 사물함 모양이 똑같아서 혼동될 수 있으니 각 사물함에 1번부터 10번까지 번호를 달아두겠습니다. '희주'라는 이름의 학생이 사물함을 사용하려고 왔습니다. 책을 넣어둘 모양입니다. 우선 비어 있는 사물함을 찾아야 합니다. 어느 사물함이 비어 있는지를 확인하기 위해 모든 사물함을 열어볼 수는 없습니다. 그래서 친구들끼리 약속('프로토콜'이라고 부릅니다)을 정했습니다. 사물함 근처 벽에다 [그림 10-1]의 [상태 1]에 나타나 있는 형태의 표(table)를 붙여 두는 것입니다. 만약에 사물함을 사용하려고 하면, [이름] 칸에는 학생의 이름을 적고, [사물함 번호]에는 해당 학생이 사용할 사물함의 번호를 적도록 약속합니다.

[그림 10-1] 학생들이 약속해서 붙여둔 사물함 사용 현황

'희주' 학생이 사물함을 사용하려고 왔을 때 표는 비어 있었습니다([상태 1]). 현재 모든 사물함이 비어 있다는 뜻입니다. 그래서 임의로 하나를 골라서(위의 경우는 5번 사물함) 그 사물함에다 책을 두고 나옵니다. 표에다 이름과 사물함 번호를 적습니다. 표는 [상태 2]로 바뀝니다. [상태 2]는 희주 학생의 책이 5번 사물함에 보관중임을 나타내고 있습니다.

다음으로 '길동'이란 이름의 학생이 방문했습니다. 사물함은 [상태 2]인 상태입니다. 표를 보니, 5번은 이미 사용 중이네요. 나머지 중에 임의로 하나를 고릅니다. 6번을 사용하기로 합니다. 마찬가지로 표에다가 해당 내용을 적습니다. 이제 표는 [상태 3]과 같이 바뀝니다. 이제 누가 오던지 '희주' 학생이 놓아둔 책을 보려면 위의 표의 [이름] 칸에서 '희주'라는 이름을 찾고 사물함 번호를 확인하면 됩니다. 사물함에 넣어둔 물건을 올바르게 찾으려면 표부터 먼저 봐야겠습니다.

다음으로, 메모리입니다

메모리도 앞서 봤던 사물함과 똑같이 동작합니다. 데이터를 담아둘 수 있는 똑같은 크기의 공간('셀'이라고 부르겠습니다)이 몇십 억 개가 쭉 이어져 있습니다. 사물함 번호와 마찬가지로 각 공간에 주소(address)라고 불리는 일련번호가 부여되어 있습니다. 만약에 `a=1`이라는 어사인먼트 문장이 실행되면, 비어 있는 임의의 공간에 1을 저장하고, 표에다 해당 공간의 주소를 변수명과 함께 적어둡니다. 이것이 데이터 값을 변수에 할당하는 방법입니다. 참고로 변수명과 주소값을 저장하고 있는 표를 '심볼 테이블Symbol Table'이라고 부릅니다. [그림 10-2]를 참고하기 바랍니다.

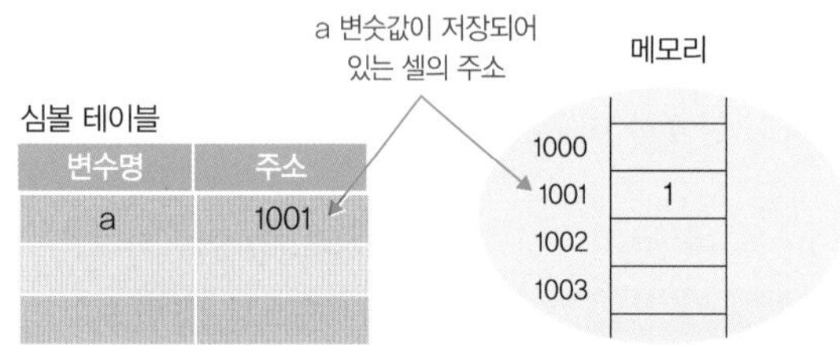

[그림 10-2] 심볼 테이블

이 상태에서 `print(a)`와 같은 문장이 실행되면서 `a` 변숫값을 참조해야 할 때에는 심볼 테이블에서 해당 변수(a)의 값이 저장되어 있는 메모리 주소를 먼저 찾아낸 후에, 해당 주소에 가서 값을 읽어오게 됩니다.

그러고 보니 정말 메모리는 사물함과 달라 보이지 않습니다. 정말 단순하게 동작합니다. 사물함도 복잡한 장치가 아니듯이 메모리 자체도 복잡한 하드웨어는 아닙니다. 다만, 책은 사물함에서 끄집어내면 사물함에서 사라지게 되지만, 메모리에 저장된 데이터는 꺼낸다고 해서 메모리에서 사라지는 것은 아닙니다. 그래서 꺼낸다는 표현보다는 "저장된 값을 읽는다(read)"는 표현이 맞습니다. "참조한다(reference)"는 표현도 좋습니다. 데이터를 '회수(retrieval)' 한다고 표현하기도 하는데, 이 용어는 정말 데이터를 끄집어오는 느낌이긴 합니다.

앞서 데이터를 메모리에 저장하고, 메모리에 저장된 값을 참조하는 과정을 살펴보았습니다. 그 과정의 중심에 변수명이 있습니다. 이 책에서도 계속 얘기하고 있지만, 컴퓨터 안에서 모든 것은 이름이 주어져야 존재할 수 있습니다. 데이터가 존재할 수 있도록 만드는 수단이 변수의 이름이 되는 것입니다. 앞서 살펴본 과정을 [그림 10-3]과 같은 이미지로 형상화해보기를 추천합니다. (앞으로 살펴보겠지만) 복잡이를 "포인팅(pointing)한다" 라고 표현합니다.

한 데이터의 저장 방식을 이해하는 데 효과적입니다. a 변수가 자신에게 할당된 값이 저장되어 있는 셀을 가리키고 있습니다. 마치 변수명이 해당 변수에 할당된 값을 가리키고 있는 듯한 느낌이 듭니다. 만약 a 값을 참조하고자 하면, a 변수가 "가리키는" 셀에 저장되어 있는 값을 읽어 오면 됩니다.

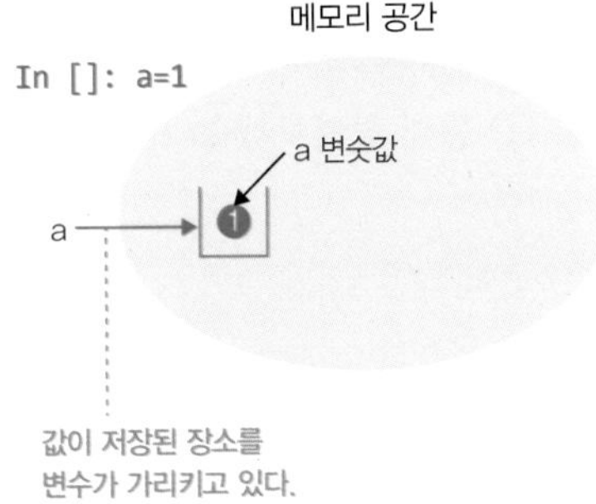

[그림 10-3] 할당된 값을 포인팅하고 있는 변수

리스트 데이터구조를 알아보겠습니다

9장에서 for문을 공부하면서 잠깐 리스트를 소개한 적이 있습니다. 기본적으로, 리스트는 콤마로 구분된 여러 개의 데이터를 대괄호([ ])로 묶어서 정의합니다. [코드 10-1]을 참고하기 바랍니다. [코드 10-1]의 In [1]에서는 여러 개의 정수 데이터를, In [2]에서는 여러 개의 문자열 데이터를 하나의 리스트로 정의하고 있습니다. 하지만 하나의 리스트에 동일한 타입의 데이터만을 저장해야 한다는 제한은 없습니다. In [3]에서 보는 것처럼, 여러 타입의 데이터를 하나의 리스트에 저장할 수 있습니다. 심지어 리스트 안에 리스트를 저장할 수도 있습니다. 하지만 아무래도 가장 일반적으로 사용되는 형태는 동일한 타입의 데이터를 저장하는 형태입니다.

[코드 10-1] 리스트 정의 방법

```
In [1]:  a=[1, 2, 3, 4, 5]

In [2]:  b=['Apple', 'Banana', 'Carrot']

In [3]:  c=[10, 3.14, True, [2, 4, 5, 8, 10]]
```

하나의 리스트에 포함된 데이터 항목은 자신의 위치(position)로 식별됩니다. 앞의 In [1]에서 a 리스트에 저장된 첫 번째 값인 1은 "a 리스트의 첫 번째 (위치에 있는) 데이터"로 식별되며, 실제로 a[0]이란 변수명으로 참조됩니다. 위치를 나타내는 숫자가 리스트 이름 뒤에 붙은 대괄호에 들어가는데, 이 값을 '인덱스[index]'라고 부릅니다. 가장 앞에 있는 항목의 인덱스는 0이 되고(주의!! 1이 아닙니다) 뒤로 갈수록 인덱스가 1씩 증가하게 됩니다. 예를 들어, 앞의 b 리스트에서 'Banana' 문자열 데이터의 인덱스는 1이며 해당 데이터는 b[1]로 참조가 됩니다. 예제를 통해 살펴보겠습니다.

[코드 10-2]
리스트 정의 예제

```
In [4]:   a=[1, 2, 3, 4]

In [5]:   a[0]
Out[5]:   1

In [6]:   print(a[3])
          4
```

[코드 10-2]의 In [4]에서 a를 [1, 2, 3, 4]를 가리키는 이름으로 선언하였습니다. 해당 리스트에 대해, In [5]에서 a[0] 값을 참조하고 있습니다. a[0]은 a 리스트의 첫 번째 항목을 가리키는 변수명입니다. Out[5]에서 1 값이 출력되고 있는 것을 확인하기 바랍니다. In [6]에서 `print(a[3])`은 a 리스트의 마지막 항목 데이터인 a[3] 값을 (참조하여) 출력하라는 명령어입니다. 실제로 4가 출력되고 있는 것을 확인할 수 있습니다.

리스트, 튜플, 딕셔너리 등의 데이터구조에서 그 내부에 저장되어 있는 항목의 개수를 알고 싶을 때는 `len()` 내장함수를 사용합니다. len은 length의 줄임말입니다. 컴퓨터 언어에 따라 항목의 개수를 크기(size) 또는 길이(length)라고 부릅니다. 어떤 리스트 a에 대해 `len(a)` 함수를 실행하면 a 리스트의 항목의 개수를 구할 수 있습니다.

[코드 10-3]
len() 내장함수

```
In [7]:   a=[1, 10, 100, 1000, 10000, 100000]

In [8]:   len(a)
Out[8]:   6
```

길이가 4인 리스트의 인덱스는 0부터 3까지입니다. [코드 10-4]에서, a[4]처럼 인덱스(index)의 범위(range)를 벗어난(out of) 값이 사용되면 (당연히, 참조할 수 있는 범위가 아니므로) 에러(IndexError)가 발생하게 됩니다. 리스트를 다룰 때에 자주 보게 되는 에러입니다. out of range라는 표현이 보이면, "인덱스에 잘못된 값을 사용했구나" 하고 생각하면 되겠습니다.

[코드 10-4]
out of range 에러

```
In [9]:  a=[1, 2, 3, 4]
         a[4]
```

```
---------------------------------------------------------------------------
IndexError                                Traceback (most recent call last)
~\AppData\Local\Temp/ipykernel_728/2731418895.py in <module>
      1 a=[1, 2, 3, 4]
----> 2 a[4]

IndexError: list index out of range
```

여기서 잠깐!!

리스트의 메모리 구조

앞서 데이터를 변수명에 할당하기 위한 심볼 테이블에 대해 살펴보았는데, 여러 값이 묶여 있는 리스트는 메모리에 어떻게 저장될까요? [그림 10-4]와 같은 이미지를 연상하기 바랍니다.

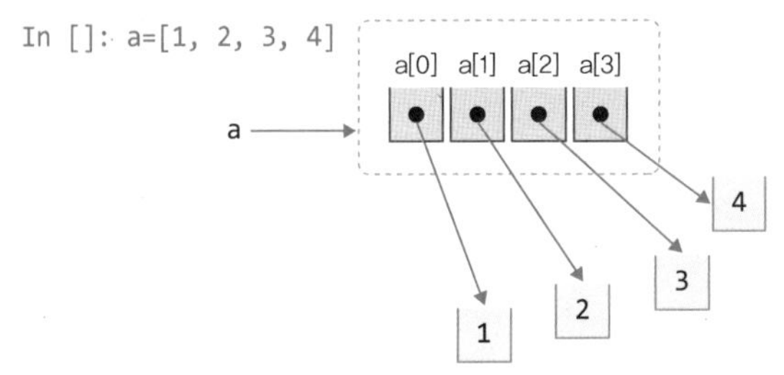

[그림 10-4] 리스트의 메모리 구조

a는 리스트입니다. 그러므로 여러 개의 항목을 가집니다. 각각의 항목은 메모리 어딘가에 서로 무관하게(즉, 서로 떨어져서) 저장되어 있습니다(일반적으로 연속하여 저장하지 않습니다). 해당 항목을 참조하기 위해서는 해당 항목의 주소값을 기억하고 있어야 하는데, 이 주소값을 4개의 연속된 셀에 저장해 둡니다. 리스트 변수 a는 이 4개의 셀을 가리키고 있습니다. 이렇게 하면, 그림에서 보는 것처럼, a로부터 시작한 화살표 하나로부터 리스트를 구성하는 모든 항목의 값에 도달할 수 있음에 주목해주기 바랍니다. 즉, 리스트 변수 a의 이름(즉, a 변수의 주소값) 하나만 기억하고 있으면 항목의 개수가 몇 개이든 간에 저장하고 참조하는 데 전혀 문제가 생기지 않습니다.

리스트 항목에 대한 접근

a 리스트에서, 각 항목 변수 a[k](여기서 k=0, 1, 2, …, len(a)−1)는 리스트에 저장된 (k+1)번째 항목 데이터를 "가리키는" 이름이 됩니다. 이 이름을 통해 리스트의 (k+1)번째 항목에 접근(access) 할 수 있습니다. [코드 10−5]의 In [11]에서 첫 번째 항목인 a[0]에 새로 5를 할당하였습니다. In [12]에서 리스트의 첫 번째 항목(a[0])의 값이 1에서 5로 바뀐 것을 확인할 수 있습니다.

[코드 10−5]
리스트 항목에 대한 접근

```
In [10]: a=[1, 2, 3, 4]

In [11]: a[0]=5

In [12]: print(a)
         [5, 2, 3, 4]
```

리스트 데이터구조가 for와 결합하여 알고리즘 개발의 강력한 수단이 되는 것은 첨자에 변수 또는 수식이 들어갈 수 있기 때문입니다. [코드 10−6]에서 In [15]는 a[k] 값을 출력하는 명령문인데, 첨자에 변수가 사용되고 있음에 유의하기 바랍니다. In [14]에서 k 값이 3으로 정의되었으므로, In [15]의 print(a[k]) 명령문은 결국 print(a[3])으로 실행됩니다. 출력값이 a 리스트의 4번째 요소인 a[3] 값임을 확인할 수 있습니다.

[코드 10−6]
첨자에 변수 또는 수식이 들어갈 수 있음

```
In [13]: a=[1, 2, 3, 4]

In [14]: k=3

In [15]: print(a[k])
         4
```

리스트의 모든 항목에 대해 반복적으로 접근하는 방법에는 두 가지가 있습니다. 첫 번째 방법은 9장에서 살펴봤던 for each를 사용하는 방법입니다. 예를 들어 보겠습니다.

[코드 10−7]
for each를 사용하여 전체 항목을 반복해서 접근

```
In [16]: a=[1, 10, 100, 1000]
         for x in a:
             print(x, end=' ')
         1 10 100 1000
```

for에 종속되어 있는 명령문인 `print(x, end=' ')`가 4번 반복됩니다. for문의 iterator 변수인 x 값이 a 리스트의 첫 번째 항목인 1로 할당되어 한 번 실행되고, 그다음 항목인 10으로 할당되어 또 한 번, 그다음 항목인 100으로 할당되어 또 한 번, 마지막 값인 1000으로 할당되어 마지막 반복이 이루어집니다. 반복되는 명령문인 `print(x, end=' ')` 문장은 첫 번째 반복에서는 `print(1, end=' ')`로, 두 번째 반복에서는 `print(10, end=' ')`로, 세 번째 반복에서는 `print(100, end=' ')`, 마지막 반복에서는 `print(1000, end=' ')`로 실행되게 됩니다.

두 번째 형태는 인덱스를 사용하는 방법입니다. 코드를 먼저 보겠습니다.

[코드 10-8]
인덱스를 이용하여
리스트 전체 항목에 접근

```
In [17]: a=[1, 10, 100, 1000]
         for x in range(0, 4, 1):
             print(a[x], end=' ')

         1 10 100 1000
```

for문에서 iterator 변수인 x는 0, 1, 2, 3으로 바뀌게 되고, 각 경우에 출력되는 값이 a[0], a[1], a[2], a[3]으로 참조되고 있습니다. for문의 iterator 변수가 리스트의 인덱스로 사용되고 있는 것에 유의하기 바랍니다. 앞의 for each에 비해 쓰임새가 많은 형태이므로 눈여겨봐 두길 바랍니다. 이왕이면 외워두기 바랍니다. [코드 10-9]에서 `range()` 함수는 stop 값으로 `len()` 함수 값이 사용되었고, start 값은 0, step 값은 1로서 생략된 형태입니다.

[코드 10-9]
일반적인 for+list의
구성

```
In [18]: a=[1, 10, 100, 1000, 10000, 100000]
         for x in range(len(a)):
             print(a[x], end=' ')

         1 10 100 1000 10000 100000
```

리스트가 제공하는 연산들

앞서 리스트 데이터구조를 어떻게 정의하는지, 그리고 그 안에 포함된 (또는 저장된) 항목에 대해 어떻게 참조할 수 있는지를 살펴보았습니다. 파이썬은 이러한 기본적인 기능 외에 리스트를 좀 더 효과적으로 사용할 수 있는 여러 연산(기능)을 함께 제공합니다. 그러한 내용을 dir() 내장함수를 통해 확인할 수 있습니다. dir() 내장함수는 데이터 타입의 속성이나 기능의 목록(directory)을 보여주는 함수입니다. 아래의 결과는 dir(list)를 실행해서 확인할 수 있습니다.

In [19]:
```
print(dir(list))
```

```
['__add__', '__class__', '__class_getitem__', '__contains__', '__delattr__', '__delitem__', '__dir__', '__doc__', '__eq__', '__format__', '__ge__', '__getattribute__', '__getitem__', '__gt__', '__hash__', '__iadd__', '__imul__', '__init__', '__init_subclass__', '__iter__', '__le__', '__len__', '__lt__', '__mul__', '__ne__', '__new__', '__reduce__', '__reduce_ex__', '__repr___', '__reversed__', '__rmul__', '__setattr__', '__setitem__', '__sizeof__', '__str__', '__subclasshook__', 'append', 'clear', 'copy', 'count', 'extend', 'index', 'insert', 'pop', 'remove', 'reverse', 'sort']
```

[코드 10-10]
dir(list)로 확인한 리스트 데이터 타입의 속성과 연산 목록

가만히 살펴보면, __add__, __class__처럼 더블언더스코어(__, Double Underscore)가 앞뒤로 붙어있는 이름이 많이 보입니다. 이 이름들은 스페셜 메서드 Special Method라고 불리는 연산으로서 리스트 내부적으로 특별한 상황에서 사용되도록 약속되어 있습니다. 당분간은 관심을 가질 필요가 전혀 없습니다. 지금은 목록의 아래쪽에 있는 (더블언더스코어가 붙어있지 않은) 연산 중에서 append, remove, pop에 대해 잠시 소개하겠습니다.

append는 리스트의 마지막에 새로운 항목을 추가하는 연산입니다. [코드 10-11]을 참고하기 바랍니다. list.append()는 list에게 append 기능을 실행하도록 요청하는 명령문입니다. print(), input(), type(), len() 등 우리가 여태껏 봤던 내장함수와는 다르게 함수명 앞에 함수의 주체에 해당하는 list가 제시되어 있는 것에 유의하기 바랍니다. 내장함수는 파이썬이 제공해주는 기능이지만, 우리가 살펴보고 있는 append 기능은 리스트가 (또는 리스트 객체가) 제공해주는 기능이란 점에서 차이가 있습니다. list.append()는 "list가 append한다"는 뜻으로 해석하면 됩니다. "무엇을, 어떻게?"에 해당하는 값은 함수의 괄호 안에 인자로 표현됩니다. [코드 10-11]의 In [20]에서 list.append(a, 5) 명령문은 "리스트에게, a 리스트의 마지막에 5 값을 추가할 것을 요청한다(또는 명령한다)"라는 의미가 됩니다.

[코드 10-11]
list.append() 예

```
In [20]: a=[1, 2, 3, 4]
         list.append(a, 5)

In [21]: a

Out[21]: [1, 2, 3, 4, 5]
```

리스트에 저장되어 있는 항목 중에 특정 항목을 지워야 할 때에는 remove() 함수를 사용할 수 있습니다. [코드 10-12]를 참고하기 바랍니다.

[코드 10-12]
list.remove() 예

```
In [22]: a=['apple', 'banana', 'carrot']
         list.remove(a, 'banana')

In [23]: print(a)

         ['apple', 'carrot']
```

pop() 함수를 활용하면, 리스트에서 끄집어낼 항목을 인덱스로 선택할 수 있습니다. 끄집어내어진 항목은 해당 리스트에서 삭제됩니다. [코드 10-13]에서 list.pop(a, 1)은 a 리스트에서 a[1] 값을 꺼내라는 (그리고 리스트에서는 삭제하라는) 명령문입니다.

[코드 10-13]
list.pop() 예

```
In [24]: a=['apple', 'banana', 'carrot']
         list.pop(a, 1)

Out[24]: 'banana'

In [25]: print(a)

         ['apple', 'carrot']
```

사실, 위의 명령문은 각각 a.append(5), a.remove('banana'), a.pop(1)로도 실행할 수 있습니다. 이러한 문법이 조금 더 '객체지향적'이긴 합니다. 그 의의에 대해서는 19장부터 객체를 공부하면서 알아보겠습니다. 리스트도 하나의 객체이기 때문에, 객체를 공부하고 나면 리스트에 대한 이해 수준이 한층 높아지게 될 것입니다. 나머지 리스트 연산과 아직은 필요하지 않아서 빼놓은 내용(예를 들어, 음수 인덱싱, 슬라이싱 등)에 대해서는 알고리즘 연습을 하면서 추가적으로 살펴보겠습니다. 이후에 살펴볼 튜플, 문자열, 딕셔너리에 대해서도 마찬가지입니다. 여기서는 꼭 알아야 하는 기본적인 내용을 중심으로 알아보고, 그 응용은 실제 문제를 다루면서 추가적으로 설명하겠습니다.

튜플은 수정할 수 없는 리스트입니다

두 번째로 살펴볼 데이터구조는 ‘튜플"’입니다. 튜플은 한 번 선언되고 나면 튜플을 구성하는 항목의 값을 바꿀 수 없습니다. 이런 차이를 제외하고는 리스트와 똑같습니다. 튜플을 “한 번 선언되면 값을 바꿀 수 없는(immutable이라고 부릅니다) 리스트”라고 생각해도 좋겠습니다. 튜플은 여러 개의 데이터를 콤마로 연결하고 괄호(( ))로 묶어서 정의합니다. 예를 들어, [코드 10-14]의 `(1, 2, 3, 4, 5)`는 5개의 항목으로 만들어진 튜플입니다. 튜플의 각 항목은 리스트와 마찬가지로 인덱스를 통해 참조할 수 있습니다.

```
In [26]:  a=(1, 2, 3, 4, 5)

In [27]:  a[0]
Out[27]:  1

In [28]:  a[4]
Out[28]:  5
```

[코드 10-14]
5개의 항목으로 만들어진 튜플

리스트와 다른 점은 [코드 10-15]에서 확인할 수 있듯이 한 번 선언하고 난 이후에는 항목의 값을 바꿀 수 없다는 것입니다.

```
In [29]:  a=(1, 2, 3, 4, 5)
          a[0]=10

          ---------------------------------------------------------------------------
          TypeError                                 Traceback (most recent call last)
          ~\AppData\Local\Temp/ipykernel_728/299085868.py in <module>
                1 a=(1, 2, 3, 4, 5)
          ----> 2 a[0]=10

          TypeError: 'tuple' object does not support item assignment
```

[코드 10-15]
선언 이후에 항목의 값을 바꿀 수 없는 튜플

그 외에 몇 가지 특징을 살펴보면 다음과 같습니다. 먼저, 튜플을 선언할 때 괄호를 생략할 수 있습니다.

[코드 10-16] 튜플을 선언할 때 괄호를 생략할 수 있음

```
In [30]: a=1, 2, 3

In [31]: type(a)
Out[31]: tuple

In [32]: print(a)
         (1, 2, 3)
```

그러다 보니, 한 개의 요소로 구성된 튜플을 정의할 때에는 조심해야 합니다. a, 또는 (a,)로 정의합니다. 그런데 한 개 항목의 튜플을 선언할 일이 있을까 싶긴 합니다. 가끔 예제 코드로 보이는데, 그 의미를 모르면 당황할 수 있어서 소개합니다.

[코드 10-17] 한 개 항목으로 선언한 튜플

```
In [33]: a=1,

In [34]: print(a)
         (1,)
```

tuple() 함수를 이용해 리스트를 튜플로 변환할 수 있습니다. 그 반대도 가능한데, 튜플을 리스트로 바꿀 때에는 list() 함수를 사용합니다.

[코드 10-18] 리스트를 튜플로 변환하는 tuple() 함수

```
In [35]: a=[1, 2, 3]
         b=tuple(a)

In [36]: print(b)
         (1, 2, 3)
```

간혹 다음의 코드로 인해서 오해가 생깁니다.

[코드 10-19] 튜플은 선언한 후에 수정할 수 없음

```
In [37]: a=(1, 2, 3, 4)

In [38]: print(a)
         (1, 2, 3, 4)

In [39]: a=(1, 10, 100, 1000)

In [40]: print(a)
Out[40]: (1, 10, 100, 1000)
```

튜플값은 바꿀 수 없다고 했는데, [코드 10-19]의 In [37]에서 (1, 2, 3, 4)로 선언된 a 튜플을 In [39]에서 (1, 10, 100, 1000)으로 바꾸는 데 전혀 문제가 발생하지 않습니다. 하지만 이는 원래 (1, 2, 3, 4) 튜플을 가리키는 이름으로 사용하던 a 변수명을 새로운 튜플 (1, 10, 100, 1000)을 가리키는 이름으로 바꾸어 사용하는 것일 뿐 원래의 튜플값이 바뀌는 게 아니라는 점에 유의하기 바랍니다. [그림 10-5]를 참고하기 바랍니다.

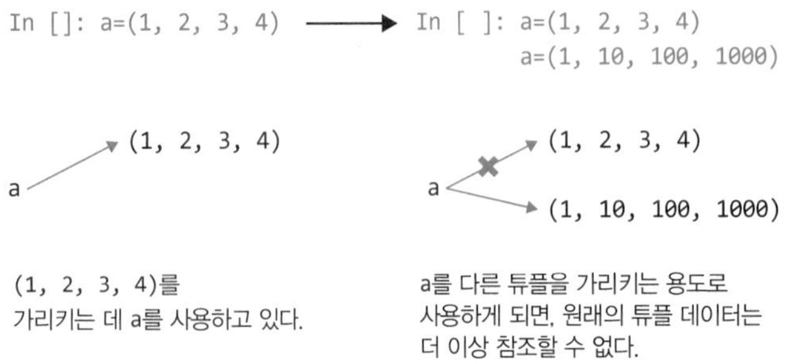

In []: a=(1, 2, 3, 4) → In [ ]: a=(1, 2, 3, 4)
a=(1, 10, 100, 1000)

a → (1, 2, 3, 4)

a ✕→ (1, 2, 3, 4)
a → (1, 10, 100, 1000)

(1, 2, 3, 4)를
가리키는 데 a를 사용하고 있다.

a를 다른 튜플을 가리키는 용도로
사용하게 되면, 원래의 튜플 데이터는
더 이상 참조할 수 없다.

[그림 10-5] 튜플을 가리키는 이름은 변경할 수 있음

그러고 보면 튜플은 리스트에 비해 사용상에 제약이 있는 것 같습니다. 튜플은 어떨 때에 사용하는 것일까요? 실제로 프로그램을 개발하다 보면, 한 번 선언된 이후에는 절대로 바뀌어서는 안 되는 데이터가 있습니다. 만약 이런 데이터를 리스트로 저장하게 되면, 개발자의 부주의로 말미암아 의도치 않게 다른 값으로 바뀌게 되어 잘못된 결과를 만들어 낼 수 있습니다. 이러한 에러를 사전에 방지할 수 있는 수단으로서 튜플이 유용하게 사용되고 있습니다.

문자열은 문자들의 튜플입니다

문자열(string)은 여러 개의 문자(character) 데이터를 따옴표로 묶어서 정의합니다. 문자열을 묶는 따옴표에는 홑따옴표를 기본으로, 겹따옴표 또는 세겹따옴표를 사용할 수 있습니다. [코드 10-20]에서 확인해보기 바랍니다.

[코드 10-20]
문자열을 정의하는
세 가지 방식

```
In [41]:  a='Welcome'        # 홑따옴표
          b="to"             # 겹따옴표
          c='''Python'''     # 세겹따옴표
```

```
In [42]:  print(a, b, c)
```

```
Welcome to Python
```

문자열을 정의하는 세 가지 방식 중에 홑따옴표 사용을 기본으로 하고, 홑따옴표를 사용하기 어려운 곳에 겹따옴표 또는 세겹따옴표를 사용한다고 생각하면 좋겠습니다. 겹따옴표를 기본으로 사용하는 것도 아주 좋습니다. 이 책에서는 홑따옴표를 기본으로 사용하겠습니다. 차이는 전혀 없습니다.

표현하려고 하는 문자열 내에 아포스트로피(')가 사용되는 경우에는 홑따옴표로 문자열을 묶을 수 없습니다. 아포스트로피로 사용된 따옴표가 문자열을 닫는 따옴표로 인식되기 때문입니다. 이런 경우에는 겹따옴표를 사용하면 됩니다. [코드 10-21]을 참고하기 바랍니다.

[코드 10-21]
홑따옴표와 겹따옴표로
정의한 문자열

```
In [43]:  s='You're a student'
```

```
File "C:\Users\mkjang\AppData\Local\Temp/
ipykernel_728/1647636731.py", line 1
    s='You're a student'
          ^
SyntaxError: invalid syntax
```

```
In [44]:  s="You're a student"
          print(s)
```

```
You're a student
```

경우에 따라서는 여러 줄로 만들어진 문자열을 정의해야 할 필요가 있습니다. 홑따옴표를 이용해서는 여러 줄의 문자열을 표현할 수 없습니다. 이런 경우에는 세겹따옴표를 사용합니다. [코드 10-22]에서 확인하기 바랍니다.

[코드 10-22]
세겹따옴표로 정의한
문자열

```
In [45]:  s='''Programming is
          very interesting'''
          print(s)
```

```
Programming is
very interesting
```

문자열은 내부적으로는 문자들의 튜플로 정의됩니다. 문자열 s를 'Hello'라고 선언하는 경우의 메모리 구조는 [그림 10-6]과 같이 생각하면 됩니다. 우리가 다루는 데이터들이 어떤 형태로 메모리에 저장되는지에 대해서는 항상 이미지를 그려보기를 바랍니다. 이 책에서도 최대한 많이 그려보겠습니다.

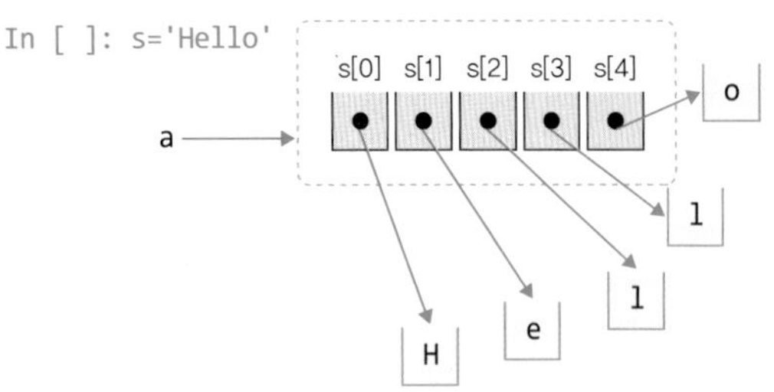

[그림 10-6] 문자열의 메모리 구조

문자열도 튜플이기 때문에, 문자열을 구성하는 각 문자는 인덱스를 통해 참조할 수 있습니다. 예를 들어 s='Welcome to Python' 문자열 데이터에서 4번째 문자를 s[3]으로 참조할 수 있습니다.

[코드 10-23] 인덱스를 통한 참조

```
In [46]:  s='Welcome to Python'

In [47]:  s[3]
Out[47]:  'c'
```

문자열도 튜플과 마찬가지로 변경할 수 없습니다(immutable). 즉, 한 번 생성하고 나면 수정할 수 없습니다. 예를 들어, 아래와 같이 'Hello'라고 정의해야 할 데이터를 'Kello'라고 잘못 선언해서, 첫 번째 문자 값을 'K' 대신에 'H'로 바꾸려고 하는 In [49]의 시도는 허용되지 않습니다. 단지 In [51]에서와 같이 새로 재할당할 수 있을 뿐입니다.

[코드 10-24] 변경할 수 없고 재할당만 가능한 문자열

```
In [48]:  a='Kello'

In [49]:  a[0]='H'
          ---------------------------------------------------------------------
          TypeError                              Traceback (most recent call last)
          ~\AppData\Local\Temp/ipykernel_728/1194718355.py in <module>
          ----> 1 a[0]='H'

          TypeError: 'str' object does not support item assignment
```

```
In [50]: a
Out[50]: 'Kello'
```

```
In [51]: a='Hello'     # re-assignment
```

딕셔너리의 형태는 key:value입니다

파이썬이 강력한 이유로 리스트와 딕셔너리Dictionary가 언급될 정도로 딕셔너리 데이터구조는 매우 유용하게 사용됩니다. 딕셔너리 데이터구조는 리스트와 다르게 key:value의 쌍(pair) 형태로 데이터를 저장합니다. 예를 들어 보겠습니다.

어떤 친구가 있는데 그 친구의 이름(name)은 'Hong Gil Dong', 나이(age)는 22살, 전화번호(phone)는 '010-1234-5678', 주소(address)는 'Cheonan City'입니다. 여기서 'Hong Gil Dong', 22, '010-1234-5678', 'Cheonan City'와 같은 값은 어떤 친구를 설명하는 데(또는 표현하는 데) 사용되는 정보입니다. 여기서 "친구 홍길동"과 같이 표현하고자 하는 대상이 되는 존재를 '객체(object)'라고 부르고, 해당 객체를 설명하는 데 사용되는 정보를 '속성(attribute)'이라고 부릅니다. 여기서 각 속성 정보는 속성 이름과 속성 값으로 표현됩니다. 즉, 이 친구의 "이름"은 "홍길동"입니다. 여기서 "이름"을 key라고 부르고 "홍길동"을 value라고 부릅니다. "친구 홍길동"을 구체적으로 설명하는 데 여러 개의 key:value가 필요합니다. [코드 10-25]에서 보는 것처럼, 여러 key:value 쌍을 중괄호({})로 묶은 것을 '딕셔너리'라고 부릅니다.

[코드 10-25]
여러 개의 key:value를 중괄호로 묶는 딕셔너리

```
In [52]: a={'name':'Hong Gil Dong',
            'age':24,
            'phone':'010-1234-5678',
            'address':'Cheonan city'}
```

```
In [53]: a
Out[53]: {'name': 'Hong Gil Dong',
          'age': 24,
          'phone': '010-1234-5678',
          'address': 'Cheonan city'}
```

딕셔너리를 구성하는 각 항목(쉼표로 구분되어 있는 각 정보)은 key:value 쌍입니다. 예를 들어, 첫 번째 항목 'name':'Hong Gil Dong'에서 'name'이 key가 되고 'Hong Gil Dong'이 value가 됩니다. key와 value 사이에 콜론 기호가 사용되고 있는 것에 유의하기 바랍니다. 딕셔너리 변수가 정의되면, 각 항목에 대해 "딕셔너리 변수명[key]"로 value에 대한 참조와 수정이 가능합니다. 그리고 딕셔너리는 리스트와 마찬가지로 변경할 수 있습니다(mutable). 즉, 선언된 이후에 값을 수정할 수 있습 니다.

[코드 10-26]
참조와 수정이 가능한 딕셔너리

```
In [54]:  a['name']
Out[54]:  'Hong Gil Dong'

In [55]:  a['age']=30

In [56]:  print(a)
          {'name': 'Hong Gil Dong', 'age': 30, 'phone': '010-
          1234-5678', 'address': 'Cheonan city'}
```

In [54]에서 a['name']은 a 딕셔너리 객체의 'name' 속성값을 가리키는 이름으로 사용되고 있습니다. "a 객체의 이름"인 셈입니다. In [55]에서는 a 객체의 'age' 속성값을 30으로 바뀌었습니다. In [56]에서 그 결과를 확인해보기 바랍니다.

딕셔너리의 기본적인 사용 예를 보이면 다음과 같습니다.

1. a 친구의 전화번호를 알고 싶습니다.

[코드 10-27]
딕셔너리의 사용 예 ①

```
In [57]:  a['phone']
Out[57]:  '010-1234-5678'
```

2. a 친구가 이번에 서울로 이사를 갔습니다.

[코드 10-28]
딕셔너리의 사용 예 ②

```
In [58]:  a['address']='Seoul'
          print(a)
          {'name': 'Hong Gil Dong', 'age': 30, 'phone': '010-
          1234-5678', 'address': 'Seoul'}
```

3. 새해가 밝아서 나이가 +1 되었습니다.

[코드 10-29]
딕셔너리의 사용 예 ③

```
In [59]:  a['age']=a['age']+1
          print(a)

          {'name': 'Hong Gil Dong', 'age': 31, 'phone': '010-
          1234-5678', 'address': 'Seoul'}
```

딕셔너리 데이터의 메모리 구조는 개념적으로 [그림 10-7]과 같이 생각하면 좋겠습니다. 그림에서 key:value 테이블로 표현된 부분은 구체적인 내용을 생략하고 개념적으로 그려본 부분입니다. 실제로 각 key에 대응되는 value는 해시함수(hash function)를 통해 구해집니다. 파이썬에서 객체를 구성하는 모든 속성 정보는 딕셔너리로 만들어져서 관리됩니다. 딕셔너리에 대해서는 객체에 대해 공부할 때 조금 더 구체적으로 살펴보겠습니다. 어쨌든, 여전히 변수명 하나만으로 모든 데이터에 대한 경로가 만들어지고, 그에 대한 참조가 가능하게 되고 있음을 확인하기 바랍니다.

[그림 10-7] 딕셔너리 데이터의 메모리 구조

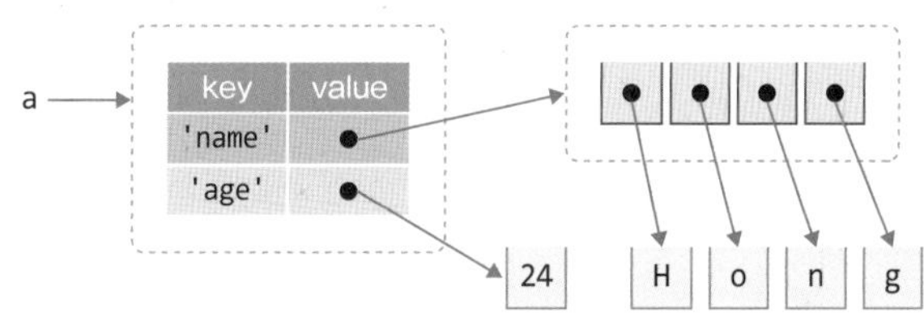

10장을 정리하겠습니다

10장에서는 파이썬이 제공하는 기본적인 데이터구조로서 리스트, 튜플, 문자열, 딕셔너리에 대해 기초적이면서도 중요한 내용을 중심으로 살펴보았습니다. 파이썬의 많은 장점 중 하나는 복잡한 데이터구조를 쉽고 간편하게 다룰 수 있다는 것입니다. 이것 때문인지 "파이썬은 쉬운 언어다(그래서 별것 아니다)"라고 얘기하는 사람이 있습니다. 절대 그렇지 않습니다. 하지만 "시작하기 쉬운" 언어인 것은 확실히 맞는 것 같습니다. 다음 장부터 실제 알고리즘을 다루어 보겠습니다. 우리가 공부했던 여러 요소인 변수, for, if, 리스트 등이 실제 문제해결에 어떻게 사용되는지를 살펴봄으로써 파이썬과 알고리즘에 대한 이해도를 높이는 기회가 될 것입니다. 알고리즘 개발은 머릿속에 있는 코딩 지식을 진짜 "내 것"으로 만드는 공부입니다.

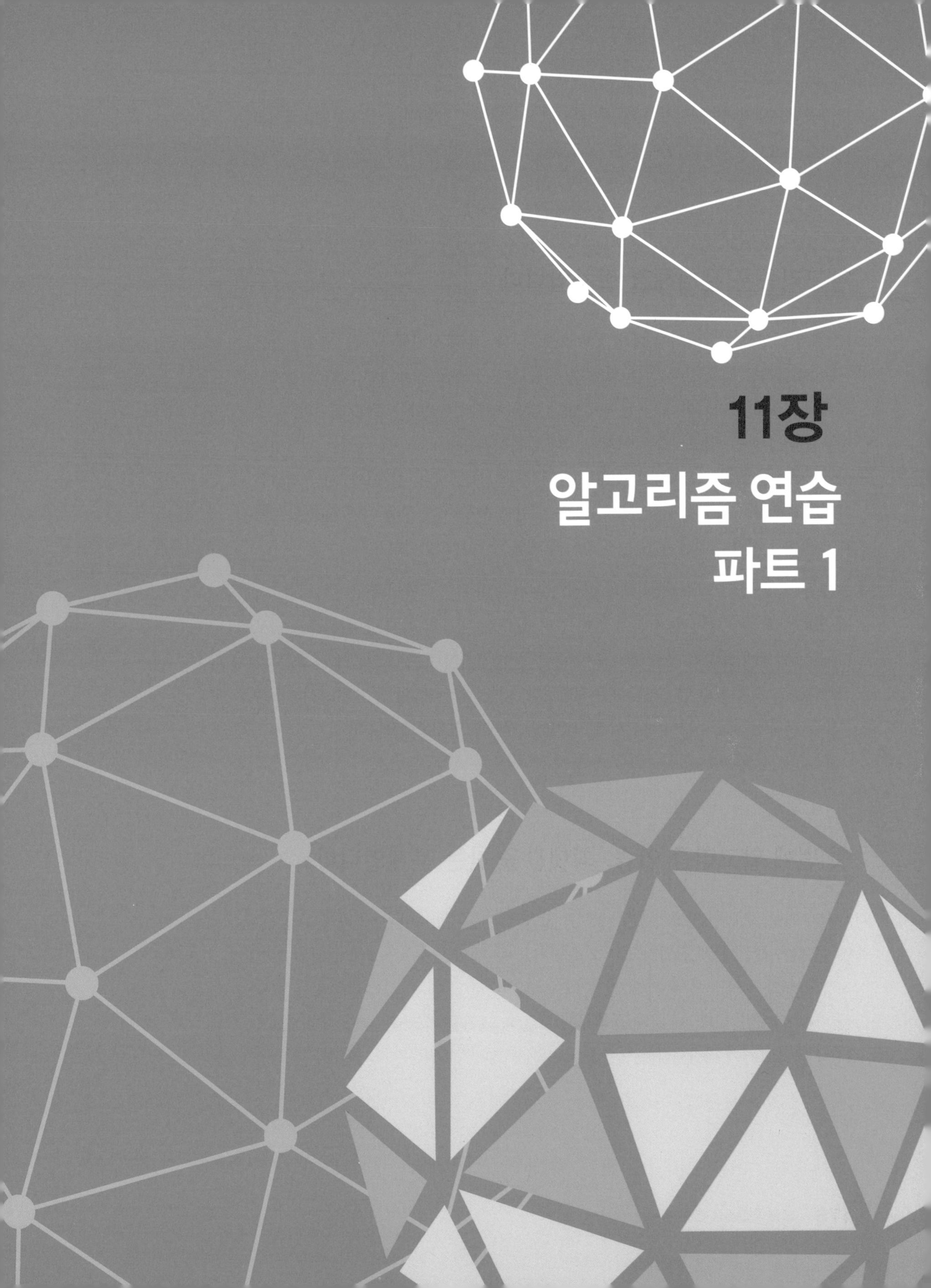

11장

알고리즘 연습 파트 1

11장부터 4개의 장에 걸쳐 실제 문제의 알고리즘algorithm에 대해 살펴보고, 코딩과 디버깅 연습을 통해 파이썬에 대한 이해도를 높여 보고자 합니다.

알고리즘은 문제해결 절차입니다

1장에서 알고리즘의 의의에 대해 살펴보았습니다. 잠시 상기해본다면, 알고리즘은 "주어진 문제를 해결할 수 있는 절차"를 말합니다. 거꾸로 읽는다면, 알고리즘에서 제시된 절차를 따라가면 해당 문제에 대한 답을 구할 수 있다는 뜻이 됩니다. 코딩 공부를 하다 보면, 알고리즘은 현재 위치에서 목적지(destination)에 이르는 최단경로(Shortest Path)를 찾는 문제와 비슷하다는 생각을 하게 됩니다. 실제로, "어떤 경로를 따라가야 원하는 목적지에 도달할 수 있는지"라는 문제는 "연산을 어떤 순서로 수행해야 원하는 결과를 얻을 수 있는지"라는 문제와 매우 비슷합니다.

아무리 복잡한 알고리즘도 몇 개의 (중요한) 기본적인 알고리즘의 조합으로 만들어 낼 수 있습니다. 기본이 되는 알고리즘은 다음의 세 가지입니다.

① 최댓값 구하기
② 합 구하기
③ 개수 세기

복잡한 문제를 복잡하게 풀어서는 답을 찾을 수 없습니다.

보통 두 지점(시작점과 도착점) 간을 연결하는 경로는 매우 다양하게 존재합니다. 어떤 경로는 거리가 짧아서, 시간이 적게 걸려서, 또는 비용이 적게 들어서 좋은 경로가 되는 반면에 그렇지 못한 경로도 있습니다. 마찬가지로, 알고리즘에도 좋은 알고리즘과 그렇지 못한 알고리즘이 존재합니다. 어떤 알고리즘이 좋은 알고리즘일까요? 몇 가지 문제를 다루어 보면서 알고리즘에 대해 고민해보겠습니다.

첫 번째 알고리즘 연습: 최댓값을 찾는 문제입니다

우리가 다룰 첫 번째 알고리즘은 가장 큰 값을 찾는 문제입니다. 단순하게 두 값 중에 큰 값을 찾는 문제를 먼저 살펴보겠습니다. 두 개의 변수 a와 b에 임의의 값이 저장되어 있습니다. 이 두 개의 값 중에 어느 변숫값이 더 큰 값인지를 찾는 코드를 만들어 보겠습니다. 이 문제의 핵심은 두 값의 크기를 비교하는 것입니다. [코드 11-1]을 참조하기 바랍니다.

[코드 11-1]
두 개의 값 중 더 큰 값을 찾는 코드

In [1]:
```
1  a=10
2  b=6
3  if a>b:
4      print('max=', a)
5  else:
6      print('max=', b)
```

```
max= 10
```

3행의 조건식(a>b)의 결과에 따라 어느 변숫값이 더 큰지를 확인할 수 있습니다. 현재는 a 값이 10, b 값이 6이므로 3행의 조건식은 10>6으로 연산되어 True가 됩니다. 4행의 print()문이 실행되면서, 실제로도 max=10이란 결과가 나왔습니다. 만약 반대로 a가 6, b가 10이라면 3행의 조건식은 6>10으로 False가 됩니다. 6행의 else가 실행되면서 b 값이 화면에 출력되겠습니다.

In [1]의 결과를 보면 두 값 중에 큰 값인 10이 출력되고 있습니다. 하지만 잘 나온 결과는 아닙니다. print()문은 특정 변숫값을 출력해서 사람이 확인할 수 있도록 보여주는 기능을 할 뿐입니다. 다시 말해서, In [1]의 코드는 최댓값을 실제로 구하고 있는 것이 아닙니다. 최댓값을 저장하는 변수가 정의되어 있지 않습니다. In [1] 코드가 제대로 실행되면 a 값과 b 값 중에 큰 값이라는 "새로운 값"이 하나 생기게 됩니다. 이 값을 필요할 때 참조할 수 있기 위해서는 이 값에 이름(변수명)이 할당되어야 합니다. 이를 개선한 [코드 11-2]를 참고하기 바랍니다.

[코드 11-2]
[코드 11-1]을 개선한 코드

In [2]:
```
1  a=10
2  b=6
3  if a>b:
4      max=a
5  else:
6      max=b
7  print('max=', max)
```

```
max= 10
```

3행에서 비교연산을 수행한 결과, a 값이 b 값보다 크면 a 값을 max 값으로 저장하고(4행), 그렇지 않으면(5행) b 값을 max 값으로 저장합니다(6행). 결국, a 값과 b 값 중에 큰 값이 max 변수에 저장되도록 만들어졌습니다. 마지막 명령문인 7행의 print()문에서 max 변숫값을 참조하여 화면에 출력하고 있습니다.

4행의 max=a 명령문에 대해 잠시 살펴보고 지나가겠습니다. a=10 명령어가 실행되면 아래 [그림 11-1]의 ⓐ에서 보는 것처럼 메모리 공간에 10이란 데이터가 만들어지고 a 변수가 그 값을 가리키게 됩니다. 이 상태에서 max=a 명령문이 실행되면 [그림 11-1]의 ⓑ에 나타낸 것처럼 "max 변수는 a가 가리키는 값을 같이 가리키게" 됩니다. 즉, max 변수와 a 변수가 같은 값을 가리키게 됩니다. 이 상태에서 max 값을 참조하면 당연히 a 값과 같은 10이 됩니다.

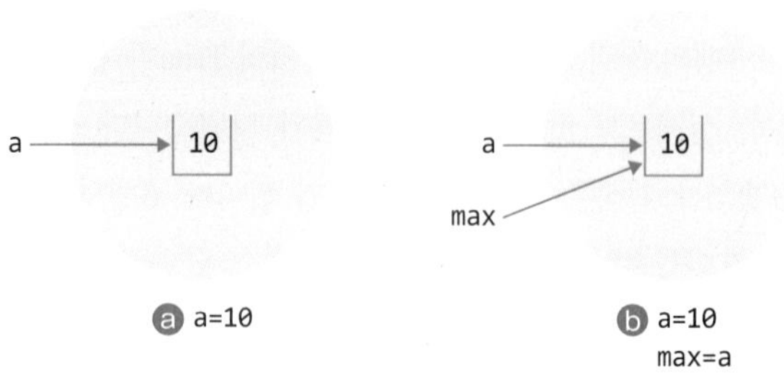

[그림 11-1] max=a 명령문의 의의

앞 문제를 '확장'해서 세 개의 값 중에 가장 큰 값을 찾는 문제

앞에서 살펴보았던 최댓값을 찾는 문제를 수정하여, 세 개의 변수 a, b, c에 저장된 값 중에서 가장 큰 값을 구하는 프로그램을 만들겠습니다. 어떻게 해야 세 값 중에 가장 큰 값을 찾을 수 있을까요? 여러 방법이 가능하겠지만, 기본적으로 다음과 같은 알고리즘을 생각해 볼 수 있겠습니다.

- a 값과 b 값을 비교하여 만약 a 값이 크다면, a 값과 c 값 중에 큰 값이 최댓값이 됩니다.
- a 값과 b 값을 비교하여 만약 b 값이 크다면, b 값과 c 값 중에 큰 값이 최댓값이 됩니다.

이 알고리즘을 플로우차트로 나타내면 [그림 11-2]와 같습니다.

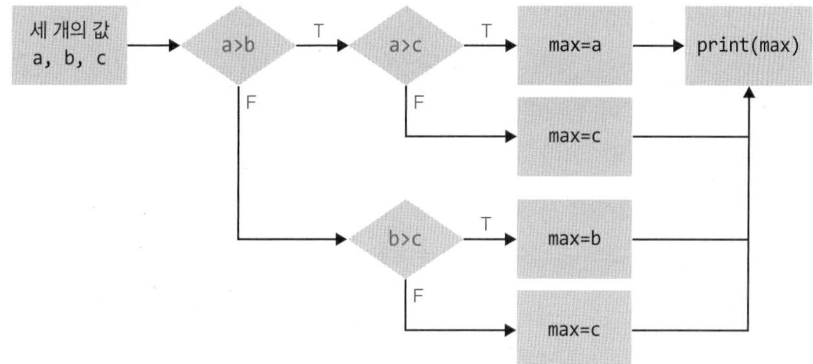

[그림 11-2] 최댓값을 찾는 문제의 플로우차트

이 알고리즘을 코드로 나타내보면 [코드 11-3]의 In [4]와 같습니다. 1~5행은 a 값이 b 값보다 큰 경우에 해당하고, 6~10행은 그렇지 않은 경우(즉, a 값이 b 값보다 작거나 같은 경우)에 해당합니다. 두 값이 같은 경우에는 a, b 중에 아무 값이나 사용하면 되니 신경 쓸 것이 없겠습니다. 우리가 만든 코드가 정상적으로 실행되는지 a, b, c에 임의의 값을 주고, 결과를 확인해봐야겠습니다. 그래서 In [3]에서 보는 것처럼, a에 10, b에 5, c에 14를 할당한 다음에 코드를 실행해 보았습니다.

[코드 11-3] 최댓값을 찾는 문제를 구현한 코드

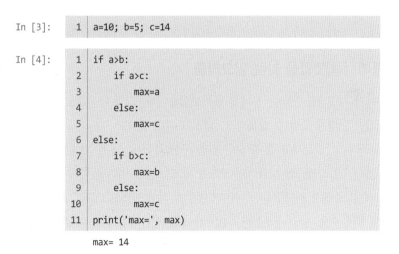

In [3]:
```
1  a=10; b=5; c=14
```

In [4]:
```
1  if a>b:
2      if a>c:
3          max=a
4      else:
5          max=c
6  else:
7      if b>c:
8          max=b
9      else:
10         max=c
11 print('max=', max)
```

```
max= 14
```

코드의 실행 결과가 기대하던 대로 나왔습니다(훌륭한 코드입니다). 하지만 이걸로 끝내버리면 안 됩니다. 방금 실행에서 제대로 동작한 것이 "우연히" 또는 "특별한 경우에만" 잘 동작한 것은 아닌지에 대한 검증이 필요합니다. 즉, 내가 만든 코드가 "어떤 경우에서든 항상 잘 동작하는" 코드인지에 대한 확인이 필요하다는 뜻입니다. 어떻게 하면 될까요? 당연히, 여러 경우를 만들어 보고 그 모든 경우에 대해 문제없이 동작하는지 확인해봐야 합니다. 나중에 '17장. 코딩의 완성: 테스팅과 디버깅'에서 좀 더 깊게 다루겠지만, 가장 중요한 원칙을 하나 든다면, "한두 가지 경우에 잘 동작한다고 해서 모든 경우에 문제(에러)없이 잘 동작할 것으로 믿어서는 안 된다"는 것입니다.

이 문제의 경우에는 모두 6가지의 테스트 케이스가 있습니다. a≥b≥c, a≥c≥b, b≥c≥a, b≥a≥c, c≥a≥b, c≥b≥a인 경우입니다. a≥b≥c인 경우에 코드가 잘 동작하는지 확인하려면 각 변숫값을 a=15, b=9, c=8로 할당하여 테스트해보면 되겠습니다. 테스트 결과, 최댓값으로 (우리가 기대하는) 15가 나오면 이 코드는 일단은 a≥b≥c의 경우에는 잘 동작하는 것으로 생각할 수 있겠습니다. 물론, 실제 문제에서 모든 경우에 대해 테스트하는 것은 많은 시간이 소요되는 작업일 뿐아니라 기술적으로도 매우 어려운 일입니다. 하지만 최소한의 경우에 대해서라도 테스트를 하고 본인이 만든 알고리즘의 신뢰도(정확도)를 확인해보는 것은 코드를 만드는 것만큼, 또는 그 이상으로 중요한 일입니다.

코드가 잘 동작하는지를 확인하는 데 사용된 데이터를 보통 테스트 케이스(Test Case)라고 부릅니다. 어떤 데이터를 input하면 어떤 데이터가 output되는지를 나타냅니다.

여러 값 중에서 최댓값을 찾는 알고리즘

세 개 값 중에서 최댓값을 구하는 문제를 풀어보았습니다. 그럼 다음으로 4개의 값 중에서 최댓값은 어떻게 구할 수 있을까요? 다시 고민이 됩니다. "음…, a 값과 b 값 중에 큰 값을 구하고, c 값과 d 값 중에 큰 값을 구한 다음에, 그 두 개 값의 크기를 비교하면 되겠군." 알고리즘만 명확하면 코드를 만드는 것은 어려운 일이 아닙니다. 그렇다면, 5개 값 중에서 최댓값을 구하려면 어떻게 해야 할까요? 그리고 6개인 경우는요? 7개, 8개, 9개, …인 경우는요? 갑자기 조금 갑갑해집니다. 이렇게 코드를 만들어서는 안 될 것 같습니다. 분명히 (최댓값을 찾는) 비슷한 문제임에도, 문제의 크기(다루어지는 데이터 수)가 달라진다고 알고리즘을 새로 고안해야 하는 문제가 생기고 있습니다. 생각을 조금 바꾸어 봐야겠습니다.

여기서 잠깐!!

생각해봅시다

나는 초등학교 교사입니다. 내 앞쪽에 학생들이 일렬로 ('학생 옆에 학생'말고, '학생 뒤에 학생'으로) 줄을 서 있습니다. 이 학생들 중에서 가장 키가 큰 학생을 찾아야 합니다. 어떻게 하면 찾을 수 있을까요? 한 번 생각해봅시다.

이렇게 하면 됩니다. 제일 앞에 있는 학생이 현재까지 내가 알고 있는, 가장 키가 큰 학생입니다. 그 학생을 줄에서 빼내 나의 왼쪽에 두고 왼손으로 그 학생의 손을 꼭 잡고 있습니다(놓치면 큰일입니다). 그리고 "현재까지 가장 키가 큰 학생"과 다음 학생의 키를 비교합니다. 이 두 학생의 키를 비교해서 더 큰 학생의 손을 왼손으로 잡습니다. 이 과정을 마지막 학생까지 반복했을 때, 결국 나의 왼손을 잡고 있는 학생이 우리 반에서 가장 키가 큰 학생이 됩니다.

이 알고리즘을 원래의 문제에 적용해보겠습니다

내 앞에 4개의 값 a, b, c, d가 일렬로 서 있습니다. 일단은 첫 번째 값인 a를 가장 큰 값(max)으로 저장해 두겠습니다. 그러고 나서 그다음 값인 b와 현재까지 가장 큰 값인 max 값(현재는 a 값과 같은 값)을 비교합니다. 만약 max 값이 더 크다면 최댓값으로 max 값을 그대로 두고, 만약 b 값이 더 크다면 max 값을 b 값으로 바꿉니다. 이 과정을 계속 반복합니다. 마지막 값인 d까지 비교가 끝났을 때 max에 저장되어 있는 값이 a, b, c, d 중에서 가장 큰 값이 됩니다. 이를 플로우차트로 표현해보면 [그림 11-3]과 같습니다.

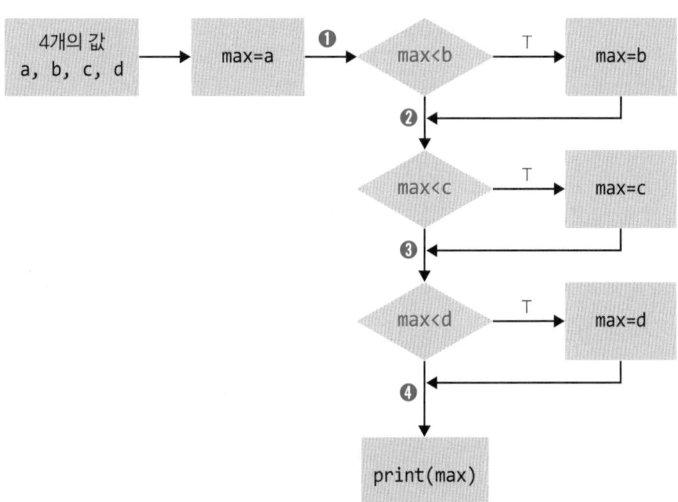

[그림 11-3] 4개의 값 중 최댓값을 찾는 문제를 표현한 플로우차트

플로우차트의 ❶에서 max 값은 a 값입니다. ❷에서의 max 값은 직전의 max 값인 a 값과 b 값 중에 큰 값으로 저장되어 있습니다. max〈b 조건이 참이 되면 max=b가 실행되어 max 값은 b 값으로 바뀌고, 그렇지 않으면 max 값은 그대로 a 값으로 남아 있습니다. ❸에서는 직전의 max 값(a와 b 중에 큰 값)과 c 값 중에서 큰 값이 max에 저장됩니다. ❹에 이르면 그 전의 max 값(a, b, c 중에 제일 큰 값)과 d 값 중에서 큰 값이 max에 저장됩니다.

그래서 결국, 마지막 print()문에서 참조되는 max 값은 a, b, c, d 중에 가장 큰 값이 됩니다. 앞의 알고리즘을 코드로 만들겠습니다. a, b, c, d에 임의의 값을 주고 print()문을 붙여서 결과를 확인해 보았습니다. 1행에서 세미콜론(;)을 쓰고 있지만, 되도록 쓰지 말기를 바랍니다. 공간을 아껴보려고 만든 코드인데 모범으로 생각할까 살짝 걱정입니다.

[코드 11-4]
4개의 값 중 최댓값을 찾는 문제를 구현한 코드

In [5]:

```
1  a=30; b=15; c=42; d=19
2  
3  max=a
4  if max<b:
5      max=b
6  if max<c:
7      max=c
8  if max<d:
9      max=d
10 print('max=', max)
```

```
max= 42
```

1행에서 테스트 케이스로 주어진 4개의 값 중에서 c 값이 42로 가장 큽니다. 실제로 실행 결과에서도 우리가 기대한 바와 같이 max=42가 출력되고 있는 것을 볼 수 있습니다. 앞서, 모든 가능한 경우에 대해 테스트해 봐야 한다고 얘기를 했었는데, 이 문제의 경우에는 모두 24개의 테스트 케이스가 있습니다. 해보면 알겠지만, 몇 가지 경우에 대해 테스트하다 보면, 굳이 모든 경우에 대해 전부 테스트할 필요는 없겠다는 생각이 듭니다. 왜 그럴까요? 알고리즘이 명확하다면 코딩에서 발생하는 에러는 그렇게 많지 않습니다. 몇 번의 테스트를 진행하는 동안 코드에 존재하던 에러가 발견되고, 수정되면서 코드는 점차 완벽해지기 때문입니다.

확장이 쉬운 알고리즘이 좋은 알고리즘입니다

이번에는 앞서 만든 알고리즘을 확장하여 5개의 값 a, b, c, d, e 중에서 가장 큰 값을 찾는 문제에 대해 생각하겠습니다. 4개 값 중에서 최댓값을 찾는 알고리즘이 5개 값 중에서 최댓값을 찾는 문제로 어떻게 자연스럽게 확장되는지를 유심히 살펴보기 바랍니다.

4개의 값 중에서 최댓값을 찾는 코드를 통해 이미 a, b, c, d 중의 최댓값을 찾았으니 이 값과 마지막 값인 e값을 비교해 주면 되겠습니다. [코드 11-5]를 참고하기 바랍니다. 실선 박스로 표시된 부분이 4개 값 중에서 최댓값을 찾는 문제와 비교하여 추가된 부분입니다. 4개 값 중에서 최댓값을 찾는 코드는 전혀 달라지지 않았습니다. 4개 값이든 5개 값이든 기본적으로 사용하고 있는 알고리즘은 똑같습니다. 다만, 데이터의 개수가 늘어남에 따라 코드가 조금 추가되었을 뿐입니다.

[코드 11-5]
5개의 값 중 최댓값을 찾는 문제를 구현한 코드

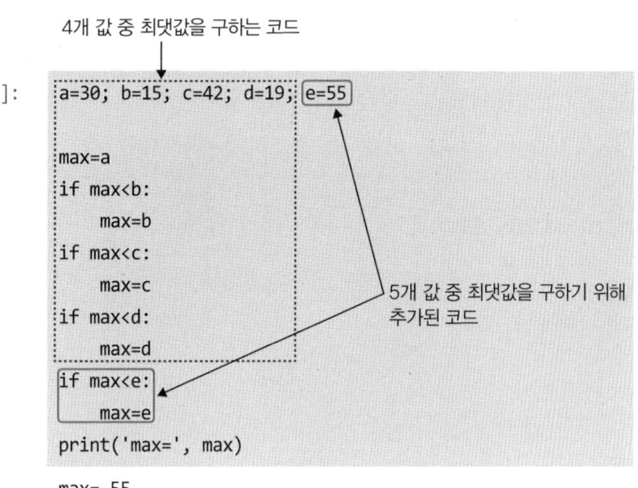

4개 값 중 최댓값을 구하는 코드
In [6]:
a=30; b=15; c=42; d=19; e=55
max=a
if max<b:
max=b
if max<c:
max=c
if max<d:
max=d
if max<e:
max=e
print('max=', max)
5개 값 중 최댓값을 구하기 위해
추가된 코드
max= 55

데이터 개수가 많아지면 리스트를 사용하는 것이 효과적입니다

최댓값을 찾는 문제에서 우리가 다루는 데이터를 리스트 데이터구조에 저장하게 되면 코드에 파격적인 변화가 나타납니다. [코드 11-6]을 참조하기 바랍니다.

In [7]:

```
a=[30, 15, 42, 19, 55]

max=a[0]
if max<a[1]:
    max=a[1]
if max<a[2]:
    max=a[2]
if max<a[3]:
    max=a[3]
if max<a[4]:
    max=a[4]
print('max=', max)
```

비슷한 코드가 반복됨

```
max= 55
```

[코드 11-6]
리스트 데이터구조로 구현한 코드

[코드 11-6]은 [코드 11-5]에서 사용된 a, b, c, d, e 값을 묶어서 리스트 a로 표현해 본 것입니다. 원래의 코드에서 a 대신에 a[0]을, b 대신에 a[1]을, c 대신에 a[2]를, d 대신에 a[3]을, e 대신에 a[4]를 사용했을 뿐입니다. 실제로 잘 동작하는 코드입니다. 그런데 이 코드를 가만히 보면 왠지 비슷한 코드가 계속 반복되는 느낌이 듭니다. 무엇이 연상되나요? 그렇습니다. for문입니다. 그래서 이 코드를 for문을 사용해서 바꿔보았습니다. [코드 11-7]을 참조하기 바랍니다.

In [8]:

```
a=[30, 15, 42, 19, 55]

max=a[0]
for k in range(1, 5):
    if max<a[k]:
        max=a[k]
print('max=', max)
```

```
max= 55
```

[코드 11-7]
for문으로 수정한 코드

그리고 [코드 11-7]을 조금 더 일반화시켜 for문의 range() 함수에 len() 함수를 사용하여 리스트의 항목 개수가 몇 개이든 상관없이 동작하도록 수정해보았습니다.

[코드 11-8]
좀 더 일반적인 for문으로 수정한 코드

```
In [9]:  a=[30, 15, 42, 19, 55]

         max=a[0]
         for k in range(1, len(a)):
             if max<a[k]:
                 max=a[k]
         print('max=', max)

         max= 55
```

이제 임의의 데이터를 사용해서 코드를 실행해보았습니다. 데이터의 개수가 바뀌었지만, 코드는 전혀 수정할 필요가 없습니다. 리스트 데이터구조를 활용하는 장점이 또렷하게 보입니다. 정말 중요한 코드입니다. 이해하고 바로 외워두기 바랍니다.

[코드 11-9]
코드 실행 예

```
In [10]: a=[5, 25, 10, 7, 15, 90, 34, 78, 82, 77, 42]

In [11]: max=a[0]
         for k in range(1, len(a)):
             if max<a[k]:
                 max=a[k]
         print('max=', max)

         max= 90
```

어떤 알고리즘을 구상할 때 그 알고리즘과 연관된 데이터를 어떤 데이터구조에 저장할 것인지를 결정하는 것은 매우 중요한 문제입니다. 데이터구조가 달라지면 알고리즘과 코드도 완전히 달라지기 때문입니다. 그래서 알고리즘과 데이터구조는 동전의 양면과 같습니다. 서로 떼어놓고 생각할 수 없습니다.

여기서 잠깐!!

for문의 중요성

for문을 제대로 이해하는 것이 코딩을 마스터하는 지름길이 됩니다. 의외로 for문은 쉽지 않습니다. for문을 익숙하게 다룰 때까지는 항상 아래에서 설명하는 형태의 연습이 필요합니다.

① 먼저, 다루고자 하는 데이터가 여러 개라면 리스트에 저장합니다. 대부분의 경우에 그럴 것입니다. 그리고 알고리즘을 개발합니다. 단, for를 사용하지 않고 개발해봅니다. [코드 11-10]의 ⓐ처럼 말입니다.

② ⓐ 형태의 코드를 만들다 보면 "반복이 보입니다." 반복이 보이면, 바로 그 반복을 만들 수 있는 for문을 고안하세요. ⓑ를 참조하기 바랍니다.

③ 다음으로 이게 정말 중요한데, 여기서 그냥 코드를 실행해서 결과를 확인하지 말고 for문의 iterator 변숫값을 바꾸면서 실제로 어떻게 코드가 실행되는지를 추적해보기 바랍니다. ⓒ를 참조하세요.

여기서 ⓑ의 for문을 본인이 '연필로' 한 번 실행해보는 것입니다. "k가 1일 때에는 이렇게 실행되고, k가 그다음 값인 2가 되면 이렇게 실행되고, …." 그렇게 만들어진 코드 ⓒ가 원래 우리가 만들려고 했던 코드 ⓐ와 같은지 확인해보기 바랍니다. 본인이 원래 ⓐ 알고리즘처럼 동작하도록 ⓑ의 for를 만들었는데, 실제로 그러한지를 ⓒ와 같이 확인해보는 것입니다.

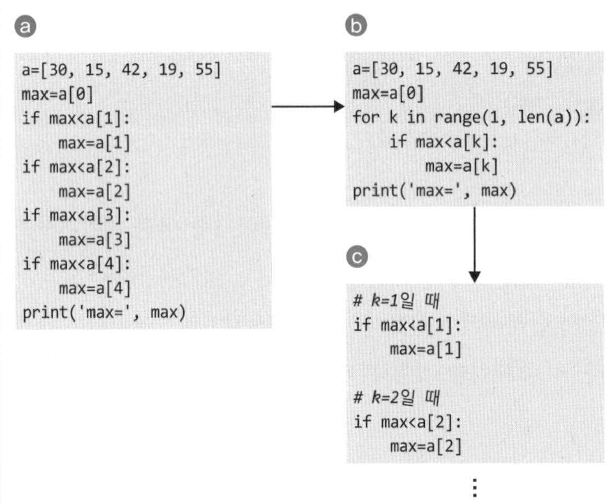

[코드 11-10] for문의 동작을 검증하는 과정

이것이야말로 for에 익숙해지는 최선의 방법이면서 유일한 방법입니다. 코드 실행을 파이썬에게 맡겨두면 안 됩니다. 내가 먼저 "연필로 실행"해보고 제대로 동작하는지를 확인한 후에 "파이썬으로 실행"해보기 바랍니다. 결과는 이미 '연필로' 확인한 바와 같이, 당연히 "내 기대대로" 나옵니다. 느려 보이지만 가장 빠른 길입니다.

최댓값 알고리즘을 응용해보겠습니다

그런데 사실 파이썬의 내장함수 중에 리스트의 최댓값을 구해주는 함수가 있습니다. 내장함수인 `max()`입니다. [코드 11-11]처럼 사용할 수 있습니다. 하지만 현재 우리 코드에서는 max라는 이름을 다른 의미로(즉, 최댓값을 가리키는 변수로) 사용하고 있기 때문에 실제로는 에러가 발생합니다.

[코드 11-11]
내장함수인 max()로 구하는 최댓값

```
In [12]:  a=[5, 25, 10, 7, 15, 90, 34, 78, 82, 77, 42]
          max(a)
Out[12]:  90
```

에러가 발생하는 것은, 현재 max라는 이름이 `max()` 함수를 가리키는 이름이 아니라 어떤 값을 가리키는 변수로 정의되어 사용되고 있기 때문입니다. 실제로 여태껏 `max` 변수의 색깔이 예약어 색깔인 녹색이었던 것을 확인해보기 바랍니다. 변수명을 max 외에 다른 이름으로 하면 되는 것을 굳이 max로 고집해서 사용한 이유는 있습니다. 같이 한 번 살펴보겠습니다. 만약에 원래대로 `max()` 함수를 사용하고자 한다면 `del()` 내장함수를 이용해서 사용자가 정의한 변수명을 지워주면 됩니다. 그러면 max는 다시 원래의 내장함수 `max()`를 가리키는 이름이 됩니다.

[코드 11-12]
사용자가 정의한 변수명을 지워주는 del() 함수

```
In [13]:  del(max)
```

함수를 실행하는 것을 호출한다고 표현합니다.

조금 보충 설명이 필요해서 파이썬의 `dir()` 함수에 대해 잠시 살펴보고 지나가겠습니다. 지난 번에 `dir()` 함수의 괄호에 데이터 타입을 넣으면 (예를 들어, list) 그와 연관된 속성 목록을 확인할 수 있다고 소개한 적이 있습니다. 그런데 `dir()` 내장함수를 호출하면서 괄호 안을 비워두게 되면 현재까지 사용자가 정의한 변수명 또는 함수명을 확인할 수 있습니다.

[코드 11-13]
사용자가 정의한 식별자를 확인할 수 있는 dir() 함수

```
In [1]:  print(dir())

         ['In', 'Out', '_', '__', '___', '__builtin__', '__builtins__',
         '__doc__', '__loader__', '__name__', '__package__', '__
         spec__', '_dh', '_i', '_i1', '_ih', '_ii', '_iii', '_oh', 'exit',
         'get_ipython', 'quit']

In [2]:  a=10    # 여기서, a라는 이름이 선언되었습니다.

In [3]:  print(dir())

         ['In', 'Out', '_', '__', '___', '__builtin__', '__builtins__',
         '__doc__', '__loader__', '__name__', '__package__', '__
         spec__', '_dh', '_i', '_i1', '_i2', '_i3', '_ih', '_ii', '_iii', '_
         oh', 'a', 'exit', 'get_ipython', 'quit']
```

In [1]은 이제 막 새로 노트북을 시작한 상태(아직 사용자가 아무것도 선언하지 않은 상태입니다)에서 dir() 함수를 실행한 결과를 보여주고 있습니다. 이 상태에서, In [2]에서처럼 a라는 이름의 변수를 정의하고 나서 다시 dir() 함수를 호출해보면 해당 변수의 이름 a가 목록에 포함되어 있는 것을 확인할 수 있습니다. 만약, 더 이상 그 이름을 사용하지 않겠다고 하면 del() 내장함수를 사용해서 삭제할 수 있습니다. 예를 들어, a라는 이름을 삭제하고자 하는 경우 del(a) 명령문을 실행하면 됩니다.

마찬가지로, 우리가 max라는 이름을 원래대로 max() 내장함수를 가리키는 이름으로 사용하기 위해서는 현재 사용자가 정의하여 사용하고 있는 max라는 이름을 지우면 됩니다. del(max)라고 한 후에 [코드 11-11]의 In [12] 코드를 실행해보면 원하는 결과를 볼 수 있을 것입니다.

여기서 이런 의문이 듭니다. 파이썬이 이렇게 친절하게 최댓값을 구하는 max() 함수를 만들어서 제공하고 있는데, 굳이 내가 다시 만들 필요가 있을까? 마트의 진열대에서 구입한 공산품(off-the-self)은 모든 사람에게 맞추어진 제품입니다. 웬만하면 모두를 만족시킬 수 있도록 만들어진 제품입니다. 그러다보니 역설적으로 어떤 사람도 100% 만족시킬 수는 없습니다. 무슨 얘기를 하고 싶냐면, 내 문제에 딱 알맞은 max() 함수는 내가 만들어야 한다는 것입니다. 예를 들어서, 파이썬의 max() 함수는 음수와 양수가 같이 저장된 리스트에서 음수 중에 가장 큰 값을 구한다거나, 리스트에 포함된 짝수 중에 가장 큰 값을 찾는 문제에는 사용할 수 없습니다. 다시 말해서, 내가 원하는 기능은 내가 직접 만들 수 있어야 한다는 것입니다. 그런 의미에서 최댓값 알고리즘을 활용할 수 있는 몇 가지 응용을 다루어 보겠습니다.

응용 1: 최솟값을 구하는 문제

최댓값을 구하는 코드에서 값의 크기를 비교하는 부등호의 방향만 바꿔주면 바로 최솟값을 구하는 코드가 됩니다. [코드 11-14]를 참고하기 바랍니다. 최솟값을 가리키는 변수명은 그 의미를 살려서 min으로 선언했습니다. max 변수를 min으로 바꿔 준 것 외에는 5행에서 부등호의 방향을 반대로(<에서 >으로) 바꿔준 것이 전부입니다. 참고로 최솟값을 구하는 min도 내장함수로 제공되고 있습니다.

[코드 11-14]
최솟값을 구하는 코드

In [14]:

```
1 a=[5, 25, 10, 7, 15, 90, 34, 78, 82, 77, 42]
2
3 min=a[0]
4 for k in range(1, len(a)):
5     if min>a[k]:
6         min=a[k]
7 print('min=', min)
```

```
min= 5
```

응용 2: 최댓값의 인덱스를 찾는 문제

리스트에 저장되어 있는 데이터 중에서 최댓값의 인덱스를 찾는 문제를 살펴보겠습니다. 리스트의 값 중에서 몇 번째 값이 가장 큰 값인지를 찾고자 하는 문제입니다. 이 문제의 핵심은, 최댓값이 바뀔 때마다 그 값의 인덱스를 저장해두도록 하는 것입니다. 우리가 앞서 만들어 보았던 최댓값을 구하는 코드인 [코드 11-9]를 다시 보면, 3행과 6행에서 max 변숫값이 바뀌고 있습니다.

[코드 11-15]
최댓값을 구하는 코드

In [15]:

```
1 a=[5, 25, 10, 7, 15, 90, 34, 78, 82, 77, 42]
2
3 max=a[0]
4 for k in range(1, len(a)):
5     if max<a[k]:
6         max=a[k]
7 print('max=', max)
```

```
max= 90
```

max 값이 바뀔 때마다 해당 값의 인덱스를 저장하도록 수정하면 되겠습니다. 인덱스를 저장할 변수로 pos 변수를 사용하겠습니다. [코드 11-16]을 참고하기 바랍니다. 3행에서 a[0] 값이 max 값으로 할당되었습니다. 그래서 4행에 현재 max 값으로 저장된 값은 a 리스트의 인덱스 0에 해당하는 항목값이란 의미에서 pos 변수에 0을 저장합니다. 마찬가지로 8행에서 pos 변수에 k 값을 저장하고 있습니다. 최댓값이나 최솟값의 인덱스를 구하는 코드는 그 자체로도 중요한 문제이지만, 나중에 데이터의 정렬(소팅, sorting)을 다룰 때 아주 유용하게 사용됩니다.

[코드 11-16]
최댓값의 인덱스를
구하는 코드

In [16]:
```
1 a=[5, 25, 10, 7, 15, 90, 34, 78, 82, 77, 42]
2
3 max=a[0]
4 pos=0
5 for k in range(1, len(a)):
6     if max<a[k]:
7         max=a[k]
8         pos=k
9 print('max=', max, 'pos=', pos)
```
```
max= 90 pos= 5
```

응용 3: 음수 중에 가장 큰 값을 구하는 문제

음수와 양수가 같이 저장된 어떤 리스트에서, 음수 중에서 가장 큰 값을 구하려면 어떻게 하면 좋을까요? 말 그대로 양수들은 제외하고 "음수 값에 대해서만" 값을 비교하면 되겠습니다. 이러한 로직을 표현한 부분이 [코드 11-17] In [18]의 3행(if문)입니다. 3행의 if문은 전체 리스트 항목 중에서 어떤 조건(즉, a[k]<0)을 만족하는 데이터에 대해서만 알고리즘이 작동되도록 만드는 장치가 됩니다.

[코드 11-17]
음수 중에서 가장 큰 값을
구하는 코드

In [17]:
```
1 a=[-5, -9, -3, -11, 8, 5, 4, -7]
```

In [18]:
```
1 max=-999
2 for k in range(1, len(a)):
3     if a[k]<0:
4         if max<a[k]:
5             max=a[k]
6 print('max=', max)
```
```
max= -3
```

다음으로 In [18]의 1행에서 사용된 -999는 "충분히 작은 값(Sufficiently Small Value)"을 나타내기 위해 사용된 값입니다. 우리가 사용하고 있는 리스트의 음수값은 대략 −20보다는 작지 않습니다. 그런 값과 비교할 수 있는 가장 작은 값으로 −999가 max의 초깃값으로 사용되었습니다. 참고로 만약 최솟값을 찾는 코드라면 "충분히 큰 값"으로 초기화해야 합니다.

만약 리스트에서 사용되고 있는 음수값이 어떤 범위에 있는지 파악하기 어려운 경우에는 max 변수의 초깃값으로 어떤 값을 사용하는 것이 좋을까요? 여러 방안이 있을 수 있겠지만, 리스트에 있는 음수 중에 가장 앞에 있는 수를 찾아서 max의 초깃값으로 만들어 주는 것이 괜찮아 보입니다. 즉, 만약에 리스트가 [10, -5, 9, -3, -11, 8, 5, 4, -7]이라면 가장 먼저 나타난 음수인 -5 값을 찾아 max의 초깃값으로 사용하는 것입니다. 최초의 음수값을 찾는 [코드 11−18]을 참고하기 바랍니다.

[코드 11–18]
최초의 음수값을 찾는
코드 ①

In [19]:
```
1 a=[10, -5, 9, -3, -11, 8, 5, 4, 7, -7]
```

In [20]:
```
1 first = None
2
3 for k in range(len(a)):
4     if a[k]<0:
5         first=a[k]
6         break
7 print('The first negative number :', first)
```

```
The first negative number : -5
```

a 리스트의 각 데이터에 대해(3행), 만약에 음수이면(4행) 그 값을 first 값으로 두고(5행) 전체 루프를 break합니다(6행). 그런데 여기서 한 가지 유의해야 하는 것은 리스트에 음수값이 전혀 없는 경우입니다. 그런 경우에는 5행의 first=a[k] 문장이 한 번도 실행되지 않게 됩니다. 당연히 first 변수에는 아무런 값도 저장되지 않겠습니다. 그런 의미를 명시적으로 나타내어줄 필요가 있습니다. 1행에서의 first=None이 그에 해당합니다.

None은 하나의 값입니다. 어떤 변수에 None 값을 할당하면, 그 변수에는 현재 아무런 값도 할당되어 있지 않다는 의미가 됩니다. 1행에서 first 변수에 None 값이 할당되었습니다. 만약에 리스트에 음수값이 하나라도 있으면, 3~6행에서 first 변숫값이 최초의 음수값으로 바뀝니다. 하지만 리스트에 음수가 하나도 없으면, first 변수는 여전히 None 값으로 남아 있게 됩니다.

[코드 11-18]의 In [20]을 실행해서 first 값을 구한 후에 만약 first 값이 여전히 None이면 max 값으로 구할 음수값이 없으므로 그냥 프로그램을 종료하면 되고, 그렇지 않으면 first 값을 max 변수의 초깃값으로 사용해서 최댓값 알고리즘이 작동하도록 만들면 되겠습니다. 이 의미를 그대로 살려서 코드를 만들어 보면 [코드 11-19]와 같습니다([코드 11-18]과 연결된 코드입니다).

[코드 11-19]
음수값 중에 최댓값을 찾는 코드

In [21]:
```
if first==None:
    print('The list has no negative item')
else:
    max=first
    for k in range(1, len(a)):
        if a[k]<0:
            if max<a[k]:
                max=a[k]
    print('max=', max)
```

```
max= -3
```

만들어보겠습니다 [코드 11-19]의 In [21]에서 조금 아쉬운 점은 음수의 최댓값을 구하는 코드(In [19])에서 최초의 음수 앞에 있던 리스트 항목에 대해서 한 번 더 방문하게 되는 부분입니다. 이 값은 어차피 양숫값이므로 관심을 둘 필요가 없습니다. 코드의 실행 속도에 좋지 않은 영향이 있겠습니다. In [20]의 코드에서 이 값을 다시 방문하지 않도록 하려면 어떻게 하면 좋을까요? 이 부분을 개선할 수 있는 코드를 한 번 고민해보기 바랍니다.

최초 음수값의 인덱스를 기억하고 있다가, 해당 값을 In [21]에서 for문의 start 값으로 사용하는 것이 힌트입니다.

11장을 정리하겠습니다

11장에서는 최댓값 알고리즘을 중심으로, 코딩하면서 부딪히게 되는 몇몇 상황을 함께 다루어 보았습니다. 최댓값 알고리즘은 사실 몇 줄 되지 않는 간단한 알고리즘이지만 그 활용도는 매우 높습니다. 1장에서 대표적인 문제해결 접근방법으로 분할과 정복을 소개했었는데, 아무리 복잡한 알고리즘도 결국 (최댓값 알고리즘처럼) 조그맣고 단순한 알고리즘의 조합으로 만들어 낼 수 있습니다. 다음 장에서 계속되는 알고리즘 연습에서는 합을 구하는 알고리즘과 개수를 세는 알고리즘을 중심으로 문제를 다루어 보겠습니다. 계속 파이팅하기 바랍니다.

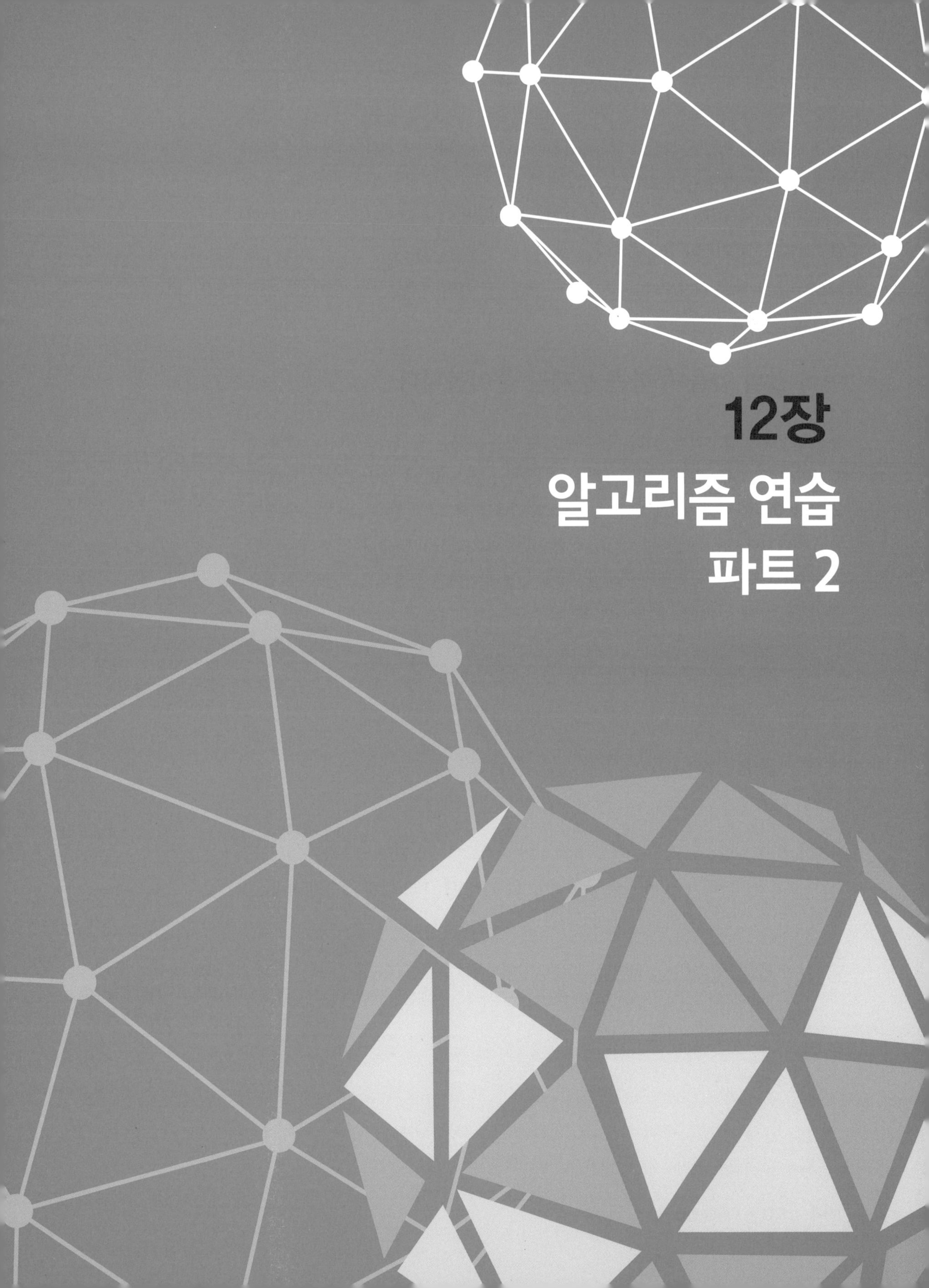

12장

알고리즘 연습 파트 2

12장에서는 리스트 항목의 합을 구하는 알고리즘과 데이터의 개수를 세는 알고리즘을 알아봅니다. 아무리 복잡한 알고리즘도 나누고 나누다 보면(분할) 내게 아주 익숙한 조그만 문제가 됩니다(정복). 그 조그만 문제의 대표적인 형태가 최댓값, 합, 개수 문제입니다. 이 알고리즘들을 제대로 이해하고 조금만 응용할 수 있는 힘을 기르면 알고리즘은 "끝"이라고 할 만합니다.

여러 값의 합을 구하는 문제를 풀어봅니다

활용도가 높은 알고리즘 중 하나는 데이터의 합을 구하는 알고리즘입니다. 만약 세 개 변수 a, b, c의 합을 구하고자 하는 경우에는, [코드 12-1]의 In [2]에서처럼 합을 구할 수 있습니다. 세 개 변수 a, b, c의 값을 더하고, 그 값을 sum 변수에 할당하고 있습니다. In [1]에서는 a, b, c 변숫값을 초기화하고 있습니다. 우리가 써왔던 a=10; b=15; c=8 형태의 어사인먼트를 이렇게 하나의 문장으로 표현할 수 있습니다(개인적으로 선호하는 문법은 아닌데, 쓰고 보니 나쁘지 않은 것 같습니다).

```
In [1]:  a, b, c = 10, 15, 8

In [2]:  sum=a+b+c

In [3]:  print('sum=', sum)
         sum= 33
```

[코드 12-1]
변수 a, b, c의 합을 구하는 코드

하지만 좀 더 일반적인 경우는 더해야 할 값이 리스트에 저장되어 있는 경우입니다. 당연히 [코드 12-2]의 In [4]처럼 구할 수는 없겠습니다. 데이터의 개수에 따라 쉽게 확장할 수 있는 형태의 코드가 아닙니다.

```
In [4]:  a=[3, 1, 6, 2, 8, 4]
         sum=a[0]+a[1]+a[2]+a[3]+a[4]+a[5]

In [5]:  print('sum=', sum)
         sum= 24
```

[코드 12-2]
리스트 항목의 합을 잘못 구하고 있는 코드의 예

그럼, 리스트에 저장되어 있는 '여러' 데이터의 합을 어떻게 하면 구할 수 있을까요? 잠시 생각해봅시다. 여기 여러 개의 컵에 물이 담겨 있습니다. 각 컵에 담겨 있는 물의 부피는 서로 다릅니다. 여기 있는 물의 양을 모두 더하려고 합니다. 어떻게 하면 될까요? 여러 방법이 가능하겠지만, 가장 쉬운 방법은 눈금이 있는 빈 비커^beaker^를 하나 준비하고, 각 컵의 물을 차례대로 비커에 쏟아 부은 후, 비커의 눈금을 읽으면 되겠습니다.

이 방법을 우리 문제에 한 번 적용하겠습니다. n개의 컵이 있습니다. 우리는 그 컵을 a[0], a[1], a[2], …, a[n-1]이라는 변수명으로 부릅니다. 각 변수에는 (물의 양에 해당하는) 임의의 값이 저장되어 있습니다. 먼저 비어있는 비커를 하나 준비합니다. 비커의 이름은 sum으로 하고, 처음에는 비어 있어야 하니 sum=0으로 초기화하겠습니다. 그다음 컵에 담겨있는 물을 차례대로 붓게 되는데, sum의 값은 0에서 (a[0]을 합한 후에는) 0+a[0]로, 그다음에 (a[1]을 합한 후에는) 0+a[0]+a[1]로, (그다음에 a[2]를 합한 후에는) 0+a[0]+a[1]+a[2]로, 차례대로 바뀌게 됩니다.

이 과정을 조금 일반화해보겠습니다. 현재 a[0]부터 a[k-1]까지의 항목값이 더해져 있는 sum에 추가로 a[k] 값을 더하게 되면, 그렇게 해서 만들어지는 값은 sum+a[k]가 됩니다. 이 값을 다시 원래의 sum 변수에 할당합니다(sum 변수가 비커를 가리킨다는 것을 혼동하면 안 됩니다. 이 부분이 핵심입니다). 그래서 결국 sum=sum+a[k], k=0, 1, 2, …의 명령문이 순차적으로 실행되는 형태가 됩니다. [그림 12-1]은 k=2인 경우를 나타내고 있습니다. 현재 sum에는 a[0]과 a[1]이 합해진 15가 저장되어 있고, 이제 sum=sum+a[2] 명령문을 실행하려고 합니다. 그러면 우선 우변의 sum+a[2]가 연산되어 25라는 값이 만들어지고, 이 값을 다시 sum에 할당하게 되는데, 이제 sum은 a[0], a[1], a[2]를 더한 값인 25를 가리키게 됩니다.

[그림 12-1]
sum=sum+a[k]의 의의

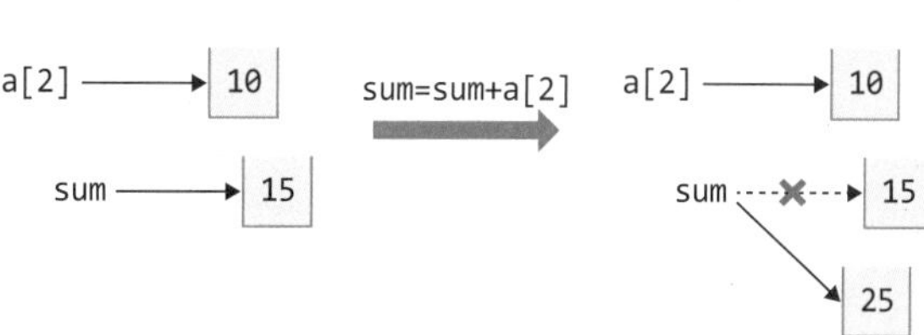

사실 sum=sum+a[k] 명령문이 금세 와 닿는 문법은 아닙니다. 중요한 문장이니 조금 더 살펴보겠습니다. 우리가 9장에서 살펴본 x=x+1 문장과 똑같은 형태입니다. 물론, 의미도 같습니다. 모든 어사인먼트 문장은 반드시 "변수=값"의 형태가 되어야 합니다. 먼저, 가장 단순한 형태는 sum=10 명령문처럼 "변수=값"으로 만들어진 전형적인 어사인먼트 문장입니다. 우변의 값을 메모리 공간에 저장한 후, 그 값의 위치(주소)를 좌변의 sum 변수가 가리키도록 합니다. [그림 12-2]를 참고하기 바랍니다.

[그림 12-2] sum=10의 이미지

다음으로 조금 복잡해 보이는 sum=x라는 문장을 살펴보겠습니다. 우변의 값("x가 가리키는 값", 줄여서 "x 값"이라고 읽으면 됩니다)을 sum 변수가 가리키도록 합니다. 그럼 결국 sum도 x와 같은 값을 가리키게 되고, 만약 sum 값을 참조하게 되면 x 변숫값과 같은 값을 나타내게 됩니다. 예를 들어, x가 10이고 sum=x가 실행된 상태라면 [그림 12-3]과 같은 이미지를 연상하면 좋겠습니다.

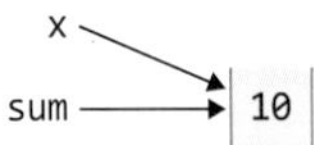

[그림 12-3] sum=x의 이미지

자, 그럼 sum=sum+x는 어떻게 동작하는 걸까요? 일단 우리말로 옮기면, "sum 변수에 저장하라. (무엇을?) 우변의 값을"입니다. 그런데 현재 우변의 값은 아직 결정되지 않았습니다. 그래서 sum+x 연산이 먼저 실행됩니다. 예를 들어, 현재 x 값이 10이고 sum 값은 15라면 우변의 덧셈 연산의 결과로 새로운 값, 25가 만들어집니다. 그 값을 sum 변수에게 할당하게 됩니다. 여태까지 값 15를 가리키는 변수로 사용되던 sum이 이제부터는 새로운 값 25를 가리키는 변수로 사용되도록 바뀌었습니다. 아래의 [그림 12-4]를 참고하기 바랍니다. 우리가 고민하고 있는 코드인 sum=sum+a[k]도 이와 마찬가지입니다.

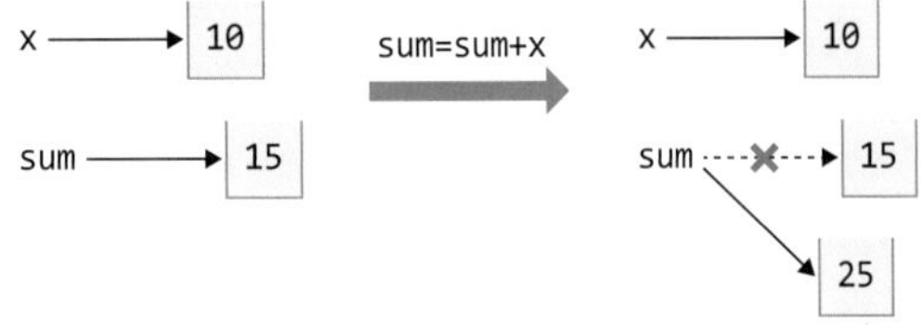

[그림 12-4] sum=sum+x의 동작

[3, 1, 6, 2] 리스트 데이터에 대해, 실제로 우리가 구하려고 하는 sum=sum+a[k], k=0, 1, 2, …를 파이썬 코드로 옮겨보면 [코드 12-3]과 같습니다.

[코드 12-3] sum=sum+a[k], k=0, 1, 2, 3을 구현한 코드

In [6]:
```
1 a=[3, 1, 6, 2]
2 sum=0
3 sum=sum+a[0]
4 sum=sum+a[1]
5 sum=sum+a[2]
6 sum=sum+a[3]
```

3행에서 sum=sum+a[0]은 sum=0+3으로 계산되어 sum 값은 3이 됩니다. 4행에서 sum=sum+a[1]은 sum=3+1로 계산되어 sum 값은 4로 바뀝니다. 5행에서 sum=sum+a[2]는 sum=4+6으로 계산되어 sum 값은 10이 됩니다. 마지막으로, 6행에서의 sum=sum+a[3]은 sum=10+2로 계산되어 sum 값은 12가 됩니다. 이해를 돕기 위해 이 과정을 그림으로 나타내보면 [그림 12-5]와 같습니다. 마지막에 결국 sum=0+a[0]+a[1]+a[2]+a[3]이 되는 것을 확인하기 바랍니다.

[그림 12-5] [코드 12-3]을 표현한 플로우차트

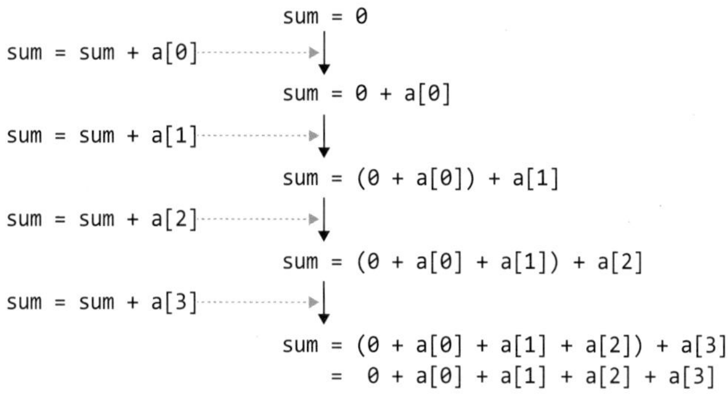

```
                                sum = 0
sum = sum + a[0] ·············▶ ↓
                                sum = 0 + a[0]
sum = sum + a[1] ·············▶ ↓
                                sum = (0 + a[0]) + a[1]
sum = sum + a[2] ·············▶ ↓
                                sum = (0 + a[0] + a[1]) + a[2]
sum = sum + a[3] ·············▶ ↓
                                sum = (0 + a[0] + a[1] + a[2]) + a[3]
                                    =  0 + a[0] + a[1] + a[2] + a[3]
```

[코드 12-3]을 다시 가져오겠습니다. 혹시, 반복이 보이나요? 반복이 보여야 합니다!! '비슷한' 코드가 반복되고 있습니다. '똑같은' 코드가 반복되면 그것은 '중복'이라고 불러야겠습니다(어떤 경우이든, 중복은 항상 나쁩니다).

[코드 12-4] 비슷한 코드가 반복되고 있음

In [7]:
```
sum=0
```

In [8]:
```
sum=sum+a[0]
sum=sum+a[1]
sum=sum+a[2]
sum=sum+a[3]
```

네, 반복이 보입니다. In [7]에서 sum을 0으로 초기화한 후에 In [8]에서 sum=sum+a[k] 문장이 k=0, 1, 2, 3에 대해 반복되고 있습니다. 이를 for문으로 바꾸어 보면, 아래처럼 세상 간단한 코드가 됩니다. 단순하지만 정말 중요한 코드입니다(이해하고 바로 외워두기 바랍니다).

[코드 12-5]
[코드 12-4]를 for문으로 바꾼 코드

```
In [9]:  sum=0
         for k in range(len(a)):
             sum=sum+a[k]
```

실제로 코딩을 하고, [코드 12-6]에서 보는 것처럼, 입력값을 주는 부분(a 리스트의 선언)과 출력값을 확인하는 부분(print()문)을 추가하여 결과를 확인해보기 바랍니다.

[코드 12-6]
[코드 12-5]에서 입력값과 출력값을 추가한 코드

```
In [10]: a=[3, 1, 6, 2]

In [11]: sum=0
         for k in range(len(a)):
             sum=sum+a[k]

In [12]: print(sum)

         12
```

우리가 최댓값을 구하면서 내장함수 max()를 살펴보았었는데, 합을 구하는 내장함수도 제공되고 있습니다. 함수명은 sum()입니다. 11장에서의 max() 함수의 경우를 참고하여 sum() 함수도 한 번 실행해보기 바랍니다. 앞서 살펴본 알고리즘을 바탕으로 몇 가지 응용을 다루겠습니다.

응용 1: 양수값만의 합을 구합니다

만약에 양수와 음수가 섞여 있는 리스트에서 양수만의 합을 구하려고 한다면 어떻게 해야 할까요? 앞서 보았던 코드를 기준으로 한 번 생각해보기 바랍니다. 리스트의 모든 값을 더하는 것이 아니라, "양수인 경우에만" 더하도록 수정하면 되겠습니다. [코드 12-7]을 참고하기 바랍니다. 4행에서 k번째 항목이 양수값인지를 체크하는 if문이 추가된 것을 제외하고는 앞서 봤던 코드와 똑같습니다.

[코드 12-7]
양수와 음수가 섞인
리스트에서 양수값만의
합을 구하는 코드

In [13]:

```
a=[1, 3, 6, -2, -4, 9, 2, -7]
sum=0
for k in range(len(a)):
    if a[k]>0:
        sum=sum+a[k]
print('Sum of positive values :', sum)
```

```
Sum of positive values : 21
```

[코드 12-7]의 응용으로 다음의 연습문제를 한 번 풀어보기 바랍니다.

연습문제

12-1 [코드 12-7]의 리스트 데이터 중에서 음수값만의 합을 구해보기 바랍니다.

12-2 [코드 12-7]의 리스트 데이터 중에서 -5보다 크고 5보다 작은 값의 합을 구해보기 바랍니다.

응용 2: 멱승을 구합니다

2의 3승(2^3)처럼 어떤 수를 여러 번 곱해서 구하는 거듭제곱 값(power, 멱승)을 계산하는 코드를 만들겠습니다. 합을 구하는 알고리즘과 아주 유사합니다. 만약에 2를 3번 더하는 문제라면, `sum=0+2+2+2`가 됩니다. 만약에 2를 3번 곱하는 문제라면, `power=1×2×2×2`로 구할 수 있겠습니다. `power` 변수의 초깃값으로 (덧셈의 항등원인) 0이 아니라 (곱셈의 항등원인) 1을 사용하는 것에 주의하기 바랍니다.

[코드 12-8]
2를 3번 곱한 값을
구하는 코드

In [14]:

```
base=2
exp=3  # exponent

power=1
for k in range(exp):
    power=power*base
print(base, 'to the power of', exp, '=', power)
```

```
2 to the power of 3 = 8
```

참고로 파이썬의 내장함수 중에 거듭제곱을 구하는 `pow()` 함수가 있습니다. 셀에서 `pow?` 명령어로 그 명세(스펙)를 확인해보기 바랍니다.

```
Signature: pow(base, exp, mod=None)
Docstring:
Equivalent to base**exp with 2 arguments or base**exp% mod with 3 arguments

Some types, such as ints, are able to use a more efficient algorithm when
invoked using the three argument form.
Type: builtin_function_or_method
```

[코드 12-9]
pow() 함수의 명세

[코드 12-10]은 pow() 함수를 이용해서 2의 3승을 구하는 예를 보이고 있습니다.

```
In [15]:  pow(2, 3)
Out[15]:  8
```

[코드 12-10]
pow() 함수로 구하는 2의 3승

연습문제 12-3

어떤 임의의 값을 input() 함수로 입력받은 후에 그 값의 팩토리얼(factorial, ! 기호로 표시합니다)을 구하는 코드를 만들어 봅니다. 예를 들어, 5!=5×4×3×2×1로 구해집니다. 일반화하면, n!=n×(n−1)×(n−2)×⋯×2×1입니다(아래의 실행 예를 참고하기 바랍니다).

```
Enter a number: 5
5!=120

Enter a number: 12
12!=479001600
```

응용 3: 평균값과 분산값을 구합니다

리스트에 저장된 값의 평균과 분산을 구하는 문제를 살펴보겠습니다. 평균은 어떤 값의 합을 그 값의 개수로 나누어서 구합니다. 그래서 평균을 구하려면 먼저 합부터 구해야 합니다. [코드 12-11]에서 3~5행은 합을 구하는 코드입니다. 연습삼아 이번에는 for each문을 사용했습니다. 3~5행에서 합(sum 값)이 구해지면, 6행에서 평균(mean 값)을 sum/len(a)로 구합니다. 합을 구하는 알고리즘에 익숙하다면 문제될 것이 전혀 없는 코드입니다.

[코드 12-11]
리스트에 저장된 값의 평균을 구하는 코드

In [16]:
```
a=[3, 5, 6, 3, 4, 2, 7]

sum=0
for x in a:
    sum=sum+x
mean=sum/len(a)
print('sum=', sum, 'mean=', mean)
```

```
sum= 30 mean= 4.285714285714286
```

한 가지 언급하고 싶은 부분은 소수를 출력할 때의 유효숫자 문제입니다. [코드 12-11]의 결과를 보면, mean 값을 출력하는 데 소수점 아래 15자리가 나타나고 있습니다. 유효숫자의 개수를 적게 표시하면 좋을 것 같습니다. 이럴 때 유용한 내장함수로 반올림 값을 계산해주는 round()가 있습니다. round() 함수의 명세를 보면 [코드 12-12]와 같습니다.

셀에서 round?를 실행하세요. 또는 help(round) 하면 됩니다.

[코드 12-12]
round() 함수의 명세

```
Signature: round(number, ndigits=None)
Docstring:
Round a number to a given precision in decimal digits.

The return value is an integer if ndigits is omitted or None. Otherwise
the return value has the same type as the number. ndigits may be negative.
Type: built in function_or_method
```

round() 함수는 인자가 두 개입니다. 첫 번째 인자인 number는 우리가 반올림할 값이고, 두 번째 인자인 ndigits는 유효숫자의 개수입니다. round() 함수를 실행하는 예를 들어 보면 [코드 12-13]과 같습니다.

[코드 12-13]
round() 함수 실행

```
In [17]: round(3.1415926535, 2)
Out[17]: 3.14

In [18]: round(3.1415926535, 4)
Out[18]: 3.1416
```

round() 함수를 사용해서 코드를 조금 수정해 보았습니다.

In [19]:

```
1 a=[3, 5, 6, 3, 4, 2, 7]
2
3 sum=0
4 for x in a:
5     sum=sum+x
6
7 mean=sum/len(a)
8 print('sum=', sum, 'mean=', round(mean, 2))
```

```
sum= 30 mean= 4.29
```

[코드 12-14]
[코드 12-13]에 round() 함수를 추가한 코드

여기서 잠깐!!

코딩 팁

[코드 12-14]에서 코드 중간 중간에 한 줄씩 띄웠더니 코드를 읽기가 훨씬 좋은 것 같습니다(2행과 6행에서). 코드의 가독성을 높이는 수단으로 한 줄 띄우기가 아주 유용합니다. 코딩할 때 단락과 단락을 나누는 기분으로 코드 중간 중간에 한 줄 띄우기를 해보기 바랍니다.

분산(variance)은 공식이 조금 복잡합니다. 그래도 기본 골격은 평균값을 구하는 것입니다. 각 데이터와 평균값의 차이를 제곱한 값을 데이터의 개수로 나누어서 구합니다. 예를 들어, 데이터의 평균값을 m이라고 하면, 앞서 문제의 경우 분산값은 $(3-m)^2+(5-m)^2+(6-m)^2+(3-m)^2+(4-m)^2+(2-m)^2+(7-m)^2$을 `len(a)`로 나눈 값이 됩니다. [코드 12-15]를 참조하기 바랍니다. 참고로 평균은 어떤 값들이 "어느 값을 중심으로 퍼져 있는지"를 나타내는 지표가 되고, 분산은 "평균값을 중심으로 얼마나 넓게 퍼져 있는지"를 나타내는 지표로 사용되는 값입니다.

분산을 구할 때 분모를 데이터의 개수 n으로 하는 경우도 있고 m-1로 해야 하는 경우도 있습니다. 그 차이에 대해서는 26장에서 다루고 있으니 참고하기 바랍니다. 여기서는 편의상 n을 분모로 사용합니다.

In [20]:

```
a=[3, 5, 6, 3, 4, 2, 7]

sum=0
for x in a:
    sum=sum+x
mean=sum/len(a)

sum=0
for x in a:
    sum=sum+(x-mean)*(x-mean)
variance=sum/len(a)

print('mean=', round(mean, 2),
      'variance=', round(variance, 2))
```

```
mean= 4.29 variance= 2.78
```

[코드 12-15]
분산값을 구하는 코드

분산과 연관된 값으로 표준편차(Standard Deviation)가 있습니다. 표준편차는 분산의 제곱근(Square Root)으로 구합니다. 파이썬에서는 제곱근과 같은 수학 함수들을 "묶어서" math라는 이름의 표준 모듈module로 제공하고 있습니다. 표준 모듈은 파이썬과 함께 설치되기 때문에 따로 설치할 필요는 없습니다. 그래서 import문을 이용해서, 말 그대로 math를 (주피터 노트북 안으로) 들여오면 math에 포함되어 있는 여러 수학 함수를 바로 사용할 수 있습니다. 먼저, 다음 명령문을 실행합니다.

import문에 대해서는 나중에 '18장'과 '23장'에서 모듈과 패키지를 다룰 때 자세히 살펴보겠습니다.

[코드 12-16]
math 모듈의 임포트

```
In [21]:  import math
```

그러면 math 모듈을 주피터 노트북으로 들여와서 사용할 수 있게 됩니다. dir(math) 명령어를 통해 math 모듈에 포함되어 있는 여러 수학 함수들을 살펴보기 바랍니다. 유용한 수학 함수가 많습니다. 몇 가지 함수는 다음에 따로 소개할 기회가 있겠습니다.

[코드 12-17]
math 모듈에 포함된 수학 함수들

```
In [22]:  print(dir(math))

          ['__doc__', '__loader__', '__name__', '__package__', '__spec__',
          'acos', 'acosh', 'asin', 'asinh', 'atan', 'atan2', 'atanh', 'ceil',
          'comb', 'copysign', 'cos', 'cosh', 'degrees', 'dist', 'e', 'erf',
          'erfc', 'exp', 'expm1', 'fabs', 'factorial', 'floor', 'fmod', 'frexp',
          'fsum', 'gamma', 'gcd', 'hypot', 'inf', 'isclose', 'isfinite', 'isinf',
          'isnan', 'isqrt', 'lcm', 'ldexp', 'lgamma', 'log', 'log10', 'log1p',
          'log2', 'modf', 'nan', 'nextafter', 'perm', 'pi', 'pow', 'prod',
          'radians', 'remainder', 'sin', 'sinh', 'sqrt', 'tan', 'tanh', 'tau',
          'trunc', 'ulp']
```

이 중에서 제곱근을 구해주는 함수(연산)의 이름은 sqrt()입니다(sqrt는 square root의 줄임말입니다). math.sqrt?로 sqrt() 함수의 독스트링을 확인하겠습니다. math.sqrt란 math에 포함되어 있는 sqrt() 함수를 의미합니다. math와 sqrt 사이에 있는 닷(.)은 포함관계를 나타냅니다.

[코드 12-18]
sqrt() 함수의 독스트링

```
Signature: math.sqrt(x, /)
Docstring: Return the square root of x.
Type:      built in function_or_method
```

math.sqrt() 함수는 [코드 12-19]와 같이 사용합니다. 5의 제곱근을 구하고 있습니다.

```
In [23]: math.sqrt(5)
Out[23]: 2.23606797749979
```

[코드 12-19]
5의 제곱근을 구하는 math.sqrt() 함수

앞서 구했던 분산값의 표준편차를 구했습니다.

```
In [24]: std_dev=math.sqrt(variance)
         print('std. dev=', round(std_dev, 2))

         std. dev= 1.67
```

[코드 12-20]
[코드 12-19]의 분산값에 대한 표준편차

여기서 잠깐!!

언더스코어의 적절한 사용

파이썬에서 변수, 함수 또는 객체의 이름을 만드는 데 언더스코어(_)는 매우 유용하게 사용됩니다. 알파벳, 숫자 외에 파이썬에서 이름을 만드는 데 사용할 수 있는 특수문자는 언더스코어가 유일합니다. 그 용도가 짐작되는 부분입니다. 앞서 표준편차를 나타내는 변수명으로 std(←standard)와 dev(←deviation)를 조합해서 std_dev라는 변수명을 사용했습니다. stddev, stdDev도 좋지만, std_dev와 같이 중간에 언더스코어를 사용한 형태가 일반적으로 많이 사용되고 있습니다. 참고로 StdDev와 같이 첫 글자가 대문자인 이름은 변수명이나 함수명으로 사용하지 않습니다. 아직 공부하기 전이지만 클래스(Class)의 이름만 첫 글자를 대문자로 합니다. 그렇게 하지 않는다고 에러가 발생하지는 않습니다. 하지만 꼭 지켜야 할 전통이라고 생각하면 좋겠습니다. 그 이름이 가리키는 대상을 연상할 수 있도록 변수명을 의미있게 작명하는 것은 매우 중요합니다. 그러고 보니, 리스트 데이터는 끝없이 a로만 불리고 있네요. 특별한 의미를 담은 데이터가 아니라 임의로 만든 데이터라는 뜻으로 a라는 이름을 사용하고 있습니다. 당분간은 계속 a라고 부를 것 같습니다.

연습문제 12-4

1에서 9까지의 제곱근을 구해서 다음 결과를 출력해보기 바랍니다.

```
1    1.0
2    1.4142
3    1.7321
4    2.0
5    2.2361
6    2.4495
7    2.6458
8    2.8284
9    3.0
```

연습문제 12-5

반지름이 5인 원의 둘레와 넓이를 구해보기 바랍니다.

```
Area=78.54
Circum=31.42
```

힌트 원주율 값은 math.pi를 사용해보기 바랍니다.

데이터 개수를 카운트합니다

12장에서 다루는 두 번째 알고리즘은 카운트[count]입니다. 예를 들어, 어떤 리스 a=[1, 2, 3, 4, 1, 2, 3, 1, 2, 1]에 1 값이 몇 개나 포함되어 있는지 알고 싶은 경우입니다. a 리스트에는 1값이 4번 나타나고 있습니다. [코드 12-21]을 참고하기 바랍니다.

[코드 12-21]
1 값을 세는 카운트 코드

In [25]:

```
1 a=[1, 2, 3, 4, 1, 2, 3, 1, 2, 1]
2
3 cnt=0
4 for x in a:
5     if x==1:
6         cnt=cnt+1
7
8 print('frequency of 1:', cnt)
```

```
frequency of 1: 4
```

개수의 값을 가리키는 변수가 하나 필요합니다. [코드 12-21]에서는 카운트(count)라는 뜻으로 cnt라는 이름을 사용하고 있습니다. 3행에서 카운트 변수(cnt)가 0으로 초기화되었습니다. 그리고 리스트에 포함된 모든 항목에 대해 조건에 맞는 데이터가 발견될 때마다, 즉 [코드 12-21]의 경우에는 1 값이 발견될 때마다(5행 참조), cnt 값이 1씩 증가하도록 만들어져 있습니다(6행 참조). 4~6행의 for 루프를 빠져나온 다음에 cnt 변숫값을 참조하면 1 값의 개수를 확인할 수 있습니다.

연습문제

12-6 리스트 a=[3, 6, 2, −3, −5, 1, −7, 4]에서 양숫값의 개수를 셉니다.

12-7 리스트 a=[3, 6, 2, −3, −5, 1, −7, 4]에서 음숫값의 개수를 구합니다.

프로그램 실행은 변수 할당의 연속입니다

어쩌면 너무 당연한 얘기지만, 코딩의 가장 핵심에 변수 할당(assignment)이 있습니다. 파이썬 코드의 실행을 통해 변수에 값이 할당되는데, 이러한 과정이 프로그램 실행 중에 계속 반복해서 이루어집니다. [코드 12−22]는 5줄로 만들어진 코드입니다.

```
In [26]:
1  a=[3, 6, 2]
2  sum=0
3  for k in range(len(a)):
4      sum=sum+a[k]
5  print(sum)

11
```

[코드 12−22]
5줄로 이루어진 코드

1행에서 [3, 6, 2] 리스트 데이터가 a 변수에 할당되었고, 2행에서 sum에 0 값이 할당되었습니다. 3행에서 처음으로 for 반복이 이루어지면서, iterator 변수인 k에 0 값이 할당되고, 그에 따라 4행에서 0+a[0]을 계산하여 sum 변수에 3이 할당됩니다. 다음으로 for 반복이 이루어지면서 다시 3행에서 k 값이 1로 할당되고 그에 따라 4행에서 sum 변수에 9가 할당됩니다.

이러한 변수 할당이 코드 안에서 계속해서 이루어집니다. 이해를 돕기 위해 이 과정을 그림으로 나타내 보았습니다. 우리가 만든 코드는 결국 a=[3, 6, 2], sum=0으로 변숫값이 할당된 상태(이를 초기상태(Initial State)라고 부릅니다)에서 a=[3, 6, 2], sum=11(이를 최종상태(Final State)라고 부릅니다)로 변화시키는 과정(절차)에 해당합니다.

[그림 12-6] [코드 12-22]의 변수 할당 과정

행번호	[1]	[2]	[3]	[4]	[3]	[4]	[3]	[4]	[5]
a	[3, 6, 2]								[3, 6, 2]
k	–	–	0	0	1	1	2	2	2
sum	–	0	0	3	3	9	9	11	11

알고리즘은 결국 초기상태(주어진 데이터)와 최종상태(우리가 만들어야 하는 값)가 주어진 상황에서, 초기상태를 최종상태로 변화시키는 과정을 만들어 내는 것이라고 볼 수 있겠습니다. 11장에서 코딩은 최단경로를 찾는 문제와 비슷하다고 얘기했었는데, 어떤가요? 그래 보이지 않나요?

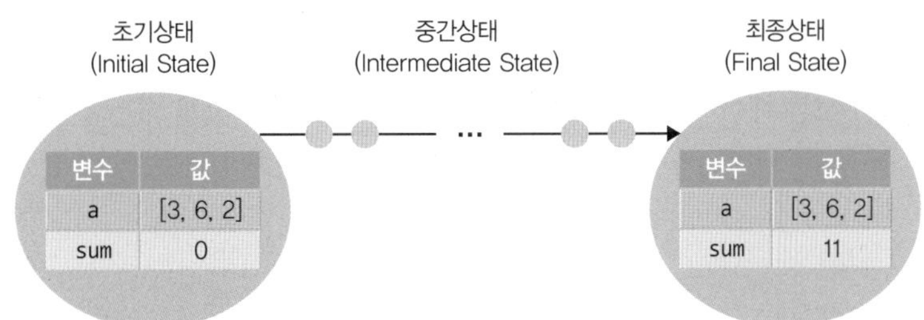

[그림 12-7] 변수의 초기상태를 최종상태로 변화시키는 프로그램

그런데 초기상태를 x라고 하고, 최종상태를 y라고 두면 결국 우리가 찾는 답은 x를 y로 바꾸어주는 과정 f:x→y가 됩니다. 이를 y=f(x)라고도 쓰는데, 우리가 중학교 때부터 열심히 공부했던 바로 그 '함수'입니다. 알고리즘은 결국 함수와 닿아 있습니다. 알고리즘을 끝낸 다음에 함수를 공부하게 되는 이유입니다. 함수를 다룰 때 구체적으로 살펴보겠습니다.

여기서 잠깐!!

스스로 인터프리터가 되자

추천하건대, 여러분 스스로가 파이썬 인터프리터가 되어 코드를 한 줄씩 꼼꼼히(Line by Line) 따라가 보기 바랍니다(우리가 공부했던 컨트롤 토큰을 눈으로, 그리고 손으로 흘려(flow)보기 바랍니다). 한 행의 코드가 실행되면 변숫값에 어떤 변화가 생기는지를 연필로 적어보면서 코드의 실행과정을 따라가 보기 바랍니다. 우리 머리가 컴퓨터 CPU(중앙처리장치)인 셈입니다. 연산에 필요한 메모를 위해 사용하는 종이와 연필은 컴퓨터 메모리쯤 되겠습니다. 항상 머릿속으로 먼저 실행해보고, 그래서 어떤 값이 나와야 하는지 '기대(expectation)'를 가지고, 실제로 파이썬에서 똑같은 결과가 '관측(observation)'되는지를 확인해보기 바랍니다.

그런데 알고리즘을 공부하다 보니 어떤 패턴이 보이는 것 같지 않습니까?

코딩을 공부하다 보면 아주 전형적인 패턴을 하나 만나게 되는데, 그것은 리스트와 for가 결합된 형태입니다. 간혹 "Coding=List+for"라는 (말이 될까 싶은) 등식을 하나 칠판에 써두고 수업을 진행하기도 하는데, 실제로 List+for를 잘 활용하면 코딩은 의외로 복잡하지 않습니다. 정말 그런지 잠깐 살펴보겠습니다.

우리가 실제로 다루게 되는 문제는 많은 데이터를 처리합니다. 여러 데이터를 가장 효과적으로 저장할 수 있는 데이터구조인 리스트list를 활용하게 됩니다. 그런데 우리가 여러 데이터를 처리할 때에는, 각 데이터에 대해 어떤 연산을 반복해서 적용하게 되어 있습니다. 이를 위해 for 루프가 필요합니다. for 구조를 활용함으로써 리스트에 저장되어 있는 모든 데이터를 방문해서 어떤 연산을 적용할 수 있게 되는 것입니다. 그래서 [코드 12-23]의 구조가 가장 기본적인 패턴이 됩니다.

```
In [27]:  for x in a:
              print(x)
```

[코드 12-23] 가장 기본적인 패턴의 코드 구조

이 코드에서 for문의 헤더를 우리말로 해석해보면, "a 리스트에 저장되어 있는 각각의 데이터 x에 대하여"라는 의미가 됩니다. 결국 for 헤더의 콜론(:) 뒤에는 "그 데이터 x를 어떻게 처리하는지"에 대한 명령문(들)이 따라오도록 만들어집니다. 이와 똑같은 역할을 하지만 인덱스를 사용하는 경우는 [코드 12-24]와 같은 형태가 됩니다. 이 책에서 주로 사용하는 형태입니다.

```
In [28]:  for k in range(len(a)):
              print(a[k])
```

[코드 12-24] 인덱스를 사용하는 패턴의 코드 구조

여기서 조금만 더 가면, "리스트의 항목 중에서 (이러이러한) 조건을 만족하는 데이터에 대해서만" 연산을 적용하는 형태가 나옵니다. 리스트와 for가 묶여있는 큰 틀 안에 '조건의 if'가 포함되는 형태가 됩니다. [코드 12-25]와 같은 구조를 생각해 볼 수 있겠습니다.

```
In [29]:  for x in a:
              if x>0:
                  print(x)
```

[코드 12-25] 큰 틀 안에 '조건의 if'가 포함되는 형태의 코드

사실 이 간단한 코드에 모든 것이 다 들어가 있다고 해도 과언이 아닙니다. 리스트 데이터구조가 있고, 각 데이터를 반복해서 참조하기 위한 for가 있고, 필요한 데이터를 선별하기 위한 if가 있습니다. 실제로 그러한지 이제까지 공부했던 코드를 유심히 살펴보기 바랍니다. 앞으로 공부할 코드도 마찬가지입니다. 이런 큰 틀에서 벗어나는 형태는 없다고 보아도 무방합니다. 그리고 또 하나! 이 큰 틀 안에서 수행되는 모든 명령문은 "데이터를 변수에 할당하는" 어사인먼트 문장이 됩니다. 결국, 리스트, for, if, 그리고 변수 할당만 이해하면 사실 못 만들 것이 없습니다. 이미 모두 공부한 내용입니다. 코딩이 이렇게 단순해도 괜찮은 걸까요?

앞으로 우리가 공부할 내용으로는 '함수'와 '객체'가 있습니다. 하지만 이 기술들은 코딩 기술이 아닙니다. 코드를 디자인하고 재단하고 구성하는 기술입니다. 코드가 어느 정도 커지게 되면 당연히 고민하게 되는 부분입니다.

12장을 정리하겠습니다

코딩에 능숙하게 되는 데 무슨 특별한 방법이 있는 것은 아닙니다. 그냥 코딩이 재밌고 좋으면, 코딩을 잘할 수 있는 천부적인 재능을 갖춘 것과 진배없습니다. 물론, 처음부터 코딩이 재밌는 사람은 없습니다. 하나씩 하나씩 알아가다 보면, 어느 순간에 눈이 뜨이고 마음이 열리면서 코딩과 '열렬한' 사랑을 하게 되는 것 같습니다. 하지만 컴퓨터는 우리가 만든 코드를 있는 그대로 실행해 줄 뿐입니다. 코드의 옳고 그름은 순전히 그 코드를 만드는 사람의 몫이라는 뜻입니다. 코드가 원하는 대로 제대로 만들어졌는지 항상 확인하고 검증하기 바랍니다. 코드의 검증에 대해서는 17장에서 디버깅을 공부하면서 좀 더 구체적으로 살펴보겠습니다. 어쨌든, 코딩 공부를 할 때 컴퓨터, 키보드 외에 책상 위에 꼭 있어야 하는 것이 연습장과 연필입니다. 코드는 연필로 짜는 것입니다.

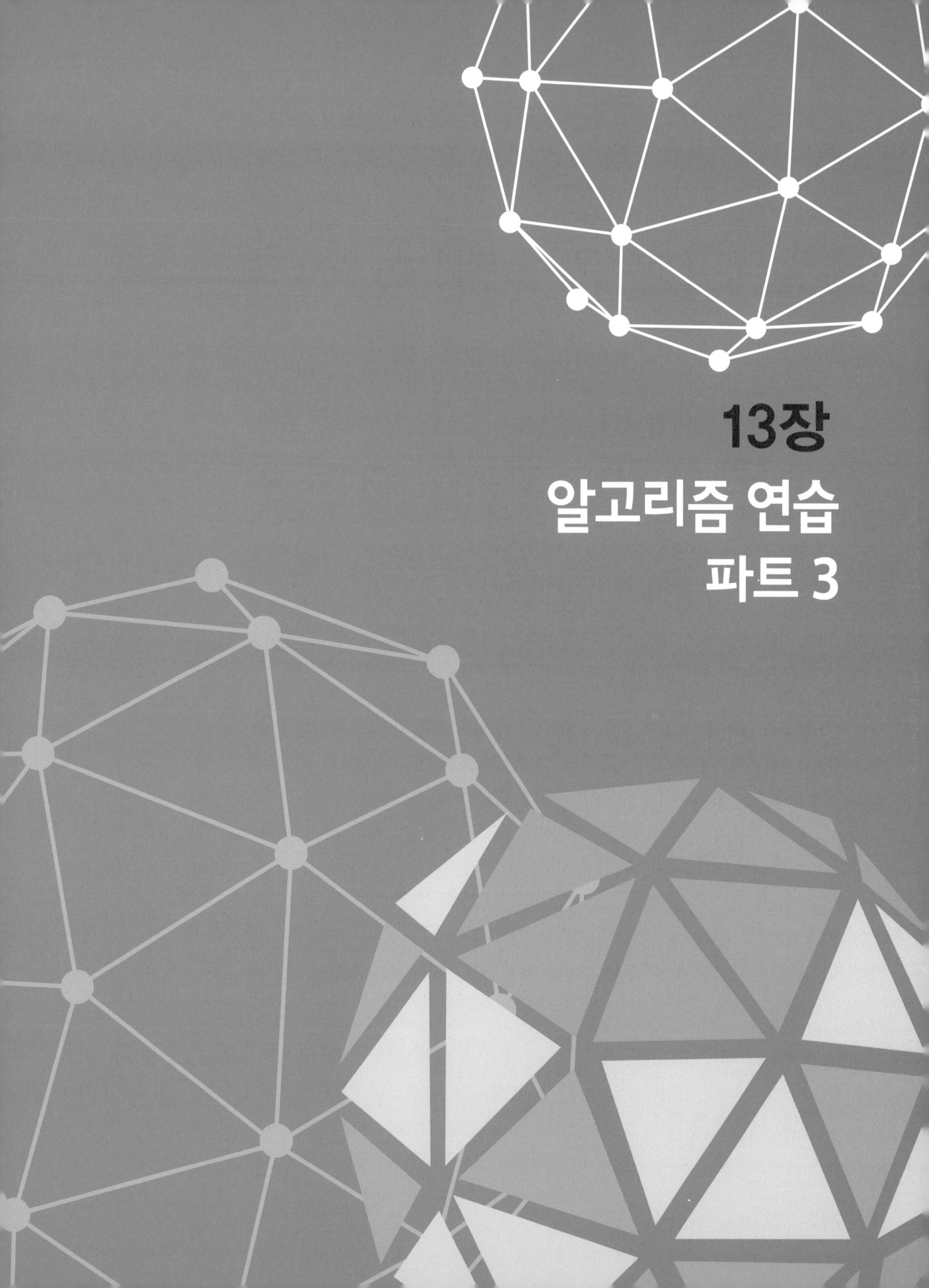

13장

알고리즘 연습 파트 3

13장에서는 검색(search)과 함께, 데이터 처리 중에 가장 중요한 문제로 손꼽히는 정렬(sorting) 알고리즘을 살펴보겠습니다. 정렬은 여러 항목을 일정한 순서대로 열거하는 것을 말합니다. 숫자 데이터를 값의 크기 순서대로(오름차순 또는 내림차순) 열거하거나, 문자 데이터를 사전 순서대로 열거하는 것이 좋은 예입니다. 여러 정렬 알고리즘이 있지만 그 중에서 가장 기본이 되는 '선택정렬(Selection Sorting)'과 '거품정렬(Bubble Sorting)'을 소개하겠습니다.

선택정렬을 알아봅니다

보통 알고리즘 이름에서 그 알고리즘의 특징이 드러나 있는 경우가 많은데, 선택정렬은 (예를 들어, 오름차순이라면) 가장 큰 값을 '선택'하여 가장 마지막 값과 바꾸는 방식을 통해 데이터를 정렬하게 됩니다. 만약 정렬해야 할 데이터가 [그림 13-1]과 같다고 하면, 먼저 리스트에서 가장 큰 값을 찾습니다.

```
a=[6, 3, 9, 7, 1, 2, 8, 5, 4]
```

[그림 13-1] 정렬할 데이터

9가 가장 큰 값인데, 그 값을 가장 마지막 위치에 있는 값 4와 맞바꾸게 됩니다. 즉, 최댓값 9를 가장 마지막 위치로 옮기고, 그 위치에 있던 4는 9의 위치로 옮기게 됩니다. 이렇게 두 값의 위치를 바꾸는 과정을 '스왑[swap]'라고 부릅니다.

```
스왑(swap)
[6, 3, 9, 7, 1, 2, 8, 5, 4] ──→ [6, 3, 4, 7, 1, 2, 8, 5, 9]
```

[그림 13-2] 두 값의 위치를 바꾸는 스왑

가장 큰 값이 마지막 위치로 옮겨졌으므로 이제 가장 마지막 값은 "정렬이 끝난" 셈이 됩니다.

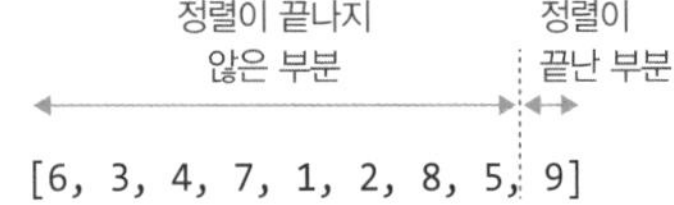

[그림 13-3] 가장 큰 값을 마지막 위치에 정렬

이제, 리스트에서 아직 "정렬이 끝나지 않은 부분"에 대해 위의 과정을 반복합니다. 즉, 아직 정렬이 끝나지 않은 부분 중에서 최댓값을 찾은 후에, 아직 "정렬이 끝나지 않은 부분"의 마지막 값과 자리바꿈을 합니다. 현재 상태에서, 아직 "정렬이 끝나지 않은 부분"의 최댓값은 8이고, 마지막 값은 5가 됩니다. 즉, 8과 5의 위치를 서로 바꾸게 됩니다.

[그림 13-4] 두 번째 큰 값의 정렬

```
[6, 3, 9, 7, 1, 2, 8, 5, 4] ──→ [6, 3, 4, 7, 1, 2, 5, 8, 9]
```

이제 리스트의 마지막에 있는 8과 9는 "정렬이 마쳐진 상태"가 됩니다.

[그림 13-5] 두 번째 정렬이 마쳐진 상태

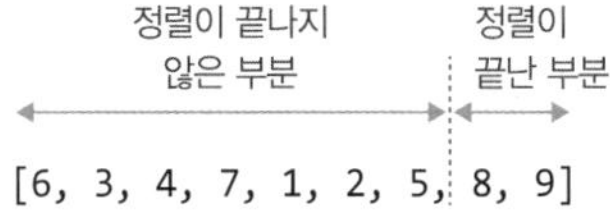

이 과정을 "모든 데이터의 정렬이 마쳐진 상태"가 될 때까지 계속 반복합니다. 선택정렬의 단계별로 코드를 만들겠습니다.

1단계: 최댓값과 최댓값의 위치 구하기

선택정렬은 최댓값과 그 위치를 구하는 것에서부터 시작합니다. 최댓값과 위치를 찾는 알고리즘은 11장에서 살펴본 바 있습니다. 그 코드를 상기해보면 [코드 13-1]과 같습니다.

[코드 13-1] 최댓값과 위치를 찾는 알고리즘

In [1]:
```
a=[6, 3, 9, 7, 1, 2, 8, 5, 4]
```

In [2]:
```
max=a[0]
pos=0
for k in range(1, len(a)):
    if max<a[k]:
        max=a[k]
        pos=k
```

In [3]:
```
print(max, pos)
```

```
9 2
```

In [2]는 최댓값과 그 위치를 구해서 각각 max와 pos 변수에 저장하는 코드입니다. In [1]에서 임의의 a 리스트를 선언하였고 (In [2]의 코드가 실행된 후에) In [3]에서 max 값과 pos 값을 화면에 출력하였습니다. 화면에 출력된 결과를 보면, a 리스트 항목 중에 세 번째 값인 a[2]가 9로 가장 큰 값이라는 것을 알 수 있습니다.

2단계: 최댓값과 마지막 값을 스왑하기

선택정렬의 다음 단계는 최댓값과 마지막 값을 스왑하는 부분입니다. 먼저 마지막 위치에 있는 값을 잠시 살펴보겠습니다. a 리스트의 마지막 값은 당연히 a[len(a)-1]로 참조할 수 있습니다. 리스트의 인덱스는 0부터 시작하기 때문에, 예를 들어, 길이가 9인 리스트(항목의 개수가 9개인 리스트)의 마지막 인덱스는 8(즉, 리스트의 길이-1)이 됩니다. In [1]의 a 리스트에 대해 마지막 값을 확인해보면 [코드 13-2]와 같습니다.

[코드 13-2]
리스트의 마지막 값 확인

```
In [4]:   len(a)-1
Out[4]:   8

In [5]:   a[len(a)-1]
Out[5]:   4
```

인덱스를 통해 리스트의 항목을 참조하는 것을 인덱싱indexing이라고 부릅니다. 예를 들어, a 리스트의 k번째 항목은 a[k-1]로 참조할 수 있고, a[k-1]의 다음(next) 항목은 인덱스가 1 증가한 a[k]가 되며 바로 전 항목은 인덱스가 1 감소한 a[k-2]가 됩니다.

그런데 파이썬에서는 조금 색다르게 음수 인덱스를 사용할 수 있습니다. [그림 13-6]에서 보다시피, 마지막 항목을 a[-1]로 참조할 수 있습니다. 리스트의 항목 하나하나를 하나의 고리로 보면, 그것이 쭉 연결된 리스트는 하나의 체인chain이 될 텐데요. 이 체인을 목걸이처럼 양 끝을 연결하게 되면 첫 번째 항목 a[0]의 바로 다음 항목은 a[1], 바로 전 항목은 a[-1]이 됩니다. 즉, a 리스트의 마지막 항목은 a[len(a)-1]로 참조하지만 a[-1]로도 참조할 수 있습니다. 그럼 마지막 항목 바로 앞에 있는 항목은 인덱스가 1 감소한 a[-2]가 됩니다. 항목이 6개인 리스트에 대해, 순방향으로는 인덱스 0에서 5까지, 역방향으로는 인덱스 -1에서 -6까지 가능하게 됩니다. 이것을 해당 리스트의 인덱스 범위(Index Range)라고 하며, 이 범위를 벗어난 항목을 참조하려고 하면 에러(IndexError)가 발생합니다.

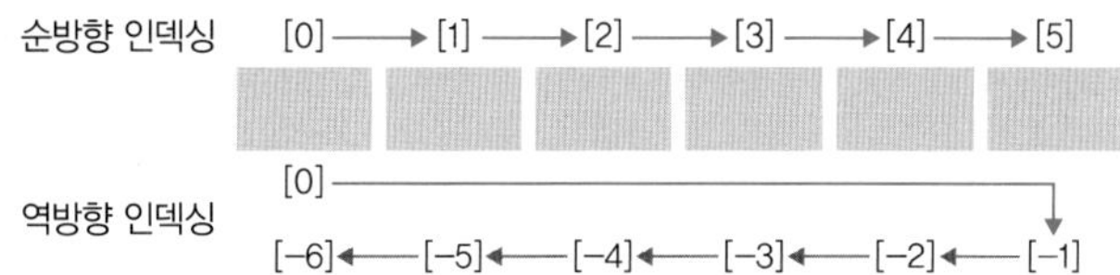

[그림 13-6] 리스트의 인덱싱

다시 돌아가서, 최댓값과 마지막 값을 스왑하는 코드를 살펴보겠습니다. 최댓값이 있던 `a[pos]`에 마지막 값인 `a[-1]` 값을 저장하고, 마지막 항목인 `a[-1]`에 `a[pos]` 값을 저장하면 되겠습니다. 그 의미 그대로 코드를 만들면 [코드 13-3]의 In [6]과 같습니다. 그런데 실제로 실행해보면 In [7]에서와 같이, 기대와 다르게 마지막 항목인 4가 중복되어 나타나는 결과가 발생합니다.

[코드 13-3] 스왑 중에 값을 덮어쓰는 오류

In [6]:
```
1 a[pos]=a[-1]
2 a[-1]=a[pos]
```

In [7]:
```
1 print(a)
```

```
[6, 3, 4, 7, 1, 2, 8, 5, 4]
```

[코드 13-3]의 실행을 (연필로) 따라가 보면 현재 pos는 2이기 때문에 1행의 `a[pos]=a[-1]` 명령문은 `a[2]=4`로 실행되어 리스트가 `[6, 3, 4, 7, 1, 2, 8, 5, 4]`로 바뀝니다. `a[2]`에 원래는 9 값이 있었는데, 리스트의 마지막 값인 4로 바뀌었습니다. 이 상태에서 그 다음 명령문인 `a[-1]=a[pos]`이 실행되면 `a[-1]=a[2]`가 되어 `a[-1]=4`로 실행됩니다. 그래서 결국 최댓값 9를 빠트리게(missing) 되는 결과가 만들어집니다. 이 문제를 해결하기 위해서는 In [6]의 1행에서 "덮어 씌어져서" 잃어버리게 되는 값인 `a[pos]` 값을 잠시 다른 변수에다 저장해 두면 됩니다. [코드 13-4]가 제대로 동작하는 스왑 코드입니다.

[코드 13-4] 최댓값과 마지막 값을 제대로 스왑하는 코드

In [9]:
```
t=a[pos]
a[pos]=a[-1]
a[-1]=t
```

In [10]:
```
print(a)
```

```
[6, 3, 4, 7, 1, 2, 8, 5, 9]
```

실행 과정을 (연필로) 따라가 보기 바랍니다. 1행에서 임시로 만든 `t` 변수에 `a[pos]` 값을 '잠시' 저장해 두고, 2행에서 `a[pos]` 변숫값을 마지막 값(`a[-1]`)으로 바꿉니다. 그리고 3행에서 마지막 위치인 `a[-1]`에 조금 전 '따로' 보관해두었던 `t` 값을 저장합니다. 결국 최댓값 9가 있던 `a[2]`에 마지막 항목 값이었던 4가 들어가고, 마지막 항목에 최댓값 9가 들어가게 되면서 스왑이 이루어지게 됩니다.

실제로 파이썬에서는 [코드 13-5]와 같이 간단한 코드로 스왑을 구현할 수 있습니다. In [11]의 2행에 있는 코드인 `a, b = b, a`는 두 변수 a와 b의 값을 맞바꿀 수 있도록 만들어 줍니다. 파이썬에서 이렇게 간단하게 표현되기는 하지만 실제로 그 안에서 어떤 일이 벌어지는지는 꼭 알고 사용하기 바랍니다.

[코드 13-5]
파이썬 특유의 스왑코드

In [11]:
```
1 a, b=10, 20
2 a, b=b, a
```

In [12]:
```
print(a)
```

```
20 10
```

연습문제 13-1

a=[6, 3, 9, 7, 1, 2, 8, 5, 4]일 때, 리스트를 거꾸로 화면에 출력하기 위한 [코드 13-6]에서 괄호 A와 B에 들어갈 값을 찾아보기 바랍니다.

In [13]:
```
a=[6, 3, 9, 7, 1, 2, 8, 5, 4]
for k in range(-1, ( Ⓐ ), -1):
    print(a[k], end=' ')
```

```
4 5 8 2 1 7 9 3
```

In [14]:
```
a=[6, 3, 9, 7, 1, 2, 8, 5, 4]
for k in range(( Ⓑ ), 0, -1):
    print(a[k], end=' ')
```

```
4 5 8 2 1 7 9 3
```

[코드 13-6] 리스트를 거꾸로 화면에 출력하기 위한 코드

3단계: 위의 과정을 반복하기

이제 리스트의 모든 데이터가 정렬될 때까지 앞의 과정을 반복합니다. 반복 과정을 for문으로 만들 때에는 그 전에 "반드시" 반복되는 문장을 먼저 만들어 보고 제대로 실행되는지 확인한 후에 코드 중에서 어떤 부분이 반복을 통해 바뀌는지 살펴보아야 합니다. 예를 들어, 선택정렬 문제에서 첫 번째 반복은 [코드 13-7]과 같습니다. 참고로 8행에서 마지막 값을 참조하기 위하여 `a[-1]` 대신에 `a[len(a)-1]`을 사용하고 있습니다.

[코드 13-7]
선택정렬 문제에서 첫 번째 반복

In [15]:
```
1 a=[6, 3, 9, 7, 1, 2, 8, 5, 4]
```

In [16]:
```
1 max=a[0]
2 pos=0
3 for k in range(1, len(a)):
4     if max<a[k]:
5         max=a[k]
6         pos=k
7 
8 a[pos], a[len(a)-1] = a[len(a)-1], a[pos]
```

In [17]:
```
1 print(a)
```
```
[6, 3, 4, 7, 1, 2, 8, 5, 9]
```

두 번째 반복은 인덱스 `0`에서 `len(a)-2`까지의 값 중에서 최댓값을 찾아서, "정렬이 안 되어 있는 부분"의 마지막 값인 `a[len(a)-2]`와 스왑하는 코드입니다. 코드를 만들어 보면 (당연하게도) 첫 번째 반복인 In [16]과 아주 비슷한 코드인 것을 알 수 있고, 어느 부분이 달라졌는지도 확인할 수 있습니다. 실제로 첫 번째 반복과 비교했을 때 달라지는 부분은 [코드 13-8]의 In [18]에서 ⓐ, ⓑ 부분입니다. 이 값은 첫 번째 반복인 In [16]과 비교했을 때 1만큼 작아진 값이 되는 것을 확인할 수 있습니다.

```
In [18]:  max=a[0]
          pos=0
          for k in range(1, len(a)-1):
                            ⓐ
              if max<a[k]:
                  max=a[k]
                  pos=k

          a[pos], a[len(a)-2] = a[len(a)-2], a[pos]
                        ⓑ
In [19]:  print(a)

          [6, 3, 4, 7, 1, 2, 5, 8, 9]
```

[코드 13-8]
선택정렬 문제에서
두 번째 반복

ⓐ 부분은 첫 번째 반복에서는 len(a)였다가 두 번째 반복에서는 len(a)-1로 바뀌었습니다. ⓑ 부분은 첫 번째 반복에서는 len(a)-1이었는데 두 번째 반복에서는 len(a)-2로 바뀌었습니다. 세 번째 반복에서 ⓐ와 ⓑ는 각각 어떤 값으로 바뀌게 될까요? 아마 len(a)-2, len(a)-3으로 바뀌게 될 것 같습니다.

결국 In [18]에서 ⓐ 부분의 인덱스는 len(a), len(a)-1, len(a)-2, …, 1로 바뀌고, ⓑ의 인덱스는 len(a)-1, len(a)-2, …, 0으로 바뀝니다. ⓐ는 리스트 중에서 아직 "정렬이 되지 않은 부분"의 크기(길이)를 나타내고 있으며, ⓑ는 아직 정렬이 되지 않은 마지막 값의 인덱스에 해당합니다. 앞서 확인해 본 코드로부터 for문을 만들어 보면 [코드 13-9]와 같습니다.

```
In [20]:  for x in range(len(a), 0, -1):
              max=a[0]
              pos=0
              for k in range(1, x):
                  if max<a[k]:
                      max=a[k]
                      pos=k

              a[pos], a[x-1] = a[x-1], a[pos]
```

[코드 13-9]
앞서 확인해 본
코드로부터 만든 for문

실제로 정렬에 쓰일 임의의 리스트 하나를 정의하고 최종 결과를 화면에 출력해보면 [코드 13-10]과 같습니다. 데이터의 정렬이 오름차순으로 잘 만들어진 것을 확인할 수 있습니다.

[코드 13-10] 선택정렬의 코드와 실행 예

```
In [21]:  1  a=[6, 3, 9, 7, 1, 2, 8, 5, 4]
```

```
In [22]:  1  for x in range(len(a), 0, -1):
          2      max=a[0]
          3      pos=0
          4      for k in range(1, x):
          5          if max<a[k]:
          6              max=a[k]
          7              pos=k
          8
          9      a[pos], a[x-1] = a[x-1], a[pos]
```

```
In [23]:  1  print(a)

             [1, 2, 3, 4, 5, 6, 7, 8, 9]
```

In [22]의 10행에 `print(a)` 문장을 추가하여 아래와 같이 중간과정을 모두 확인해 보기 바랍니다. 실제로 어떤 과정을 거쳐서 정렬이 완성되고 있는지 확인할 수 있습니다.

[그림 13-7] `print(a)` 문장을 추가하여 확인한 중간과정

```
[6, 3, 4, 7, 1, 2, 8, 5, 9]
[6, 3, 4, 7, 1, 2, 5, 8, 9]
[6, 3, 4, 5, 1, 6, 7, 8, 9]
[2, 3, 4, 5, 1, 6, 7, 8, 9]   ← 정렬이 끝난 부분
[2, 3, 4, 1, 5, 6, 7, 8, 9]
[2, 3, 1, 4, 5, 6, 7, 8, 9]
[2, 1, 3, 4, 5, 6, 7, 8, 9]
[1, 2, 3, 4, 5, 6, 7, 8, 9]
[1, 2, 3, 4, 5, 6, 7, 8, 9]
```

[코드 13-10]을 보면, for문 안에 또 다른 for문이 있는 형태가 됩니다. 이를 네스티드 루프Nested Loop라고 부릅니다. 우리말로는 중첩 루프, 다중 루프(이중 루프, 삼중 루프 등)라고 부릅니다. 우리 문제의 경우에는 두 개의 for가 겹쳐 있으니 이중 루프인 셈입니다. 이중 루프에서 안쪽에 있는 루프를 이너 루프Inner Loop(안쪽 루프)라고 부르고, 바깥쪽에 있는 루프를 아우터 루프Outer Loop(바깥쪽 루프)라고 부릅니다.

```python
for x in range(len(a), 0, -1):
    max=a[0]
    pos=0
    for k in range(1, x):
        if max<a[k]:
            max=a[k]
            pos=k

    a[pos], a[x-1] = a[x-1], a[pos]
```

바깥쪽 루프 / 안쪽 루프

[코드 13-11]
중첩 루프의 구조

만들어봅시다 13-1 앞서 오름차순의 정렬을 살펴보았는데, 만약 내림차순으로 정렬하려고 한다면 어떻게 해야 할까요? 단순하게는 가장 큰 값을 찾아서 가장 앞쪽으로 두면 되겠습니다. 또는 가장 작은 값을 찾아서 가장 뒤쪽으로 두어도 되겠습니다. 이 두 가지 경우를 모두 코딩해보고 결과를 비교해보기 바랍니다. [그림 13-8]은 실제 실행해 본 정렬과정을 보여주고 있습니다. 모범답안은 이 장의 마지막에 있으니 참고하기 바랍니다.

```
[9, 3, 6, 7, 1, 2, 8, 5, 4]
[9, 8, 6, 7, 1, 2, 3, 5, 4]
[9, 8, 7, 6, 1, 2, 3, 5, 4]
[9, 8, 7, 6, 1, 2, 3, 5, 4]
[9, 8, 7, 6, 5, 2, 3, 1, 4]
[9, 8, 7, 6, 5, 4, 3, 1, 2]
[9, 8, 7, 6, 5, 4, 3, 1, 2]
[9, 8, 7, 6, 5, 4, 3, 2, 1]
[9, 8, 7, 6, 5, 4, 3, 2, 1]
```

ⓐ 큰 값을 앞으로 보내서 정렬

```
[6, 3, 9, 7, 4, 2, 8, 5, 1]
[6, 3, 9, 7, 4, 5, 8, 2, 1]
[6, 8, 9, 7, 4, 5, 3, 2, 1]
[6, 8, 9, 7, 5, 4, 3, 2, 1]
[6, 8, 9, 7, 5, 4, 3, 2, 1]
[7, 8, 9, 6, 5, 4, 3, 2, 1]
[9, 8, 7, 6, 5, 4, 3, 2, 1]
[9, 8, 7, 6, 5, 4, 3, 2, 1]
[9, 8, 7, 6, 5, 4, 3, 2, 1]
```

ⓑ 작은 값을 뒤로 보내서 정렬

[그림 13-8] 내림차순으로 정렬하는 방법

선택정렬의 응용: 불필요한 반복을 생략하기

어떤 리스트는 굳이 항목 개수만큼 반복하지 않더라도 중간에 정렬이 완성되는 경우가 있습니다. 예를 들어, a=[1, 8, 9, 5, 4, 6, 2, 7, 3]을 오름차순으로 정렬하게 되면 [그림 13-9]에서 보듯이 5번째 반복에서 정렬이 끝납니다. 이후의 6, 7, 8, 9번째 반복은 실행할 필요가 없습니다. 불필요한 반복 실행을 생략하려면 어떻게 해야 할까요?

[그림 13-9] 중간에 정렬이 완성되는 경우

```
[1, 8, 3, 5, 4, 6, 2, 7, 9]
[1, 7, 3, 5, 4, 6, 2, 8, 9]
[1, 2, 3, 5, 4, 6, 7, 8, 9]
[1, 2, 3, 5, 4, 6, 7, 8, 9]
[1, 2, 3, 4, 5, 6, 7, 8, 9]  ← 여기서 이미 정렬이 완성되었습니다.
[1, 2, 3, 4, 5, 6, 7, 8, 9]
[1, 2, 3, 4, 5, 6, 7, 8, 9]
[1, 2, 3, 4, 5, 6, 7, 8, 9]
[1, 2, 3, 4, 5, 6, 7, 8, 9]
```

이 문제는 주어진 리스트가 정렬이 완성된 상태인지 아닌지를 확인할 수 있어야 해결할 수 있습니다. 오름차순의 경우라면 a[0]≤a[1]≤a[2]≤, …, ≤a[len(a)-1] 관계가 성립하면 정렬이 끝난 상태가 됩니다. 즉, 모든 k=0, 1, 2, 3, …에 대해 a[k]≤a[k+1] 관계가 성립하면 됩니다. 어떻게 확인할 수 있을까요? 일단은, a[k]≤a[k+1] 관계가 성립하는 k 값의 개수를 카운트해서 그 값이 len(a)-1과 같으면 정렬이 완성된 상태로 판단할 수 있겠습니다. 우리가 살펴봤던 카운트(cnt) 코드를 활용해서 만들어 보면 [코드 13-12]와 같습니다.

[코드 13-12] 정렬된 상태인지를 확인하는 코드

In [24]:

```
1  a=[1, 2, 3, 4, 5, 6, 7]
```

In [25]:

```
1  cnt=0
2  for k in range(len(a)-1):
3      if a[k]<=a[k+1]:
4          cnt=cnt+1
5
6  if cnt==len(a)-1:
7      print('already sorted')
8  else:
9      print('not sorted yet')
```

```
already sorted
```

In [25]의 1행에서 카운트 변수(cnt)를 0으로 초기화했고, 3행의 조건식인 a[k]<=a[k+1]이 만족할 때마다 4행에서 카운트 변숫값을 1씩 증가시키고 있습니다. 2~4행의 루프를 빠져나온 후에 cnt 값과 len(a)-1 값을 비교해보면 해당 리스트가 정렬되었는지, 그렇지 않은지 확인할 수 있습니다. [코드 13-12]는 정렬이 완료된 경우인데 "already sorted"라는 결과를 보여주고 있습니다. 몇 가지 샘플 리스트를 입력해서 그 결과를 확인해보기 바랍니다.

위의 아이디어를 조금 더 보완하겠습니다. 굳이 리스트 전체에 대해 a[k]≤a[k+1] 관계가 성립하는지를 확인할 필요 없이, 한 번만이라도 a[k]≤a[k+1] 관계가 성립하지 않는 k 값이 발견되면 (즉, a[k]>a[k+1] 관계가 성립하는 k 값이 하나라도 있으면) 정렬이 되지 않은 상태에 해당합니다. 코딩 중에 이러한 형태의 문제를 가끔 만나게 됩니다. 코드를 실행하면서 (보통은 반복의 경우) 어떤 이벤트(사건)가 한 번이라도 발생했는지를 (우리 문제의 경우에는 a[k]>a[k+1]이 되는지를) 확인하는 문제입니다. 이런 형태의 문제들은 깃발(flag) 역할을 하는 변수를 활용해서 구현할 수 있습니다.

예를 들어, flag라는 이름의 불리언 변수를 하나 만들고 True로 초기화합니다. flag 변수가 True이면 정렬이 완성된 상태를 나타냅니다. 그리고 루프 안에서 a[k]>a[k+1] 관계가 성립하는지를 확인하고 혹시 그런 경우가 발견되면 flag 변숫값을 False로 바꾼 다음에 루프를 빠져나오도록 합니다(break). 루프를 빠져나온 지점에서 flag 변숫값을 확인하는데, 초깃값으로 주어진 True로 그대로 있으면 루프 도중에 a[k]>a[k+1]인 경우가 한 번도 없었다는 뜻이 되니 주어진 리스트는 정렬이 완성된 것으로 판단할 수 있습니다. 그렇지 않고, flag 변수가 False라면 중간에 a[k]>a[k+1]인 경우가 최소한 한 번은 있었다는 뜻이 됩니다. [코드 13-13]을 참고하기 바랍니다. 실제로 코드의 flag 변수와 같이, 이벤트의 발생 여부를 포함해서 알고리즘의 실행상태를 확인하는 역할로 사용되는 변수들을 '플래그 변수'라고 부릅니다. 오래전부터 깃발이란 매체가 여러 상황의 의사소통에 활용되어 온 것을 떠올려보기 바랍니다.

[코드 13-13]
깃발 역할을 하는 flag 변수를 활용해서 구현한 코드

In [26]:
```
flag=True
for k in range(len(a)-1):
    if a[k]>a[k+1]:
        flag=False
        break

if flag==True:
    print('already sorted')
else:
    print('not sorted yet')
```
```
already sorted
```

카운트 변수를 활용한 경우보다 조금 더 단순해 보입니다. 실제로 실행속도에서도 유리하겠습니다. 게다가, 정렬이 되어 있지 않은 경우에는 리스트 전체를 스캔하지 않더라도 도중에 루프를 중단할 수 있다는 점도 장점이 되겠습니다.

거품정렬을 알아봅니다

두 번째로 살펴볼 정렬 알고리즘은 거품정렬입니다. 선택정렬이 최댓값(또는 최솟값)을 '선택'해서 자리바꿈함으로써 정렬을 하는 알고리즘이어서 선택정렬이라고 이름 지어졌듯이 거품정렬(Bubble Sorting, 버블, 공기방울)도 물속에서 공기방울이 둥실둥실 떠오르는 모양처럼 정렬이 이루어진다고 해서 거품정렬이라는 이름이 붙었습니다.

바로 앞서 "어떤 리스트가 정렬이 잘 되었는지를 확인하는" 문제를 다루었는데, 이 아이디어와도 관련이 있습니다. 오름차순으로 정렬하는데, 만약에 a[k]>a[k+1] 관계가 성립한다면 일단 이 두 개의 항목은 정렬이 이루어지지 않은 상태입니다. 오름차순으로 정렬하려고 하는데 앞의 값이 뒤의 값보다 크다면 앞, 뒤 값을 서로 바꿔주면(스왑하면) 되겠습니다. 거품정렬 알고리즘을 이용해서 [코드 13-14]의 리스트를 오름차순으로 정렬하겠습니다.

[코드 13-14]
정렬 대상 리스트 데이터

```
In [27]:  a=[6, 3, 9, 7, 1, 2, 8, 5, 4]
```

오름차순이라면 a[0]≤a[1]이어야 합니다. 만약, 그렇지 않으면 앞, 뒤 값을 바꾸어 줍니다. [코드 13-15]의 In [29]를 보면 6과 3이 서로 위치를 바꾸어 3, 6으로 정렬되고 있습니다.

[코드 13-15]
거품정렬의 기본 아이디어

```
In [28]:  if a[0]>a[1]:
              a[0], a[1]=a[1], a[0]

In [29]:  print(a)

          [3, 6, 9, 7, 1, 2, 8, 5, 4]
```

다음으로 a[1]>a[2]인지 확인합니다. a[1]이 6, a[2]가 9이므로(오름차순으로 정렬되어 있으므로) 스왑하지 않습니다. 다음으로 a[2]>a[3]인지 확인합니다. 9>7이므로 앞, 뒤 값을 자리바꿈합니다. 이 과정을 계속 반복합니다. 이 과정을 있는 그대로(for 키워드를 사용하지 않고) 코드를 만들어 보면 [코드 13-16]과 같습니다.

```
In [30]: a=[6, 3, 9, 7, 1, 2, 8, 5, 4]
```

[코드 13-16]
거품정렬을 이용해서 오름차순으로 정렬하는 과정

```
In [31]: if a[0]>a[1]:
             a[0], a[1]=a[1], a[0]
         if a[1]>a[2]:
             a[1], a[2]=a[2], a[1]
         if a[2]>a[3]:
             a[2], a[3]=a[3], a[2]
         if a[3]>a[4]:
             a[3], a[4]=a[4], a[3]
         if a[4]>a[5]:
             a[4], a[5]=a[5], a[4]
         if a[5]>a[6]:
             a[5], a[6]=a[6], a[5]
         if a[6]>a[7]:
             a[6], a[7]=a[7], a[6]
         if a[7]>a[8]:
             a[7], a[8]=a[8], a[7]
```

```
In [32]: print(a)
         [3, 6, 7, 1, 2, 8, 5, 4, 9]
```

이렇게 한 번 사이클을 돌게 되면, In [32]에서 확인할 수 있듯이 가장 큰 값인 9가 가장 마지막에 위치하게 됩니다. 이 과정을 통해 데이터가 정렬되는 과정을 가만히 보면, 중간에 만난 어떤 큰 값은 자기보다 더 큰 값을 만날 때까지는 계속 뒤쪽으로 움직입니다. 마치, 공기방울이 물속에서 조금씩 떠오르는 것과 모양이 닮았습니다. 그래서 거품정렬이라고 불립니다.

우선 In [31]을 for문을 이용해서 다시 만들겠습니다.

```
In [33]: a=[6, 3, 9, 7, 1, 2, 8, 5, 4]
```

[코드 13-17]
가장 큰 값의 정렬

```
In [34]: for k in range(len(a)-1):
             if a[k]>a[k+1]:
                 a[k], a[k+1]=a[k+1], a[k]
```

```
In [35]: print(a)
         [3, 6, 7, 1, 2, 8, 5, 4, 9]
```

현재는 a[8]만 정렬된 상태입니다. 아직 정렬되지 않은 a[0]에서 a[7]까지 동일한 과정을 반복하도록 합니다.

[코드 13-18]
두 번째로 큰 값의 정렬

```
In [36]:  for k in range(len(a)-2):
              if a[k]>a[k+1]:
                  a[k], a[k+1]=a[k+1], a[k]
```

```
In [37]:  print(a)

          [3, 6, 1, 2, 7, 5, 4, 8, 9]
```

자, 이제 8도 "둥실둥실 떠올라서" 9 앞에 자리를 잡았습니다. 이제 a[7], a[8]은 정렬이 완료된 상태이므로 아직 정렬되지 않은 a[0]에서 a[6]까지 동일한 과정을 반복하겠습니다.

[코드 13-19]
세 번째로 큰 값의 정렬

```
In [38]:  for k in range(len(a)-3):
              if a[k]>a[k+1]:
                  a[k], a[k+1]=a[k+1], a[k]
```

```
In [39]:  print(a)

          [3, 6, 1, 2, 5, 4, 7, 8, 9]
```

사실 지금 코드를 계속 타이핑하지는 않습니다. 위에 코드를 복사해서 range 함수의 인자만 len(a)-1, len(a)-2, len(a)-3으로 계속 수정하고 있습니다.

반복이 보입니다. 실제로 위의 for문에서 range() 함수의 인자를 "반복해서" 바꿔주는 바깥쪽 루프를 추가해서 만들어 보면 전체 코드는 [코드 13-20]과 같습니다.

```
In [40]:  a=[6, 3, 9, 7, 1, 2, 8, 5, 4]
```

```
In [41]:  for x in range(len(a)-1, 0, -1):
              for k in range(x):
                  if a[k]>a[k+1]:
                      a[k], a[k+1]=a[k+1], a[k]
              print(a)

          [3, 6, 7, 1, 2, 8, 5, 4, 9]
          [3, 6, 1, 2, 7, 5, 4, 8, 9]
          [3, 1, 2, 6, 5, 4, 7, 8, 9]
          [1, 2, 3, 5, 4, 6, 7, 8, 9]
          [1, 2, 3, 4, 5, 6, 7, 8, 9] <- 여기서 이미 정렬이 완성되었습니다
          [1, 2, 3, 4, 5, 6, 7, 8, 9]
          [1, 2, 3, 4, 5, 6, 7, 8, 9]
          [1, 2, 3, 4, 5, 6, 7, 8, 9]
```

[코드 13-19]
거품정렬 전체 코드

중간에 리스트가 어떻게 변하는지를 모두 출력해 보았습니다. 그랬더니, 선택정렬 알고리즘과는 조금 다르게 중간에 5번째 반복에서 이미 정렬이 완성되었습니다. 이런 차이가 왜 생길까요? 거품정렬은 중간연산에서 이미 큰 값을 최대한 뒤쪽으로 밀어두기 때문에 어느 정도 알고리즘이 진행되면 이미 정렬이 완성되는 형태를 보이게 됩니다. 최댓값 9를 마지막 위치로 옮기는 첫 번째 반복에서 6과 3이 자리를 바꾸어 [3, 6, …]으로 정렬된 상태가 되었던 것을 떠올려보기 바랍니다.

그러다 보니, 선택정렬의 응용에서 다루어본 문제(정렬이 완성된 상태인지를 확인하는 문제)가 거품정렬에서는 아주 중요하게 작용합니다. 거품정렬의 경우 일반적으로 중간에 정렬이 완성되기 때문에, 항목의 개수만큼 반복할 필요 없이, 정렬이 완성된 상태가 되면 도중에 루프를 빠져나올 수 있도록 만들 필요가 있습니다.

그럼 어떻게 하면 정렬이 완성되었는지를 확인할 수 있을까요? 거품정렬의 경우에는 한 번의 사이클을 도는 데 스왑이 한 번도 이루어지지 않으면 이미 정렬이 완성된 상태라고 생각할 수 있겠습니다. 플래그 변수를 적용한 코드를 보이면 [코드 13-20]과 같습니다.

[코드 13-20]
플래그 변수를 적용한 거품정렬

```
In [42]:  1  a=[6, 3, 9, 7, 1, 2, 8, 5, 4]
```

```
In [43]:  1  for x in range(len(a)-1, 0, -1):
          2      flag=True
          3      for k in range(x):
          4          if a[k]>a[k+1]:
          5              a[k], a[k+1]=a[k+1], a[k]
          6              flag=False
          7      if flag==True:
          8          break
          9
         10      print(a)

[3, 6, 7, 1, 2, 8, 5, 4, 9]
[3, 6, 1, 2, 7, 5, 4, 8, 9]
[3, 1, 2, 6, 5, 4, 7, 8, 9]
[1, 2, 3, 5, 4, 6, 7, 8, 9]
[1, 2, 3, 4, 5, 6, 7, 8, 9]
```

2행에서 flag 변수가 True로 초기화되었습니다. 4행에서 만약 앞뒤 값을 스왑해야 하는 상황이 생기면 6행에서 flag 변수를 False로 바꿉니다. 아직 정렬이 완성되지 않았음을 나타냅니다. 안쪽 루프를 빠져나온 후에 7행에서 flag 변숫값을 확인해서 True이면(즉, 스왑이 한 번도 발생하지 않으면) 루프를 break하게 됩니다.

문자열도 정렬이 가능합니다

문자열(string)도 비교연산이 가능합니다. 숫자의 경우에는 크기를 비교하는 것이지만, 문자열의 경우에는 순서(사전에 등재된 순서)를 비교합니다. 실제로 아래와 같이 'mango'>'carrot'의 비교연산은 "mango가 carrot보다 사전 순으로 뒤에 있는지"를 묻는 연산입니다. 실제로 결과를 보면 True가 출력됩니다.

[코드 13-22]
문자열의 비교 연산

```
In [44]:  'mango'>'carrot'
Out[44]:  True
```

[코드 13-23]과 같이 여러 과일 이름을 항목 데이터로 가진 리스트를 사전 순으로 정렬하려고 합니다. 앞서 만들어 보았던 선택정렬이나 거품정렬 코드를 그대로 사용할 수 있습니다.

[코드 13-23]
선택정렬을 사용한
문자열의 정렬

```
In [45]:  a=['carrot', 'mango', 'banana', 'apple', 'cherry']

In [46]:  for x in range(len(a), 0, -1):
              max=a[0]
              pos=0
              for k in range(1, x):
                  if max<a[k]:
                      max=a[k]
                      pos=k

              a[pos], a[x-1] = a[x-1], a[pos]

In [47]:  print(a)
          ['apple', 'banana', 'carrot', 'cherry', 'mango']
```

[만들어봅시다 13-1]의 모범답안

```
for x in range(len(a)):
    max=a[x]
    pos=x
    for k in range(x, len(a)):
        if max<a[k]:
            max=a[k]
            pos=k
    a[pos], a[x]=a[x], a[pos]
```

ⓐ 큰 값을 앞으로 보내서 정렬

```
for x in range(len(a), 0, -1):
    min=a[0]
    pos=0
    for k in range(1, x):
        if min>a[k]:
            min=a[k]
            pos=k
    a[pos], a[x-1]=a[x-1], a[pos]
```

ⓑ 작은 값을 뒤로 보내서 정렬

[코드 13-24]
[만들어봅시다]의 모범답안

13장을 정리하겠습니다

13장에서는 선택정렬과 거품정렬에 대한 알고리즘을 알아보고 코드를 같이 만들어 보았습니다. 정렬 알고리즘에는 이 외에도 이진 삽입(Binary Insertion) 정렬, 힙[heap] 정렬, 퀵[quick] 정렬 등 다양한 알고리즘이 만들어져 이런저런 문제에 활용되고 있습니다. 이 알고리즘들을 찾아보고, 이해해보고, 실제 코딩해 보기 바랍니다. 이런 과정을 통해, 아직은 조금 이른 것 같기는 하지만 그래도 "코딩이 문제가 아니라 알고리즘이 문제구나"라는 생각이 들면 좋겠습니다.

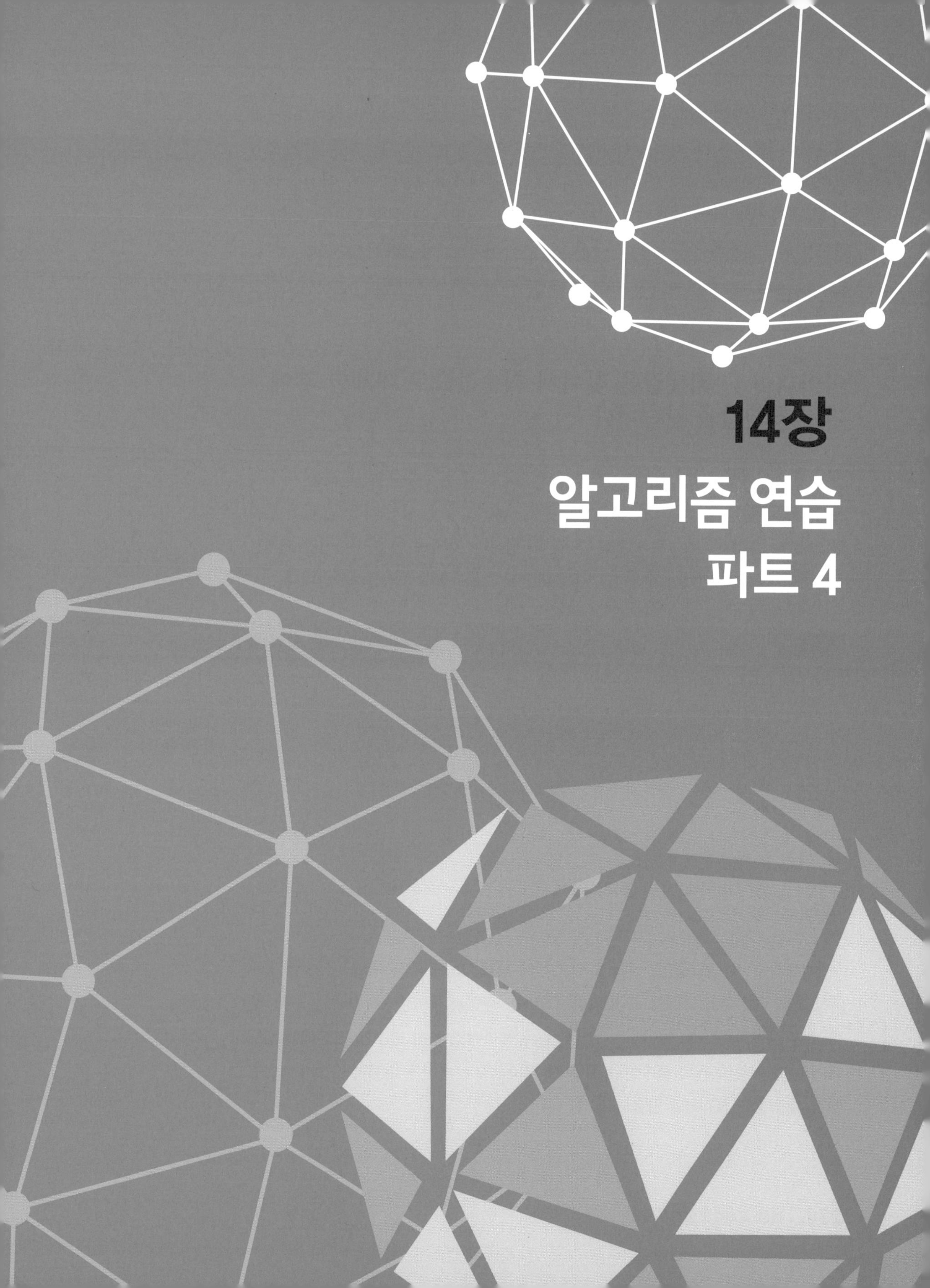

14장

알고리즘 연습 파트 4

14장에서는 최댓값 알고리즘의 응용 문제로 "주어진 리스트에서 두 번째로 큰 값을 구하는 문제"를 다루겠습니다. 특별히 어떤 의의가 있는 문제는 아닙니다. 조금은 비비 꼰듯한 문제일 수도 있지만, 해결 과정 중에 이러저러한 코딩 문제를 다루어 볼 수 있어서 이 장의 주제로 정해 보았습니다. 어떻게 풀 수 있을까요? 정말 다양한 방법이 가능합니다. 몇 가지 (조금은 과장된) 아이디어를 소개하겠습니다.

아이디어 1: 최댓값을 찾아서 최솟값으로 대체한 후에 다시 최댓값을 찾습니다

첫 번째 아이디어입니다. 먼저, 리스트에서 가장 큰 값을 구한 후에 그 값을 가장 작은 값(또는 충분히 작은 값)으로 바꾸어 줍니다. 그러고 나서, 다시 가장 큰 값을 구하면 그 값이 우리가 찾는 "두 번째로 큰 값"이 됩니다. 실제로 이 아이디어가 제대로 동작하는지를 파이썬에서 제공하고 있는 내장함수를 이용해서 검증하겠습니다.

1단계 최댓값을 구합니다. 파이썬의 내장함수 max()를 사용해서 구할 수 있습니다.

[코드 14-1]
1단계: max()

```
In [1]:   a=[5, 3, 6, 8, 9, 1, 2, 7, 4]

In [2]:   max(a)
Out[2]:   9

In [3]:   m=max(a)
          print(m)

          9
```

In [1]에서 a 변수에 할당된 리스트 데이터에 대해, In [2]에서 max() 함수를 통해 최댓값을 구합니다. 그랬더니, 파이썬이 9라는 응답을 보여줍니다(Out[2] 참고). 함수 호출 후에 응답으로 돌아오는 반환값을 활용하려면 우선 변수에 저장해야 합니다. In [3]에서는 max() 함수를 통해 구한 최댓값을 m 변수에 저장하고, print()문에서 해당 값을 참조하고 있습니다.

2단계 이렇게 구해진 최댓값을 가장 작은 값으로 바꿉니다. 그러기 위해서는 최댓값의 인덱스를 알아야 합니다. 리스트에는 특정한 값의 인덱스를 구해서 돌려주는 index 메서드가 있습니다. 실제로 list.index(a, b)를 호출하게 되면, 리스트가 "a 리스트에서 b 값의 인덱스를 구해서" 돌려줍니다. 만약, 해당 리스트에 b 값이 여러 개 있는 경우에는 그중에서 가장 작은 인덱스를 찾아주고 (가장 먼저 발견되는 값이라는 의미입니다), b 값이 하나도 없는 경우에는 에러를 발생시킵니다. [1단계]에서 구했던 최댓값 m의 인덱스는 In [4]에서처럼 list.index(a, m)을 통해 구할 수 있습니다. In [5]에서, 반환값(즉, 최댓값 m의 인덱스값)을 pos 변수에 저장하였습니다.

[코드 14-2]
2단계: list.index()

```
In [4]:   list.index(a, m)
Out[4]:   4

In [5]:   pos=list.index(a, m)
          print(pos)
          4
```

3단계 리스트의 최댓값을 최솟값으로 바꿉니다. min() 함수를 이용해서 최솟값을 구한 후에 최댓값 9가 있는 위치(인덱스)에 저장하면 되겠습니다. In [6]에서 min() 함수를 이용해서 a 리스트의 최솟값을 구한 후에 그 값을 n 변수에 저장합니다. 그러고 나서, In [7]에서 현재 최댓값이 있는 위치인 a[pos]에 n 값을 저장합니다. In [8]에서 최댓값 9가 최솟값 1로 바뀐 것을 확인할 수 있습니다.

[코드 14-3]
3단계: 최댓값을 최솟값으로 치환

```
In [6]:   n=min(a)

In [7]:   a[pos]=n

In [8]:   print(a)
          [5, 3, 6, 8, 1, 1, 2, 7, 4]
```

4단계 바뀌어진 리스트에서 최댓값을 구합니다. 다시 max() 함수를 활용하면 되겠습니다. 아래의 결과를 보면, 두 번째로 큰 값은 8로 나타나고 있습니다. 원래의 리스트에서 두 번째로 큰 값이 8이 맞는지 한 번 확인해보기 바랍니다.

[코드 14-4]
4단계: max()

```
In [9]:   m2=max(a)

In [10]:  print(m2)
          8
```

실제로 이렇게 파이썬과 "대화를 나누면서(interactive하게)" 본인의 아이디어를 고안하고 점검할 수 있습니다. 이런 부분이 다른 컴퓨터 언어와 비교해서 파이썬이 가지는 큰 장점 중 하나가 되는 것 같습니다. 물론, 지금의 문제는 굳이 이런 식으로 검증하지 않더라도 올바르게 작동할 것이 충분히 예측되는 '단순한' 문제이긴 합니다만.

검증된 알고리즘을 구현해보겠습니다

앞서 검증한 대로 파이썬 코드를 만들겠습니다. 알고리즘 연습을 하고 있으니만큼, 내장함수는 되도록 사용하지 않는 것으로 하겠습니다. [코드 14-5]를 참고하기 바랍니다. In [12]의 1~6행은 최댓값 m과 그 값의 인덱스 pos를 구하는 코드입니다. '11장. 알고리즘 연습 파트 1'에서 다루어 본 내용입니다. 8행에서 최댓값이 있는 위치에 (최솟값을 저장하는 대신에) 충분히 작은 값을 할당하고 있습니다. 이렇게 바뀌어진 리스트에 대해 10~13행에서 최댓값을 다시 구합니다. 15행에서 가장 큰 값(m 값)과 두 번째로 큰 값(m2 값)을 화면에 출력합니다.

[코드 14-5]
검증된 알고리즘을
구현한 파이썬 코드

In [11]:
```
1  a=[5, 3, 6, 8, 9, 1, 2, 7, 4]
```

In [12]:
```
1  m=a[0]
2  pos=0
3  for k in range(1, len(a)):
4      if a[k]>m:
5          m=a[k]
6          pos=k
7
8  a[pos]=-999  # sufficiently small number
9
10 m2=a[0]
11 for k in range(1, len(a)):
12     if a[k]>m2:
13         m2=a[k]
14
15 print(m, m2)
```

```
9 8
```

일단 제대로 동작하는 것을 확인했습니다. 그런데 이 알고리즘에 약점을 찾아본다면 무엇이 있을까요? 코드를 간단하게 만드느라 의도적이긴 했지만, 8행에서 최솟값을 사용하는 대신에 "충분히 작은 값"을 사용한 것은 경우에 따라 문제가 될 수도 있을 것 같습니다. 하지만 좀 더 중요한 문제는 코드 실행 중에 리스트의 항목값(들)이 다른 값(들)으로 바뀐다는 것입니다. 만약에, 리스트의 원본 데이터가 계속 그대로 유지되어야 한다면 (예를 들어, 이후에 다른 연산에 사용되어야 한다면) 이 알고리즘을 그대로 사용하기는 어렵습니다. 만약에 원본 데이터를 그대로 살려두려면 그 데이터를 복사(copy)해서 사용하는 것이 필요합니다. 데이터의 복사와 관련된 문제를 잠깐 살펴보겠습니다.

데이터 복사를 알아봅니다

파이썬에서 제공하는 내장함수로 id()라는 함수가 있습니다. 이 함수의 명세를 보면, 아래와 같이 "객체의 아이덴티티를 돌려주는(Return the identity of an object)" 함수입니다.

[코드 14-6]
id() 내장함수의 명세

```
Signature: id(obj. /)
Docstring:
Return the identity of an object.

This is guaranteed to be unique among simultaneously existing objects.
(CPython uses the object's memory address.)
Type: built in function_or_method
```

여기서 아이덴티티는 여러 객체를 서로 구별하기 위해서 객체마다 주어지는 유니크한(unique, 중복이 없는) 어떤 값입니다. 사람들도 각자를 구별하기 위해 태어나면서 주민번호를 부여받습니다. 학교에 가면 학번을 받고, 회사에 가면 사번을 받습니다. 마찬가지로, 파이썬 코딩 중에 만들어지는 모든 데이터(객체)도 유니크한 번호를 부여받게 되는데 이것을 객체의 아이덴티티identity라고 부릅니다. 객체의 참조자(reference)라 부르기도 하고, 학술적으로는 OIDObject IDentity라는 용어도 사용합니다. 참고로 파이썬에서 객체의 아이덴티티값은 해당 객체가 저장되어 있는 메모리의 주소값을 사용합니다. 실제로 정숫값 10을 a 변수에 할당한 후에 id(a)로 a가 가리키는 데이터의 아이덴티티를 확인해보면 어떤 숫자값을 확인할 수 있게 되는데, 이 숫자는 정숫값 10이 저장되어 있는 메모리의 주소에 해당합니다.

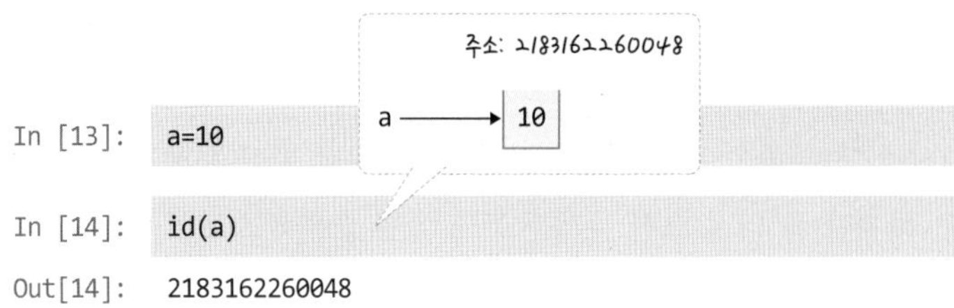

[그림 14-1] 데이터의 아이덴티티값으로 사용하는 메모리 주소값

만약, a 값을 복사해서 b 값에 저장하려 한다고 해봅시다. 그러면 언뜻 떠오르는 명령문은 b=a일텐데, 우리가 예측한 것과는 조금 다르게 동작합니다. 실제로 b=a한 후에 b의 id 값을 출력해보면 a와 같은 주소를 가리키고 있는 것을 확인할 수 있습니다. 즉, a와 b가 같은 메모리 장소를 가리키게 됩니다.

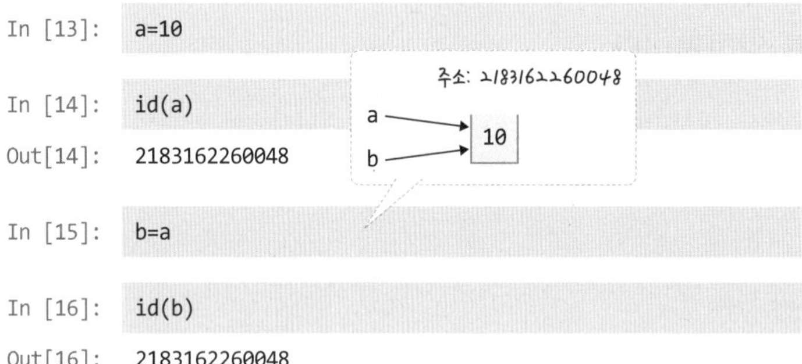

[그림 14-2] 같은 메모리 장소를 가리키는 두 개의 변수 a와 b

만약, 여기서 b=20 명령문을 실행하면 어떤 일이 벌어질까요? 파이썬에서는 변수가 가리키는 데이터가 변할 수 있는지 (mutable한지), 그렇지 않은지(immutable한지)에 따라 결과가 달라집니다. 일단 현재는 b가 10이라는 숫자 데이터를 가리키고 있는 상태입니다. 여기서 b=20이라는 재할당이 이루어지면 두 가지 시나리오가 가능합니다. 첫째는 b가 가리키고 있는 장소에 저장된 값을 10에서 20으로 바꿔주는 것입니다. 다음 [그림 14-3]의 ⓐ와 같이 동작하는 경우에 해당합니다. 이와 같이, 한 번 선언된 후에 값이 바뀔 수 있는 데이터를 mutable이라고 부릅니다. 파이썬에서는 리스트와 딕셔너리만 mutable합니다.

[그림 14-3] mutable과 immutable의 차이

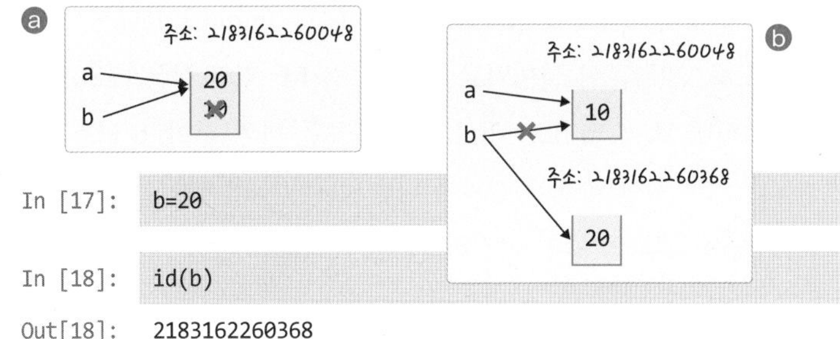


```
In [17]: b=20

In [18]: id(b)
Out[18]: 2183162260368
```

리스트와 딕셔너리를 제외한 모든 데이터 타입은 immutable합니다(변할 수 없습니다). 숫자 데이터, 문자열 데이터, 튜플 등이 여기에 속합니다. immutable한 데이터 타입은 한 번 선언된 후에는 그 값을 (즉, 해당 변수가 가리키는 메모리 장소에 저장된 값을) 바꿀 수 없습니다. 어떤 변수에 immutable한 데이터를 재할당하는 경우에는 새로운 장소에 해당 데이터를 생성하고 해당 변수가 그 장소를 가리키도록 바뀝니다. [그림 14-3]의 ⓑ에 해당합니다. 10을 가리키는 데 사용되고 있던 b 변수를 이제는 (다른 장소에 새로 만들어진) 20을 가리키도록 바뀐다는 의미입니다. b 변수가 원래 가리키고 있던 장소에 저장되어 있는 값이 10에서 20으로 바뀌는 것이 아닙니다.

그런데 우리가 다루고 있는 리스트 데이터는 mutable한 데이터 타입입니다. [그림 14-4]의 In [20]에서와 같이 b=a 명령문이 실행되면, 그림에서 보듯이 두 변수 a와 b가 동일한 리스트를 가리키게 됩니다. 이것은 In [21]에서 a와 b의 id 값이 동일한 것으로부터 짐작할 수 있습니다.

[그림 14-4] 동일한 리스트를 가리키는 a와 b

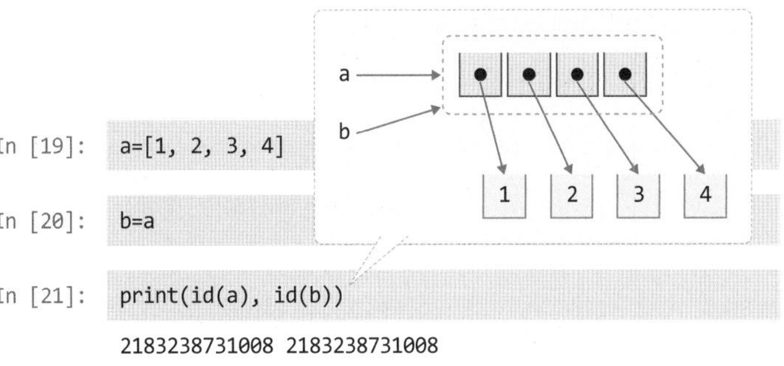


```
In [19]: a=[1, 2, 3, 4]

In [20]: b=a

In [21]: print(id(a), id(b))
2183238731008 2183238731008
```

이 상태에서 만약 `b[0]=100` 명령문이 실행되면, `b[0]` 변수는 immutable한 숫자 데이터를 가리키고 있으므로, 명령문이 실행되고 나면 [그림 14-5]와 같은 메모리 상태를 가지게 됩니다. 그러다 보니, In [22]~In [24]에서 보는 바와 같이, b 리스트의 항목값을 바꾸면 a 리스트도 함께 바뀌는 결과가 나타납니다. a와 b가 같은 데이터를 가리키고 있으니 당연한 결과입니다. 여전히, 우리가 원하고 있는 "원본 데이터를 보존하는" 방법이 아닙니다.

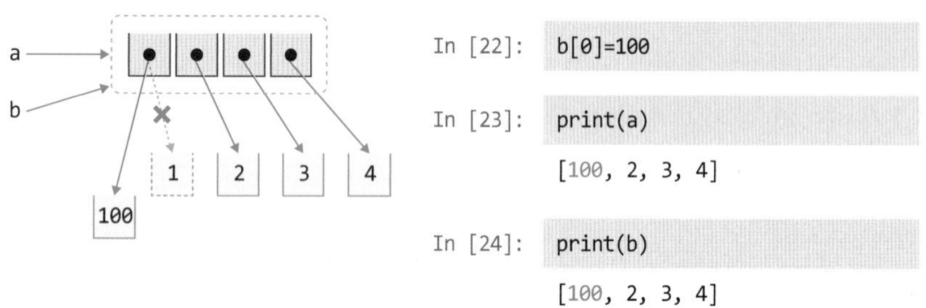

[그림 14-5] b 리스트의 항목값을 바꾸면 a 리스트도 함께 바뀌는 결과

여기서 한 가지 생각할 수 있는 것은 또 다른 하나의 빈 리스트를 만든 다음에 a의 항목값을 item by item으로 복사하는 것입니다. 실제로 코드를 만들어 보면 [그림 14-6]의 In [25]와 같습니다. In [25]의 1행에서 a 리스트가 `[1, 2, 3, 4]`로 선언되었습니다. 2행에서 b를 빈 리스트로 선언한 후에 3~4행에서 a의 각 항목값을 b 리스트에 `append()`하였습니다. 이렇게 했더니, 실제로 In [26]에서 `b[0]` 값을 100으로 변경시키더라도, a 리스트의 항목값에는 영향이 없다는 것을 확인할 수 있습니다(In [27] 참조). [그림 14-6]의 메모리 상태를 참조하기 바랍니다. 계속 강조하고 있지만, 변수의 할당이 코딩의 전부입니다. 결국, 변수에 데이터가 어떻게 할당되는지 이미지가 그려져야 코딩이 자유로워집니다.

어쨌든, 원본 데이터를 보존하겠다는 목적이 달성되는 순간입니다. 브라보!! 하지만 아쉽게도 반쪽의 성공입니다. 10장에서 리스트를 공부하면서 리스트에는 서로 다른 여러 타입의 데이터를 담을 수 있다는 것을 알아보았습니다. 심지어 리스트 안에 또 다른 리스트를 담을 수도 있습니다. mutable인 리스트 안에 mutable한 데이터구조(예를 들어, 또 다른 리스트)를 가지고 있는 경우에는 "원본 데이터가 변하는" 문제가 똑같이 나타납니다. 먼저 한 번 상상해보기 바랍니다. [그림 14-6]에서 `a[0]`이 가리키는 데이터가 리스트라면 `b[0]`도 그 리스트를 함께 가리키고 있게 됩니다. 문제가 다시 반복됩니다.

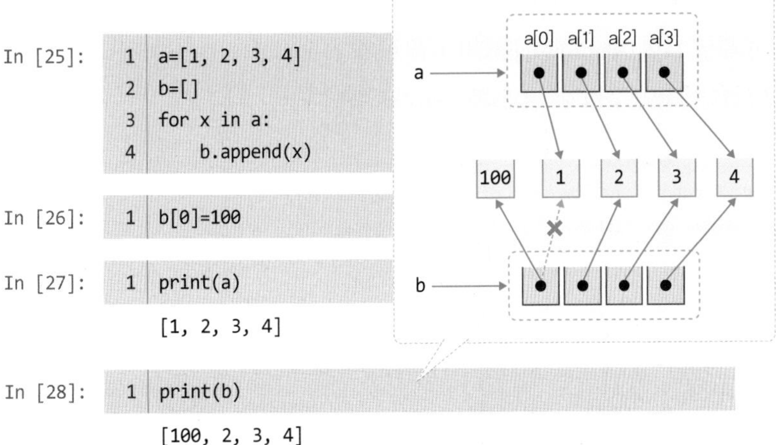
In [25]:
1 a=[1, 2, 3, 4]
2 b=[]
3 for x in a:
4   b.append(x)
In [26]:
1 b[0]=100
In [27]:
1 print(a)
[1, 2, 3, 4]
In [28]:
1 print(b)
[100, 2, 3, 4]
a
a[0] a[1] a[2] a[3]
100
1
2
3
4
b

[그림 14-6] 얕은 복사 (shallow copy)

예제로 a 리스트를 [1, 2, 3, [4, 5, 6]]으로 선언한 후에, b 변수에 item by item으로 복사합니다. 그 후에 a[3][0] 값(a[3]이 가리키는 리스트의 [0]번째 요소를 가리킵니다)을 100으로 바꾸었을 때의 메모리 상태를 나타내어 보면 [그림 14-7]과 같습니다. a[3][0]과 b[3][0]이 똑같은 장소의 값을 가리키기 때문에 결국 위의 방법도 "원본을 보존할 수 있는 정확한 방법"은 아닌 셈이 됩니다.

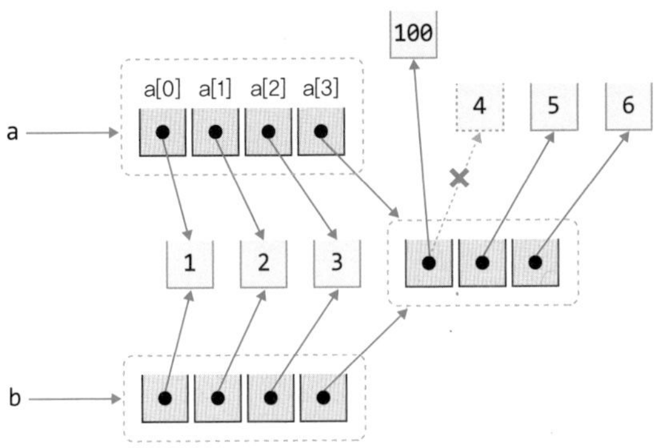
100
a[0] a[1] a[2] a[3]
4
5
6
a
1
2
3
b

[그림 14-7] a[3][0]과 b[3][0]이 똑같은 장소의 값을 가리킴

그래서 다른 복사 방법이 필요하게 되는데 이 방식을 '깊은 복사(Deep Copy)'라고 부릅니다. 상대적으로, 앞서 우리가 살펴본 방식은 '얕은 복사(Shallow Copy)'라고 부릅니다. 실제로 깊은 복사를 구현하는 코드를 만들어 보는 것도 의미가 있겠지만, 여기서는 파이썬이 제공하는 얕은 복사와 깊은 복사 기능을 소개하는 것으로 마무리하겠습니다.

먼저 얕은 복사는 list.copy 메서드를 활용할 수 있습니다. 실제로 list.copy 메서드의 명세를 보면, shallow copy라는 용어가 사용되고 있습니다. 우리가 [그림 14-6] In [25]에서 만들어 본 것과 똑같이 작동합니다.

```
Signature: list.copy(self, /)
Docstring: Return a shallow copy of the list.
Type:      method_descriptor
```

[코드 14-7]
얕은 복사를 수행하는 list.copy 메서드의 독스트링

다음과 같이 사용할 수 있습니다.

```
In [29]:  a=[1, 2, 3, 4]

In [30]:  b=list.copy(a)

In [31]:  print(b)
          [1, 2, 3, 4]
```

[코드 14-8]
list.copy()의 사용법

깊은 복사는 copy라는 이름의 표준모듈을 import한 후에 deepcopy() 함수를 활용하여 만들어 낼 수 있습니다. 실제로 [코드 14-9]처럼 활용할 수 있습니다.

```
In [32]:  import copy

In [33]:  a=[1, 2, 3, [4, 5, 6]]

In [34]:  b=copy.deepcopy(a)

In [35]:  print(b)
          [1, 2, 3, [4, 5, 6]]

In [36]:  b[3][0]=100

In [37]:  print(b)
          [1, 2, 3, [100, 5, 6]]
In [38]:  print(a)
          [1, 2, 3, [4, 5, 6]]
```

[코드 14-9]
deepcopy() 함수를 활용한 깊은 복사

참고로 copy 모듈에서 얕은 복사를 위한 함수도 제공하고 있습니다. 함수명은 copy()입니다. copy.copy()로 호출할 수 있습니다. 한 번 확인해보기 바랍니다.

아이디어 2: 오름차순으로 정렬했을 때 마지막에서 두 번째로 있는 값입니다

어떤 리스트 a를 오름차순으로 정렬한 후에 마지막에서 두 번째로 있는 값, 즉 a[-2]가 이 리스트에서 두 번째로 큰 값이 됩니다. (너무 당연한 아이디어지만) 아이디어가 올바로 작동하는지 파이썬의 내장함수 sorted()를 활용해서 먼저 확인하겠습니다. 내장함수 sorted()의 명세와 예제를 보면 다음과 같습니다. 오름차순으로 변환된 새로운 리스트를 만들어서 반환해 줍니다.

[코드 14-10] sorted() 내장함수의 명세

```
Signature sorted (iterable, /, *, key-None, reverse=False)
Docstring:
Return a new list containing all items from the iterable in ascending order.

A custom key function can be supplied to customize the sort order, and the
reverse flag can be set to request the result in descending order.
Type: built in function_or_method
```

[코드 14-11] sorted() 내장함수의 예제

```
In [39]: a=[6, 3, 2, 1, 7, 8, 4, 5, 9]

In [40]: b=sorted(a)

In [41]: print(b)
         [1, 2, 3, 4, 5, 6, 7, 8, 9]
```

참고로 리스트도 정렬을 위한 메서드를 제공합니다. list.sort 메서드입니다. 예제를 보면 [코드 14-12]와 같습니다. In [43]의 list.sort(a) 명령문을 실행하고 나면 해당 리스트의 데이터가 오름차순으로 정렬된 상태로 바뀌게 됩니다. 실제로, In [45]에서 우리가 목적하던 두 번째로 큰 값을 a[-2]로 찾아내었습니다.

[코드 14-12] list.sort 메서드를 활용한 정렬

```
In [42]: a=[6, 3, 2, 1, 7, 8, 4, 5, 9]

In [43]: list.sort(a)

In [44]: print(a)
         [1, 2, 3, 4, 5, 6, 7, 8, 9]

In [45]: print(a[-2])
         8
```

앞서 13장에서 선택정렬과 거품정렬을 살펴보았는데, 이를 활용해서 실제 코드를 한 번 만들어 보기 바랍니다. 아래는 선택정렬을 이용해서 만들어본 모범답안입니다.

[코드 14-13]은 모범답안이지 정답이란 뜻이 아닙니다. 정답은 여러분이 꼭 스스로 찾아내길 바랍니다.

In [46]:
```
a=[5, 3, 6, 8, 9, 1, 2, 7, 4]

for y in range(len(a), 0, -1):
    m=a[0]
    pos=0
    for x in range(1, y):
        if a[x]>m:
            m=a[x]
            pos=x
    t=a[pos]
    a[pos]=a[y-1]
    a[y-1]=t

print('The 2nd largest number is ', a[-2])
```
```
The 2nd largest number is  8
```

[코드 14-13]
선택정렬을 이용해서
만들어본 모범답안

아이디어 3: 리스트의 각 값에 대해 자신의 값보다 큰 값의 개수를 세었을 때 그 개수가 1인 수가 두 번째로 큰 값입니다

리스트의 각 데이터 항목에 대해, 리스트 중에 자기보다 큰 값의 개수를 모두 세어봅니다. 그 개수가 1인 수가 두 번째로 큰 수가 됩니다. 13장에서 개수를 카운트하는 기본 코드를 공부한 적이 있는데 그 내용을 떠올려 보기 바랍니다. 예를 들어, 어떤 리스트 `[5, 3, 6, 8, 9, 1, 2, 7, 4]`에 대해 `a[0]` 값보다 큰 값의 개수를 카운트하고자 한다면 [코드 14-14]와 같이 코드를 만들어 볼 수 있습니다. `a` 리스트 안에는 `a[0]`인 5보다 큰 값으로 6, 7, 8, 9 등의 4개 값이 있습니다. 코드와 결과를 확인하기 바랍니다.

[코드 14-14]
a[0] 값보다 큰 값의 개수를 카운트하는 코드

In [47]:
```
a=[5, 3, 6, 8, 9, 1, 2, 7, 4]
```

In [48]:
```
cnt=0
for x in a:
    if x>a[0]:
        cnt=cnt+1
print(cnt)
```

```
4
```

만약, 리스트 항목 중에 a[1] 값보다 큰 값의 개수를 카운트하고자 한다면 [코드 14-14]에서 어느 부분이 수정되어야 하는지 한 번 생각해보기 바랍니다. 실제로 코드를 만들어 보면 [코드 14-15]와 같습니다.

[코드 14-15]
a[1] 값보다 큰 값의 개수를 카운트하는 코드

In [49]:
```
a=[5, 3, 6, 8, 9, 1, 2, 7, 4]
```

In [50]:
```
cnt=0
for x in a:
    if x>a[1]:
        cnt=cnt+1
print(cnt)
```

```
6
```

a[0]과 a[1]에 대해 잘 동작하는 것이 확인되었습니다. 이를 모든 a[k], k=2, 3, … 에 대해 적용하면 [코드 14-16]처럼 이중 루프 구조가 됩니다.

[코드 14-16]
리스트의 각 항목에 대해 해당 항목값보다 큰 값의 개수를 구하는 코드

In [51]:
```
a=[5, 3, 6, 8, 9, 1, 2, 7, 4]
```

In [52]:
```
for k in range(len(a)):
    cnt=0
    for x in a:
        if x>a[k]:
            cnt=cnt+1
    m2=None
    if cnt==1:
        m2=a[k]
        break

print('The 2nd largest :', m2)
```

```
The 2nd largest : 8
```

In [52]의 2~5행에서 a[k] 값보다 큰 값의 개수를 구해서 cnt 변수에 저장하게 됩니다. 7~9행은 cnt 변숫값을 참조해서 만약에 1이면 m2 변수에 현재의 항목값 a[k]를 저장한 후에 루프를 빠져나오게끔 만들어져 있습니다. 여기서 한 가지 조심할 것은 m2 변숫값을 할당하는 문장이 7행의 if 조건문 안에 있다는 점입니다. 무슨 뜻이냐 하면, 만약에 프로그램 실행 중에 if 조건문의 조건식이 한 번도 참이 되지 않으면 m2에는 아무 값도 저장되지 않게 되므로 1~9행의 for문을 빠져나온 후에 실행되는 11행의 print()문에서 에러(NameError: name 'm2' is not defined)가 발생한다는 의미입니다. 조건에 따라 변수 할당이 될 수도 있고 안 될 수도 있는 경우에는 그 변수가 정의되지 않은 상태가 되어 나중에 참조할 때 에러가 발생할 수 있으니 그 전에 (if문 직전에) 변숫값을 초기화하는 것은 "예측치 못한" 실행 에러를 줄이는 데 큰 도움이 됩니다. In [52]의 경우에는 6행에서 m2 변수를 None 값으로 초기화하였습니다.

물론, 다른 알고리즘에도 비슷한 문제가 있습니다만, '아이디어 3'의 경우에는 특히 "최댓값이 두 개 이상 중복되어 있는" 경우에 문제가 될 소지가 있습니다. 예를 들어, a 리스트의 값이 [1, 2, 3, 9, 9, 9]라면 두 번째로 큰 값은 무슨 값이 되어야 할까요? '아이디어 3'의 경우에 9의 카운트는 0이고, (중복을 빼고) 두 번째로 큰 값인 3의 카운트는 3이 나옵니다. cnt 값이 1이 되는 경우가 생기지 않습니다.

이 문제를 보완하려면 어떻게 해야 할까요? 그런데 그에 앞서 먼저 생각해 볼 것은 우리가 찾아야 할 두 번째로 큰 값이 9인지 3인지 명확하지 않다는 것입니다. 중복을 허용한다면 3이 맞고, 중복을 허용하지 않는다면 9가 맞는 답이 되겠습니다. 즉, 리스트에 값의 중복 문제를 고려해야 하는 경우가 생깁니다.

리스트 항목의 중복을 없애려는 경우에는 Set를 활용합니다

리스트 항목값의 중복 문제를 고려하는 경우에는 세트[Set]라는 데이터구조가 유용할 수 있습니다. 세트는 여러 항목을 중괄호({})로 묶어서 정의합니다. 중괄호로 묶는 것은 딕셔너리와 같지만, 묶이는 항목이 key:value 쌍이 아니라 일반 숫자나 문자열과 같은 데이터라는 차이가 있습니다. 세트는 우리가 알고 있는 (수학에서의) 집합에 해당합니다. 집합에 포함되는 원소는 서로 다르고 (즉, 중복이 허용되지 않습니다.)

순서가 없으며 (즉, 인덱스가 존재하지 않습니다.) 덧셈이나 뺄셈 같은 수학적 연산을 적용할 수 없습니다. 세트 데이터구조의 특징을 정리해보겠습니다.

첫째, 세트는 중복을 허용하지 않습니다. 실제 예를 보면, [코드 14-17]과 같습니다.

[코드 14-17]
중복을 허용하지 않는 세트

```
In [53]:  a={1, 2, 3, 9, 9, 9}

In [54]:  a
Out[54]:  {1, 2, 3, 9}
```

둘째, 항목 간에 순서가 없습니다. 그래서 인덱스를 통해서 항목을 참조할 수 없습니다. 단, for each를 통해서 항목에 직접 접근하는 것은 가능합니다.

[코드 14-18]
for each를 통한 직접 접근 가능

```
In [55]:  a={1, 2, 3, 9}
          for x in a:
              print(x, end=' ')

          1 2 3 9
```

실제로 세트의 항목을 인덱스로 참조하려고 하면 다음과 같이 타입 에러[TypeError]가 발생합니다.

[코드 14-19]
세트의 원소는 인덱스로 접근할 수 없음

```
In [56]:  a={1, 2, 3, 9}

In [57]:  print(a[0])

          ---------------------------------------------------------------------
          TypeError                              Traceback (most recent call last)
          ~\AppData\Local\Temp/ipykernel_4004/3848010232.py in <module>
          ----> 1 print(a[0])

          TypeError: 'set' object is not subscriptable
```

셋째, 두 개 이상의 세트로부터 합집합, 교집합, 차집합을 구할 수 있는 기능이 각각 `set.union`, `set.intersection`, `set.difference` 메서드로 제공되고 있습니다. 예제는 [코드 14-20]과 같습니다.

```
In [58]: set.union({1, 2, 3}, {4, 5, 6})
Out[58]: {1, 2, 3, 4, 5, 6}
```

[코드 14-20]
세트의 연산: 합집합, 교집합, 차집합

```
In [59]: set.intersection({1, 2, 3, 4}, {3, 4, 5})
Out[59]: {3, 4}

In [60]: set.difference({1, 2, 3, 4}, {3, 4, 5})
Out[60]: {1, 2}
```

넷째, 리스트, 튜플, 세트는 서로 변환될 수 있습니다. 즉, 리스트를 튜플이나 세트로, 튜플을 리스트나 세트로, 세트를 리스트나 튜플로 바꿀 수 있습니다. [코드 14-21]은 세트를 리스트로 변환시켜본 예제입니다. 리스트로 변환시킬 때에 `list()` 함수를 사용하는 것처럼, 튜플로 변환시킬 때에는 `tuple()` 함수를, 세트로 변환시킬 때에는 `set()` 함수를 활용할 수 있습니다.

```
In [61]: a={1, 2, 3, 4, 5}

In [62]: b=list(a)

In [63]: print(b)
         [1, 2, 3, 4, 5]
```

[코드 14-21]
서로 변환되는 리스트, 튜플, 세트

아이디어 4: 두 번째로 큰 값은 max 값보다 작은 값 중에 가장 큰 값입니다

최댓값이 아닌 값 중에서 가장 큰 값이 두 번째로 큰 값이 됩니다. `a` 리스트의 최댓값 `m`을 알고 있는 상태에서 두 번째로 큰 값인 `m2`는 `m`을 제외한 모든 `a[k], k=0, 1, 2, …`에 대해 `a[k]<m2<m` 조건을 만족하는 값이 됩니다. 앞의 조건식은 `a[k]<m2 and m2<m`으로도 표현할 수도 있습니다. 실제 코드를 보면 [코드 14-22]와 같습니다.

[코드 14-22]
아이디어 4의 구현 코드

```
In [64]:
1 a=[5, 3, 6, 8, 9, 1, 2, 7, 4]
```

```
In [65]:
1 m=max(a)
2 m2=a[0]
3 for x in a:
4     if m2<x<m:
5         m2=x
6 
7 print('The 2nd largest :', m2)
```

```
The 2nd largest : 8
```

4행의 조건식은 `m2<x` and `x<m`을 사용해도 되고, "최댓값이 아닌 값 중에서 가장 큰 값"이란 의미에서 `m2<x` and `x!=m`을 사용해도 동일한 결과를 얻을 수 있습니다.

14장을 정리하겠습니다

여러 장에 걸쳐서 알고리즘과 코딩을 연습해 보았습니다. 조그맣게 결론을 내려 본다면, 우선, 너무 당연한 얘기지만 코딩보다는 알고리즘이 중요합니다. 알고리즘이 명확하면 코딩은 기계적으로 이루어집니다. 즉, 코딩 자체는 머리 쓸 일이 별로 없다는 뜻이고, 코딩 자체가 어려워서는 안 된다는 뜻입니다. 말을 할 때도 "무슨 말을 할지"가 어려운 문제인거지 "어떻게 발성할지"가 어려워서는 상대방과 원활한 소통을 하는 데 한계가 있습니다. 코딩 연습을 통해 얼른 코딩에서 자유로워지기를 바랍니다.

그리고 본인이 만든 코드가 항상 (어떤 경우에든) 잘 작동하는지를 검증하기 위해 다양한 경우(테스트 케이스)에 대해 실행해보고 결과를 확인해보는 것은 매우 중요합니다. 코드의 에러를 최소화하는 노력이기도 하지만 이런 검증 작업을 통해 알고리즘의 약점을 보완할 수 있는 기회를 찾아낼 수 있습니다. 사실 버그없는(Bug-Free) 소프트웨어가 없듯이 (그렇다고 버그를 용인하라는 뜻은 아닙니다) 알고리즘에도 약점이 없을 수 없습니다. 그런 약점들을 미리 찾아내고 보완하는 것은 소프트웨어 개발자가 갖추어야 할 가장 중요한 덕목이기도 합니다.

마지막으로, 문제가 주어지면 (또는 발견되면) 그 문제를 해결하기 위한 알고리즘이 개발되고, 알고리즘이 개발되면 컴퓨터를 통해 자동화할 수 있도록 코딩 작업이 이루어집니다. 그러다 보니 문제가 명확하지 않으면 그다음의 모든 과정이 무의미해집니다. 열심히 만든 후에 "아, 이게 아닌가 본데?" 하는 경우가 적지 않습니다. 내가 풀려고 하는 문제가 무엇인지, 또는 내가 찾아야 하는 답이 무엇인지가 항상 명확하게 정의되어 있어야 합니다.

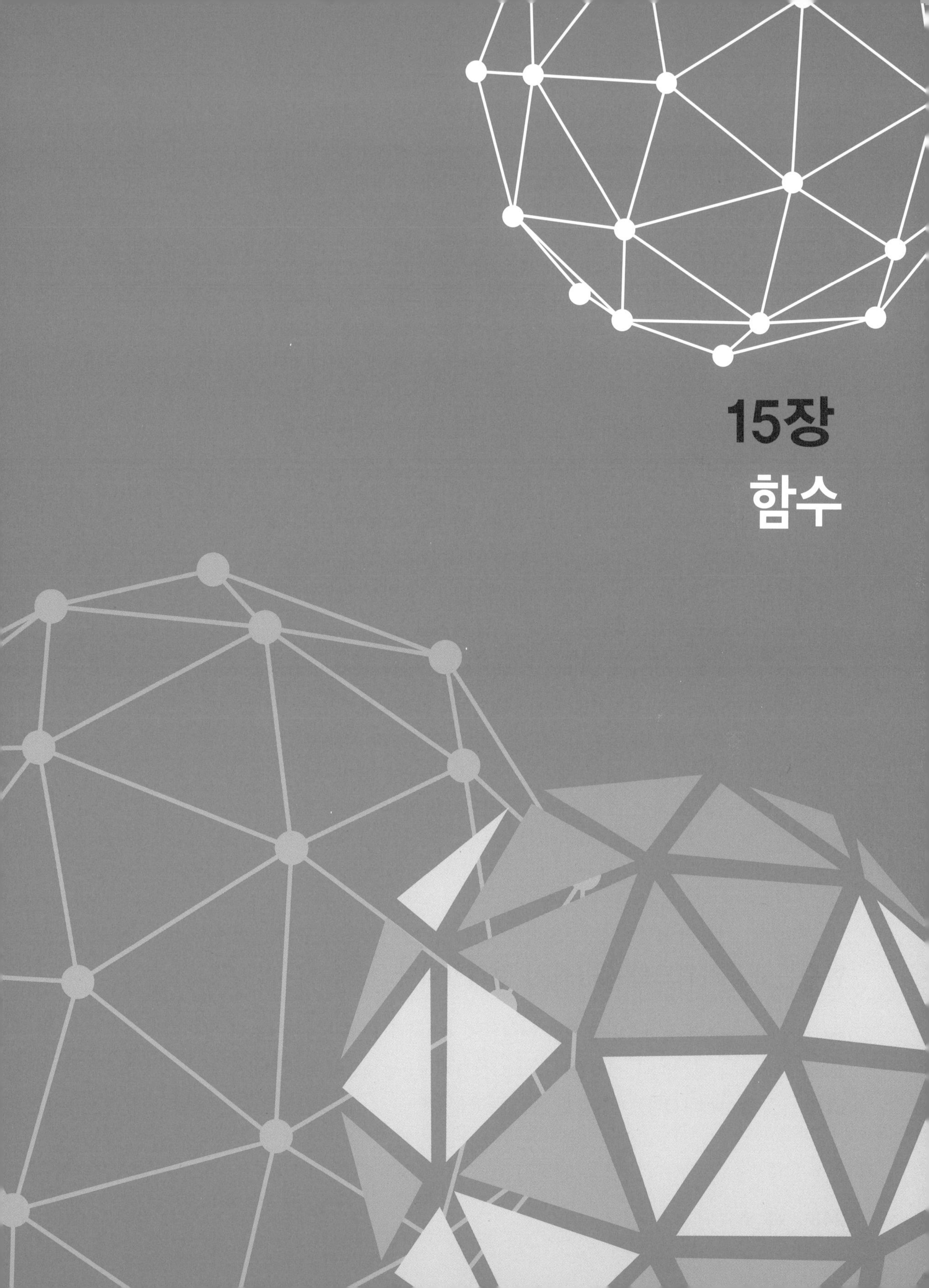

15장
함수

함수는 '명령문들의 묶음'을 가리키는 이름입니다. 여기서 명령문들을 묶는다는 것은 무슨 의미일까요?(1장에서 예로 들었던 것과 유사하게) 아직 어려서 혼자서는 양치질을 할 줄 모르는 아이가 있다고 가정하겠습니다. 이 아이에게 양치질하는 방법을 가르치려고 합니다.

> "양치질을 어떻게 하느냐 하면 말이지. 먼저, 치약을 들고 뚜껑을 열어. 그다음에 칫솔을 들고 … (혹시 아기가 잘못하면 조정해주기도 합니다.) 아니지, 치약은 오른손에, 칫솔은 왼손에 드는 게 편하지. 그다음에 치약 튜브를 눌러서 치약을 조금 나오게 하고 그 치약을 칫솔에 묻혀. 그러고 나서, 이제 칫솔을 오른손으로 바꿔 쥐고 윗니도 닦고, 아랫니도 닦고. 다 닦았다 싶으면 다음으로 물을 머금고 입을 헹군 다음 물을 뱉어. 마지막으로 칫솔을 씻고 세면대를 정리하면 돼."

아이가 양치질하는 방법을 모를 때에는 모든 동작을 일일이 지시해야 합니다. 하지만 아이가 양치질하는 법을 알게 되면, 그다음부터는 예전처럼 일일이 지시하고 조정할 필요 없이 그냥 "양치질 해~"라고만 얘기해도 됩니다. 여기서 "양치질하다"라는 단어는 앞서 설명한 '복잡한 과정'을 가리키는 이름이 됩니다.

파이썬에서도 이와 똑같은 의미로 여러 개의 명령문을 하나의 단위로 묶을 수 있습니다. 이를 '함수(function)'라고 부르는데, 컴퓨터 언어에 따라서 서브루틴Sub-Routine 또는 프로시저procedure라고 불리기도 합니다. 곧 객체를 공부하면서 살펴보겠지만, 특별히 객체에 포함되어 있는 함수를 메서드method라고 부릅니다. 어쨌든 함수는 여러 개의 명령문을 하나로 묶고, 그 묶음에 유니크한 이름을 부여함으로써 정의할 수 있습니다.

함수는 def 키워드를 사용해서 정의합니다

파이썬에서는 함수를 정의하는 데 `def` 키워드를 사용합니다. `def` 키워드는 define(정의하다)의 준말입니다. 예를 들어, `print('1')`과 `print('2')`의 두 개 명령문으로 구성된 `myprint()`라는 이름의 함수를 만들겠습니다.

[코드 15-1]
myprint() 함수 정의

```
In [1]:
1 def myprint():
2     print('1')
3     print('2')
```

In [1]의 1행에 있는 `def myprint()`는 myprint라는 이름의 함수를 정의하겠다는 뜻입니다. 해당 줄의 마지막에 콜론(:)이 있는 것에 유의하기 바랍니다. 함수의 정의에 사용되는 콜론의 의미는 우리가 for와 if에서 사용했던 콜론과 의미가 똑같습니다. 콜론 다음에 `myprint()` 함수를 구성하는 명령문들이 따라온다는 의미입니다. 실제로 `myprint()`를 구성하는 두 개의 명령문이 콜론 다음에 들여쓰기(indentation)로 작성되어 있습니다.

함수는 시그니처[signature]와 임플리멘테이션[implementation]('구현'이라고 해석합니다)의 두 개 부분으로 구성되어 있습니다. 시그니처는 `def` 키워드 다음에 따라오는 함수명에 해당하고, 함수의 임플리멘테이션은 함수의 몸통(실제로, 함수의 바디(body)로 부르기도 합니다)에 해당하며 함수의 실행 로직을 나타냅니다. [그림 15-1]을 참고하기 바랍니다.

[그림 15-1] 함수의 시그니처와 임플리멘테이션

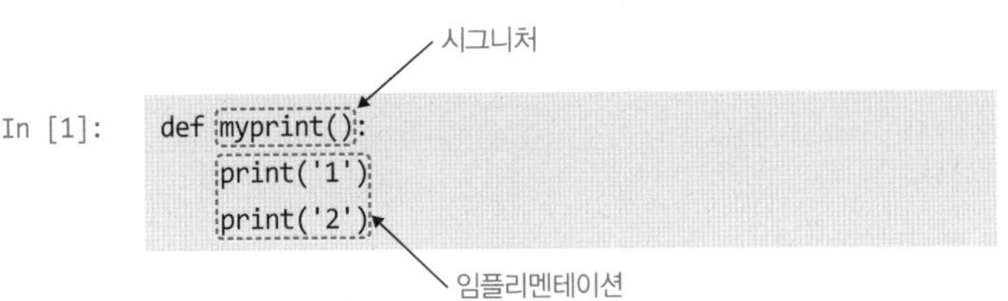

이렇게 함수를 정의하고 나면 함수 호출(call 또는 invoke라고 부릅니다)을 통해 해당 함수를 실행할 수 있습니다. 함수의 호출은 함수명과 인자를 사용해서 함수명(인자)의 형태로 이루어집니다. 'Hi' 문자열을 출력하는 `print()` 함수를 호출할 때 `print('Hi')`라고 썼던 것을 떠올려 보기 바랍니다. 방금 만들어 본 `myprint()` 함수는 인자가 없는 경우여서 간단하게 다음과 같이 호출할 수 있습니다.

[코드 15-2]
myprint() 함수 호출

```
In [2]: myprint()
1
2
```

변수가 데이터를 가리키는 이름인데 비해, 함수는 어떤 절차를 가리키는 이름입니다. 변수와 비교해서 형태상으로 보이는 차이는, 함수는 이름 다음에 괄호가 붙어 있습니다. 예를 들어, 괄호가 없이 혼자 사용된 a는 변수명입니다만, 괄호가 달려있는 f()에서 f는 함수명이 됩니다.

조금 특수한 경우에 함수명이 괄호 없이 사용되기도 합니다만, 현재로는 이렇게 구별하는 것이 좋겠습니다.

함수는 알고리즘을 담는 그릇이 됩니다

알고리즘은 '함수'라는 틀 안에서 만들어집니다. [코드 15-3]의 In [3]은 키보드로부터 input() 받은 정숫값 두 개를 더해서 출력해주는 코드입니다. 그런데 이 코드를 여러 번 반복해서 실행하려면 어떻게 하면 좋을까요?

[코드 15-3]
input() 받은 정숫값 두 개를 더해서 출력해주는 코드

In [3]:
```
a=input('Enter an integer:')
b=int(a)

c=input('Enter an integer:')
d=int(c)

e=b+d
print('sum=', e)
```

```
Enter an integer:24
Enter an integer:12
sum= 36
```

쉽게는 "복사해서 붙여넣기"를 할 수도 있겠지만, 가장 효과적인 방법은 이 과정을 하나의 함수로 정의하고, 필요할 때마다 해당 함수를 호출하여 실행하는 것입니다. [코드 15-3]을 add라는 이름의 함수로 정의하겠습니다. [코드 15-4]의 In [4]를 참고하기 바랍니다. In [3]의 코드 전체를 add()라는 이름으로 '묶은 것' 외에는 따로 추가한 것이 없습니다.

[코드 15-4]
[코드 15-3]을 add()
함수로 정의해서 만든
코드

```
In [4]:  def add():
             a=input('Enter an integer:')
             b=int(a)

             c=input('Enter an integer:')
             d=int(c)

             e=b+d
             print('sum=', e)
```

```
In [5]:  add()

         Enter an integer:24
         Enter an integer:12
         sum= 36
```

```
In [6]:  add()

         Enter an integer:36
         Enter an integer:21
         sum= 57
```

이렇게 함수를 정의하고 나면, "필요할 때마다" 함수를 호출하여 반복 실행할 수 있습니다(In [5]와 In [6] 참조). 함수를 호출하면, 해당 함수 안에 정의된 절차가 마치 "복사하여 붙여넣기"한 것처럼 반복 실행되는 것을 확인할 수 있습니다.

함수의 호출은 토큰의 전달입니다

'7장. 컨트롤구조의 개요'에서 프로그램의 실행순서는 토큰[token]의 흐름(flow)으로 해석할 수 있다고 얘기했었는데, 함수의 호출도 그 연장선에서 이해할 수 있습니다. 호출한다는 것은 보통 누군가가 다른 누군가를 부른다는 뜻입니다. 여기서 전자의 누군가는 "부르는 사람"이라는 의미에서 '콜러[caller]'라고 부르고, 후자는 "불리는 사람"이란 의미에서 '콜리[callee]'라고 부릅니다.

콜러가 콜리 함수를 호출하면, 콜러가 가지고 있던 토큰이 콜리 함수에게 전달됩니다. 그렇게 되면 콜러는 실행 권한인 토큰을 잃게 되어 실행을 잠시 멈추게 되고, 반대로 콜리 함수가 실행될 권한을 얻게 됩니다. 콜리 함수의 실행이 모두 끝나면 자신을 호출한 콜러에게 토큰을 다시 되돌려 주게 되는데, 이를 '반환(return)'이라고 부릅니다. 반환을 통해 다시 토큰을 보유하게 된 콜러는 콜리 함수에게 토큰을 전달하면서 중단되었던 상태로부터 다시 실행을 계속하게 됩니다. [그림 15-2]에서는 주피터 노트북에서 `add()` 함수를 호출하는 경우를 보이고 있습니다. 그림에서 표시된 화살표는 토큰의 흐름을 표시하고 있으며, 이것이 결국 프로그램의 실행순서를 나타내게 됩니다.

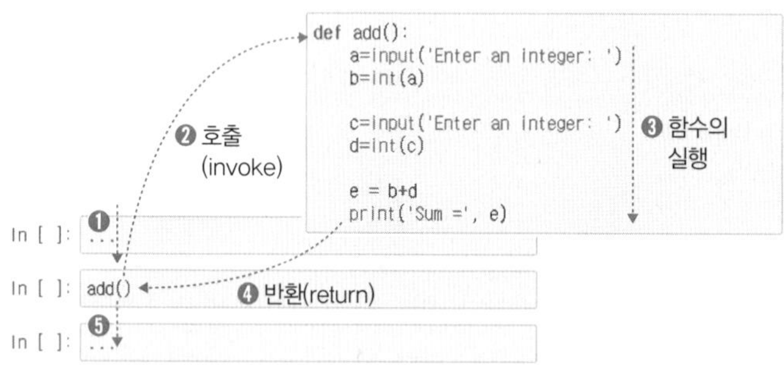

[그림 15-2] 함수의 호출과 토큰의 흐름

여기서 한 가지 유의할 점은 이러한 함수 호출이 단계적으로 계속해서 이어지게 된다는 것입니다. 즉, 함수 A가 함수 B를 호출하고, 함수 B는 또 다른 함수 C를 호출하는 식으로 "함수의 호출"이 또 다른 "함수의 호출"로 이어지게 됩니다. 예를 들어 보겠습니다. 우리가 만든 예제([코드 15-4])에서 `add()` 함수가 호출되면 첫 번째 문장인 `a=input(' … ')`에서 `input()` 함수의 호출이 이루어집니다. 즉, 어떤 함수의 호출이 다른 함수의 호출을 이끌게 됩니다. 이 과정을 그림으로 표현해보면 [그림 15-3]과 같습니다.

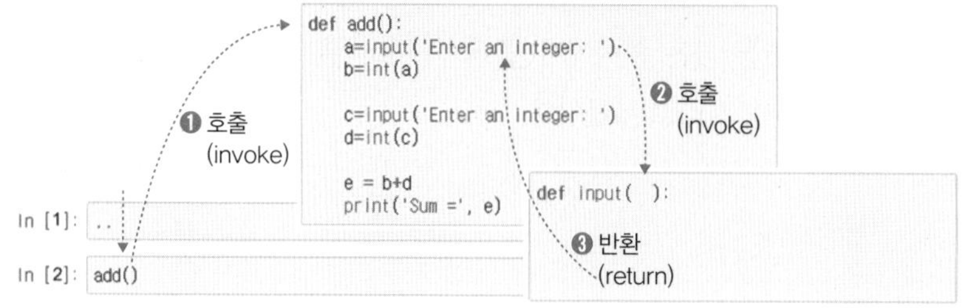

[그림 15-3] 함수의 호출이 이어지는 과정

앞으로 계속 공부할 내용이지만, 소프트웨어는 여러 함수를 조합해서 만들어집니다. 각 함수는 다른 함수(들)에 대한 호출을 포함하고 있습니다. 주피터 노트북(또는 운영체제)에서 첫 번째 명령문을 실행하면 (프로그램의 시작이라는 의미에서 Entry Point 라고 부릅니다) 사전에 정의된 순서에 따라 함수 호출이 연속적으로 이루어지면서 소프트웨어가 실행됩니다. 결국, 소프트웨어는 함수들(함수들의 정의)과 함수들 간의 호출로 만들어집니다. 즉, 함수가 전부라는 뜻입니다. 그럼 변수는요? (프로그램은 "변수+함수"라더니?) 함수와 변수가 서로 어떻게 연관되는지 같이 확인하겠습니다.

프로그램은 IPO로 만들어진 하나의 서비스입니다

프로그램이란 하나의 과정(또는 절차)입니다. 그런데 이 과정에 데이터가 연관되어 있고, 과정의 실행을 통해 데이터가 변환됩니다. 보통의 프로그램 실행을 보면, 어떤 데이터가 원 데이터(Row Data)로 입력됩니다. 사용자가 키보드를 통해 입력한 값일 수도 있고, 데이터베이스[Database]에 저장되어 있는 데이터일 수도 있고, 엑셀 파일에 저장된 데이터일 수도 있습니다. 그렇게 확보된 데이터는 우리가 함수라고 부르는 어떤 처리 과정에 투입됩니다. 그러면 그 처리과정 내부에 정의되어 있는 로직에 따라 데이터의 변환이 이루어지고 최종적으로 사용자가 바라는 데이터를 결괏값으로 구할 수 있게 됩니다. 이러한 과정을 그림으로 표현해보면 [그림 15-4]와 같습니다. 우리가 앞서 살펴봤던 IPO[Input-Process-Output]입니다.

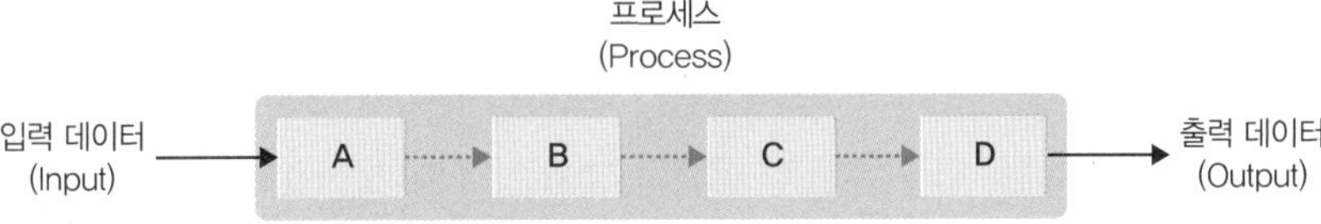

[그림 15-4] 프로그램은 IPO입니다

위의 프로세스를 하나의 함수로 보고 함수 호출과 반환을 연관시켜보면 [그림 15-5]와 같이 나타낼 수 있습니다.

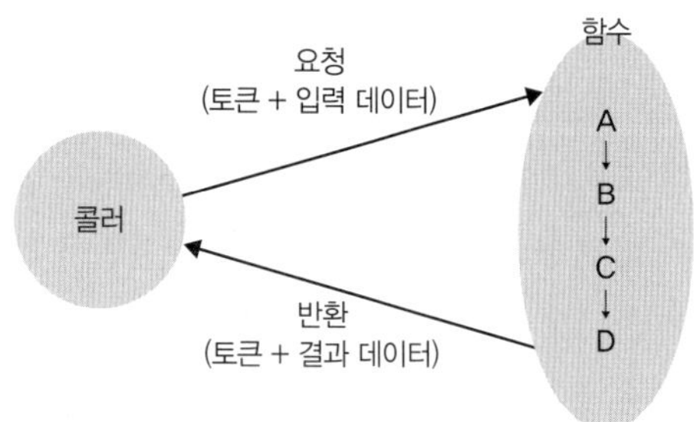

[그림 15-5] 함수의 호출과 반환

여기서 함수는 (콜러 입장에서 보면) 하나의 서비스service에 해당합니다. 콜러가 직접 해야 하는 일(work)을 함수가 대신하는 것이니 '서비스'라고 부를 수 있겠습니다. 우리가 잘 아는 은행의 예를 들어 보겠습니다. 은행은 '고객들을 위해' 여러 서비스를 갖추고 있습니다. '통장 신규발급'도 하고, '비밀번호 변경'도 하고, '인터넷 뱅킹 가입'도 합니다. 예를 들어, 내가 새로 통장을 만들기 위해 은행을 방문하려고 합니다. 그러면 나는 서비스를 요청하는 측(side)이 되고 은행은 서비스를 제공하는 측이 됩니다. 여기서 서비스를 요청하는 측을 클라이언트client라고 부르고 서비스를 제공하는 측을 서버server라고 부릅니다. 클라이언트가 은행(서버)에 방문하여 '통장 신규발급'이라는 서비스를 요청하게 되면 그 요청을 받은 은행 직원은 통장을 새로 만들기 위해 필요한 정보를 수집하고 (예를 들어, 클라이언트의 주민번호, 이름, 연락처 등), 내부적으로 정해진 '절차에 따라' 통장을 만든 후에 나에게 돌려줍니다.

여기서 우리가 생각해 볼 것은, 내가 원하는 결과(앞선 예에서는 통장)를 얻기 위해서 내가 제공해야 하는 정보가 있다는 것입니다(물론, 항상 그런 것은 아닙니다). 내가 나의 개인정보를 제공하면서 '통장 신규발급'을 신청하면 은행에서 '그에 맞게' 통장을 만들어 줍니다. 함수와 연관해 본다면, 함수의 실행에 필요한 데이터 중에서 외부(콜러)에서 제공해야 하는 데이터가 있으면 해당 데이터는 서비스 신청(즉, 함수 호출)과 함께 전달되어야 합니다. 함수 호출과 함께 전달되는 데이터를 인자(argument)라고 부릅니다. 반대로, 함수 실행이 끝난 후에 반환되는 데이터를 반환값(Return Value)이라고 부릅니다.

물론, 모든 함수가 항상 인자와 반환값이 있는 것은 아닙니다. 인자와 반환값이 모두 생략된 경우도 있고, 인자만 있는 경우, 인자와 반환값이 모두 있는 경우, 흔하지는 않지만 인자는 없는데, 반환값만 있는 경우도 있습니다. 각 경우에 따라 함수 호출의 형태는 조금씩 다릅니다.

인자와 반환값이 있는 함수를 만들어 보겠습니다

인자가 있는 함수를 한 번 만들어 보겠습니다. 인자로 전달된 두 개의 값을 더하는 함수입니다. 함수의 의의를 살려서 함수명은 add로 하겠습니다. 이 함수는 "2와 3을 add하시오" 또는 "10과 40을 add하시오" 등의 형태로 호출될 예정입니다. 명령문으로 표현해보면 add(2, 3), add(10, 40) 등의 형태로 함수 호출이 이루어진다는 뜻입니다. 이렇게 호출될 수 있도록 함수를 정의하겠습니다.

우리가 만들어 볼 add() 함수는 함수 호출과 함께 인자 두 개가 같이 전달됩니다. 두 개의 값이 함수 바깥에서 함수 안으로 들어옵니다. add() 함수의 입장에서 보면, 호출과 함께 '새로운 값'이 생기는 것입니다. 그런데 데이터가 존재하려면 이름이 할당되어야 합니다. 파이썬을 포함한 모든 컴퓨터 언어에서 '이름'이 없이는 아무것도 존재할 수 없습니다. 그래서 인자로 전달되어 오는 값들도 이름(변수명)을 붙여줘야 합니다. 그 이름을 함수의 시그니처에서 괄호 안에 나타냅니다. 예를 들어, add() 함수의 시그니처를 add(a, b)라고 하면 함수 호출과 함께 전달되는 첫 번째 값은 a에 할당되고, 두 번째 값은 b에 할당됩니다. 여기서 인자를 가리키는 변수로 사용된 a와 b를 매개변수(parameter)라고 부릅니다.

함수 호출이 이루어지면 가장 먼저 인자값이 매개변수에 할당됩니다. 예를 들어, add(2, 3)으로 함수를 호출하게 되면 첫 번째 인자인 2에는 a라는 이름이 할당되고, 두 번째 인자인 3에는 b라는 이름이 할당됩니다. 즉, "a 값은 2, b 값은 3인 상태에서" add() 함수가 실행되는 것입니다. 똑같은 add() 함수를 add(10, 40)로 호출하게 되면, 이때에는 "a 값은 10, b 값은 40인 상태에서" add() 함수가 실행됩니다. 똑같은 절차가 실행되지만, 인자로 전달된 값이 "무엇인지에 따라" 결과는 달라지게 됩니다. 뭔가 함수의 실행을 '설정(setting)'하는 느낌이 듭니다. 매개변수라고 불리는 의의입니다.

add() 함수의 로직을 만들기 전에, 인자가 제대로 전달되는지부터 먼저 확인하겠습니다. [코드 15-5]의 In [7]은 add() 함수에 인자로 전달된 a 값과 b 값을 화면에 출력하도록 만들어진 코드입니다.

[코드 15-5]
add() 함수에서 인자가 제대로 전달되는지를 확인하는 코드

```
In [7]:    def add(a, b):
               print(a, b)
```

이렇게 정의된 add(a, b) 함수를 실제 호출한 예를 보이면 [코드 15-6]과 같습니다.

```
In [8]:  add(2, 3)

         2 3

In [9]:  add(10, 40)

         10 40
```

[코드 15-6]
add(a, b) 함수를 실제 호출한 예

In [8]에서 add(2, 3) 문장을 실행했더니 화면에 2와 3이 출력되고 있습니다. 이는 add() 함수의 print(a, b) 문장이 실행된 결과입니다. 우리가 기대한 바와 같이 첫 번째 인자인 2는 첫 번째 매개변수인 a에, 두 번째 인자인 3은 두 번째 매개변수인 b에 할당된 것을 확인할 수 있습니다.

add() 함수에 인자가 제대로 전달되는 것을 확인했으니, 이제 add() 함수의 로직을 만들겠습니다. 함수의 바디는 그 함수가 외부에 제공하는 서비스의 구현입니다. add(a, b) 함수는 바깥에다 대고 이렇게 얘기합니다.

> "나는 add라는 이름의 함수입니다. 여러분이 나에게 두 개의 값을 전달해 주면 내가 그 값들을 더해서 얼마가 되는지 알려주겠습니다."

함수 입장에서 보면 인자값은 바깥에서 자기 안으로 들어오는 입력값(input)입니다. 그 값들로부터 해당 함수가 구해야 하는 결괏값(output)이 있습니다. 그래서 결국 함수의 바디는 입력값을 출력값으로 바꾸는 변환과정이 됩니다. add() 함수의 실제 코드를 만들어 보면 [코드 15-7]과 같습니다. 2행에서 인자로 전달되어진 a와 b를 더해서, 그 결과를 c 변수에 할당하고 있습니다.

```
In [10]:  def add(a, b):
              c=a+b
```

[코드 15-7]
add() 함수의 실제 코드

조금만 더 생각해봅시다. 우리가 add(2, 3)을 호출했다는 것은 "2와 3을 더하면 얼마지? 구해서 알려줘~"라는 의미일 것입니다. 그렇다면, add() 함수는 그 값을 구한 후에 자신을 호출한 콜러에게 해당 결괏값을 되돌려주는 것이 맞습니다.

이제까지는 함수 호출과 관련하여 인자와 매개변수를 살펴보았는데, 이제는 함수가 자신을 호출한 콜러에게 결괏값을 반환하는 것과 관련된 문제를 알아보겠습니다. 함수가 호출된 후에 마지막 명령문이 실행되면 '자동적으로' 토큰이 콜러에게 반환됩니다. 예를 들어, In [10]의 add(a, b) 함수의 (처음이자) 마지막 명령문은 2행의 c=a+b입니다. 이 마지막 문장이 실행되면 (즉, 더 이상 실행할 문장이 남아있지 않으면) add() 함수가 콜러에게 토큰을 반환합니다. 이를 return 키워드를 이용해서 명시적으로 표시할 수 있습니다. [코드 15-8]에서 확인하기 바랍니다.

[코드 15-8]
return 키워드를 이용해서 명시적으로 표시

```
In [11]:  def add(a, b):
              c=a+b
              return
```

3행의 return은 함수가 가지고 있던 토큰을, 함수를 호출한 콜러에게 반환하라는 명령문입니다. 그런데 함수를 호출할 때 인자를 통해서 데이터를 전달할 수 있었던 것처럼 토큰을 반환할 때에도 데이터를 함께 전달할 수 있습니다. 만약 반환할 데이터가 있으면 return 키워드 뒤에 나타내면 됩니다. add() 함수의 경우에는 c 변수에 저장된 값을 반환하면 되겠습니다. 이를 [코드 15-9]와 같이 나타냅니다. 3행의 return c 명령문은 말 그대로 "c 값을 반환하라"입니다. 누구에게? "콜러에게."

[코드 15-9]
c 변수에 저장된 값을 반환하는 코드

```
In [12]:  def add(a, b):
              c=a+b
              return c
```

이렇게 반환값이 있는 함수를 주피터 노트북에서 호출해보면 해당 함수가 반환한 값이 Out[ ]으로 나타나게 됩니다.

[코드 15-10]
주피터 노트북에서 호출한 결과

```
In [13]:  add(2, 3)
Out[13]:  5

In [14]:  add(10, 40)
Out[14]:  50
```

Out[13]은 add(2, 3)의 결괏값으로 5가 반환되었다는 것을 나타냅니다. 즉, 콜러 입장에서는 여태까지 없었던 새로운 값이 만들어진 셈이 됩니다. 그냥 두면 사라집니다. 당연히 이름을 할당해야 합니다. [코드 15-11]의 In [15]를 참조하기 바랍니다. 1행의 y=add(2, 3) 명령문은 add(2, 3) 함수를 실행한 후에 반환되는 값을 y 변수에 저장하라는 의미입니다.

```
In [15]:  y=add(2, 3)
          print(y)

          5
```

[코드 15-11]
함수를 실행한 후 반환되는 값을 y 변수에 저장

y=add(2, 3)이라는 문장이 "너무도 당연하게 와 닿으면" 코딩은 끝난 것이나 진배없습니다. 조금 더 보충해서 설명하겠습니다. 셀에서 2+3이라고 하면 [코드 15-12]와 같이 5라는 값이 반환됩니다.

```
In [16]:  2+3
Out[16]:  5
```

[코드 15-12]
셀에서 실행한 2+3의 결괏값

이 값을 다른 연산에 활용하기 위해서는 변수에 할당해야 합니다. 그래서 [코드 15-13]과 같은 명령문을 "너무도 당연하게" 사용합니다. In [17]에서 실행된 y=2+3 명령문은 "2와 3을 더한(+) 결과를 y 변수에 저장하라"는 뜻입니다. 앞서 만들어 본 y=add(2, 3) 명령문과 똑같은 로직입니다.

```
In [17]:  y=2+3

In [18]:  print(y)

          50
```

[코드 15-13]
연산의 결과를 변수에 저장하듯이 함수 호출의 반환값은 변수에 저장할 수 있음

함수를 제대로 이해하는 데 필요한 기술적 내용은 다음 장에서 살펴보고, 여기서는 함수를 만들어 보는 연습을 통해 함수와 조금 더 가까워지도록 하겠습니다.

함수 만들기 ❶

연습문제 15-1

y=max(2, 5)의 형태로 호출되는 max() 함수를 만들어 봅니다. 두 개의 인자 값 중에서 큰 값을 찾아서 반환해주는 함수입니다.

해결과 모범답안

알고리즘 연습을 통해 두 값 중에 큰 값을 찾는 함수를 만들어 본 적이 있습니다. 잠시 그 코드를 떠올려보면 [코드 15-14]와 같습니다. In [20]은 임의의 두 개 값 a와 b 중에서 큰 값을 찾아 m 변수에 할당하는 코드입니다. 실제로 In [19]에서와 같이 a와 b에 임의의 값 2와 5를 할당한 후에 코드를 실행해보면, 결과가 올바르게 만들어지는 것을 확인할 수 있습니다. In [20] 코드는 "a가 2, b가 5인 상태에서" 실행된 것입니다. 함수와 연관되는 것을 느낄 수 있습니다.

[코드 15-14]
두 값 중에서 큰 값을 찾는 코드

```
In [19]:  a, b=2, 5
```

```
In [20]:  m=a
          if b>m:
              m=b
          print(m)

          5
```

알고리즘이 제대로 동작되는 것을 확인했으면 이 로직 그대로 함수를 만들어 봅니다. max(a, b) 함수는 함수 호출과 함께 전달받는 두 개의 값 a, b 중에 큰 값을 찾는 기능을 하는 함수입니다. 앞서 만들어 본 In [20]의 로직과 똑같습니다. 실제로 함수를 정의해보면 [코드 15-15]와 같습니다. 5행에서 (print()문 대신에) return m 문장이 추가된 것을 제외하고는 In [20]의 코드와 똑같습니다.

[코드 15-15]
max(a, b) 함수의 정의

```
In [21]:  1  def max(a, b):
          2      m=a
          3      if b>m:
          4          m=b
          5      return m
```

[코드 15-14]의 In [19]는 In [20]의 코드 실행에 필요한 데이터를 선언하는 부분입니다. 함수 호출로 본다면 인자를 전달하는 것과 비슷한 상황입니다. 실제로 max(2, 5)로 함수를 호출하겠습니다. 결과를 보면 제대로 동작하는 것을 확인할 수 있습니다.

[코드 15-16]
max(2, 5)로 함수를 호출한 결과

```
In [22]:  max(2, 5)
Out[22]:  5
```

이제 실제로 반환되는 값을 다른 연산에 활용할 수 있도록 y 변수에 저장하겠습니다.

```
In [23]: y=max(2, 5)

In [24]: print(y)

5
```

[코드 15-17]
반환되는 값을 y 변수에 저장

함수 만들기 ❷

연습문제 15-2

y=max([1, 3, 9, 7, 5])와 같이 호출되는 함수입니다. 여기서 인자는 하나의 리스트입니다. 다시 말해서, 우리가 만들려고 하는 max(a) 함수는 매개변수로 전달된 a 리스트에서 최댓값을 구하는 함수입니다.

해결과 모범답안

우선 리스트 데이터를 인자로 전달할 수 있는지부터 확인해야겠습니다. [코드 15-18]의 In [25]에서 max() 함수는 인자로 전달받은 a에 대해, 그 안에 포함되어 있는 각 항목값을 화면에 출력하도록 만들어져 있습니다. In [26]에서 max() 함수를 호출하는데 [1, 3, 5, 7, 9]를 인자로 전달하고 있습니다. 그러면 max() 함수의 a 매개변수에 인자로 전달된 [1, 3, 5, 7, 9]가 할당됩니다. 즉, a 매개변수에 [1, 3, 5, 7, 9] 리스트가 할당된 상태로 max() 함수가 실행됩니다. 실제로 In [26] 하단에서 인자로 전달된 리스트의 항목값이 올바르게 출력되고 있는 것을 확인할 수 있습니다.

```
In [25]: def max(a):
             for x in a:
                 print(x, end=' ')

In [26]: max([1, 3, 5, 7, 9])

1 3 5 7 9
```

[코드 15-18]
리스트 데이터를 인자로 전달할 수 있는지의 여부 확인

리스트와 같이 여러 값을 담는 데이터구조도 한 개의 매개변수를 통해 쉽게 전달할 수 있음을 확인할 수 있었습니다. 이제 리스트의 최댓값을 구하는 알고리즘을 max() 함수 안에서 구현하겠습니다. [그림 15-6]에서 max(a) 함수는 매개변수로 전달된 리스트 a에 대해 최댓값 m을 구한 후에 반환하도록 만들어져 있습니다.

[그림 15-6] max() 함수의 정의

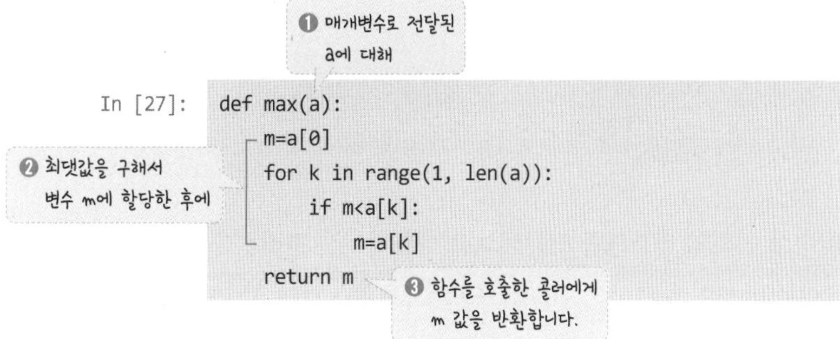

실제로 임의의 리스트 [1, 3, 9, 7, 5]를 인자로 전달한 후에 결괏값을 확인해보면 최댓값 9가 올바르게 구해지는 것을 확인할 수 있습니다.

[코드 15-19] max() 함수의 호출결과

```
In [28]: max([1, 3, 9, 7, 5])
Out[28]: 9
```

연습문제 15-3

함수 만들기 ❸

이번에는 y=sum([1, 3, 5, 2, 6])로 호출되는 함수를 만들겠습니다. 여기서 sum(a) 함수는 매개변수로 전달된 리스트에 포함되어 있는 모든 항목값의 합을 구하는 함수입니다.

해결과 모범답안

리스트도 하나의 인자로 전달되는 것을 [연습문제 15-2]에서 확인했습니다. 리스트의 항목값을 모두 더하는 '비커' 알고리즘(12장)을 떠올리고 sum(a) 함수를 정의해보기 바랍니다. 코드를 기억하려고 애쓰지 말고, 알고리즘을 떠올리면 코드가 자연스럽게 연상되도록 하는 것이 바람직합니다(비커 알고리즘이라는 이름은 이 책에서 우리끼리만 통하는 이름입니다).

실제로 함수를 정의해보면 [코드 15-20]과 같습니다. 매개변수 a로 주어진 리스트에 대해서 (1행의 매개변수 a) 모든 항목의 합을 구한 후에 (2~4행의 코드), 그 값을 반환하고 있습니다(5행의 return).

```
In [29]:
def sum(a):
    s=0
    for x in a:
        s=s+x
    return s
```

[코드 15-20]
리스트의 항목 값을 모두 더하는 sum(a) 함수 정의

sum() 함수에 임의의 리스트를 전달해보고 반환되어진 결괏값을 확인해봅니다. [코드 15-21]의 In [30]은 [1, 3, 5, 2, 6] 리스트를 sum() 함수에 인자로 전달하고 있고, In [31]에서는 [1, 1, 1, 2, 2, 1] 리스트를 sum() 함수에 전달하고 있습니다. 당연히, In [32]에서와 같이, 리스트 변수를 인자로 전달할 수도 있습니다.

```
In [30]: sum([1, 3, 5, 2, 6])
Out[30]: 17

In [31]: sum([1, 1, 1, 2, 2, 1])
Out[31]: 8

In [32]: b=[1, 4, 2, 2, 3, 4, 1]
         sum(b)
Out[32]: 17
```

[코드 15-21]
리스트의 결괏값 확인

15장을 정리하겠습니다

고생하셨습니다. 다음 장에서 함수에 대한 얘기를 계속 이어가 보겠습니다.

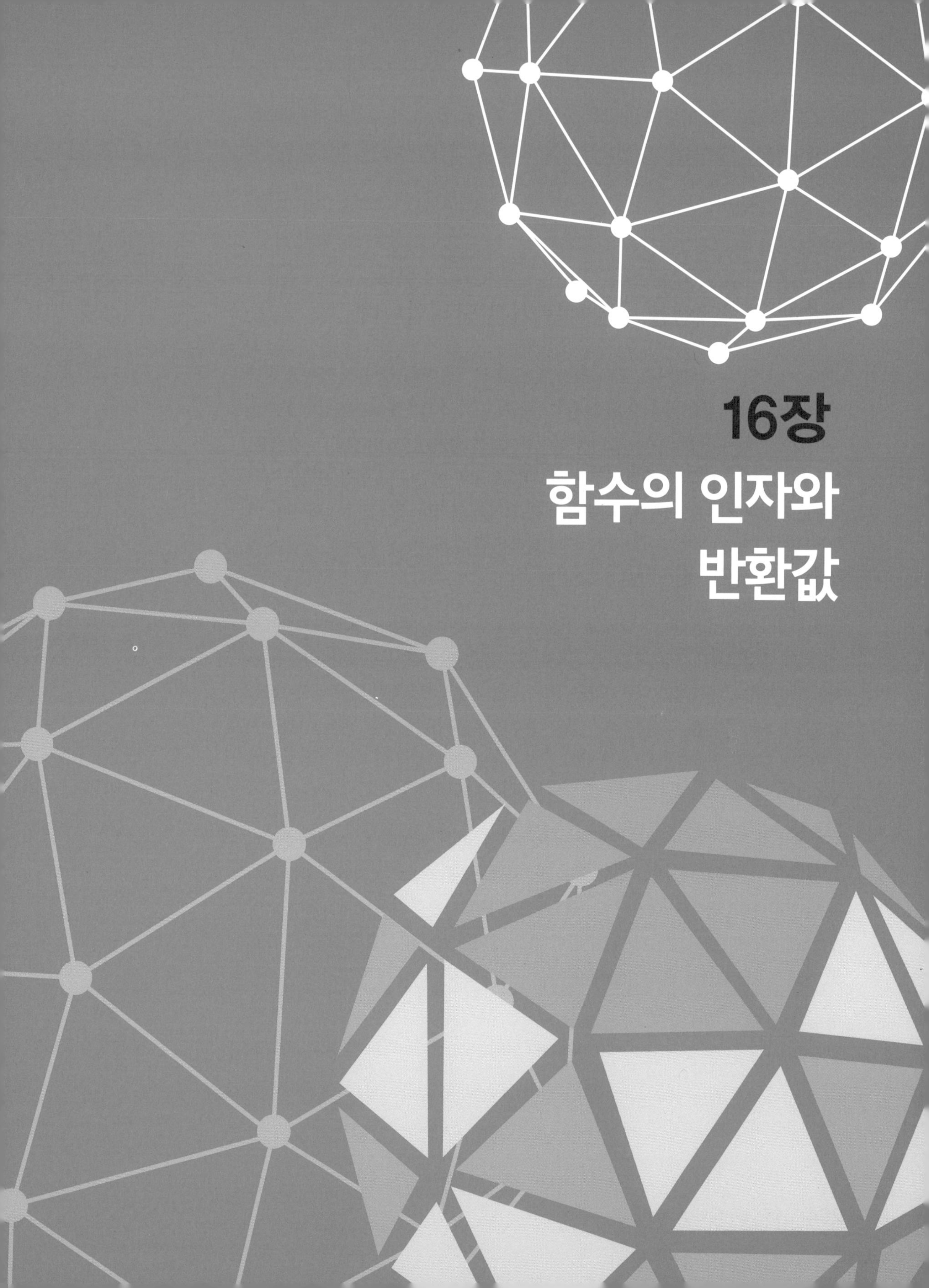

16장
함수의 인자와 반환값

16장에서는 함수의 인자와 반환값을 중심으로 함수를 좀 더 깊이 있게 이해해보겠습니다. 함수는 소프트웨어를 만드는 가장 기본적인 단위가 됩니다. 함수를 올바르게 이해하고 있어야 프로그램을 제대로 만들 수 있다는 뜻입니다.

함수는 프로그램을 구성하는 기본 단위입니다

집(house)을 지으려고 합니다. 집을 짓는 데는 블록[block]이 필요합니다. 블록을 하나씩 하나씩 쌓아서 집을 지을 수 있습니다. 마찬가지로, 소프트웨어라는 집도 함수를 블록 삼아 만들어집니다. 여러 함수를 묶어서 소프트웨어가 만들어집니다. 휴대폰, 텔레비전, 냉장고, 세탁기 등의 가전제품을 떠올려보기 바랍니다. 이런 제품도 여러 부품을 조립하여 만들어집니다. 단순한 것을 모아서 복잡한 것을 만들어냅니다. 이 책에서도 "모은다" "묶는다" "조합한다"는 표현을 많이 사용하고 있는데, 정말 우리 사람들의 상식인거군요.

그런데 부품들은 납땜이나 용접 등을 이용해서 조립됩니다. 벽돌은 모르타르[mortar]로 단단하게 접합됩니다. 단순히 그냥 모여져 있는 것이 아니라, 서로 간에 단단한 관계를 만들어주는 추가적인 수단이 있습니다. 그렇다면 소프트웨어 안에서 함수들을 단단하게 묶는 수단은 무엇일까요? 답은 "함수의 호출"입니다(물론, 반환을 포함해서입니다. 호출하면 당연히 반환될 것이니까요). 함수는 호출을 통해 다른 함수와 관계를 맺습니다.

15장에서 함수는 "어떤 절차를 표현하는 한 묶음의 명령문에 이름을 부여한 것"이라고 했습니다. 예를 들어, 평소에 A → B → C → D → E → F로 실행되고 있는 절차가 있다고 해보겠습니다. 여기서 C → D → E 부분이 다른 기능에도 필요하다면(즉, 재사용이 필요하다면), [그림 16-1]과 같이 따로 떼어내 하나의 독립된 단위(즉, 함수)로 만드는 것을 생각해 볼 수 있습니다.

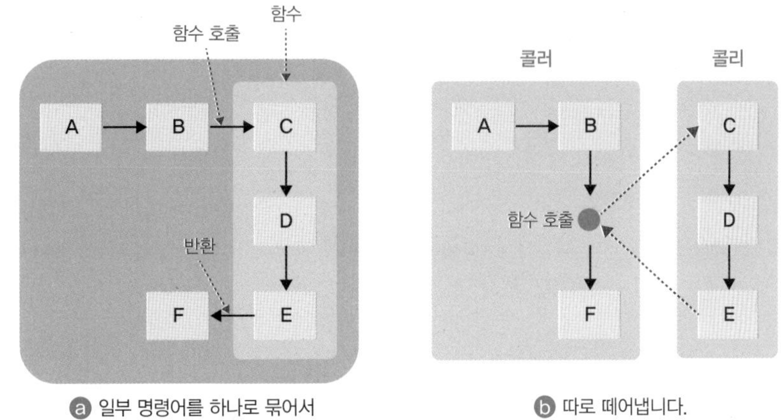

ⓐ 일부 명령어를 하나로 묶어서 ⓑ 따로 떼어냅니다.

[그림 16-1] 프로그램의 일부 명령어를 따로 떼어내 하나로 묶습니다.

그렇더라도 프로그램의 실행순서는 원래처럼 A → B → C → D → E → F가 그대로 지켜지고 있는 것에 유의하기 바랍니다. [그림 16-1]의 ⓑ를 보면 원래 하나였던 프로그램을 두 개의 함수로 나눈 형태가 되었습니다. 그럼, 그냥 잘라서 떼어내기만 하면 되는 걸까요? 그렇지는 않습니다. 원래는 한 몸이었던 것을 물리적으로 나누었지만 어쨌거나 논리적인 연결성은 계속 유지되어야 합니다. 이러한 논리적 연결성을 만들어 주는 수단이 함수 호출과 반환입니다. [그림 16-1]의 ⓑ에서 점선으로 표현되어 있는 부분이 이에 해당합니다. 결과적으로, 함수의 호출과 반환, 그리고 그 과정을 통해 전달되는 인자와 반환값은 하나의 함수가 바깥 세상과 소통할 수 있는 유일한 채널이 됩니다. 함수를 올바르게 이해하려면 인자와 반환값의 의의에 대해 좀 더 명확하게 파악할 필요가 있습니다.

함수의 인자 전달을 알아보겠습니다

함수 호출을 통해 인자값이 전달되는 방식을 잠시 살펴보겠습니다. 예를 들어 보겠습니다. 비대면으로 친구에게 수업자료를 전달해줘야 합니다. 어떻게 하면 될까요? 자료를 어떤 특정한 장소(예를 들면, 학교에 있는 15번 사물함)에 놓아둔 다음에 친구에게 그 장소를 알려주면 될 것 같습니다. 실제로 파이썬에서 함수에 인자를 전달할 때에도 정확하게 이와 같은 방법을 사용합니다. [그림 16-2]를 참고하기 바랍니다.

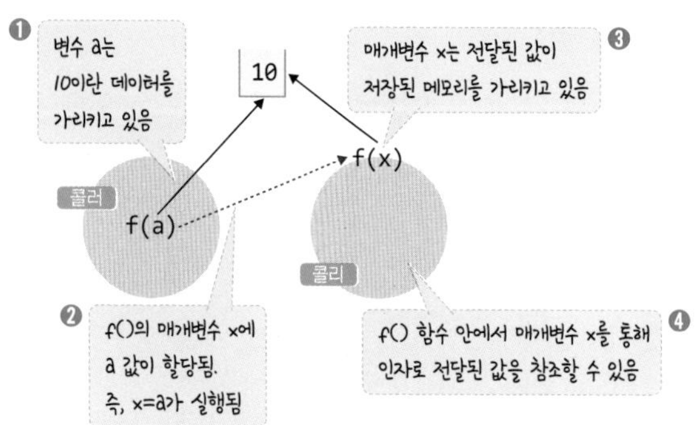

[그림 16-2] 인자를 전달하는 과정

실제로 위의 과정을 [코드 16-1]에서 확인해 볼 수 있습니다.

[코드 16-1] 함수의 인자 전달 과정

In [1]:
```
def f(x):
    print('passed :', x, 'id :', id(x))
```

In [2]:
```
1 a=10
2 print(id(a))
3 f(a)
```

```
2497765534288
passed : 10 id : 2497765534288
```

In [2]의 1행에서 a에 10을 할당한 후에, id 값을 확인해 보니 2497765534288이 나왔습니다. 3행에서 f() 함수를 호출하는데 a 값을 (즉, 2497765534288번지에 저장된 값을) 인자로 전달하고 있습니다. 호출되는 f() 함수는 In [1]에 정의되어 있습니다. 매개변수는 x입니다. f(a)가 호출되면 x=a가 실행되면서 매개변수 x도 a가 가리키는 메모리를 함께 가리키게 됩니다. 이제, 함수 f()는 매개변수 x를 통해 콜러가 전달하려고 했던 값을 참조할 수 있게 되는 것입니다. 실제 In [2]의 실행 결과에서 이를 확인할 수 있습니다.

참고로 컴퓨터 언어에서 인자값을 전달하는 방식은 Pass by Value와 Pass by Reference로 나뉘어집니다. Pass by Value는 말 그대로 '값'을 전달합니다. 콜러가 자신이 가지고 있는 데이터 "값을 복사하여" 콜리에게 전달합니다. 콜리는 전달받은 값을 새로운 메모리 장소에 저장하고 매개변수 x가 해당 메모리를 가리키도록 만듭니다. 아래 [그림 16-3]의 ⓐ와 같은 상태가 됩니다. 그러다 보니 f() 함수 내에서 매개변수 x의 값을 바꾸더라도 콜러 함수에서 참조하고 있는 원래 값(a 값)은 영향을 받지 않습니다.

[그림 16-3] Pass by Value와 Pass by Reference의 차이

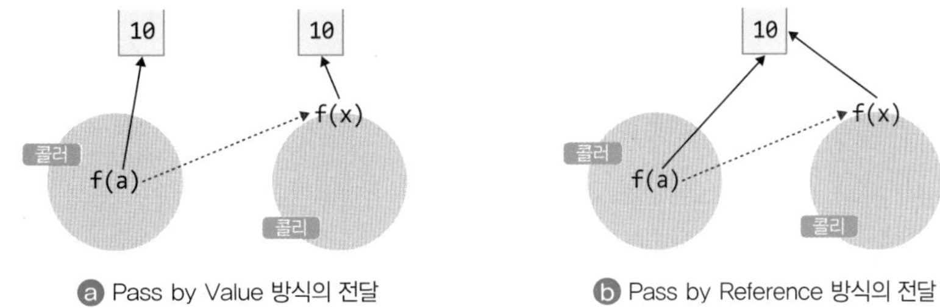

ⓐ Pass by Value 방식의 전달　ⓑ Pass by Reference 방식의 전달

이와 다르게, Pass by Reference는 값을 전달하는 방식이 아니라 "전달할 값이 저장되어 있는 메모리 주소를" 전달하는 방식입니다. [그림 16-3]의 ⓑ를 참고하기 바랍니다. 실제로 콜러와 콜리가 하나의 메모리 장소를 공유하는 형태가 됩니다. 그러다 보니, Pass by Value와는 다르게, 콜리 함수에서 매개변수를 통해 해당 데이터의 값을 바꾸게 되면 콜러에서 참조하고 있는 변숫값도 함께 바뀌게 됩니다. 콜리 함수 안에서 매개변수에 재할당이 있는 경우의 변숫값의 변화는 [그림 16-4]를 참고하기 바랍니다.

[그림 16-4] 매개변수에 새로운 값을 할당하는 경우

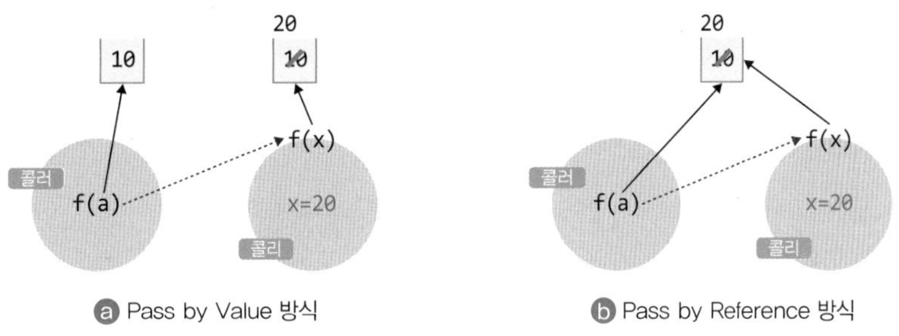

ⓐ Pass by Value 방식　ⓑ Pass by Reference 방식

참고로 대부분의 컴퓨터 언어에서, 상대적으로 전달하기가 쉬운 "부피가 작은" 값(예를 들어, 한 개 숫자값, 한 개 문자값 등)은 Pass-by-Value로 전달하고, 여러 값이 모여 있는 "부피가 큰" 데이터는 Pass-by-Reference로 전달합니다. 부피가 작은 데이터야 손에서 손으로 (콜러의 손에서 콜리의 손으로) 넘겨주는 것이 어려운 일이 아니지만, 부피가 큰 데이터는 그렇지 못합니다. 부피가 큰 데이터의 경우에는 직접 전달하는 것보다 해당 데이터가 저장되어 있는 장소(메모리의 주소)를 콜리 함수에게 알려주는 것이 훨씬 효율적입니다. "어디 어디에 뒀으니 찾아가세요"라고 말하는 셈입니다.

그러면 파이썬은 어떤 방식을 사용하는 것일까요? [그림 16-2]에서 설명한 방식은 Pass by Reference로 보이는데, 파이썬은 Pass by Reference 방식을 사용하는 것이겠군요? 꼭 그렇다고 말하기는 어렵습니다. 파이썬은 조금 독특합니다. 기본적으로 [그림 16-2]에서 설명한 바와 같이 Pass by Reference 방식을 사용하는 것이 맞습니다만, 인자가 immutable한 경우에는 매개변수 x에 새로운 값이 할당되면 매개변수 x는 새로운 값의 메모리 주소를 가리키게 됩니다. 아래의 [그림 16-5]를 참고하기 바랍니다. 결과적으로 함수를 호출할 때에는 a 인자가 가리키는 값을 가리키다가 재할당이 이루어지면 새로운 값이 저장된 다른 메모리 장소를 가리키게 됩니다. 결국, [그림 16-4]의 ⓑ와 같은 결과가 나타납니다. Pass by Value의 특성도 가지고 있는 셈입니다. 그런 의미에서 (기존의 방식과 차별화할 수 있도록) 파이썬의 인자전달 방식을 Pass by Assignment라고 부르기도 합니다. 명칭이 중요한 것은 아닙니다. 기본적인 메커니즘을 그림으로 그릴 수 있으면 됩니다.

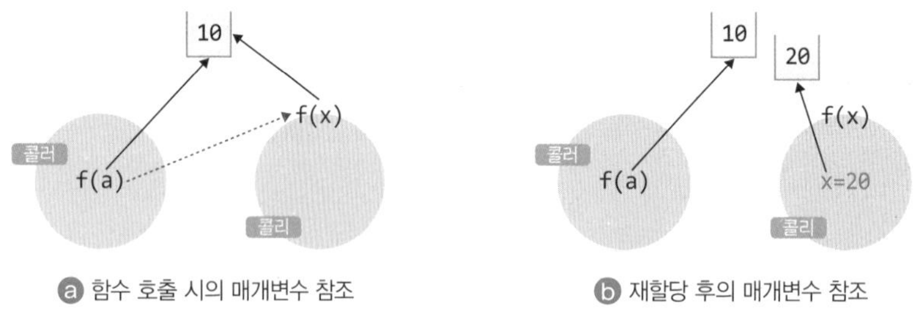

[그림 16-5] immutable한 데이터의 매개변수 재할당

인자를 제대로 이해하기 위해서는 변수의 범위(scope)에 대해 알아야 합니다. 변수의 범위란 하나의 변수가 참조될 수 있는 영역을 말합니다. 이와 관련하여 변수의 이름공간(Name Space)과 수명주기(Life Cycle)에 대해 살펴보겠습니다.

변수의 범위와 이름공간, 그리고 수명주기를 이해해야 합니다

하나의 프로그램에서 이름(식별자, identifier)은 중복될 수 없습니다. 다시 말해서, 서로 다른 개체들이 동일한 이름으로 불릴 수 없습니다(변수 또는 함수를 떠올리기 바랍니다). 예를 들어, 3이란 값과 'Hi'라는 값이 동시에 똑같은 변수명 a로 불리는 것을 허용한다면 print(a) 명령문에서 a는 무슨 값을 참조해야 하는지 혼동이 생깁니다. 당연하게도, 프로그램의 실행 결과는 때에 따라 달라지고 프로그램의 실행 결과는 전혀 예측할 수가 없게 됩니다. 이런 프로그램은 아무도 사용하지 않겠지요?

그러다 보니 아주 큰 프로그램에서 각 데이터와 함수명을 고유하게 짓는 것은 간단한 일이 아닙니다. 그래서 해결책으로 만들어진 것이 '이름공간(Name Space)'이라는 개념입니다. 이름공간이란 이름이 중복되어서는 안 되는 하나의 단위 영역을 말합니다. 예를 들어 보겠습니다. 사람들의 이름이 같으면 사람들이 혼동할 수 있으니, 전국을 여러 개 시도로 나누고 각 시도별로 사람의 이름을 중복해서 지을 수 없도록 하기로 했다면 (물론, 상상하기 어려운 일이지만) '시도 지역'이 일종의 이름공간이 됩니다. 예를 들어, 서울에서는 '홍길동'이란 이름의 사람이 오직 한명만 존재할 수 있다는 뜻입니다. 물론, 서로 다른 이름공간에서는 같은 이름을 사용할 수 있습니다. 이 경우에는 서로 혼동할 일이 없기 때문입니다. "서울에 사는" 홍길동과 "수원에 사는" 홍길동을 연상하면 좋겠습니다. 폴더도 하나의 이름공간이 됩니다. 하나의 폴더에 같은 이름의 파일이 두 개 이상 동시에 존재할 수 없습니다. 물론, 서로 다른 폴더에는 똑같은 이름의 파일이 저장될 수 있습니다.

파이썬에서 사용되는 대표적인 이름공간에는 함수가 있습니다. [그림 16-6]을 보겠습니다. In [3]에는 세 개의 변수 x, y, z가 정의되어 있습니다. 그런데 y와 z 변수는 각각 함수 f()와 g() 안에서 정의되어 있는 반면에, 변수 x는 어떤 함수에도 속해 있지 않습니다. 여기서 y와 z는 "함수 안에서 정의된 변수"에 해당하고 x는 "함수 바깥에서 정의된 변수"에 해당합니다. 여기서 "정의되었다"는 것은 어사인먼트 문장으로 해당 변수에 데이터가 할당된 것을 의미합니다. 함수 f()를 기준으로 보면, "함수 f() 안에서 정의된 변수"는 y 변수 하나밖에 없습니다.

[그림 16-6] 함수의 안과 밖에서 정의된 변수

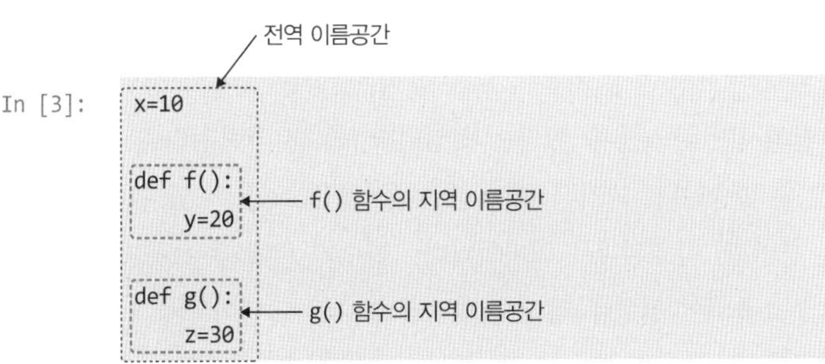

함수 안에서 정의된 변수들은 해당 함수 안에서만 참조될 수 있습니다. 즉, 함수 바깥에서는 참조할 수 없습니다. 정말 중요한 원칙입니다. 즉, 함수 안에서 정의된 변수들은 참조의 범위(scope)가 함수(라는 이름공간) 안으로 제한(local)됩니다. 그래서 이런 변수를 '지역변수(로컬변수, Local Variables)'라고 부릅니다. 반면에 변수 x와 같이 함수 바깥에서 정의된 변수(즉, 어느 함수에도 속하지 않은 변수)는 해당 프로그램의 어디에서나 참조가 가능합니다. 이런 변수는 참조의 범위에 제한이 없어 '전역변수(글로벌변수, Global Variables)'라고 부릅니다. 참고로 전역변수의 이름공간은 보통 모듈module이 됩니다. 모듈은 여러 함수를 담을 수 있는 하나의 단위가 되는 것으로, 이에 대해서는 18장에서 자세히 알아보겠습니다.

참고로 파이썬의 이름공간에는 지역과 전역 이외에도 '내장(빌트인, Built-In)'이라는 이름공간이 추가로 있습니다. 그래서 파이썬에는 총 세 개의 이름공간이 있는 셈입니다. 여기서 '지역'이 가장 작은 크기의 (즉, 제한적인) 이름공간이 되고, '전역'이 그 다음, '내장'이 가장 큰 크기의 이름공간이 됩니다. 내장은 파이썬에서 기본적으로 제공되는 내장함수와 예외상황(예외는 에러와 같은 의미입니다)이 공유되는 이름공간으로서 여러 모듈(또는 패키지)에서 동시에 참조할 수 있는 범위입니다.

변수의 범위와 함수의 수명주기

세 개의 이름공간 중에 내장 이름공간은 파이썬이 사용자의 편의를 위해 제공하는 이름공간인 만큼 논외로 두면, 결국 사용자가 정의하는 변수의 이름공간은 지역 아니면 전역에 해당하게 됩니다. 앞서 살펴보았듯이, 어떤 변수가 지역인지 전역인지는 해당 변수가 "함수 안에서" 정의되었는지, 또는 "함수 바깥에서" 정의되었는지에 따라 결정됩니다.

변수의 범위scope와 관련해서 가장 기본이 되는 규칙은, 함수 안에서 정의된 지역변수는 해당 함수 안에서만 참조될 수 있다는 것입니다. 즉, 지역변수의 값을 함수 바깥에서는 참조할 수 없습니다. 여기서 해당 함수에서만 참조할 수 있다는 말은 "그 함수가 실행되는 중에만" 참조된다는 의미입니다. "함수가 실행되는 중"이라는 표현의 의미는 함수가 호출되어 실행을 시작한 후부터 함수의 실행이 종료되어 컨트롤 토큰을 반환할 때까지를 가리킵니다. 이를 함수의 수명주기(Life Cycle)라고 부르기도 합니다. 아래에서 살펴보겠습니다.

f() 함수가 [코드 16-2]의 In [4]와 같이 정의되어 있을 때, In [5]와 같이 호출한다고 가정하겠습니다. In [5]의 코드가 우리가 실행하려고 하는 '주된(실제로, main이라고 부릅니다)' 프로그램이 되는 셈입니다. 그 프로그램을 실행하는 중에 In [4]에서 정의한 함수 f()가 호출되고 있습니다.

[코드 16-2]
함수의 정의와 호출 예

In [4]:
```
def f(a):
    b=20
    print(a, b)
```

In [5]:
```
x=10
f(x)
print('end of program')
```

```
10 20
end of program
```

앞서 만들어진 main 프로그램과 함수 f()의 수명주기를 시간 축으로 표현해보면 [그림 16-7]과 같이 나타낼 수 있겠습니다.

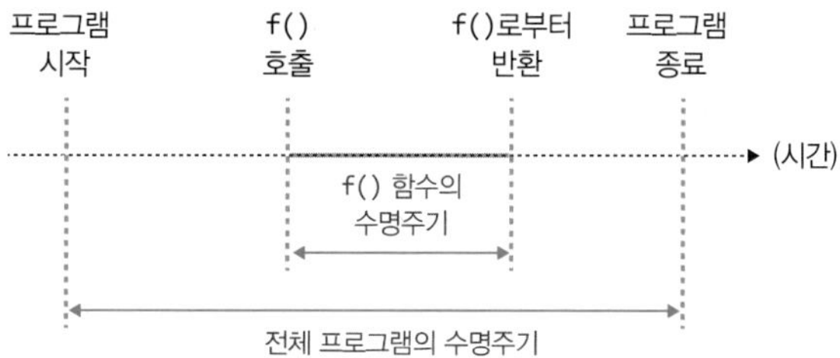

[그림 16-7] main 프로그램과 함수 f()의 수명주기

실제로, 함수는 함수 호출로부터 실행을 완료하고 토큰을 반환할 때까지만 '존재'합니다. 해당 함수 안에서 정의된 지역변수도 함수와 수명주기를 같이 합니다. 이것이 지역변수가 해당 함수 안에서만 참조될 수 있는 이유입니다. [코드 16-2]의 In [4]에서 정의된 f() 함수에서, "함수 안에서 정의"된 지역변수는 a와 b, 두 개입니다. 함수에 수명주기가 있듯이, 변수에도 수명주기가 있는데, 지역변수의 수명주기는 (함수가 호출된 후에) 해당 변수가 선언된 다음부터 해당 함수의 실행이 종료될 때까지입니다. 이를 [그림 16-7]의 시간 축에 같이 묶어서 표현해보면 [그림 16-8]과 같습니다. 매개변수 a의 경우에는 함수 호출과 동시에 할당이 이루어지기 때문에 변수의 수명주기가 함수의 수명주기와 일치하는 것을 볼 수 있습니다. 상대적으로 b 변수는 함수 실행이 시작하고 난 뒤에 "조금 있다가" 할당이 이루어지기 때문에 함

수의 수명주기와는 조금 차이가 있는 것을 확인할 수 있습니다. 참고로 만약 그 사이에서 b 값을 참조하려고 하면 아직 b 변수가 정의되기 전이므로 에러가 발생하게 됩니다.

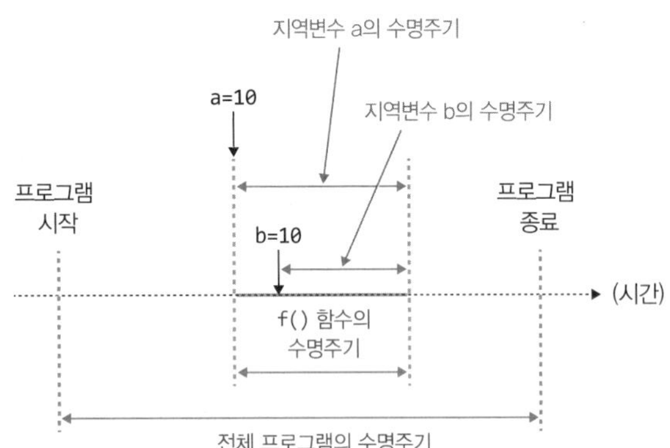

[그림 16-7] 지역변수의 수명주기

주의할 것은, 매개변수도 지역변수라는 사실입니다. 변수는 어사인먼트 문장이 실행될 때에 (즉, 변수에 값이 할당될 때에) 정의됩니다. 매개변수도 "함수 안에서" 정의된 지역변수입니다. 왜냐하면, 함수가 호출될 때 "매개변수=인자값"의 할당이 이루어지기 때문입니다.

전역변수를 이용한 데이터 전달

함수의 입장에서 매개변수는 외부로부터 데이터를 전달받는 창구가 됩니다. 외부의 입장에서 보더라도 매개변수는 함수에게 데이터를 전달할 수 있는 유일한 창구가 됩니다. 그런데 사실은 전역변수를 이용해서도 함수에게 데이터를 전달할 수 있습니다. 전역변수는 의미 그대로 프로그램 내의 모든 곳에서 참조할 수 있기 때문입니다. 앞서 살펴본 경우를 전역변수를 활용하는 코드로 바꿔보면 아래와 같습니다.

[코드 16-3] 전역변수를 통한 데이터 전달

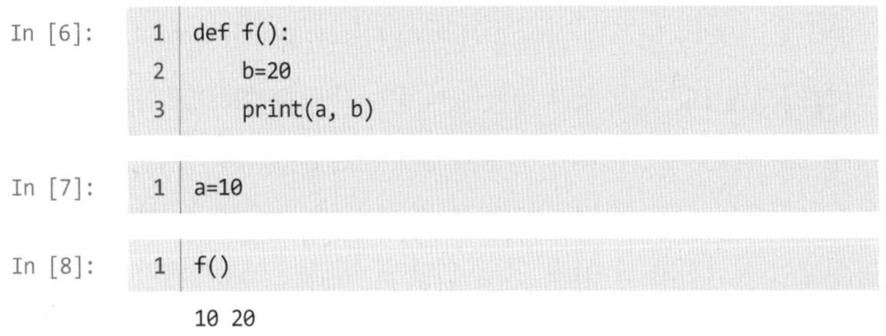

```
In [6]:
def f():
    b=20
    print(a, b)

In [7]:
a=10

In [8]:
f()

10 20
```

[코드 16-3]의 함수 `f()` 안에서 참조되고 있는 변수는 `a`와 `b`, 두 개입니다. 이 중에 `b` 변수는 `f()` 함수 안에서 정의되고 있는 반면에, `a` 변수의 정의는 `f()` 함수 바깥에서 이루어지고 있습니다(In [7] 참조). 다시 말해서, `b` 변수는 `f()` 함수의 지역변수이지만, `a` 변수는 전역변수에 해당합니다. 실제로 In [6]의 3행에서 전역변수인 `a`에 대한 참조가 이루어지고 있습니다. 함수에게 어떤 값을 전달하고자 할 때 전역변수에 그 값을 저장한 후에 해당 함수에서 해당 전역변수를 참조하도록 함으로써 실제로 데이터 전달을 만들어 낼 수 있다는 뜻입니다.

결과적으로 함수에게 데이터를 전달하는 방법에는 두 가지가 있습니다. 하나는 "매개변수를 통해서"이고 또 하나는 "전역변수를 통해서"입니다. 하지만 정말 특별한 경우가 아니라면 전역변수를 사용하는 것은 지양해야 합니다. 그 이유는 전역변수의 수명주기에 있습니다. 전역변수는 한 번 정의되면 프로그램이 끝날 때까지 계속 존재합니다. 그에 따라 불필요하게 메모리 공간을 점유함으로써 시스템 전반의 성능을 나쁘게 만드는 요인이 됩니다. 하지만 무엇보다 중요한 이유는 전역변수를 사용하면 함수를 하나의 독립된 단위로 만들기가 어렵기 때문입니다. 함수는 프로그램을 구성하는 하나의 독립적인 단위로서 함수 밖의 요소에 대한 의존성을 최대한 줄이도록 하는 것이 정말 중요합니다.

지역, 전역, 내장 순서로 검색되는 이름공간

프로그램 내의 어느 명령문에서 `a`라는 이름의 변숫값을 참조하려고 합니다. 그러면 파이썬은 먼저 그 이름이 지역 이름공간에 있는지(현재 실행되고 있는 함수에 그 이름이 있는지)를 살펴보고 해당 이름이 발견되면 당연히 그 이름을 참조합니다. 그런데 지역에 그 이름이 없습니다. 그러면 전역에 그 이름이 있는지를 확인합니다. 여기서 전역 이름공간은 해당 함수가 포함되어 있는 모듈이 됩니다. 만약에 전역에도 이름이 없으면 내장 이름공간에 해당 이름이 있는지를 확인합니다. 내장에서도 그 이름을 찾을 수 없으면 "a라는 이름은 정의되지 않았다"고 에러(NameError: name 'a' is not defined)가 발생합니다. 이렇게 검색하는 이름공간에 순서가 있다 보니, 내장함수명인 `max`를 변수나 다른 함수명으로 사용하더라도 충돌이 일어나지 않습니다. '11장. 알고리즘 연습 파트 1'에서 잠시 살펴봤던 내용입니다.

참고로 주피터 노트북에서 전역으로 선언된 이름들은 `dir()`을 통해 확인할 수 있고, 내장 이름공간에 속하는 이름들은 `dir(__builtin__)` 명령문으로 확인할 수 있습니다. 실제로 `dir()`하게 되면 우리가 주피터 노트북을 사용하면서 "함수 바깥에서" 정의한 전역변수와 "내가 정의한" 함수명을 확인할 수 있습니다. 그리고 `dir(__builtin__)` 명령문을 실행하면 우리가 사용하고 있는 여러 내장함수와 에러[error] 목록을 확인할 수 있습니다.

인자 전달 방식에는 위치인자와 키워드인자, 그리고 디폴트인자가 있습니다

파이썬에서 함수에 인자를 전달하는 방식은 위치인자(Positional Argument)와 키워드인자(Keyword Argument)로 나누어 볼 수 있습니다. 이와 연관해서 디폴트인자(Default Argument)라는 용어도 함께 사용되고 있습니다.

위치인자

함수에 데이터를 전달하는 가장 기본적인 방식입니다. 함수 호출을 통해 전달되는 인자들은 함수의 매개변수 리스트에 정의된 변수의 순서대로 값이 할당됩니다. 예를 들어, 어떤 함수 `f`의 시그니처가 `f(a, b, c)`라는 것은 ① 이 함수의 호출을 위해서는 세 개의 인자를 전달해야 하며, ② 첫 번째 인자는 첫 번째 매개변수인 `a`로, 두 번째 인자는 두 번째 매개변수인 `b`로, 세 번째 인자는 세 번째 매개변수인 `c`에 할당된다는 것을 나타냅니다.

[코드 16-4]
위치인자 방식

```
In [9]:  def f(a, b, c):
             print(a, b, c)

In [10]: f(1, 2, 3)

         1 2 3
```

In [11]:
```
f(1, 2)
```

```
---------------------------------------------------------------------
TypeError                          Traceback (most recent call last)
~\AppData\Local\Temp/ipykernel_5512/778366529.py in <module>
----> 1 f(1, 2)

TypeError: f() missing 1 required positional argument: 'c'
```

실제로 In [10]에서 `f(1, 2, 3)`의 형식으로 `f()` 함수를 호출하고 있는데, 각 인자는 순서대로 매개변수에 할당됩니다. 즉, 첫 번째 인자인 1은 첫 번째 매개변수인 `a`에, 두 번째 인자 2는 두 번째 매개변수 `b`에, 세 번째 인자 3은 세 번째 매개변수 `c`에 할당됩니다. 이렇게 인자의 위치(position)에 따라, 해당 인자값이 할당되는 매개변수가 결정되는 것을 '위치인자'라고 부릅니다. [그림 16-9]를 참고하기 바랍니다.

[그림 16-9] 위치인자

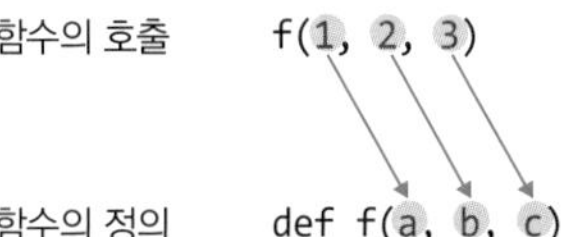

만약에 In [11]에서처럼 `f(1, 2)`로 호출하게 되면 첫 번째 인자인 1은 첫 번째 매개변수인 `a`로, 두 번째 인자인 2는 두 번째 매개변수인 `b`로 할당되는데, 세 번째 `c` 매개변수에 할당할 값이 없으므로 "함수 호출에서 `c` 매개변수에 해당하는 위치인자가 빠져 있어서" 에러가 발생하게 됩니다. In [11]의 에러 메시지에서 "positional argument"라는 표현이 나타나 있는 것을 확인하기 바랍니다.

그런데 매개변수의 개수보다 인자의 개수가 적어도 되는 경우가 있습니다. 디폴트인자를 사용하는 경우입니다. 디폴트인자가 설정되어 있는 경우에는, 특별히 다른 할당이 이루어지지 않는다면 사전에 정의된 디폴트값이 할당되게 됩니다. 매개변수의 디폴트값이 정해져 있는 경우에는, [코드 16-5]에서 보는 것처럼 함수의 시그니처에 "매개변수=디폴트값"의 형태로 정의됩니다. 아래 함수의 정의(In [12])에서 `c=100`은, 세 개의 매개변수 중 `c`값은 생략할 수 있으며, 만약 생략되면 디폴트로 100이 할당된다는 것을 나타냅니다. In [13]과 In [14]의 사용 예를 참고하기 바랍니다.

[코드 16-5]
디폴트인자의 예

```
In [12]: def f(a, b, c=100):
             print(a, b, c)

In [13]: f(10, 100, 1000)

         10 100 1000

In [14]: f(10, 50)

         10 50 100
```

매개변수 c에 해당하는 위치인자가 생략되어 c 변수에는 디폴트값인 100이 할당되었습니다.

디폴트인자를 사용할 때 한 가지 주의할 사항이 있는데, 그것은 디폴트인자 뒤에 '디폴트값이 없는 매개변수(Non-Default Argument라고 부릅니다)'를 정의할 수 없다는 것입니다. 실제로 이 규칙을 어기고 함수를 정의하게 되면, [코드 16-6]의 In [15]에서 보는 바와 같이 구문에러(Syntax Error)가 발생하게 됩니다. 구문에러의 내용을 유심히 한 번 살펴보기 바랍니다. "non-default argument follows default argument"라고 씌어져 있습니다.

[코드 16-6]
디폴트인자 뒤에 Non-디폴트인자를 선언하는 경우에는 오류 발생

```
In [15]: def f(a, b=100, c):
             print(a, b, c)

         File "C:\Users\mkjang\AppData\Local\Temp/ipykernel_5512/2319153022.
         py", line 1
             def f(a, b=100, c):
                             ^
         SyntaxError: non-default argument follows default argument
```

물론, 디폴트인자를 두 개 이상 선언하는 것도 가능합니다. [코드 16-7]을 참조하기 바랍니다.

[코드 16-7]
디폴트인자 사용 예

```
In [16]: def f(a, b=100, c=1000):
             print(a, b, c)

In [17]: f(10)

         10 100 1000

In [18]: f(10, 20)

         10 20 1000

In [19]: f(10, 20, 30)

         10 20 30
```

a에는 인자로 전달된 10이, b와 c에는 디폴트값인 100과 1000이 각각 할당됩니다.

매개변수 c에 해당하는 위치인자가 생략되어 c 매개변수에 디폴트값인 1000이 할당됩니다.

우리에게 친숙한 print() 함수의 명세를 다시 한 번 확인해보면 sep, end, file, flush 등의 4개 매개변수에 디폴트값이 선언되어 있음을 확인할 수 있습니다.

[코드 16-8]
print() 함수의 명세

```
Docstring:
Print(value, ..., sep=' ', end='\n', file=sys.stdout, flush=False)

Print the values to a stream, or to sys.stdout by default.
Optional keyword arguments:
file: a file-like object (stream); defaults to the current sys.stdout.
sep: string inserted between values, default a space.
end: string appended after the last value, default a newline.
flush: whether to forcibly flush the stream.
Type:      builtin_function_or_method
```

키워드인자

위치인자와는 다르게 키워드인자는 함수 호출에서 "매개변수=값" 형태로 표현되어, 매개변수에 직접 값을 전달하는 방식입니다. 그러다 보니, 키워드인자를 사용하면 매개변수 순서에 상관없이 인자를 전달할 수 있는 장점이 있습니다. [코드 16-9]의 In [22]는 키워드인자 전달 방식으로 f() 함수를 호출하는 예를 보이고 있습니다. 코드 그대로, f() 함수의 매개변수 b에는 100이 전달되고, 매개변수 c에는 1000이 전달되고, 매개변수 a에는 10이 전달됩니다.

[코드 16-9]
함수 호출에서 "매개변수=값" 형태로 표현되는 키워드인자

```
In [20]: def f(a, b, c):
             print(a, b, c)

In [21]: f(10, 100, 1000)   # positional arguments
         10 100 1000

In [22]: f(b=100, c=1000, a=10)   # keyword arguments
         10 100 1000
```

일반적으로, 키워드인자는 위치인자를 대신하는 형태로 사용되지는 않습니다. 키워드인자는 여러 개의 디폴트인자 중에서 일부 매개변수의 값을 바꾸고자 할 때 효과적으로 활용할 수 있습니다. [코드 16-10]에서 print() 함수의 경우를 살펴보겠습니다.

```
In [23]:  a, b, c=10, 100, 1000

In [24]:  print(a, b, c)
          10 100 1000

In [25]:  print(a, b, c, sep='-')
          10-100-1000

In [26]:  print(a, b, c, end=':')
          10 100 1000:
```

키워드 인자를 사용해서, 디폴트값을 가지고 있는 print( ) 함수의 매개변수 중 sep 변수만을 선택해서 '-' 값으로 변경하고 있습니다.

마찬가지로, end 매개변수 외의 다른 매개변수는 디폴트값을 그대로 사용하겠다는 뜻을 나타내고 있습니다.

[코드 16-10] print() 함수에서의 키워드인자

매개변수의 개수가 변하는 경우: *args, **kwargs

함수를 정의하다 보면, 함수의 성격에 따라, 매개변수의 개수가 고정되어 있지 않은 경우가 있습니다. 내장함수인 print()의 경우를 보면 print('Hello')처럼 인자가 한 개인 경우를 포함해서, print('Hello~', 'World')와 같이 인자가 두 개 또는 그 이상인 경우에도 잘 작동하도록 만들어져 있습니다. 이런 경우에는 매개변수를 어떻게 표현해야 할까요?

매개변수의 개수가 가변적일 때에는 우리가 알고 있는 위치인자나 키워드인자를 활용할 수 없습니다. 이러한 경우를 위해 파이썬은 *args, **kwargs라는 문법을 제공하고 있습니다. 매개변수에 별표(*) 없이 사용된 변수는, 예를 들어 a와 같이, 한 개의 인자값을 할당합니다. 별표(*) 한 개와 함께 사용된 경우는, 예를 들어 *a와 같이, 한 개의 튜플을 나타내고, 별표 두 개(**)와 함께 사용된 매개변수는, 예를 들어 **a와 같이, 한 개의 딕셔너리 개체를 표현합니다.

예를 들어, 어떤 함수의 선언이 f(a, *b, **c)라고 한다면, 전달된 첫 번째 인자는 a 값으로, 키워드로 전달된 인자들은 c 값으로, 일반 매개변수부터 키워드인자 사이에 입력된 인자들은 튜플로 전달됩니다. 인자들과 매개변수 간의 매칭을 살펴보면 [그림 16-10]과 같이 나타낼 수 있겠습니다.

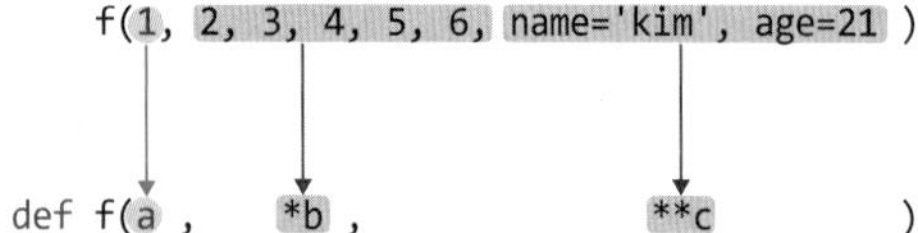

[그림 16-10] 인자들과 매개변수 간의 매칭

실제로, 전달되는 데이터의 타입을 한 번 확인해 보았습니다.

[코드 16-11]
인자로 전달되는 데이터의 타입 확인

```
In [27]: def f(a, *b, **c):
             print(type(a))
             print(type(b))
             print(type(c))

In [28]: f(1, 2, 3, 4, 5, 6, name='Kim', age=21)

         <class 'int'>
         <class 'tuple'>
         <class 'dict'>
```

이해를 돕기 위해, 이 방식을 사용하여 여러 개의 인자를 받아서 그 값들의 합을 구하는 함수를 만들어 보았습니다. 함수명은 sum으로 하고, 여러 개의 정숫값이 인자로 들어오므로 그 데이터들을 *args로 받아 처리하였습니다. [코드 16-12]를 참고하기 바랍니다.

[코드 16-12]
매개변수의 예

```
In [29]: def sum(*args):
             s=0
             for x in args:
                 s=s+x
             print('sum=', s)

In [30]: sum(1, 2, 3)

         sum= 6

In [31]: sum(3, 5, 6, 7, 8, 9, 10)

         sum= 48
```

여기서 잠깐!!

키워드-온리 인자

파이썬에서 사용되는 인자의 종류에는 위치인자, 키워드인자, 디폴트인자 외에 키워드-온리 인자(Keyword-Only Arguments)라는 것이 있습니다. 키워드-온리 인자란 이름 그대로 "키워드인자 방식으로만 값을 전달"할 수 있는 인자를 말합니다. 이와 관련해서는 25장에서 자세히 설명하고 있으니 해당 장을 공부할 때 같이 알아보는 것으로 하겠습니다.

함수의 반환을 알아봅니다

어떤 함수들은 실행을 끝낸 후에 컨트롤 토큰만 반환하는 반면에, 다른 함수들은 컨트롤 토큰을 반환하면서 콜러에게 함수 실행의 결괏값을 함께 돌려주기도 합니다. 예를 들어 [코드 16-13]에 있는 In [32]의 함수 f()는 컨트롤 토큰만 반환하는 반면에 In [34]의 함수 g()는 3이라는 값을 반환합니다. 반환값이 있는 경우와 없는 경우에 함수 호출의 형태가 조금 다릅니다. 반환값이 없는 경우에는 In [33]에서와 같이 함수명만으로 함수 호출을 하는 반면, 반환값이 있는 경우에는 In [35]와 같이 y=g()의 형태로 호출하게 됩니다. 여기서는, y=g() 형태의 함수 호출의 의의에 대해서 좀 더 알아보겠습니다.

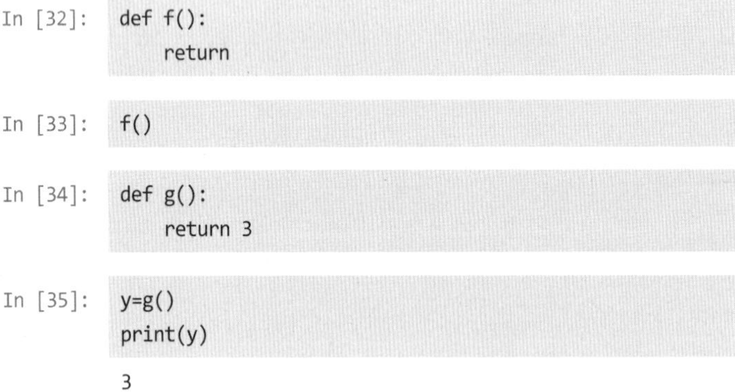

```
In [32]:  def f():
              return

In [33]:  f()

In [34]:  def g():
              return 3

In [35]:  y=g()
          print(y)

          3
```

[코드 16-13]
반환값이 있는 경우와 없는 경우의 함수 호출

y=g() 명령문은 등호(=) 기호가 사용되고 있으므로 하나의 어사인먼트 문장입니다. 어사인먼트 문장은 등호의 우변에 있는 "값"을 좌변의 "변수"에 할당합니다. 그래서 항상 "변수=값"의 형태로 사용됩니다. x=3 같은 문장이 좋은 예가 됩니다. 우변에 수식이 오는 경우도 있습니다. 이 경우에도 우변의 수식을 연산하고 나면 결국 하나의 값이 되기 때문에 "변수=값"의 형태와 다르지 않습니다. x=2*5+4와 같은 문장을 예로 들면, 우변의 2*5+4 수식의 연산결과는 14가 되고, 결국 x=2*5+4 문장은 x=14로 실행됩니다. 수식에 변수가 포함되는 경우도 가능합니다. 변수에 이미 어떤 값이 할당되어 있으면 변수는 결국 하나의 값을 나타냅니다. 예를 들어, a는 3이고 b가 10인 상태에서 x=2*a+b라면, x=2*(3)+(10)으로 연산됩니다. 결국 x=16으로 실행됩니다. 여전히, "변수=값"의 형태입니다.

그런데 우리가 살펴보고 있는 y=g() 문장은 어떻게 이해해야 할까요? 일단 이 문장은 다음과 같이 "읽을" 수 있습니다. "y 변수에 할당합니다. (무슨 값을?) 함수 g()가 반환한 값을." 우리 코드의 경우 g() 함수는 항상 3이란 값을 반환하도록 만들어져 있으므로 y=g() 명령문에서 우변은 결국 g() 함수가 반환한 값으로 치환되어, 결과적으로 y=3으로 실행됩니다. 당연히, "변수=값"입니다.

지금 우리가 공부하고 있는 소프트웨어 함수는 중·고등학교 수학 수업에서 배웠던 수학 함수(function)와 그 의미가 다르지 않습니다. 수학 함수는 하나의 매핑mapping이라고 설명됩니다. 즉, 수학 함수는 어떤 값에 다른 어떤 값을 대응시키는 관계(또는 규칙)를 나타냅니다. 예전 기억을 되살려보겠습니다. [그림 16-11]은 어떤 값 x를 다른 값 y로 매핑하는 함수 f()를 나타내고 있습니다. 1은 f에 의해 11로 매핑되고, 3은 13으로, 5는 15로 매핑되고 있습니다. 이를 f(1)=11, f(3)=13, f(5)=15라고 표현할 수 있습니다.

[그림 16-11] 함수는 매핑입니다

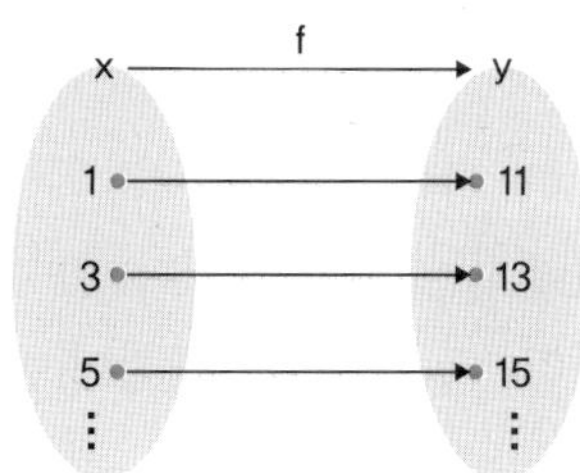

모든 의미있는 매핑들은 특별한 규칙성이 있습니다. 그래서 1은 항상 11로, 3은 항상 13으로, 5는 항상 15로 매핑되게 됩니다. 1에 매핑되는 값이 어떨 때는 11이 되었다가 어떨 때는 25가 되기도 하면 함수라고 부를 수가 없습니다. 우리 문제의 경우에는 y=f(x)=x+10이라는 규칙이 있습니다. 이를 우리의 IPO로 나타내면 [그림 16-12]와 같습니다. 여기서 x 값이 결정되면 f에 따라 y 값은 "저절로" 결정됩니다. 그래서 x 값을 '독립변수'라고 부르고, y 값은 '종속변수'라고 부릅니다. 이 프로세스를 소프트웨어 함수로 만들게 되면, 프로세스명이 함수명이 되고, 입력데이터 x가 함수의 매개변수가 되며, 출력데이터 y가 함수의 반환값에 해당하게 됩니다. 그래서 y=f(x)입니다.

[그림 16-12] y=f(x)=x+10

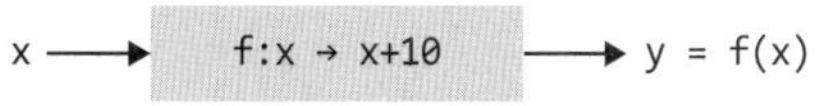

x → f:x → x+10 → y = f(x)

위의 관계를 파이썬 코드로 한 번 만들겠습니다. [코드 16-14]의 In [1]에서 함수명은 f()이고, 독립변수 x가 매개변수로 정의되어 있습니다. In [36]의 2행에서 y 값이 계산되고 있고, 3행에서 그 값을 반환하고 있습니다. In [37]의 f(1)은 "f라는 이름으로 정의된 매핑(함수)에서 1은 무슨 값으로 매핑되는지 알려달라"는 요청으로도 해석할 수 있겠습니다. 현재의 매핑 규칙에서 1에 의해 매핑되는 값, 즉 f(1)은 11입니다. 다시 말해서, y=f(1)에서 f(1)은 11이므로 결국 해당 명령문은 y=11로 실행됩니다. 결국, "변수=값"입니다.

[코드 16-14] [그림 16-12]를 구현한 코드

```
In [36]:  1  def f(x):
          2      y=x+10
          3      return y

In [37]:  1  y=f(1)

In [38]:  1  print(y)
Out[3]:      11
```

정리하겠습니다. 결국, f(1)은 1의 함수값입니다. 함수 f에 의해 1에 매핑되는 "값"이 됩니다. 다시 말해서, 인자가 1인 경우에 함수 f가 빈환하는 반환값입니다. 함수가 호출되면 결과는 하나의 값으로 남습니다. 따라서 그 값은 y=f(1)에서와 같이 변수에 저장되어 다른 연산에서 활용될 수 있게 됩니다.

16장을 정리하겠습니다

함수는 소프트웨어를 만드는 가장 기본적인 단위입니다. 집을 만들 때 기본적으로 사용되는 자재가 블록입니다. 블록을 쌓아서 집을 만들듯이, 함수를 모아서 프로그램을 만들게 됩니다. 그래서 함수를 소프트웨어를 만드는 빌딩 블록Building Block이라고 부르기도 합니다. 그런데 블록만 가지고는 단층집은 몰라도 10층짜리 건물을 튼튼하게 만들기는 어려워 보입니다. 뭔가가 더 필요할 것 같습니다. 함수를 "묶어서" "튼튼한" 소프트웨어를 만들기 위한 수단으로 객체(object) 기술과 모듈/패키지라는 수단이 있습니다. 18장부터 객체와 모듈을 알아보겠습니다.

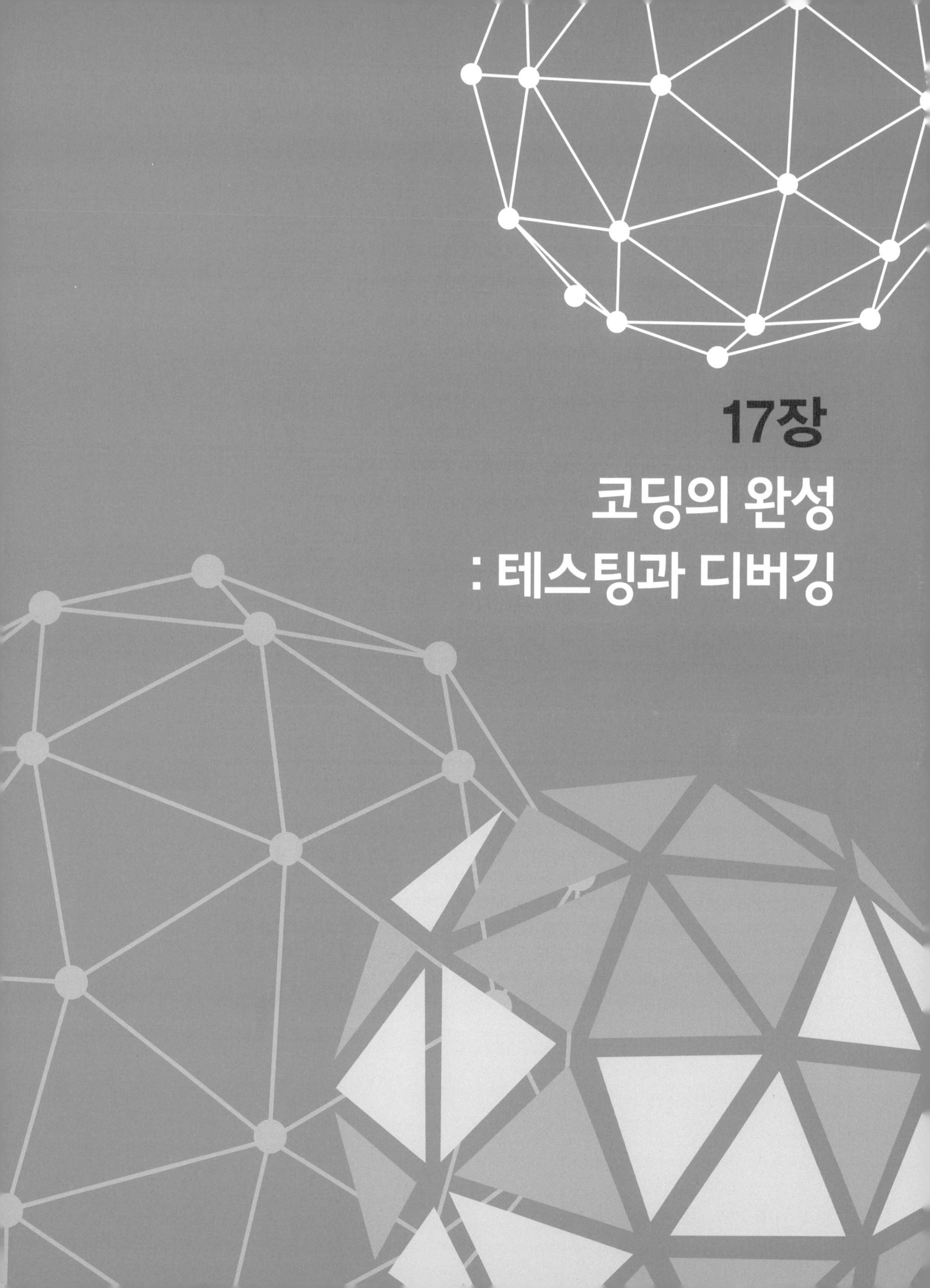

17장

코딩의 완성 : 테스팅과 디버깅

17장의 주제는 '디버깅debugging'입니다. 디버깅은 말 그대로 버그bug(벌레)를 "de-"하는(없애는) 과정을 가리키는 용어입니다. 여기서 버그는 소프트웨어에 존재하는 에러를 가리키는 말로, 실제 배추에 벌레(배추흰나비 유충)가 있으면 배추가 상하듯이 소프트웨어에 버그가 있으면 소프트웨어의 동작을 망가뜨린다는 의미로 소프트웨어나 프로그램에 존재하는 에러error를 예전부터 '버그'라고 불러왔으며, 소프트웨어에서 버그를 찾아내어 없애는 행위를 디버깅이라고 부르고 있습니다. 그래서 디버깅은 프로그램을 만드는 과정에 필연적으로 수반되는 과정이 됩니다. 사실, "코딩=디버깅"이라고 해도 지나치지 않습니다.

프로그램의 에러는 크게 구문에러(Syntax Error), 런타임에러Runtime Error, 논리에러(Logic Error)와 같이 세 가지 형태로 구분합니다. 이러한 구별은 프로그래밍 단계와 연관되어 있습니다. 파이썬 프로그램은 사람들이 일상에서 사용하는 문자(a~z, A~Z), 숫자(0~9) 또는 특수문자(: , = _ 〉〈 등)로 만들어집니다. 이렇게 만들어진 프로그램을 소스코드Source Code라고 부릅니다. 하지만 사람들이 만든 소스코드는 컴퓨터에서 바로 실행될 수 없습니다. 컴퓨터는 기계어(머신코드, Machine Code)라고 부르는 2진수 코드만을 읽고 실행할 수 있기 때문입니다. 그래서 프로그램을 실행하기 위해서는 소스코드를 머신코드로 바꾸는 (변환 또는 번역하는) 과정이 필요한데 이를 '컴파일compile'이라고 부릅니다. 참고로 컴파일하는 소프트웨어를 '컴파일러compiler'라고 부릅니다.

여기서 잠깐!!

머신코드

컴퓨터는 아주 많은 수의 반도체로 만들어진 기계입니다. 반도체는 경우에 따라 도체가 되기도 하고 부도체가 되기도 하는 소재로, 우리가 일상에서 흔히 사용하는 스위치와 똑같은 역할을 합니다. 결국 컴퓨터는 수없이 많은 스위치가 결합된, "스위치들의 네트워크"인 셈입니다. 그래서 컴퓨터를 동작시킨다는 것은 그 안에 있는 반도체 스위치를 동작시키는 것과 같습니다. 스위치는 세상에서 가장 간단한 기계입니다. 켜거나 끄는, 두 개의 단순한 동작만 있습니다. 여기서 스위치를 켜는 것을 1로 표현하고, 끄는 것을 0으로 표현하면 모든 컴퓨터의 동작은 0과 1의 두 가지 심볼로 표현할 수 있습니다. 실제로 0과 1로 만들어진 머신코드를 2진수 코드(Binary Code)라고 부르기도 합니다.

만약, 우리 프로그램이 컴퓨터 하드웨어(=스위치)를 직접 구동해야 한다면([그림 17-1]의 ⓐ처럼), 컴퓨터에 있는 수천만 개의 스위치를 우리가 직접 컨트롤할 수 있어야 합니다. 불가능한 상황입니다. 그래서 실제로는 하드웨어를 동작시킬 수 있는 프로그램의 도움을 받게 됩니다. 우리 대신에 컴퓨터 스위치를 On/Off 해주는 프로그램으로써 운영체제(OS, Operating System)라고 부릅니다. 그래서 보통의 응용프로그램들은 운영체제를 통해 (즉, 운영체제에서 제공하는 함수들을 호출하여) 컴퓨터 하드웨어를 동작시키게 됩니다. [그림 17-1]의 ⓑ를 참고하기 바랍니다.

[그림 17-1] 응용프로그램과 컴퓨터 하드웨어의 연동

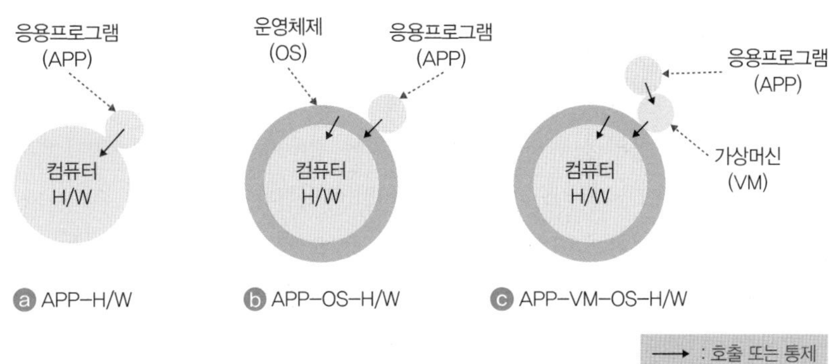

하지만 ⓑ의 경우에도 운영체제가 달라지면 응용프로그램도 그에 따라 바뀌어야 하는 문제가 있습니다. 운영체제가 달라질 때마다 코드를 수정하고 새로 컴파일해야 합니다. 즉, 하나의 컴퓨터에서 잘 돌아가는 응용프로그램을 다른 컴퓨터에서 바로 실행하기 어려운 경우가 생깁니다. 이런 문제를 해결하기 위해 제안된 방식이 [그림 17-1]의 ⓒ와 같이 가상머신(VM, Virtual Machine)을 활용하는 방법입니다. ⓑ의 경우에서처럼 응용프로그램들이 운영체제와 직접적으로 연결되지 않기 때문에 운영체제와 무관하게 프로그래밍할 수 있습니다. 응용프로그램을 실행하는 것은 가상머신의 몫이 됩니다. 개발자 입장에서는 가상머신이 자신의 응용프로그램을 실제로 실행하는 컴퓨터 환경이 됩니다. 실제로 파이썬도 이와 같은 방식으로 동작합니다. 자바도 마찬가지입니다.

가상머신을 사용하는 경우에도 여전히 컴파일 과정을 거치지만, 컴파일의 결과로 2진수 코드가 아닌 바이트코드^Byte Code^라는 이름의 코드가 만들어지고, 이렇게 만들어진 바이트코드는 인터프리터^interpreter^라고 불리는 파이썬 가상머신 안에서 실행되게 됩니다. 바이트코드는 소스코드와 2진수 코드의 중간쯤에 있는 코드라고 생각하면 됩니다.

참고로, 8개의 2진수를 묶어서 1바이트라고 부릅니다.

정리하자면, 우리가 만든 파이썬 프로그램은 컴파일 과정을 거쳐 바이트코드로 변환됩니다. 이렇게 만들어진 바이트코드를 파이썬 인터프리터가 실행하게 됩니다. 우리가 살펴볼 세 가지 타입의 에러 중에서 구문에러는 파이썬 소스코드를 바이트코드로 변환하는 과정 중에 파이썬 문법에 맞지 않는 코드가 있는 경우에 발생합니다. 구문에러가 없는 경우에 성공적으로 바이트코드가 만들어지고 인터프리터가 각 바이트코드를 순차적으로 읽어들여 실행하게 됩니다. 각 바이트코드를 실행하는 중에 잘못된 연산이나 참조가 있는 경우에 런타임에러가 발생하면서 프로그램의 실행이 중단됩니다. 런타임에러의 대표적인 예로 "어떤 값을 0으로 나누는" 연산을 들 수 있습니다. 실행할 수 없는 연산을 실행하라고 하면 당연히 문제가 생기기 마련입니다. 하지만 런타임에러 없이 프로그램이 실행 완료가 되더라도 프로그램 내부의 논리상 에러로 인해 잘못된 실행 결과가 만들어지는 경우가 있습니다(사용자가 기대하던 결과와 다른 값이 나오는 경우를 말합니다). 이러한 에러를 논리에러라고 부르는데, 다른 에러에 비해 발견하기가 어려워 특별한 주의가 필요합니다. 이제부터 각 에러에 대해 구체적으로 살펴보겠습니다.

첫 번째는 구문에러입니다

구문에러는 파이썬 소스코드를 바이트코드로 컴파일(번역)하는 과정에서 파이썬 문법에 맞지 않는 코드가 있는 경우에 발생합니다. 신택스[sytax]에러라고 부르기도 합니다. 세 가지 에러 중에서는 가장 쉽게 고칠 수 있는 에러입니다. 예를 들어, 콤마(,)를 써야 할 곳에 온점(.)을 찍는다거나, [코드 17-1]과 같이 딕셔너리의 선언에는 "전혀 기대되지 않는" 세미콜론(;)이 포함되는 경우에 발생합니다. 코드 블록을 만들어주는 콜론(:)을 빠뜨리는 경우도 자주 보게 되는 구문에러입니다.

[코드 17-1]
전형적인 구문에러 메시지

```
In [1]:  a={'name':'kim', ;'age':20}

File "C:\Users\mkjang\AppData\Local\Temp/ipykernel_12768/1170093690.
py", line 1 ← ⓐ
    a={'name':'kim', ;'age':20}
                     ^ ← ⓑ
SyntaxError: invalid syntax
```

구문에러가 있으면, In [1]에서 보는 것처럼, SyntaxError라는 메시지를 나타내 줍니다. 몇 번째 행의 어디에서 에러가 있는지를 보여주고 있습니다([코드 17-1]의 ⓐ와 ⓑ 참조). 참고해서 수정하면 되겠습니다. 구문에러가 있는 코드는 컴파일되지 않습니다. 즉, 실행할 수 없습니다. 일단, 우리가 만든 코드에서 구문에러를 모두 수정해야 (제대로 동작하든 그렇지 않든 간에) 프로그램을 실행할 수 있다는 뜻입니다. 구문에러는 프로그램 공부를 시작하는 무렵에, 아직은 컴퓨터 언어에 익숙하지 않은 때에 자주 만나게 되는 에러입니다.

여기서 잠깐!!

코딩 공부의 핵심에 디버깅이 있습니다

공부할 때에 만나게 되는 에러는 자신의 코딩 실력을 높이는 분명한 기회가 됩니다. 코딩을 잘한다는 것은 곧 디버깅을 잘한다는 것과 똑같은 말입니다. 많은 에러를 만나고 해결하는 과정 중에 코딩 실력이 커가는 것입니다.

실행 중에 만나게 되는 런타임에러를 살펴봅니다

런타임에러는 아주 다양한 형태로 발생합니다. 많이 소개되는 대표적 에러에는, 앞서 잠깐 소개했던 것처럼, 0으로 나누는 에러(Division by Zero)가 있습니다. [코드 17-2]를 참조하기 바랍니다. `a=1/0`은 문법적으로는 문제가 없는 코드입니다. 실제로 에러가 생겼지만 구문에러는 아닙니다. 연산을 하는 과정 중에 (0으로는 나눌 수 없는데) 0으로 나누려고 하기 때문에 발생하는 에러입니다. 런타임에러의 경우에는 에러 메시지 내에 Traceback이라는 글자가 표시됩니다. 함수 호출과 연관되어 있는 용어입니다.

[코드 17-2] 런타임에러: ZeroDivisionError

```
In [2]:  a=1/0

---------------------------------------------------------------------------
ZeroDivisionError                         Traceback (most recent call last)
~\AppData\Local\Temp/ipykernel_12768/904860658.py in <module>
----> 1 a=1/0

ZeroDivisionError: division by zero
```

[코드 17-3]에서 그 의미를 살펴보겠습니다. In [3]에서 f() 함수가 정의되어 있고 In [4]에서 그 함수에 대한 호출이 이루어지고 있습니다. 에러 메시지에서 ⓐ는 In [19]의 명령문에 따라 f() 함수 호출이 이루어졌다는 것을 나타내고 있습니다. f() 함수를 실행하는 중에 첫 번째 명령어인 print() 함수의 호출은 에러 없이 성공적으로 실행되었습니다. In [4] 셀 하단에 I'm calling abc( )라고 문자열이 출력된 것으로 확인됩니다. 그다음으로 abd() 함수를 호출하려고 하는데 에러가 발생했다는 것이 ⓑ 부분이 나타내는 의미입니다. 발생한 에러는 NameError로 abd라는 이름이 (또는 그런 이름의 함수가) 정의되어 있지 않다는 뜻입니다(화면 하단의 에러 메시지 NameError: name 'abd' is not defined를 참조하기 바랍니다). 원래 abc() 함수를 호출하려고 했는데, abd()로 잘못 타이핑하는 바람에 발생한 에러입니다.

[코드 17-3]
런타임에러의 예

```
In [3]:  def f():
             print("I'm calling abc()")
             abd()

In [4]:  f()

         I'm calling abc()

         ---------------------------------------------------------------------------
         NameError                                 Traceback (most recent call last)
    ⓐ    ~\AppData\Local\Temp/ipykernel_12768/3782956317.py in <module>
         ----> 1 f()

         ~\AppData\Local\Temp/ipykernel_12768/1770299470.py in f()
               1 def f():
               2     print("I'm calling abc()")
    ⓑ    ----> 3     abd()

    ⓒ    NameError: name 'abd' is not defined
```

이제 In [3]의 에러를 수정해서 (즉, abd()에서 abc()로 수정해서) 다시 실행해봅니다. 원래 우리가 실행하려고 했던 abc() 함수의 코드는 [코드 17-4]의 In [5]를 참고하기 바랍니다. 수정 후에 In [7]에서처럼 f() 함수를 호출했더니, 아까보다는 조금 더 복잡한 모양의 에러 메시지가 나타납니다. 이번에는 거꾸로 ⓓ부터 보겠습니다. ⓓ는 코드를 실행하는 중에 ZeroDivisionError가 발생하는 바람에 실행이 중단되었음을 알려줍니다. 실제로 에러가 발생한 코드는 바로 위의 ⓒ에서 확인할 수 있습니다. 그럼 ⓒ를 왜 실행하게 되었을까요? 그것은 ⓑ에서 abc() 함수에 대한 호출이 있었기 때문입니다. 그럼 ⓑ의 함수호출은 왜(또는 언제) 생긴걸까요? 그것은 ⓐ에서 보다시피 f() 함수의 호출이 있었기 때문입니다. 즉, 함수 호출이 어떻게 이루어지면서 현재의 코드에서 에러가 발생하게 되었는지를 역순으로(=back) 따라가고 있습니다(=Trace). 에러가 발생한 경로를 거꾸로 따라가면서 에러의 원인을 찾아보라는 가이드인 셈입니다.

[코드 17-4]
에러의 원인을 거꾸로 따라가면서 원인을 찾는 트레이스백(Traceback)

```
In [5]: def abc():
            a=1/0
            print(a)

In [6]: def f():
            print("I'm calling abc()")
            abc()

In [7]: f()

I'm calling abc()

---------------------------------------------------------------------------
ZeroDivisionError                         Traceback (most recent call last)
ⓐ ~\AppData\Local\Temp/ipykernel_12768/3782956317.py in <module>
----> 1 f()

~\AppData\Local\Temp/ipykernel_12768/2431376430.py in f()
      1 def f():
      2     print("I'm calling abc()")
ⓑ ----> 3     abc()

~\AppData\Local\Temp/ipykernel_12768/3640639536.py in abc()
      1 def abc():
ⓒ ----> 2     a=1/0
      3     print(a)

ⓓ ZeroDivisionError: division by zero
```

이외에도 정말 수없이 많은 종류의 런타임에러가 있습니다만, 런타임에러에 대해 이해를 돕는 차원에서 초보자에게 중요한 두 가지 에러(IndexError와 KeyError)에 대해 보충 설명하겠습니다.

IndexError: list index out of range

IndexError는 리스트, 튜플과 같이 인덱스를 가지는 데이터구조에서, 참조할 수 없는 범위의 인덱스를 사용하는 경우에 발생하는 에러입니다. [코드 17-5]를 보면 에러 메시지에 list index out of range라는 표현이 보입니다.

[코드 17-5]
list index out of range
에러 메시지

```
In [8]:  data=[1, 2, 3, 4, 5]

In [9]:  print(data[3])

         4

In [10]: print(data[5])

         ---------------------------------------------------------------------
         IndexError                          Traceback (most recent call last)
         ~\AppData\Local\Temp/ipykernel_12768/1723166744.py in <module>
         ----> 1 print(data[5])

         IndexError: list index out of range
```

참조할 수 있는 값의 범위(range)를 벗어났다(out of)는 의미입니다. In [10]에서 `data` 리스트의 6번째 데이터인 `data[5]`를 참조하려고 하는데, 실제 In [8]에서 정의된 `data` 리스트를 보면 전체 데이터의 개수가 5개이기 때문에, 인덱스는 0부터 4까지만 가능합니다. `data` 리스트에 존재하지 않는 항목인 `data[5]`를 참조하고자 시도함으로써 발생하는 에러입니다. (음수 인덱스를 제외하면) 리스트의 인덱스는 `0`부터 `len(data)-1`까지가 허용되는 범위(range)임을 항상 조심하기 바랍니다.

KeyError: '----'

리스트를 잘못 사용할 때의 에러가 IndexError라면, key-value 쌍[pair]으로 만들어지는 데이터구조인 딕셔너리에서 가끔 보이는 에러가 KeyError입니다. [코드 17-6]에서 보면, a라는 이름의 딕셔너리 객체는 `'name'`과 `'age'`라는 두 개의 key에 대해 항목 데이터를 선언하고 있는데, In [12]에서 `'res'`라는 키에 해당하는 value를 참조하고자 시도하고 있습니다. 그에 따라 발생하는 KeyError: 'res'는 현재 참조하려고 하는 딕셔너리 객체는 'res'라는 key를 가지고 있지 않다는 의미입니다.

[코드 17-6]
KeyError 에러 메시지

In [11]:
```
a={'name':'kim', 'age':20}
```

In [12]:
```
a['res']
```

```
---------------------------------------------------------------------------
KeyError                                  Traceback (most recent call last)
~\AppData\Local\Temp/ipykernel_12768/3062766296.py in <module>
----> 1 a['res']

KeyError: 'res'
```

이외에도 정말 많은 종류의 에러가 있습니다. 앞서 소개한 에러는 극히 일부에 지나지 않습니다. 에러가 있는 경우에는 에러 메시지를 통해 어디에서 무슨 에러가 발생했는지를 보여주니, 에러 메시지를 참고해서 해결하는 연습을 꾸준히 해보기 바랍니다. 코딩 중에 만나게 되는 다양한 에러를 해결하는 과정에서 파이썬과 프로그래밍에 대한 이해도가 높아지니만큼 다양한 시행착오를 겪어보기 바랍니다.

런타임에러의 가장 큰 문제는 프로그램이 실행 중간에 멈춰버렸다는 것(또는 끝나버렸다는 것)입니다. 집에서 공부할 때의 프로그램이야 수정해서 다시 실행하면 그만이겠지만, 우주선 로켓을 구동하는 프로그램이 (우리가 미처 파악하지 못한 에러 때문에) 중간에 멈춰버린다면? 또는 병원에서 사용되는 의료기기를 동작시키는 소프트웨어가 중간에 멈춰버린다면? 정말 큰일이겠습니다. 실제로 현대사회에서 발생하는 큰 사고(사람의 생명이나 재산상의 큰 손실을 초래하는 사고) 중에 소프트웨어의 에러 때문에 발생하는 경우가 알게 모르게 아주 많습니다. 그래서 런타임에러가 생기더라도 프로그램이 중간에 멈추어서는 안 됩니다. 이와 관련하여 '예외상황(Exception)' 또는 '예외상황 처리'라는 기술이 활용되고 있습니다.

예외상황과 try-except

예외상황이란 정상적(normal) 상황이란 말과 대치되는 의미입니다. [그림 17-2]는 (A), (B), (C), (D)의 4개 명령문으로 만들어진 프로그램을 플로우차트 형태로 보여주고 있습니다. 여기서 각 명령문 사이에 화살표가 보이는데, 이것은 선행 명령문이 성공적으로 실행되는 경우에 그 화살표를 따라 후속 명령문이 실행되는 관계를 나타내고 있습니다. 우리가 지난 장에서 살펴보았듯이, 선행 명령문이 성공적으로 실행되는 경우에 화살표를 따라서 토큰(실행될 권리)이 흘러가는 것으로 생각하면 됩니다.

(A) → (B) → (C) → (D)

[그림 17-2] 정상 플로우 (Normal Flow)

여기서 (C) 명령문이 성공적으로 완료되지 못하는 상황이 생겼다고 가정하겠습니다. 이는 정상상황이 아니어서 예외상황이라고 부르게 되는데, 이런 경우에는 어떻게 해야 할까요? (C)와 (D)를 잇는 플로우는 정상적인 플로우이니 그 방향으로 토큰을 흘려보내는 것은 불가합니다. 결국, 더 이상 진행할 수 없으니 여기서 프로그램이 멈추게 됩니다. 아니, 멈출 수밖에 없다고 하는 것이 더 정확한 표현이겠습니다.

이런 상황을 해결하려면 "정상적으로 종료할 수 없는 경우에 (즉, 예외상황이 발생한 경우에) 토큰을 흘려보낼 수 있는 새로운 플로우(또는 경로)"를 만들어 줘야 합니다. 비가 많이 오는 경우에 그냥 두면 둑이 터져서 마을이 물에 잠길 수 있습니다. 그러면 마을과는 다른 쪽으로 (예를 들면, 논이 있는 쪽으로) 둑을 터뜨려 물이 흐를 수 있는 다른 길을 만들게 됩니다. 물이 흐를 수 있는 또 다른 길을 만들면서 파국을 예방한 것입니다. 우리 코드의 경우라면 [그림 17-3]과 같이 보완해 주면 되겠습니다. 여기서 점선 화살표로 표시한 부분(편의상 점선으로 표시했습니다)이 예외상황에 해당하며, 거기에 연결된 (E)는 예외상황이 발생한 경우에 실행되는 코드를 나타내고 있습니다(보통, 예외상황 처리(Exception Hndling)에 해당합니다). 이 로직에 따르면, (C)가 성공적으로 실행되는 경우에는 정상적인 플로우를 따라 (D)가 실행되고, 그렇지 않은 경우, 즉, 예외상황이 발생한 경우에는 (E)가 실행됩니다.

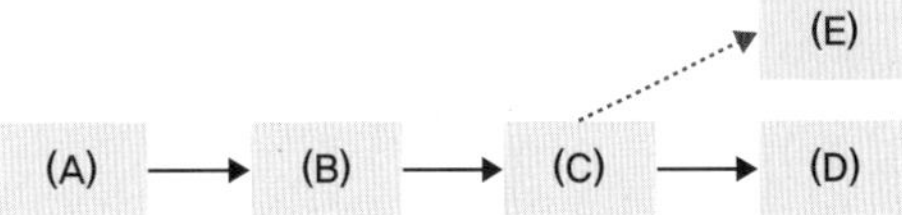

[그림 17-3] 예외상황과 처리

이러한 로직을 표현할 수 있도록 파이썬은 try-except라는 특별한 문법을 제공하고 있습니다(거의 대부분의 컴퓨터 언어에서 지원되는 개념입니다). 예를 들어, 앞서 살펴봤던 Zero DivisionError를 예외상황으로 처리하겠습니다. 먼저, 문제상황입니다. [코드 17-7]의 In [13]에 정의되어 있는 `divide()` 함수는 두 값의 나눗셈 연산을 포함하고 있습니다. 2행에서 첫 번째 인자인 `a` 값을 두 번째 인자인 `b` 값으로 나누고 있습니다. 이 코드가 성공적으로 실행이 완료되면 `c` 변수에 그 결괏값이 할당되고, 3행에서와 같이 해당 변숫값(`c` 값)을 화면에 `print()`하는 것은 전혀 문제될 것이 없습니다.

[코드 17-7]
Zero DivisionError를 예외 상황으로 처리할 때의 문제 상황

```
In [13]:  def divide(a, b):
              c=a/b
              print(c)
```

실제로 [코드 17-8]과 같이 divide() 함수를 호출해보면 결과가 잘 나오는 것을 확인할 수 있습니다.

[코드 17-8]
divide() 함수 호출 결과

```
In [14]:  divide(3, 1)

3.0
```

하지만 b 매개변수의 값이 0이 되는 경우에는 다음과 같이 런타임에러가 발생하게 됩니다.

[코드 17-9]
divide() 함수에서 발생한 런타임에러

```
In [15]:  divide(3, 0)

---------------------------------------------------------------------
ZeroDivisionError                   Traceback (most recent call last)
~\AppData\Local\Temp/ipykernel_12768/2668450547.py in <module>
----> 1 divide(3, 0)

~\AppData\Local\Temp/ipykernel_12768/946334496.py in divide(a, b)
      1 def divide(a, b):
----> 2     c=a/b
      3     print(c)

ZeroDivisionError: division by zero
```

이러한 문제를 해결하기 위해 try-except라는 특별한 문법이 사용됩니다. 우선, 에러가 발생할 수 있는 코드를 try: 안에 둡니다. "(잘되는지) 한 번 시도해봐" 쯤으로 읽으면 되겠습니다. 시도해 봤는데, "만약 잘 안 되어 에러가 발생한다면" 예외상황을 처리할 수 있는 경로를 except 키워드를 사용해서 만들어주게 됩니다.

[그림 17-4] try-except 문법 사용

```
In [16]:  def divide(a, b):
              try:
                  c=a/b
              except ZeroDivisionError:
                  print('Err...')
              else:
                  print(c)
```

ZeroDivisionError
c=a/b → print('Err...')
c=a/b → print(c)

예외상황이 발생하지 않는 정상적인 경우에 실행되는 후속 명령문은 `else:` 키워드 다음에 넣어주면 됩니다. 이렇게 예외상황 처리가 포함된 `divide()` 함수에 대해, 앞서와 같이 `divide(3, 1)`과 `divide(3, 0)`을 호출해보면 런타임에러가 발생하지 않는 것을 확인할 수 있습니다. 아래의 결과를 참조하기 바랍니다.

[코드 17-10]
예외상황으로 처리된 결과

```
In [17]: divide(3, 0)

         Err...

In [18]: divide(3, 1)

         3.0
```

또 다른 예를 한 번 들어보겠습니다. 이번에는 IndexError의 경우입니다. 아래의 `lprint()` 함수는 함수 내부에서 정의된 a 리스트의 k번째 항목값을 화면에 출력하는 함수입니다. 우리가 살펴본 바와 같이 리스트의 항목을 참조하는 인덱스의 값이 참조 범위를 넘어가면 IndexError가 발생하게 됩니다. [코드 17-11] In [19]의 5행에서 예외상황을 "멋있게" 처리하고 있습니다. 그런데 전체 코드는 그다지 멋있게 보이지 않습니다. 간단한 동작을 하는 코드인데 조금 복잡하게 보입니다. 심지어 리스트 항목을 참조할 때마다 모두 이런 형태로 코드를 만들어야 한다면 코드가 너무 복잡해질 것 같습니다.

우리가 알고리즘 연습에서 만들어 봤던 코드에서 리스트 항목의 참조가 얼마나 많이 있었는지를 떠올려 보기 바랍니다.

[코드 17-11]
예외상황 처리가 많아지면 코드가 복잡해짐

```
In [19]:
1 def lprint(k):
2     a=[1, 2, 3, 4, 5]
3     try:
4         a[k]
5     except IndexError:
6         print('Index out of Range')
7     else:
8         print(a[k])

In [20]: lprint(3)

         4

In [21]: lprint(5)

         Index out of Range
```

이처럼, 프로그램에서 발생할 수 있는 모든 예외상황을 try-except로 처리한다고 하면 정말이지 "배보다 배꼽이 커지는 상황"이 됩니다. [코드 17-7]의 In [13]처럼 간단하게 해결해도 되는 코드를 [그림 17-4]의 In [16]처럼 "복잡하게" 처리하게 되고, 그에 따라 중요한 로직(정상적인 상황에서의 처리 플로우)이 명확하게 드러나지 않는 문제도 발생합니다.

그럼 어떻게 해야 할까요? 모범답안을 말씀드리면, 프로그램을 개발하는 "내가" 통제할 수 있는 상황이면 굳이 예외상황을 고려할 필요가 없다는 것입니다. `divide()` 함수의 경우에 두 번째 매개변수의 값이 절대 0이 되지 않도록 할 수 있다면 굳이 예외상황에 대한 처리를 코드에 포함시킬 필요가 없다는 뜻입니다. 만에 하나 여지가 있다면, try-except 구문을 사용하지 않더라도 다음의 [코드 17-12]의 In [22]와 같은 형태로 대신할 수도 있습니다. 두 번째 인자값이 0이 되는 경우에는 나누기 연산이 실행되지 않도록 `if`문으로 처리한 경우입니다. 참고로 두 번째 인자의 값이 0이면 아무런 연산도 일어나지 않기 때문에 In [24] 셀 아래로 아무런 결과도 나타나 있지 않습니다.

[코드 17-12]
if문을 이용해서 간단하게 예외상황을 처리한 코드

```
In [22]:  def divide(a, b):
              if b==0:
                  return
              c=a/b
              print(c)

In [23]:  divide(3, 1)

          3.0

In [24]:  divide(3, 0)
```

단, "내가 통제할 수 없는 상황이 발생할 수 있으면" 예외상황에 대한 고려가 반드시 필요합니다. 특히 파일, 인터넷, 또는 데이터베이스와 같이 외부의 자원을 사용하는 경우에 예외상황이 발생할 소지가 많습니다. 데이터 파일을 읽으려고 하는데 해당 이름의 파일을 찾을 수 없는 경우가 발생할 수 있습니다. 인터넷을 통해 데이터를 읽어 오려고 하는데 마침 인터넷에 장애가 생겨 통신이 안 되는 경우가 생길 수도 있습니다. 이런 경우에는 발생할 수 있는 모든 예외상황에 대해 대응책(예외상황 처리)을 만들어두는 것이 바람직합니다.

여기서 잠깐!!

도대체 얼마나 많은 에러가 있을까요

이쯤 되니까 도대체 파이썬에서 다루어지는 에러에는 어떤 것이 있는지 궁금해집니다. 파이썬 홈페이지에 방문해보면 Built-in Exceptions라는 타이틀로 파이썬의 모든 에러 메시지를 나열해 놓고 있습니다.* 한두 줄 정도의 설명만 제공하고 있어서 크게 도움이 안 되긴 하는데, 그냥 '이렇게나 다양한 에러가 있구나' 정도로 이해하면 되겠습니다. 단, 이제부터는 에러가 생기면 일단 에러의 이름부터 확인하고 에러 메시지를 통해 어떤 에러인지를 거꾸로 유추해 보는 습관을 가져보는 것으로 합시다.

* https://docs.python.org/3/library/exceptions.html

마지막으로 논리에러를 만나보겠습니다

세 번째 타입의 에러는 논리에러Logic Error입니다. 세만틱에러Semantic Error라고 부르기도 합니다. 아무 에러없이 프로그램이 성공적으로 실행되었다고 하더라도 프로그램 실행 결과가 올바른지, 또는 해당 프로그램이 항상 올바른 결과를 만들어내는지에 대한 검증이 필요합니다. 기대하는 값(즉, 우리가 프로그램 실행을 통해 얻고자 하는 값)과 실제 얻은 값 사이에 차이가 있는 경우에는 프로그램의 처리 로직에 잘못(에러)이 있는 것입니다. 이러한 에러를 논리에러라고 부릅니다. 논리에러는 검증하지 않으면 확인할 수 없습니다. 그래서 가장 까다로운 에러입니다.

예를 들어보겠습니다. 이 책의 11장에서 알고리즘 연습이란 주제로 '리스트에 저장된 음수 중에서 가장 큰 값을 구하는 코드'를 만들어 본 적이 있습니다. [코드 17-13]의 In [25]는, x 인자로 전달된 리스트에 있는 음수 항목 중에 가장 큰 값을 구하는 함수인 negMax()를 보여주고 있습니다.

negative값 중에 최댓값을 구하는 함수란 의미에서 negMax라고 이름을 지었습니다.

```
In [25]:  def negMax(x):
              max=x[0]
              for k in range(1, len(x)):
                  if x[k]<0:
                      if x[k]>max:
                          max=x[k]
              print('max=', max)
```

[코드 17-13]
음수 항목 중에 가장 큰 값을 구하는 negMax() 함수

실제로 리스트 데이터 [−5, 9, −3, −11, 8, 5, 4, −7]에 대해 실행해 본 결과, [코드 17−14]에서 보듯이 올바른 결과(outfoot)를 만드는 것으로 확인되었습니다. a 리스트에 포함되어 있는 항목 중에 음수는 −5, −3, −11, −7로, 이 중 가장 큰 값은 −3입니다. negMax() 함수의 실행 결과도 이와 같습니다.

[코드 17−14] negMax() 함수의 실행 결과 ①

```
In [26]: a=[-5, 9, -3, -11, 8, 5, 4, -7]
         negMax(a)

max= -3
```

하지만 한 번만 확인해보고 "이 코드는 정확하구나" 하고 결론을 내리면 안 됩니다. 매우 위험합니다. "우연히 잘 맞는" 경우가 있기 때문입니다. 실제로 In [25]의 negMax() 함수는 "첫 번째 항목이 음수인 경우"에만 올바르게 동작합니다. 그렇지 않은 경우에는, 즉, 첫 번째 항목이 음수가 아닌 경우에는 올바르게 동작하지 않습니다. [코드 17−15]의 In [27]에서 이를 확인할 수 있습니다.

[코드 17−15] negMax() 함수의 실행 결과 ②

```
In [27]: a=[6, -5, 9, -3, -11, 8, 5, 4, -7]
         negMax(a)

max= 6
```

앞서 예로 들었던 negMax() 함수는 구문에러도 없을뿐더러 실행 중에 런타임에러도 발생하지 않습니다. 하지만 올바르게 동작하는 코드는 아닙니다. 잘못 동작하는 코드입니다. 코드 안에 에러(논리에러)가 포함되어 있습니다. 이러한 논리에러는 "확인하지 않으면" 발견하기 어렵습니다. 그래서 우리가 만든 코드에 논리에러가 포함되어 있는지를 확인하는 과정을 거치게 되는데, 이 과정을 테스팅testing이라고 부릅니다.

소프트웨어 테스팅은 크게 블랙박스 테스팅Black Box Testing과 화이트박스 테스팅White Box Testing으로 나뉩니다. 각각에 대해 자세히 살펴보겠습니다.

먼저, 블랙박스 테스팅을 살펴보겠습니다

블랙박스는 말 그대로 '안이 보이지 않는 박스'를 말합니다. 우리가 보통 만나는 거의 모든 기계나 장치가 그러합니다. 그럼, 안이 보이지 않는 장치에 고장이나 에러가 있는지 없는지는 어떻게 알 수 있을까요? 모든 장치에는 본연의 목적이 있습니다. 현재 기계의 상태가 본연의 목적을 달성하고 있으면 문제가 없는 것이고, 그렇지 않으면 내부의 어디엔가 문제가 생긴 것입니다. 예를 들어, 시계라는 기계를 한번 생각하겠습니다. 시계는 "정확한 시간을 알려주는" 목적을 가진 기계입니다. 시계가 이런 목적을 제대로 달성하고 있지 못하는 것으로 파악될 때, 예를 들어 우연히 서울역 시계탑에서 본 시각과 내 손목시계의 시각이 다르다면, 내 손목에 있는 시계에 에러가 생겼다는 것을 알게 됩니다. 소프트웨어의 블랙박스 테스팅도 이와 똑같은 접근방법을 사용합니다.

우리가 디버깅하는 대상은 여러 개의 명령문으로 구성된, 하나의 처리과정입니다. 그 처리과정에 이름을 부여한 것이 함수입니다. 그래서 테스팅의 대상을 그냥 함수라고 생각하겠습니다. 우리가 익히 잘 알듯이 함수는 IPO Input-Process-Output로 표현할 수 있습니다. 입력데이터(Input)가 정해진 처리과정(절차, Process)에 따라 출력데이터(Output)로 변환됩니다.

예를 들어, 팩토리얼(!) 값을 계산하는 함수를 테스팅한다고 해보겠습니다. 함수명은 `fact()`이고, 매개변수는 하나의 정숫값이 됩니다. `y=fact(x)`로 호출하도록 만들어졌습니다. 만약에 제대로 만들어졌다면 `y=fact(5)`를 호출했을 때 $5!=5\times4\times3\times2\times1=120$을 반환하게 될 것입니다. 만약에 그렇지 않으면 팩토리얼값을 계산하는 로직에 잘못이 있는 것입니다. 올바른 값인 120이 반환되더라도 우연히 잘 맞은 경우일 수도 있으므로 다른 경우에 대해서도 확인해 보아야 합니다. 예를 들어 x 값이 8인 경우입니다. 인자가 8이면 어떤 결과가 나와야 할까요? 계산기로 구해보면, 40320이 나와야 합니다. 즉, 입력값이 5일 때에는 출력값이 120이어야 하고, 입력값이 8일 때에는 40320이어야 합니다. 이 두 가지 경우에 대해 모두 올바르게 동작한다면 우리가 만든 `fact()` 함수는 제대로 만들어졌을 가능성이 높다고 하겠습니다. 그럼 두 가지 경우 정도만 확인해도 "충분할까요?" 몇 가지 경우를 확인해 봐야 충분한지에 대해서 가이드할 수 있는 명확한 기준은 없지만, 개발자 본인 스스로 확신을 가질 수 있는 수준은 되어야 합니다. 몇 가지 제안되고 있는 기준에 대해서는 조금 후에 소개하겠습니다.

블랙박스 테스팅에서 우리가 "확인해야 하는 경우"란 어떤 입력데이터에 대해 어떤 출력데이터가 나와야 하는지가 되며, 이를 테스트 케이스Test Case라고 부릅니다. j번째 테스트 케이스를 보통(I_j, O_j)로 표현합니다. `fact()` 함수의 경우라면 `O`$_j$ `= fact(I`$_j$`)`라고 쓸 수 있을테고, (5, 120), (8, 40320)이 각각 하나의 테스트 케이스가 됩니다. 보통의 경우는 가능한 한 많은 수의 테스트 케이스를 준비한 후에 각 테스트 케이스의 I_j 값에 대해 함수를 실행하여 얻은 결과와 기대하는 결과(O_j)를 비교하게 됩니다. 모든 테스트 케이스에 대해 문제가 없으면 해당 함수는 에러가 없는 것으로 결론을 내리게 됩니다(조금 보수적으로 말하면, 현재까지는 에러가 발견되지 않은 것으로 결론을 내립니다).

아주 단순하면서 상식적이고, 어쩌면 당연한 방법입니다. 실제로도 잘 동작하는 방법입니다. 그런데 앞서 잠시 언급했듯이, 이 방법에는 한 가지 어려움이 있습니다. 그것은 "도대체 몇 가지 경우에 대해 테스트해봐야 하는지?"라는 문제에 대해 명확하게 답을 제시하기가 어렵다는 점입니다. 물론, 정답은 없습니다. 함수('함수'라고 쓰고, '소프트웨어'라고 읽습니다)의 기능이 무엇인지에 따라서 당연히 달라지겠지만, 그 외에도 함수를 테스트하는 데 허용되는 시간, 비용, 그리고 그 함수가 오작동하는 경우에 발생할 수 있는 사고의 유형, 심각성에 따라서도 테스트 계획(plan)은 달라져야 합니다. 어쨌든 가능한 모든 경우를 전부 따져보는 것이 기본입니다. 어렵고 시간이 많이 걸리는 작업입니다. 그래서 조금 추상적이기는 하지만 다음의 두 가지 지침을 활용해서 최선의 (또는 최소의) 테스트 케이스를 만들게 됩니다.

1. 어떤 값에 대해 잘 동작하면 보통은 그 값의 주변값에서도 잘 동작합니다. 예를 들어, `fact()` 함수의 경우 5와 8에서 잘 동작하는 것이 확인되었으면 그 주변값인 3, 4, 6, 7, 9 등의 경우는 굳이 확인해 보지 않아도 된다는 의미입니다. 참고로 이렇게 하나로 묶을 수 있는 범위를 동치류(Equivalence Class)라고 부릅니다.
2. 보통 예기치 않은 에러들은 변두리에 있는 경계값(보통 Boundary Value라고 부릅니다)에서 많이 발생합니다. 예를 들어, 양의 정수에 대해 동작하는 함수가 있다면 경계값인 1의 경우에 잘 동작하는지는 무조건 확인해 보아야 한다는 의미입니다.

이상으로 블랙박스 테스팅에 대한 소개를 마치고, 다음으로 두 번째 테스팅 방법인 화이트박스 테스팅을 살펴보겠습니다. 그런데 갑자기 이런 생각이 듭니다. 만약에 블랙박스 테스팅을 통과하지 못하면 어떻게 해야 할까요? 내부에 에러가 있는 것으로 파악되었으니 당연히 디버깅해야겠지요. 그럼 어떻게요? 사실 프로그램을 개발할 때 가장 중요한 문제가 되는 부분입니다. 이 부분에 대한 디버깅 지침은 화이트박스 테스팅에 대한 소개를 마친 후에 추가해서 설명하겠습니다. 사실은 이 이야기를 하고 싶어서 이 장을 기획한 측면이 있습니다.

다음으로, 화이트박스 테스팅을 살펴보겠습니다

화이트박스는 블랙박스와 다르게 "안이 훤히 들여다 보이는" 박스입니다. 블랙박스가 함수의 호출에 따른 함수값의 반환값을 따져 보는 것으로 함수의 바깥 면을 중심으로 살펴보는 테스팅 기법이라면 화이트박스는 함수 내부의 로직 흐름(보통은 경로(path)라고 부릅니다)을 직접 살펴보는 (직접 따라가 보는) 방법입니다.

하나의 함수 안에는 여러 개의 경로가 포함되어 있습니다. [그림 17-5]를 참고하기 바랍니다.

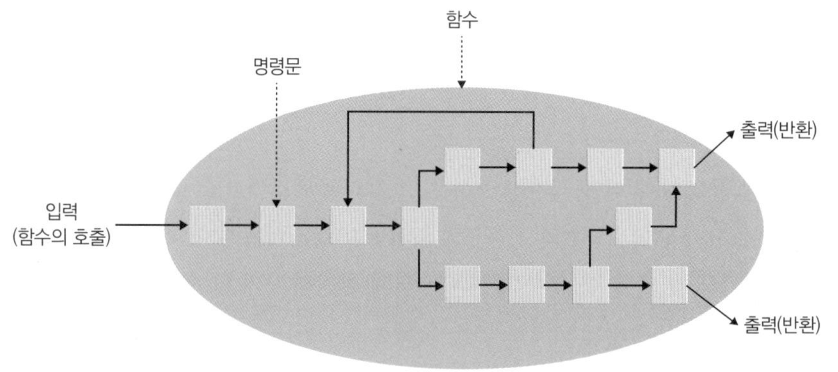

[그림 17-5] 하나의 함수에 포함된 경로

보통은 한 개의 정상적 흐름을 중심으로 몇 가지 중요한 예외상황에 대한 처리가 더해지면서 여러 경로가 만들어지게 됩니다. 우리가 잘 알다시피, `if` 키워드가 사용되면 경로가 두 가지로 나뉘게 되고, `for`나 `while` 키워드가 사용되어도 루프 밖으로 나가는 경로 하나, 루프 안에서 순환하는 경로 하나, 경로 두 개가 만들어집니다.

블랙박스 테스팅의 가장 중요한 키워드는 사실 테스트 케이스가 되는데, 이 테스트 케이스는 화이트박스 테스팅에서도 일부 사용됩니다.

화이트박스 테스팅에서 가장 중요한 키워드는 경로(path)입니다. 데이터의 타입에 따라 해당 데이터가 흘러가게 되는 경로가 달라집니다. [그림 17-6]에서 보는 것처럼, 어떤 데이터의 경우에는 ⓐ 경로로, 다른 어떤 데이터의 경우에는 ⓑ의 경로를 따라 흘러가게 됩니다.

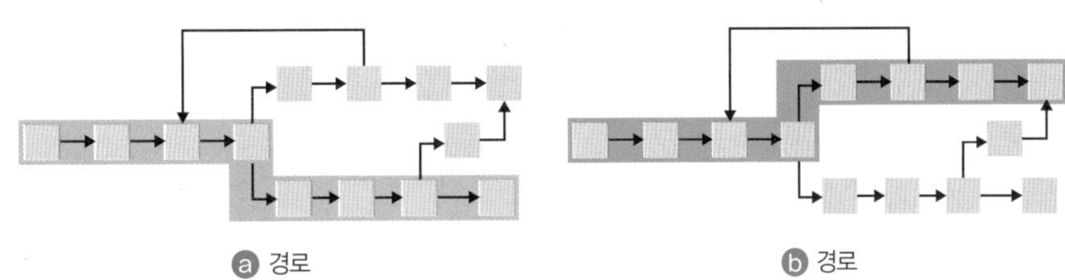

[그림 17-6] 데이터의 타입에 따라 흘러가는 경로는 서로 다릅니다

화이트박스 테스팅에서 경로를 보는 가장 근본적인 목적은 데이터들이 우리가 원하는 대로 처리되고 있는지를 확인해보는 것입니다. 예를 들어, 우리가 다루는 데이터 중에 어떤 타입의 데이터들은 이러이러한 경로를 따라 처리되어야 하는데, 화이트박스는 프로그램이 실제로 그렇게 만들어졌는지를 확인해 보는 과정이라고 보면 되겠습니다. 경로를 확인해 봤더니 그렇게 만들어져 있지 않더라? 에러입니다.

화이트박스 테스팅의 부수적인 장점이 하나 있습니다. 테스트 과정을 진행하다 보면, 아무 데이터도 흘러가지 않는 경로를 파악할 수 있게 됩니다. 이런 경로에 포함되는 코드들은 삭제하는 것이 좋습니다. 전혀 소용이 없는데, 프로그램을 무겁게 만드는 요인이 됩니다. 좀 더 정확히 말하면, 사실 이런 경로들은 잠재적 에러의 원인이 됩니다. 지금은 아무 데이터도 그 경로를 따라 흘러가지 않습니다. 즉, 정상적인 처리가 이루어지고 있습니다. 하지만 만에 하나 그 경로를 따라 데이터가 흘러가는 경우가 발생하게 되면 함수의 동작과 결과는 예측 불가능하게 됩니다.

그럼, 실제로 디버깅은 어떻게 해야 하는 것일까요?

마지막으로, 17장의 결론삼아, 실제 우리가 코딩 중에 활용할 수 있는 디버깅 또는 테스팅 방법을 얘기해보겠습니다. 상식적인 얘기지만, 디버깅을 세 개의 단계로 나누어 본다면, 먼저 1단계로 우리 프로그램에 에러가 있는지를 확인해야 합니다. 에러가 있다면 2단계로, 에러가 어디에서 생겼는지를 파악해야 하고, 마지막 단계로 해당 에러의 원인이 무엇인지를 분석하고 에러를 수정하게 됩니다. 물론, 여기서도 디버깅의 대상은 하나의 함수인 것으로 생각하면 좋겠습니다.

1단계로 우리 프로그램에 에러가 있는지를 확인하기 위해서 사용할 수 있는 가장 강력한 방법은 블랙박스 테스팅입니다. 대표적인 테스트 케이스를 몇 개 만들고 우리 프로그램이 각 경우에 문제없이 잘 동작하는지를 확인합니다. 만약 에러가 발견되면 2단계로 넘어갑니다. 2단계는 문제가 어디에 있는지를 파악하는 단계입니다. 에러의 원인이 명확하면 수정은 아주 간단합니다. 이 단계에서 활용할 수 있는 방법으로 조금은 무모해보이지만 프로그램의 실행 과정을 모두 따라가 보면서 프로그램이 원하는 바대로 동작하고 있는지를 확인하는 것입니다(그래서 Brute Force 디버깅이라고 불립니다). 화이트박스 테스팅에서 보았던 아이디어와 같습니다. 물론, 실행과정을 일일이 모두 확인하는 것은 쉬운 일이 아닙니다. 이 책에서 추천하고 싶은 것은 "분할과 정복 그리고 Brute force 디버깅을 묶어서 사용하는 방법"입니다. 무모하다고는 얘기했지만, 많은 개발자가 즐겨 사용하는 방법입니다. 요즘은 디버깅을 도와주는 도구도 많이 제공되고 있습니다만, 기본적인 디버깅 마인드가 없으면 별 쓸모가 없는 것 같습니다.

분할과 정복, Brute force를 묶어서 사용하는 디버깅

하나의 명령문이 실행되면, 보통 명령문들은 어사인먼트 문장을 포함하고 있기 때문에, 어떤 변숫값이 바뀌게 됩니다. 예를 들어서, a 변숫값이 현재 3인 상태에 있었는데, a=5 명령문이 실행되면 5인 상태로 바뀐다는 의미입니다. 너무 당연한 얘기입니다만, 워낙에 중요하니 자꾸 다시 반복하게 됩니다. [그림 17-7]을 참고하기 바랍니다.

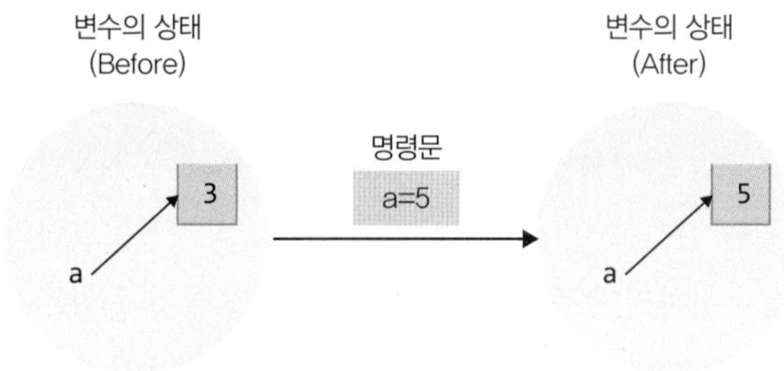

[그림 17-7] 변숫값을 바꾸는 어사인먼트

하나의 어사인먼트는 하나의 변숫값에만 영향을 주지만 하나의 함수는 그 함수 내에서 정의되어 사용되는 여러 변숫값에 영향을 주게 됩니다. 즉, 함수의 실행이 진행됨에 따라 해당 변수들의 값이 계속해서 변하게 된다는 의미입니다. 따라서 지역변수가 가지고 있는 현재 값은 해당 함수의 실행 상태(즉, 어디까지 실행되었는지)를 나타내게 됩니다. 함수의 실행이 종료되었을 때의 변수 상태가 결국 우리가 함수 실행을 통해 얻고자 하는 결과가 됩니다.

함수 내에 에러가 있으면 일부 변수에 틀린 값이 저장되게 되고 결국 함수의 실행이 종료되었을 때의 최종상태는 우리가 기대하는 상태와 달라지게 됩니다. 함수가 시작하기 직전의 상태를 보통 초기상태(Initial State)라고 부르고, 함수의 실행이 종료되고 나서 도달하게 되는 상태를 최종상태(Final State)라고 부릅니다. 상태라는 관점에서 함수를 바라보면, 함수는 결국 초기상태에 있는 변숫값들을 최종상태로 바꾸어 주는 과정이라고 볼 수 있고, 조금 과장한다면 "하나의 커다란" 어사인먼트 명령문이 되는 셈입니다.

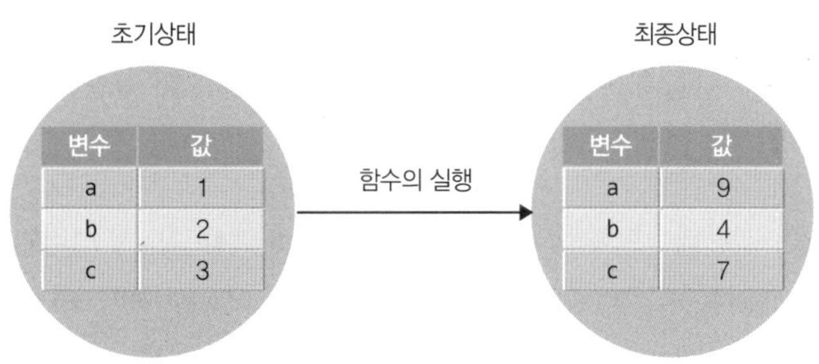

변수	값
a	1
b	2
c	3

변수	값
a	9
b	4
c	7

[그림 17-8] 변수들의 상태를 변화시키는 함수 실행

함수의 실행 중에 에러가 발생했다는 것은 우리가 기대하는 최종상태와 실제적으로 도달한 최종결과가 서로 다르다는 뜻입니다. 자동차 운전으로 비유해보면, 현재 나는 관악구 OO번지에 있습니다. 지금 출발해서 노원구 XX번지로 이동해야 합니

다. 자동차 운전이라는 행위(함수를 떠올리면 좋겠습니다)가 나의 위치를(나의 상태를) 관악구 OO번지에서 노원구 XX번지로 바꾸게 됩니다. 그런데 도착하고 보니 강서구 YY번지입니다. 무슨 문제가 생긴 걸까요? 관악구 OO번지에서 노원구 XX번지로 이동하는 중간 어딘가에서 길을 잘못 들어선 것입니다. 에러입니다. 프로그램의 에러도 마찬가지입니다. 에러를 수정하려면 중간지점 어디에서 길을 잘못 들었는지 확인해 봐야 합니다. [그림 17-9]를 참고하기 바랍니다. 중간의 B지점에서 C지점 방향으로 움직여야 했는데 D지점으로 잘못 들어서는 바람에 문제가 생긴 것입니다. 물론 사람들이야 실행 중간에 에러를 깨닫고 수정할 수 있는 지적 능력이 있기 때문에(보통 "adaptive하다"라고 부릅니다.) 이런 얼토당토않은 결과를 보이지는 않지만요.

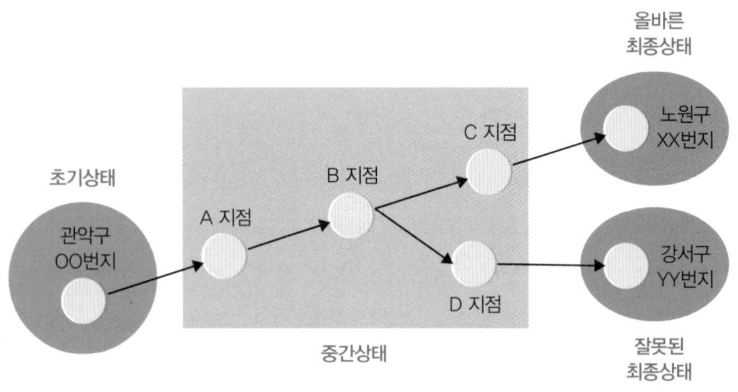

[그림 17-9] 에러를 파악할 수 있는 중간상태 점검

결국 에러를 찾는다는 것은 중간에 거쳐 가는 상태를 확인해 보는 과정과 같습니다. 올바른 최종상태에 도달하기 위해서는 (A)-(B)-(C)와 같은 중간상태를 거쳐야 하는데, (A)-(B) 이후에 에러가 발생하는 바람에 잘못된 (D) 상태로 들어서게 된 것이 결국 에러의 원인이 됩니다. 실제 프로그램의 디버깅도 이와 똑같은 개념으로 이루어집니다.

어떤 함수가 잘 동작하는지를 테스트하려고 합니다([그림 17-10]의 ❶ 참고). 그러면 우선 해당 함수(전체 구간)를 주요한 몇 개의 구간으로 나눕니다([그림 17-10]의 ❷ 참고). 여기서 말하는 구간은, 실제로 "이 함수는 ~하고, ~하고, ~하는 기능을 수행한다"라고 했을 때 ~에 해당하는 정도로 이해하면 좋겠습니다. 실제로는 명령문 블록에 해당합니다. 구간이 실행되면 우리 함수의 상태는 "우리가 관심을 두고 있는" 어떤 중간상태로 바뀌게 됩니다. 이렇게 도달된 중간상태가 올바른 상태인지를 확인하는 방법으로 에러가 있는지를 찾아냅니다.

그럼 어떻게 중간상태를 확인할 수 있을까요? 중간상태를 구성하는 (또는 중간상태를 나타내는 데 필요한) 변수들의 값을 모두 화면에 출력해 보는 것입니다(그래서 Brute force입니다). 중요한 단계별로 확인해봐야 할 변수들의 값을 모두 화면에 `print()` 해 봄으로써, 변수들의 값이 프로그램의 실행을 따라 올바르게 변환되고 있는지를 따라가 보는 (Trace해 보는) 것이 핵심입니다. 듣고 보니 별것 아닌데요. 하지만 정말 유용한 방법입니다.

[그림 17-10] 디버깅 절차

❶ 이 구간 내에 오류가 있습니다
(또는, 오류가 있는지 확인하려고 합니다.)

❷ 해당 구간을 몇 개의 작은 구간으로나눕니다.
(분할)

❸ 나누어진 각 구간에 오류가 있는지를 확인합니다. (정복)

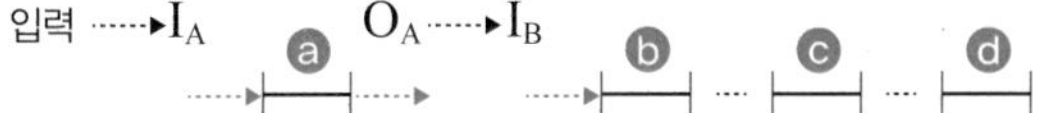

[그림 17-10]의 ❸에서 ⓐ 구간은 초기상태(I_A)를 중간상태(O_A)로 바꾸게 됩니다. 만약 O_A가 올바르지 않으면 ⓐ 구간 내부에 에러가 있다는 뜻입니다. 만약 문제가 없다면 다음 구간인 ⓑ를 테스트하게 됩니다. ⓑ 구간을 시작하기 전 상태([그림 17-10]의 I_B)는 ⓐ 구간이 종료한 상태인 O_A가 되고, ⓑ 구간이 어떤 기능을 수행하는지를 염두에 두면 O_B가 어떤 값이 되어야 하는지를 판단할 수 있습니다.

이와 같은 과정을 계속 반복하다 보면, 결국 에러를 포함하고 있는 구간을 찾아낼 수 있게 됩니다. 하지만 아직, 에러가 발생한 정확한 위치(즉, 어느 명령문에서 에러가 생겼는지)를 찾아낸 것이 아닙니다. 에러가 있는 정확한 위치를 찾기 위해서, 해당 구간에 대해서 [그림 17-10]에 나타낸 과정을 반복합니다. 언제까지요? 에러가 있는 명령문을 찾을 때까지. 어떻게요? 에러를 포함하고 있는 구간을 더 잘게 나누어서.

여기서 설명하는 디버깅 방법의 핵심은, 에러와 연관되어 있는 변숫값을 화면에 출력해서 직접 눈으로 확인해 보라는 것입니다. 올바른 값을 갖고 있는지 아닌지를 확인하고, 만약 문제가 있다면 어떻게 하다가 해당 변수에 잘못된 값이 할당되었는지를 역추적(Traceback)해 보라는 것입니다. 프로그램은 완성한 다음에 디버깅하는 것이 아닙니다. 함수를 구성하는 각 명령문, 또는 명령문 블록을 추가할 때마다 실제 원하는 대로 잘 동작하는지를 계속 테스트하면서 코드를 만들게 됩니다. 즉, 코딩과 디버깅은 항상 함께 이루어집니다. 조금만 다르게 생각해보면, 코딩 중의 디버깅은 [그림 17-10] 과정의 역순이라고 볼 수 있겠습니다. 테스트된(즉, 잘 동작하는 것으로 확인된) 조그만 코드 조각(블록)을 모아서 함수를 만듭니다. 이렇게 만들어진 전체 함수가 문제없이 제대로 동작하는지를 확인합니다. 만약 문제가 발견되면 [그림 17-10]의 절차를 따라서 다시 디버깅하면 되겠습니다. 이와 같은 과정이 프로그램을 완성할 때까지 계속 반복해서 이루어집니다.

17장을 정리하겠습니다

흔히 "에러 없는 프로그램은 없다(There is no software without bugs)"라는 얘기를 합니다. 하지만 이 말이 소프트웨어에서 어느 정도의 에러는 용인할 수밖에 없다는 뜻이 아님을 알아야 합니다. 소프트웨어를 개발함에 있어서 최선을 다해서 에러의 수를 줄이고, 에러로 인해 발생될 고장의 심각성을 줄이는 노력(즉, 디버깅)이 필요하다는 의미로 받아들여야 합니다.

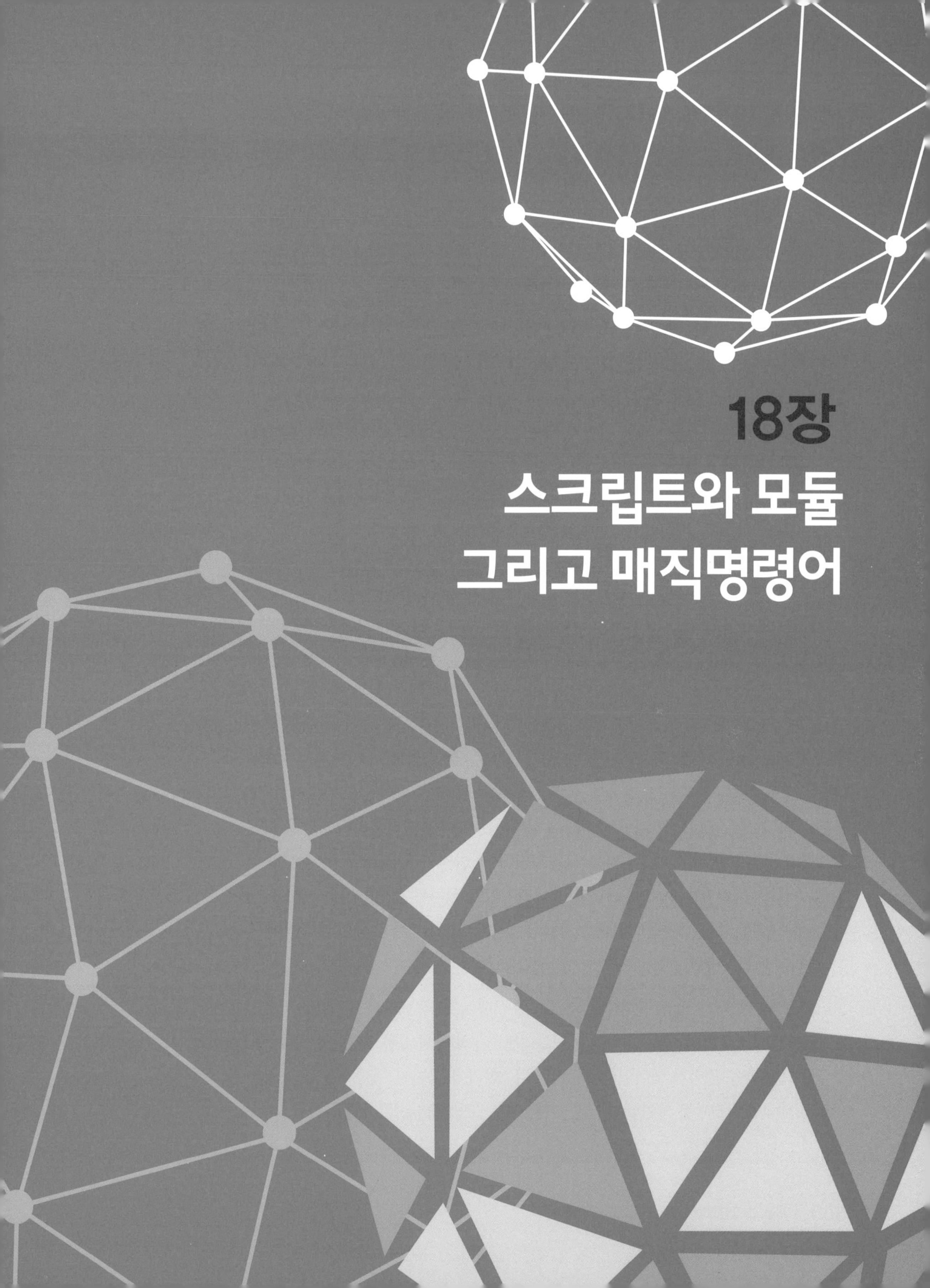

18장

스크립트와 모듈 그리고 매직명령어

18장에서는 모듈module을 알아보겠습니다. 파이썬에서 모듈은 파일로 만들어진 파이썬 프로그램(보통, 스크립트(script)라고 부릅니다)을 의미합니다. 하나의 파일 안에는 여러 함수와 변수 그리고 명령문이 포함됩니다(당연히 19장에서 살펴볼 클래스도 포함됩니다). 우리가 주피터 노트북에서 정의하고 실행할 수 있는 모든 것을 파일에 담을 수 있습니다. 모듈은 기본적으로 (서로 연관되어 있는) 여러 프로그램 요소(함수, 변수, 클래스, 명령문 등)를 하나로 묶는 단위가 됩니다.

이 장의 핵심 키워드인 파이썬 스크립트는 파일로 존재합니다. 그러다 보니 스크립트를 제대로 다루려면, 윈도우즈에서 파일을 어떻게 관리하는지, 그리고 파일이 저장되는 폴더 구조는 어떻게 구성되는지에 대한 기본적인 이해가 필요합니다. 파이썬 코딩과 관련해서 기본적으로 알아야 하는 내용을 중심으로 정리하겠습니다. 참고로 이번 18장의 예제들은 파이썬 3.9.7 버전을 사용하고 있으며 가상환경 폴더는 C:\pydev입니다.

파이썬은 대화형 모드와 스크립트 모드로 사용할 수 있습니다

먼저, 파이썬의 사용 모드(방식)를 살펴보겠습니다. 파이썬을 사용하는 방식은 '대화형 모드(Interactive Mode)'와 '스크립트 모드Script Mode', 두 가지로 나누어 볼 수 있습니다. 이 책에서는 주피터 노트북을 주로 사용하고 있지만, 파이썬 코딩에서 가장 근본이 되는 것은 파이썬 언어를 해석하고 실행하는 파이썬 인터프리터라는 응용프로그램입니다. 파이썬 인터프리터는 사용 중인 가상환경의 Scripts 폴더에서 찾을 수 있습니다. 파일명은 python.exe입니다. 파이썬이 설치된 폴더(Program Files 폴더에 있는 파이썬 설치 폴더)에도 똑같은 파일이 있습니다. 지금 사용 중인 컴퓨터에서 한 번 확인해보기 바랍니다.

파이썬 인터프리터가 있는 폴더에서 명령창을 실행(주소창에 cmd라고 입력하면 됩니다)한 후에 python 명령어를 실행합니다. 그러면 >>> 모양의 프롬프트가 뜹니다. 명령문을 입력받을 준비가 되어있다는 뜻입니다. 여기에 파이썬 명령문을 입력하면 바로 실행되면서 결과를 확인할 수 있습니다. 예로, 'Hello'라는 문자열을 출력(print)

하겠습니다. 그러고 나서, 30과 50을 합한 값을 구하겠습니다. [그림 18-1]을 참고하기 바랍니다.

[그림 18-1] 파이썬 인터프리터 실행화면

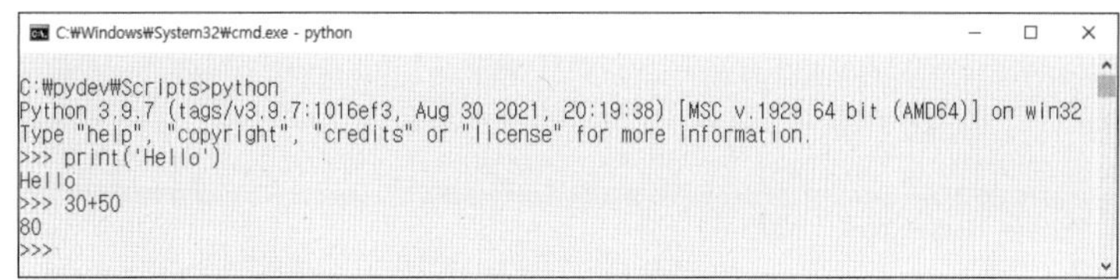

마치, (내가) 묻고 (파이썬이) 답하는 식으로 프로그램이 실행됩니다. 그래서 대화형입니다. 여태껏 주피터 노트북에서 사용해 왔던 방식과 크게 다르지 않습니다. 다만, 주피터 노트북의 셀은 파이썬 인터프리터의 프롬프트(〉〉〉)와 다르게 여러 개 명령문을 한꺼번에 입력할 수 있다는 차이가 있습니다.

파이썬의 대화형 모드는 그 자체로 정말 좋은 도구지만, 규모가 큰 프로그램을 만들기에는 (물론, 만들려고 하면 불가능한 것은 아니지만) 조금 까다롭고 비효율적입니다. 그래서 파이썬으로 프로그램을 개발하는 경우에는 코드를 파일로 저장하고, 파이썬 인터프리터를 통해 실행하는 형태를 사용합니다. 이러한 방식을 스크립트 모드라고 합니다.

여기서 잠깐!!

스크립트

스크립트(script)라는 용어는 인터프리터 방식으로 실행되는 컴퓨터 언어의 소스코드 또는 그 소스코드가 저장되어 있는 파일을 가리키는 용도로 사용되고 있습니다. 컴파일된 프로그램과는 다르게, 쓰여있는 그대로 읽고 해석해서 실행되는 코드라는 의미입니다.

메모장은 [시작] 메뉴의 [Windows 보조프로그램] 그룹에 있습니다. 윈도우즈의 가장 기본적인 편집기입니다.

간단하게 예제를 통해 알아보겠습니다. 주피터 노트북에서도 파일을 만들 수 있지만 (그건 조금 있다가 살펴보기로 하고) 지금은 메모장 프로그램을 실행해서 파이썬 스크립트를 하나 만들겠습니다.

[그림 18-2] 파이썬 스크립트의 편집

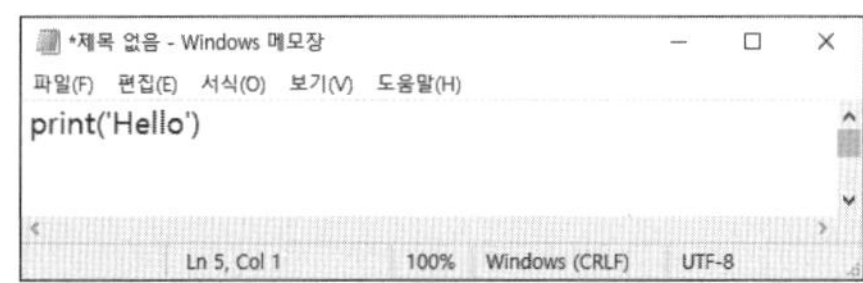

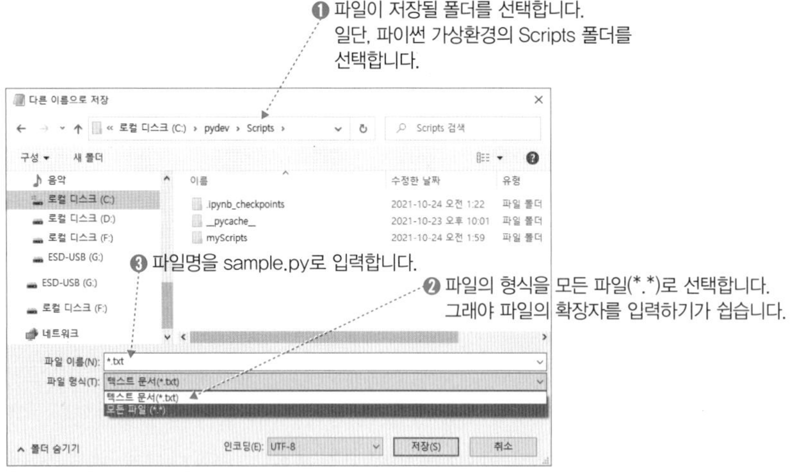
❶ 파일이 저장될 폴더를 선택합니다.
일단, 파이썬 가상환경의 Scripts 폴더를
선택합니다.
❸ 파일명을 sample.py로 입력합니다.
❷ 파일의 형식을 모든 파일(*.*)로 선택합니다.
그래야 파일의 확장자를 입력하기가 쉽습니다.
다른 이름으로 저장
파일 이름(N): *.txt
파일 형식(T): 텍스트 문서(*.txt)
텍스트 문서(*.txt)
모든 파일 (*.*)
인코딩(E): UTF-8
저장(S)
취소

[그림 18-3] 다른 이름으로 저장하기

[그림 18-2]에서처럼 메모장으로 파이썬 코드를 편집한 후에, [파일(F)] 메뉴의 [저장(S)]이나 [다른 이름으로 저장(A)] 메뉴 항목을 실행합니다. 그런 후에, [그림 18-3]에서와 같이 파일의 저장 장소(폴더)와 파일 형식을 선택한 후에 파일명을 입력합니다. 그림에서 설명한 것처럼, 파일의 저장 장소는 파이썬 가상환경의 Scripts 폴더로, 파일형식은 [모든 파일(*.*)]로, 파일명은 sample.py로 해서 저장하기 바랍니다.

위 과정을 마치고 나면, 가상환경의 Scripts 폴더 안에 sample.py 파일이 만들어지게 됩니다. 확인을 위해서, 해당 폴더에서 명령창을 실행한 후에 [그림 18-4]에서처럼 `dir s*.py`이라고 입력해 봅니다. [그림 18-4]의 ❶을 참고하기 바랍니다. 파일이 제대로 만들어진 것이 확인되면, 프롬프트에서 `python sample.py`를 입력합니다. 파이썬 인터프리터에게 sample.py 파일에 저장되어 있는 파이썬 스크립트를 실행하라는 명령어입니다. [그림 18-4]의 ❷와 같은 결과가 나오는지도 확인해보기 바랍니다. 이것이 스크립트 모드입니다. 파이썬 스크립트를 파일로 저장한 후에, 파이썬 응용프로그램을 통해서 파이썬 프로그램(스크립트)을 실행할 수 있습니다. 그러고 보니, 파이썬 응용프로그램을 혼자 (즉, 파일명 없이) 실행하면 대화형으로 동작하고, 뒤에 스크립트 파일의 이름을 붙이면 스크립트 모드로 동작하게 되는군요.

`dir s*.py` 명령어는 현재 폴더에서 확장자가 .py인 파일 중에 이름이 s로 시작하는 파일들의 목록을 보여줍니다.

[그림 18-4] 파이썬 인터프리터를 통해서 스크립트를 실행합니다.

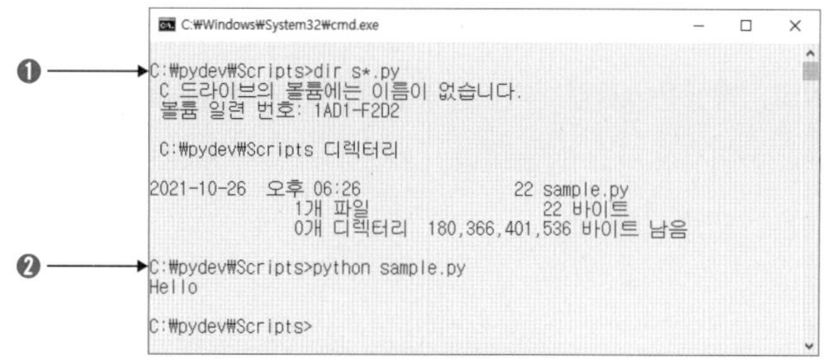

디렉터리는 폴더(folder)와 호환해서 사용되는 용어입니다.

파이썬 스크립트를 제대로 다루기 위해서는 스크립트의 물리적 형상이 되는 파일file과 그 파일의 저장 공간이 되는 디렉터리directory에 대해 올바르게 이해하고 있어야 합니다. 스크립트에 대한 이야기를 하기 전에 파일과 폴더에 대해 먼저 알아보겠습니다.

파일과 폴더(디렉터리)를 알아보겠습니다

파일

컴퓨터에 정보들이 저장되는 가장 기본적인 단위는 '파일'입니다. 파일은 크게 두 가지 타입으로 나누어 볼 수 있는데, 하나는 응용프로그램이고 다른 하나는 데이터 파일입니다. 파일의 타입은 확장자를 보면 바로 알 수 있습니다. 윈도우즈 탐색기의 [보기] 메뉴를 클릭한 후에 [파일 확장명]을 체크하면, 탐색기에서 파일명이 [파일명.확장자] 형태로 표시됩니다.

[그림 18-5] [파일명.확장자] 형태로 보기 위한 설정

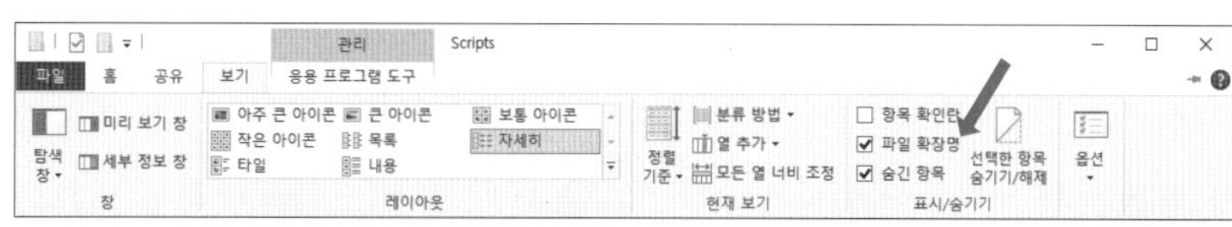

다만, exe는 운영체제에서 바로 실행할 수 있는 파일이지만, dll은 다른 응용프로그램의 호출에 의해 실행되는 파일이라는 차이가 있습니다.

응용프로그램은 확장자가 exe(executable, 실행할 수 있는 파일이란 뜻입니다.) 또는 dlldynamic link library인 파일을 가리킵니다. 조금 전에 python 명령어를 사용해 봤던 것처럼, 이 파일들은 운영체제에서 바로 실행할 수 있습니다. 그래서 '실행 파일'이라고도 부릅니다. 그렇지 않은 파일들은 모두 응용프로그램에서 사용되는 데이터(또는

문서, 음악, 동영상 등)를 담고 있는 파일입니다. 아래아한글의 문서파일은 확장자가 hwp입니다. 워드는 doc이고, 엑셀은 xls입니다. 동영상 같은 경우에는 mpg, avi, mp4 등과 같은 다양한 확장자가 사용되고 있습니다. 그래서 확장자를 보면 해당 파일이 무슨 파일인지 금방 알 수 있습니다.

문서파일의 경우 프로그램의 버전이 높아지면서 확장자 뒤에 x가 붙어 각각 hwpx, docx, xlsx와 같은 확장자를 사용하기도 하는데, 여기서는 이전부터 사용했던 확장자로 설명하겠습니다.

연습문제 18-1

여러분이 사용하고 있는 문서편집기(워드나 아래아한글 등)의 실행 파일을 찾아보기 바랍니다. Program Files 폴더 아래에 해당 응용프로그램이 설치된 폴더를 찾아가면 바로 찾을 수 있을 것입니다. 해당 폴더에 있지 않으면 아마 bin*이라는 이름의 폴더에 있을 수도 있습니다. 아래아한글의 예를 든다면, 응용프로그램은 hwp.exe입니다. 아래아한글 응용프로그램을 찾은 후에, 그 파일이 있는 폴더에서 명령창을 실행한 후에 프롬프트에서 'hwp'를 입력하고 실행해봅니다. 빈 문서를 가진 아래아한글 응용프로그램이 실행되는 것을 확인할 수 있습니다. 아래아한글 문서파일을 하나 복사해서 hwp 응용프로그램이 있는 폴더로 복사합니다. 그 후에 명령창에서 "hwp [문서파일명]"으로 실행해보기 바랍니다. 그러면 아래아한글이 실행되면서 해당 문서가 바로 열리게 됩니다. 우리가 파이썬 인터프리터를 사용하는 방식과 다르지 않습니다. 참고로 응용프로그램이 설치된 폴더에 데이터 파일을 같이 두는 것은 바람직하지 않습니다. 복사했던 문서파일은 테스트 후에 바로 지우기 바랍니다.

* binary의 준말로 실행 파일을 저장하는 폴더의 이름으로 많이 사용됩니다.

폴더(디렉터리)

다음으로 '폴더(디렉터리)'를 알아봅니다. 휴대폰이나 수첩 같은 소지품은 가방에 넣어서 보관하고, 의류는 박스나 옷장(또는 서랍)에 보관하고, 책은 사물함이나 책꽂이에 보관합니다. 마찬가지로 파일도 보관(또는 저장)하는 장소(또는 공간)가 필요합니다. 이 공간을 폴더[folder] 또는 디렉터리[directory]라고 부릅니다. 디렉터리는 디스크에 만들어지는 저장 공간으로 그 안에 파일을 저장할 수 있으며, 또 다른 디렉터리를 포함할 수 있습니다. 디렉터리 안에 포함된 디렉터리를 특별히 서브 디렉터리[Sub Directory]라고 부릅니다.

어떤 하나의 디렉터리를 기준으로, 자신을 포함하는 디렉터리는 딱 하나 존재하게 되는데, 이를 부모 디렉터리(Parent Directory)고 부릅니다. 그리고 자기 밑에 여러 개의 서브 디렉터리를 둘 수 있는데, 이를 자식 디렉터리(Child Directory)라고 부릅니다. 모든 디렉터리가 반드시 부모 디렉터리를 가지는 것은 아닙니다. 부모 디렉터리가 없는 최상위의 디렉터리가 존재하게 되는데 이 디렉터리를 루트 디렉터리Root Directory라고 부릅니다('뿌리'라는 의미입니다). 마찬가지로, 서브 디렉터리가 없는 디렉터리도 존재할 수 있습니다.

루트 디렉터리는 C:\로 표시합니다. 여기서 C:은 C(라는 이름의) 디스크 드라이브Disk Drive를 나타내며 역슬래시(\)는 "밑에(있는 디렉터리)"라는 의미로 읽습니다. 만약 루트 디렉터리 "밑에" Windows라는 폴더가 있으면 이를 C:\Windows\라고 나타냅니다. "루트 디렉터리 밑에 있는 Windows 디렉터리" 정도로 읽으면 되겠습니다. 마지막의 역슬래시는 생략할 수 있습니다.

파일명이나 폴더명은 대소문자를 구별하지 않습니다.

예를 들어 보겠습니다. 루트 디렉터리 밑에 Movies라는 디렉터리가 있고 그 아래에 Action, Comedy, Drama 디렉터리가 있다고 해보겠습니다. 이를 그림을 표현해보면, [그림 18-6]처럼 트리Tree 형태의 구조가 나타납니다. C:\ 뿌리에서 Movies, Program Files, Windows라는 가지가 나오고, Movies 가지에서 Action, Comedy, Drama라는 가지가 나오고 있습니다.

[그림 18-6] 트리 형태의 디렉터리 구조

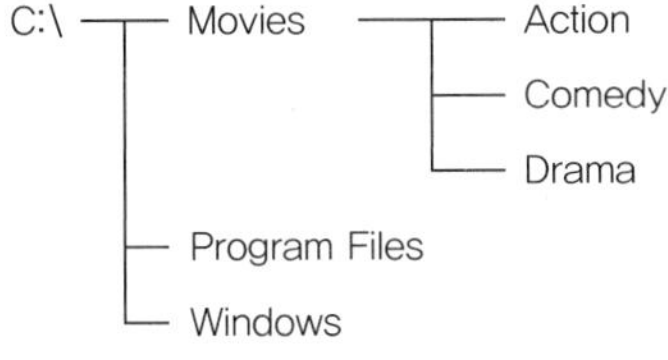

어린 시절 나무타기 하던 놀이를 상상해보기 바랍니다. 지금 Movies라는 가지를 타고 있다고 가정하겠습니다. 현재의 위치인 Movies를 중심으로 보면(이를 현재 디렉터리(Present Directory) 또는 작업 디렉터리(Working Directory)라고도 부릅니다.) 루트 디렉터리인 C:\가 부모 디렉터리가 되고, Movies로부터 뻗어 나간 가지인 Action, Comedy, Drama 디렉터리는 Movies 디렉터리의 자식 디렉터리가 됩니다. (중요하지는 않지만) 부모 디렉터리가 같은 디렉터리를 형제자매 디렉터리Sibling Directory라고 부릅니다. 위의 예에서 Movies, Program Files, Windows 디렉터리는 서로 형제자매 디렉터리에 해당합니다.

여기서 Drama 디렉터리는 "C 드라이브(루트 디렉터리와 같은 의미) 밑에 있는 Movies 디렉터리의 서브 디렉터리"입니다. 이런 의미를 C:\Movies\Drama라고 표현하고, 이를 Drama 디렉터리의 경로(path)라고 부릅니다. 루트 디렉터리로부터 어느 가지를 따라가야 현재 디렉터리에 도달하게 되는지를 가리키고 있습니다.

파일들은 디렉터리 안에 존재합니다. 따라서 파일명을 알더라도 어디에(어느 디렉터리에) 저장되어 있는지를 알지 못하면 해당 파일에 접근할 수 없습니다. 해당 파일이 저장되어 있는 디렉터리의 경로가 해당 파일에 접근할 수 있는 경로가 됩니다. 만약에 Drama 디렉터리에 영화 〈로마의 휴일(Roman Holiday)〉의 동영상 파일이 roma.mp4로 저장되어 있다면 해당 파일의 경로는 C:\Movies\Drama\가 됩니다. 경로와 파일명을 결합하면 해당 파일의 "진짜" 이름이 됩니다(이를 풀네임(Full-Name)이라고 부르기도 합니다). 〈로마의 휴일〉 동영상 파일의 풀네임은 C:\Movies\Drama\roma.mp4가 됩니다.

이와 같이 루트 디렉터리로부터 시작하는 경로를 '절대 경로(Absolute Path)'라고 부릅니다. 경로를 표현하는 또 다른 방법으로, 현재 위치를 기준으로 다른 디렉터리의 경로를 표현할 수 있습니다. 이를 '상대 경로(Relative Path)'라고 부릅니다. 상대 경로의 표현을 위해 사용되는 특별한 심볼이 있는데, 마침표 하나(.)와 마침표 두 개(..)가 그것입니다. 마침표 하나는 현재 디렉터리를 의미합니다. 만약, 현재 디렉터리가 Drama라면 〈로마의 휴일〉 동영상의 경로는 .\roma.mp4로 나타낼 수 있습니다. 만약, 현재 디렉터리가 Movies라면 .\Drama\roma.mp4가 해당 파일의 경로가 됩니다.

마침표 두 개(..)는 현재 디렉터리의 부모 디렉터리를 나타냅니다. 만약, 현재 디렉터리가 Movies 밑의 Action 디렉터리라고 한다면, Action 디렉터리에서 형제자매 디렉터리인 Drama 디렉터리로 이동하려면 부모 디렉터리인 Movies 디렉터리를 거쳐야 합니다. 즉, 해당 파일은 현재 디렉터리의 부모 디렉터리(..) 밑에 있는(\) Drame 디렉터리에 있습니다. 이를 ..\Drama\roma.mp4로 나타낼 수 있습니다.

보통은 윈도우즈 탐색기에서 파일과 폴더를 관리하게 되는데, 주피터 노트북 안에서도 파일과 폴더를 다룰 수 있습니다. 이어서, 주피터 노트북 안에서 파이썬 스크립트 파일을 다루는 데 필요한 '매직명령어(Magic Commands)'를 소개하겠습니다.

매직명령어를 소개합니다

파이썬 스크립를 다루는 데 매직명령어가 유용하게 사용됩니다

주피터 노트북(또는 ipython)이 제공하고 있는 매직명령어는 파이썬 스크립트를 개발하고 실행하는 과정에서 필요한 기능을 포함하고 있습니다. 매직명령어는 % 또는 %% 기호로 시작하는 특징이 있습니다. [코드 18-1]에서 확인할 수 있듯이 꽤 많은 수의 매직명령어가 제공되고 있습니다. 매직명령어의 전체 리스트는 `%lsmagic` 명령어를 통해 확인할 수 있습니다. 여기서 ls는 list(목록을 보여 달라는 의미)의 준말입니다. [코드 18-1]을 참고하기 바랍니다.

[코드 18-1] 매직명령어 목록

```
In [1]:   %lsmagic

Out[1]:   Available line magics:
          %alias %alias_magic %autoawait %autocall %automagic %autosave
          %bookmark %cd %clear %cls %colors %conda %config %connect_info
          %copy %ddir %debug %dhist %dirs %doctest_mode %echo %ed %edit
          %env %gui %hist %history %killbgscripts %ldir %less %load
          %load_ext %loadpy %logoff %logon %logstart %logstate %logstop
          %ls %lsmagic %macro %magic %matplotlib %mkdir %more %notebook
          %page %pastebin %pdb %pdef %pdoc %pfile %pinfo %pinfo2 %pip
          %popd %pprint %precision %prun %psearch %psource %pushd %pwd
          %pycat %pylab %qtconsole %quickref %recall %rehashx %reload_
          ext %ren %rep %rerun %reset %reset_selective %rmdir %run %save
          %sc %set_env %store %sx %system %tb %time %timeit %unalias
          %unload_ext %who %who_ls %whos %xdel %xmode

          Available cell magics:
          %%! %%HTML %%SVG %%bash %%capture %%cmd %%debug %%file %%html
          %%javascript %%js %%latex %%markdown %%perl %%prun %%pypy
          %%python %%python2 %%python3 %%ruby %%script %%sh %%svg %%sx
          %%system %%time %%timeit %%writefile

          Automagic is ON, % prefix IS NOT needed for line magics.
```

`%lsmagic`의 결과를 보면, 매직명령어에는 %로 시작하는 라인매직 Line Magic과 %%로 시작하는 셀매직 Cell Magic으로 나누어져 있는 것을 알 수 있습니다. 라인매직은 한 줄의 명령문을 입력하고 〈Enter〉를 누르면 곧바로 실행되는데 비해, 셀매직은 매직명령어가 포함된 셀 전체에 영향을 주게 됩니다. 여기서는 파이썬 스크립트를 편집하고 실행하는 데 필요한 매직명령어를 중심으로 살펴보겠습니다.

%pwd를 이용해서 현재 디렉터리를 확인할 수 있습니다

첫 번째로 다루어 볼 매직명령어는 %pwd입니다. Present Working Directory의 준말입니다. 주피터 노트북에서 실행해보면 [코드 18-2]와 같이 현재 디렉터리를 보여줍니다. 참고로 주피터 가상환경은 C:\PyDev에 만들어져 있으며 C:\PyDev\Scripts 디렉터리에서 주피터 노트북을 실행했기 때문에 현재 디렉터리(pwd)는 C:\PyDev\Scripts 디렉터리가 됩니다.

다시 한 번 강조합니다. 폴더나 파일명은 대소문자를 구별하지 않습니다. 보기 좋게 대소문자를 조합해서 사용할 뿐입니다.

```
In [2]:   %pwd
Out[2]:   'C:₩₩pydev₩₩Scripts'
```

[코드 18-2]
%pwd로 현재 디렉터리 확인

여기서 잠깐!!

\와 ₩

[코드 18-2]에서 살펴본 경로에서 역슬래시(\) 대신에 ₩(화폐기호, 원) 기호가 사용되고 있는데, 컴퓨터 시스템에서 사용하는 폰트에 따라 다르게 나올 수 있습니다. 두 개 기호는 같은 자판을 사용하는 같은 문자라고 보면 됩니다.

역슬래시의 특별한 의미

문자열 안에서 역슬래시는 바로 다음에 따라오는 한 개 영문자(n, r, t 등)와 함께 사용하면 특별한 의미를 가지게 됩니다. 이를 이스케이프(escape) 문자라고 부릅니다. 예를 들어, 문자열 안에서 사용된 \n은 줄바꿈을 나타냅니다. 그래서 문자열 안에서 역슬래시를 하나의 문자로 표현하고 싶을 때에는 역슬래시 두 개(\\)를 덧붙여 사용해야 합니다.

%ls를 이용해서 목록을 볼 수 있습니다

현재 디렉터리에 들어있는 내용들(즉, 서브 디렉터리와 파일의 목록)은 %ls 매직명령어를 통해 확인할 수 있습니다. 일부만 보면 [코드 18-3]과 같습니다.

[코드 18-3]
%ls로 디렉터리 내용 확인

```
In [3]:  %ls
```

```
 C 드라이브의 볼륨에는 이름이 없습니다.
 볼륨 일련 번호: 1AD1-F2D2

 C:\pydev\Scripts 디렉터리

2022-08-23  오후 05:18    <DIR>          .
2022-08-23  오후 05:18    <DIR>          ..
2022-08-23  오후 05:18    <DIR>          .ipynb_checkpoints
2022-02-19  오후 09:52    <DIR>          __pycache__
2022-02-23  오후 01:50           121,781 24장.폰트
2022-02-23  오후 02:07           164,041 24장_차트.ipynb
2022-02-23  오후 07:27           129,788 24장_폰트.ipynb
2021-09-12  오후 10:54             1,954 activate
2021-09-12  오후 10:54               946 activate.bat

...

2022-08-23  오후 05:18               750 초18.ipynb
             146개 파일          25,381,599 바이트
               7개 디렉터리  152,855,912,448 바이트 남음
```

이 목록은 해당 디렉터리에 포함되어 있는 서브 디렉터리와 파일에 관한 정보를 나타내고 있습니다. 생성된 날짜와 시간, 디렉터리인지 파일인지의 여부, 파일 크기, 파일명 등의 정보를 보여줍니다. 마지막 열에 파일 또는 디렉터리의 이름이 있습니다. 조금 전에 살펴봤던 마침표 하나(.)와 마침표 두 개(..)도 보이는군요. 이름 바로 앞에 있는 숫자는 해당 파일의 크기(단위는 바이트)입니다. 파일의 크기가 비어있는 줄이 보이는데, 〈DIR〉로 표시되어 있습니다. 디렉터리라는 뜻입니다.

%cd를 이용해서 디렉터리를 옮겨갈 수 있습니다

%cd 매직명령어를 이용해서 현재 디렉터리를 바꿀 수 있습니다(나무를 타다가 다른 가지로 옮겨타는 것과 같습니다). %cd는 Change Directory의 준말입니다. 현재 가지에서 옮겨갈 수 있는 경우는 부모 가지(뿌리쪽 가지)로 가거나 자식 가지(위쪽 가지)로 가는 두 가지 경우뿐입니다. 부모 디렉터리는 하나이며, 마침표 두 개(..)라는 특별

한 심볼로 표현된다고 했었는데, 실제로 `%cd ..` 명령문을 통해 부모 디렉터리로 옮겨갈 수 있습니다. 예를 들어 현재 디렉터리가 C:\PyDev\Scripts인 상태에서 `%cd ..`하게 되면 부모 디렉터리인 PyDev로 옮겨가게 되고, 이제부터는 PyDev가 현재 디렉터리가 됩니다. 나무타기로 본다면, 뿌리쪽 가지로 한 단계 내려온 것입니다. [코드 18-4]에서 확인해보기 바랍니다.

```
In [4]:  %cd ..
         C:\pydev
```

[코드 18-4]
%cd를 이용하여
부모 디렉터리로 이동

가상환경 디렉터리에는 etc, Include, Lib, Scripts, share 등의 서브 디렉터리가 있습니다. 이 중에서 Lib 디렉터리로 옮겨가 보겠습니다. 자식 디렉터리로 옮겨가는 것입니다. 부모 가지는 하나지만, 자식 가지는 여럿입니다. 그중에 하나를 선택하려면 %cd 다음에 옮겨갈 자식 디렉터리의 이름을 적어주면 됩니다. 예를 들어, 아래의 `%cd Lib` 명령문은 "Lib 서브 디렉터리로 옮겨가자"로 읽으면 되겠습니다.

```
In [5]:  %cd Lib
         C:\pydev\Lib
```

[코드 18-5]
%cd를 이용하여
서브 디렉터리로 이동

부모 디렉터리와 서브 디렉터리로 옮겨가는 것 외에 혹시 형제자매 디렉터리로 옮겨가려면 어떻게 해야 할까요? 현재 디렉터리의 형제자매 디렉터리인 Scripts로 옮겨가 보겠습니다. 형제자매 디렉터리로 바로 갈 수 있는 방법은 없습니다. 나무 타기를 하다 옆의 가지로 가려면 아래 가지로 내려갔다가 다시 옆에 가지로 올라와야 하는 수밖에 없습니다. 실제로 `%cd ..` 한 후에 `%cd Scripts`를 실행하면 됩니다. 이를 하나의 `%cd` 명령문으로 묶어서 `%cd ..\Scripts`로 표현할 수도 있습니다. 말 그대로 "..(부모) 밑에 있는 (\) Scripts 디렉터리로 옮겨가자"는 뜻입니다. [코드 18-6]에서 확인하기 바랍니다.

```
In [6]:  %cd ..\Scripts
         C:\pydev\Scripts
```

[코드 18-6]
%cd를 이용하여 형제자매
디렉터리로 이동

앞서 본 %cd 예제들은 상대 경로를 활용하는 경우입니다. 항상 "현재 디렉터리를 기준으로" 움직이고 있습니다. 당연히, 절대적인 경로를 이용해서 옮겨갈 수도 있습니다. [코드 18-7]은 절대 경로를 이용해서 파이썬이 설치되어 있는 디렉터리 (C:\Program Files\Python39)로 옮겨가는 예입니다.

[코드 18-7]
절대 경로를 통한 디렉터리 이동

```
In [7]:  %cd c:\program files\python39
         c:\program files\python39
```

%mkdir을 이용해서 서브 디렉터리를 만들 수 있습니다

앞으로 많은 파이썬 스크립트 파일을 만들게 될텐데, 본인이 만든 파이썬 스크립트 파일들을 넣어둘 수 있는 전용 디렉터리가 하나 필요할 것 같습니다. 다른 파일과 혼동되지 않도록 말입니다. 그래서 현재의 Scripts 폴더 아래에 myScripts라는 폴더를 만들고 이제부터 (당분간은) 모든 스크립트 파일을 거기에 두고 관리하려고 합니다.

%mkdir 매직명령어를 이용해서 새로 디렉터리를 만들 수 있습니다. %mkdir은 Make Directory의 준말입니다. 상대 경로 또는 절대 경로, 모두 가능합니다만 여기서는 상대 경로로 디렉터리를 만드는 것만 소개하겠습니다. 간단하게, 만들려고 하는 디렉터리의 부모 디렉터리에 가서, 거기서 서브 디렉터리를 %mkdir하는 것입니다. [코드 18-8]을 참고하기 바랍니다. In [10]에서 %mkdir myScripts하게 되면 myScripts라는 이름의 디렉터리를 현재 디렉터리 "밑에" 만들게 됩니다.

[코드 18-8]
%mkdir로 신규 디렉터리 생성

```
In [8]:  %cd c:\pydev\scripts
         c:\pydev\scripts

In [9]:  %pwd
         'c:\\pydev\\scripts'

In [10]: %mkdir myScripts
```

연습문제 18-2

앞으로 스크립트 개발 연습은 모두 myScripts 폴더에서 이루어지니, pwd를 가상환경 아래의 Scripts 폴더의 서브 디렉터리인 myScripts로 바꿔주기 바랍니다.

%%writefile을 이용해서 스크립트 파일을 한 번 만들어 보겠습니다

이제 드디어 스크립트 파일을 만들 준비가 되었습니다. 스크립트 파일을 만드는 방법은 사실 여러 방법이 있습니다만, `%%writefile` 매직명령어를 활용하는 방법이 가장 기본이 되겠습니다. `%%writefile` 명령어는 셀 매직이므로 앞에 % 기호가 두 개 붙어 있다는 것에 유의하기 바랍니다.

예제로, 'Hello'라는 문자열을 출력하는 `hello()` 함수를 만들어서 hello.py 파일로 저장하겠습니다. 먼저, `%%writefile hello.py`를 입력하고 〈Enter〉를 누른 후에 (〈Shift〉+〈Enter〉가 아닙니다.) 그다음 행부터 hello.py에 저장할 파이썬 코드를 적어주면 됩니다. 반대로, 스크립트를 완성한 후에 (이 스크립트를 파일로 저장해야겠다 싶으면) 셀의 첫줄에 `%%writefile` 파일명을 타이핑 한 후에 전체 셀을 실행(〈Shift〉+〈Enter〉)해도 됩니다. `%%writefile` 파일명이 실행되면 해당 셀 안에 편집되어 있는 모든 코드는 파일명 파일에 저장되게 됩니다. 실제 실행해보면, "hello.py에 저장되었음"을 알려주는 메시지가 뜹니다.

[코드 18-9]
%%writefile로 스크립트 파일 생성

```
In [12]:  %%writefile hello.py
          def hello():
              print('Hello')

          Writing hello.py
```

실제로 hello.py 파일이 만들어졌는지 `%ls`로 한 번 확인해보기 바랍니다.

[코드 18-10]
파일 생성 확인

```
In [13]:  %ls

           C 드라이브의 볼륨에는 이름이 없습니다.
           볼륨 일련 번호: 1AD1-F2D2

           C:\pydev\Scripts\myScripts 디렉터리

          2022-08-23  오후 05:18    <DIR>          .
          2022-08-23  오후 05:18    <DIR>          ..
          2022-08-23  오후 05:18                34 hello.py
                         1개 파일                  34 바이트
                         2개 디렉터리  179,787,030,528 바이트 남음
```

%load 매직명령어를 이용해서 파일을 주피터로 불러올 수 있습니다

%load를 이용해서 파이썬 스크립트 파일을 주피터 노트북으로 불러올 수 있습니다. 앞서 만들었던 hello.py 파일을 불러와 보겠습니다. `%load hello.py`라고 입력한 후에 셀을 실행합니다(〈Shift〉+〈Enter〉). 그러면 [코드 18-11]에서 보는 것처럼 해당 파일의 모든 코드가 해당 셀 안으로 불러오게 됩니다. In [ ]에 일련번호는 빠져 있습니다. 아직 셀 자체가 실행된 상태는 아니라는 뜻입니다. 그리고 우리가 입력했던 `%load hello.py` 명령문이 자동으로 코멘트 처리가 되어있는 것을 확인할 수 있습니다.

[코드 18-11]
%load로 스크립트 파일 불러오기

```
In [ ]:   # %load hello.py
          def hello():
              print('Hello')
```

이제, 해당 셀을 다시 클릭한 후에 실행하게 되면, 셀의 파이썬 코드가 실제로 실행됩니다. 필요에 따라 코드를 수정하고 다시 %%writefile할 수도 있습니다. 예로 [코드 18-12]와 같이 `hi()` 함수를 추가해서 hello.py 파일에 덮어쓰도록 해보겠습니다. 내용을 수정한 후에 1행에 코멘트로 처리되어 있는 부분을 `%%writefile [파일명]` 명령문으로 바꾼 후에 셀을 실행하면 됩니다.

[코드 18-12]
hi() 함수를 추가한 후 파일 덮어쓰기

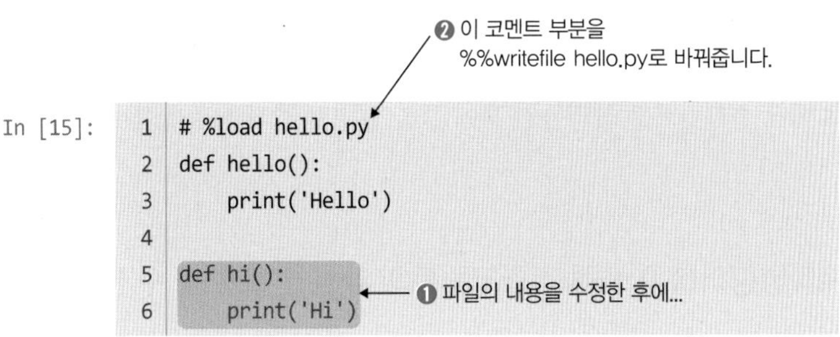
❷ 이 코멘트 부분을
%%writefile hello.py로 바꿔줍니다.
In [15]:
1 # %load hello.py
2 def hello():
3   print('Hello')
4
5 def hi():
6   print('Hi')
❶ 파일의 내용을 수정한 후에...

%run 매직명령어를 이용해서 스크립트 파일을 실행할 수 있습니다

%run 매직명령어를 이용해서 스크립트 파일을 바로 실행할 수 있습니다. `%load`한 후에 실행할 수도 있지만, 코드를 수정하지 않는 경우에는 `%run`을 이용해서 바로 실행하는 편이 훨씬 효과적입니다. 앞서 만든 hello.py 스크립트를 실행하겠습니다.

[코드 18-13]
%run으로 스크립트 파일 실행

```
In [16]: %cd myscripts
         c:\pydev\scripts\myscripts

In [17]: c:\pydev\scripts\myscripts
         ['In', 'Out', '_', '__', '___', '__builtin__', '__builtins__',
         '__doc__', '__loader__', '__name__', '__package__', '__spec__',
         '_dh', '_i', '_i1', '_i2', '_ih', '_ii', '_iii', '_oh', 'exit',
         'get_ipython', 'quit']

In [18]: %run hello.py

In [19]: print(dir())
         ['In', 'Out', '_', '__', '___', '__builtin__', '__builtins__',
         '__doc__', '__loader__', '__name__', '__nonzero__', '__package__',
         '__spec__', '_dh', '_i', '_i1', '_i2', '_i3', '_i4', '_ih', '_ii',
         '_iii', '_oh', 'exit', 'get_ipython', 'hello', 'hi', 'quit']
```

In [16]에서 실행할 스크립트(hello.py)가 있는 디렉터리로 이동하고 있습니다. In [17]에서 현재 정의된 속성의 목록을 보여줍니다(현재는 사용자가 정의한 속성이 전혀 포함되어 있지 않습니다). In [18]에서 %run을 이용해 hello.py 스크립트를 실행하였습니다. 그런 후에 In [19]에서 속성의 목록을 확인해보면, hello.py에 포함되어 있는 함수명 두 개가 추가된 것을 확인할 수 있습니다. 무슨 뜻인가요? Hello.py 스크립트가 제대로 실행되었고, 이제 hello()나 hi() 함수를 호출할 수 있다는 뜻입니다. %load로 해당 스크립트를 불러들인 후에 셀을 실행한 결과와 동일합니다.

%pycat 매직명령어를 이용해서 스크립트의 내용을 확인할 수 있습니다

단순히 스크립트의 내용을 확인하고자 하는 경우에는 %load보다는 %pycat 매직명령어가 효과적입니다. %pycat은 해당 스크립트를 도움말처럼 보여줍니다. [코드 18-14]처럼 사용합니다.

[코드 18-14]
%pycat으로 스크립트 파일의 내용 확인

```
In [20]:  %pycat hap.py

def sum(a):
    s=0
    for x in a:
        s=s+x
    return s

data=[3, 5, 7, 1, 2]
y = sum(data)
print(y)
```

이제 모듈과 패키지를 알아봅니다

파이썬에서 모듈은 물리적으로는 하나의 스크립트 파일이면서, 하나의 독립된 소프트웨어 단위로서 독립된 이름공간(Name Space)을 가집니다.

모듈의 의의에 대해 알아보겠습니다

여러 개의 부품(part)이 조립되어 하나의 제품(product)이 만들어집니다. [그림 18-7]의 왼쪽 그림을 참고하기 바랍니다. 하나의 부품은 하나의 기능을 담당합니다. 하나의 제품이 여러 기능을 제공하기 위해서는 그에 해당하는 여러 개의 부품이 제품 내부에 포함되어 있어야 합니다. 그래서 기능이 많아질수록 부품도 많아지고 구조도 복잡해지게 됩니다.

[그림 18-7] 모듈라 디자인

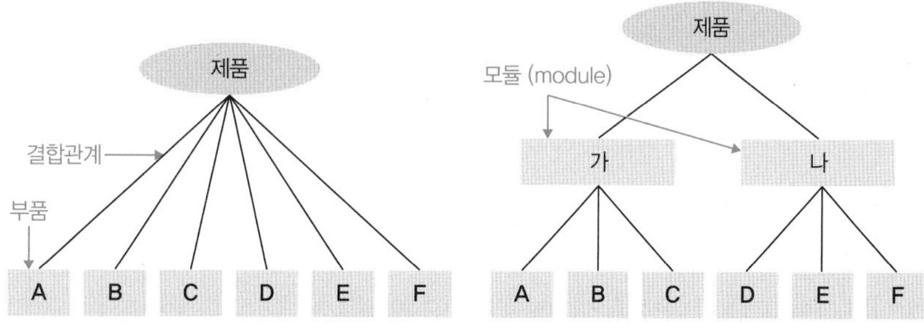

그런데 TV, 냉장고, 자동차 등 우리가 주변에서 흔하게 보는 제품에는 모듈module이라고 불리는 구성요소가 있습니다. 부품처럼 제품에 결합되는 구성요소이기는 한데, 그 자체로 여러 개의 부품으로 만들어진 하나의 조그만 제품이며, 하나의 독립적인 기능을 제공하는 단위를 말합니다. 휴대폰의 예를 들어 보겠습니다. 휴대폰이 제공하는 여러 기능 중에 사진 또는 동영상을 촬영하는 기능이 포함되어 있습니다. 이 기능을 제공하기 위해 휴대폰 안에 카메라 모듈이라고 불리는 구성요소가 들어갑니다. 카메라 모듈이 연결된 휴대폰은 카메라 모듈을 이용해서 카메라 기능을 갖추게 됩니다. 마치, 휴대폰이 카메라 기능을 카메라 모듈에게 떠넘기는(위임하는) 모양새입니다. 이런 모듈들은 휴대폰(모체)에 쉽게 연결될 수 있도록 설계됩니다. 실제로, 마치 전원 소켓에 플러그를 꽂듯이 연결합니다. 카메라 모듈이 고장 나더라도 쉽게 교체할 수 있습니다. 고장난 카메라 모듈을 모체로부터 언플러그하고(떼어내고), 새 카메라 모듈을 플러그하면 됩니다. [그림 18-7]의 오른쪽 그림을 참고하기 바랍니다.

요즘은 거의 모든 제품을 모듈 단위로 설계합니다. 이러한 경향을 모듈라 디자인Modular Design이라고 합니다. 모듈 단위로 설계하면 고려해야 하는 구성요소의 수가 확 줄어듭니다. 구성요소의 수가 적으면 설계가 쉬워집니다. 고장나면 바로 갈아 끼우면 되니까, 유지보수도 쉬워집니다. 구성요소의 수가 줄어들면 고장 날 위험성이 줄어드는 장점까지 있습니다. 소프트웨어에서도 모듈라 디자인이 '당연히' 활용되고 있습니다. 전체 프로그램을 하나의 제품이라고 보면, 스크립트에 포함되어 있는 변수(들)와 함수(들)는 전체 프로그램(제품)을 구성하는 부품(part)이 됩니다. 그런 측면에서 보면, 파이썬 모듈은 여러 부품(변수와 함수)을 하나로 묶을 수 있는 단위가 됩니다.

스크립트 파일을 임포트하면 모듈이 됩니다

앞서 만들었던 hello.py 스크립트 파일을 소스코드 그대로 %load하는 것이 아니라(이것은 마치 부품 그대로 조립하는 것과 같은 모양새입니다), 있는 그대로 모듈로 "가져와" 보겠습니다. 스크립트 파일을 모듈로 가져오기 위해서는 `import`라는 키워드를 사용합니다. [코드 18-15]와 같이 `import hello`하게 되면 현재 디렉터리에 있는 hello.py를 모듈로 가져오게 됩니다. 확장자명(.py)은 쓰지 않습니다.

[코드 18-15] hello.py를 모듈로 가져오기

```
In [21]: import hello
```

dir 명령어를 이용해서 hello의 속성들(즉, hello 모듈을 구성하는 변수와 함수들)을 확인해보기 바랍니다. 더블 언더스코어(__)로 시작하는 내장 속성 뒤에 우리가 정의했던 hello와 hi라는 이름이 리스트되어 있는 것을 확인할 수 있습니다.

[코드 18-16] hello의 속성 확인

```
In [22]: print(dir(hello))

['__builtins__', '__cached__', '__doc__', '__file__', '__loader__',
'__name__', '__package__', '__spec__', 'hello', 'hi']
```

모듈은 그 자체로 하나의 이름공간(Name Space)이 됩니다. 예를 들어, 우리가 만든 hi() 함수는 "hello 모듈 안에 있는" 함수로서, hello.hi()로 접근(호출)하게 됩니다. 이와 같이, 모듈에 속해 있는 모든 속성은 멤버 오퍼레이터[Member Operator]인 마침표(.) 기호를 사용해서 모듈.속성의 형태로 접근할 수 있습니다. [코드 18-17]에서 확인해보기 바랍니다.

[코드 18-17] 모듈.속성으로 속성에 대한 접근이 가능함

```
In [23]: hello.hi()

Hi
```

모듈을 임포트하게 되면 해당 모듈의 이름으로 (임포트한 모듈의 이름공간 내에) 이름공간이 하나 생깁니다. 물리적으로는 서로 떨어져 있는 독립된 파일입니다만, 임포트 문장에 의해 (논리적으로는) 하나의 모듈 안에 또 다른 모듈을 포함할 수 있게 됩니다. [그림 18-8]과 같은 이미지를 연상하면 좋겠습니다.

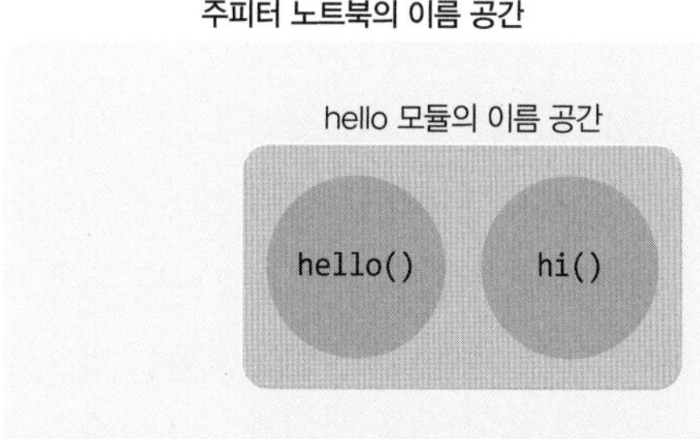

[그림 18-8] 하나의 모듈 안에 또 다른 모듈을 포함하게 해주는 임포트

여기서 잠깐!!

한 번 임포트된 모듈은 다시 되돌릴 수 없습니다

한 번 임포트한 모듈은 다시 임포트할 수 없습니다. 그러다 보니, 임포트한 모듈을 수정해서 다시 임포트했는데 수정이 반영되지 않아서 혼란을 겪는 경우를 가끔 보게 됩니다. 모듈을 다시 임포트하려면 주피터 노트북을 다시 실행하는 것 외에 importlib 모듈의 `reload()` 함수를 이용하는 방법이 있습니다. [코드 18-18]을 활용하기 바랍니다.

```
In [24]:  import importlib
          importlib.reload(hello)
Out[24]:  <module 'hello' from 'C:\\pydev\\Scripts\\hello.py'>
```

[코드 18-18] `reload()` 함수를 통한 재임포트

한 번 임포트한 모듈을 다시 임포트해야 하는 경우라면, 기존에 임포트한 스크립트 파일이 수정된 경우일텐데요. 스크립트를 테스트하는 용도로 실행하는 것이라면 모듈로 임포트하는 것보다는 `%load`나 `%run`을 활용하는 것이 올바른 방법입니다. 보통의 경우에, 같은 모듈을 다시 임포트하는 것은 전혀 불필요한 일입니다.

import 문법은 세 가지 형태가 사용되고 있습니다. 첫 번째는 앞서 사용해봤고, 두 번째는 `import hello as h`와 같은 형태로 사용하는 것입니다. 이는 Hello.py 스크립트를 h라는 이름으로 임포트하겠다는 뜻입니다. 모듈 이름이 긴 경우에 특히 유용합니다. 이렇게 임포트하면, hello 대신에 h를 해당 모듈의 이름으로 사용할 수 있게 됩니다. [코드 18-19]를 참고하기 바랍니다.

```
In [25]:  import hello as h

In [26]:  h.hi()
          Hi
```

[코드 18-19] [import hello as h]의 형태로 사용한 임포트

import의 마지막 형태는 모듈 중에서 필요한 부분만 골라서 임포트하는 형태로 `from 모듈 import 속성들`로 사용됩니다. 만약 hello 모듈 중에서 `hi()` 함수만 임포트하려고 하면 `from hello import hi`로 사용하면 됩니다. 이렇게 임포트된 속성(변수 또는 함수)은 원래 모듈의 이름공간에 남아 있는 것이 아니라, 해당 모듈을 임포트한 모듈(현재는 주피터 노트북)의 이름공간으로 들어오게 되는 차이가 있습니다. [코드 18-20]에서 확인해보기 바랍니다.

[코드 18-20]
[from 모듈 import 속성들]의 형태로 사용한 임포트

```
In [27]: from hello import hi
```

```
In [28]: print(dir())
```

```
['In', 'Out', '_', '__', '___', '__builtin__', '__builtins__', '__doc__', '__loader__', '__name__', '__package__', '__spec__', '_dh', '_i', '_i1', '_i2', '_i3', '_i4', '_ih', '_ii', '_iii', '_oh', 'exit', 'get_ipython', 'h', 'hi', 'quit']
```

실제로 함수의 호출도 [코드 18-21]과 같이 이루어집니다.

[코드 18-21]
실제로 이루어진 함수 호출

```
In [29]: hi()
```

```
Hi
```

만약, 여러 개의 속성을 한꺼번에 임포트하려면 각 속성을 콤마(,)로 구분하면 됩니다. 예를 들어, hello.py에서 `hello()`와 `hi()` 함수를 임포트한다면 `from hello import hello, hi`의 형태로 사용할 수 있습니다.

[코드 18-22]
콤마(,)로 여러 속성을 한꺼번에 임포트

```
In [30]: from hello import hello, hi
```

세 가지 형태의 import 문장을 살펴보았는데, 용도에 따라 가장 알맞은 방식을 선택해서 사용하기 바랍니다.

만약 한 가지 방식만 사용하겠다고 한다면 두 번째 방식을 추천합니다.

앞서 살펴본 모듈의 사용법을 정리하겠습니다

이전에 소개한 적이 있습니다만, 대표적인 표준 라이브러리인 math 모듈을 통해 모듈 사용법을 정리해보겠습니다. math 모듈은 삼각함수값, 제곱근값, 멱승 등의 다양한 수학 함수를 제공하고 있습니다. 모듈을 사용하려면 우선 해당 모듈을 우리 프로그램으로 가져와야 합니다(임포트입니다). [코드 18-23]에서는 math 모듈을 m이라는 이름으로 (줄여서) 임포트하고 있습니다.

[코드 18-23]
math 모듈을 m이라는 이름으로 임포트

```
In [31]: import math as m
```

임포트가 끝난 후에는 해당 모듈의 속성 목록을 확인해보기 바랍니다. dir() 명령어를 사용합니다. [코드 18-24]는 math 모듈의 속성 목록을 출력하는 예를 보이고 있습니다.

[코드 18-24]
math 모듈의 속성 목록

```
In [32]:  print(dir(m))

          ['__doc__', '__loader__', '__name__', '__package__', '__spec__',
          'acos', 'acosh', 'asin', 'asinh', 'atan', 'atan2', 'atanh', 'ceil',
          'comb', 'copysign', 'cos', 'cosh', 'degrees', 'dist', 'e', 'erf',
          'erfc', 'exp', 'expm1', 'fabs', 'factorial', 'floor', 'fmod', 'frexp',
          'fsum', 'gamma', 'gcd', 'hypot', 'inf', 'isclose', 'isfinite', 'isinf',
          'isnan', 'isqrt', 'lcm', 'ldexp', 'lgamma', 'log', 'log10', 'log1p',
          'log2', 'modf', 'nan', 'nextafter', 'perm', 'pi', 'pow', 'prod',
          'radians', 'remainder', 'sin', 'sinh', 'sqrt', 'tan', 'tanh', 'tau',
          'trunc', 'ulp']
```

각 속성에 대한 도움말은 물음표(?)를 이용해서 확인할 수 있습니다. 예를 들어, ceil 속성이 무엇이고 어떻게 사용할 수 있는지를 확인하고 싶으면, m.ceil?를 실행합니다. help(m.ceil)도 비슷한 결과를 보여줍니다.

[코드 18-25]
각 속성에 대한 도움말 보기

```
In [33]:  m.ceil?

          Signature: m.cell(x, /)
          Docstring:
          Return the ceiling of x as an Integral.

          This is the smallest integer >= x.
          Type:      builtin_function_or_method
```

math 모듈에서 제공하는 모든 함수는 모듈명.속성명의 문법을 사용해서 호출할 수 있습니다. [코드 18-26]을 참고하기 바랍니다. 임포트 문장 하나로 하나의 모듈에서(현재는 주피터 노트북에서) 다른 모듈에서 정의되어 있는 (또는 제공하고 있는) 모든 기능을 그대로 사용할 수 있게 됩니다.

[코드 18-26]
math.ceil 호출

```
In [34]:  m.ceil(3.8)
Out[34]:  4
```

math 모듈에 포함되는 대부분의 속성은 함수입니다만, 원주율(pi)과 자연대수(e)같은 상숫값을 속성(변수)으로 함께 제공하고 있습니다.

[코드 18-27]
math 모듈의 상숫값

```
In [35]:  print('pi=', m.pi, 'e=', m.e)
Out[35]:  pi= 3.141592653589793 e= 2.718281828459045
```

여기서 잠깐!!

패키지란?

패키지는 두 개 이상의 (서로 연관된) 모듈들이 모여서 만들어지는 일종의 규모가 큰 모듈입니다. Lib 디렉터리(또는 Lib\site-packages 디렉터리)에서 하나의 서브 디렉터리로 존재하게 됩니다. 패키지에 포함되어 있는 각 모듈은 `패키지명.모듈명`의 형태로 접근합니다. 예를 들어 matplotlib 패키지 안에 있는 pyplot 모듈은 `matplotlib.pyplot`으로 접근할 수 있습니다. 패키지에 대한 자세한 내용은 '23장. 라이브러리와 패키지'에서 다루겠습니다.

여기서 잠깐!!

주피터 노트북 안에서도 pip를 실행할 수 있어요

임포트가 안 되는 경우(임포트 문장을 실행하는 중에 에러가 발생하는 경우)는 표준 라이브러리가 아니거나 아직 설치가 안 되어 있는 경우입니다. `pip` 명령어를 사용해서 설치를 진행합니다. 참고로 명령창에서 사용할 수 있는 명령문은 !(느낌표)를 앞에 붙이면 주피터 노트북 안에서도 실행할 수 있습니다. 주피터 노트북의 셀에서 직접 `pip`를 실행해보기 바랍니다. [코드 18-28]은 matplotlib이라는 데이터 시각화 도구를 주피터 노트북의 셀에서 설치하는 예를 보이고 있습니다. `pip` 명령문 앞의 느낌표(!)에 주목하기 바랍니다.

```
In [*]:  !pip install matplotlib
```

[코드 18-28] matplotlib을 주피터 노트북 안에서 설치

파이썬 스크립트를 실행합니다

앞서 파이썬 스크립트를 주피터 노트북에서 임포트해서 모듈로 활용하는 방법을 살펴보았습니다. 이를 조금 일반화해서 실제 응용프로그램을 만드는 과정에서 모듈이 어떻게 활용되는지에 대해 살펴보겠습니다. 우선, 아래와 같이 my.py 스크립트를 만들겠습니다. 세 개의 `print()`문으로 만들어진 간단한 스크립트입니다.

In [36]:

```
%%writefile my.py

print('Hello')
print('Hi')
print('Good day')
```

```
Overwriting my.py
```

[코드 18-29] 세 개의 print()문으로 만들어진 간단한 스크립트

앞서 저장된 my.py를 %run 매직명령어를 사용해서 실행해보겠습니다.

In [37]:

```
%run my.py
```

```
Hello
Hi
Good day
```

[코드 18-30] %run으로 my.py 실행

참고로 모듈을 임포트하면 해당 스크립트가 실행됩니다. 위의 my.py 스크립트를 import하면 [코드 18-31]과 같은 결과가 나타납니다.

In [38]:

```
import my
```

```
Hello
Hi
Good day
```

[코드 18-31] 모듈을 임포트하면 해당 스크립트가 자동으로 실행됨

이번에는 파이썬 인터프리터를 통해서 스크립트를 실행해보겠습니다. 위의 my.py 스크립트가 저장되어 있는 디렉터리에서 [그림 18-9]와 같이 python my.py 명령문을 실행해보기 바랍니다. 여기서 my.py와 같이 파이썬 인터프리터로 직접 실행되는 스크립트를 메인 모듈Main Module이라고 부릅니다. 의미가 중요한 용어이니 꼭 기억해두기 바랍니다.

[그림 18-9] python.exe를 통한 스크립트 실행

여기서 잠깐!!

노트패드++

스크립트를 코딩하고 수정하는 좀 더 수월한 방법을 하나 추천하겠습니다. 우리가 앞서 사용했던 노트패드는 일반 텍스트 파일을 편집하는 편집기로써 스크립트를 코딩하는 데는 조금 불편한 것이 사실입니다. 코딩을 쉽게 할 수 있는 노트패드++(notepad++)라는 괜찮은 편집기를 (인터넷에서 무료로) 다운로드할 수 있습니다. 실제로 코딩에 익숙해지면, (노트패트++와 같은) 코딩 전문 편집기를 사용해서 파이썬 스크립트를 만들고, 파이썬 인터프리터를 이용해서 스크립트를 실행하는 형태로 프로그램 개발을 진행합니다. 전문가들에게 가장 선호되는 방식입니다. 이 장의 마지막에 노트패트++에 대한 간단한 소개 페이지를 덧붙여 두었으니 참고하기 바랍니다. 이 책에서도 (이제부터) 스크립트 편집이 필요한 경우에는 노트패드++를 사용하겠습니다.

my.py 스크립트에 포함되어 있는 명령문 세 개를 묶어서 하나의 함수로 만들겠습니다. 함수명은 main()입니다. [그림 18-10]을 확인하기 바랍니다. 1~4행에서 main() 함수가 정의되고 있고, 6행에서 main() 함수가 호출되도록 만들어져 있습니다.

[그림 18-10] my.py 스크립트(노트패드++에서 편집한 화면)

```
my.py
1 def main():
2     print('Hello')
3     print('Hi')
4     print('Good day')
5
6 main()
```

이 스크립트를 실행해보면 [그림 18-9]와 똑같은 실행 결과를 볼 수 있습니다. 만약, 스크립트에 여러 개의 함수 정의가 있더라도 이런 형태로 코딩하게 되면 (모듈에 포함되어 있는 여러 함수 중에서) 어느 함수부터 실행할 것인지를 지정해서 파이썬 인터프리터에게 알려줄 수 있습니다. 메인 모듈에서 가장 먼저 호출되는 함수를 메인(main)함수라고 부릅니다. 프로그램의 실행이 시작되는 지점이라는 의미에서 엔트리 포인트[Entry Point]라고 부르기도 합니다. 함수명이 꼭 main일 필요는 없습니다.

프로그램이 복잡해지면, 하나의 모듈에 모든 것을 담는 것은 (안 되는 것은 아니지만) 효율적이지 않습니다. 우리 국토를 굳이 여러 지역자치 단체로 나누어서 관리하는 이유와 같습니다. 그래서 보통 큰 규모의 프로그램은 여러 개의 모듈로 만들어지게 됩니다. 두 개의 모듈(my.py와 your.py)로 만들어진 프로그램을 예로 들어 보겠습니다. my.py의 1행에서 볼 수 있듯이, my.py가 your.py를 임포트한 형태입니다.

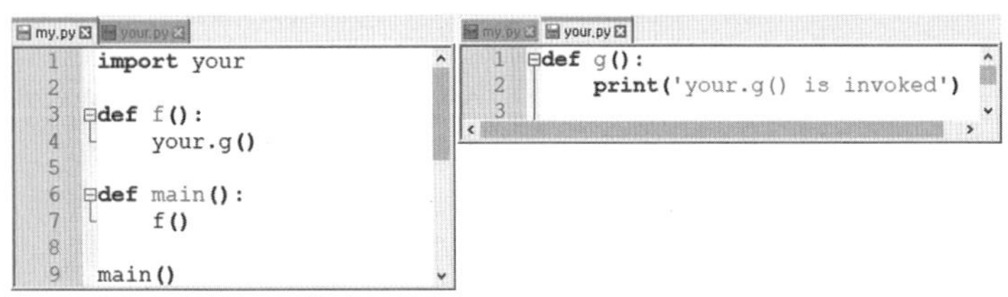

[그림 18-11] 두 개의 모듈로 만들어진 프로그램

이 상태에서 my.py를 메인 모듈로 실행하게 되면(즉, 명령창에서 python my.py를 실행하게 되면), my.py의 9행에 있는 명령문이 실행되면서 main() 함수가 실행되고, main() 함수에서 같은 모듈 내에 있는 f() 함수를 호출하게 되고, f() 함수는 your 모듈의 g() 함수를 호출하면서 하나의 실행 시나리오(하나의 프로세스)가 만들어지게 됩니다. [그림 18-12]를 참고하기 바랍니다. 이러한 형태를 활용하면 하나의 응용 프로그램을 여러 개의 모듈로 나누어 개발하는 것이 전혀 어렵지 않을 것 같습니다.

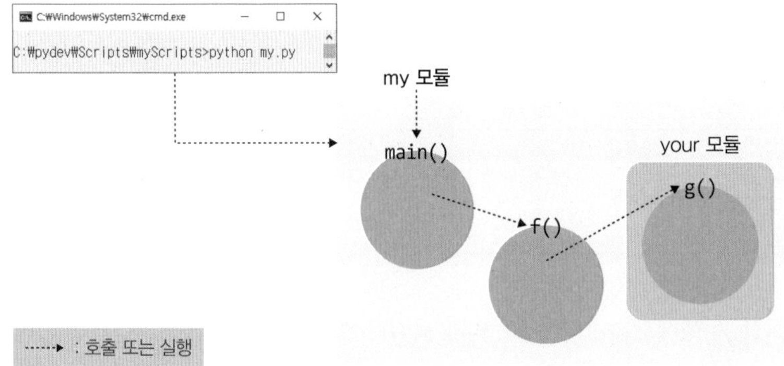

[그림 18-12] 하나의 실행 시나리오로 만들어진 코드

메인함수가 있는 모듈을 임포트하는 경우를 살펴봅니다

스크립트가 메인 모듈로 동작하지 않으면 (다른 모듈에 임포트되어 사용되는 경우를 말합니다) 메인함수가 필요하지 않습니다. 아니, 오히려 메인함수가 있으면 문제가 생깁니다. 모듈을 임포트하면 바로 실행되기 때문에, 하나의 프로그램에 두 개 이상의 실행 시나리오가 뒤섞여 버리면서 큰 혼란이 생깁니다.

예를 들어 보겠습니다. 이번에는 our.py라는 새로운 모듈이 메인 모듈입니다. 이 모듈에서 my 모듈을 임포트하고 my 모듈의 f() 함수를 호출하는 경우를 생각해

보겠습니다. [그림 18-13]을 참고하기 바랍니다. our.py 모듈의 메인함수는 our_main() 함수입니다.

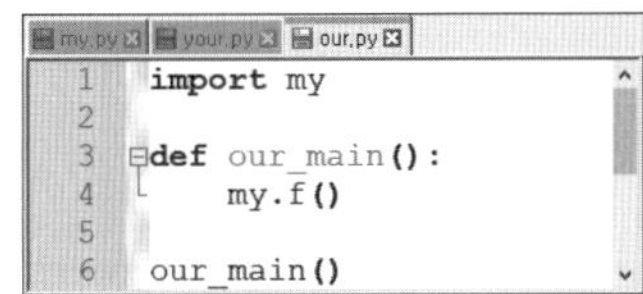
```
import my

def our_main():
    my.f()

our_main()
```

[그림 18-13] my 모듈의 f() 함수를 호출하는 경우

실제 개발자의 마음속에는 [그림 18-14]의 올리브색 실선이 나타내는 호출 시나리오가 있었을 텐데, 실제로는 my 모듈을 임포트하는 시점에 my 모듈의 main() 함수로부터 시작하는 시나리오도 함께 실행되면서 (결과적으로 두 개의 시나리오가 실행되는 모양새가 됩니다), 결과에서 보다시피 your.g() 함수가 두 번 호출되는 비정상적인 상황이 발생하게 됩니다.

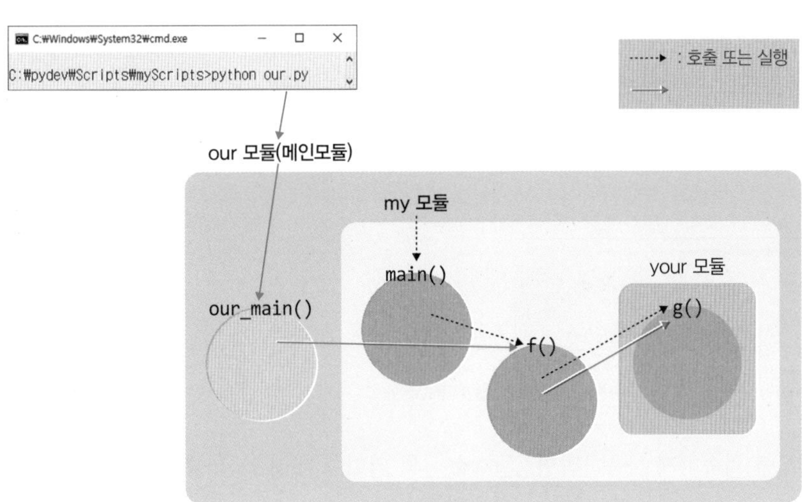

[그림 18-14] your.g() 함수가 두 번 호출되는 비정상적인 상황

실제로 실행 결과를 보면 [그림 18-15]와 같습니다. your 모듈의 g() 함수가 두 번 실행된 것을 확인하기 바랍니다.

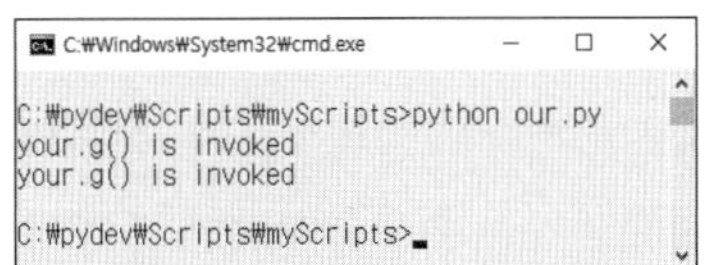
```
C:\pydev\Scripts\myScripts>python our.py
your.g() is invoked
your.g() is invoked

C:\pydev\Scripts\myScripts>
```

[그림 18-15] Your 모듈의 g() 함수가 두 번 실행됨

그러다 보니, 어떤 모듈을 메인 모듈로 사용할 때와 그렇지 않을 때(이렇게 사용되는 모듈이나 패키지를 라이브러리(library)라고 부릅니다)를 구별할 수 있는 메커니즘이 필요하게 됩니다. 그러한 목적을 위해 다음과 같은 형태의 코드가 유용하게 사용되고 있습니다. [그림 18-16]에서 9~10행을 주목하기 바랍니다.

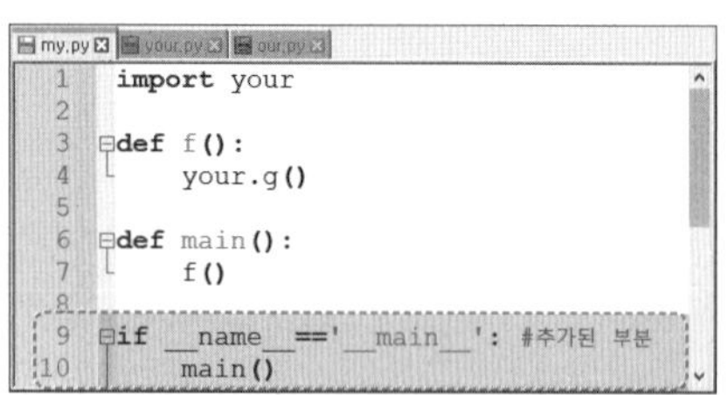

[그림 18-16] 메인 모듈을 사용할 때와 그렇지 않을 때를 구별하기 위해 추가되는 코드

[그림 18-16]의 9~10행(if문)은 "해당 모듈이 메인모듈로 실행될 때에는…"라는 의미입니다. 즉, my.py가 메인 모듈로 실행될 때에는 main() 함수를 메인함수로 실행하고 그렇지 않은 경우는 (임포트되면서 실행되는 문장이 없으니) 하나의 라이브러리로 동작하도록 만들어집니다. 실제로 이렇게 수정한 후에 my.py와 our.py를 메인모듈로 각각 실행해보면 모두 정상적으로(기대한 바와 같이) 동작하는 것을 확인할 수 있습니다.

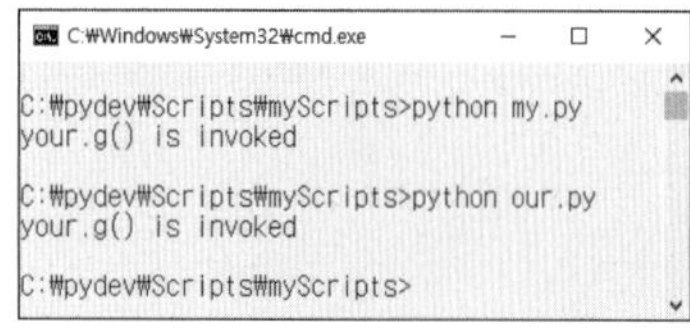

[그림 18-17] 정상적으로 동작하는 메인모듈

위 코드를 익숙하게 사용하려면 __name__의 의미에 대해 조금 살펴볼 필요가 있습니다. 모든 모듈은 __name__이라는 내장 속성을 가지고 있습니다.

```
In [14]: print (dir(my))
         ['__built ins__', '__cached_', '__doc__', __file__', '__loader_',
         '__name__', '__package__', '__spec__', 'f', 'main', 'your ']
```

[코드 18-32] 모든 모듈은 __name__ 속성을 가짐

모듈을 임포트한 후에 __name__ 변숫값을 출력해보면 해당 모듈의 이름이 문자열 정보로 저장되어 있는 것을 확인할 수 있습니다. 실제로, my 모듈을 임포트한 후에 __name__ 값을 확인해보면 [코드 18-33]과 같습니다.

[코드 18-33] my 모듈을 임포트한 후에 __name__ 값 확인

```
In [15]: my.__name__
Out[15]: 'my'
```

그런데 어떤 모듈이든 메인 모듈로 사용하게 되면 해당 모듈의 __name__ 변숫값은 '__main__'이 됩니다. 실제로 주피터 노트북에서 __name__ 값을 찍어보면 주피터 노트북이(~라는 모듈이) 메인 모듈로 동작하고 있음을 확인할 수 있습니다.

[코드 18-34] 메인 모듈로 동작하는 주피터 노트북

```
In [39]: __name__
Out[39]: '__main__'
```

우리가 다루었던 예제에서 my 모듈이 메인 모듈로 동작할 때, __name__ 변숫값을 출력해보면 해당 모듈의 이름인 'my' 대신에 '__main__'으로 할당되어 있는 것을 확인할 수 있습니다.

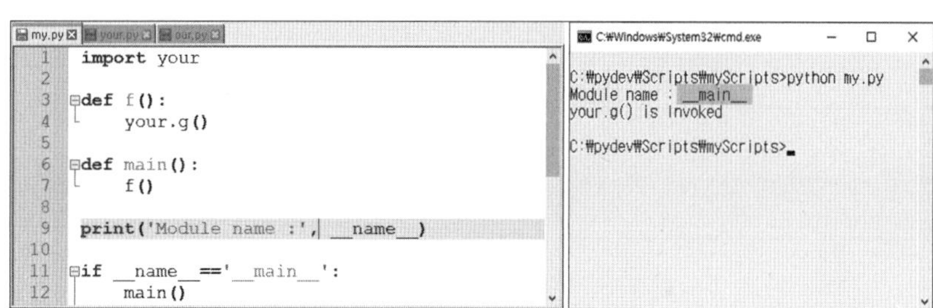

[그림 18-18] 메인 모듈의 __name__ 속성은 '__main__'으로 바뀜

파이썬 프로그래밍에 어느 정도 익숙해지면, 스크립트는 전문 편집기를 이용해서 편집하고, 파이썬 인터프리터를 사용해서 실행하는 방식을 주로 활용하게 됩니다. 그래서 파이썬 인터프리터를 사용하는 방법에 익숙해질 필요가 있는데, 막상 그렇게 쉽지는 않습니다. 제대로 사용하려면 윈도우즈의 환경변수인 path에 대한 이해가 조금 필요합니다.

환경변수 path에 대해 살펴보겠습니다

모든 컴퓨터 파일은 경로와 파일명으로 식별됩니다. "어디에 저장되어 있는 무슨 파일"의 의미입니다. 그래서 응용프로그램이든 데이터 파일이든 간에 파일에 접근하려고 하면 경로까지 밝혀주어야 합니다. 예를 들어, C:\Python\ 디렉터리에 파

이썬 응용프로그램이 있고, D:\Exercise\ 디렉터리에 hap.py 파일이 있다고 가정했을 때, hap.py 스크립트를 실행하기 위한 명령문은 `C:\Python\python D:\Excercise\hap.py`와 같이 조금 복잡한 형태가 됩니다.

그런데 현재 디렉터리(pwd)에 있는 파일은 경로를 생략해도 됩니다. 예를 들어, 현재 디렉터리가 C:\Python\이면 `python D:\Excercise\hap.py`라고 실행할 수 있고, 현재 디렉터리가 D:\Exercise\이면 `C:\Python\python hap.py`라고 실행할 수 있습니다.

실행파일의 경로와 관련해서, 윈도우즈에서는 path라는 환경변수를 관리합니다. path라는 환경변수는 여러 개의 경로를 포함하고 있습니다. 각각의 경로는 세미콜론(;)으로 구분되어 있습니다. 실제로 현재 사용하고 있는 컴퓨터의 path 환경변수의 값은 [그림 18-19]에서 보는 것처럼 `path` 명령어를 통해 확인할 수 있습니다. 현재의 path를 보면, C:\Program Fiels\Python39\Scripts와 C:\Program Files\Python39\ 등 두 개의 경로가 포함되어 있음을 나타내고 있습니다.

보통은 꽤 많은 수의 경로가 리스트됩니다. 아래의 path는 파이썬과 관련된 디렉터리만 나오게끔 편집을 해서 보여주고 있으니 오해 없기 바랍니다.

```
C:\Windows\System32\cmd.exe

C:\>path
PATH=C:\Program Files\Python39\Scripts\;C:\Program Files\Python39\;

C:\>
```

[그림 18-19] 현재의 path 설정

파이썬을 처음 설치할 때, 설치화면에서 'Add Python 3.x to PATH'라는 체크박스를 클릭했던 것을 떠올려 보기 바랍니다. 그 체크를 통해 파이썬의 응용프로그램들이 저장되어 있는 두 개 디렉터리(Python39 폴더와 Python39\Scripts 폴더)가 path에 추가된 것입니다.

환경변수 path는 응용프로그램을 탐색하는 디렉터리와 순서를 나타내고 있습니다. 윈도우즈에서 어떤 응용프로그램이 (경로를 생략하고) 호출되면 해당 파일이 현재 디렉터리에 있는지를 먼저 찾아봅니다. 현재 디렉터리에 해당 응용프로그램이 있으면 그 파일을 실행합니다. 그렇지 않으면 (즉, 현재 디렉터리에 없으면), path 환경변수에 리스트되어 있는 디렉터리를 차례대로 찾아봅니다. 그러다 보니 응용프로그램은 path 환경변수에 해당 경로가 포함되어 있으면 명령창에서 명령문을 실행할 때에 굳이 경로를 밝혀 줄 필요가 없습니다. 물론, 현재 디렉터리에도 없고, path에 포함되어 있는 디렉터리에서도 찾지 못하게 되면, "해당 파일을 찾지 못하겠다(No such file or directory)"라는 에러가 발생합니다. 그래서 대부분의 경우에 스크립트 파일(우리 예에서는 hap.py)이 있는 디렉터리에서 `python hap.py` 형태로 파이썬 스크립트를 실행하게 됩니다. 우리가 이 장을 시작할 때 처음으로 실행했던 그 형태입니다.

여기서 잠깐!!

path 환경변수의 확인과 수정은 어디에서 하나요?

path 환경변수를 확인하고 수정할 수 있습니다. 윈도우즈 탐색기의 [내 PC]에서 마우스 오른쪽 버튼을 클릭하면 [속성] 메뉴가 보입니다. 실행합니다. 실행화면 오른쪽 중간쯤에 있는 [고급시스템 설정] 링크를 클릭합니다. 그러면 [시스템 속성] 창이 뜨는데, [고급] 탭의 아래에 [환경변수] 버튼을 누르면 path를 포함한 여러 환경변수를 관리할 수 있는 창이 뜨게 됩니다. 거기에서 수정하면 됩니다.

그런데 파이썬은 자체적으로 path에 대한 정보를 따로 관리합니다. 하나의 컴퓨터에 여러 버전을 동시에 설치할 수도 있고, 각 버전마다 또 여러 개의 가상환경을 만들 수 있으므로 관리해야 할 경로가 많아지는 것은 당연한 일이겠습니다. 파이썬의 표준 라이브러리 중의 하나인 sys 모듈의 path 변수를 통해 실제로 파이썬에서 관리하고 있는 경로들을 확인할 수 있습니다. [코드 18-35]를 실행한 후에 출력되는 결과를 확인해보기 바랍니다.

[코드 18-35] 파이썬에서 관리하고 있는 경로 확인

```
In [40]:  import sys
          sys.path

Out[40]:  ['C:\\pydev\\Scripts',
           'C:\\Program Files\\Python39\\python39.zip',
           'C:\\Program Files\\Python39\\DLLs',
           'C:\\Program Files\\Python39\\lib',
           'C:\\Program Files\\Python39',
           'c:\\pydev',
           '',
           'c:\\pydev\\lib\\site-packages',
           'c:\\pydev\\lib\\site-packages\\win32',
           'c:\\pydev\\lib\\site-packages\\win32\\lib',
           'c:\\pydev\\lib\\site-packages\\Pythonwin',
           'c:\\pydev\\lib\\site-packages\\IPython\\extensions',
           'C:\\Users\\mkjang\\.ipython']
```

실제로 Program Files의 파이썬 디렉터리 외에 현재 실행하고 있는 가상환경 디렉터리도 path에 포함되어 있는 것을 확인할 수 있습니다. sys.path에 포함된 디렉터리를 보면, 현재 사용하고 있는 가상환경의 Scripts 폴더가 가장 앞에 있습니다. 경로가 생략된 응용프로그램을 찾기 위해 가장 먼저 방문하는 디렉터리가 현재 사용하고 있는 가상환경의 Scripts 폴더가 된다는 뜻입니다. 우리가 여러 버전의 파이썬을 설치하고도 가상환경을 활용하면 특정 버전의 파이썬 인터프리터를 골라 실행할 수 있는 근거가 됩니다. 참고로 리스트의 중간쯤에 있는 ‘ ’은 경로가 생략되어 있으니 현재 디렉터리를 가리킵니다.

18장을 정리하겠습니다

주피터 노트북을 개발환경으로 파이썬을 공부하다 보니 전체 프로그램의 구조에 익숙해질 기회가 적었던 것 같습니다. 편의상 셀을 나누어서 편집하고 실행하다 보니 이 장에서 다루었던 스크립트가 조금은 낯설게 느껴질 수도 있겠다 싶습니다. 파일을 다루게 되면 코딩 스타일도 조금 달라지게 됩니다. 주피터 노트북으로 아이디어를 스케치하고 스크립트 파일로 프로그램을 개발하는 형태를 추천합니다. 좋은 개발자가 되기 위해서는 파일을 다루는 데 익숙해져야 합니다. 이 장은 다른 장에 비해 양이 조금 많았습니다. 파이썬을 조금 더 깊이있게 들어가려다 의외로 파일이나 폴더에 대한 이해가 부족해서 어려움을 겪는 경우를 많이 보았기 때문에 조금은 구구절절하게 설명이 길어진 부분이 있습니다. 고생하셨습니다.

부록 A_ 노트패드++를 소개합니다

코딩을 위한 (특히, 파이썬 스크립트 편집을 위한) 전문 편집기는 꽤 많이 나와 있습니다. 이런 저런 편집기를 설치해서 한 번씩 사용해보고 본인에게 가장 알맞은 편집기를 찾아보는 것도 개발을 업으로 하는 사람들에게는 소소한 즐거움입니다. 그런 즐거움을 망칠 생각은 없습니다만, 이 책을 보는 초보 독자들을 위해서 인터넷에서 무료로 구할 수 있는 괜찮은 (제 기준입니다) 편집기가 있어 간단하게 사용법을 소개하고자 합니다.

편집기의 이름은 노트패드++입니다. 검색엔진으로 검색해보면 다운로드 사이트가 바로 보입니다만, 굳이 밝힌다면 주소는 https://notepad-plus-plus.org입니다. 사이트에 들어가면 바로 다운로드 링크가 보입니다. 최신 버전을 사용하면 되겠습니다. 설치는 따로 설명드릴 필요가 없을 정도로 간단합니다.

노트패드++는 범용 편집기입니다. 파이썬 전용으로 만들어진 편집기는 아니라는 뜻입니다. 대신, 문서의 확장자를 .py로 저장하면, 마치 원래부터 파이썬 전용 편집기인 것처럼 동작합니다. 실제로 텍스트의 특성에 따라 색깔을 입혀서 스크립트를 읽기 쉽도록 도와주는 기능과 도움말 팝업 기능은 매우 유용합니다. 그래서 파이썬 스크립트를 만들 때 가장 먼저 해야 할 일은 확장자를 .py가 되도록 [다른 이름으로 저장]하는 것입니다. [파일] 메뉴의 [다른 이름으로 저장] 메뉴 항목을 실행해서 아래의 대화상자가 나오면, 주소창에 스크립트를 저장할 폴더를 선택한 후에, 파일형식은 All types로 바꾸고, 파일명은 마음대로, 다만 확장자는 .py가 되도록 한 후에 [저장] 버튼을 누릅니다. 그러면 노트패드++가 파이썬 전용 편집기처럼 동작합니다.

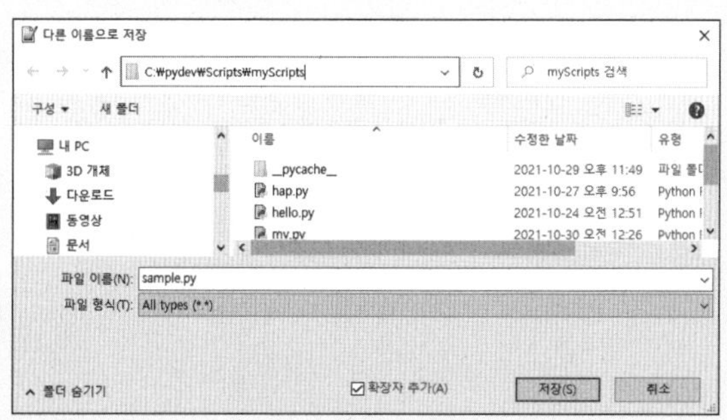

[그림 A-1] 파이썬 스크립트 편집을 위해서는 [다른 이름으로 저장]부터 해야 함

(별건 아니지만, 초보자를 위해서) 파이썬 스크립트 개발을 위한 한 가지 방법을 추천하겠습니다. 화면에 노트패드++와 주피터 노트북(또는 IPython)을 둘 다 띄워둡니다. 주피터 노트북에서 작업 디렉터리로 바꾼 후에, 노트패드++에서 스크립트를 만듭니다. 스크립트를 실행하려면 노트패드++에서 해당 스크립트를 파일로 저장한 후에, 주피터 노트북에서 %run 매직명령어를 실행합니다. 만약, 에러가 있으면 [노트패드++로 가서 스크립트를 수정하고 저장] → [주피터 노트북에서 %run으로 실행] 하는 과정을 계속 반복합니다. 중간에 노트패드++든 주피터 노트북이든 끌 ("exit한다"라고 부릅니다) 필요는 없습니다. [그림 A-2]를 참고하기 바랍니다.

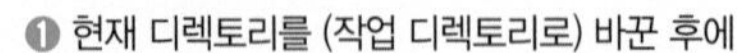

❶ 현재 디렉토리를 (작업 디렉토리로) 바꾼 후에

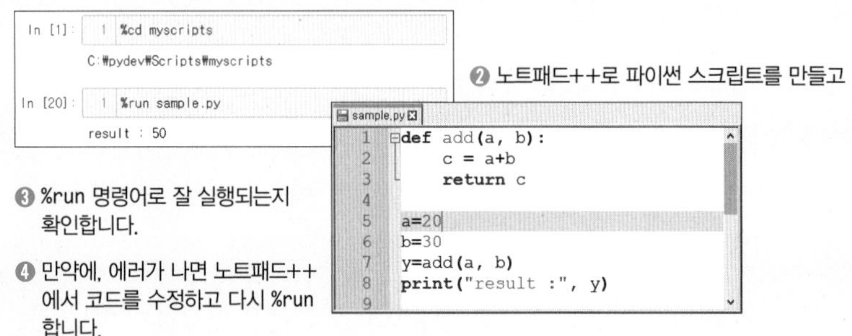

[그림 A-2] 파이썬 스크립트 개발을 위한 추천 방법

노파심에 한 번 더 강조합니다. 일반 텍스트 문서로 편집하다가 "중간에" 파이썬 스크립트로 [다른 이름으로 저장]하면 (분명히 들여쓰기가 잘되어 있는 것처럼 보임에도 불구하고) 탭의 형식이 달라서 들여쓰기 에러(IndentationError)가 발생합니다. 에러 메시지는 unindent does not match any outer indentation level로 나오는데, 멋모르고 만나면 조금 고생하게 되는 에러입니다. 이상으로 노트패드++에 대한 소개를 마치겠습니다.

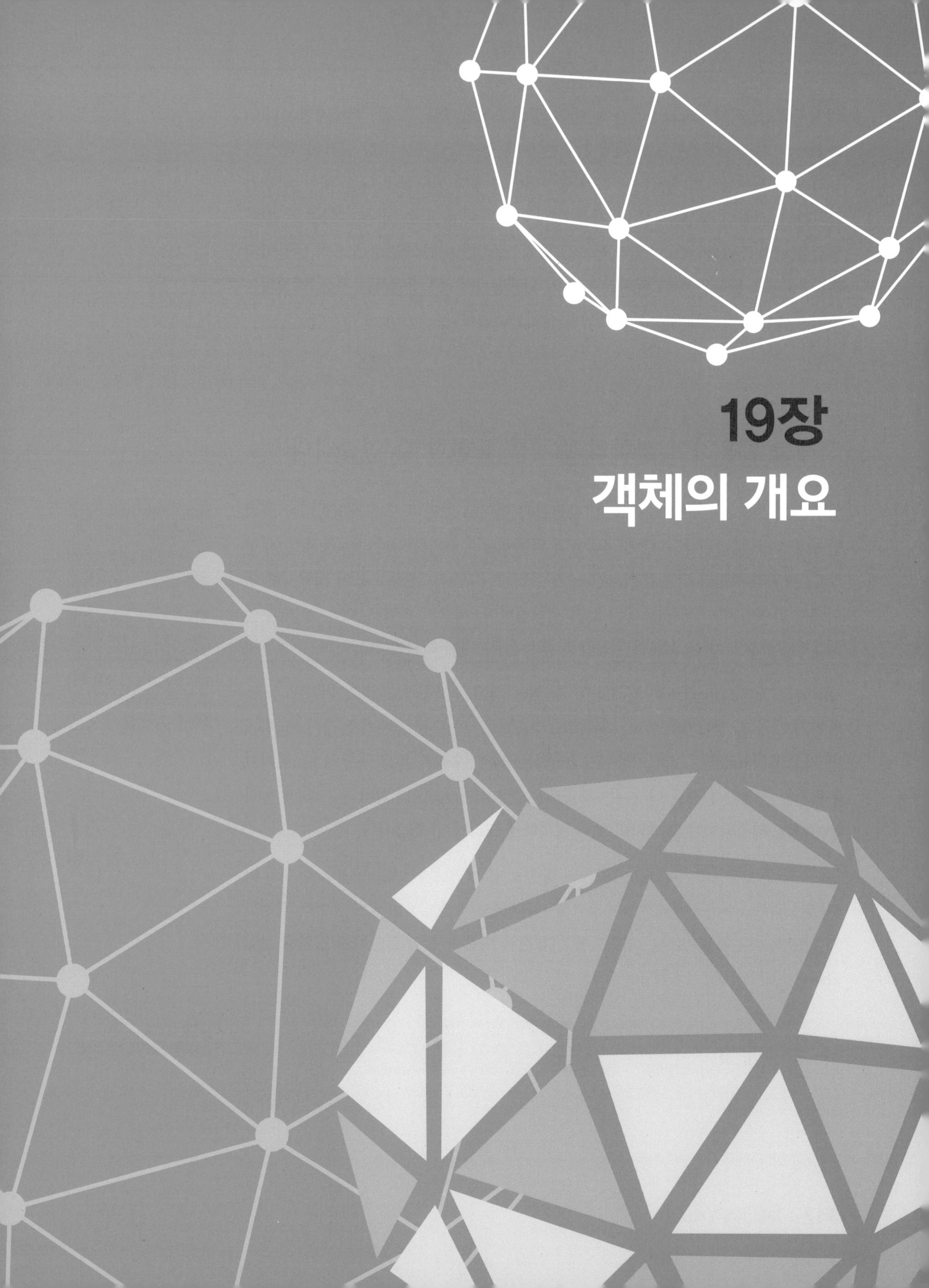

19장 객체의 개요

19장부터는 '객체(object)' 기술에 대해 살펴보겠습니다. 보통 '객체지향(Object Oriented)' 기술이라고 부르는 객체 기술은 현대 정보기술에서 가장 근간이 되는 기술입니다. 형태상으로 객체는 우리가 공부했던 변수와 함수를 하나로 '묶는' 단위가 됩니다만, 사람이 세상을 보는 시각을 그대로 코드로 옮길 수 있다는 "아주 특별한" 장점을 가지고 있습니다. 우리가 목표로 했던 "생각만 하면 저절로 코드가 만들어지는" 수준에 도달하기 위한 마지막 관문이 되겠습니다. 이 장에서는 우선 '객체라는 것이 무엇인지'에 대해 기본적인 개념을 살펴보겠습니다.

객체를 활용하여 행위의 주체를 표현할 수 있습니다

함수는 행위(behaviour)를 나타내며, 사람들의 언어로 보면 동사에 해당한다는 얘기를 줄곧 하고 있습니다. 그런데 사람들의 언어에서는 행위를 나타내는 동사 앞에 항상 그 행위의 주체가 되는 주어(subject)가 나타납니다. (파이썬을 포함한) 객체지향 언어에서 함수의 주어 역할을 하는 것이 객체입니다. 사람의 언어로 보면 "누가 무엇을 하다"에서 "누가"에 해당하는 역할을 할 수 있는 것이 객체입니다.

지금은 행위의 주어로서 객체를 다루지만, 객체는 당연히 행위의 목적어가 되기도 합니다.

객체와 비슷한 의미로 개체(entity)라는 용어가 있습니다. 개체는 말 그대로 세상으로부터 구별(또는 분리)되어 존재(또는 인식)되는 어떤 것을 나타냅니다.

세상에서 "달리다(run)"라는 행위를 할 수 있는 것에는 자동차도 있고, 기차도 있고, 자전거도 있고, 강아지도 있고, 거북이도 있습니다. 이 모든 개체가 똑같이 run하지만 자동차가 run하는 것과 거북이가 run하는 것은, 우리가 비록 똑같이 run이라고 부르기는 하지만 실제로 나타나는 모양새는 천양지차(天壤之差)입니다. 그래서 동사는 주체와 연결되어야 그 맥락이 보다 명확하게 드러날 수 있습니다.

"달리다"라는 행위를 run이라는 이름의 함수로 한 번 만들어 보겠습니다. 함수의 바디(메커니즘(mechanism), 즉 어떻게 달리는지의 "어떻게"에 해당하는 부분)는 아직 결정되지 않았기 때문에 pass라는 키워드를 이용해서 다음과 같이 간단하게 정의해 보았습니다.

[코드 19-1]
pass로 함수의 바디 정의

```
In [1]:  def run():
             pass
```

여기서 잠깐!!

pass

pass 키워드에 대해 잠시 소개하겠습니다. 파이썬에서 콜론(:)은 그 이후에 코드 블록(여러 명령문의 묶음)이 뒤따라온다는 것을 나타냅니다. 그래서 콜론 이후에 명령문이 하나도 없는 경우에는 아래처럼 에러가 발생합니다.

```
In [2]:  def f():

         File "C:\Users\mkjang\AppData\Local\Temp/
         ipykernel_8032/2619408784.py", line 1
             def f():
                     ^
         IndentationError: expected an indented block
```

[코드 19-2] 콜론 이후에 명령문이 없어 생기는 에러

콜론 이후에 들어가야 할 코드 블록이 아직 결정되지 않은 경우에, 아무것도 하지 않고(do nothing) 다음 명령문으로 컨트롤을 넘기라는 의미에서 pass 명령문을 활용할 수 있습니다. pass 명령문은 아래와 같이 사용합니다.

```
In [3]:  def f():
             pass
```

[코드 19-3] pass 명령문 사용

실제로 많은 함수로 구성된 프로그램을 개발하다 보면, 함수의 인터페이스(함수의 시그니처)는 결정되었는데 함수의 실행로직(함수의 구현)은 아직 결정되지 않은 경우가 가끔 생깁니다. 이런 경우에 pass라는 키워드가 유용하게 활용될 수 있습니다.

그래도, 실제 run() 함수를 호출했을 때, run() 함수가 제대로 실행되는지 확인할 필요가 있으니 run() 함수가 호출되면 "I'm running"이라는 문자열이 출력되게끔 수정하겠습니다. [코드 19-4]의 In [4]를 참고하기 바랍니다. 나중에 run의 메커니즘이 결정되면, 현재의 print()문을 대신해서 함수의 바디[body]로 구현하면 되겠습니다. 참고로 공학 분야에서 구현(implement)이라는 용어가 자주 사용되는데 "만들어서 실제로 나타나게 하다"라는 의미로 이해하면 좋겠습니다. run() 함수를 정의한 후에 호출해서 그 결과를 확인해보기 바랍니다.

[코드 19-4] 수정된 run() 함수

```
In [4]:  def run():
             print("I'm running")
```

다시 본론으로 돌아가서, 앞서도 말했듯이, 자동차도 달리고, 자전거도 달리고, 거북이도 달리는데 이런 여러 행위를 어떻게 함수로 구별해서 만들 수 있을까요? 자동차가 달리는 건 run1()로, 자전거가 달리는 것은 run2()로, 거북이가 달리는 것은 run3()으로 만들 수 있겠습니다. 이와 다르게, 자동차가 달리는 건 car_run(), 자전거가 달리는 건 bicycle_run(), 거북이가 달리는 것은 turtle_run()으로 만들 수도 있을 것 같습니다. 그나마 후자가 전자보다는 조금 나아 보입니다.

객체지향 언어에서는, 앞서 잠시 언급했던 것처럼, 행위와 주체를 하나로 묶어서 관리함으로써 사람의 사고방식에 보다 가깝게 표현할 수 있습니다. 예를 들어, Car의 run() 함수는 [코드 19-5]와 같이 정의됩니다. 이 코드를 보면 run() 함수가 Car라는 이름의 class(클래스) 안에 정의되어 있는데, 이와 같이 클래스에 포함되어 정의된 함수를 특별히 메서드method라고 부릅니다.

[코드 19-5]
car 클래스 안에 정의된 run() 함수

```
In [5]:
1 class Car:
2     def run():
3         print("I'm a car. I'm running")
```

1행의 class Car는 "세상에는 우리가 Car라고 부르는 것들이 있는데"라는 의미입니다. 그다음에 있는 콜론(:)은 "그것들(Car라고 불리는 것들)의 특성은 다음과 같다" 정도로 읽으면 딱 좋겠습니다. 곧 자세하게 살펴보겠지만, 콜론 다음에 Car의 특성들이 나타납니다. 실제로 Car가 무엇인지, 그리고 무엇을 하는지를 정의한다고 보면 되겠습니다. 특성은 크게 정적(static)인 특성과 동적(dynamic)인 특성으로 나누어집니다. Car를 설명하는 데 필요한 정보 중에서 동작과 관련된 특성들, 예를 들어, "앞으로 움직인다" "좌, 우로 방향을 바꾼다" "속도를 높인다" "속도를 낮춘다" "멈춰 선다" 등은 함수로 구현됩니다. [코드 19-5]의 In [5]에서 run() 함수의 정의는 우리 세상의 Car들이 어떻게 run하는지를 정의한 것으로 생각할 수 있습니다.

그러면 거북이가 run하는 것은 어떻게 표현할 수 있을까요? run() 함수를 정의하되 그 주체가 되는 Turtle(거북이) 클래스 안에서 정의하면 됩니다. [코드 19-6]을 참고하기 바랍니다.

[코드 19-6]
Turtle 클래스 안에 정의된 run() 함수

```
In [6]:
class Turtle:
    def run():
        print("I'm a turtle. I'm running~")
```

이야기를 계속하겠습니다. 자동차를 설명하는 데 필요한 정보 중에 동작과 관련된 특성 외에, 예를 들어, "제조사" "제조연도" "배기량" "최대속도" "색깔" 등과 같은 정적인 특성이 있습니다. 각각의 정적 특성은 하나의 값을 나타내며 하나의 변수로 표현되는데, 이를 인스턴스 변수(Instance Variable)라고 부릅니다.

다른 컴퓨터 언어에서 속성은 정적 특성에 한정해서 가리키는 용어로 사용되는 경우도 있으니 참고하기 바랍니다.

파이썬은 변수와 함수를 구별하지 않고 모두 속성(attribute)이라고 부릅니다. 결국, 객체들은 여러 개의 속성으로 표현되며, 일부 속성은 정적인 특성을 나타내는 변수로 표현되고, 나머지 속성들은 동적 특성을 나타내는 함수로 만들어집니다. 그래서 마침내 "객체=변수+함수"가 되는 셈입니다.

그런데 클래스 정의에서의 Car는 마치 머릿속에 있는 심상(이미지)과 같아서 실제로 사람을 태우고 도로를 달릴 수는 없습니다. 실제로 `run()`하기 위해서는 진짜로 움직일 수 있는 (물론, 우리 프로그램 안에서지만) Car가 필요합니다. 여기서 실제로 `run()`할 수 있는 Car를 객체(object) 또는 인스턴스[instance]라고 부릅니다.

클래스와 객체 간의 의미를 구별하는 것이 객체 공부의 시작입니다

앞서 클래스[class]와 객체(object)라는 용어를 소개했는데 조금 자세하게 알아보겠습니다. 클래스와 객체의 의미를 명확히 이해해야 제대로 구분하여 사용할 수 있습니다.

모든 언어에서 하나의 명사는 두 개의 의미로 사용되고 있습니다. 하나는 각각의 '개체(entity, 객체와 동일한 의미로 사용됩니다)'를 가리키는 의미로, 또 다른 하나는 그런 개체들이 모여 있는 '전체'라는 의미로 사용됩니다. 전자를 '객체'라고 부르고, 후자를 '클래스'라고 부릅니다. 실제로, 객체는 실체가 있는 것이고, 클래스는 마치 (사람의 머릿속에, 또는 마음속에 있는) 하나의 이미지와 같습니다.

아이가 커가는 과정에서 사물을 파악하는 인지능력이 발전하는데, 이 과정에서 객체와 클래스가 어떻게 조화롭게 대응되는지 한 번 살펴보겠습니다. 사람들이 "머리를 쓰는" 법입니다.

아이가 태어났다. 아이는 내내 집에 있다가 이제 처음으로 아빠랑 세상 밖으로 나들이를 나갔다. 나들이를 나갔다가 처음으로 이상하게 생긴 동물을 보았다. "아빠, 저건 뭐야?" 아빠가 대답한다. "아, 저건 강아지야." 아기 머릿속에 강아지의 사진이 저장되고 강아지라는 이름표(tag)가 붙는다.

[그림 19-1] 아기 머릿속에 저장된 강아지 이름표

그리고 또 길을 가는데, 또 다른 동물을 보았다. 아까 본 동물보다는 몸집도 크고 색깔도 다르다. "아빠, 저건 뭐야?" 아빠가 대답한다. "아, 저것도 강아지란다." 아기가 혼란스럽다. 전에 본 강아지랑 방금 본 강아지는 전혀 달라 보이는데 왜 똑같이 '강아지'라고 불리는지에 대한 의문이 생긴다. '아, 뭔가 공통점이 있으니까 같은 이름으로 불리는 거겠지?'라는 생각과 함께 알고 있던 두 개의 사례(인스턴스(instance)) 간에 공통점을 찾아내서 일종의 대표적 이미지를 만들게 된다. 아기에게 강아지를 구별하는 것은 매우 중요한 일이다. 하지만 그렇다고 해서 세상의 모든 강아지 인스턴스를 머릿속에 전부 담아둘 수는 없는 일이다. 그래서 사례들의 공통점을 찾아내어 하나의 대표적 이미지를 만들게 된다. 만약 나중에 새로운 강아지를 만나더라도 아기가 가지고 있는 이미지와 닮아 있으면 (특성이 비슷하면) 강아지로 판단하게 된다. 이런 과정을 보통 추상화(abstraction) 과정이라고 부른다.

[그림 19-2] 아기 머릿속에 저장된 추상화

나들이를 계속 하는데, 또 다른 동물을 보게 된다. 내가 알고 있는 강아지랑 비슷해 보여서 "아빠, 저것도 강아지야?" 했더니 아빠가 "아니, 저건 고양이란다"라고 한다. 똑같이 강아지인줄 알았는데, 저 동물은 '고양이'라고 불린다고 한다. '이름이 다르니 뭔가 다른 게 있는 거겠지? 그게 뭘까?' 강아지랑은 다르게 행동이 날렵하고, 잠깐 정지자세로 그윽하게 응시하기도 하고, 담벼락이나 높은 나무에 쉽게 올라간다. 이런 차이점이 발견되면 고양이의 이미지도 만들어지지만, 강아지의 이미지도 더욱 뚜렷해지는 효과를 가져온다. 물론, 이처럼 "움직이는" 생물들은 움직이지 않는 생물들인 풀, 꽃, 나무와는 또 다르다. 그래서 고양이와 강아지는 크게 하나로 묶이기도 한다. 그 묶음에는 어떤 이름표가 붙으면 좋을까? "사람이랑 친한 동물들" 정도면 괜찮을 것 같다.

이 예에서 강아지라고 부를 수 있는 대상은 두 개로 나누어 볼 수 있습니다.

① 아기가 처음으로 만났던 진짜 살아 움직이는 생명체인 강아지

② 아기 머릿속에 만들어진 강아지라는 대표 이미지

①을 보통 객체(object) 또는 인스턴스instance라고 부르고, ②를 타입type 또는 클래스class라고 부릅니다.

이러한 의미의 대립과 조화는 사람의 언어에서 정말 흔하게 나타납니다. 예를 들어, 아래의 두 문장을 보겠습니다. 이 두 문장에는 공통적으로 '비행기'라는 단어가 사용되고 있습니다. 하지만 각각이 나타내는 의미는 서로 다릅니다. 하나는 클래스이고, 다른 하나는 인스턴스에 해당합니다. 클래스와 인스턴스는 각각 어느 쪽일까요?

① 우리나라에서 미국으로 가려면 비행기 외에는 대안이 없다.

② 내일, 미국으로 가는 비행기 안에서 읽을 책을 하나 사야겠다.

네, 맞습니다. ①의 비행기는 클래스를 나타내고 ②의 비행기는 인스턴스(객체)에 해당합니다.

또 다른 예를 들어 보겠습니다.

"나는 지금 새로 이사 온 동네에 있는 시립도서관을 가는 중이다. 처음 가는 도서관이어서 내가 찾고 싶은 책을 찾지 못하는 게 아닐까 걱정이 된다."

아래의 두 문장에서 '사서'라는 단어가 사용되고 있는데, 그 의미는 서로 구별되어야 합니다. ①에서의 의미는 "책을 관리하고, 검색이나 책 대여를 도와주는 역할을 하는 도서관 직원 선생님"이라는 의미지만, ②에서는 진짜 사서 선생님을 가리킵니다. 대화도 할 수 있고, 검색이나 대여 서비스를 요청할 수 있는 진짜 사서 선생님입니다.

① 이 도서관에도 사서 선생님은 계시겠지?

② 도서관에 도착했더니 사서 선생님이 마침 출입구에 계셔서 바로 도움을 받을 수 있었다.

마지막으로 하나의 예만 더 들어 보겠습니다. 역시, 우리의 언어생활에서 흔하게 나타나는 사례입니다. 어느 것이 클래스이고, 어느 것이 객체인가요?

① 집에서 쓰고 있는 모니터가 고장났다.

② 아빠한테 모니터를 새로 하나 사달라고 말씀드려 봐야겠다.

네, 맞습니다. ①의 모니터는 객체, ②의 모니터는 클래스입니다.

클래스와 객체의 이해를 위해 여러 사례를 들어 보았지만, 우리가 평소에 너무 당연하게 알고 있던 것에 지나지 않습니다. 이제 실제로 파이썬에서 클래스와 객체가 어떻게 만들어지고 사용되는지를 살펴보겠습니다.

객체를 생성하고 객체와 커뮤니케이션해봅니다

앞서 정의한 Car 클래스를 가져왔습니다. 이 정의가 의미하는 바를 좀 더 살펴보겠습니다.

[코드 19-7] Car 클래스

In [7]:
```
class Car:
    def run():
        print("I'm a car. I'm running")
```

우리 세상에서 Car라고 부르는 것들(클래스를 나타냅니다)은 run할 수 있습니다. 이렇게 Car들이 수행하는 run이라는 기능은 Car들이 외부에 (즉, 외부에 있는 사람들에게) 제공하는 일종의 서비스[service]에 해당합니다. 외부에서 사용자가 Car에게 run해 줄 것을 요청(request) 하면, 실제 Car들이 정해진 방식에 따라 (즉, `run()` 함수 안에 정의되어 있는 메커니즘에 따라) run하게 됩니다. 자동차가 스스로 알아서, 자기가 필요할 때 자기 마음대로 `run()`해 버리면 큰일나겠습니다.

사람들의 요청에 따라 실제로 run하려면 Car 인스턴스가 필요합니다. 클래스가 정의되어 있는 상태에서, 해당 객체의 생성은 [코드 19-8]처럼 간단한 코드로 이루어집니다.

[코드 19-8] Car 객체의 생성

```
In [8]:  c=Car()
```

어사인먼트 기호(=) 오른쪽에 보이는 함수 `Car()`는 생성자(constructor) 또는 생성자 함수라고 부릅니다. 생성자 함수는 특별한 형식의 메서드입니다. 다름이 아니라, 클래스명과 같은 이름의 함수입니다. 객체를 생성하는 것도 일종의 행위입니다. 그래서 하나의 함수가 됩니다. 그런데 이 함수는 사용자(개발자)가 직접 정의하는 것은 아니고, 클래스를 선언하면 파이썬이 "알아서 실행해주는" 함수입니다.

나중에 조금 더 자세하게 살펴보는 것으로 하고, 일단 In [8]의 어사인먼트 기호 오른쪽에 있는 `Car()` 함수는 파이썬에게 "Car 객체 하나 만들어 줘"라고 요청하는 것으로 이해하면 되겠습니다. 그러면 파이썬이 "내가(개발자가) 정의한"대로 동작하는 Car 객체를 하나 만들어서 반환해 줍니다. In [8]에서 `c=`는 파이썬이 반환해준 "그 객체"를 앞으로 c라는 이름으로 부르겠다(또는 가리키겠다)는 의미가 됩니다. 여기서 c와 같이 객체를 가리키는 이름으로 사용되는 변수를 참조자(reference)라고 부릅니다.

이렇게 우리가 어떤 객체의 참조자를 알게 되면, 그 참조자를 통해 객체의 행위를 호출할 수 있게 됩니다. 예를 들어 보겠습니다. 모든 사람은 "소금을 건네줄" 수 있습니다. 친구들끼리 같이 식사를 하고 있는데, 내게 필요한 소금이 '철수' 앞에 있습니다. 그러면 "철수야"라고 부른 후에 "소금 좀 건네줘"라고 말합니다. 즉, 내가 커뮤니케이션하려는 객체를 지정한 후에 그 객체에게 요청의 형태로 메시지[message]를 전달하게 됩니다. 메시지를 받은 객체는 그 메시지(요청)에 따라 정해진 행위를 실행하게 됩니다.

만약, c라는 이름의 Car 객체에게 run하는 것을 요청하고자 한다면, c 객체에게 run 하라는 메시지를 보내게 됩니다. 파이썬 문법으로 표현하면 c.run()이 됩니다. 결국은 함수를 호출하는 것과 다르지 않습니다. 그런데 이렇게 실행하면 다음과 같이 에러가 발생합니다.

In [9]:
```
c.run()
```

```
---------------------------------------------------------------------
TypeError                               Traceback (most recent call last)
~\AppData\Local\Temp/ipykernel_8032/1892319514.py in <module>
----> 1 c.run()

TypeError: run() takes 0 positional arguments but 1 was given
```

[코드 19-9]
함수 호출 시 발생한 에러

에러를 보면 "run() takes 0 positional arguments but 1 was given"이라고 되어 있습니다. run 메서드는 매개변수가 없는데, 인자가 하나 전달되었다는 뜻입니다. 그런데 왜 인자가 한 개가 있다는 걸까요? 우리가 정의한 run() 함수는 매개변수가 포함되어 있지 않은 데 말입니다.

클래스에서 함수의 호출과 self의 의미

결과적으로 c.run()의 형태로 메서드를 호출하면, 실제로는 Car.run(c)의 형태로 함수 호출이 이루어지게 됩니다. 앞선 Car 클래스는 "모든 Car 객체는 run() 할 수 있어"라고 정의하고 있지만, Car 객체들이 스스로 run 메서드의 코드를 가지고 있도록 만들 필요는 없습니다. 왜 그럴까요? 그것은 모든 Car 객체가 run하는 방식은 똑같기 때문입니다(Car 클래스에 정의된 run()의 임플리멘테이션은 객체에 따라 달라지는 코드가 아님에 유의하기 바랍니다). 그리고 모든 Car 객체들에게 똑같은 run() 코드를 복제해서 나누어 갖도록 한다면 메모리 자원의 낭비도 너무 심하게 됩니다. 그래서 run() 함수는 오로지 클래스의 정의 안에서만 존재하도록 만들어집니다.

다시 말해서, c.run 메서드가 호출되면 Car 클래스에 정의되어 있는 run() 함수를 호출하게 됩니다. 즉, Car.run() 함수가 호출되게 됩니다. 그런데 Car.run() 호출에는 실제 어느 Car 객체가 run하는지에 대한 정보가 포함되어 있지 않습니다. 그래서 run의 주체가 되는 객체를 인자로 알려주는 것입니다. 즉, Car.run(c)의 형태로 메서드 호출이 이루어지게 됩니다. 그래서 run() 함수는 실제로는 인자가 없지만, run할 Car 객체의 이름(참조자)을 일종의 '숨겨진(hidden)' 인자로 받도록 만들어져야 합니다.

객체의 참조자는 일반적으로 self라는 이름의 매개변수로 받습니다. 객체의 참조자를 받는 매개변수의 이름에 대한 제한은 없지만, 대부분의 파이썬 프로그래머들이 self라는 변수명을 사용하고 있습니다. '거의' 표준인 셈입니다. 그래서 run 메서드는 [코드 19-10]과 같이 self를 첫 번째 인자로 포함해서 정의하게 됩니다.

[코드 19-10]
self 매개변수의 예

```
In [10]: class Car:
             def run(self):
                 print("I'm a car. I'm running")
```

Car 클래스의 정의가 바뀌었으므로, 다시 Car 객체를 생성하고 run 메서드를 호출하겠습니다. 문제없이 잘 실행됩니다.

[코드 19-11]
Car 객체 생성과
run 메서드 호출

```
In [11]: c=Car()

In [12]: c.run()

         I'm a car. I'm running
```

실제로 Car.run(c) 명령문도 c.run()과 똑같이 동작합니다.

[코드 19-12]
Car.run(c) 실행

```
In [13]: Car.run(c)

         I'm a car. I'm running
```

Car 클래스에서 run 메서드가 run(self)의 형태로 정의된 것을 감안한다면 Car.run(c)가 좀 더 올바른 형태의 메서드 호출일 수도 있지만, "철수야, 소금 좀 건네줘~"라는 사람의 언어에 부합되는 표현은 c.run()이 맞습니다. 이렇게 정리하겠습니다. 우리가 c.run()이라고 메서드를 호출하면 실제로는 Car.run(c) 형태로 메서드 호출이 이루어집니다. 그래서 모든 메서드의 첫 번째 매개변수는 객체의 참조자를 나타내는 self가 되어야 합니다.

객체의 정적인 속성은 인스턴스 변수로 표현됩니다

객체의 정적인 속성들은 인스턴스 변수로 표현됩니다. 우선, 변수가 참조되는 범위에 따라 함수 내부로 한정되는 지역변수와 함수 바깥까지 확장되어 모듈 전체에서 참조되는 전역변수로 나누어진다고 설명했었는데, 인스턴스 변수는 말하자면 객체 내의 전역변수입니다. 즉, 참조의 범위가 객체 내부 전체에 해당합니다. 그러다 보니, 메서드의 지역변수와 구별할 수 있도록 특별히 인스턴스 변수임을 나타내는 장치가 필요한데, 파이썬에서는 메서드 내에서 해당 객체의 참조자 이름(예를 들어, 앞서 보았던 self)을 접두사로 가지는 변수들이 인스턴스 변수에 해당하게 됩니다.

[코드 19-13]의 In [14]에서 Car 클래스의 run 메서드 안에는 speed라는 이름의 변수에 대한 참조가 이루어지고 있는데, 우리가 여태껏 봤던 변수들과는 다르게 self라는 접두사가 붙어있습니다. self라는 이름은 run 메서드가 호출될 때 전달된 매개변수로 해당 Car 객체를 가리키고 있습니다. 이와 같이 self.변수명으로 선언된 변수들은 인스턴스 변수가 되어 클래스 내의 모든 함수에서 접근 가능한 (전역)변수가 됩니다.

[코드 19-13]
인스턴스 변수 선언

```
In [14]:  class Car:
              def run(self):
                  print("I am moving at speed", self.speed)
```

In [14]의 run 메서드에서 self.speed 변수는 run() 함수 내에서 self라는 이름으로 참조되는(self라는 이름으로 가리켜지는 바로 그) 객체의 speed 속성값이라는 의미로 해석하면 됩니다.

그러면 인스턴스 변수는 언제 초기화(initialization)해야 할까요? 잘 알다시피, 모든 변수는 초기화(첫 번째 어사이먼트)를 통해 만들어집니다. 인스턴스 변수는 객체 내에서 첫 번째 할당으로 초기화된 이후부터 객체와 수명주기를 함께 하다가 객체가 소멸할 때 같이 소멸하게 됩니다. 파이썬을 포함한 객체지향 언어들은 인스턴스 변수의 초기화를 위한 특별한 장치를 제공합니다. 왜냐하면, 어떤 임의의 메서드에서 인스턴스 변수를 초기화하는 것은 이 메서드가 호출되지 않는 한에는 소기의 목적을 달성하기 어렵고, 설령 그 메서드가 호출되더라도 해당 인스턴스 변숫값이 다른 함수에서 사용되기 전에 초기화된다는 확신을 가지기 어렵기 때문입니다. 다음에서 인스턴스 변수의 초기화를 살펴보겠습니다.

인스턴스 변수는 __init__ 메서드를 통해 초기화합니다

우선, 방금 우리가 정의한 Car 클래스의 속성들을 dir(Car) 명령문을 통해 한 번 살펴보겠습니다.

[코드 19-14]
Car 클래스의 속성

```
In [15]: print(dir(Car))

['__class__', '__delattr__', '__dict__', '__dir__', '__doc__',
'__eq__', '__format__', '__ge__', '__getattribute__', '__gt__',
'__hash__', '__init__', '__init_subclass__', '__le__', '__lt__',
'__module__', '__ne__', '__new__', '__reduce__', '__reduce_
ex__', '__repr__', '__setattr__', '__sizeof__', '__str__', '__
subclasshook__', '__weakref__', 'run']
```

실제로, 우리가 방금 정의했던 run() 함수명이 속성 리스트의 마지막에 나타나 있는 것을 확인할 수 있습니다. 그 외에도 더블 언더스코어(__)로 시작하고((던더(dunder)라고 부릅니다), 더블 언더스코어로 끝나는 이름이 많이 보이는데, 일부는 변수도 있지만 대부분은 함수입니다. 던더로 시작하는 메서드를 매직 메서드Magic Method 또는 스페셜 메서드Special Method라고 부릅니다.

던더로 시작하는 스페셜 메서드 각각에는 이름에서 알 수 있듯이 특별한 기능이 부여되어 있습니다. 매직 메서드 중에서 지금 살펴보려고 하는 __init__ 메서드는 인스턴스 변수를 초기화하는 데 사용되는 특별한 메서드입니다. 만약에 어떤 클래스의 선언에 __init__ 메서드가 정의되어 있으면 파이썬은 해당 객체를 생성하자마자__init__ 메서드를 호출합니다. 즉, __init__ 메서드는 클래스에서 정의된 메서드 중에서 가장 먼저 호출되는 메서드가 되는 셈입니다. 만약, 우리가 "최대한 빨리" 초기화해야 하는 인스턴스 변수가 있다면 __init__ 메서드에서 초기화하면 되겠습니다. 사실, 그런 목적으로 만들어져 제공되는 메서드입니다. 이름에서 나타나는 의미 그대로, 객체를 초기화(initialize)하는 데 사용되는 메서드입니다.

실제로 Car 클래스에 __init__ 메서드를 추가하여 인스턴스 변수인 speed 값을 0으로 초기화할 수 있도록 코드를 수정했습니다([코드 19-15] 참고). 그리고 앞서 살펴본 것처럼 객체를 생성할 때 자동으로 호출되는지를 확인해보기 위해 4행에서 __init__ 메서드가 호출되면 'speed is set to 0'이라는 문장이 출력되도록 하였습니다.

[코드 19-15]
객체 생성과 __init__ 메서드 호출

In [16]:
```
class Car:
    def __init__(self):
        self.speed=0
        print('speed is set to 0')

    def run(self):
        print("I am moving at speed", self.speed)
```

In [17]:
```
c1=Car()
```
```
speed is set to 0
```

실제로 In [17]에서 생성자 함수를 호출해서 Car 객체를 생성하였더니 'speed is set to 0' 문장이 출력되는 것을 확인할 수 있습니다. 우리는 그냥 생성자 함수를 호출했을 뿐인데, 파이썬이 객체를 생성한 후에 객체의 인스턴스 변수 초기화를 위해 __init__ 메서드를 자동으로 호출했다는 것을 알 수 있습니다.

각 인스턴스(객체)가 가지고 있는 인스턴스 변수와 값은 던더 속성인 __dict__를 통해 확인할 수 있습니다. [코드 19-16]의 In [18]에서 보듯이 c1.__dict__는 c1 객체의 인스턴스 변숫값을 저장하는 딕셔너리 객체입니다. 실제로 Out[18]의 결과를 보면 c1 객체의 인스턴스 변수인 speed와 그 값인 0을 확인할 수 있습니다.

[코드 19-16]
인스턴스 변수와 그 값은 해당 객체의 __dict__ 속성에 저장됨

In [18]:
```
c1.__dict__
```
Out[18]:
```
{'speed': 0}
```

Car 클래스를 조금 더 "똑똑하게" 만들어 보겠습니다

[코드 19-15]의 In [16]에서 나타나 있는 Car 클래스는 두 개의 메서드인 __init__, run과 한 개의 인스턴스 변수인 self.speed를 속성으로 가지고 있습니다. 현재로는 자동차 객체의 speed(속도)를 바꿀 수 있는 장치가 없습니다. accelerate 메서드를 추가하여 자동차 객체의 속도를 바꿀 수 있도록 만들겠습니다. [코드 19-17]에 추가된 accelerate 메서드는 c1.accelerate(50)의 형태로 호출됩니다. accelerate() 함수를 호출하면서 전달된 인자값은 accelerate() 함수의 매개변수 x에 전달되어 7행에서 self.speed 인스턴스 변수에 저장되도록 만들어져 있습니다.

[코드 19-17] accelerate 메서드 추가

In [19]:
```
class Car:
    def __init__(self):
        self.speed=0
        print('speed is set to 0')

    def accelerate(self, x):
        self.speed=x

    def run(self):
        print("I am moving at speed", self.speed)
```

[코드 19-18]은 c2라는 이름의 새로운 자동차 객체를 생성하여, 속도 25로 가속시킨 후에 run()하도록 지시하는 하나의 시나리오를 보여주고 있습니다.

[코드 19-18] 자동차 객체의 시나리오

In [20]:
```
c2=Car()
```
```
speed is set to 0
```

In [21]:
```
c2.accelerate(25)
```

In [22]:
```
c2.run()
```
```
I am moving at speed 25
```

우리의 Car 객체가 점점 "똑똑해지고" 있다는 느낌을 받게 됩니다. 할 줄 아는 것이 점점 많아집니다. 메서드를 하나씩 추가할 때마다 우리의 Car 객체가 고객에게 제공하는 서비스는 점점 다양해지게 됩니다. 하지만 메서드는 인스턴스 변수와 반드시 연관되어 있습니다. 메서드와 인스턴스 변수가 별개로 존재하는 것이 아닙니다.

인스턴스 변수는 객체의 상태를 표시합니다

객체와 연관되어 상태(state)라는 중요한 개념이 있습니다. 예를 들어, 길거리에서 보는 신호등은 빨간색, 초록색, 노란색이라는 세 가지 상태가 있습니다. 만약 이 신호등에 신호위반 단속카메라가 있다면 이 카메라는 신호등이 "빨간색일 때에만" 동작해야 합니다. 즉, 신호등이 "빨간색"인 상태에서만 카메라가 동작하도록 만들어져야 합니다.

또 다른 예를 들어 보겠습니다. 음료 자판기에서 1천 원짜리 음료수를 하나 뽑으려고 음료수 버튼을 누릅니다. 자판기에 "음료를 내어 달라"라고 요청한 셈입니다. 그런다고 해서 항상 음료수가 나오는 것은 아닙니다. 어떨 때 음료수가 나오나요? 자판기에 투입된 "액수가 1천 원보다 많을 때에만" 정상적으로 동작하게 됩니다.

가만히 보니, 우리가 `if` 키워드를 공부할 때 했던 고민과 비슷합니다. 객체에게 어떤 서비스를 요청합니다. 만약, 객체가 그 서비스를 제공할 수 있는 상태에 있으면 해당 서비스를 실행합니다. 만약, 그렇지 않다면 서비스 요청을 무시하거나 거절하게 됩니다. 우리가 계속 공부하겠지만, 여기서 객체의 상태를 나타내는 것이 바로 객체의 인스턴스 변수가 됩니다. 인스턴스 변수가 객체의 상태를 정의하게 되고, 객체의 상태에 따라 메서드의 실행 여부 또는 실행형태가 달라집니다.

그런 의미에서 우리의 `Car` 클래스에서 '상태'와 '메서드 호출'이 어떻게 연관되는지 한 번 상상해보기 바랍니다. 예를 들어, 자동차의 가속 페달을 밟아서 속력을 높이려고 합니다. 서비스 요청입니다. 하지만 자동차가 시동이 걸려있는 상태가 아니거나 D(Drive) 모드가 아니라면 자동차는 이러한 요청을 받아들일 수 없습니다.

연장선에서, 조금 근본적인 문제를 하나 생각해보겠습니다. "모든 자동차가 run하지만 실제로 슈퍼-카들이 run하는 것이랑 슈퍼마켓에 갈 때 사용하는 슈퍼(마켓)-카들이 run하는 것은 전혀 달라 보이는데, 이런 차이는 어떻게 표현할 수 있을까?" 하는 문제입니다.

우리 예제에서, 모든 `Car` 객체들은 `run()` 할 수 있습니다. 그게 상식이고, 그러한 상식이 Car 클래스에 표현되어 있습니다. 하지만 어떤 Car 객체들은 3초 안에 시속 100미터에 도달할 수 있을 만큼 "빠르게" run하는데 비해, 다른 Car 객체들은 1분 이상 달려도 시속 100미터에 미치지 못할 만큼 상대적으로 "느리게" run합니다.

이런 차이는 어떻게 생기는 것일까요? 자동차의 구조와 성능을 잘 모르더라도, 자동차의 배기량(cc)이 클수록, 그리고 무게(weight)가 가벼울수록 빠르게 달릴 수 있을 것이란 점은 충분히 추측할 수 있습니다. 즉, 자동차(Car)의 배기량이나 무게와 같은 자동차 객체의 정적 속성들이 해당 자동차(Car) 객체의 행위 성능에 영향을 미치게 된다는 뜻입니다. 결국 똑같은 행위지만, 객체의 상태에 따라 그 행위의 형태는 달라진다는 의미입니다.

이것과 관련하여 또 하나 생각해 보아야 할 것은, 메서드의 실행이 이루어지면 그의 영향으로 말미암아 일부 인스턴스 변수의 값이 바뀐다는 것입니다. 인스턴스 변수가 곧 객체의 상태를 표현한다고 했으니, 객체의 상태가 바뀐 셈이 됩니다. 결국, 상태가 메서드의 실행을 결정하게 되고, 메서드의 실행이 상태의 변화를 만들게 됩니다. "상태가 메서드를, 메서드가 상태를…!" 계속 같이 고민해야 하는 주제입니다. 다음 장에서 계속 이야기를 이어가겠습니다.

19장을 정리하겠습니다

이제야 객체를 공부하고 있습니다만, 사실 파이썬에서 객체가 아닌 것은 하나도 없습니다. 파이썬에서는 모든 것이 객체로 다루어집니다.

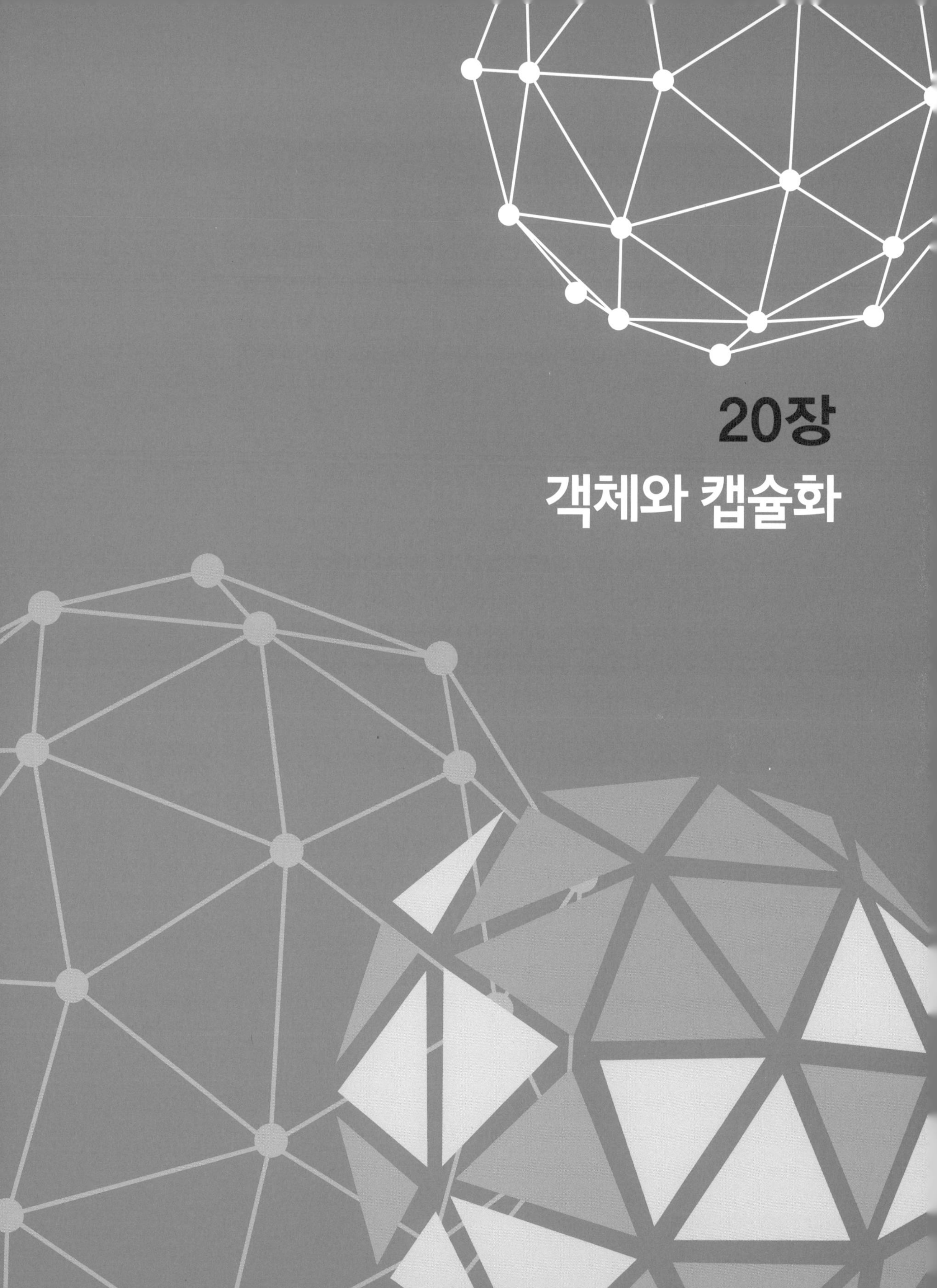

20장
객체와 캡슐화

객체 기술을 밑받침하는 세 가지 원리는 캡슐화(Encapsulation), 상속(Inheritance), 그리고 다형성(Polymorphism)을 말합니다. 20장에서는 이 중에서 캡슐화의 원리를 알아보겠습니다. 계속하는 얘기지만, 객체는 변수와 함수를 하나로 묶어 놓은 것입니다. 그러면 바로 떠오르는 질문은 “왜 묶은 걸까?” “묶어서 좋아지는 것은 무엇일까?”입니다. 답을 같이 찾아보겠습니다. 객체란 변수와 함수를 묶어 둔 것이라고 했으니 우선 변수와 함수를 제대로 이해하는 것이 먼저겠습니다. 앞선 글에서도 계속해서 말해왔던 부분이지만 객체에 들어가기 전에 한 번만 더 정리하겠습니다. 우선, 우리가 일상적으로 보는 함수를 정의(definition)하는 구조는 [코드 20-1]과 같습니다.

In [1]:

```
1 def f():
2     print('Hello')
```

[코드 20-1]
함수의 정의

1행에서와 같이 함수명과 인자가 정의되는 부분을 함수의 ‘시그니처[signature]’라고 부르고, 2행과 같이 실제 수행되는 코드에 해당되는 부분을 함수의 ‘바디[body]’ 또는 ‘구현(implementation)’이라고 부릅니다. 이렇게 정의된 함수의 이름은 해당 함수를 호출(invocation, call)하는 명령문이 됩니다. In [1]의 `f()` 함수는 매개변수가 없으므로 [코드 20-2]와 같이 간단하게 호출할 수 있습니다. 함수가 호출되면 함수의 바디에 포함된 명령문들이 정해진 순서에 따라 실행됩니다.

In [2]:

```
f()
```

```
Hello
```

[코드 20-2]
함수의 호출

객체 안에서 정의된 함수를 특별히 ‘메서드[method]’라고 부릅니다. 만약에 앞의 함수 `f()`를 어떤 임의의 클래스 안에 선언한다면 [코드 20-3]과 같은 형태가 됩니다. 클래스 바깥에서 정의되는 경우와는 다르게 함수 `f()`의 매개변수에 `self`가 포함되어 있음에 유의하기 바랍니다.

In [3]:

```
class Something:
    def f(self):
        print('Hello')
```

[코드 20-3]
임의의 클래스 안에서
선언한 함수

[코드 20-4]의 In [4]에서는, a라는 이름의 Something 객체를 하나 생성한 후에 실제 f() 함수의 실행을 요청(request)하고 있습니다. 응답(response)이 기대하는 바와 같이 제대로 나타나는지 확인하기 바랍니다.

[코드 20-4]
객체의 생성과
메서드 호출

```
In [4]:  a=Something()
         a.f()

         Hello
```

보통 요청(request)은 서비스(service)와 연관된 용어입니다. 서비스를 제공하는 역할을 하는 대상을 서버server라고 부르고, 서버에게 무엇인가를 요청하는 역할은 클라이언트client라고 부릅니다. 이러한 의미를 우리 문제와 비교해보면, 클라이언트는 우리(주피터 노트북을 사용하고 있는 우리)가 되고, 서버는 a 객체가 되고, 우리가 서버에게 요청한 서비스는 f에 해당하는 셈입니다. 객체 외부에서 "a 객체에게 f해 달라고" 요청하게 되면 그 요청에 해당하는 "메서드의 임플리멘테이션이 실행"됩니다.

인터페이스와 구현

객체의 메서드 호출을 서비스 관점으로 생각해보고 있는데, 이와 연관하여 인터페이스interface와 구현(implementation)이라는 용어의 의의에 대해서 조금 생각해보겠습니다. 세상에 존재하는 모든 것에는 바깥의 다른 객체들과 커뮤니케이션하기 위한 장치가 있습니다. 예를 들어 보겠습니다. 세상에는 텔레비전이라고 불리는 것이 있습니다. 텔레비전에는 여러 기능이 있는데, 그 중에 전원을 켜는(ON) 기능이 있습니다. 외부의 사용자로부터 "텔레비전을 켜 달라"는 요청을 받으면 그 요청에 대하여 어떤 정해진 메커니즘이 동작하게 되고, 결국 외부의 사용자가 원하는 상태(즉, 텔레비전이 켜진 상태)로 바뀌게 됩니다.

여기서 텔레비전을 하나의 객체라고 생각해보면, ON은 텔레비전이 외부에 제공하는 서비스가 되고, 실제로 외부로부터 그러한 요청을 받아들이기 위해 [전원 버튼]을 제공합니다. 여기서 [전원 버튼]과 같이 외부로부터 어떤 요청을 받아들이기 위해 마련된 장치를 인터페이스interface라고 부릅니다. 이러한 인터페이스들은 (객체 안에 숨겨져 있으면 안 되고) 당연히 외부로 노출되어 있어야 합니다(보통은 '공개'라는 표현을 사용합니다). [전원 버튼]이 눌러지면, 텔레비전을 ON 상태로 만드는 어떤 장치가 동작하게 되는데, 이를 구현(임플리멘테이션)이라고 부릅니다.

인터페이스와 구현 간의 차이를 외부의 사용자 입장에서 보면, 인터페이스는 외부로 공개되어 있어 사용자가 '눈으로 확인'할 수 있는 반면에, 구현은 내부에 숨어 있어 실제로 어떻게 동작하는지 과정을 볼 수는 없습니다. 물론, 동작의 결과를 보면 그 과정이 잘 실행되었는지 또는 중간에 문제가 생겼는지를 확인할 수는 있겠습니다. [전원 버튼]을 눌렀는데 텔레비전 화면이 켜지지 않으면 '텔레비전 내부의 동작'에 어떤 문제가 생겼음을 추측할 수 있겠습니다.

어쨌거나 외부로 공개되어 있는 인터페이스 장치를 통해 내부 장치(임플리멘테이션)를 동작시킬 수 있다는 것이 핵심입니다. 소프트웨어로 본다면, 함수명으로 호출하면 함수의 바디(로직)가 실행되는 것과 똑같은 원리입니다. 즉, "함수명이 인터페이스가 되고, 함수의 바디가 임플리멘테이션"에 해당합니다.

메서드의 호출은 실제로는 ECA로 동작합니다

지금 살펴보고 있는 주제와 관련하여 ECA[Event-Condition-Action]라는 이름의 원리가 많이 활용되고 있습니다. Event(이벤트) 중심의 원리는 여러 분야에서 활용되고 있는데, 소프트웨어 분야에서 특히 중요하게 사용되고 있습니다. 앞서 살펴본 텔레비전의 경우에 비유해 설명하겠습니다.

이벤트는 사용자가 "[전원 버튼]을 누르는 것"이 됩니다. "텔레비전의 전원이 켜지는 동작"인 액션[action]을 유발하는 "아주 단순한" 동작이나 상태의 변화, 시점의 도래 등이 이벤트에 해당합니다. 예를 들어, 우리 회사에서는 매월 말일이 되면 그 달의 매출을 집계합니다. 여기서 액션에 해당하는 활동은 "매출을 집계"하는 것이 되고, 그 액션을 유발하는 "월말이 다가온 것"이 이벤트에 해당합니다. 총에는 방아쇠(trigger)가 있습니다. 방아쇠에 손가락을 걸고 당기면 총의 기계장치가 작동하면서 결국 총알을 발사하게 됩니다. 여기서 "총알을 발사하는" 액션은 "방아쇠를 당기는" 동작으로부터 만들어집니다. 방아쇠를 당기는 "조그만" 행위가, 총알이 발사되는 "큰" 행위를 유발합니다. 전자가 이벤트가 되고, 후자가 액션이 됩니다. 정리해보면, 결국 이벤트가 액션을 유발하는 것입니다.

이런 의미가 왜 중요할까요? 텔레비전이 자기가 알아서 막 켜졌다 꺼졌다 하면 안 되겠습니다. 회사의 월별 매출이 아무 날에나 계산되어지면 역시 안 되겠습니다. 총이 알아서 총알을 마구 쏘아대면, 이건 진짜 안 될 일입니다. 무슨 느낌인가요? 통제가 전혀 안 되고 있다는 생각이 듭니다. "사람이 [전원 버튼]을 누를 때에만" 텔레비전이 켜지도록 해야 합니다. "월말이 되어야" 월별매출을 집계하도록 하고, "방아쇠를 당겨야" 총알이 나가도록 만들어져야 합니다.

ECA를 우리 문제로 끌어와 보면, 이벤트는 함수의 호출에, 액션은 함수의 실행에 해당합니다. 그러고 보니, 이벤트는 인터페이스와 연관되어 있고, 액션은 함수의 구현과 연관되어 있습니다. 이벤트는 주로 인터페이스를 통해서 만들어집니다. [전원 버튼]이라는 인터페이스를 "누르면(이벤트에 해당합니다)", 실제로 텔레비전의 ON 메커니즘이 동작하면서 텔레비전이 켜지게 됩니다(액션에 해당합니다).

이벤트와 액션에 대해서는 잘 알겠습니다. 그렇다면 위 얘기에서 빠져 있던 Condition(조건)은 어떤 의미인지 살펴보겠습니다. 우리가 19장에서 객체 얘기를 시작하면서, Car 클래스를 예로 들었습니다. 자동차는 기본적으로 "가속 페달을 밟으면(이벤트에 해당합니다.)" "자동차의 속도가 높아집니다(액션에 해당합니다)." 그런데 항상 그런 것은 아닙니다. "자동차가 시동이 걸려 있는 상태일 때"에만 그러합니다(변속기는 D(Drive) 상태인 것으로 가정하겠습니다). 우리가 살펴보려고 하는 조건(Condition)입니다. 이벤트가 발생되더라도, 이 조건이 만족되지 못하면, 액션을 트리거할 수 없습니다.

조금 더 구체적으로 (앞서 살펴본 ECA를 떠올리면서) 다시 정리하겠습니다. 자동차는 외부 사용자로부터 가속의 요청을 받아들이기 위한 장치가 있습니다. 즉, 가속 페달이라는 이름의 인터페이스를 가지고 있습니다. 엔진이 가동된 상태에서, 가속 페달을 밟으면(←이벤트) 자동차가 전진방향으로 가속이 이루어집니다(←액션). 이를 ECA 규칙으로 다시 적어 보면, "사용자가 가속페달을 밟았다(←이벤트). 엔진이 가동된 상태이면(←컨디션), 그 요청을 받아들여 자동차를 앞으로 가속시킨다(←액션)" 입니다.

이를 우리의 Car 객체에 한 번 구현하겠습니다. [코드 20-5]의 In [5]를 보면, 우리의 Car 객체는 `self.state`와 `self.speed`라는 두 개의 인스턴스 변수가 있습니다. 각각 ON/OFF 상태와 속도를 나타내는 변수입니다. 그리고 5개의 메서드가 있습니다. 인스턴스 변수의 초기화를 위한 `__init__()`, 가속을 위한 `accelerate()`, 시동을 켜기 위한 `on()`, 시동을 끄기 위한 `off()`, 그리고 현재의 속도를 표시하는 `show()`입니다.

In [5]:

```
1  class Car:
2      def __init__(self):
3          self.state='OFF'
4          self.speed=0
5
6      def accelerate(self, x):
7          if self.state=='ON':
8              self.speed += x
9          else:
10             print("Can't accelerate")
11
12     def on(self):
13         self.state='ON'
14
15     def off(self):
16         self.state='OFF'
17
18     def show(self):
19         print('speed:', self.speed)
```

[코드 20-5] Car 클래스

Car 객체를 하나 만들어, `accelerate()`를 호출하겠습니다. [코드 20-6]에서 In [7]의 `c.accelerate(100)`은, 사용자가 "c 자동차에게 속도가 +100이 될 만큼 가속해 달라"고 요청한 것입니다. 이벤트의 발생입니다. 그러면 이 이벤트에 대응하여 In [5]의 8행에 해당하는 액션(자동차의 속도를 +100으로 만들어 주는 액션)이 실행되기를 바라지만 항상 그렇지는 않습니다. 7행에서 나타낸 바와 같이 `self.state=='ON'`이라는 조건이 만족되어야 합니다. 현재의 자동차 객체 c는 `self.state`가 `'OFF'`로 초기화된 상태이기 때문에 결국 우리의 요청(자동차를 +100만큼 가속하라는 요청)을 수용하지 못하고 있습니다.

In [6]:

```
c=Car()
```

In [7]:

```
c.accelerate(100)
```

```
Can't accelerate
```

[코드 20-6] `accelerate(100)` 호출 결과

[코드 20-7]에서 `c.on` 메서드 호출을 통해 `self.state`가 'ON'이 되면(In [8] 참조), In [9~10]에서 볼 수 있듯이 우리가 원하는 결과를 얻을 수 있습니다.

[코드 20-7]
`c.on` 메서드 호출을 통해 얻은 결과

```
In [8]:  c.on()

In [9]:  c.accelerate(100)

In [10]: c.show()
         speed: 100
```

여기서 주의해서 볼 것이 하나 더 있습니다. `Car.on` 메서드는 `self.state`라는 인스턴스 변숫값을 바꾸고 있습니다. 즉, `Car.on` 메서드가 실행되면 Car 객체는 'OFF' 상태에서 'ON' 상태로 바뀌게 됩니다. 일반화시켜 얘기해보면, 객체의 메서드가 실행되면(←액션) 객체의 상태가 바뀐다는 뜻입니다. 이러한 상태의 변화는, `Car.accelerate` 메서드에서 보았던 것처럼, 다른 메서드의 실행에 영향을 주게 됩니다. 메서드의 실행이 객체의 상태를 바꾸고, 객체의 바뀐 상태는 다른 메서드의 실행에 영향을 줍니다.

이 내용을 그림으로 표현해보면 [그림 20-1]과 같습니다. 참고하기 바랍니다.

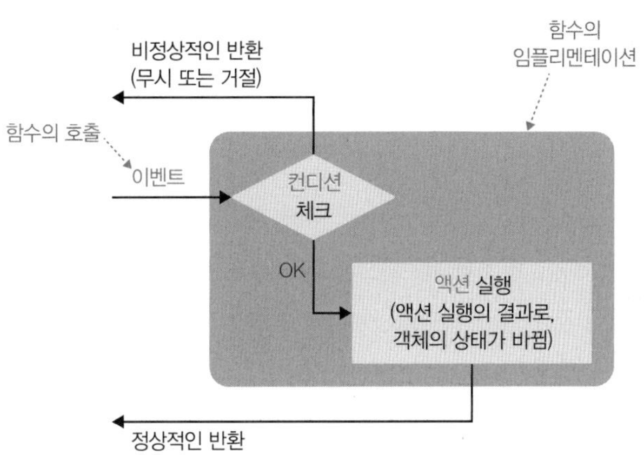

[그림 20-1] 메서드의 호출과 ECA 간의 관계

인터페이스와 이벤트 간의 구별이 조금 애매할 수 있는데, 이렇게 한 번 생각해보겠습니다. 클래스에서 정의된 메서드는 그 클래스의 객체들이 어떤 인터페이스를 가지고 있는지를 나타냅니다. 즉, 해당 객체들은 어떤 버튼(인터페이스)들을 가지고 있는지가 클래스 안에서 메서드로 나타나게 됩니다. 이벤트는 그 버튼을 누르는 것과 같습니다. 즉, 메서드의 호출이 이벤트에 해당합니다. 그리고 액션과 임플리멘테이션 간에도 구별이 조금 애매할 수 있는데, "임플리멘테이션=컨디션+액션"으로 생각하면 좋겠습니다.

생수를 판매하는 자판기 예제를 통해 앞서 살펴본, 인터페이스와 임플리멘테이션, "이벤트-컨디션-액션(ECA)"에 대해 구체적으로 이해해보겠습니다. 앞서 얘기했던 원리들이 객체 안에서 어떻게 '구현'되는지 같이 살펴보겠습니다.

자판기 예제로 객체 개발을 연습하겠습니다

먼저, 생수 자판기는 어떤 인터페이스를 가져야 하는지에 대해 생각하겠습니다. 외부에서 동전을 넣을 수 있어야 하고(그래서 자판기는 외부에서 동전을 넣을 수 있도록 [동전 투입구] 인터페이스를 가지고 있어야 합니다), 생수를 내어달라고 요청할 수 있도록 [생수 버튼]도 제공해야 합니다. 최소한 [동전 투입구]와 [생수 버튼]의 두 개 인터페이스는 갖추고 있어야 자판기라는 얘기를 들을 수 있겠습니다.

우선, [동전 투입구]에 동전이 투입되면(←이벤트) 자판기의 잔액에 동전의 금액만큼 더해지도록 합니다(←액션). 투입된 동전을 자판기 안에 저장해두는 동전통이 꽉 차서 동전을 더 이상 받아들이지 못하는 경우도 있겠지만(←컨디션), 너무 세부적이니 일단은 고려하지 않겠습니다.

두 번째로, [생수 버튼]이 눌러지면(←이벤트), 자판기 내에 저장되어있는 생수 중에 하나를 내어주도록 합니다(←액션). 하지만 이 액션은 무조건적으로 항상 실행되지는 않습니다. 자판기의 잔액이 생수의 가격보다 커야 하고(물론, 같아도 되겠습니다), 자판기 내에 생수가 남아 있을 때에만(←컨디션) 실행될 수 있습니다.

결국, 자판기의 동작은 자판기의 상태에 따라 달라지게 되고, 자판기의 상태는 잔액, 남아있는 생수 수량, 그리고 가격에 의해 결정됩니다. 이 값들을 자판기 객체의 인스턴스 변수로 정의하겠습니다. 이를 반영하여 만들어진 Vending 클래스는 [코드 20-8]을 참조하기 바랍니다. 2~5행에서 생수 자판기가 초기화되고 있습니다. 현재 생수 재고(`self.stock`)는 3개, 생수 가격(`self.price`)는 개당 1,000원, 그리고 현재 잔액(`self.balance`)은 0원으로 초기화됩니다.

[코드 20-8]
Vending 클래스 구현

In [11]:
```
class Vending:
    def __init__(self):
        self.stock=3       # 음료 재고
        self.price=1000    # 음료 가격
        self.balance=0     # 잔액

    def insert(self, coin):
        self.balance=self.balance+coin
        self.show()

    def push(self):
        if self.balance>=self.price:
            if self.stock>0:
                self.balance=self.balance-self.price
                self.stock=self.stock-1
                self.dispense()
            else:
                print('No more water. Sorry')
        else:
            print('Insert more coins')
        self.show()

    def show(self):
        print('Balance:', self.balance)

    def dispense(self):
        print('Enjoy. Thank you')
```

객체를 만든 후에 자판기에 500원 동전을 넣고 나서 생수를 달라고 [생수 버튼]을 눌러보겠습니다. 생수 가격인 1,000원에는 부족하기 때문에 “동전을 더 넣어달라”는 메시지가 출력됩니다.

[코드 20-9]
500원을 넣고 실행한 결과

In [12]:
```
v=Vending()
```

In [13]:
```
v.insert(500)
```

```
Balance: 500
```

In [14]:
```
v.push()
```

```
Insert more coins
Balance: 500
```

(현재 잔액이 500원인 상태에서) 추가로 동전 1,000원을 더 넣은 후에 생수를 달라고 요청하겠습니다. 실제로 생수를 자판기로부터 뽑을 수 있었고, 잔액은 1,500원에서 생수 가격(1,000원)을 뺀 500원이 남았습니다.

```
In [15]:  v.insert(1000)
          Balance: 1500

In [16]:  v.push()
          Enjoy. Thank you
          Balance: 500
```

[코드 20-10]
추가로 1,000원을 넣고 실행한 결과

[코드 20-8]의 Vending 클래스 코드를 자세히 들여다보겠습니다. 먼저, `__init__()` 함수입니다. `__init__()` 함수 안에서 stock, price, balance 변수가 각각 3, 1000, 0으로 초기화되고 있습니다.

```
def __init__(self):
    self.stock=3         # 음료 재고
    self.price=1000      # 음료 가격
    self.balance=0       # 잔액
```

__init__ 함수 내에서 세 개의 인스턴스 변수에 대한 초기화가 이루어 지고 있습니다.

[그림 20-2] __init__() 함수에서 인스턴스 변수 값이 초기화 됨

예를 들어, 생수가격(price)을 임의로 조정하려면 어떻게 하면 좋을까요? 판매하는 생수의 가격을, 자판기 객체를 새로 만들 때 정할 수 있도록 만들려고 합니다. 수정된 `__init__()` 코드와 메서드 호출은 [그림 20-3]을 참고하기 바랍니다.

[코드]

```
def __init__(self, price):
    self.stock=3
    self.price=price
    self.balance=0
```

[호출]

```
v = Vending(700)
```

생수의 가격이 700원인 자판기 객체를 생성합니다.

[그림 20-3] 생수 가격을 바꿀 수 있도록 수정된 `__init__()` 코드와 객체 생성

두 번째는 `insert` 메서드입니다. 매개변수를 통해 투입된 동전의 금액(coin 매개변수)을 잔액으로 나타내는 `balance` 인스턴스 변수에 더하도록 만들어져 있고, 그때마다 "자신의" show 메서드를 호출하여 잔액을 표시하도록 되어 있습니다. 객체 스스로 자신의 메서드를 호출하여 실행할 수 있습니다. 물론 이때에도 메서드 이름 앞에 self. 접두사가 붙습니다.

[그림 20-4] insert 메서드의 코드

[코드]

```
def insert(self, coin):
    self.balance=self.balance+coin
    self.show()
```

[호출]

v.insert(500)

메소드 호출을 통해 전달된 인자값 500이 coin 매개변수에 저장되고, self.balance 변수에 더해집니다.

다음은 외부 고객이 [생수 버튼]을 누르는 경우에 해당하는 push 메서드입니다([그림 20-5] 참고). 잔액이 생수 가격보다 큰 경우에, 남아있는 생수가 있으면 생수를 내어주도록 만들어져 있습니다. 실제로 생수를 내어주는 동작은 dispense 메서드에 정의되어 있습니다. 생수를 내어주기 전에, 잔액과 생수의 남은 수량을 수정합니다(14~15행). 잔액이 생수 가격보다 크더라도 생수가 없으면 내어줄 수 없습니다. 이에 해당하는 처리는 17~18행에서 이루어집니다. "물이 없습니다, 죄송합니다(No more water. Sorry)"라고 출력하도록 하고 있습니다. 마찬가지로, 잔액이 부족한 경우에는 19~20행에서 "잔액이 부족하다(Insert more coins)"고 알려주고 있습니다. 모든 과정을 마친 후에 21행에서 self.show() 함수 호출을 통해 남아있는 잔액을 다시 보여주고 있습니다.

[그림 20-5] push 메서드의 내용

[코드]

```
11 def push(self):
12     if self.balance>=self.price:
13         if self.stock>0:
14             self.balance=self.balance-self.price
15             self.stock=self.stock-1
16             self.dispense()
17         else:
18             print('No more water. Sorry')
19     else:
20        print('Insert more coins')
21     self.show()
```

[호출]

v.push()

생수를 내어달라는 요청이 도달하면, 먼저 12행과 13행에서 금액과 생수 수량이 모자라지 않는지를 확인한 후에 생수를 내어주도록 합니다.

이후에 있는 show 메서드는 자판기의 잔액을 보여주는 기능이고, dispense() 메서드는 실제로 생수를 고객에게 내어주는 기능을 모의하고 있습니다. 이상에서 생수를 판매하는 자판기 클래스에 대해 살펴보았습니다. 문제없이 잘 실행되는 코드이기는 하지만 인스턴스 변수의 접근과 관련하여 고민해봐야 할 문제가 하나 있습니다.

무슨 문제냐면, 지금의 자판기는 동전을 넣지 않아도 "강제로" 자판기의 잔액을 조작하여 원하는 만큼 생수를 끄집어낼 수 있습니다. [코드 20-11]의 In [17]에서는 자판기 객체 v의 잔액(balance)을 "1억 원"으로 조작하고 있습니다. 동전을 [동전 투입구]에 insert해야 잔액이 바뀌도록 만들어져 있는데, 이 규칙을 우회해서 balance 변수에 직접 접근하는 것이 가능합니다. 새해를 맞이해야 한 살 더 먹도록 되어 있는 사람의 나이가 다른 사람의 간섭으로 어느 날 아침에 눈을 떴더니 갑자기 나이가 100살이 된 것과 다르지 않습니다.

[코드 20-11]
v 객체의 잔액을 조작할 수 있는 문제

```
In [17]: v.balance=100000000

In [18]: v.show()
         Balance: 100000000
```

객체 외부에서 객체의 메서드를 호출할 수 있는 것처럼, 객체 외부에서 객체 내의 인스턴스 변수에 직접 접근하여 변숫값을 읽고 쓰는 것이 가능합니다. 어찌 보면 당연해 보이기도 하는데, 자판기 코드에서 보는 것처럼 인스턴스 변수에 직접 접근하는 것은 매우 위험한 방식의 코드인 것은 의심할 여지가 없어 보입니다. 메서드와 인스턴스 변수는 객체를 정의하는 두 가지 속성들입니다. "똑~같은" 속성들인데 어떤 것은 외부에서의 접근을 허용하고, 어떤 것은 외부에서의 접근을 막는 것도 한편으로는 이상해 보이기는 합니다. 어쨌거나, 인스턴스 변수를 올바르게 사용하기 위해서 한 번쯤은 꼭 짚어봐야 하는 문제입니다. 다음에서 계속 살펴보겠습니다.

인스턴스 변수에 대한 접근과 setter/getter 메서드를 알아봅니다

인스턴스 변수는 객체의 '상태(state)'를 나타내며, 객체의 행위는 객체의 현재 상태에 따라 결정됩니다. 앞서 봤던 자판기 예제에서, 현재 잔액이 300원인데 insert(500)하게 되면 잔액이 800원인 '상태'로 바뀌게 됩니다. 방금 전, 잔액이 300원인 상태에 있을 때와 이제 800원인 상태에 있을 때에는 (생수의 가격이 700원이라고 가정해보겠습니다) push() 요청에 대한 자판기의 반응(response)이 달라집니다.

그리고 또 다른 측면으로, 데이터는 데이터 나름대로의 의미(보통 데이터의 일관성이라고 부릅니다)가 있습니다. 똑같은 문자열이지만, "홍길동"은 사람의 이름으로 보이는데 "까마귀 날자 배 떨어진다"는 전혀 사람의 이름으로는 보이지 않습니다. 똑같은 숫자지만, 35는 사람의 나이처럼 보이는데 1234는 전혀 그렇지 않습니다. 자동차 배기량으로 1000cc는 괜찮아 보이는데 35cc는 전혀 그렇지 않습니다. 즉, 객체의 데이터 속성은 그 속성이 나타내는 의미에 따라, 허용될 수 있는 값의 형태 또는 범위가 내부적으로 결정되어 있다는 뜻입니다. 그런데 그런 특성 또는 제한을 외부에서는 전혀 알 수가 없습니다. 다시 말해서, 밖에서 임의로 객체의 인스턴스 변수를 바꿀 수 있도록 허용한다면 그 속성이 항상 올바른 값을 가지도록 통제하는 것은 불가능합니다.

결국, 객체의 인스턴스 변수에 대해 외부에서 '직접' 접근하는 것을 제한해야 할 필요가 있다는 의미입니다. 어떻게 하면 좋을까요? 답은 이미 나왔습니다. 속성의 값을 직접 바꾸는 것이 아니라, 객체에게 "속성의 값을 바꾸어 달라"고 요청하도록 만드는 것입니다. 즉, 객체들은 속성값 변경을 요청할 수 있는 인터페이스를 제공하고, 외부에서는 그렇게 "허용된" 인터페이스를 통해서만 속성값 변경을 요청하도록 하면 됩니다. 객체는 그런 요청에 대해, 허용할 수 있으면 (즉, 요청을 받아들여도 데이터의 일관성을 깨뜨리지 않으면) 그 요청을 받아들여 속성을 수정하게 되고, 그렇지 않으면 요청을 거절하는 방식으로 동작하게 됩니다.

이러한 목적으로 파이썬 객체들은 외부에서 속성 데이터의 수정과 참조를 요청할 수 있도록 인터페이스를 제공하는데, 이를 세터[setter], 게터[getter]라고 부릅니다. 실제 코드를 통해 살펴보겠습니다. [코드 20-12]의 In [19]는 data라는 이름의 속성을 가지는 클래스 Abc를 보이고 있습니다. data 속성을 초기화하도록 __init__ 메서드가 제공되고 있고, 현재의 data 속성값을 확인할 수 있도록 show 메서드가 포함되어 있습니다.

그리고 조금 특별해 보이는 메서드가 두 개 더 포함되어 있습니다. 하나는 set_data라는 이름의 메서드이고, 다른 하나는 get_data 메서드입니다. Abc 객체 a에게 a.set_data()를 호출하게 되면, 인자로 전달된 값이 매개변수 x에 할당된 후에 6행의 코드에 따라 그 값이 해당 객체의 data 속성으로 저장되게 됩니다.

In [19]:

```python
class Abc:
    def __init__(self, x=0):
        self.data=x

    def set_data(self, x):
        self.data=x

    def get_data(self):
        return self.data

    def show(self):
        print('Attribute', self.data)
```

[코드 20-12]
클래스 Abc의 구조

실제로, a.set_data(100)이라는 명령문은 a 객체에게 "당신의 data 속성을 100으로 바꿔주세요"라는 요청이 되는 셈입니다. 현재의 코드에서는 별다른 확인 없이 그 요청을 그대로 받아들여서 data 속성에 저장하고 있습니다만, 만약에 data 값이 0과 99 사이의 값만 허용될 수 있다면 그러한 "규칙" 또는 "조건"을 set_data 메서드 안에 명시해 둘 수 있습니다. ECA 규칙입니다. 인스턴스 변수의 일관성을 지키는 강력한 수단이 됩니다. 수정된 [코드 20-13]에서 확인해보기 바랍니다.

In [20]:

```python
1  class Abc:
2      def __init__(self, x=0):
3          self.data=x
4
5      def set_data(self, x):
6          if 0<x<100:
7             self.data = x
8
9      def get_data(self):
10         return self.data
11
12     def show(self):
13         print('Attribute', self.data)
```

[코드 20-13]
수정된 set_data 메서드

이와는 반대로, 객체의 속성값을 참조하는 부분은 문제가 될 소지가 없습니다. In [20]에서 9~10행에 있는 get_data 메서드는 요청에 따라, "현재의 data 인스턴스 변숫값을 반환"해주는 메서드입니다. 이러한 메서드는 객체가 "가지고 있는" 값을 외부에서 참조할 수 있도록 하는 인터페이스가 됩니다. 참조에는 특별한 규칙이 필요하지 않으니, 단순히 self.data를 반환(return)하고 있습니다. [코드 20-14]는

나중에 공부할 기회가 있겠지만, 객체는 하나의 정보 저장소로도 사용될 수 있습니다.

self.data 변숫값이 40일 때, get_data()를 호출하는 명령문과 그 결과를 보이고 있습니다.

[코드 20-14]
self.data를 반환하는
get_data 메서드

```
In [21]: y=a.get_data()
         print(y)

40
```

여기서 set_data와 같이 속성값의 변경을 외부에서 요청할 수 있도록 제공되는 메서드를 세터setter라고 부르고, 반대로 get_data와 같이 외부에서 속성값을 참조하고자 하는 경우를 위해 제공되는 메서드를 게터getter라고 부릅니다. 세터 메서드의 이름은 보통 set이라는 단어와 속성의 이름을 조합해서 만들고, 마찬가지로 게터 메서드의 이름은 get과 속성의 이름을 조합해서 만듭니다. set/get과 속성 이름 사이에 언더스코어(_)를 쓰는 것을 추천합니다. 예를 들어, 어떤 클래스가 a와 b, 두 가지 인스턴스 변수를 가지고 있다면, a 변수를 위한 세터/게터로 set_a(), get_a()를, b 변수를 위한 세터/게터로 set_b(), get_b()를 만들어서 외부에 제공하게 됩니다. 물론, 모든 인스턴스 변수에 대해 세터와 게터를 일괄적으로 제공할 필요는 없습니다. 필요한 경우에 한해서 만들어 주면 됩니다.

세터와 게터는 속성 데이터에 안전하게 접근하는 방법을 제공하고는 있으나, 직접적인 접근을 제한하는 것은 아닙니다. 예를 들어, 실제로 0과 99 사이의 값으로 제한된, Abc 객체의 data 값을 세터를 통하지 않고 직접 접근하여 수정하는 것이 여전히 가능합니다.

[코드 20-15]
세터를 통하지 않고 직접
접근하여 수정한 data 값

```
In [22]: a.data=1000

In [23]: a.show()

Attribute 1000
```

다른 객체지향 언어와는 다르게, 파이썬은 속성 데이터에 대한 접근을 제한할 수 있는 마땅한 장치를 제공하지는 않습니다. 사실 장치가 많아지면 문법적으로 어려운 언어가 됩니다. "배우기 쉬운" 언어를 지향하고 있는 파이썬과는 어울리지 않는 방향이라고도 볼 수 있겠습니다. 배우기 쉽고 사용하기 쉽도록 제약사항을 풀어놓은 것인데, 대신 프로그래머가 "알아서" 잘 사용하기를 바라는 것일까요? ☺ 내가 만든 객체라면 문제가 될 소지가 적겠지만, 남이 만든 객체를 활용하는 경우에 인스턴스 변수에 대한 직접적인 접근은 결코 바람직하지 않습니다. 객체가 제공하는 검증된 접근방법을 사용하는 것이 좋겠습니다(세터, 게터를 말합니다). 실제로, 표준 라이브러리 객체들의 속성을 `dir()`을 통해 살펴보면, 유독 `set`과 `get`으로 시작하는 메서드 이름이 많은 것을 볼 수 있습니다.

연습문제 20-1

여러 음료를 판매하는 자판기

앞서 만들어 본 생수 자판기 클래스를 업그레이드해서 여러 음료를 판매하는 자판기로 한 번 만들어 보겠습니다. 우리가 판매하는 음료별로 (예를 들어, 'coke', 'sprite', 'water') 가격(price)과 수량(stock)을 저장할 수 있어야 하겠습니다. 여러 방법이 있을 수 있겠지만 딕셔너리 데이터구조가 안성맞춤입니다. 전체 코드는 [코드 20-16]을 참고하기 바랍니다.

참고로 이 책에서는 사용하지 않고 있는 연산기호를 한 번 써봤습니다. 8행의 +=과 14행의 -=이 그것입니다. 예상했듯이 *=과 /= 연산자도 있습니다. 이 중에서 +=은 우변의 값을 좌변의 변수에 더해주는 연산자입니다. 예를 들어, a=a+10을 a+=10으로 표현할 수 있습니다. 나머지 연산자들도 같은 맥락입니다.

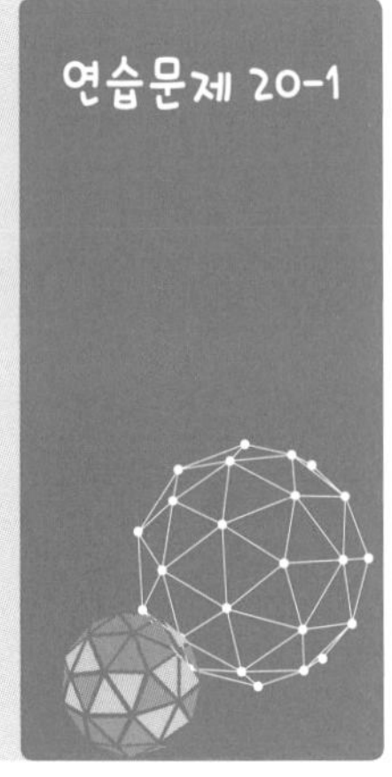

해결과 모범답안

3~4행에서 각 음료의 stock과 price를 딕셔너리 객체로 선언하였습니다. 그러면 예를 들어, 콜라(coke)의 수량과 가격은 `self.stock['coke']`와 `self.price['coke']`가 됩니다. 스프라이트(sprite)와 물(water)도 마찬가지입니다. `push` 메서드는 매개변수 `x`를 추가하여 [버튼]이 눌려진 음료의 이름을 문자열로 받도록 했습니다. 예를 들어서, [콜라 버튼]을 누르면 `push('coke')`가 호출되고, [스프라이트 버튼]을 누르면 `push('sprite')`가, [생수 버튼]을 누르면 `push('water')`가 호출되도록 만들어져 있습니다. 음료의 이름을 매개변수 `x`로 전달받은 다음에, 해당 음료의 수량(stock)은 `self.stock[x]`로, 가격(price)은 `self.price[x]`로 참조하고 있습니다.

[코드 20-16] 여러 음료를 판매하는 자판기 코드

In [24]:

```
class Vending:
    def __init__(self):
        self.stock={'coke':10, 'sprite':5, 'water':5}
        self.price={'coke':800, 'sprite':700, 'water':500}
        self.balance=0

    def insert(self, coin):
        self.balance=self.balance+coin
        self.show()

    def push(self, x):
        if self.balance>=self.price[x]:
            if self.stock[x]>0:
                self.balance-=self.price[x]
                self.stock[x]=self.stock[x]-1
                self.dispense(x)
            else:
                print('No more', x, ' Sorry')
        else:
            print('Coin: not sufficient')
        self.show()

    def show(self):
        print('Balance:', self.balance)

    def dispense(self, x):
        print('Enjoy', x, ' Thank you')

    def set_price(self, x, y):
        self.price[x]=y

    def get_price(self, x):
        return self.price[x]
```

자판기가 가동 중에 음료의 가격을 바꿀 수 있도록 set_price 메서드를 추가하고, 외부의 사용자에게 음료의 가격을 알려주는 용도로 get_price 메서드를 추가로 만들었습니다. 세터와 게터를 활용한 시나리오를 하나 보이면 [코드 20-17]과 같습니다.

[코드 20-17]
자판기 객체의 실행 시나리오 ①

```
In [25]: v=Vending()

In [26]: v.price
Out[26]: {'coke': 800, 'sprite': 700, 'water': 500}

In [27]: v.set_price('coke', 1000)

In [28]: v.price
Out[28]: {'coke': 1000, 'sprite': 700, 'water': 500}

In [29]: y=v.get_price('coke')

In [30]: print(y)
         1000
```

In [25]에서 자판기 객체를 하나 생성한 후에, In [26]에서 음료의 가격을 참조하고 있습니다. In [27]에서 `set_price('coke', 1000)`이 호출되어 'coke' 음료의 가격이 1,000원으로 바꾸었고, 그에 맞추어 coke의 가격이 바뀐 것을 In [29~30]에서 `get_price('coke')`로 확인할 수 있습니다.

자판기 객체의 실행 시나리오를 하나 보이면 [코드 20-18]과 같습니다. 친구와 둘이서 2,000원을 자판기에 넣은 후에 스프라이트와 생수를 하나씩 뽑는 시나리오입니다.

[코드 20-18]
자판기 객체의 실행 시나리오 ②

```
In [31]: v=Vending()

In [32]: v.insert(1000)
         Balance: 1000

In [33]: v.insert(1000)
         Balance: 2000

In [34]: v.push('sprite')
         Enjoy sprite  Thank you
         Balance: 1300

In [35]: v.push('water')
         Enjoy water  Thank you
         Balance: 800
```

20장을 정리하겠습니다

객체의 기본적인 의미를 데이터 중심으로 보면, 사실 객체는 하나의 데이터 모음입니다. 다시 말해서, 객체는 "서로 연관된 데이터"를 하나로 묶어서 관리할 수 있도록 만들어진 "사용자 정의 데이터구조(User-Defined Data Structure)"인 셈입니다. 하지만 객체는 단순히 "서로 연관된 데이터"를 하나로 묶는 데 그치지 않고, 그 데이터들을 다룰 수 있는 인터페이스(메서드)를 함께 제공하고 있습니다. 메서드는 일종의 "공인된" 연산이 되며, 이를 통해 "안전하게" 속성 데이터를 다룰 수 있게 됩니다. 이와 같이 객체라는 껍질(캡슐) 안에 데이터를 보관함으로써 외부로부터의 임의적인 접근을 제한하며, 공인된 인터페이스를 통해서만 데이터에 대한 접근을 허용함으로써 데이터의 일관성을 보장할 수 있게 됩니다. 이것이 바로 객체의 첫 번째 원리인 캡슐화(")의 의의입니다.

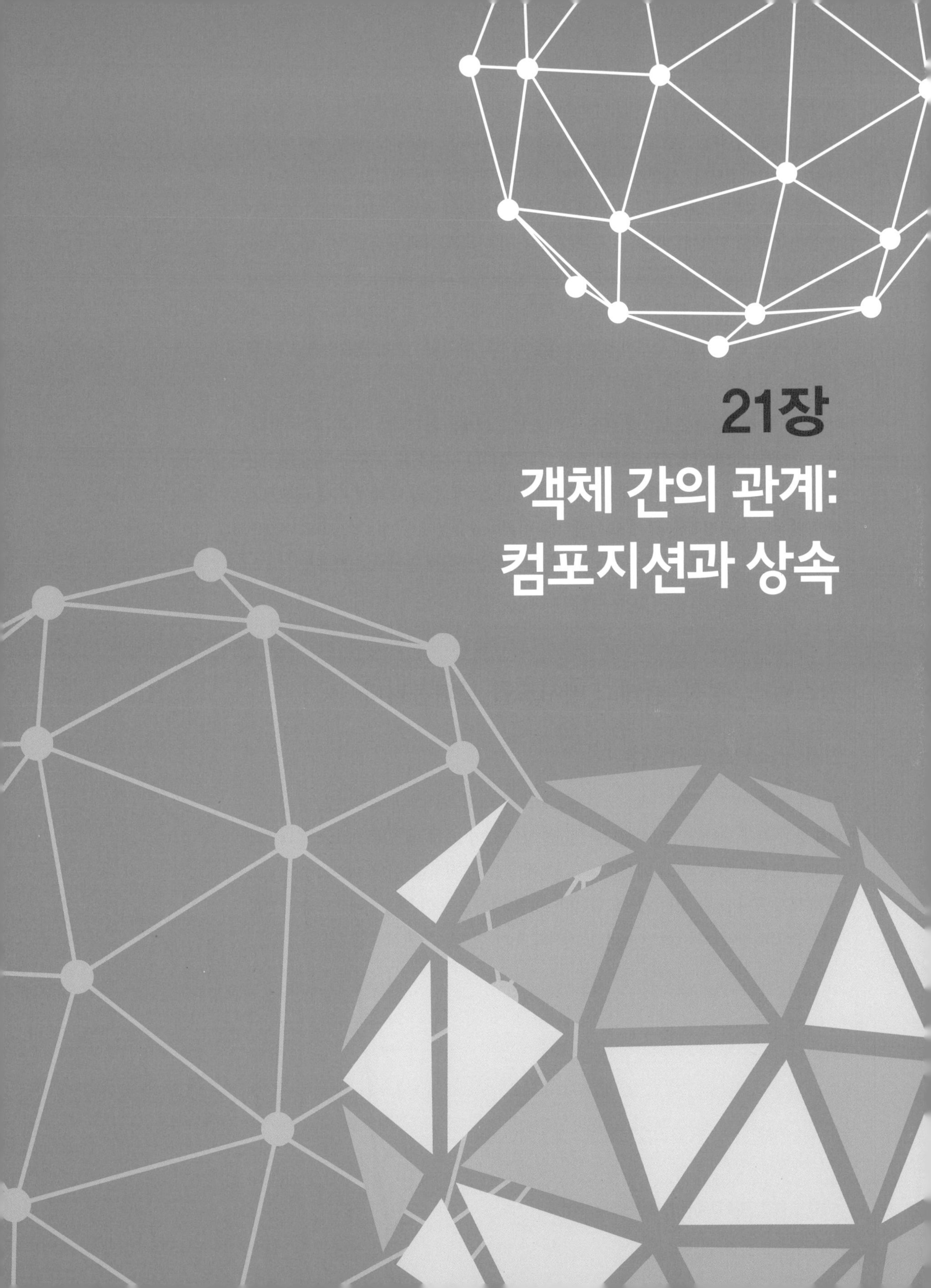

21장

객체 간의 관계: 컴포지션과 상속

객체들은 다른 객체들과 관계(relationship)를 가집니다. 그 관계 속에서 서로 상호작용을 이루게 됩니다. 사람들이 사는 세상과 똑같습니다. 사람들도 생활 속에서 많은 관계가 만들어집니다. 사람과 사람 간에 서비스 관계가 만들어지고 (예를 들어, 환자가 의사에게 처방을 요청합니다.) 사람과 물건 간에 소유의 관계가 만들어집니다. 물건과 물건 간에도 관계가 성립하는데, 어떤 물건이 다른 물건에 포함되기도 하고 (예를 들어, 카메라 모듈이 스마트폰에 포함되는 경우) 여러 서로 다른 물건이 비슷한 물건으로 분류되기도 합니다. (예를 들어, 자동차와 자전거는 이동수단 중의 하나로 인식됩니다.) 이 중에서 어떤 관계는 인스턴트하게 잠시 성립하기도 하지만, 한 번 만들어지면 (반)영구적으로 지속되는 관계도 있습니다.

마찬가지로 객체들도 프로그램 내에서 서로 연관관계를 가집니다. 사람들과 마찬가지로, 객체들도 이러한 연관관계를 통해 다른 객체의 서비스를 요청할 수 있습니다. 서비스의 실체는 객체가 제공하는 메서드입니다. 객체 간의 관계에 대해 살펴보기 전에 메서드와 관련해서 몇 가지 이야기를 정리하겠습니다. 우선, 메서드의 유형으로서 인스턴스 메서드, 정적 메서드, 클래스 메서드에 대해 알아보겠습니다.

인스턴스, 정적, 클래스 메서드를 살펴봅니다

먼저, 인스턴스 메서드입니다

인스턴스 메서드 Instance Method는 객체 인스턴스에 대해 호출하는 메서드를 말합니다. 여태껏 우리가 보아왔던 방식입니다. [코드 21-1]의 In [1]에 있는 `Point` 클래스에서 12~13행에 있는 `show` 메서드는 In [2]에서 보는 것처럼 '어떤' `Point` 인스턴스에 대해서 호출할 수 있는 메서드입니다. 이런 메서드를 인스턴스 메서드라고 부릅니다. `Point` 클래스의 `get_x`, `get_y` 메서드 또한 인스턴스 메서드입니다.

[코드 21-1]
객체의 생성과 인스턴스 메서드의 호출

In [1]:
```
class Point:
    def __init__(self, a, b):
        self.x=a
        self.y=b

    def get_x(self):
        return self.x

    def get_y(self):
        return self.y

    def show(self):
        print('Coord :', self.x, self.y)
```

In [2]:
```
p1=Point(10, 20)
p1.show()
```

```
Coord : 10 20
```

다음으로, 정적 메서드입니다

어떤 함수는 인스턴스에 대해 호출하는 것이 맞지 않은 경우가 있습니다. 예를 들어, 두 개의 Point 객체 참조자를 인자로 받아서 이들 간의 거리를 계산하는 distance 메서드가 있다고 하겠습니다. 실제로 함수를 만들어 보면, [코드 21-2]와 같습니다.

[코드 21-2]
distance() 함수 구현

In [3]:
```
import math
def distance(pt1, pt2):
    x1=pt1.get_x()
    y1=pt1.get_y()
    x2=pt2.get_x()
    y2=pt2.get_y()

    d=math.sqrt((x2-x1)**2+(y2-y1)**2)
    return d
```

In [4]:
```
p1=Point(2, 3)
p2=Point(4, 2)
dist=distance(p1, p2)
print(dist)
```

```
2.23606797749979
```

In [3]의 distance() 함수는 클래스라는 울타리 안에 있지 않습니다. 실제로 객체와 무관하게 정의되었고 실행되었습니다. 그런데 이런 함수를 '굳이' 클래스 안에 포함해보면 어떻게 될까요? distance() 함수를 Geometry 클래스 안에 정의해보겠습니다.

[코드 21-3]
distance() 함수를 Geometry 클래스 안에 정의

In [5]:
```
class Geometry:

    def distance(self, pt1, pt2):
        # .... (코드는 생략)
```

In [6]:
```
1 p1=Point(2, 3)
2 p2=Point(4, 2)
3
4 g=Geometry()
5 print(g.distance(p1, p2))
```

```
2.23606797749979
```

In [5]의 distance 메서드는 따로 인스턴스 변수와 연관되어 있지 않습니다. 그러다 보니, Geometry 내의 다른 메서드들에 대해서도 의존성(dependency)이 전혀 없습니다. 그냥 혼자 있어도 되는 메서드를 "구성의 목적상" 클래스 안에 두었기 때문입니다. 그러다 보니, 이런 메서드를 실행하기 위해 In [6]의 4행에서와 같이 '굳이' Geometry 객체를 생성하는 것이 조금 어색합니다. 이럴 경우에는 정적 메서드로 정의하는 것이 좋습니다. 정적 메서드는 클래스 안에 정의되어 있지만, 인스턴스가 있어야 실행되는 메서드는 아닙니다. 그래서 메서드의 정의에서 첫 번째 인자에 self가 빠져 있습니다. [코드 21-4]를 참고하기 바랍니다. 그리고 함수 호출이 인스턴스.메서드가 아니라 클래스.메서드의 형태인 것에 주의하기 바랍니다(In [8]의 4행 참조).

이와 같이 사용될 수 있는 메서드를 정적 메서드(Static Method)라고 부르는데, 그 특징을 보면, In [7]의 3행에서 보는 것처럼 메서드의 정의에 self 매개변수가 빠져 있고, In [8]의 4행에서와 같이 메서드 호출에 클래스명이 사용됩니다. Geometry.distance는 Geometry 클래스 안에 정의되어 있는 distance 메서드라는 의미입니다. 정적 메서드를 객체 인스턴스에 대해 호출하면 당연히 에러가 납니다.

[코드 21-4] 정적 메서드의 정의와 호출

In [7]:
```
class Geometry:

    def distance(pt1, pt2):
        x1=pt1.get_x()
        y1=pt1.get_y()
        x2=pt2.get_x()
        y2=pt2.get_y()

        d=math.sqrt((x2-x1)**2+(y2-y1)**2)
        return d
```

In [8]:
```
p1=Point(2, 3)
p2=Point(4, 2)

dist=Geometry.distance(p1, p2)
print(dist)
```

```
2.23606797749979
```

하지만 메서드의 정의 바로 위에 `@staticmethod`라는 데코레이터[decorator]를 달아두면([코드 21-5] In [9]의 2행 참고) 해당 메서드를 객체 인스턴스에 대해서도 호출할 수 있습니다([코드 21-5] In [10]의 4~5행 참고). 물론, 그럴 수 있다는 것이지, 그러려고 달아두는 것은 아닙니다.

[코드 21-5] 정적 메서드

In [9]:
```
1 class Geometry:
2     @staticmethod
3     def distance(pt1, pt2):
4         # .... (코드는 생략)
```

In [10]:
```
1 p1=Point(2, 3)
2 p2=Point(4, 2)
3
4 g=Geometry()
5 dist=g.distance(p1, p2)
6 print(dist)
```

```
2.23606797749979
```

In [9]의 `@staticmethod`는 바로 다음에 정의되어 있는 `distance` 메서드를 정적 함수로 "바꿔주는" 역할을 합니다. 실제로 In [10]의 5행에서와 같이 인스턴스 메서드 형태로 호출하더라도 객체의 참조자(self)를 제외하고 함수 호출이 이루어지도록 고

쳐주는 역할을 한다고 생각하면 되겠습니다. 데코레이터에 대해서는, 지금 하고 있는 얘기를 마저 하고, 잠시 뒤에 소개하겠습니다.

정적 메서드는 유틸리티 클래스Utility Class를 만들 때 특히 유용합니다. 예를 들어, 두 개 포인트 간의 거리를 구하는 것 외에, 하나의 원과 하나의 직선 간의 교점을 구한다든가, 또는 원에 접하는 직선의 방정식을 구한다든가 하는 비슷한 기능의 여러 함수들을 만들었다면 이 함수들을 하나로 묶어서 관리하고 싶은 생각이 들게 됩니다. 물론, 모듈도 좋은 대안이 될 수 있습니다만(파이썬의 math 모듈을 떠올리면 좋겠습니다), 이름공간을 효율적으로 사용한다는 의미에서 (즉, 하나의 모듈에 성격이 다른 여러 메서드들을 함께 정의하면 혼란스러울 수 있으므로) 클래스가 보다 효과적일 수 있습니다. 순수하게 이런 목적으로 만들어진 클래스를 '유틸리티 클래스'라고 부릅니다.

마지막으로, 클래스 메서드를 알아보겠습니다

클래스 메서드Class Method는 정적 메서드와 마찬가지로 `클래스.메서드` 형태로 호출됩니다만, 첫 번째 인자로 클래스의 참조자를 받는다는 차이점이 있습니다. 그리고 `@classmethod`라는 데코레이터가 붙습니다. [코드 21-6]의 `A` 클래스에서 6행의 `@classmethod`는 바로 다음에 따라오는 `f` 메서드가 클래스 메서드임을 나타냅니다.

[코드 21-6]
클래스 메서드의 예

In [11]:
```
1  class A:
2      def __init__(self, a, b):
3          self.x=a
4          self.y=b
5  
6      @classmethod
7      def f(cls, c, d):
8          a=2*c
9          b=2*d
10         return cls(a, b)
11 
12     def show(self):
13         print(self.x, self.y)
```

In [12]:
```
x=A.f(1, 2)
```

```
In [13]:  type(x)
Out[13]:  __main__.A
```

```
In [14]:  x.show()
          2 4
```

In [12]에서 보다시피 클래스 메서드는 `클래스.메서드`의 형태로 호출됩니다. 여기서 사용된 클래스명이 `f` 메서드의 첫 번째 인자인 `cls`(class의 줄임말)로 전달되게 됩니다. 실제로는 클래스가 저장되어 있는 메모리 주소가 넘어오게 됩니다. "클래스에 대한 참조자(reference to class)"라는 이름으로 불립니다. 클래스에 대해 호출하는 것은 정적 메서드와 같은데, 클래스의 참조자를 받는 것은 정적 메서드와는 다른 점입니다.

클래스에 대한 참조자는 왜 필요한 것일까요? 실제로 `cls`가 사용되는 전형적인 형태를 보면 In [11]의 10행과 같은데, `cls`가 `A` 클래스이기 때문에 실제로 `A(a, b)`를 호출하는 형태와 같습니다. 결국, `f` 메서드는 `A` 객체를 새로 생성하여 반환하고 있습니다. In [13]에서 보다시피 반환된 객체는 `A` 객체이며, In [14]에서처럼 `show` 메서드 호출에 반응하고 있습니다. 참고로 이와 같이 객체를 생성하여 반환하는 함수를 팩토리 메서드Factory Method라고 부릅니다. 실제로, 클래스 메서드를 활용하는 가장 중요한 용도는 팩토리 메서드입니다. 사실, 파이썬은 `__init__` 함수를 하나만 만들 수 있어서 객체를 초기화하는 방법을 하나밖에 제공하지 못합니다. 그런데 가만히 보면, `f` 메서드는 전달된 인자값을 두 배로 해서 초기화하는 추가적인 방법을 제공하는 셈이 됩니다. 이런 형태를 활용하면 객체를 초기화할 수 있는 여러 방법을 만들어 낼 수 있습니다. 물론, `__init__` 내부에 여러 경우에 대해 초기화를 할 수 있도록 `if`문을 사용해서 초기화하는 방법을 사용할 수도 있고, 필요에 따라서 기본 인자로 해결할 수 있는 부분도 있기 때문에 클래스 메서드가 꼭 정답은 아닙니다. 어쨌든, 클래스의 참조자를 매개변수를 받아야 하는 경우에는 클래스 메서드를 꼭 떠올려보기 바랍니다.

클래스 변수라는 것이 있습니다

말을 시작한 김에, (클래스 메서드의 연장선에 있는) 클래스 변수(Class Variable)도 소개하겠습니다. 개별 인스턴스마다 인스턴스 변수를 가지고 있듯이 하나의 클래스도

변수를 가질 수 있는데, 이 변수들을 클래스 변수라고 부릅니다. 예를 들어 보겠습니다.

[코드 21-7]
클래스 변수의 예

In [15]:
```
1  class Point:
2      no=0      # class variable
3
4      def __init__(self, a, b):
5          self.id=Point.no
6          self.x=a
7          self.y=b
8          Point.no=Point.no+1
9
10     def show(self):
11         print('P[', self.id, ']', self.x, self.y)
```

In [15]는 원래의 Point 클래스의 코드에서, Point 객체의 시리얼 넘버를 id 값으로 부여할 수 있도록 수정한 코드입니다. Point 객체는 스스로 자신이 몇 번째로 생성된 Point 객체인지 알 수가 없습니다. 결국, 사용자가 id 값을 일일이 지정해 줘야 하는데, 번거롭기도 하고 매번 확인하기가 쉽지 않습니다. 그래서 현재까지 몇 개의 Point 객체가 만들어졌는지에 대한 정보를 어딘가에 저장해 두어야 합니다. 예를 들어, 현재까지 8개의 Point 객체가 만들어졌다면 이번에 만드는 Point 객체는 (만약 id 값을 0부터 시작했다면) id가 8에 해당하게 됩니다. 이 값을 저장해 두는 방법이야 여러 가지가 있겠지만, 아무래도 `Point` 클래스에 클래스 변수로 저장하는 방식이 가장 바람직합니다.

일단 클래스 변수의 초기화는 In [15]의 2행과 같습니다. 클래스의 메서드 밖에서 정의된 변수는 클래스 변수가 됩니다. 클래스 변수를 메서드에서 참조할 때에는 In [15]의 5행이나 8행에서 보는 바와 같이, `클래스.변수명`으로 참조됩니다. 즉, `Point` 클래스에서 클래스 변수로 선언된 `no`는 메서드 안에서 `Point.no`로 참조하게 됩니다. 실제로 `__init__` 메서드가 호출될 때마다 (즉, Point 객체가 하나 만들어질 때마다) `Point.no` 값이 해당 객체의 인스턴스 변수 id에 저장되고(5행 참조), 그 후에 1 증가하게 됩니다(8행 참조). 그래서 항상 현재까지 만들어진 Point 객체의 개수를 나타내게 됩니다. Point 객체의 일련번호에 해당합니다. 실제로 호출된 예는 [코드 21-8]에서 확인하기 바랍니다. 처음 만들어진 Point 객체 p1의 id 값은 0, 두 번째로 만들어진 p2 객체의 id 값은 1이 되고 있음을 확인할 수 있습니다.

[코드 21-8]
Point 객체 생성 예

```
In [16]: p1=Point(10, 20)

In [17]: p1.show()
P[ 0 ] 10 20

In [18]: p2=Point(20, 40)

In [19]: p2.show()
P[ 1 ] 20 40
```

일급 객체와 데코레이터를 알아봅니다

데코레이터를 설명하기 전에 일급 객체(Fist-Class Citizen)를 잠시 알아보겠습니다. 컴퓨터 언어에서 일급 객체란 변수에 할당할 수도 있고, 함수에 인자로 전달할 수도 있으며, 함수의 반환값으로도 사용할 수 있는 개체 또는 타입을 말합니다. 실제로 객체지향 언어에서 모든 객체는 당연히 일급 객체입니다만, (컴퓨터 언어에 따라 다르긴 하지만) 함수들은 보통 그렇지 못합니다. 파이썬에서는 모든 것이 객체입니다. 당연히 함수도 객체이고, 실제로 일급 객체입니다. 장단점이 있습니다. 파이썬의 방식이 좋다는 뜻은 아닙니다.

파이썬에서 함수는 일급 객체입니다. 그래서 변수에 할당할 수 있습니다. [코드 21-9]를 참조하기 바랍니다.

[코드 21-9]
파이썬에서는 함수도 하나의 객체로 다룸

```
In [20]: def f():
             print('Hello')

In [21]: g=f

In [22]: print(id(f), id(g))
1575144566848 1575144566848
```

f ──→ 코드
g ──↗

In [20]에서 함수 f()가 정의되었습니다. 여기서 f라는 이름은 해당 함수의 코드가 저장되어 있는 메모리 주소(실제로는, 첫 번째 명령문의 주소)를 가리키게 됩니다. 변수와 다르지 않습니다. 그러다 보니 실제로 In [21]에서와 같이 다른 이름(예제의 경우는 g라는 이름)에 할당할 수 있게 되고, In [22]에서 확인할 수 있는 바와 같이 동일한 id 값을 가지게 됩니다. 하나의 코드를 두 개의 이름, f와 g가 가리키고 있는 셈입니다. 그 결과로 [코드 21-10]과 같이 해당 코드를 g() 함수 호출로 실행할 수 있게 됩니다. f()로 호출할 수 있는 것은 당연합니다.

[코드 21-10]
하나의 함수가 여러 이름으로 호출될 수 있음

```
In [23]: g()

Hello
```

이런 맥락이라면 함수명을 인자로 보내는 것이 문제가 될 것 같지 않습니다. 실제로, 파이썬의 함수 객체는 다른 함수에 인자로 전달할 수 있습니다. [코드 21-11]을 참고하기 바랍니다. In [25]에서 h() 함수의 호출에 인자로 사용된 f는 In [20]에서 정의된 f() 함수입니다. 이렇게 전달된 인자는 In [24]에서 a 매개변수에 할당되고, 결국 a=f인 상태에서, 2행의 a() 명령문이 실행됩니다. 앞서 봤던 상황과 동일한 상황입니다. In [25]의 결과를 보면 실제로 f() 함수가 실행된 것을 확인할 수 있습니다.

[코드 21-11]
함수를 인자로 전달할 수 있음

```
In [24]: 1  def h(a):
         2      a()

In [25]: 1  h(f)

            Hello
```

함수 f()에 인자가 있는 경우에는 [코드 21-12]와 같이 나타낼 수 있습니다. In [28]에서 f() 함수 호출에 전달할 인자인 'Hi' 문자열을 함께 보내고 있습니다. 코드를 한 번 유심히 살펴보기 바랍니다.

[코드 21-12]
함수 객체와 인자를 함께 전달하는 경우

```
In [26]: def f(x):
             print(x)

In [27]: def h(a, x):
             a(x)

In [28]: h(f, 'Hi')

Hi
```

조금 색달라 보이기는 하는데, 함수가 함수를 (만들어서) 반환할 수도 있습니다. [코드 21-13]을 참고하기 바랍니다. In [29]의 f() 함수는 g() 함수를 정의해서(2~3행 참고) 해당 함수를 (실제로는 해당 함수의 코드가 저장된 메모리 주소를) 반환하고 있습니다. 그 값을 In [30]에서 h라는 이름으로 받았으니 h는 결국 g() 함수의 코드를 가리키게 됩니다. 이 상태에서 In [31]에서와 같이 h() 함수를 호출하면 (f() 함수가 만들어준) g() 함수의 코드가 실행됩니다.

[코드 21-13] 함수가 함수를 반환하는 경우

In [29]:
```
1 def f():
2     def g():
3         print('GGGG')
4     return g
```

In [30]:
```
h=f()
```

In [31]:
```
h()
```

```
GGGG
```

실제로 이 로직을 사용하면, 하나의 함수를 다른 형태로 변환하여 활용할 수 있습니다. [코드 21-14]를 잠시 살펴보겠습니다. In [32]에서 f()가 정의되어 있고, In [33]의 g()에서 해당 함수를 호출하고 있습니다. g() 함수 안에서 f() 함수가 호출되는 익숙한 형태입니다만, 이를 조금 다른 각도에서 보면, g() 함수가 f() 함수를 감싸고 있는 듯이 보이기도 합니다. In [33]에서, 2행의 명령문은 마치 바로 다음에 실행되는 f() 함수의 전처리(pre-processing)처럼 보이고, 4행의 명령문은 f() 함수의 후처리(post-processing)처럼 보이기도 합니다. g() 함수가 f()를 둘둘 감싸고 있는 듯한 모양입니다. 그래서 래핑wrapping이라고 부릅니다.

[코드 21-14] 래핑

In [32]:
```
def f():
    print('GGGG')
```

In [33]:
```
1 def g():
2     print('FFFF')
3     f()
4     print('HHHH')
```

In [34]:
```
g()
```

Out[3]:
```
FFFF
GGGG
HHHH
```

이를 앞의 In [29]에서 살펴봤던 코드와 결합하면, 임의의 함수에 대해 "미리 정해져 있는" 전처리와 후처리를 합한 새로운 함수를 정의할 수 있습니다. 우리가 살펴볼 데코레이터의 실체이기도 합니다. [코드 21-15]를 참고하기 바랍니다.

[코드 21-15]
함수에 다른 추가적인 코드를 묶어서 하나의 함수로 만든 형태

In [35]:
```
def f():
    print('GGGG')
```

In [36]:
```
1 def wrap(func):
2     def g():
3         print('FFFF')
4         func()
5         print('HHHH')
6     return g
```

In [37]:
```
h=wrap(f)
```

In [38]:
```
h()
```

```
FFFF
GGGG
HHHH
```

In [36]의 `wrap()` 함수는 인자로 전달된 함수에 대해 (매개변수 func를 말합니다) 3행의 전처리와 5행의 후처리를 포함하는 새로운 함수 `g()`를 정의한 후에 반환하는 함수입니다. In [37]과 같이 호출하면 In [35]에서 정의한 함수 `f`를 감싸는 (즉, 래핑하는) 새로운 함수를 구하게 됩니다. In [37]에서 `h`라는 이름에 할당된 해당 함수의 실행은 In [38]에서 볼 수 있습니다. 만약에 [코드 21-16]과 같이 실행하게 되면, `wrap()` 함수가 인자로 전달된 `f()` 함수를 '데코레이팅된' `f()` 함수로 바꿔주는 느낌이 듭니다.

[코드 21-16]
함수의 데코레이션

In [39]:
```
f=wrap(f)
```

In [40]:
```
f()
```

```
FFFF
GGGG
HHHH
```

In [39]를 [코드 21-17]의 In [41]과 같이 표현할 수도 있습니다. In [41]의 `@wrap`이란 바로 다음에 정의될 함수를 `wrap()` 함수를 이용해서 데코레이팅하라는 의미입니다. 실제로, In [42]에서 `f()` 함수를 호출하면 '데코레이팅'된 `f()` 함수가 호출되는 것을 확인할 수 있습니다. 여기서 `@wrap`을 데코레이터라고 부릅니다. @classmethod, @staticmethod 데코레이터의 의의를 살짝 엿볼 수 있을 것 같습니다.

[코드 21-17]
사용자가 정의한
@wrap 데코레이터

```
In [41]:  @wrap
          def f():
              print('GGGG')
```

```
In [42]:  f()
```

```
FFFF
GGGG
HHHH
```

마지막으로 함수를 호출할 때 인자가 있는 경우에 대해 살펴보고 이야기를 마무리하겠습니다. In [43]에 나타낸 래핑될 함수 `f`는 하나의 인자 `x`를 가지고 있습니다. 실제로 데코레이터 함수 `wrap`을 보면, 해당 인자는 `a`라는 이름으로 데코레이팅 함수인 `g()`의 인자를 통해, 원래의 함수 `func`에 전달되고 있습니다.

[코드 21-18]
데코레이팅되는 함수에
인자를 전달하는 경우

```
In [43]:  def wrap(func):
              def g(a):
                  print('FFFF')
                  func(a)
                  print('HHHH')
              return g
```

```
In [43]:  @wrap
          def f(x):
              print(x)
```

메서드에 대한 이해가 조금 더 높아진 것 같습니다. 이제부터 이 장의 주제인 객체의 관계를 알아보겠습니다.

객체 간의 관계 중 첫 번째로, 컴포지션입니다

두 객체가 서로 연관(association)되어 있다는 것은 서로를 "안다"는 의미이고, 여기서 안다는 것은 상대 객체의 참조자를 알고 있는 것입니다. 사람이 사람을 '알고' 관계를 맺는 것과 크게 다르지 않습니다. 이러한 관계 속에서, 참조자를 통해 상대 객체의 메서드를 호출하게 됩니다. 모든 객체 간의 상호작용(interaction)의 기저에는 이와 같은 메커니즘이 존재하게 됩니다. 가장 대표적인 관계가 컴포지션[composition]입니다.

실제 세계에서 보게 되는 관계 중에는 전체(whole)와 부분(part)으로 표현되는 관계가 많습니다. 이를 whole-part 관계라고 부르는데, 예를 한 번 들어보겠습니다. 하나의 팀에는 여러 사람이 포함됩니다. 영어로 표현해보면 "A team is composed of a number of persons"입니다. Team이 whole이 되고, person이 part가 되는 관계입니다. 또 다른 예를 들어보면, 자동차는 엔진을 포함하고 있습니다. 영어로 표현해보면 "A car has an engine"입니다. 여기서는 자동차가 '전체'가 되고, 엔진이 '부분'이 되는 관계입니다. 이런 연유로 whole-part 관계를 컴포지션 또는 has-a 관계라고 부릅니다. 또 다른 예를 들어보겠습니다. 하나의 대학 안에는 여러 개의 학과가 포함되어 있습니다(즉, 여러 개의 학과가 모여서 하나의 대학을 구성합니다). (대부분의) 스마트폰에는 카메라 모듈이 포함되어 있습니다. 사무실에는 책상과 의자, 에어컨이 있습니다. 이처럼 우리가 사는 세상에서 컴포지션 관계의 예는 정말 셀 수 없을 정도로 많습니다.

컴포지션의 간단한 예를 들어 보겠습니다

하나의 선(Line) 객체는 두 개의 점(Point) 객체로 만들어집니다. 전형적인 컴포지션의 사례입니다. [코드 21-19]의 In [44]는 두 개의 Point 객체를 각각 `self.st`와 `self.end`로 참조하는 `Line` 클래스의 정의를 보여주고 있습니다. 실제로 두 개의 Point 객체를 이용해서 Line 객체를 생성하는 예는 [코드 21-19]의 In [45]에서 볼 수 있습니다.

[코드 21-19]
전형적인 컴포지션의 사례

In [44]:
```
1 class Line:
2     def __init__(self, a, b):
3         self.st=a
4         self.end=b
5
6     def show(self):
7         self.st.show()
8         self.end.show()
```

In [45]:
```
p1=Point(1, 5)
p2=Point(10, 3)
line=Line(p1, p2)
```

In [45]에서 생성된 Line 객체에게 show 메서드를 호출하면 [코드 21-20]과 같은 결과를 보게 되는데, 이는 인스턴스 변수 self.st와 self.end에 저장되어 있는 두 개의 Point 객체 참조자를 통해 Point 클래스의 show 메서드를 호출함으로써 이루어지고 있습니다(In [44]의 7~8행 참조). Point 클래스의 정의는 [코드 21-1]을 참고하기 바랍니다.

[코드 21-20]
두 개의 Point 객체 참조자를 통한 show 메서드 호출

In [46]:
```
line.show()
```
```
Coord : 1 5
Coord : 10 3
```

컴포지션 관계: 어떤 객체가 다른 객체의 부분이 됩니다

우선, 컴포지션은 [그림 21-1]과 같이 표현합니다. 알고리즘을 표현하는 데 플로우차트가 있다면, 클래스 간의 관계를 나타내는 데에는 UML(Unified Modeling Language)이라는 도구의 표기법(notation)이 사실상의 표준으로 사용되고 있습니다. UML에서 컴포지션은 아래와 같이 표현됩니다.

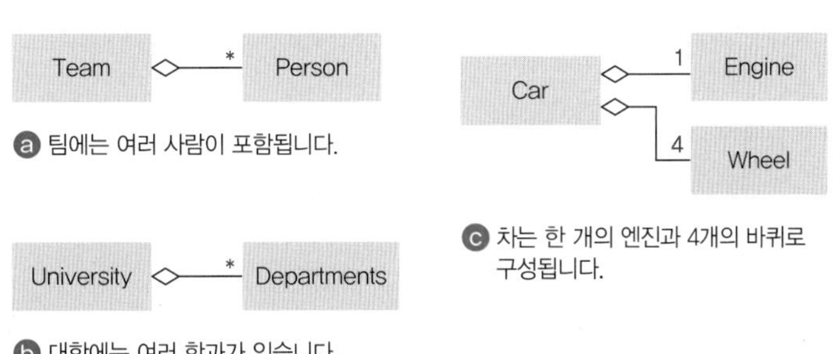

[그림 21-1] 컴포지션의 예

객체지향을 공부하다 보면 많이 보게 되는 그림이어서 조금 부연해서 설명하겠습니다. UML에서 클래스는 박스(사각형)로 표현됩니다. 클래스 간에 관계가 있으면 이를 선으로 연결하게 되는데, 컴포지션 관계는 한쪽에 다이어몬드 심볼이 있는 실선으로 표현됩니다. 전체(whole)에 해당하는 클래스 쪽에 다이어몬드 심볼이 위치하도록 합니다. 하나의 차(Car) 객체에 4개의 바퀴(Wheel) 객체가 컴포지션되어 있는 것처럼, 하나의 whole에 여러 개의 부분(part)이 연관되는 경우, 그 관계에 참여하는 part의 개수(보통, 카디널리티(cardinality)라고 부릅니다)를 선 위에 표시하기도 하는데, 예를 들어 "여러"의 의미로 *가 사용되고, 특정한 개수가 있는 경우(예를 들어, 1개의 엔진, 4개의 바퀴 등)에는 그 수를 나타내기도 합니다.

그러면 이러한 컴포지션 관계는 클래스 또는 객체에서 어떻게 표현될 수 있을까요? 실제로 `Line`과 `Point` 클래스의 예에서 살펴본 것과 같은 방식으로 구현됩니다. 자동차(Car)와 엔진(Engine)의 예를 통해 컴포지션의 구현 방법을 좀 더 자세하게 알아보겠습니다. 하나의 자동차에는 하나의 엔진이 탑재됩니다. 하나의 엔진을 여러 대의 자동차에서 동시에 사용할 수는 없고, 엔진이 달려있지 않은 자동차도 존재할 수 없습니다. 즉, 하나의 자동차에는 하나의 엔진이 연관됩니다. 하지만 보통 자동차를 사게 되면(그 안에는 당연히 엔진이라는 부품이 들어가 있습니다.) 자동차의 수명주기를 다할 때까지 엔진을 떼어내는 경우는 극히 드물다고 생각할 수 있습니다. 한 번 관계가 만들어지면 꽤 오랫동안 유지되는 '강한' 연관관계라고 생각할 수도 있겠습니다.

이와 같은 컴포지션 관계는 전체(whole)에 해당하는 객체가 부분(part)에 해당하는 객체의 참조자를 인스턴스 변수로 저장하는 형태로 만들어집니다. 여기서 전체에 해당하는 객체가 부분에 해당하는 객체의 참조자를 얻게 되는 방법은 두 가지로 나누어 볼 수 있습니다. 먼저, 부분에 해당하는 객체를 외부에서 만들어 전체에 해당하는 객체에게 전달하는 경우입니다. [코드 21-21]의 In [48] 코드를 보면, Engine 객체 `e`를 만든 후에 그 객체의 참조자를 Car 객체를 생성하는 데 인자로 전달하고 있습니다. "(엔진을 하나 넘겨주면서) 이 엔진으로 차를 만드세요"라는 느낌이네요.

[코드 21-21] Engine 객체를 Car 클래스 바깥에서 생성하는 경우

In [47]:
```
class Engine:
    pass

class Car:
    def __init__(self, e):
        self.engine=e
```

In [48]:
```
e=Engine()
c=Car(e)
```

두 번째 경우는 [코드 21-22]의 In [49]에서 볼 수 있는데, 6행에서 Car 객체가 자신이 가지고 있어야 하는 Engine 객체를 스스로 만들어 참조자를 인스턴스 변수에 저장해 두고 있습니다. 실제라고 본다면, 자동차를 만드는 데 필요한 엔진을 직접 만드는 것 같은 느낌입니다. Car 객체를 만들 때 해당 객체에 필요한 엔진 객체를 (직접) 새로 만들고 있습니다.

[코드 21-22] Engine 객체를 Car 클래스 안에서 생성하는 경우

In [49]:
```
1 class Engine:
2     pass
3 
4 class Car:
5     def __init__(self):
6         self.engine=Engine()
```

In [50]:
```
c=Car()
```

시작은 다르지만, 결국 Engine 객체의 참조자가 Car 객체 내에 인스턴스 변수(self.engine)에 저장되게 되고, 이후에 Car 객체가 Engine 객체와 커뮤니케이션하기 위한 용도로 사용되게 됩니다. 이를 개념적으로 나타내 보면 [그림 21-2]의 ⓑ와 같습니다. 실제 세상처럼 Car 객체 내에 Engine 객체가 통째로 포함되는 이미지([그림 21-2]의 ⓐ 참조)가 아니라는 것을 꼭 이해하길 바랍니다.

[그림 21-2] 컴포지션에서 객체 간의 관계

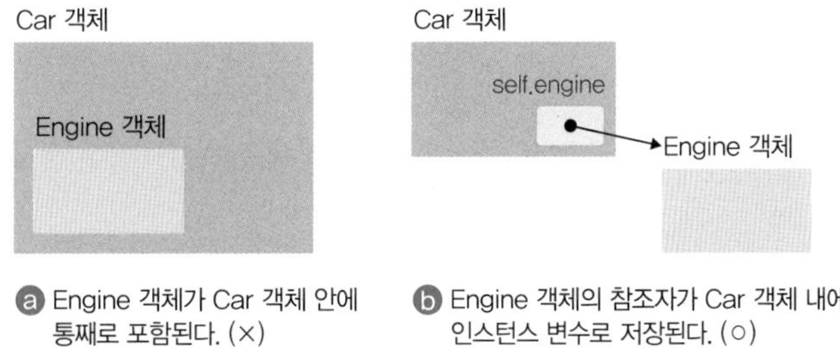
Car 객체
Engine 객체
Car 객체
self.engine
Engine 객체
ⓐ Engine 객체가 Car 객체 안에 통째로 포함된다. (×)
ⓑ Engine 객체의 참조자가 Car 객체 내에 인스턴스 변수로 저장된다. (○)

Car 객체의 사용 중에 엔진을 새로 갈아 끼워야 하는 문제가 생길 수 있습니다. 정비상의 목적으로 엔진 테스트를 위해서 엔진 객체에 직접 접근해야 할 때도 있을 것 같습니다. 이럴 때를 대비해서 세터와 게터가 추가로 제공된다면 더욱 유용할 것 같습니다. [코드 21-23]을 참고하기 바랍니다. 익숙한 내용이니 설명은 생략하겠습니다.

In [51]:

```
class Car:
    def __init__(self):
        self.engine=Engine()

    def get_engine(self):
        return self.engine

    def set_engine(self, new_engine):
        self.engine=new_engine
```

[코드 21-23]
Engine 객체에 직접 접근할 수 있도록 세터와 게터를 제공

컴포지션의 의의는 위임에 있습니다

컴포지션의 의의에 대해 잠시 생각해보겠습니다. 컴포지션의 의의는 "내가 할 일을 (나보다 잘하는) 남에게 전달하는" 위임(delegation)에서 찾을 수 있습니다. 보통 위임이라고 하면, 어떤 행위와 책임을 다른 사람에게 넘겨주는 것을 말합니다. 실제로 객체 간에도 컴포지션을 통해 위임 관계가 만들어지게 됩니다. 예를 들어, 자동차(Car)가 움직이려면 엔진(Engine)의 구동이 필요합니다. 실제로, 우리가 Car 객체에게 움직이라는 메시지(move 메서드의 호출)를 보내게 되면, 그 요청을 받은 Car 객체는 자신의 엔진을 구동함으로써 해당 요청에 응답하게 됩니다. 다음의 [코드 21-24]를 참고하기 바랍니다.

[코드 21-24] 위임: Car 객체의 move 메서드가 Engine 객체의 run 메서드를 호출함

```
In [52]: class Engine:
             def run(self):
                 print('Engine is running')

         class Car:
             def __init__(self):
                 self.engine=Engine()

             def move(self):
                 print('Car is moving')
                 self.engine.run()
```

```
In [53]: c=Car()
```

```
In [54]: c.move()
```

```
Car is moving
Engine is running
```

In [54]에서 Car 객체 c에게 move()하라는 요청이 이루어지고 있습니다. 실제 Car 클래스의 move 메서드를 보면 Engine 객체의 run 메서드의 호출을 포함하고 있는 것을 확인할 수 있습니다. 이것은 결국 Car 객체가 수행해야 할 일의 일부를 Engine 객체에게 위임한 형태가 됩니다. 실제 메시지의 전달을 그림으로 나타내 보면 [그림 21-3]과 같습니다.

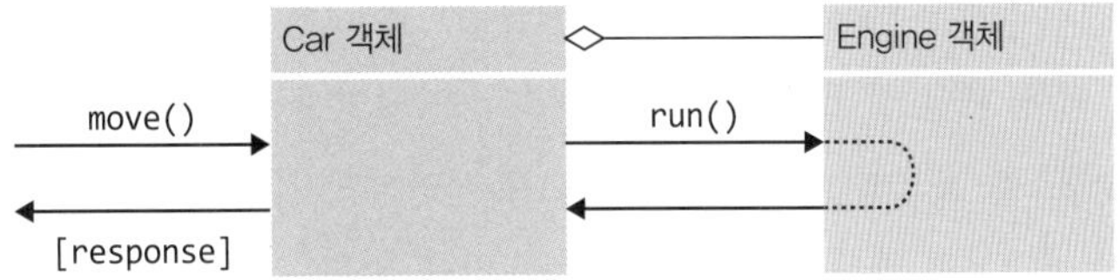

[그림 21-3] 위임의 메서드 형태

어떤 클래스가 제공해야 하는 기능이 많아질수록 그 클래스를 정의하는 코드는 관리하기 어려울 정도로 복잡하게 됩니다. 복잡한 것은 항상 나쁜 것입니다. 이를 단순하게 만드는 방법은 기능 분할입니다. 단순한 것이 나쁜 경우는 절대 없습니다. 가장 좋은 해결 방법은 해당 클래스가 제공하고 있는 기능의 일부를 떼어내어 그 기능을 전담하는 클래스를 새로 하나 정의하는 것입니다. 자연스럽게 컴포지션 관계가 성립하고 이를 기반으로 위임이 이루어집니다. 이 책의 초반에 문제해결 기법으로 소개했던 분할과 정복(Divide and Conquer)이 떠오릅니다. 컴포지션도 같은 맥락입니다.

두 번째로 상속관계를 알아보겠습니다

객체 간에 만들어지는 중요한 관계 중 하나로 '상속'이 있습니다. 객체 기술에서 상속은 하나의 객체가 다른 객체의 특성을 그대로 이어받는 것을 의미합니다. 부모님이 '가진' 재산을 자식들이 받는 법률상의 행위를 상속이라고 하는데, 실제로 그 의미와 매우 유사합니다. 실제로 객체 간의 상속에서도 주는 쪽을 부모(Parent) 클래스, 받는 쪽을 자식(Child) 클래스라고 부릅니다. 우선, UML에서 상속관계는 아래와 같이 나타냅니다.

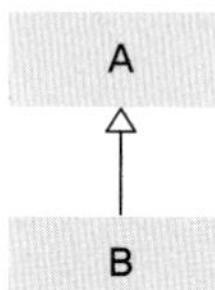

[그림 21-4] UML에서 상속의 표현

상속관계는 한쪽 끝에 삼각형 심볼이 달려있는 실선을 사용해서 표현합니다. 삼각형 심볼 쪽에 연결되어 있는 클래스가 부모 클래스가 되고 반대쪽이 자식 클래스가 됩니다. [그림 21-4]처럼 A와 B, 두 클래스 간에 상속관계가 성립하면, 기본적으로 부모 클래스인 A 클래스 안에 정의되어 있는 모든 속성은 자식 클래스인 B에 그대로 상속되게 됩니다.

두 개 클래스 간의 상속관계는 다음과 같은 간단한 문법으로 구현할 수 있습니다. 클래스명 옆의 괄호 안에 해당 클래스의 부모 클래스명을 넣어주면 됩니다. [코드 21-25]를 보면 B 클래스를 A 클래스의 자식 클래스로 선언하게 됩니다. 참고로 어떤 클래스를 선언하는데, 부모 클래스가 없다면 괄호 안을 비워두게 됩니다. 다시 말해서, 우리가 여태껏 사용했던 `class B:`와 `class B():`는 똑같은 의미입니다.

In [55]:
```
class B(A):
    pass
```

[코드 21-25] 클래스 간의 상속관계

만약, 부모 클래스 `A`가 `x`, `y`라는 데이터 속성과 `f()`, `g()`라는 메서드 속성을 가지고 있다면, 단순히 In [55] 코드와 같이 정의하는 것만으로, `B` 클래스는 `A` 클래스의 속성인 `x`, `y`, `f`, `g`를 모두 물려받게 됩니다.

상속을 통해 부모 클래스의 속성을 물려받게 되지만, 상속의 의의는 그것만으로 한정되지는 않습니다. 예를 들어, 여기 세상에 있는 모든 사람을 모아놓은 하나의 집합이 있다고 하겠습니다. 집합(클래스)의 이름은 Human이 적당하겠습니다. 그런데 이 Human 안에는 "사람이긴 한데" 조금 특별한 사람들이 있습니다. 보통 사람들과 마찬가지로 뛸 수 있는데, 이 사람들은 조금 더 빨리 뛸 수 있고, 다른 사람들처럼 소리를 듣긴 하는데, 보통의 사람들이 듣기 힘든 아주 작은 소리까지 들을 수 있습니다. 게다가 보통 사람들은 할 수 없는 "하늘을 나는" 능력까지 가지고 있습니다. 우리는 이런 사람들을 슈퍼휴먼(Super Human)이라고 부릅니다. 슈퍼휴먼은, 사람은 사람이되 조금 특별한 사람을 가리킵니다. 세상에 존재하는 모든 휴먼을 모아놓은 집합을 한 번 상상해보기 바랍니다. 그 경계(boundary) 안에는 슈퍼휴먼이라고 불리는 사람의 집합도 포함되어 있습니다. 이 관계를 벤다이어그램으로 표현해보면 [그림 21-5]의 ⓐ와 같습니다. 실제로 바깥쪽의 휴먼 경계가 부모 클래스가 되고, 자식 클래스인 슈퍼휴먼은 부모 클래스인 휴먼 안에 포함되어 있습니다.

[그림 21-5] Human과 SuperHuman 간의 상속 관계

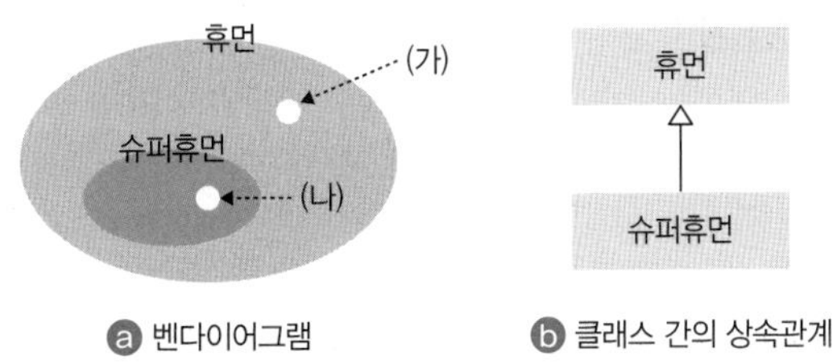

[그림 21-5]의 ⓐ에서, 휴먼 경계 안에 있는 (가) 객체는 휴먼 객체입니다. 마찬가지로, 슈퍼휴먼 경계 안에 있는 (나)는 슈퍼휴먼 객체입니다. 하지만 (나)는 휴먼 경계 안에도 포함되어 있습니다. 즉, (나)는 휴먼 객체이기도 합니다. 따라서 이렇게 표현할 수 있습니다. "모든 슈퍼휴먼은 휴먼이다(A SuperHuman is a Human)." 물론 이 문장의 역인 "모든 휴먼은 슈퍼휴먼이다"는 성립하지 않습니다. 그림에서 보다시피, 휴먼 중에는 슈퍼휴먼인 휴먼도 있지만 그렇지 않은 휴먼도 존재하기 때문입니다. 이런 견지에서, 상속을 is-a 관계라고 부르기도 합니다. 컴포지션을 has-a 관계라고 부를 때 대응되는 표현이라고 보면 좋겠습니다.

"침대는 가구다" "자전거는 이동수단이다" "잠자리는 곤충이다" "장미는 꽃이다" 등의 표현을 떠올려보기 바랍니다. 이런 의식 없이 사람의 생각을 표현하는 것이 가능할까 싶을 정도로 너무나 당연한 표현입니다. 여기서 앞에 있는 클래스인 침대, 자

전거, 잠자리, 장미는 각각 가구, 이동수단, 곤충, 꽃의 자식 클래스가 됩니다. 그러고 보니 객체지향의 상속은 이미 우리가 너무 잘 알고 있는 익숙한 개념이었네요. 앞서 "객체지향 기술을 사용하면 사람의 사고방식을 그대로 코드로 옮길 수 있다"라고 얘기한 적이 있는데 정말 그럴 것 같은 느낌이 듭니다.

여기서 잠깐!!

형용사와 닮은 상속

인간의 지식은 확장되고 확대됩니다. 모든 새로운 지식은 그 전에 알고 있던 지식으로 설명됩니다. 상속은 바로 이런 관계를 나타냅니다. 우리가 휴먼에 대한 정의를 알고 있는 경우에, 휴먼의 서브클래스인 슈퍼휴먼은 휴먼의 정의를 확장하여 설명할 수 있습니다. 즉, 슈퍼휴먼은 "하늘을 날 수 있는 휴먼"이라고 설명할 수 있다는 것입니다. 컴퓨터 언어는 사람의 언어와 닮았다는 얘기를 하면서, 변수는 명사, 함수는 동사라고 설명했습니다. 심지어 함수의 인자는 우리말에 빗대어 보면 부사 또는 목적어에 해당한다고 얘기했었는데, 그러고 보면, 상속은 "형용사"와 많이 닮았습니다.

여기서 잠깐!!

상속에서 클래스를 가리키는 이름의 호응관계

상속에서 클래스를 가리키는 이름으로 다양한 명칭이 사용되고 있습니다. 앞서는 상속하는 클래스를 부모 클래스, 상속받는 클래스를 자식 클래스라고 불렀는데, 부모 클래스를 슈퍼(Super) 또는 기초(Base) 클래스라고 부르기도 하고, 자식 대신에 서브(Sub) 또는 파생(Derived) 클래스라는 이름이 사용되기도 합니다. 대신, 부모 클래스는 자식 클래스와 짝이 맞고, 기초는 파생과, 슈퍼는 서브와 짝이 맞습니다. 그래서 상속하는 클래스를 '기초'라고 부르면서 상속받는 클래스를 '자식'이라고 부르는 것은 구색이 맞지 않습니다. 부모-자식, 기초-파생, 슈퍼-서브라는 짝을 잘 맞추어서 명칭을 올바르게 사용하는 것이 중요합니다. 이 책에서는 슈퍼클래스, 서브클래스란 표현을 주로 사용하겠습니다.

메서드의 상속을 통해 상속의 의미를 살펴보겠습니다

'메서드의 상속'에 대해 먼저 살펴보겠습니다(인스턴스 변수의 상속은 잠시 후에 살펴 보겠습니다). 예를 들어, 슈퍼클래스 A가 [코드 21-26]의 In [56]과 같이 정의되어 있다고 하겠습니다. 클래스 A의 속성으로 두 개의 메서드, `f()`와 `g()`가 정의되어 있습니다. 인스턴스 변수는 포함되어 있지 않습니다.

[코드 21-26]
클래스 A의 속성으로 정의된 두 개의 메서드, f()와 g()

```
In [56]:  class A:
              def f(self):
                  print('A.f() method is invoked')

              def g(self):
                  print('A.g() method is invoked')
```

만약, 이 상태에서 [코드 21-27]의 In [57]과 같이 B를 A의 서브클래스로 선언하면, 서브클래스 B의 정의에 아무런 내용이 포함되어 있지 않지만, 상속에 의해 슈퍼클래스인 A의 모든 속성을 물려받았기 때문에(B 객체 내부에 상속받은 f와 g가 포함되어 있다는 의미) In [59~60]과 같이 동작하는 것을 확인할 수 있습니다.

[코드 21-27]
메서드의 상속

```
In [57]:  class B(A):
              pass

In [58]:  b=B()

In [59]:  b.f()

          A.f() method is invoked

In [60]:  b.g()

          A.g() method is invoked
```

In [59]에서 보듯이, B 클래스의 인스턴스인 b 객체는 슈퍼클래스인 A로부터 상속받은 f() 인터페이스를 가지고 있고 (즉, f() 호출에 반응합니다) 실제로 슈퍼클래스로부터 상속받은 방식 그대로 (즉, A 클래스에서 정의된 f() 메서드의 임플리멘테이션에 따라) 작동하는 것을 확인할 수 있습니다(출력에 "A.f() method is invoked"가 출력되는 것으로부터 알 수 있습니다). 이와 같이, 상속의 가장 근본적인 목적은 코드의 재사용(code reuse)입니다. 즉, 상속관계를 통해 서브클래스는 슈퍼클래스에서 정의된 모든 속성을 그대로 물려받아 사용할 수 있게 됩니다. 하지만 그냥 "그대로 물려받는" 것에 그치지 않고, 서브클래스가 이를 '확장'할 수 있습니다.

구체적인 예를 통해 좀 더 깊이 들어가 보겠습니다. Flower와 Rose 간에는 상속 관계가 성립합니다([그림 21-6]의 ⓐ 참조). 모든 Rose는 꽃(Flower)이기 때문입니다. 세상의 모든 꽃을 아우르는 Flower라는 클래스에는 "세상으로부터 사람들이 꽃이라고 불리는 이유"에 해당하는 특성들이 정의되어 있습니다. 장미(Rose)도 꽃(Flower)

으로서 갖추어야 할 특성을 모두 갖고 있기 때문에 Flower에 포함됩니다. 대신, Flower 클래스로 분류되는 다른 꽃(예를 들어, 튤립이나 백합 등)과는 구별됩니다. 같은 꽃이긴 하되, 장미(Rose)와 튤립(Tulip)과 백합(Lily)은 서로 구별되는 특징을 추가로 가지고 있기 때문입니다. 그래서 Rose의 특성은 Flower로서 갖추어야 할 특성(이 특성은 Flower로부터 상속받아 "그대로" 갖고 있습니다)에, 다른 Flower와는 구별되는 특성(장미 고유의 특성)이 더해져 있다고 말할 수 있겠습니다.

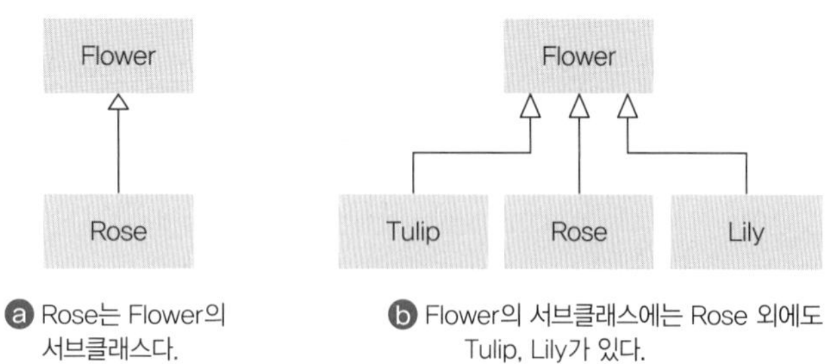

Flower
Rose
Flower
Tulip
Rose
Lily
ⓐ Rose는 Flower의 서브클래스다.
ⓑ Flower의 서브클래스에는 Rose 외에도 Tulip, Lily가 있다.

[그림 21-6] 상속의 예: "장미는 꽃이다."

즉, 서브클래스는 슈퍼클래스의 특징(즉, 속성)을 확장하게 됩니다. 이런 확장은 두 가지 형태로 나타납니다. 먼저, 추가(augmentation)의 형태입니다. 예를 들어, [코드 21-27]의 In [57]에서 정의했던, (A의 서브클래스인) B 클래스가 (A로서 할 수 있는) f(), g() 외에도 "추가로" h()도 할 수 있다고 한다면 B 클래스는 [코드 21-28]과 같이 정의할 수 있습니다.

[코드 21-28] 상속에서 메서드의 추가

```
In [61]:  class B(A):
              def h(self):
                  print('B.h() method is invoked')
```

B 객체를 생성한 후에 B 객체가 가지는 세 개의 속성인 f(), g(), h()를 모두 호출해보기 바랍니다. 실행의 예를 보이면 [코드 21-29]와 같습니다. 여기서 세 개 메서드의 호출 결과를 보면, f()와 g()는 슈퍼클래스인 A에서 정의된 방식 그대로 동작하지만 B 클래스가 추가로 정의한 h()는 (당연히) B에서 정의된 방식대로 동작하는 것을 확인할 수 있습니다.

[코드 21-29]
세 개의 속성인 f(), g(), h() 호출 결과

```
In [62]: b=B()
```

```
In [63]: b.f()
```

```
A.f() method is invoked
```

```
In [64]: b.g()
```

```
A.g() method is invoked
```

```
In [65]: b.h()
```

```
B.h() method is invoked
```

또 하나의 확장은 오버라이딩Overriding이라고 부르는 것입니다. 다음에 설명할 객체의 다형성(Polymorphism)과 바로 연관되는 개념입니다. 오버라이딩은 슈퍼클래스로부터 상속받은 메서드를 서브클래스에서 수정(modify)하는 것을 가리키는 용어입니다. 먼저 예를 통해 알아보고, 그 의의에 대해 살펴보겠습니다. 앞의 예제에서 슈퍼클래스 A로부터 상속받은 g()를 서브클래스에서 수정하도록 만들겠습니다. 여기서 수정한다는 말의 의미는, 인터페이스는 상속받은 그대로 두고 임플리멘테이션만을 바꾼다는 뜻입니다.

[코드 21-30]
상속받은 속성인 g()를 서브클래스에서 수정

```
In [66]: class B(A):
             def g(self):
                 print('B.g() method is invoked')

             def h(self):
                 print('B.h() method is invoked')
```

In [66]에서 정의된 B 객체를 생성하여 f(), g(), h()를 호출해보면 [코드 21-31]의 In [68~70]과 같은 결과를 확인할 수 있습니다. 메서드 f()는 여전히 A에서 정의된 방식으로 실행되고 있습니다. 이런 메서드를 상속된 메서드(Inherited Method)라고 부릅니다. 두 번째 h 메서드는 슈퍼클래스에는 없는 메서드를 서브클래스가 추가한 메서드(Augmented Method)입니다. 마지막으로 g 메서드는 슈퍼클래스에 정의되어 있는 메서드를 (그대로 상속받는 것을 거부하고 자신에게 적합하도록) 서브클래스에서 새로 정의한 메서드(Overridden Method)입니다.

```
In [67]: b=B()
```

[코드 21-31]
서브 클래스의 메서드 호출

```
In [68]: b.f()
```

```
A.f() method is invoked
```

```
In [69]: b.g()
```

```
B.g() method is invoked
```

```
In [70]: b.h()
```

```
B.h() method is invoked
```

메서드의 오버라이딩을 자세하게 알아보겠습니다

메서드의 오버라이딩은 그 자체로 "인터페이스를 표준화"하는 의미가 있으며, "똑같은 인터페이스에 서로 다른 임플리멘테이션"을 의미하는 다형성(Polymorphism)을 구현하는 수단이 됩니다. 먼저, 인터페이스의 표준화에 대해 알아보겠습니다. 사람들은 이런 방식으로 사고를 합니다. "모든 가전제품은 전원을 켜고 끌 수 있지. 그럼 텔레비전도 가전제품이니 당연히 전원을 켜고 끌 수 있겠다." 먼저 "모든 가전제품은 전원을 켜고 끌 수 있지"라는 의미는 [코드 21-32]와 같이 표현이 가능합니다.

```
In [71]: class HomeAppliance:
             def on(self):
                 pass

             def off(self):
                 pass
```

[코드 21-32]
on, off 메서드를 가지고 있는 가전제품 클래스

다음으로 "텔레비전도 가전제품이니"는 당연히 [코드 21-33]처럼 상속으로 표현할 수 있습니다.

```
In [72]: class Television(HomeAppliance):
             pass
```

[코드 21-33]
상속: 텔레비전은 가전제품이다.

"텔레비전도 켜고 끌 수 있겠다"는 [코드 21-34]와 같이 슈퍼클래스의 on, off 메서드를 오버라이딩하는 것으로 표현할 수 있습니다. 여기서 on과 off의 임플리멘테이션은 텔레비전 클래스에서 만들어졌지만, 그 인터페이스(즉, 메서드명)는 슈퍼클래스에서 정의된 것임에 유의하기 바랍니다.

[코드 21-34]
on, off 메서드의 오버라이딩

```
In [73]:  class Television(HomeAppliance):
              def on(self):
                  print('TV ON')

              def off(self):
                  print('TV OFF')
```

가전제품(HomeAppliance)의 서브클래스에는 텔레비전 외에 냉장고(Refrigerator)도 있습니다. 냉장고의 클래스 정의는 [코드 21-35]와 같습니다. 가전제품 클래스에서 정의한 on()과 off()는 가전제품이면 당연하게 제공해야 하는 서비스의 인터페이스를 정의한 것입니다. 실제로 어떻게 on/off를 하는지는 각 서브클래스에 따라 달라지겠지만, 가전제품의 서브클래스가 되기 위해서는 최소한 on, off 메서드는 가져야 한다는 것을 나타내고 있다고 생각할 수 있겠습니다.

[코드 21-35]
냉장고 클래스 정의

```
In [74]:  class Refrigerator(HomeAppliance):
              def on(self):
                  print('Refrigerator ON')

              def off(self):
                  print('Refrigerator OFF')
```

다시 말해서, 가전제품으로서 가져야 하는 인터페이스가 슈퍼클래스인 HomeAppliance에 정의되어 있습니다. HomeAppliance를 상속받는 모든 클래스(즉, 텔레비전, 냉장고 등)는 각 클래스에 맞도록 상속받은 메서드를 오버라이딩해야 합니다. 그러면 서브클래스마다 "이름은 같지만 임플리멘테이션이 서로 다른" 메서드를 가지게 됩니다. 즉, 텔레비전은 텔레비전답게 켜지고, 냉장고는 냉장고답게 켜집니다. 이를 '다형성'이라고 부릅니다. 말 그대로 '여러 형태'라고 이해해도 되겠습니다. 영어로는 Polymorphism이라고 부릅니다.

사람의 언어에서도 다형성은 매우 중요한 원리입니다. 비행기도 "날고", 잠자리도 "날고", 종이비행기도 "납니다." 하지만 비행기가 나는 모습과 잠자리가 나는 모습, 그리고 종이비행기가 나는 모습은 전혀 다릅니다. 모습이 다른 동작이라고 해서 서로 다른 이름의 동사를 사용한다면 지금 사람이 사용하고 있는 언어는 얼마나 복잡할까요?

정리하겠습니다. 서브클래스가 사용하고 있는 어떤 메서드가, 인터페이스와 임플리멘테이션 모두가 슈퍼클래스에서 정의되었다면 그것은 상속받은 메서드(Inherited Method)입니다. 서브클래스가 사용하고 있는 어떤 메서드의 인터페이스와 임플리멘테이션 모두 자신이 정의한 것이라면 이는 추가된 메서드(Augmented Method)입니다. 마지막으로, 서브클래스가 사용하고 있는 어떤 메서드가, 인터페이스는 슈퍼클래스에서 선언되었지만, 임플리멘테이션은 서브클래스에서 만들어졌다면 이는 메서드 오버라이딩Method Overriding에 해당합니다.

인스턴스 변수의 상속에 대해 알아보겠습니다

메서드를 상속할 수 있듯이 인스턴스 변수도 서브클래스에 상속됩니다. 또한 서브클래스에서 인스턴스 변수를 추가하여 정의할 수 있습니다. 당연한 얘기지만, 오버라이딩은 인스턴스 변수에는 해당되지 않습니다. 즉, 어떤 서브클래스에서 사용되고 있는 인스턴스 변수에는 슈퍼클래스로부터 상속받은 부분도 있고, 자신이 추가하여 정의한 부분도 있게 됩니다.

인스턴스 변수의 상속에 있어서 유념해야 하는 것은 객체의 캡슐화와 연관된 문제입니다. 만약에 어떤 클래스가 슈퍼클래스로 사용될 예정입니다. 다시 말해서, 이 클래스를 베이스로 해서 여러 서브 클래스를 파생시키려고 합니다. 그렇다면, 그 클래스에서 정의된 인스턴스 변수 각각에 대해 초기화하는 방법(`__init__` 함수가 떠오릅니다)과 접근하는 방법(즉, 읽고 쓰는 법, 세터와 게터가 떠오릅니다)을 잘 정의해 둠으로써 이를 상속받는 서브클래스들이 해당 인스턴스 변수를 일관성 있고 안전하게 사용할 수 있도록 준비해 두어야 한다는 의미입니다. 물론, 이러한 대책(세터/게터 메서드 등)들은 상속과 무관하게 항상 잘 정비되어야 하지만 상속과 관련되는 경우에는 "더 세심하게" 신경써야 한다는 의미로 이해하면 좋겠습니다.

예를 들어, `x`라는 이름의 인스턴스 변수를 가지고 있는 `A` 클래스를 가정하겠습니다. [코드 21-36]을 보면, `A` 클래스의 인스턴스 변수 `x`의 초기화를 위해 `__init__` 메서드가 만들어져 있고, 데이터를 읽고 쓸 수 있도록 게터와 세터 메서드가 만들어져서 '함께' 제공되고 있습니다. 즉, 변수만 물려주는 것(상속하는 것)이 아니라, 그 변수를 어떻게 초기화하고 어떻게 사용해야 하는지도 정의해서 함께 물려주도록 합니다. "데이터와 연산을 함께" 만들어서 물려주는 셈입니다. 왜냐하면, 인스턴스 변수

x는 A 클래스 고유의 것으로 서브클래스들은 상속은 받지만 해당 인스턴스 변수의 의의에 대해서는 전혀 모르기 때문입니다.

[코드 21-36] 인스턴스 변수의 초기화와 세터, 게터

```
In [75]: class A:
             def __init__(self, a):
                 self.set_x(a)

             def set_x(self, a):
                 if 0<a<100:
                     self.x=a

             def get_x(self):
                 return self.x
```

A의 서브클래스인 B 클래스를 만들겠습니다. B 클래스는 A로부터 상속받은 x 이외에도 y라는 이름의 인스턴스 변수를 추가로 가지고 있습니다. 그럼 결국 B 클래스의 인스턴스들은 두 개의 인스턴스 변수 x, y를 가지게 되는데, 상속받은 x는 슈퍼클래스에서 상속받은 방식 그대로 사용하고, y 변수를 초기화하고 사용하는 방식은 스스로 결정해야 합니다. 예를 들면 [코드 21-37]과 같습니다.

[코드 21-37] 상속과 인스턴스 변수 관계

```
In [76]:  1  class B(A):
          2      def __init__(self, a, b):
          3          super().__init__(a)
          4          self.y=b
          5
          6      def set_y(self, b):
          7          self.y=b
          8
          9      def get_y(self):
         10          return self.y
         11
         12      def show(self):
         13          print(self.get_x(), self.y)
```

In [76]의 3행에서 super()라는 이름의 함수가 보이는데, 이를 보통 슈퍼함수라고 부릅니다. 슈퍼클래스의 메서드를 호출하고자 할 때 사용합니다. 3행의 super().__init__는 해당 클래스의 슈퍼클래스인 A의 __ini__ 함수를 호출하게 됩니다. [코드 21-37]의 실제 실행 예를 보면 [코드 21-38]과 같습니다.

In [77]:
```
b=B(10, 20)
```

In [78]:
```
b.show()
```
```
10 20
```

In [79]:
```
b.set_x(40)
```

In [80]:
```
b.show()
```
```
40 20
```

[코드 21-38]
[코드 21-37]의 실행 예

물론, [코드 21-39]와 같이 서브클래스 B에서, 상속받은 인스턴스 변수를 직접 초기화하는 것도 문법적으로 틀리지는 않습니다. 하지만 슈퍼클래스에서 제공하고 있는 방식을 이용해서 초기화하는 것이 데이터 고유의 일관성을 유지하는 데 훨씬 유리하다는 뜻입니다.

In [81]:
```
def __init__(self, a, b):
    self.x=a
    self.y=b
```

[코드 21-39]
직접 초기화한
인스턴스 변수

아기로 시작했으니 아기로 끝내겠습니다: 특수화와 일반화

나는 아기입니다. 세상에 아는 것이라곤 엄마와 아빠 밖에 없는 정말 작은 아기입니다. 그런데 태어나서 처음으로 산책을 가는 길에 강아지를 만나게 됩니다. 엄마, 아빠와 다른 무엇인가를 처음 보게 된 것입니다. 내가 알던 세상은 원래 엄마, 아빠 밖에는 없는 세상이었는데, 이제 강아지도 함께 있는 세상이 되었습니다. 그런데 강아지는 엄마, 아빠와 많이 달라 보입니다. 그래서 엄빠(엄마와 아빠)랑 강아지 사이에 구별하는 선을 하나 긋게 됩니다. 엄마와 아빠는 서로 비슷하니까 하나의 편으로 묶입니다. 그 묶음에 '사람'이란 타이틀이 붙습니다. 이제 처음으로 내 머릿속에 클래스가 생겼습니다. 그런데 길을 가다 생김새가 조금씩 다른 여러 강아지를 만나게 되면서 강아지도 "여럿"인 걸 알게 되고, 하나의 '급(class)'으로 묶게 됩니다. 이제 내 머릿속에는 '사람'과 '강아지'의 두 개 클래스가 존재하게 됩니다.

그런데 강아지 사례를 많이 만나다 보니 '무서운' 강아지가 있는 것도 알게 되었습니다. 덩치가 크고, '세게' 짖고 나한테 적대적인 감정을 보입니다. 그래서 강아지 클래스를 '무서운 강아지'와 '귀여운 강아지'로 나누게 됩니다. 슈퍼클래스로부터 서브클래스가 나누어져 나옵니다. 내가 자꾸 똑똑해져서 (즉, 이런저런 강아지를 많이 보게 되면서) 생기는 일입니다. 이렇게 만들어지는 상속의 과정을 특수화(Specialization)라고 부릅니다. 용어에서 그 의의가 그대로 느껴집니다. 또 길을 가다 강아지와 비슷한데, '조금은 달라 보이는' 고양이를 만나게 됩니다. 그럼 이제 내 머릿속 세상에는 사람, 강아지 그리고 고양이가 존재하게 됩니다. 강아지와 고양이는 (물론 다르긴 한데) 서로 비슷한 구석이 있습니다. 비슷한 것들은 묶어 두어야 머릿속이 정리가 되고 편안해집니다. 그래서 강아지 클래스와 고양이 클래스를 하나로 묶습니다. '동물' 클래스입니다. 강아지와 고양이의 공통점을 모아서 '동물'이라는 가상의 그룹(클래스)을 만듭니다. 즉, 강아지와 고양이 클래스의 슈퍼클래스로 동물 클래스가 만들어진 것입니다. 이 과정을 일반화(Generalization)라고 부릅니다. '특수화'가 "위에서 아래로"라면, '일반화'는 "아래에서 위로"에 해당합니다.

21장을 정리하겠습니다

객체지향 방식의 소프트웨어 개발은, 사람의 사고방식을 그대로 코드로 옮길 수 있도록 합니다. 정말 "생각한 그대로" 코딩할 수 있습니다. 자꾸 생각하고, 연습해서 금세 객체지향에 익숙해지기 바랍니다. 자전거를 처음 배울 때에는 "넘어지지 않고 자전거를 타는 것" 자체가 목적이 되지만, 자전거 타는 법을 익히고 나면 자전거는 본인을 본인이 원하는 곳으로 이동시켜주는 그냥 '수단'이 될 뿐입니다.

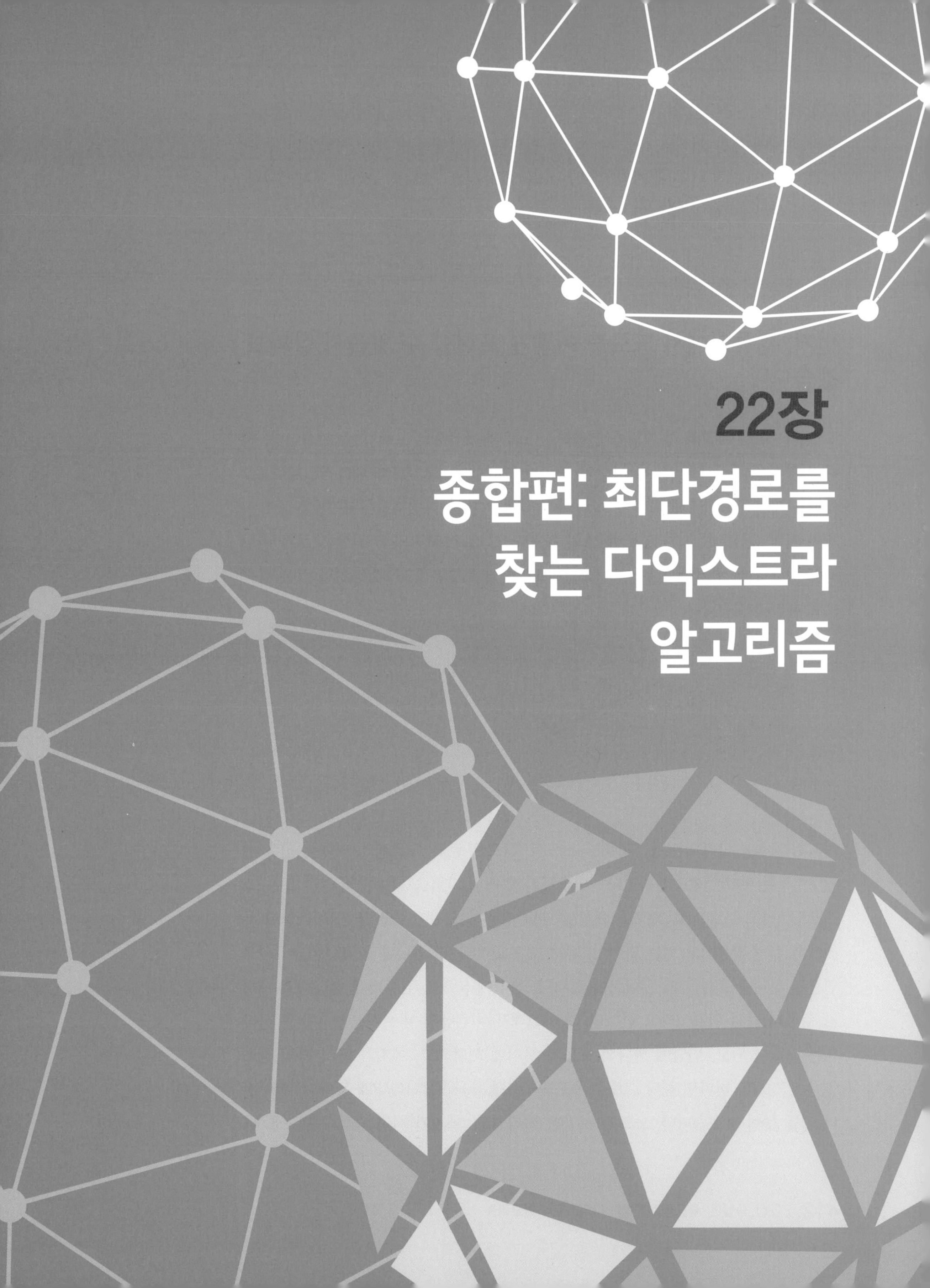

22장

종합편: 최단경로를 찾는 다익스트라 알고리즘

22장에서는 최단경로 알고리즘인 다익스트라Dijkstra를 구현하는 과정을 통해 알고리즘과 객체에 대한 이해의 폭을 넓히고자 합니다. 최단경로 문제란 지도상의 두 개 지점(출발점과 도착점) 간에 가장 가까운 (또는 가장 빠른) 경로를 구하는 문제입니다. 자동차 내비게이션의 핵심입니다.

먼저, 컴퓨터에서 도로를 어떻게 표현할 수 있을지 살펴보겠습니다

도로망은 여러 지점과 각 지점을 연결하는 도로의 묶음으로 표현할 수 있습니다. 하나의 지점을 중심으로 두 개 이상의 도로가 만납니다. 교차로가 대표적입니다. 그 외에 도시의 주요한 건물이나 장소 등이 지점에 포함될 수 있겠습니다. 예를 들어, 4개의 지점 A, B, C, D가 있으며, A와 B, B와 C, 그리고 B와 D 간에 도로가 연결되어 있습니다. 이러한 경우를 그림으로 표현하면 보통은 [그림 22-1]과 같은 형식으로 나타내게 됩니다.

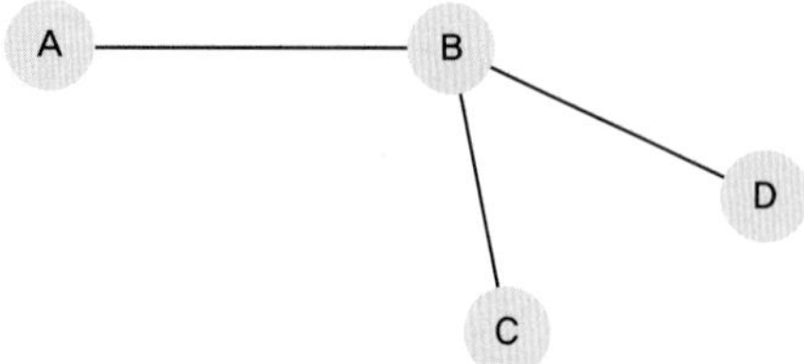

[그림 22-1] 도로망의 표현

여기서 지점을 나타내는 동그라미를 노드Node라고 부르고, 도로를 나타내는 선을 에지edge 또는 아크arc라고 부릅니다. 이와 같은 형태의 그림을 네트워크network 또는 그래프graph라고 부르는데, 도로를 표현할 때만 사용하는 것이 아니라 아주 다양한 문제에서 널리 활용되고 있는 다이어그램(이면서 데이터구조)입니다. 어떤 것들이 서로 연결된 상태를 표현할 때 많이 사용됩니다. 만약에 노드가 컴퓨터에 해당하고 에지가 컴퓨터 간의 연결이라고 한다면 해당 그래프는 컴퓨터 네트워크(인터넷)를 나타내는 그림이 되고, 만약에 하나의 노드가 문서에 해당하고, 에지가 문서 간의 참조(또는 링크)라고 한다면 해당 그림은 월드와이드웹(www)을 나타내게 됩니다. 하나만 더 예를 들어 보겠습니다. 노드가 사람을 가리키고, 에지가 사람 간의 친밀도를 나타내도록 하면 해당 그래프는 소셜 네트워크Social Network를 표현하게 됩니다. 그래프는 쓰임새가 아주 많은 데이터구조입니다. 최단경로 알고리즘을 다루면서 그래프와도 친해지는 계기가 되면 좋겠습니다.

최단 경로의 의의를 알아보겠습니다

[그림 22-1]의 그래프는 4개의 노드와 세 개의 에지로 만들어져 있습니다. A와 C 사이에는 직접 연결된 도로가 없어서 만약에 A에서 C로 이동하려면 B를 통과할 수밖에 없습니다. 이 경로(path)를 A-B-C라고 표현할 수 있겠습니다. 그런데 만약에 A에서 C로 직접 가는 길이 새로 만들어졌습니다. 그러면 운전자 입장에서는 한 가지 옵션이 더 생긴 셈입니다. A-B-C와 A-C 경로 중에 더 빠른 경로를 선택해서 이용할 수 있겠습니다.

대부분의 경우에 두 개 지점을 연결하는 길(또는 경로)은 여럿입니다. 최단경로 문제는, 하나의 지점에서 다른 특정한 지점(목적지)으로 가는 '모든' 경로 중에서 가장 거리가 짧은 경로를 찾는 문제입니다. 그렇다면, 가능한 경로를 모두 구한 다음에 각 경로의 길이를 비교해서 가장 짧은 경로를 찾으면 되겠습니다. 그러기 위해서는 우선 각 에지마다 거리값(또는 해당 도로를 지나는 데 걸리는 시간)을 알아야 합니다. [그림 22-2]와 같은 도로망이 있다고 하겠습니다. 각 에지의 중간에 표시되어 있는 숫자는 해당 에지의 거리를 나타냅니다.

[그림 22-2] 도로망의 예

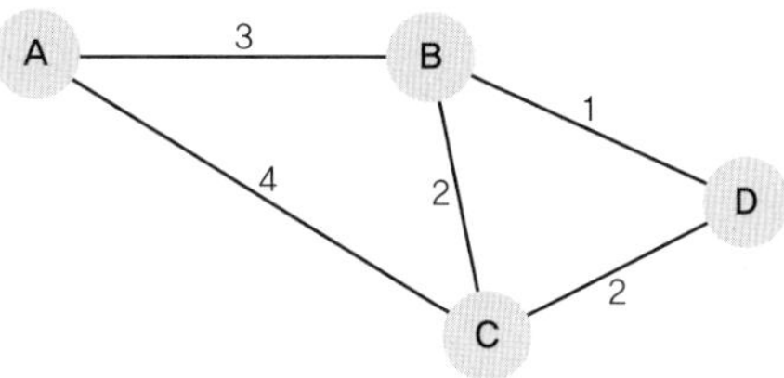

[그림 22-2]의 도로망에서, A 노드에서 D 노드로 이동하고자 할 때 가능한 경로는 ① A→B→D ② A→B→C→D ③ A→C→B→D ④ A→C→D 등 4가지가 있습니다. 실제로 경로는 무수히 많습니다. 예를 들어, A→B→C→A→B→D도 하나의 가능한 경로입니다. 하지만 같은 지점을 두 번 이상 방문하고 있습니다. 이런 경로는 그

렇지 않은 경로에 비해 무조건 거리가 더 깁니다. 그러니, 최단경로 문제를 푸는 입장에서는 애초부터 고려할 필요가 없는 경로입니다. [그림 22-2]에서 노드의 중복이 없는 경로는 앞서 보인 4개 경로뿐입니다. 최단경로를 찾기 위해 각 경로의 길이를 계산해보면, ①의 경로는 4, ②의 경로는 7, ③의 경로도 7, ④의 경로는 6입니다. 결국, A에서 출발해서 D에 도착하는 최단경로는 A→B→D이며 총 거리는 4입니다.

정리해보면, 최단경로 문제는 두 지점 간의 "모든 가능한" 경로를 빠짐없이 찾은 후에, 각 경로의 거리값을 비교하는 (즉, 비교해서 가장 짧은 경로를 찾는) 문제가 됩니다. 그런데 실제 문제에서 가능한 경로를 모두 찾는다는 것은 경우의 수가 너무 많아서 계산하는 데 많은 시간이 걸리거나 심지어 불가능한 경우도 있습니다. 그래서 제한된 시간 안에 최단경로를 찾을 수 있는 "방법 또는 계산 절차"가 필요하게 되었으며, 이런 목적으로 "최단경로 알고리즘"이 많이 만들어졌습니다. 그 중 가장 기본이 되는 것은 역시 다익스트라 알고리즘입니다.

다익스트라 알고리즘을 알아보겠습니다

다익스트라 알고리즘은 다음과 같이 5단계로 구성되어 있습니다.

- 1단계: 모든 노드에 하나의 거리값을 할당한다. 시작점에 해당하는 노드는 0으로, 그리고 다른 모든 노드의 거리값은 무한대로 초기화한다.
- 2단계: 모든 노드들을 미방문(unvisited)으로 표시한다. 그리고 시작 노드를 현재 노드로 설정한다.
- 3단계: 현재 노드에 대하여, 현재 노드와 연결된 모든 미방문 노드에 대해 거리값을 계산한다. 만약 그 거리값이 이전에 저장된 거리값보다 작으면 새로 계산된 거리값을 노드의 거리값으로 바꾼다.
- 4단계: 모든 이웃 노드(현재 노드에 직접 연결되어 있는 노드)에 대해 거리값 계산을 마치면, 현재 노드를 방문(visited) 노드로 표시한다. 방문 노드의 거리값은 (바뀔 일이 없으니) 다시 계산되지 않으며, 현재의 거리값이 최단경로값이 된다.
- 5단계: 미방문 노드 중에 거리값이 가장 작은 노드를 찾아 현재 노드로 설정한 다음에 3단계로 돌아가 반복한다.

다익스트라 알고리즘의 핵심은 3단계입니다. 그 의의에 대해 살펴보겠습니다. 아래의 [그림 22-3]을 참고하기 바랍니다. 현재 A 노드는 시작 노드로부터의 최단경로가 밝혀져 있습니다. 최단거리는 12입니다. 이렇게 최단거리가 결정되어 있는 노드를 방문 노드(Visited Node)라고 부릅니다. 이 정보를 이용해서 A 노드와 직접 연결되어 있는 이웃 노드(Neighbor Node)들의 거리값을 구할 수 있습니다. 여기서의 거리값이란 "A 노드를 거쳐서 가는" 경로의 거리값을 의미합니다. 예를 들어, B 노드를 "A 노드를 거쳐서" 가게 되는 경우에 거리값은 [A 노드의 최단거리]와 [A-B 간의 거리]를 더한 값으로 15가 됩니다. 이 거리는 처음에 초기화된 B 노드의 거리값인 무한대(거리가 무한대인 경로가 있다는 의미로 해석하면 됩니다)보다 작으므로 거리값을 무한대에서 15로 업데이트하게 됩니다.

[그림 22-3] 다익스트라 알고리즘의 아이디어

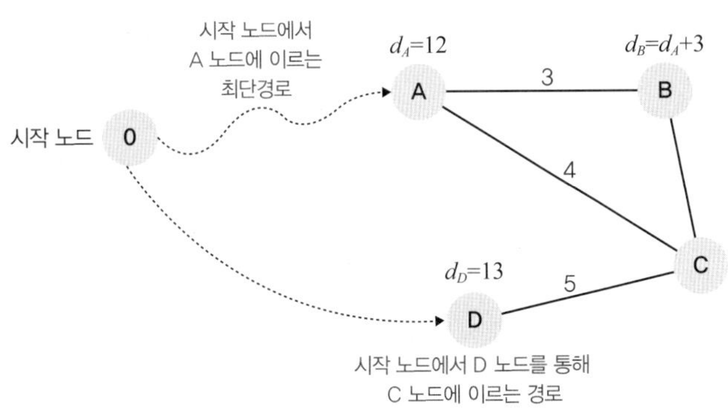

마찬가지로, C 노드도 A 노드와 직접 연결되어 있기 때문에, "A 노드를 거쳐 가는" 경로의 거리값을 구할 수 있습니다. 거리값은 [A 노드의 최단거리]인 12에 [A와 C 간의 거리]인 4를 더한 16이 됩니다. 그런데 이미 C에 이르는 다른 경로가 있고([그림 22-3]에서 볼 수 있는 바와 같이, D를 통하는 경로) 그 거리값은 18입니다. 그러면 C 입장에서는 "A 노드를 통하는 경로"가 이전의 경로(D를 통해서 오는 경로)보다 더 짧은 경로가 되는 셈입니다. 출발 지점에서 C 노드에 이르는 새로운 최단 경로를 찾았으므로 C 노드의 거리값을 해당 경로의 거리값인 16으로 업데이트합니다.

각 노드의 거리값은 "현재까지 파악된" 최단경로의 거리값이 됩니다. 그 거리값보다 더 짧은 경로를 찾게 되면 해당 노드의 거리값을 업데이트하게 됩니다. 결국, 다익스트라 알고리즘의 3단계에서 "만약 그 거리값이 이전에 저장된 거리값보다 작으면 새로 계산된 거리값을 노드의 거리값으로 바꾼다"라는 말의 의미는 이전에 알던 경로보다 더 짧은 경로를 새로 발견했으니 최단경로를 그에 맞게 수정하라는 뜻이 됩니다.

다익스트라 알고리즘의 계산 절차

다익스트라 알고리즘의 실행을 위해 간단한 예제 문제를 "손으로" 직접 풀어보겠습니다. 너무 당연한 얘기지만, 컴퓨터 프로그램은 절대로 "자기가 알아서" 실행되지 않습니다. 사람이 시키는 대로만 실행될 뿐입니다. 무슨 뜻인가요? 사람이 풀지 못하는 문제는 절대로 컴퓨터가 "사람을 대신해서" 풀도록 만들 수 없다는 뜻입니다.

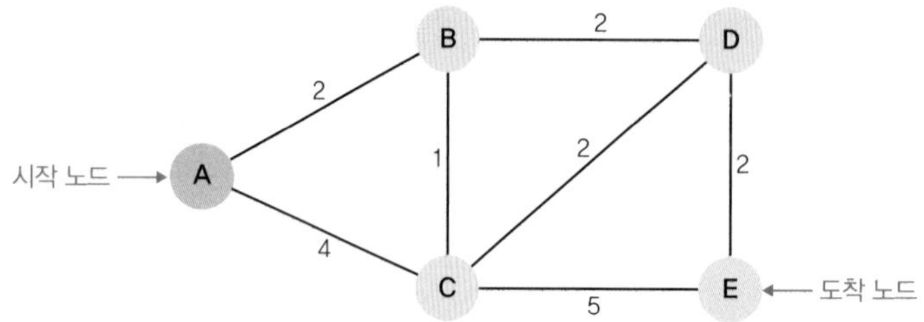

[그림 22-4] 다익스트라 알고리즘 예제

문제는 "A 지점에서 출발하여 E 지점에 이르는 최단경로"를 찾아내는 것입니다. 앞서 살펴봤던 최단경로 알고리즘을 그대로 따라가 보겠습니다. 먼저 1단계와 2단계입니다.

1단계 모든 노드에 하나의 거리값을 할당한다. 시작점에 해당하는 노드는 0으로, 그리고 다른 모든 노드의 거리값은 무한대로 초기화한다.

2단계 모든 노드를 미방문(unvisited)으로 표시한다. 그리고 시작 노드를 현재 노드로 설정한다.

그 결과는 [그림 22-5]와 같이 나타낼 수 있습니다.

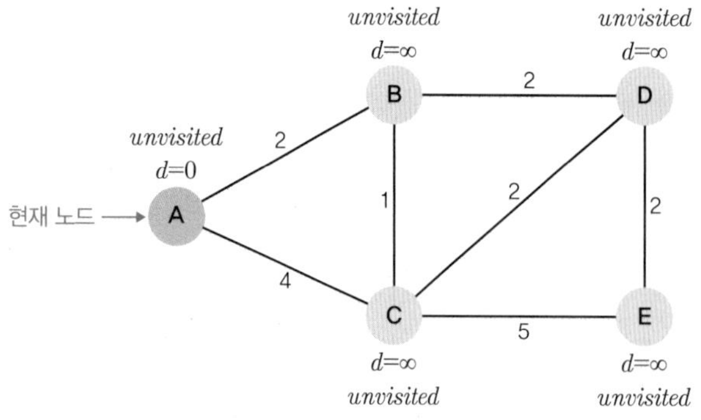

[그림 22-5] 1단계와 2단계 진행

3단계 현재 노드에 대하여, 현재 노드와 연결된 모든 미방문 노드에 대해 거리값을 계산한다. 만약 그 거리값이 이전에 저장된 거리값보다 작으면 새로 계산된 거리값을 노드의 거리값으로 바꾼다.

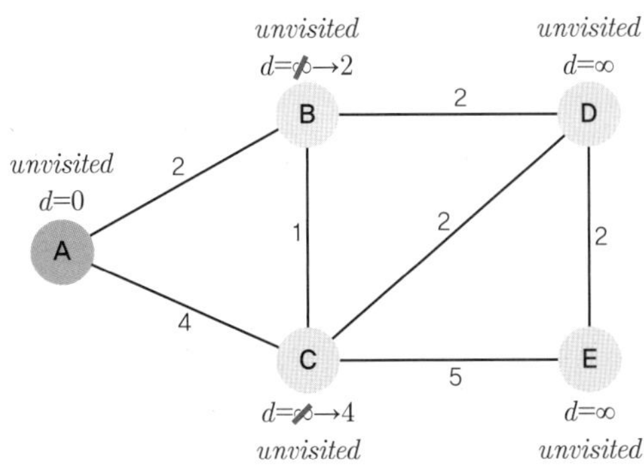

[그림 22-6] 3단계 진행: 현재 노드인 A의 이웃 노드들의 d 값을 수정함

현재 노드인 A에 대하여 A의 미방문(unvisited) 이웃 노드인 B와 C의 거리값을 업데이트합니다. B의 d 값은 [A의 d 값]+[A−B 거리]=0+2=2가 됩니다. 이전의 거리값인 무한대보다 작으므로 B 노드의 거리값을 2로 업데이트합니다. 새로운 더 짧은 경로가 발견되었다는 의미입니다. 마찬가지로, C 노드의 거리값을 [A의 d 값]+[A−C 거리]=0+4=4로 업데이트합니다.

4단계 모든 이웃 노드에 대해 거리값 계산을 마치면, 현재 노드를 방문(visited) 노드로 표시한다. 방문 노드의 거리값은 다시 계산되지 않으며, 현재 노드는 현재의 거리값이 최단경로값이 된다.

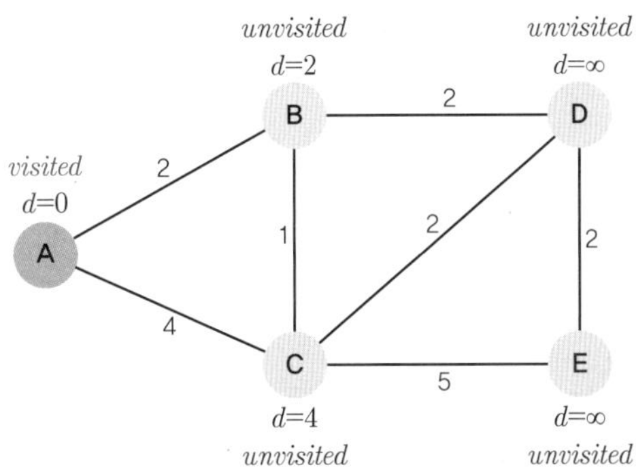

[그림 22-7] 4단계 진행: 현재 노드

5단계 미방문 노드 중에 거리값이 가장 작은 노드를 찾아 현재 노드로 설정한 다음에 3단계로 돌아가 반복한다.

현재 미방문(unvisited) 노드는 B, C, D, E 등 4개이며, 이 중에서 d 값이 가장 작은 노드는 B입니다. B 노드를 현재 노드로 설정합니다.

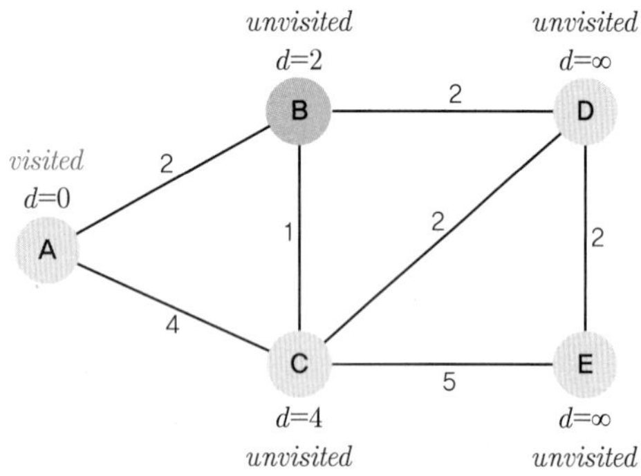

[그림 22-8] 5단계 진행

다시, 3단계 현재 노드에 대하여, 현재 노드와 연결된 모든 미방문 노드에 대해 거리값을 계산한다. 만약 그 거리값이 이전에 저장된 거리값보다 작으면 새로 계산된 거리값을 노드의 거리값으로 바꾼다.

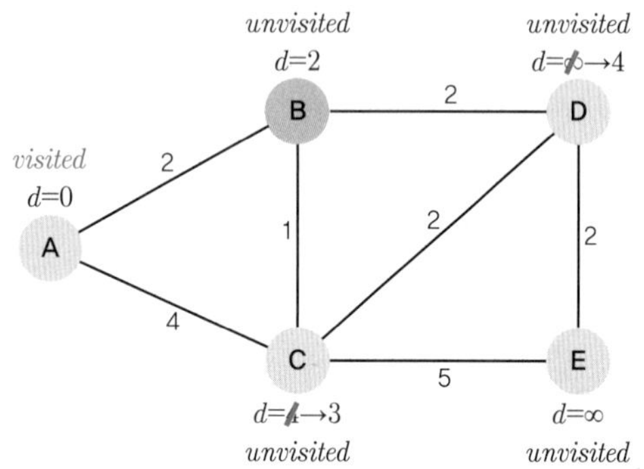

[그림 22-9] 3단계 재진행

현재 노드인 B 노드의 이웃 노드는 A, C, D입니다. 이 중에서 A는 visited(최단경로가 결정된 노드라는 뜻)이고 나머지 C, D는 unvisited(미방문 노드)입니다. 미방문 노드인 C와 D의 거리값을 업데이트합니다. D 노드의 거리값은 무한대에서 4로 업데이트됩니다. C 노드의 경우가 재밌는데요. 기존에 A에서 바로 오는 경로가 있었고, 그 경로가 "현재까지 파악된" 최단경로였습니다. 그런데 "이제 보니" B를 거쳐 오는 경로의 거리값이 3으로 이전 경로보다 더 짧습니다. C 노드의 거리값을 4에서 3으로 업데이트합니다.

다시, 4단계 모든 이웃 노드에 대해 거리값 계산을 마치면, 현재 노드를 방문(visited) 노드로 표시한다. 방문 노드의 거리값은 다시 계산되지 않으며, 현재 노드는 현재의 거리값이 최단경로값이 된다.

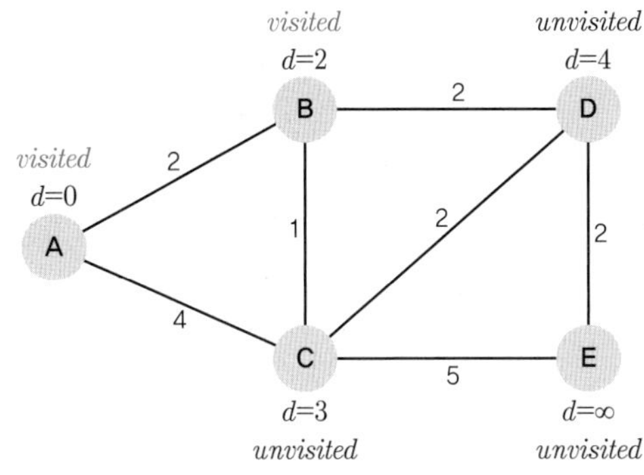

[그림 22-10] 4단계 재진행

다시, 5단계 미방문 노드 중에 거리값이 가장 작은 노드를 찾아 현재 노드로 설정한 다음에 3단계로 돌아가 반복한다.

미방문 노드 중에서 거리값이 가장 작은 노드는 C 노드입니다. C 노드를 기준으로 (즉, 현재 노드로 설정하여) 다시 3단계를 실행합니다.

위와 같은 과정을 계속 반복하다 보면, [그림 22-11]과 같은 결과를 얻게 됩니다. 꼭 스스로 완성해보기 바랍니다. 도착 노드 E의 거리값인 6이 최단경로의 거리값이 됩니다.

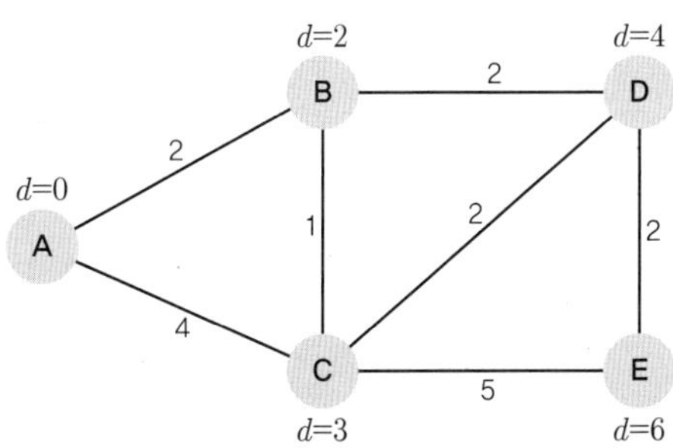

[그림 22-11] 다익스트라 알고리즘의 최종 결과 (1)

그런데 이대로만 끝내면 경로를 바로 확인하기 어려운 문제가 있습니다. 그래서 코딩을 염두에 두고 알고리즘을 조금 수정해 보았습니다. 기본 아이디어는, 각 노드의 최단거리값이 수정될 때마다 직전 노드가 무엇인지, 즉, 어떤 노드를 통해서 오는 경로인지를 저장할 수 있도록 만드는 것입니다. 최단경로상의 직전 노드라는 의미에서 pre(previous) 노드를 저장할 수 있도록 알고리즘을 추가해 보았습니다. 수정한 알고리즘은 다음과 같습니다. 추가된 부분은 올리브 색으로 표시해 두었습니다.

- 1단계: 모든 노드에 하나의 거리값을 할당한다. 시작점에 해당하는 노드는 0으로, 그리고 다른 모든 노드의 거리값은 무한대로 초기화한다. **모든 노드의 pre값을 unknown이라고 둔다. 시작 노드의 pre 값은 없으므로 None이라고 둔다.**
- 2단계: 모든 노드를 미방문(unvisited)으로 표시한다. 그리고 시작 노드를 현재 노드로 설정한다.
- 3단계: 현재 노드에 대하여, 현재 노드와 연결된 모든 미방문 노드에 대해 거리값을 계산한다. 만약 그 거리값이 이전에 저장된 거리값보다 작으면 새로 계산된 거리값을 노드의 거리값으로 바꾼다. **거리값을 바꾸는 경우에는, 해당 노드의 pre 값을 현재 노드의 이름으로 바꾼다.**
- 4단계: 모든 이웃 노드(현재 노드에 직접 연결되어 있는 노드)에 대해 거리값 계산을 마치면, 현재 노드를 방문(visited) 노드로 표시한다. 방문 노드의 거리값은 (바뀔 일이 없으니) 다시 계산되지 않으며, 현재의 거리값이 최단경로값이 된다.
- 5단계: **목적지 노드가 방문 노드가 되면 6단계로 간다.** 미방문 노드 중에 거리값이 가장 작은 노드를 찾아 현재 노드로 설정한 다음에 3단계로 돌아가 반복한다.
- **6단계: 목적지 노드의 pre 값으로부터 역순으로 경로를 찾는다.**

실제로 우리 문제에 적용해보면, 아래의 [그림 22-12]와 같은 결과를 얻을 수 있습니다. 최종 목적지인 E 노드의 pre 값으로부터 경로상 직전 노드인 D를 구하고, D 노드의 pre 값으로부터 경로상 직전 노드인 B를 구하고, B 노드의 pre 값으로부터 경로상 직전 노드인 A를 구할 수 있습니다. 즉, E→D→B→A입니다. 이 경로를 거꾸로 뒤집으면 출발 노드인 A에서 도착 노드인 E에 이르는 최단경로를 얻을 수 있습니다. 결과적으로, 최단경로는 A→B→D→E이며, 최단거리는 도착노드(E)의 d 값인 6이 됩니다.

[그림 22-12] 다익스트라 알고리즘의 최종 결과 (2)

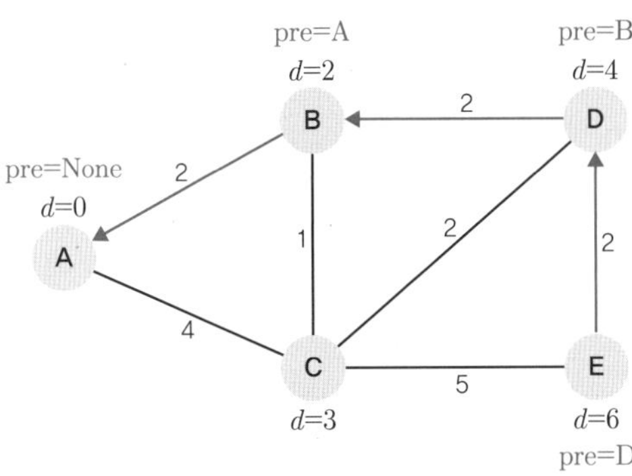

다익스트라 알고리즘을 구현하겠습니다

이제 다익스트라 알고리즘을 구현(코딩)해보겠습니다. 다익스트라 알고리즘을 구성하는 요소는 노드, 에지, 그래프, 세 가지 타입이며, [그래프=노드+에지]의 관계로 연관되어 있습니다. 앞의 그래프 예제를 그대로 사용하겠습니다.

먼저, 노드가 어떻게 표현되는지를 살펴보겠습니다

먼저 노드node에 대해 살펴보겠습니다. 일단, 노드는 이름, 거리값, 방문/미방문 여부, 직전 노드의 정보를 가지고 있습니다. 각각을 `name`, `dist`, `visited`, `pre` 등의 인스턴스 변수로 나타내겠습니다. 노드 클래스의 소스코드는 [코드 22-1]과 같습니다. 노드 객체의 인스턴스 변수 초기화를 위한 `__init__()` 함수를 보면, 방금 언급했던 인스턴스 변수 외에 `idx` 변수가 보이는데, 이는 해당 노드의 일련번호를 나타내기 위해 사용된 변수이며, 나중에 에지를 표현하는 데이터구조(프리시던스 매트릭스)와의 연결을 위해 필요한 변수입니다. 거리값(dist)의 초깃값으로 무한대 대신에 "충분히 큰 값"인 999를 사용하였고, 방문/미방문 여부를 나타내는 `visited` 변수는 "visited(방문한 경우)", 또는 "unvisited(미방문의 경우)"의 문자열 값을 갖도록 만들었습니다. Self.pre 변수는 최단경로상의 직전 노드의 참조자를 저장하기 위한 용도로 사용됩니다.

그 외에 몇 개의 세터와 게터 메서드가 보이고 (필요한 만큼만 최소한으로 만들었습니다), 마지막에 updateDist 메서드가 보이는데, 해당 노드로의 최단경로가 바뀌는 경우에 (즉, 거리가 더 짧은 새로운 경로가 발견되는 경우에) 거리값(self.dist)과 직전 노드의 참조자(self.pre)를 한꺼번에 수정하는 데 사용됩니다. 실제로 해당 노드 객체에 대해 preNode로부터 newDist 거리값을 갖는 새로운 경로가 발견되는 경우에 호출됩니다. 인자로 전달된 newDist 값이 기존에 가지고 있던 거리값(self.dist)보다 짧다면 거리값과 직전 노드를 인자로 전달된 새로운 값으로 업데이트하도록 만들었습니다.

[코드 22-1]
노드 클래스

In [1]:
```
class Node:
    def __init__(self, x, n, d=999, v='unvisited', p=None):
        self.idx=x
        self.name=n
        self.dist=d
        self.visited=v
        self.pre=p

    def getIdx(self):
        return self.idex

    def getDist(self):
        return self.dist

    def getPre(self):
        return self.pre

    def setVisited(self, a):
        self.visited=a

    def updateDist(self, preNode, newDist):
        if self.dist>newDist:
            self.dist=newDist
            self.pre=preNode
```

실제로 노드 객체가 잘 동작하는지를 확인하기 위해 인덱스가 0이고 이름이 'A'인 노드를 만들어 테스트하겠습니다. [코드 22-1]의 스크립트를 노트패드++로 작성하고, 해당 스크립트를 %run한 후에 [코드 22-2]를 실행해봅니다. 만들어진 노드 객체 n에 대해 세터/게터 함수들을 호출하여 제대로 실행되는지 확인해보기 바랍니다.

[코드 22-2] 노드 객체의 생성

```
In [2]:  n=Node(0, 'A', v='visited')
```

객체가 올바르게 동작하는지를 확인하기 위해서는 객체 간에 만들어지는 참조관계를 그려보는 것이(파악하는 것이) 매우 중요합니다. In [2]에 의해 만들어지는 참조관계는 [그림 22-13]과 같습니다.

[그림 22-13] 객체 간의 참조관계

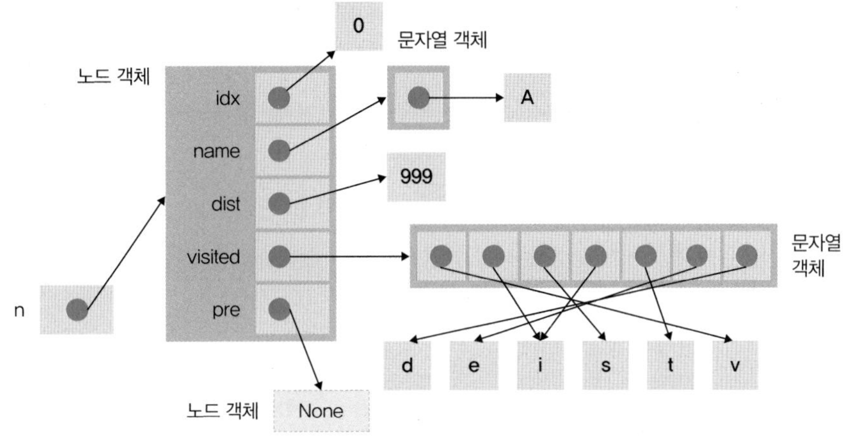

익숙해지면 조금 단순하게 그려도 좋겠습니다. 예를 들면 [그림 22-14]와 같은 이미지입니다.

[그림 22-14] 단순하게 표현한 객체 간의 참조관계

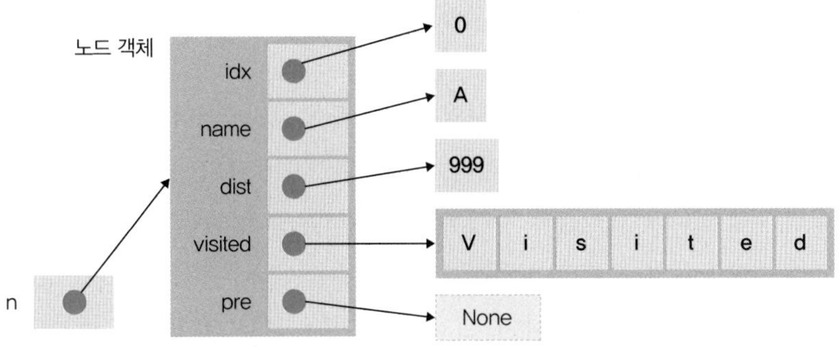

좀 더 단순화해도 괜찮습니다. [그림 22-15]에는 숫자, 문자열 등의 기본적인 데이터 이외에 객체에 대한 참조자만 남겨 두었습니다.

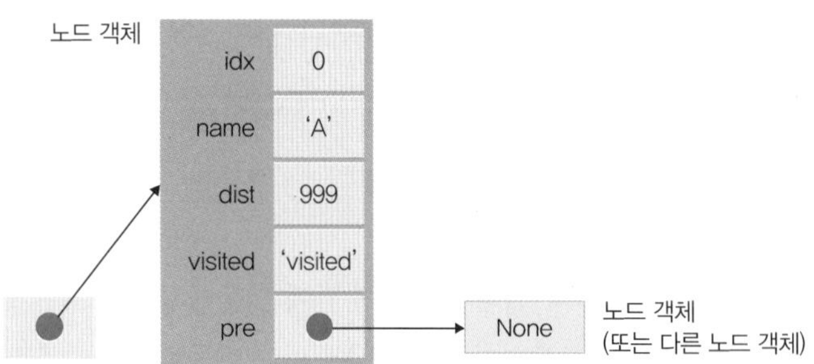

[그림 22-15] 좀더 단순하게 표현한 객체 간의 참조관계

위와 같은 그림을 나름대로 그리려면 참조자에 대한 개념이 명확해야 합니다. 참조자의 의의에 대해 조금 더 부연해서 설명하겠습니다. 이 책에서도 이미 너무 당연하게 사용하고 있는 용어지만, (워낙에 중요한 용어이다 보니) 이쯤에서 한 번 더 정리하겠습니다. 예를 들어 보겠습니다. 쇼핑몰을 꾸리고 있는데, 고객별로 이름, 주소, 전화번호와 같은 정보를 관리하고 있다고 (상상) 하겠습니다. 아직 주문처리 시스템을 도입하기 전이라 스프레드시트(엑셀)를 이용해서 정보를 관리하고 있다고 하겠습니다. 그러면 대부분 [그림 22-16]과 같은 형태로 테이블(table) 데이터를 관리하게 됩니다.

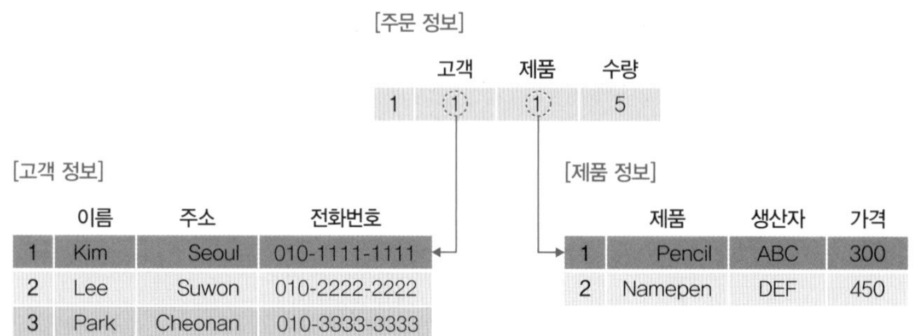

[그림 22-16] 스프레트시트로 이용한 주문 관리

[고객 정보] 테이블에서 하나의 행은 하나의 고객 정보에 해당합니다. 예를 들어, 첫 번째로 리스트된 고객은 "서울에 거주하며, 전화번호가 010-1111-1111인 Kim이라는 이름의 고객"입니다. 테이블의 첫 번째 칼럼 정보는 보통 인덱스[index]라고 부르는 정보인데 해당 고객의 (중복 없는) 일련번호를 나타내고 있습니다. 예를 들어, [고객 정보] 테이블에서 "서울에 거주하며, 전화번호가 010-1111-1111인 Kim이라는 이름의 고객"은 "1번" 고객으로 불린다는 것을 나타내고 있습니다. 이 번호들은 각 고객을 "구별하고, 가리키는" 용도로 사용될 수 있습니다. [제품 정보]의 경우도 마

찬가지입니다. 이와 같이 각 (정보) 객체를 가리키는 용도로 사용되는 번호가 참조자에 해당합니다.

참조자를 활용하게 되면, 실제로 "서울에 거주하며, 전화번호가 010-1111-1111인 Kim이라는 이름의 고객이 ABC 회사가 공급하는 개당 300원짜리 연필 5개를 주문함"이라는 주문 정보는 "1번 고객이 1번 제품을 5개 주문함"의 형태로 표현할 수 있게 됩니다. 이렇게 하면 정보는 한 군데에 (중복 없이) 저장되어 있고, 필요할 때마다 참조의 형태로 해당 정보에 접근할 수 있게 됩니다. 컴퓨터 언어에서도 이와 전혀 다르지 않습니다. 다만, 각 객체에게 임의로 (중복 없이) 일련번호를 부여하기도 하지만 일반적으로는 해당 객체의 정보가 저장된 메모리 위치값(주솟값)을 사용한다는 차이가 있을 뿐입니다. 참조자가 왜 중요한가요? (계속 해왔던 얘기입니다만) 참조자를 통해서만 객체와 커뮤니케이션할 수 있기 때문입니다. 여기서 커뮤니케이션이라고 하는 것은 결국 객체의 메서드 호출입니다. 객체에게 "무엇 무엇 좀 해줘~" 하는 것이죠.

다음으로, 에지의 표현을 살펴보겠습니다

에지는 "어디(a)에서 어디(b)까지의 거리(c)가 얼마"인지를 표현하는 정보입니다. 여기서 c는 실제 데이터 값(value)을 나타내고, a와 b는 인덱스(index)에 해당합니다. 에지는 인덱스가 두 개인 2차원 데이터구조를 가집니다. 2차원 정보의 대표적인 예로는 행렬(matrix)이 있습니다.

데이터구조(Data Structure)를 공부하면서 "여러 연관된 데이터 값을 하나로 묶어서 관리할 수 있다"라고 했는데, 하나의 데이터구조에 묶여 있는 각 데이터값은 일반적으로 (저장된 순서를 나타내는) 인덱스를 통해 접근하게 됩니다. 대표적인 데이터구조인 리스트의 경우는 인덱스가 한 개인 1차원 구조를 가지고 있습니다. 한 개의 인덱스값으로 리스트에 포함되어 있는 모든 항목에 대한 접근(즉, 할당과 참조)이 가능합니다. 예를 들어, 어떤 리스트 a에서 a[5]는 6번째 항목값을 나타냅니다.

여러 개의 리스트를 한군데에 쌓게 되면 2차원적인 데이터구조를 표현할 수 있습니다. 대부분의 컴퓨터 언어와 마찬가지로 파이썬에서도 2차원 정보는 "리스트들의 리스트(a list of lists)"로 표현됩니다. [코드 22-3]에서 a는 [1, 2, 3], [4, 5, 6] 그리고 [7, 8, 9]라는 세 개의 리스트를 포함하는 리스트입니다.

```
In [3]:  a=[[1, 2, 3],
            [4, 5, 6],
            [7, 8, 9]]
```

[코드 22-3]
세 개의 리스트를 포함하는 리스트

실제로, [코드 22-4]와 같이 a 리스트를 구성하는 각 항목을 참조할 수 있습니다.

```
In [4]:  a[0]
Out[4]:  [1, 2, 3]

In [5]:  a[1]
Out[5]:  [4, 5, 6]

In [6]:  a[2]
Out[6]:  [7, 8, 9]
```

[코드 22-4]
a 리스트를 구성하는 각 항목을 참조

재미있는 것은 a[0]도 하나의 리스트이기 때문에 "a[0]의 첫 번째 항목"은 a[0][0]으로, 그다음 항목은 a[0][1]로, 마지막 항목은 a[0][2]로 참조할 수 있습니다. [코드 22-5]를 참고하기 바랍니다. 10장에서 리스트를 공부하면서 잠시 소개했던 내용입니다.

```
In [7]:  print(a[0][0], a[0][1], a[0][2])
         1 2 3
```

[코드 22-5]
a[0] 리스트의 항목값 출력

여기서 a[0][2]는 3입니다. 이를 "0번째 지점에서 2번째 지점으로의 거리값이 3"이란 것을 나타내는 것으로 해석하면 실제로 노드들 간의 거리값 표현에 (즉, 에지의 표현에) 바로 활용할 수 있습니다. 이와 같이, "어디에서 어디까지의 무슨 무슨 값"을 표현하는 2차원 행렬을 프레시던스 매트릭스Precedence Matrix라고 부릅니다. 우리가 예제로 다루었던 그래프의 프레시던스 매트릭스를 만들어 보면 [그림 22-17]과 같습니다.

첫 번째 행인 [0, 2, 4, 0, 0]은 첫 번째 노드인 A 노드로부터 (자신을 포함한) 다른 노드까지의 거리를 나타냅니다. A로부터 A까지의 거리는 0입니다(자신과 자신 간에는 거리가 0입니다). A로부터 B까지의 거리는 2, C까지의 거리는 4입니다. D와 E는 A와 직접 연결되어 있지 않습니다. 0으로 표시하는 것으로 하겠습니다(물론, -1로 표시해도 좋겠습니다). 그러다 보니, 대각선 위치에 있는 항목값은 모두 0으로 나타나고, 대각선을 중심으로 위쪽 삼각형 부분과 아래쪽 삼각형 부분에 있는 값은 정확히 대칭을 이루게 됩니다.

[그림 22-17] 그래프와 프레시던스 행렬

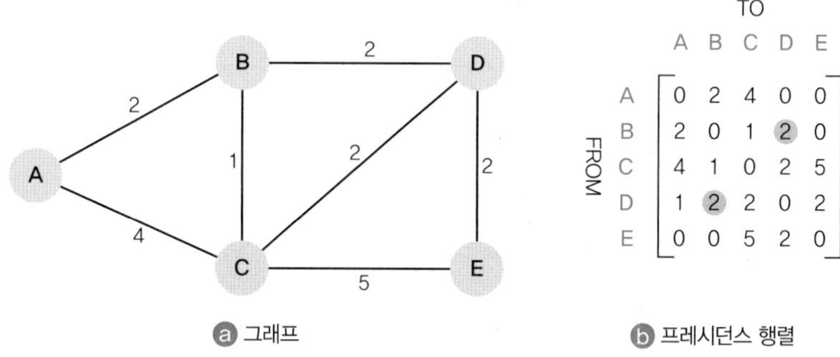

	A	B	C	D	E
A	0	2	4	0	0
B	2	0	1	2	0
C	4	1	0	2	5
D	1	2	2	0	2
E	0	0	5	2	0

ⓐ 그래프 ⓑ 프레시던스 행렬

예를 들어, 2번째 행의 4번째 값은 B 노드에서 D 노드에 이르는 거리가 2라는 것을 나타내고 있습니다. B에서 D까지의 거리가 2이면, D에서 B까지의 거리도 마찬가지로 2가 됩니다. 이것은 4번째 행의 두 번째 값이 2인 것에서 확인할 수 있습니다.

물론, 목적지에 가는 길과 되돌아오는 길이 항상 똑같은 것은 아닙니다. 갔던 길로 되돌아오지 못하고 다른 길로 돌아와야 하는 경우도 많습니다. 그런 경우에는 에지도 방향성을 가지게 됩니다. 실제로, 방향성이 있는 에지는 화살표로 나타냅니다. [그림 22-18]에서 확인하기 바랍니다. C에서 E로 가는 길의 거리는 5이지만, E에서 C로 가는 길은 거리가 4인 것을 나타내고 있습니다. 실제로 에지의 값을 거리 대신에 시간으로 바꾸게 되면 (즉, 가장 가까운 길 말고 가장 빠른 길을 찾으려고 하면) 모두 이런 형태로 방향성을 갖는 에지로 표현하는 것이 맞겠습니다.

[그림 22-18] 화살표로 표시하는 방향성이 있는 에지

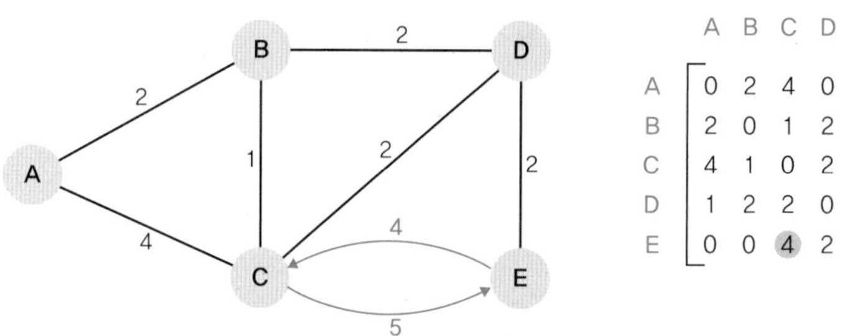

	A	B	C	D	E
A	0	2	4	0	0
B	2	0	1	2	0
C	4	1	0	2	5
D	1	2	2	0	2
E	0	0	4	2	0

다음으로, 그래프의 구현을 살펴보겠습니다

노드와 에지는 그래프에 담겨집니다(컴포지션이 떠오릅니다). 예제로 다루고 있는 그래프를 초기화하는 Graph.__init__ 메서드는 [코드 22-6]과 같습니다.

In [8]:

```
# …
class Graph:
    def __init__(self):
        self.nodes=[]
        self.nodes.append(Node(0, 'A'))
        self.nodes.append(Node(1, 'B'))
        self.nodes.append(Node(2, 'C'))
        self.nodes.append(Node(3, 'D'))
        self.nodes.append(Node(4, 'E'))

        self.edges=[[0, 2, 4, 0, 0],
                    [2, 0, 1, 2, 0],
                    [4, 1, 0, 2, 5],
                    [1, 2, 2, 0, 2],
                    [0, 0, 5, 2, 0]
# …
```

[코드 22-6] Graph.__init__ 메서드

실제로 [코드 22-7]과 같이 그래프 객체를 만들어 봅니다.

In [9]:

```
g=Gragh()
```

[코드 22-7] 그래프 객체의 생성

그러면 객체들의 참조 관계는 [그림 22-19]와 같이 만들어집니다(최대한 간소화하여 나타냈습니다).

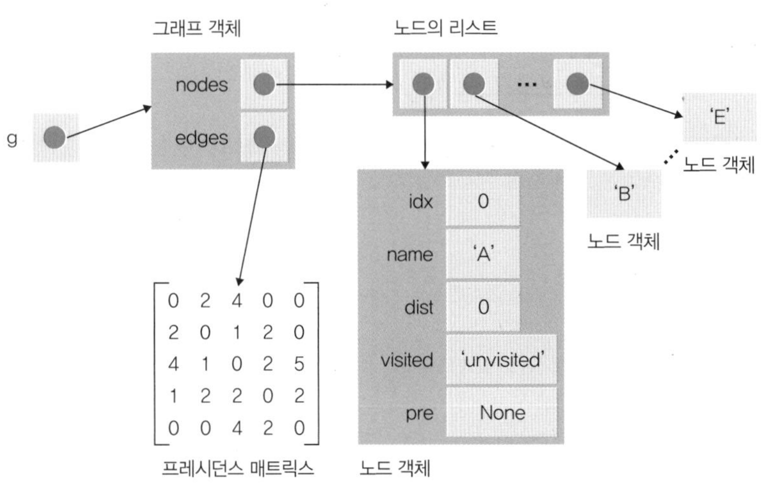

[그림 22-19] 객체들의 참조 관계

마지막으로, Graph.dijkstra 메서드입니다

다음으로 우리 프로그램에서 가장 핵심이 되는 `Graph.dijkstra` 메서드입니다. 코드를 먼저 보겠습니다.

[코드 22-8] `Graph.dijkstra` 메서드

In [8]:

```
# …
    def dijkstra(self, st, end):
        self.cur = st
        self.cur_node = self.findNode(self.cur)
        self.cur_node.updateDist(None, 0)

        while(True):
            cur_dist = self.cur_node.getDist()

            for k in range(len(self.nodes)):
                if self.edges[self.cur][k] != 0 :
                    neighbor = self.findNode(k)
                    if neighbor.getVisited() == 'unvisited':
                        neighbor.updateDist(self.cur_node,
                                cur_dist+self.edges[self.cur][k])

            self.cur_node.setVisited('visited')

            if self.findNode(end).getVisited() == 'visited':
                break

            self.cur_node = self.findNext()
            self.cur = self.cur_node.getIdx()

        node = self.findNode(end)
        path = [end]
        while(True):
            node = node.getPre()
            if (node == None):
                break
            path.append(node.getIdx())

        path.reverse()
        print(path)
# …
```

매개변수 중에서 `st`는 시작 노드의 인덱스에 해당하고, `end`는 도착 노드의 인덱스를 가리킵니다. 예를 들어, ‘A’ 노드에서 ‘E’ 노드까지의 최단경로를 찾으려면,

g.dijkstra(0, 4)로 호출됩니다. 물론, 여기서 g는 우리가 만든 그래프 객체의 참조자입니다.

45~47행은 다익스트라의 알고리즘의 초기화에 해당하는 1단계와 2단계를 구현한 부분입니다. 특별히, 46행에서 호출하고 있는 Graph.findNode 메서드는 인자로 전달받은 노드의 인덱스 번호에 해당하는 노드 객체의 참조자를 되돌려주는 함수입니다.

In [8]:

```
77 # …
78     def findNode(self, no):
79         for n in self.nodes:
80             if n.getIdx() == no :
81                 return n
82 # …
```

[코드 22-9] 그래프 객체의 Graph.findNode 메서드

그래프 객체의 findNode() 함수는 self.nodes에 저장되어 있는 모든 노드 n에 대하여(79행), 노드의 idx 값이 인자로 전달받은 no 값과 같으면(80행) 해당 노드의 참조자를 리턴해주는(81행) 함수입니다. 인자로 0을 넘겨주면 idx 값이 0인 노드(즉, 'A' 노드)의 참조자를 얻을 수 있습니다.

[그림 22-20]은 1단계와 2단계가 끝난 상태의 참조 관계를 나타내고 있습니다. 현재 노드의 인덱스와 참조자를 저장하는 self.cur, self.cur_node 변수에 주목하기 바랍니다. 노드의 참조를 위해서는 참조자가 필요하고, 에지 행렬로부터 거리값을 찾기 위해서는 노드 인덱스가 필요한 상황입니다.

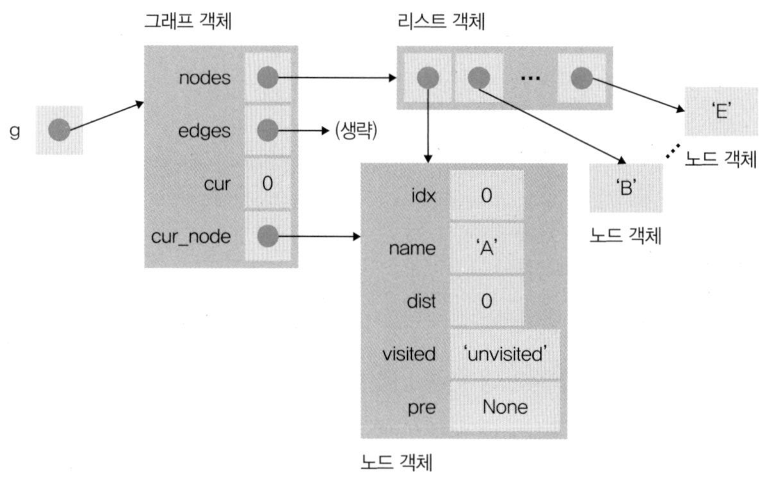

[그림 22-20] 1단계와 2단계가 끝난 상태의 참조 관계

[코드 22-8]에서 49~65행 부분은 다익스트라의 3단계~5단계를 구현한 부분입니다. 참고하기 쉽도록 해당 부분을 복사해서 가져왔습니다.

- 3단계: 현재 노드에 대하여, 현재 노드와 연결된 모든 미방문 노드에 대해 거리값을 계산한다. 만약 그 거리값이 이전에 저장된 거리값보다 작으면 새로 계산된 거리값을 노드의 거리값으로 바꾼다. 거리값을 바꾸는 경우에는, 해당 노드의 pre 값을 현재 노드의 이름으로 바꾼다.
- 4단계: 모든 이웃 노드(현재 노드에 직접 연결되어 있는 노드)에 대해 거리값 계산을 마치면, 현재 노드를 방문(visited) 노드로 표시한다. 방문 노드의 거리값은 (바뀔 일이 없으니) 다시 계산되지 않으며, 현재의 거리값이 최단경로값이 된다.
- 5단계: 목적지 노드가 방문 노드가 되면 6단계로 간다. 미방문 노드 중에 거리값이 가장 작은 노드를 찾아 현재 노드로 설정한 다음에 3단계로 돌아가 반복한다.

50행에서 현재 노드의 거리값을 `cur_dist` 변수에 할당하고 있습니다. 현재노드 'A'의 `dist` 값인 0이 할당됩니다. 52~53행은 전체 노드 중에 현재 노드와 직접 연결된 이웃 노드를 찾고 있습니다. 현재 노드의 이웃 노드들은 프레시던스 행렬에서 현재 노드에 해당하는 행(row)에서 거리값이 0보다 큰 열(column)의 인덱스에 해당하는 노드들입니다. [그림 22-21]에서 보면, B 노드와 C 노드입니다.

[그림 22-21] A 노드의 이웃 노드: 거리값이 0보다 큰 노드

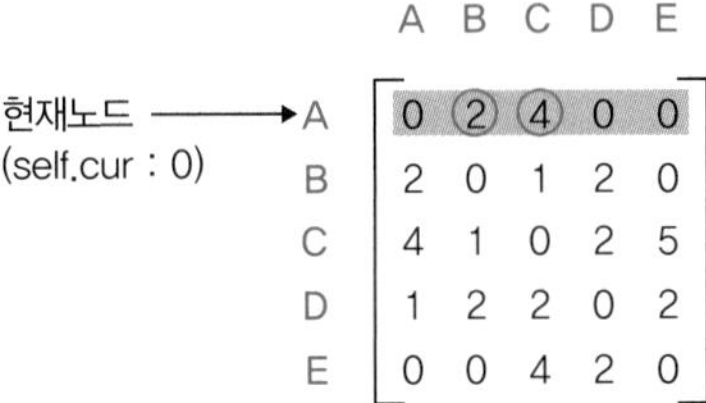

53행에서 직접 연결된 노드의 인덱스 값을 찾은 후에 (인덱스는 k값입니다), 그에 해당하는 노드 참조자를 찾습니다(54행). 만약 해당 노드(코드에서는 neighbor 변수로 참조하고 있습니다)의 visited 변숫값이 'unvisited'이면, 거리값을 업데이트합니다(56~57행). 여기까지가 3단계에 해당합니다.

현재 노드에 직접 연결된 모든 노드에 대해 거리값 업데이트가 끝나면, 59행에서 현재 노드의 visited 변숫값을 'visited'로 변경합니다. 4단계에 해당합니다. 도착 노드가 'visited'이면 도착 노드까지의 최단경로가 구해진 것이므로 다익스트라를 종료합니다. 즉, 현재의 while 루프(49~65행)를 빠져나갑니다. 61~62행을 참조하기 바랍니다. 종료 조건이 만족되지 않는 경우에는 64~65행에서 다음 번 현재 노드를 'unvisited' 노드 중에 거리값이 가장 작은 노드로 변경하여 다시 while 루프를 반복합니다. 64행에서 호출하고 있는 findNext() 함수는 미방문 노드 중에 거리값이 가장 작은 노드를 찾는 메서드입니다. [코드 22-10]을 참고하기 바랍니다.

[코드 22-10]
Graph.findNext 메서드

In [8]:

```
82 # ⋯
83     def findNext(self):
84         m = 999
85         for n in self.nodes :
86             if n.getVisited() == 'unvisited' :
87                 d = n.getDist()
88                 if d < m :
89                     m = d
90                     node = n
91         return node
92 # ⋯
```

최솟값을 구하는 코드를 조금 확장해서, 최소 거리값을 갖는 노드를 구하도록 만들어진 코드입니다. 84행에서 999로 초기화된 거리값이(더 작은 값이 발견되어) 다른 값으로 바뀔 때마다(89행) 해당 노드의 참조자를 node 변수에 할당해 두었다가(90행) 전체 루프가 끝나면 반환하도록 만들어져 있습니다(91행).

다음으로 [코드 22-8]의 67~76행은 최단경로를 출력하기 위해 만들어진 코드입니다. (수정된) 다익스트라 알고리즘에서 "6단계: 목적지 노드의 pre 값으로부터 역순으로 경로를 찾는다"에 해당하는 코드입니다. 67~73행에서 도착 노드로부터 경로상에 포함되어 있는 모든 노드들의 인덱스를 path 리스트에 저장합니다. 도착 노드로부터 시작해서 각 노드의 pre 변수에 의해 참조되는 노드들을 시작노드에 도달할 때까지(71~72행) 반복해서 찾아내어 해당노드의 인덱스를 path 리스트에 저장합니다. 결국 우리가 찾는 최단경로는 path 리스트를 거꾸로 뒤집어서 구할 수 있습니다. [그림 22-22]는 최종 결과입니다.

[그림 22-22] 다익스트라의 결과

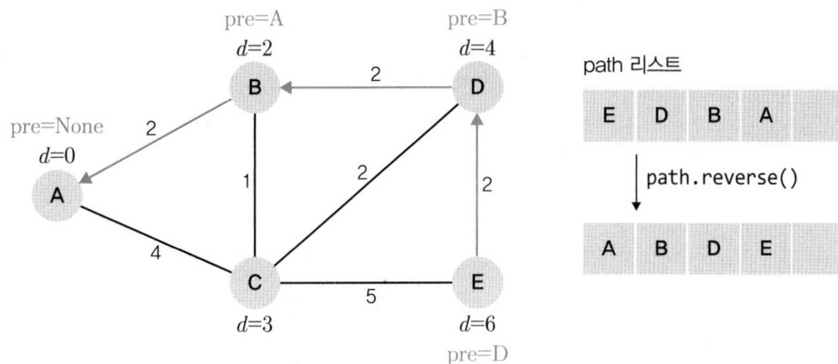

결론적으로 최단경로는 A-B-D-E가 되고, 해당 경로의 거리값은 6이 됩니다. 전체 코드의 구성은 [부록]을 참고하기 바랍니다.

여기서 잠깐!!

생각해봅시다

에지에 거리값 이외에 추가로 여러 정보가 포함되는 경우에는, 에지를 프레시던스 행렬로 표현하기에는 한계가 있습니다. 해당 정보를 묶어서 하나의 객체로 다룰 수 있어야 하겠습니다. 에지 객체가 갖는 정보들 중에서 가장 중요한 정보는 "어느 노드에서 어느 노드까지"입니다. 즉, 해당 에지가 연결하고 있는 두 개 노드의 참조자 정보를 가지고 있어야 합니다(두 개 노드를 가지고 있는 것이 아닙니다. 두 개 노드의 참조자를 가지고 있습니다). [그림 22-23]을 참고하기 바랍니다. 각 에지 객체는 (방향성이 있는 경우를 포함하기 위하여) start와 end 변수에 해당 에지가 연결하는 두 개 노드 객체의 참조자를 저장하고 있습니다.

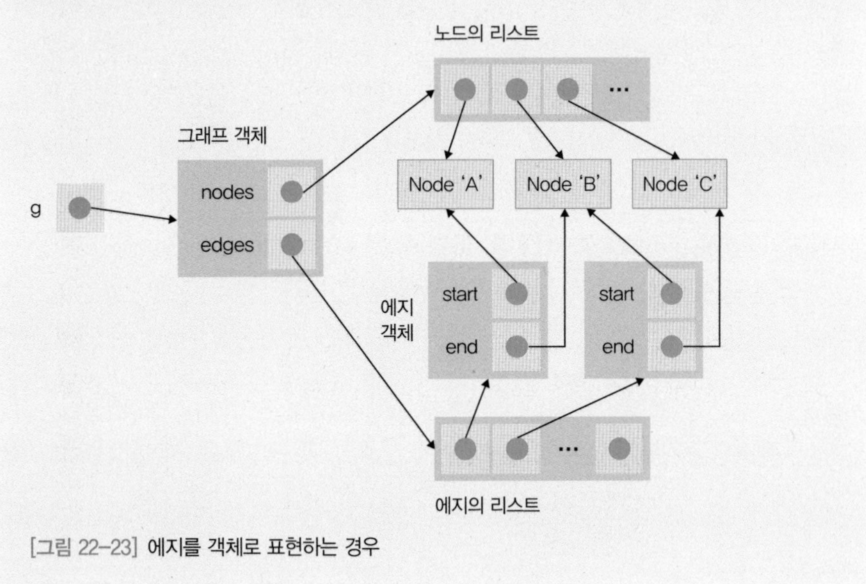

[그림 22-23] 에지를 객체로 표현하는 경우

22장을 정리하겠습니다

최단경로를 구하는 다익스트라 알고리즘을 소개하고, 프로그램 구현 과정을 살펴보았습니다. 사실, 알고리즘만 제대로 이해하면 코딩은 결국 알고리즘 절차를 파이썬 언어로 표현하는 데 (또는 번역하는 데) 지나지 않습니다. 파이썬은 도구입니다. 얼른 파이썬을 마스터해서 파이썬으로부터 자유로워지기 바랍니다. 망치로 나무에 못을 박는 사람이 망치(도구)를 사용하는 것에 익숙하지 못하면 못(목적)을 제대로 박지 못하는 법입니다.

코딩을 하는 과정에서 조그만 코드를 만들고 테스트하고 덧붙이고 수정하는 과정이 계속 반복됩니다. 한 가지 당부하고 싶은 것은, 코드를 실행할 때 해당 코드를 실행하면 어떤 결과가 나오는지를 분명하게 "기대" 또는 "예상"을 하고 나서 실행하라는 것입니다. 그리고 실행 결과를 "관측"하기 바랍니다. 기대(expectation)에서 관측(observation)을 뺀 것이 오차이면서 에러입니다. 이렇게 해야 에러를 올바르게 해석할 수 있고, 에러를 올바르게 해석할 수 있어야 코드를 제대로 디버깅할 수 있게 됩니다. 이 조그마한 (습관의) 차이가 나중에 아주 큰 (실력의) 차이를 만듭니다.

부록 B_ 다익스트라 알고리즘의 전체 코드

```
class Node:
    def __init__(self, x, n, d=999, v='unvisited', p=None):
        self.idx = x
        self.name = n
        self.dist = d
        self.visited = v
        self.pre = p

    def getIdx(self):
        return self.idx

    def getDist(self):
        return self.dist

    def getPre(self):
        return self.pre

    def setVisited(self, a):
        self.visited = a

    def getVisited(self):
        return self.visited

    def updateDist(self, preNode, newDist):
        if self.dist > newDist :
            self.dist = newDist
            self.pre = preNode

class Graph:
    def __init__(self):
        self.nodes=[]
        self.nodes.append(Node(0, 'A'))
        self.nodes.append(Node(1, 'B'))
        self.nodes.append(Node(2, 'C'))
        self.nodes.append(Node(3, 'D'))
        self.nodes.append(Node(4, 'E'))

        self.edges=[[0, 2, 4, 0, 0],
```

```
                [2, 0, 1, 2, 0],
                [4, 1, 0, 2, 5],
                [1, 2, 2, 0, 2],
                [0, 0, 5, 2, 0]]

    def dijkstra(self, st, end):
        self.cur = st
        self.cur_node = self.findNode(self.cur)
        self.cur_node.updateDist(None, 0)

        while(True):
            cur_dist = self.cur_node.getDist()

            for k in range(len(self.nodes)):
                if self.edges[self.cur][k] != 0 :
                    neighbor = self.findNode(k)
                    if neighbor.getVisited() == 'unvisited':
                        neighbor.updateDist(self.cur_node,
                                cur_dist+self.edges[self.cur][k])

            self.cur_node.setVisited('visited')

            if self.findNode(end).getVisited() == 'visited':
                break

            self.cur_node = self.findNext()
            self.cur = self.cur_node.getIdx()

        node = self.findNode(end)
        path = [end]
        while(True):
            node = node.getPre()
            if (node == None):
                break
            path.append(node.getIdx())

        path.reverse()
        print(path)

    def findNode(self, no):
        for n in self.nodes:
            if n.getIdx() == no :
                return n

    def findNext(self):
        m = 999
```

```
        for n in self.nodes :
            if n.getVisited() == 'unvisited' :
                d = n.getDist()
                if d < m :
                    m = d
                    node = n
        return node

def main():
    g = Graph()
    g.dijkstra(0, 4)

main()
```

파이썬 · 알고리즘 · 객체지향 · 코딩의 기술

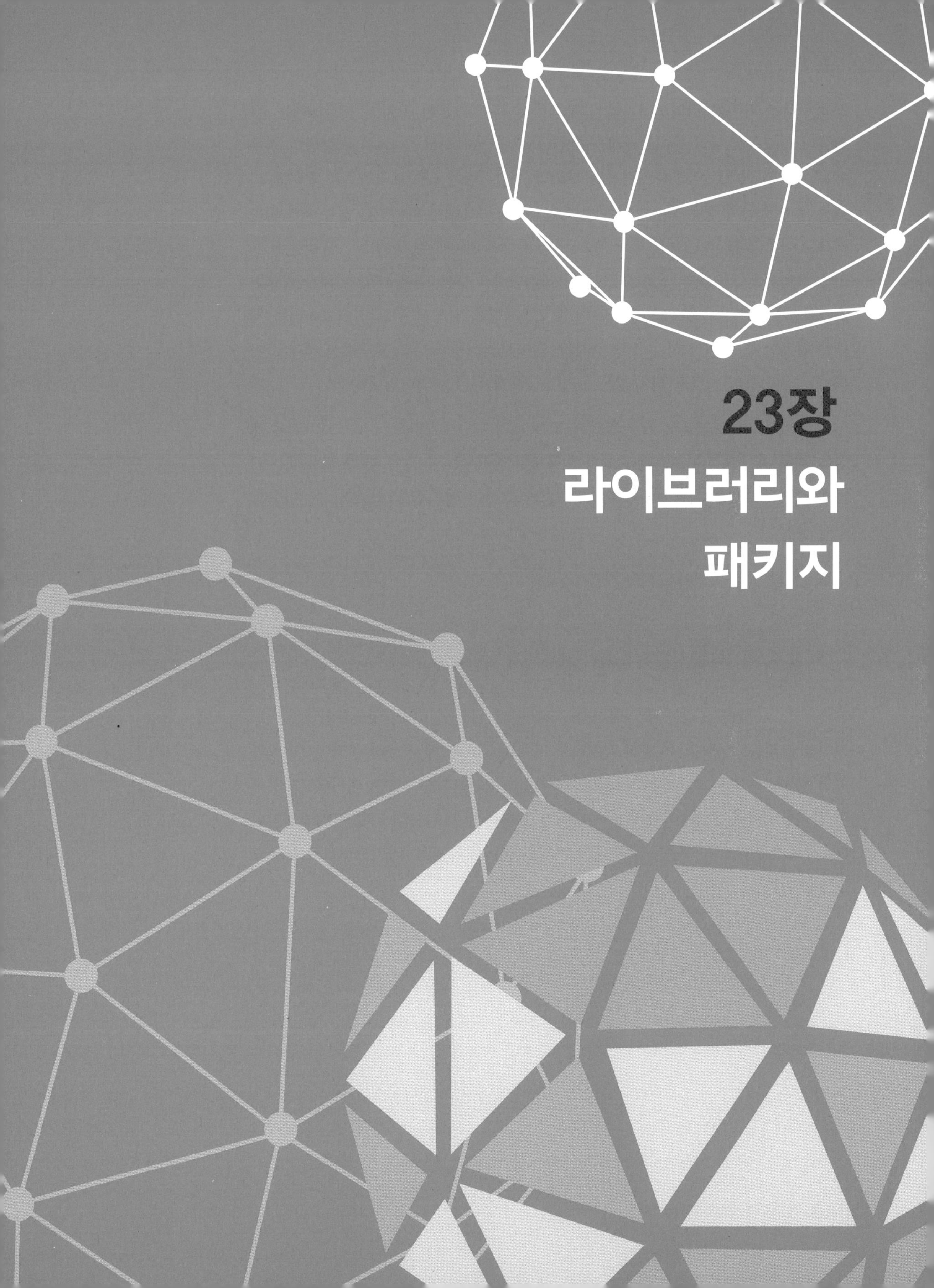

23장

라이브러리와 패키지

23장부터는 파이썬 라이브러리를 알아보겠습니다. 최근의 파이썬 유명세에는 '잘 만들어진 도구'로서의 라이브러리들이 한몫을 단단히 하고 있습니다. 학생의 경우에는 컴퓨터 언어로서의 파이썬을 공부하다 자연스럽게 라이브러리들을 접하게 되겠지만, 일반인의 경우에는 반대로 라이브러리가 필요해서 파이썬을 공부하게 되는 경우도 아주 많습니다. 예를 들어, 빅데이터 분석을 하다보니 판다스pandas라는 도구가 필요하게 되고, 판다스를 제대로 활용하려다 보니 파이썬에 대한 이해가 필요하게 되는 경우입니다. 효과적인 파이썬 프로그래밍을 위해서 주요 라이브러리를 제대로 활용할 수 있어야 하는 것도 맞지만, 라이브러리를 하나의 도구로써 제대로 이해하고 잘 사용하는 것도 꽤 괜찮은 무기(경쟁력)가 된다는 의미입니다.

이 장에서는 라이브러리의 기본 형태가 되는 패키지를 소개하고, 다음 장부터 세 개 장에 걸쳐 파이썬 라이브러리 중에서 활용도가 높은 (즉, 유명한) 세 개 모듈(또는 패키지)을 살펴보겠습니다. 이 책에서 다뤄보려고 하는 파이썬 라이브러리는 다음과 같습니다.

- 24장. 터틀그래픽을 위한 터틀(Turtle)
- 25장. 그래프, 차트 작성을 위한 맷플롯립(MatplotLib)
- 26장. 데이터 분석을 위한 판다스(Pandas)

터틀Turtle은 그림을 그리는 데 사용하는 그래픽graphic 도구입니다. 맷플롯립MatplotLib도 그림을 그리는 도구지만 특별히 데이터를 차트로 그리는 데 사용하는 라이브러리입니다(데이터 시각화(Data Visualization)라고 부릅니다). 판다스Pandas는 데이터프레임이란 강력한 데이터구조를 바탕으로 빅데이터 분석에 많이 활용되고 있는 패키지입니다. 참고로 판다스와 맷플롯립은 데이터 과학 분야에서 필수 라이브러리로 활용되고 있습니다.

라이브러리가 무엇인지 알아보겠습니다

컴퓨터를 공부하면서 많이 보게 되는 용어 중 하나가 '라이브러리library'입니다. 우리가 잘 알다시피, 라이브러리는 도서관입니다. 많은 책이 진열되어 있는 장소입니다. 내게 필요한 책을 찾아보는 재미가 가득한 곳이지요. 컴퓨터 언어에서의 라이브러리도 이와 비슷합니다. 컴퓨터 언어에서의 라이브러리는 많은 '기능'들이 저장되어 있는 장소입니다. 함수로 만들어져 있기도 하고, 클래스로 만들어져 있기도 합니다. 도서관에서 책을 대여하듯이, 우리가 필요한 기능을 (잘만 찾으면) 쉽게 활용할 수 있습니다. 만약 내가 커다란 프로그램을 만들어야 하는데, 그 중에 40% 정도는 이미 만들어진 라이브러리로 채워 넣을 수 있다면 개발에 필요한 노력과 시간이 한결 줄어들 것입니다. 특히, 이미 많은 사람이 써보고 문제없이 잘 실행된다고 검증된 (보통 "proven되었다"는 표현을 씁니다) 것이라면 믿고 사용해도 ("reliable하다"라는 표현을 씁니다) 좋겠습니다.

여러 조그만 기능들은 함수로 만들어집니다. 그런 기능들의 주체로서 객체가 정의됩니다. 객체들과 또 다른 함수들이 모여서 "꽤 쓸모있는" 기능들의 집합이 완성됩니다. 파이썬에서 이런 형태로 가장 작은 단위는 모듈module입니다. 모듈은, 우리가 이미 살펴본 바와 같이, 물리적으로 하나의 스크립트 파일입니다. 이를 우리 컴퓨터에다 불러들이면 (즉, 실행 가능하도록 메모리에 로딩되면) 모듈이 됩니다. 함수나 객체를 하나의 '책'으로 비유한다면 모듈은 '책꽂이' 하나쯤에 해당할 것 같습니다. 책꽂이 하나에 모두 꽂을 수 없는 분량이라면 여러 책꽂이에 나눠서 꽂게 될 텐데, 이렇게 의미상으로는 하나의 책꽂이지만 물리적으로는 여러 개의 작은 책꽂이(모듈)로 나누어져 있는 것을 파이썬에서는 '패키지package'라고 부릅니다. 패키지는 하나의 디렉터리로 존재하게 됩니다.

라이브러리 중에 어떤 라이브러리는 파이썬의 구동을 위해 필수적입니다. 이런 라이브러리는 '표준 라이브러리(Standard Library)'라고 해서 파이썬과 함께 배포됩니다 (즉, 파이썬을 설치할 때 같이 설치됩니다). 실제로, 우리가 파이썬을 설치한 디렉터리 (Program Files\Python39\)밑에 Lib이란 서브 디렉터리를 열어보면 표준 라이브러리의 목록을 확인해 볼 수 있습니다. 사실 이런 라이브러리들 없이는 파이썬을 제대로 구동시킬 수 없으니 파이썬 그 자체라고 봐도 무방하겠습니다.

반대로, 우리가 `pip`를 통해서 설치하는 라이브러리는 '외부 라이브러리(External Library)'라고 부릅니다. 가상환경에 설치된 모든 외부 라이브러리는 가상환경 폴더 아래의 Lib\site-packages 폴더에 설치됩니다. 실제로 맷플롯립은 Lib\site-packages\matplotlib 폴더에 설치됩니다. 해당 폴더를 방문해보면, 그 안에 꽤 많은 수의 폴더(패키지 안에 있는 패키지라는 의미에서, 서브 패키지라고 부릅니다)와 파이썬 스크립트(.py)들이 저장되어 있는 것을 확인할 수 있습니다. 여태껏 봤던 모듈과는 달리 조금 복잡해 보입니다. 라이브러리의 기본적인 형태가 되는 패키지를 좀 더 구체적으로 알아보겠습니다.

패키지에 대해 알아보겠습니다

파이썬에서 대부분의 라이브러리들은 '패키지package'로 제공됩니다. 라이브러리를 제대로 활용하기 위해서 우선 패키지가 무엇인지에 대해 구체적으로 살펴볼 필요가 있겠습니다. 조금 규모가 있는 프로그램을 만들 때에는 여러 개의 스크립트 파일로 나누어서 개발합니다. 이렇게 서로 연관된 스크립트 파일들을 하나의 디렉터리에 저장하게 되는데, 이 디렉터리가 바로 패키지입니다. 조금 싱겁게 느껴지겠지만 패키지는 실제로 그냥 하나의 디렉터리입니다. 하나의 패키지는 보통 그 안에 여러 개의 서브 패키지(서브 디렉터리에 해당합니다)를 포함합니다.

같이 한 번 만들어 보겠습니다. (모든 게 그렇겠지만) 패키지도 한 번 만들어 보면 금세 눈에 들어옵니다. 먼저, 가상환경의 Scripts 폴더 안에 mypackage 디렉터리를 하나 만듭니다. mypackage는 우리가 만들려고 하는 패키지명입니다. 그 안에 [그림 23-1]과 같이 `hello()` 함수 하나를 가지고 있는 a.py 스크립트 파일과 `hi()` 함수 하나를 가지고 있는 b.py 스크립트 파일을 만듭니다. 참고로 이 코드는 노트패드++를 이용해서 편집한 화면입니다.

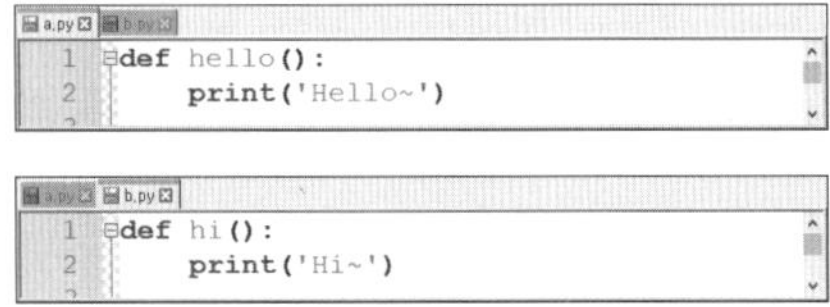

[그림 23-1] 노트패드++에서 작성한 스크립트 파일

그러면 mypackage 폴더에는 [그림 23-2]처럼 두 개의 파일, a.py와 b.py가 저장되어 있습니다.

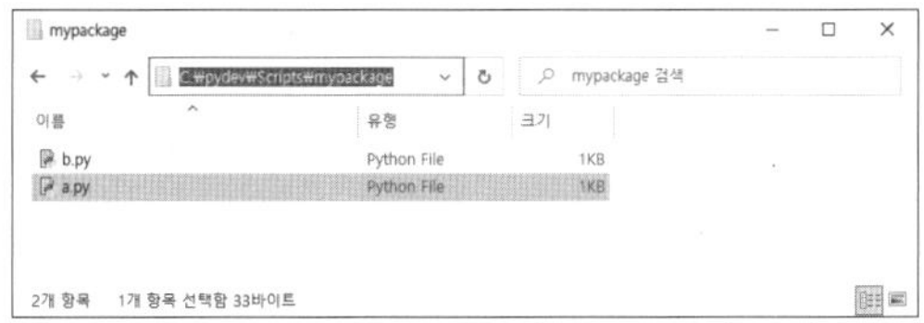

[그림 23-2] mypackage 폴더 안에 저장된 a.py와 b.py

다음으로, 주피터 노트북에서 [코드 23-1]의 In [1]과 같이 mypackage를 임포트import해봅니다. 임포트가 문제없이 실행되고, 실제로 dir()을 실행해 보니 뭔가가 나타납니다. "아, 패키지가 임포트되었나 보다."

[코드 23-1] 패키지 임포트

```
In [1]:  import mypackage

In [2]:  print(dir(mypackage))
         ['__doc__', '__file__', '__loader__', '__name__',
         '__package__', '__path__', '__spec__']
```

그런데 우리의 기대와는 다르게 mypackage의 타입은 package가 아니라 module이라고 나옵니다. [코드 23-2]에서 확인하기 바랍니다. "아, 패키지도 하나의 모듈로 만들어지는 거구나." 보통, "모듈은 스크립트, 패키지는 디렉터리"라고들 얘기하는데 "뭔가 조금 다른 것이 있구나" 하는 생각도 듭니다.

[코드 23-2] 패키지의 type은 모듈임

```
In [3]:  type(mypackage)
Out[3]:  module
```

그런데 어쨌거나 중요한 것은 패키지 안에 포함되어 있는 함수를, 예를 들어 "a 모듈 안에 있는 hello() 함수를, 어떻게 호출할 수 있는가" 하는 것입니다. 어떻게 호출하면 될까요? 느낌대로 한 번 시도해보기 바랍니다. mypackage.hello()는 어떨까요? (당연히) 실행이 안 됩니다. "모듈 mypackage는 hello라는 속성이 없다"라고 에러가 나옵니다. mypackage.a.hello()는 어떨까요? 꽤 유력해 보이는데, 역시 마찬가지입니다. "모듈 mypackage에 a 속성이 없다"라고 에러가 나옵니다. 패키지를 임포트하면 해당 디렉터리에 있는 모든 스크립트 파일을 마음대로 호출해서 사용할 수 있을 것 같았는데, 그렇지는 않습니다.

패키지 안의 함수를 호출하는 방법입니다

패키지 내의 어떤 모듈에 정의되어 있는 함수를 호출하려면 해당 함수가 저장되어 있는 스크립트 파일을 먼저 임포트해야 합니다. 단, `패키지명.모듈명`의 형식으로 임포트해야 합니다. 우리 경우라면 [코드 23-3]의 In [4]와 같이 `mypackage.a`와 같은 형식으로 임포트하게 됩니다. In [5]에서 함수가 호출되는 형태도 확인하기 바랍니다. `패키지.모듈.함수`의 형태입니다. 실제로 하나의 경로에 해당합니다.

[코드 23-3]
[패키지.모듈.함수] 형태로 호출

```
In [4]:  import mypackage.a

In [5]:  mypackage.a.hello()
         Hello~
```

패키지의 가장 중요한 의의는 이름공간입니다

다시 정리하겠습니다. 패키지는 그냥 폴더의 이름입니다. 하나의 공간을 제공할 뿐입니다. 그러다 보니 임포트를 해봤자 (소스코드가 아니다 보니) 호출할 수 있는 것이 아무것도 없습니다. 소스코드가 아니다 보니 실행할 수도 없습니다.

그럼 도대체 패키지는 왜 필요한 것일까요? 패키지의 가장 중요한 의의는 '이름공간'입니다. 예를 들어, 앞서 `mypackage.a` 모듈은 "mypackage 안에 있는 a 모듈"을 의미합니다. 앞서도 얘기한 바와 같이, 규모가 있는 프로그램의 경우 여러 개의 스크립트 파일로 나누어 개발을 진행하게 됩니다. 물리적으로는 분리가 되어 있지만 논리적으로 서로 연관되어 있는 이 스크립트들을 하나의 울타리로 모아주는 것이 패키지의 역할입니다. 패키지 안에 서브 패키지를 둠으로써 개발자 간에 독립된 개발공간을 만들어 줄 수 있는 것도 장점이 됩니다. 만약, 디렉터리라는 물리적 구분이 없이 여러 사람이 함께 소프트웨어를 개발한다면 모듈명을 만들 때마다 충돌이 없는지 확인해 봐야 합니다. 모듈명이 같더라도 해당 모듈이 포함되어 있는 패키지명이 다르면 전혀 충돌이 생기지 않습니다. 하나의 독립된 공간 같은 느낌이 듭니다. 이름공간이야말로 패키지의 가장 중요한 의의입니다.

'18장. 스크립트와 모듈, 그리고 매직명령어'에서 살펴보았듯이, 모듈의 쓰임새는 두 가지입니다. 하나는 메인 모듈로 직접 실행하는 것입니다. 나머지 하나는 다른 모듈에 임포트하여 사용하는 경우입니다. 참고로 후자의 경우로 사용되는 모듈 또는 패키지를 라이브러리라고 부릅니다. [코드 23-2]에서 확인했듯이, 패키지도 하나의 모듈이기 때문에 실행할 수도 있고 임포트할 수도 있습니다. 하지만 패키지는 그 자체로 스크립트가 아니다 보니 저절로 실행되거나 임포트할 수 없습니다. 그래서 패키지는 조금 특별한 장치를 제공합니다. __init__.py와 __main__.py라는 스크립트가 그것입니다.

패키지도 모듈처럼 임포트할 수 있습니다

__init__.py는 패키지를 임포트할 때 자동적으로 실행되는 모듈입니다. 바꿔 말해서, 패키지를 임포트하면 (패키지는 원래 디렉터리라는 것을 떠올리기 바랍니다) 해당 폴더 내의 __init__.py가 임포트됩니다. 확인을 위해, [그림 23-3]과 같이 __init__.py 파일을 작성해봅니다.

[그림 23-3] __init__.py 파일 작성

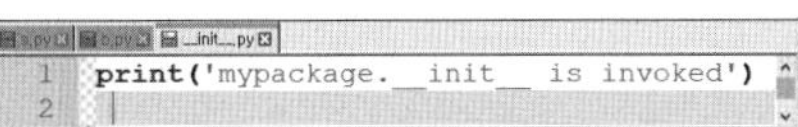

__init__.py를 만든 후에 주피터 노트북에서 mypackage를 임포트하면, __init__.py가 자동으로 실행되는 것을 확인할 수 있습니다.

[코드 23-4] __init__.py의 자동 실행

```
In [6]:  import mypackage

         mypackage.__init__ is invoked
```

여기서 잠깐!!

실습을 위한 코멘트

18장에서 살펴본 바와 같이, 한 번 임포트했던 모듈은 다시 임포트하더라도 처음에 임포트된 모듈을 덮어쓰지 않습니다. 따라서 지금 하고 있는 실습들은 새로 노트북을 만들어서 실행해야 임포트가 제대로 실행됩니다(주피터 노트북을 새로 실행할 필요는 없습니다). 다시 말해서, 만약에 어떤 모듈을 임포트한 상태에서 해당 스크립트의 소스코드를 수정한 경우에 변경된 부분이 반영된 것을 확인하려면 새로 노트북을 열어서 다시 임포트해야 합니다.

이와 같이 패키지를 임포트하게 되면 해당 디렉터리에 __pycache__라는 폴더가 자동적으로 만들어집니다. 그 안을 열어보면 __init__.cpython-39.pyc라는 이름의 파일이 하나 있습니다.

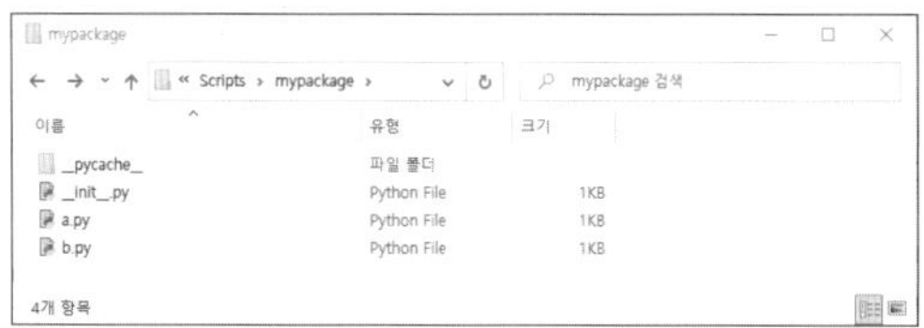

[그림 23-4] __pycache__ 폴더의 자동 생성

확장자가 pyc인 파일은 파이썬 스크립트를 모듈로 임포트하면 해당 스크립트가 있는 폴더 안의 __pycache__ 폴더 안에 `해당 스크립트명.cpython-파이썬버전.pyc`라는 이름으로 만들어집니다. 해당 폴더에 __pycache__ 폴더가 없으면 새로 만들어집니다. 확장자 pyc에서 c는 compiled라는 의미입니다. 앞선 장에서 바이트코드Byte Code에 대해서 잠시 설명한 적이 있는데, pyc 파일이 모듈의 바이트코드입니다. 이렇게 해두면 임포트할 때마다 매번 바이트코드로 컴파일하지 않아도 되니 프로그램의 실행 속도에 있어서 유리합니다. 그렇다 보니, 모든 패키지 디렉터리마다 __init__.py와 __pycache__가 당연히 존재하게 됩니다. 맷플롯립이 설치된 폴더(가상환경\Lib\site-packages\matplotlib)를 방문해서 __pycache__ 폴더와 __init__.py 파일이 있는 것을 확인해보기 바랍니다. 맷플롯립 안에 있는 여러 서브 패키지에도(서브 패키지들도 그 자체로 하나의 패키지이기 때문에) 역시 마찬가지로 __init__.py와 __pycache__를 모두 가지고 있는 것을 확인할 수 있습니다.

__init__.py는 패키지를 임포트할 때 자동적으로 실행되는 초기화 모듈이다 보니, (비어 있어도 되지만) 몇몇 중요한 코드가 포함되기도 합니다. 특히, 패키지 초기화 또는 관리를 위한 함수들이나 패키지의 실행을 위해서 필요한 표준 라이브러리, 내부 모듈, 또는 외부 모듈에 대한 임포트 문장이 포함됩니다. 먼저, __init__.py에 [그림 23-5]와 같이 간단한 함수를 하나 만든 후에 어떻게 호출되는지 확인하겠습니다.

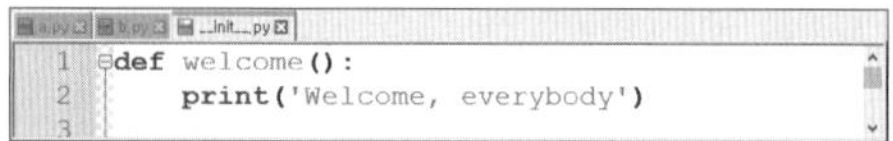

[그림 23-5] __init__.py에 정의된 `welcome()` 함수

패키지를 임포트한 후에 속성의 목록을 보면, __init__.py에 정의된 welcome() 함수가 해당 패키지의 속성으로 나타나는 것을 확인할 수 있습니다. In [9]에서 보는 바와 같이, 해당 함수를 패키지명.함수명의 형태로 실행할 수 있는 것도 같이 확인하기 바랍니다.

[코드 23-5] 임포트한 패키지의 속성 목록

```
In [7]:  import mypackage

In [8]:  print(dir(mypackage))
         ['__builtins__', '__cached__', '__doc__', '__file__', '__loader__',
         '__name__', '__package__', '__path__', '__spec__', 'welcome']

In [9]:  mypackage.welcome()
         Welcome, everybody
```

패키지도 하나의 모듈이라는 사실을 떠올리기 바랍니다. 모듈이 모듈이 임포트하듯 패키지가 모듈을 임포트합니다.

패키지에 필요한 모듈을 임포트하는 것도 __init__.py의 역할입니다. [그림 23-6]에서 보는 것처럼, 패키지에 임포트해야 하는 모듈이 있는 경우에는 __init__.py에서 임포트하면 됩니다. 모듈 중 필요한 일부만을 선별해서 임포트하는 경우에, from ~ import 형태의 구문이 유용합니다. 예시에서 사용한 구문인 from mypackage import a, b는 말 그대로, mypackage로부터 모듈 a와 b를 임포트하라는 명령문입니다. 우리가 이전에 from 모듈 import 함수(변수, 클래스)의 형태는 봤었는데, 이 구문 그대로 from 패키지 import 모듈의 형태로도 사용할 수 있습니다.

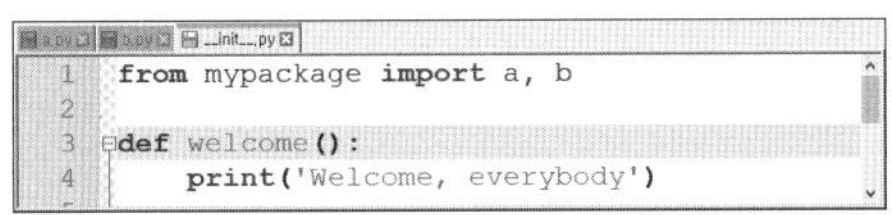

[그림 23-6] __init__.py에 정의된 임포트 문장

이 상태에서 패키지를 임포트하게 되면, __init__.py에서 a와 b 모듈을 임포트하고 있기 때문에(따로 import mypackage.a를 하지 않더라도) [코드 23-6]의 In [12]와 같이 a 모듈의 hello() 함수를 호출할 수 있게 됩니다.

[코드 23-6] a 모듈의 hello() 함수 호출

```
In [10]:  import mypackage

In [11]:  print(dir(mypackage))
          ['__builtins__', '__cached__', '__doc__', '__file__', '__loader__',
          '__name__', '__package__', '__path__', '__spec__', 'a', 'b','welcome']

In [12]:  mypackage.a.hello()
          Hello~
```

18장에서 디렉터리를 공부했을 때처럼, `import`문에서도 절대경로뿐만 아니라 상대경로를 사용할 수 있습니다. 기본적으로 점(.)은 현재 폴더를 가리킵니다. `import`문을 실행하는 해당 스크립트가 있는 폴더입니다. 상대경로에서 점점(..)은 부모 폴더를 가리킵니다. 상대경로보다는 절대경로를 사용하는 것을 추천하고 있습니다.

패키지도 모듈처럼 명령창에서 실행할 수 있습니다

모듈과 마찬가지로 패키지도 명령창(cmd창)에서 실행할 수 있습니다. 패키지도 파이썬 내부에서는 하나의 모듈로 다루어집니다. 실행할 수 있다는 뜻입니다. 하지만 원래 라이브러리라는 것이 사용자가 필요로 하는 기능을 골라서 사용할 수 있도록 만들어진다는 점에서, 패키지 자체를 실행이 가능하도록 만드는 경우는 거의 없습니다. 다만, 패키지의 형태로 있으면서 응용프로그램이나 게임으로 동작하도록 만들려면 패키지를 실행할 수 있도록 만드는 것이 필요하겠습니다.

그런데 패키지는 스크립트가 아닌데 무엇이 실행되는 걸까요? 패키지를 실행하면 실제로는 해당 패키지 폴더에 있는 __main__.py가 실행됩니다. 즉, __main__.py가 패키지의 메인 함수(Main Entrance) 역할을 합니다. 실제로 그러한지 확인해보기 위해 __main__.py 스크립트를 작성한 후에 mypackage 디렉터리에 저장하겠습니다.

```
print('main entrance')
```

[그림 23-7] __main__.py 스크립트 작성

참고로 현재 mypackage 폴더는 가상환경(c:\pydev\)의 Scripts 폴더 안에 있습니다. Scripts 폴더에서 `python mypackage` 명령을 실행해봅니다. [그림 23-8]과 같이 main entrance라는 문자열이 출력되는 것으로 보아 우리가 만들었던 __main__.py가 mypackage 패키지의 메인 모듈로 정상 작동한 것을 확인할 수 있습니다.

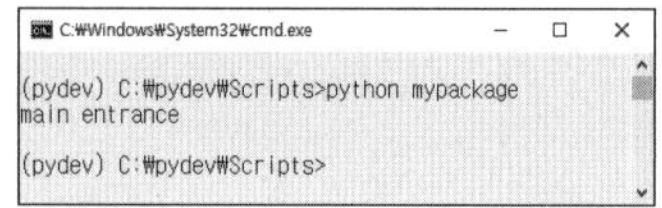

```
(pydev) C:\pydev\Scripts>python mypackage
main entrance

(pydev) C:\pydev\Scripts>
```

[그림 23-8] mypackage 실행 ①

항상 Scripts 폴더에서만 mypackage를 실행할 수 있는 것은 아닙니다. [그림 23-9]처럼 어느 디렉터리에 있든지 간에 해당 패키지의 경로를 정확하게 밝혀줄 수만 있으면 실행하는 데 전혀 문제가 없습니다.

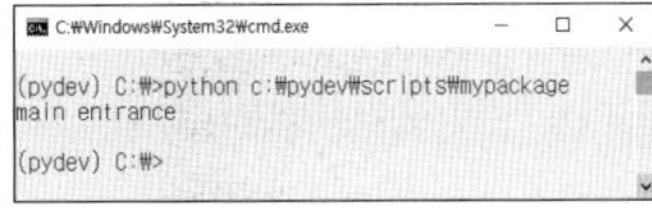

[그림 23-9] mypackage 실행 ②

독스트링을 통해 도움말을 제공합니다

파이썬에서는 일종의 도움말로 독스트링docstring이란 것을 제공합니다. 실제로 이 책에서도 파이썬 내장함수의 기능을 확인하기 위해 여러 번 사용해 본 적이 있습니다. `print?` 명령문을 이용해서 `print()` 함수의 도움말을 한 번 확인해보기 바랍니다.

[코드 23-7] print() 함수의 독스트링

```
In [13]: print?

Docstring:
print(value, ..., sep=' ', end='\n', file=sys.stdout, flush=False)

Prints the values to a stream, or to sys.stdout by default.
Optional keyword arguments:
file:  a file-like object (stream); defaults to the current sys.stdout.
sep:   string inserted between values, default a space.
end:   string appended after the last value, default a newline.
flush: whether to forcibly flush the stream.
Type:      builtin_function_or_method
```

이 정보들은 해당 이름의 `__doc__`이라는 특별한 속성 안에 저장되어 있는 문자열 정보입니다. 실제로 `print`의 `__doc__`을 `print.__doc__`으로 확인해 볼 수 있습니다([코드 23-8] 참조). 참고로 Out[14]의 문자열 내부에 사용되는 \n(₩n)은, 예전에 한 번 소개한 바와 같이, 줄바꿈을 하라는 이스케이프 문자입니다.

[코드 23-8]
__doc__에 있는 문자열 정보

```
In [14]:  print.__doc__

Out[14]:  "print(value, ..., sep=' ', end='\n', file=sys.stdout, flush=False)\n\
          nPrints the values to a stream, or to sys.stdout by default.
          \nOptional keyword arguments:\nfile: a file-like object (stream);
          defaults to the current sys.stdout.\nsep: string inserted between
          values, default a space.\nend: string appended after the last value,
          default a newline.\nflush: whether to forcibly flush the stream."
```

파이썬에서 정의되는 모든 것(클래스, 함수, 모듈, 패키지 등)은 __doc__ 속성을 기본으로 가집니다. __doc__에 저장되어 있는 문자열을 독스트링이라고 부르며, 그 정보가 도움말로 나타나게 됩니다. 클래스나 함수의 정의에 독스트링을 포함하고 싶으면, 해당 정의의 첫 번째 문장으로 독스트링으로 사용할 문자열을 입력하면 됩니다. [코드 23-9]의 In [15]에서 2행이 f() 함수의 독스트링이 됩니다.

[코드 23-9]
f() 함수의 독스트링

```
In [15]:  1  def f()
          2      '이것은 함수 f의 docstring입니다'
          3      pass
```

제대로 동작하는지 아래와 같이 한 번 확인해보기 바랍니다.

[코드 23-10]
f() 함수의 독스트링 확인

```
In [16]:  f.__doc__

Out[16]:  '이것은 함수 f의 docstring입니다'

In [17]:  f?

          Signature: f()
          Docstring: 이것은 함수 f의 docstring입니다.
          File: c=\users\mkjang\appdata\local\temp\ipykernel_9304\1020237165.py
          Type: function
```

함수의 경우에 독스트링에 포함되는 정보는 대부분 매개변수에 대한 설명입니다. 호출 예제 같은 정보가 추가로 포함되기도 하는데, 어쨌거나 사용자들이 해당 함수를 올바르게 호출하는 데 필요한 모든 정보를 포함하도록 하는 것이 바람직합니다. 아마 함수의 독스트링이 가장 유용하게 활용될 텐데, 클래스나 모듈, 패키지 등도 독스트링을 가질 수 있습니다.

내가 만든 함수를 나 혼자서만 사용하는 것이라면 굳이 귀찮게 독스트링을 만들어 둘 필요가 없습니다. 하지만 내가 개발한 함수를 모듈로 만들어 외부로 공개할 경우

함수를 만들고 한참 지나면 내가 만든 것이어도 코드가 눈에 잘 들어오지 않습니다. 그런 때에는 독스트링이 아주 유용합니다.

에는 독스트링이 필수입니다. 사용자들이 내가 만든 함수를 올바르게 사용할 수 있게 하는 일종의 가이드가 됩니다. 만약 독스트링이 없다면 사용자들이 일일이 코드를 읽고 이해해야 하는 수고를 피할 수 없겠습니다.

독스트링을 정의하고 사용하는 데 특별히 어려울 것은 없습니다만, 한 줄짜리 독스트링이라도 여러 줄의 문자열을 입력할 때 사용하는 따옴표 세 개(''' ... ''' 또는 """ ... """)를 사용하는 것을 추천하고 있습니다.

[코드 23-11] 독스트링의 입력

```
In [18]: def f()
             """
             이것은 함수 f의 docstring입니다
             """
             pass
```

클래스도 마찬가지입니다. 함수와 클래스는 첫 번째 문장으로 사용된 문자열이 해당 객체의 독스트링으로 저장됩니다. 모듈도 역시 마찬가지입니다. 스크립트 파일의 첫 번째 문자열이 해당 모듈의 독스트링이 됩니다. 확인을 위해, 앞서 만들었던 mypackge의 a.py를 수정하겠습니다.

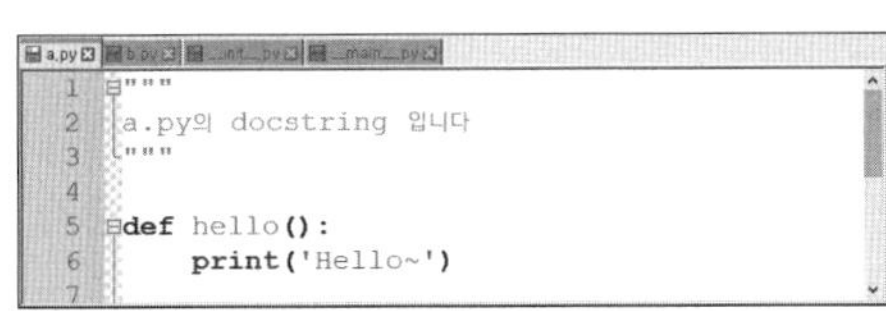

[그림 23-10] mypackge의 a.py 파일 수정

스크립트를 수정한 후에 다시 임포트하려면 주피터 노트북(또는 IPython)을 새로 만들어야 (또는 새로 시작해야) 합니다.

정상적으로 작동되는지 주피터 노트북으로 한 번 확인하겠습니다. In [19]에서 현재 폴더를 확인한 후에, In [20]에서 우리가 찾는 a.py 스크립트가 있는 폴더로 이동합니다. 다음으로 해당 모듈을 임포트한 후에(In [21] 참조), In [22]에서처럼 해당 모듈의 독스트링을 확인합니다. 문제없이 동작하는 것이 확인됩니다.

[코드 23-12] a 모듈의 독스트링 확인

```
In [19]: %pwd
Out[19]: 'C:\\pydev\\Scripts'

In [20]: %cd mypackage
         C:\pydev\Scripts\mypackage

In [21]: import a
```

```
In [22]: a?
```

```
Type:        module
String form: <module 'a' from 'C:\\pydev\\Scripts\\mypackage\\a.py'>
File:        c:\pydev\scripts\mypackage\a.py
Docstring:   a.py의 docstring 입니다
```

패키지의 경우에는 __init__.py의 첫 번째 문자열이 해당 패키지의 독스트링이 됩니다. 확인을 위해, mypackage의 __int__.py 스크립트를 수정하겠습니다.

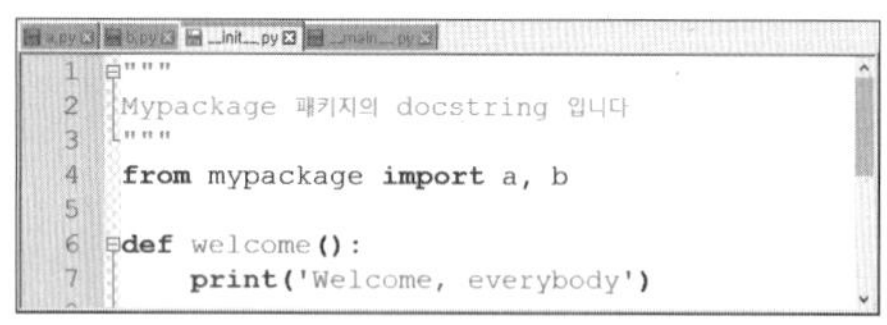

[그림 23-11] mypackage의 __int__.py 스크립트 수정

다시 mypackage를 임포트한 후에 해당 패키지의 독스트링을 확인해보면, 정상적으로 동작하는 것을 확인할 수 있습니다.

[코드 23-13] mypackage의 독스트링 확인

```
In [23]: mypackage?
```

```
Type:        module
String form: <module 'mypackage' from 'C:\\pydev\\Scripts\\
             mypackage\\__init__.py'>
File:        c:\pydev\scripts\mypackage\__init__.py
Docstring:   Mypackage 패키지의 docstring입니다.
```

23장을 정리하겠습니다

23장에서는 패키지를 중심으로 파이썬 라이브러리의 활용에 대해 알아보았습니다. 실제로 직접 만들어보고 확인하는 과정이 필요하다 보니, 본문에 "확인"이란 단어가 정말 많이 들어가 있습니다. 혹시 읽기 거북했더라도 양해 바랍니다. 어려운 내용은 없습니다. 다만, 좋은 파이썬 개발자가 되려면 파일과 디렉터리에 대한 명확한 이해가 꼭 필요하겠다는 느낌이 강하게 듭니다.

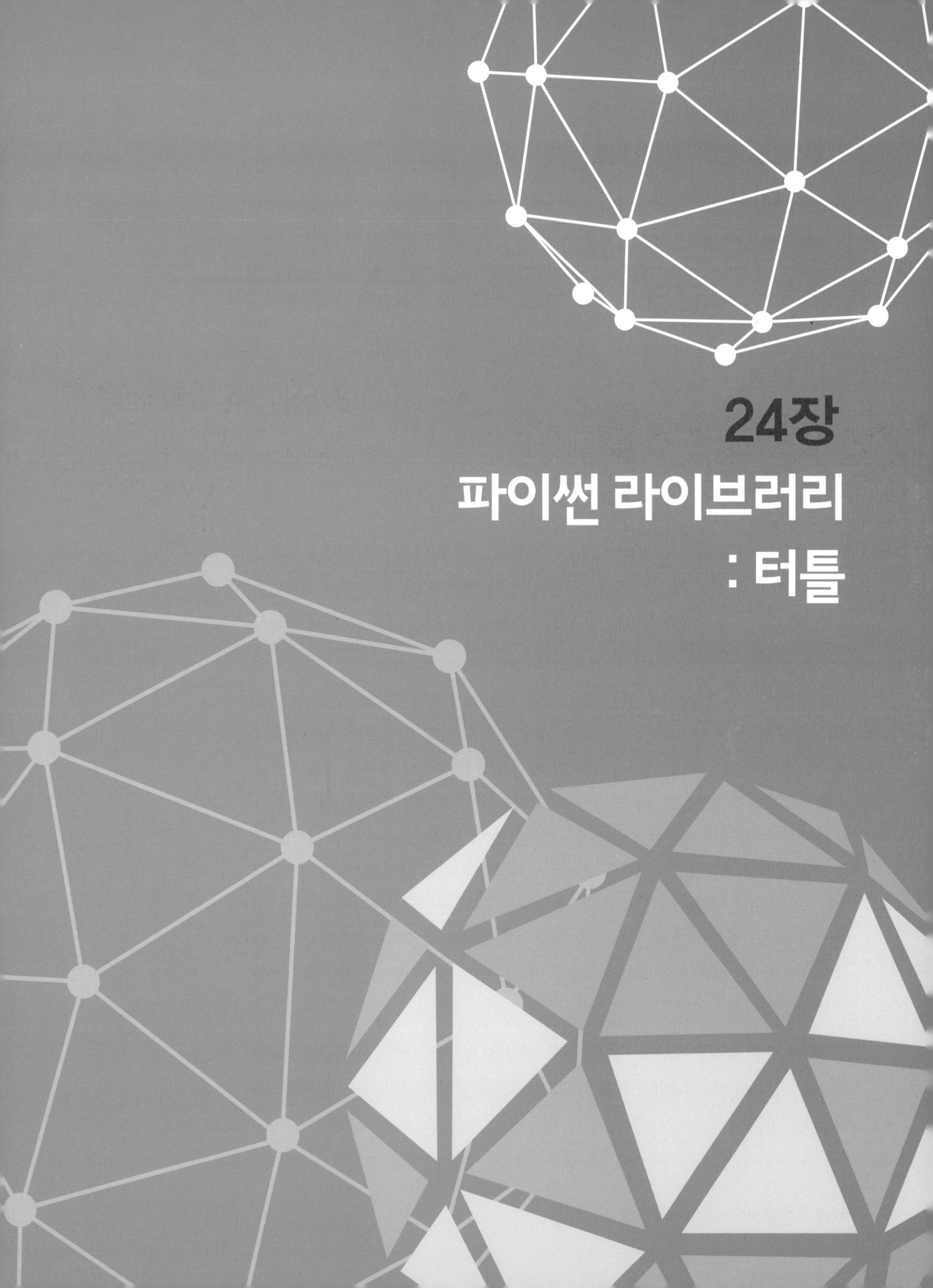

24장
파이썬 라이브러리
: 터틀

24장에서는 파이썬 라이브러리 중에 가장 쉽고 재밌는 터틀Turtle 모듈을 알아보고, 라이브러리의 기본적인 의의에 대해 살펴보겠습니다.

여기서 잠깐!!

터틀 모듈은 어디에서 찾나요?

터틀 모듈은 파이썬이 설치된 폴더(보통의 경우, C:\Program Files\Python3.9\)에 Lib(Library의 줄임말입니다) 폴더에 turtle.py로 존재합니다. 실제로 해당 파일을 편집기(노트패드++ 등)로 열어서 코드를 한번 살펴보기 바랍니다. 좋은 공부가 됩니다.

터틀 모듈을 알아보겠습니다

우리가 마음대로 통제할 수 있는 조그만 거북이(turtle)를 하얀 캔버스 위에 두었다고 상상해보기 바랍니다. 거북이 꼬리는 붓입니다. 꼬리에 물감을 묻힌 후에 거북이를 움직이면 거북이가 움직인 동선을 따라 선이 그어집니다. 그런 선이 모여서 하나의 그림이 만들어지게 됩니다.

원래 터틀은 아주 오래 전에 만들어진 조그만 로봇을 가리키는 이름이었습니다. 몸통에 펜을 달고 있어서 로봇이 움직이는 경로대로 선이 그어지도록 만들어졌습니다. 이 아이디어를 그대로 이어서, 종이가 아닌 컴퓨터 화면에 그림을 그리는 소프트웨어 로봇을 만들었는데, 이것이 터틀 그래픽스Turtle Graphics의 시작입니다. 1967년에 소개된 로고Logo라는 컴퓨터 언어에 포함되어 함께 배포되었습니다. 파이썬의 터틀 모듈은 터틀 그래픽스의 개념을 그대로 이어받아 파이썬 안에서 완전히 새로 개발한 모듈입니다. 실제로 터틀 그래픽스는 그림을 그리는 도구로도 사용되지만, 어린 학생들에게 컴퓨터 알고리즘을 가르치는 데에도 널리 활용되고 있습니다. 선 하나가 명령어라면 여러 선이 포함된 그림을 만드는 것은 알고리즘이면서 프로그램이기 때문입니다.

간단하게 터틀 모듈을 사용하는 법을 살펴보겠습니다. 먼저, [코드 24-1]처럼 turtle 모듈을 임포트합니다. turtle은 표준 라이브러리여서 설치 과정이 따로 필요하지 않습니다.

[코드 24-1] turtle 모듈 임포트

```
In [1]:  import turtle
```

In [2]의 turtle.Turtle()은 turtle 모듈 안에 있는 Turtle 클래스의 생성자 함수를 호출하게 됩니다.

그 후에 [코드 24-2]에서 보는 바와 같이 turtle 객체를 생성하고 그 객체의 참조자를 t 변수에 할당합니다. 이제부터 t라는 이름을 통해 방금 만들어진 turtle 객체와 커뮤니케이션할 수 있게 됩니다(터틀 객체의 메서드를 호출할 수 있다는 의미입니다).

[코드 24-2] turtle 객체 생성

```
In [2]:  t=turtle.Turtle()
```

In [2]를 실행하면, [그림 24-1]과 같은 화면이 나타납니다.

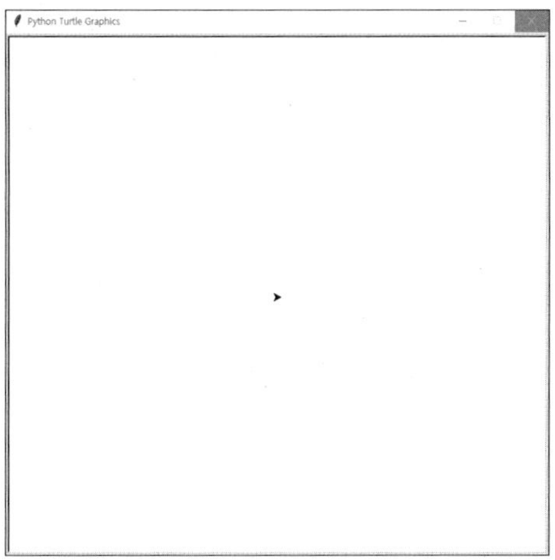

[그림 24-1] 터틀 그래픽스 윈도우

터틀 로봇을 움직여 보겠습니다

[그림 24-1]의 화면 중간에 있는 화살표가 터틀 로봇입니다. 참고로 아이콘의 모양은 여러 개가 제공되고 있습니다. 실제로 거북이 모양의 아이콘도 있습니다. 선택해서 사용할 수 있습니다. 현재 보이는 아이콘은 '클래식'이란 이름의 기본 아이콘입니다. 이 아이콘의 움직임을 통제함으로써 그림을 그리게 되는데, 움직임과 관련된 명령어로는 터틀 아이콘을 앞/뒤로 움직이는 forward/backward가 있고, 좌/우로 방향을 전환하는 left/right가 있습니다.

forward, backward 메서드는 distance라는 이름의 정수 인자를 하나 가지고 있습니다. 예를 들어, t.forward(100)은 터틀 객체 t에게 "앞으로 100만큼 움직이라"는 명령입니다. 여기서 "앞으로"란 터틀의 현재 진행 방향대로라는 의미이고, 거리값 100은 픽셀pixel 단위입니다. 터틀의 움직임을 혼동하지 않기 위해서는 터틀 그래픽스 내부의 2차원 좌표계를 염두에 둘 필요가 있습니다. [그림 24-2]를 참고하기 바랍니다. 터틀 화면의 중앙이 원점이고, 원점을 기준으로 수평방향이 x축, 수직방향이 y축에 해당합니다. 진행방향은 아이콘이 가리키는 방향입니다.

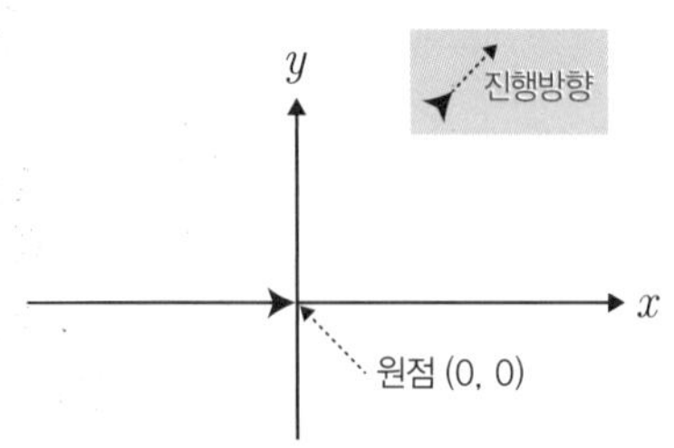

[그림 24-2] 터틀 그래픽스의 좌표계

2차원이든 3차원이든 어떤 공간 안에 있는 모든 물체는 위치(position)와 자세(orientation, 방향의 의미로 생각해도 됩니다)를 가집니다. 터틀 객체가 처음 만들어질 때의 위치와 자세를 홈home 포지션이라고 부릅니다. 터틀의 홈 포지션은 원점에서 x축 방향을 향하는 자세를 말합니다. 이 상태에서 t.forward(100)을 한 번 실행해보면, 터틀 아이콘이 현재 보고 있는 방향인 x축으로 일정한 거리만큼 움직이는 것을 확인할 수 있습니다. 실행해보겠습니다.

```
In [3]:   t.forward(100)
```

[코드 24-3] t.forward(100) 실행

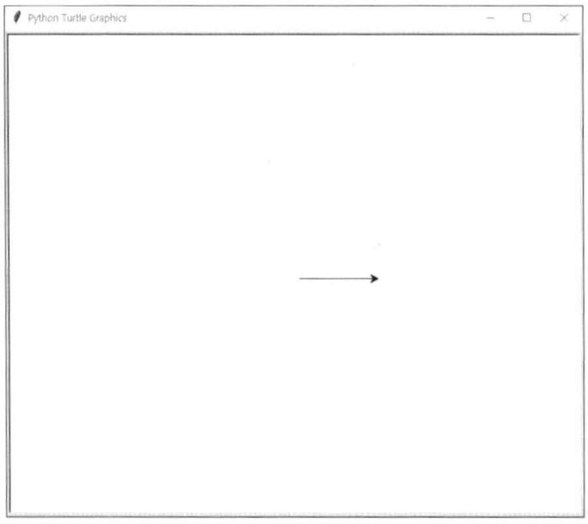

[그림 24-3] t.forward(100) 실행 결과

터틀 아이콘이 x축 방향으로 얼마만큼 움직이면서 아이콘의 위치가 바뀌었습니다. 홈 포지션인 (0, 0)에서 (100, 0)으로 좌표가 변경되었습니다. 실제로 움직인 후에 터틀 객체 t에게 "어느 위치에 있니?"라고 물어보면(t.pos()를 실행하면 현재의 위치를 되돌려 줍니다.) 현재 위치의 좌표값을 확인할 수 있습니다.

[코드 24-4]
현재 위치의 좌표값 확인

```
In [4]:   t.pos()
Out[4]:   (100.00,0.00)
```

여기서 좌표와 거리의 기준이 되는 것은 픽셀[pixel]입니다. 픽셀은 Picture Element를 줄인 말로, 우리말로는 '화소'라고 부릅니다. 터틀 그래픽스에서뿐만 아니라 앱(응용 프로그램)의 화면 설계에서도 기본이 되는 용어이니 조금 짚어보고 넘어가겠습니다.

여기서 잠깐!!

픽셀이란

우리가 사용하고 있는 모든 디스플레이 장치에서, 점, 선, 면을 포함한 모든 그림 요소와 글자는 점으로 표현됩니다. 실제 우리가 사용하고 있는 모니터는 바둑판과 같은 격자 모양의 화소로 만들어져 있습니다. 바둑판에 바둑알이 하나씩 놓여지면서 (바둑판 위에) 한 판의 승부가 만들어지는 것과 같이 모니터의 화소에 하나씩 색깔이 덧입혀지면서 화면에 (모니터 위에) 그림이 나타나게 됩니다. 바둑판의 경우는 가로로 19개의 격자, 세로로 19개의 격자가 있습니다. 그래서 바둑돌이 놓일 수 있는 위치(화소에 해당합니다)는 19×19로 361개가 됩니다.

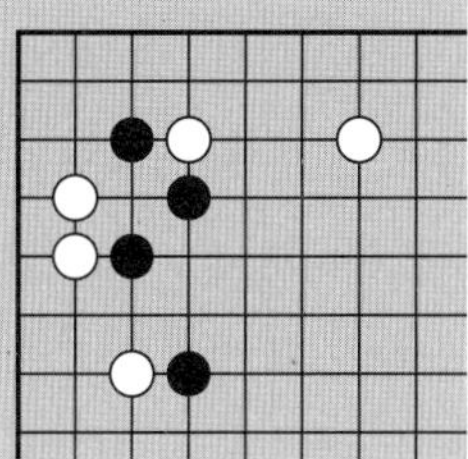

[그림 24-4] 그림은 점들로 만들어집니다

모니터에서도 마찬가지입니다. 예를 들어서, 가로로 1024개 화소가 있고, 세로로 768개 화소가 있는 모니터라면 화소의 개수는 1024×768개(대략 79만 화소)가 있는 셈인데 이를 해상도(resolution)라고 부릅니다. 해상도가 높으면 픽셀 간의 간격이 좁아져서 훨씬 세밀한 표현이 가능해집니다. 바둑판 격자에서야 검은색과 흰색으로만 구별하지만 우리가 사용하는 모니터의 픽셀에는 거의 모든 색상을 표현할 수 있습니다. 픽셀에 나타나는 색깔은 빛의 3원색인 Red, Green, Blue를 조합함으로써 만들어집니다(줄여서 RGB라고 부릅니다).

> LED 모니터의 경우, 하나의 화소에 Red색을 내는 발광 다이오드(diode, 빛을 내는 반도체라고 생각하면 됩니다), Green색을 내는 발광 다이오드, Blue색을 내는 발광 다이오드가 한 개씩 있고, 각 색깔의 밝기는 0에서 255까지 256개의 단계가 있습니다. 0은 발광 다이오드가 꺼진 상태이며, 255는 가장 밝은 상태를 나타냅니다. 예를 들어, 흰색은 R이 255, G가 255, B가 255이고, 검은색은 (모두 꺼져서 어두운 상태이기 때문에) RGB가 각각 0, 0, 0입니다. 노란색의 경우는 Red가 255, Green이 255, Blue가 0입니다. 여기서 Blue색이 밝아지면 밝은 노란색이 되고, Red와 Green 밝기가 낮아지면 어두운 노란색이 만들어집니다.

터틀의 `backward` 메서드는 이름에서 알 수 있듯이 터틀 아이콘을 뒤쪽으로 움직이는 메서드입니다(뒤로 돌아가는 것이 아니라, 뒷걸음질하는 것입니다). 그런데 하나, 재미있는 것은 `forward(distance)`, `backward(distance)` 메서드의 인자인 `distance`에 음수값이 사용될 수 있다는 것입니다. 예를 들어, `forward(-30)`과 같이 사용할 수 있습니다. 느낌에서 알 수 있듯이, `forward(-30)`은 `backward(30)`과 똑같은 결과를 만들어 냅니다. 실제로 한 번씩 실행해보고 그 결과를 확인해보기 바랍니다.

터틀 아이콘의 방향을 바꿔 보겠습니다

다음은 방향 전환입니다. 이를 위해서 `left()`, `right()` 함수가 있습니다. 두 개 메서드 모두 회전할 각도를 나타내는 angle 인자를 갖습니다. 예를 들어, `left(45)`는 "왼쪽으로 45도 회전하라"는 명령어입니다. [그림 24-5]에서 보다시피 좌, 우로 회전할 때의 기준선은 현재 터틀 아이콘이 바라보고 있는 방향입니다. 그 방향을 기준으로 좌, 우로 angle 각도만큼 방향을 바꿉니다. 당연히, 위치의 변경은 없습니다. 실행해보면 알겠지만, 회전의 중심은 머리쪽입니다. 앞서 터틀의 꼬리에 물감을 묻힌다고 했었는데, 실제로는 머리에 물감이 묻어있는 셈이네요. ☺

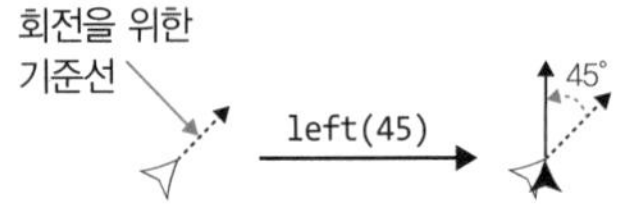

[그림 24-5] 좌, 우로 회전할 때의 기준은 터틀의 진행 방향임

가정해봅시다. 여러분이 여러분 앞에 있는 어떤 사물을 보고 있습니다. 만약, 누군가가 "왼쪽 45도를 봐주세요"라고 한다면 내 시선이 어디를 바라보게 될까요? 그것

과 똑같다고 보면 되겠습니다. 실제로 (100, 0) 위치에서 x축 방향을 보고 있는 터틀 로봇에게 left(45) 메서드를 호출하게 되면 아래와 같이 바뀌게 됩니다.

[그림 24-6] left(45) 메서드 호출 결과

그 외에 유용한 몇 가지 메서드를 소개하겠습니다

터틀 모듈을 사용하는 데 유용한 몇 가지 메서드를 소개하겠습니다. 바로 up(), down(), clear(), home(), color(), goto(), bye() 등입니다.

up( ), down( )

터틀 아이콘이 움직인 경로에 따라 꼬리에 묻은 물감이 그려진다고 얘기했었는데, 그러다 보니 꼬리를 들면 터틀이 움직이더라도 그림이 그려지지 않습니다. 터틀 로봇의 꼬리를 들었다(up), 놨다(down) 할 수 있도록 up, down 메서드가 제공되고 있습니다. 현재 (100, 0)에서 x축 기준으로 45도를 바라보고 있는 터틀 로봇에게 꼬리를 들게 한 다음 150만큼 움직여 보았습니다.

[그림 24-7] 꼬리를 들고(up) 움직이면 그림이 그려지지 않음

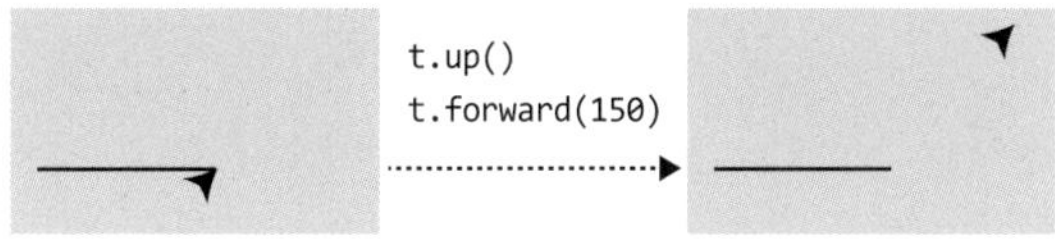

clear( )

현재까지 그려진 흔적을 지우고 싶을 때에는 clear 메서드가 유용합니다. 터틀 객체 t에 대해 t.clear()를 호출하면, t 객체가 움직이면서 그려진 모든 그림을 지워 줍니다. 이게 왜 필요하냐면, 하나의 터틀 화면에 여러 개의 터틀 객체들을 등장시켜 함께('동시에'라는 뜻이 아닙니다.) 그림을 그리도록 만들 수 있기 때문입니다. 선별해서 지울 필요가 있겠습니다.

home( )

앞서 홈 포지션에 대해 설명을 했었는데 터틀 아이콘이 어디에 어떤 자세로 있든 간에 home 메서드를 호출하면 원래의 홈 포지션으로 되돌아갑니다. t.home()의 형태로 호출합니다.

color( )

color() 메서드를 사용해서 터틀 꼬리에 묻힌 물감의 색깔을 바꿀 수 있습니다. 인자에 바꿀 색깔의 이름이 문자열로 들어갑니다. 대표적으로, 'red' 'green' 'blue' 'pink' 'black' 'blue' 'yellow' 'gray' 등이 있습니다. t.color('red')의 형태로 호출합니다. RGB값을 조정함으로써 색상을 미세하게 조절할 수도 있습니다. 그러기 위해서는 turtle.colormode() 함수를 먼저 호출해야 합니다. 이 함수는 turtle.Turtle 클래스에서 정의된 함수가 아니라, turtle 모듈에서 정의된 함수입니다. 호출에 주의하기 바랍니다. 실제로 turtle.colormode(255)를 실행하면, 그다음부터는 0~255 사이의 RGB 값을 직접 지정해서 색깔을 표현할 수 있게 됩니다. [코드 24-5]를 참고하기 바랍니다. 실제로 실행해보면, color(100, 50, 80)은 살짝 보라색 느낌이 납니다. 세 개의 인자는 순서대로 red, green, blue의 밝기입니다.

In [5]:

```
turtle.colormode(255)
t.color(100, 50, 80)
```

[코드 24-5]
turtle.colormode(255)를 이용하면 좀 더 다양한 컬러를 사용할 수 있음

goto( )

터틀 아이콘을 특정한 위치로 보낼 때에는 goto 메서드가 유용합니다. 인자는 옮겨갈 위치의 좌표값입니다. 예를 들어, 현재 위치에서 (100, 50)으로 움직이고 싶으면 t.goto(100, 50)을 호출하면 됩니다. 꼬리가 down인 상태이면 현재 위치에서 옮겨갈 좌표까지 직선이 그어지게 됩니다. 터틀 아이콘의 자세(즉, 바라보는 방향)는 그대로 유지됩니다. 예를 들어서 홈 포지션에서 (100, 50)으로 움직인 경우에는 아래와 같은 결과를 얻게 됩니다.

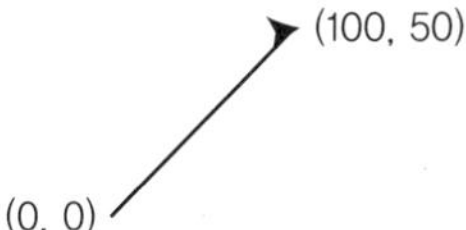

[그림 24-8] goto 메서드를 사용해서 특정한 좌표로 이동할 수 있음

turtle.bye( )

터틀 그래픽 윈도우를 닫을 때에 터틀 그래픽 윈도우의 오른쪽 상단에 있는 ☒ 버튼을 누르는 것 보다는 `turtle.bye()` 함수를 사용하는 것이 깔끔합니다.

터틀 그래픽스를 이용해서 그림을 그려보겠습니다

turtle 모듈을 이용해서 도형을 그려보겠습니다. 먼저 정사각형입니다. 정사각형은 위치와 자세에 따라 여러 형태가 가능하겠지만, 기본적으로 현재의 위치와 방향에서 일정한 거리를 `forward()`한 후에, `left(90)`하고, 또 똑같은 거리를 `forward()` 한 후에 90도로 `left`하고, 이 과정을 원래 위치로 되돌아올 때까지 반복하면 되겠습니다. 아래의 코드와 결과를 확인해보기 바랍니다. 한 변의 길이는 100으로 정해 보았습니다.

[코드 24-6] 정사각형 그리기

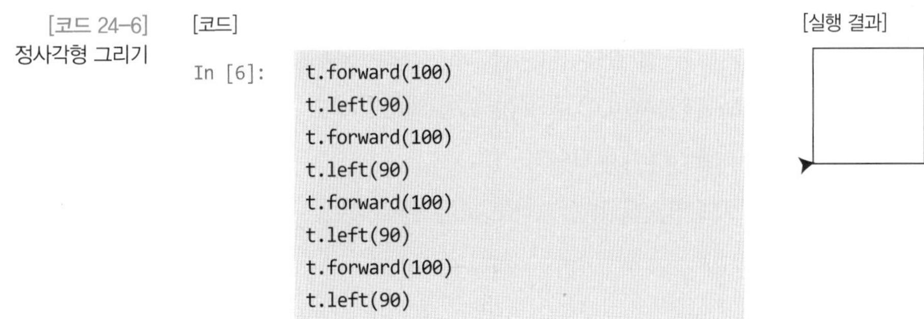

[코드]

```
In [6]:  t.forward(100)
         t.left(90)
         t.forward(100)
         t.left(90)
         t.forward(100)
         t.left(90)
         t.forward(100)
         t.left(90)
```

[실행 결과]

코드를 만들고 보니, 반복이 보입니다. for문으로 간단하게 만들 수 있겠습니다. 코드를 수정해 보았습니다.

In [7]:

```
for k in range(4):
    t.forward(100)
    t.left(90)
```

[코드 24-7]
정사각형 그리기의 코드 수정

그림을 그리다 보면 여러 사각형을 그려야 할 일이 있을 것입니다. 여러 상황에서 사용할 수 있도록 함수로 만들면 좋을 것 같습니다. 활용도가 높은 함수를 만들기 위해서 조금 고민하겠습니다.

1. 일단, 함수명은 사각형을 그리는 함수이니 `drawRect()` 정도가 좋겠습니다. 함수명은 그 함수의 기능이나 특징이 잘 나타날 수 있도록 만들어 주는 것이 좋습니다.
2. 첫 번째 인자로 누가 (어떤 터틀 객체가) 그릴 것인지가 표현되어야겠습니다. 그림을 그릴 터틀 객체는 `drawRect()` 함수 안에서 만들 수도 있고, 밖에서 만들어서 호출할 때 넘겨줄 수도 있습니다. 이 둘 간에 어떤 차이가 있는지, 그리고 (우리 문제에는) 어느 경우가 더 적합한지 한 번 고민해보기 바랍니다. 우리가 만드는 예제에서는 밖에서 만들어서 넘겨주는 것으로 하겠습니다.
3. 사각형의 위치에 대한 정보가 필요합니다. 사각형의 위치는 그림을 시작하는 꼭짓점의 좌표로 정하겠습니다.
4. 어떤 자세로 있는지에 대한 정보도 필요합니다. 첫 번째 그려지는 변이 x축과 이루는 각도로 나타낼 수 있을 것 같습니다. (참고로) 각도는 x축을 기준으로 반시계방향(CCW, Counter ClockWise)으로 재는 것이 표준입니다. 터틀에 한정된 얘기가 아니고, 모든 분야에서 그렇습니다.
5. 한 변의 길이에 대한 정보도 필요합니다. 그리고 모든 변의 길이는 같은 것으로 가정하겠습니다.

예를 들어 다음과 같이 정사각형을 그릴 수 있으려면 함수는 어떻게 만들어지고, 인자는 어떻게 구성해야 좋을까요?

[그림 24-9] 정사각형을 그리기 위한 인자 구성

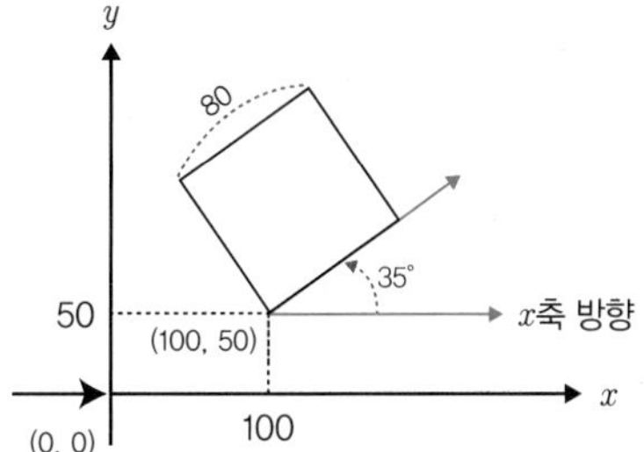

현재 원점에 있는 터틀 아이콘(해당 객체의 이름을 t라고 가정해보겠습니다)을 이용해서 첫 번째 꼭지점 (100, 50)부터 x축과 35도 각도를 이루는 길이 80의 첫 번째 변을 그리면 됩니다. 그 후에 왼쪽으로 90도 회전합니다. 그 후에 길이 80의 선을 그리고 왼쪽으로 90도 회전하는 과정을 세 번 반복합니다. 어떻게 호출하면 좋을까요? `drawRect(t, 100, 50, 35, 80)` 정도면 좋을 것 같습니다. 첫 번째 인자는 그림을 그릴 터틀 객체의 참조자, 두 번째와 세 번째는 첫 번째 꼭지점의 (x, y) 좌표, 네 번째는 첫 번째 변이 x축과 이루는 각도, 마지막 인자는 한 변의 길이를 나타냅니다. 이렇게 호출할 수 있도록 함수를 한 번 만들겠습니다. 실제로 만들어진 코드와 함수 호출, 그리고 실행 결과를 보이면 아래와 같습니다.

[코드 24-8] 정사각형을 그리기 위한 실제 코드, 함수 호출, 실행 결과

[코드]

```
def drawRect(tur, x, y, angle, leng):
    tur.up()
    tur.home()
    tur.goto(x, y)
    tur.left(angle)
    tur.down()

    for k in range(4):
        t.forward(leng)
        t.left(90)
```

[함수 호출]

```
drawRect(t, 100, 50, 35, 80)
```

[실행 결과]

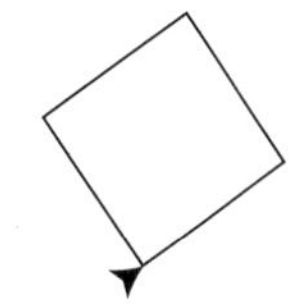

여기서 잠깐!!

노파심에 한 마디!

(이 책에서 여러 번 강조했듯이) 함수 호출에서 인자가 매개변수에 할당되는 메커니즘에 대한 기본적인 그림을 가지고 있는 것은 정말 중요합니다. [코드 24-8]의 경우에 대해 한 번만 더 복습하고 넘어가겠습니다. 함수의 정의에 포함되어 있는 매개변수들은 해당 함수의 지역변수입니다. 함수를 호출하게 되면 인자값들이 정의된 순서에 따라 매개변수에 할당됩니다. `drawRect(t, 100, 50, 35, 80)`으로 호출하면 이 호출에 따라 `drawRect()` 함수가 실행될 때에 매개변수 `tur`은 `t`를 가리키고(실제로는 +가 터틀 객체를 가리킵니다), 매개변수 `x`는 80을 가리키고(즉, `x` 변수에 80이 할당되고), 매개변수 `y`는 50을, 매개변수 `angle`은 35를, 매개변수 `leng`은 80을 가리키게 됩니다. 이 상태에서 `drwaRect()` 함수의 바디(body)가 실행됩니다. 따라서 예를 들어, [코드 24-8]의 4행에 있는 `tur.goto(x, y)` 명령문은 `t.goto(100, 50)`으로 실행되게 됩니다. 내가 (사용자이거나 호출한 모듈) 가지고 있던 t 객체가 (100, 50)으로 움직이게 되는 것입니다. [그림 24-10]을 참조하기 바랍니다. 자꾸 연습해서 이와 같은 과정이 너무 당연하게 느껴지면 좋겠습니다.

```
drawRect(t, 100, 50, 35, 80)

                 [매개변수에 인자값이 할당됨]
                 tur = t
[함수의 호출]    x = 100
                 y = 50
                 angle = 35
                 leng = 80

[함수의 정의] def drawRect(tur, x, y, angle, leng)
```

[그림 24-10] 함수가 호출되면, 인자값이 매개변수로 전달됨

기왕에 도형을 그려본 김에 원(circle)도 한 번 그려보겠습니다. 터틀 그래픽에서 원을 그리는 메서드는 `circle()`입니다. 인자는 반지름의 크기입니다. 예를 들어, `t.circle(100)`을 호출했을 때, 실제로 원이 어떻게 그려지는지를 유심히 봐주기 바랍니다. 터틀의 위치는 점입니다. 터틀이 보고 있는 방향은 선입니다(보는 방향을 시.선.이라고 부르잖아요?). 이 선이 현재 위치인 점에서 접하도록 원이 그려집니다. 접하는 원은 두 개가 있을 수 있는데, 보는 방향의 왼쪽에 있는 원이 그려집니다. 설명이 조금 복잡했는데, 한 번만 그려보면 금세 알 수 있습니다. 아래의 예를 참고하기 바랍니다. [그림 24-11]에서 ⓐ는 홈 포지션에서 `circle(100)`을 실행한 결과이고, ⓑ는 홈포지션에서 터틀의 자세를 왼쪽으로 45도 회전한 다음에 `circle(100)`을 실행한 결과입니다.

[그림 24-11] circle()로 원 그리기

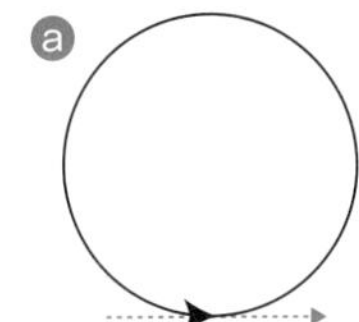

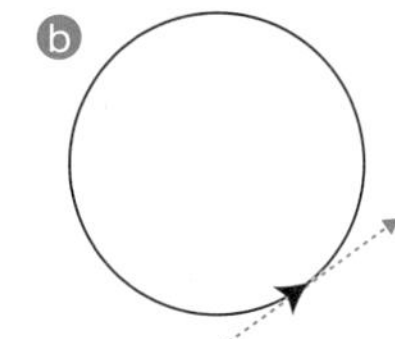

연습문제 24-1

원을 그리다 보니 우리의 상식과는 조금 안 맞는 것 같습니다(물론, 자꾸 그리다 보면 이렇게 그리는 것이 오히려 당연한 것으로 느껴집니다. 거북이니까요). 그래도 우리 상식으로는, 원이란 특정 위치를 중심으로 반지름의 크기만큼 떨어져 있는 점들의 집합이지 않겠습니까? 실제로 어떤 터틀 t가 (x, y)를 중심으로 반지름이 radius가 되도록 원을 그려주는 drawCircle(t, x, y, radius) 함수를 한 번 정의해보기 바랍니다. 터틀이 제공하는 `circle()` 함수를 이용하되 원의 위치를 조정할 수 있도록 만들면 되겠습니다.

터틀 그래픽스를 확장해보겠습니다

다음으로 이야기를 이어 가겠습니다. 이번에는 터틀 그래픽스를 확장하여 좀 더 유용한 기능을 만들어 내는 방안을 알아보겠습니다. 객체기술을 활용하게 되는데, '컴포지션'과 '상속'의 두 가지 경우를 나누어 생각하겠습니다.

먼저, 컴포지션을 활용한 확장입니다

하나의 기능이 원활하게 동작하기 위해서는 그 기능의 배경(또는 문맥)이 되는 정보가 필요합니다. 기능과 정보는 서로 연관되어 있기 때문입니다. 이렇게 서로 연관된 요소를 한데 묶어둔다면 아주 효과적일 것이라는 생각이 듭니다(마치, 사람의 언어에서 동사와 명사가 함께 모여 문장을 만드는 것과 같은 이치입니다). 사실, 이것이 객체지향 기술이 나타난 배경이기도 합니다.

앞서 사각형을 그리는 기능 `drawRect()`는 그 기능을 수행하는 터틀 객체와도 연관되어 있고, 터틀 객체의 펜 색깔과도 연관되어 있습니다. 물론, 위치정보와 자세정보와도 연관되어 있습니다. 그런데 이 중에는 사각형을 그릴 때마다 매번 지정해 줘야 하는 정보도 있는 반면에 한 번 정해두면 꽤 오랫동안 (즉, 여러 개 사각형을 그리는 동안) 변하지 않는 정보도 있습니다. 위치정보와 자세정보가 전자라면, 사각형을 그리는 터틀의 이름(즉, 참조자)과 펜 색깔은 후자에 가깝습니다.

그래서 사각형을 그려줄 터틀 객체와 drawRect() 함수를 하나로 묶는 클래스를 하나 상상해 볼 수 있을 것 같습니다. [코드 24-9]와 같이 정의할 수 있겠습니다. 여기서 Drawing 클래스는 두 개의 인스턴스 변수, self.tur과 self.color를 가지고 있습니다. 실제 t=Drawing('red')가 실행되면 Drawing 클래스의 __init__() 메서드가 호출되면서, self.tur 변수에는 새로 생성된 Turtle 객체의 참조자가 저장되고, self.color 변수에는 인자로 전달된 'red'가 저장되게 됩니다. 빨간색 꼬리를 가진 터틀 아이콘을 하나 가지게 된 것입니다. 이제부터 우리가 Drawing 객체 t의 drawRect 메서드를 호출할 때마다 "그(the)" 터틀 객체가 "그 색깔로" 그림을 그리게 됩니다. 몇 가지 유용한 메서드를 추가한다면, "나만의" 드로잉 도구를 가질 수 있을 것 같습니다.

[클래스 정의]

```
import turtle

class Drawing:
    def __init__(self, color):
        self.tur=turtle.Turtle()
        self.color=color
        self.tur.color(self.color)

    def move(self, x, y):
        self.tur.up()
        self.tur.home()
        self.tur.goto(x, y)
        self.tur.down()

    def drawRect(self, x, y, angle, leng):
        self.move(x, y)
        self.tur.left(angle)

        for k in range(4):
            self.tur.forward(leng)
            self.tur.left(90)
```

[객체 생성 및 메서드 실행]

```
t=Drawing('red')
t.drawRect(100, 50, 30, 100)
t.drawRect(-100, 100, 60, 50)
```

[실행 결과]

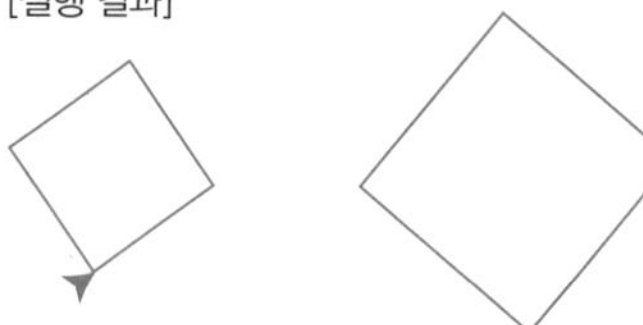

[코드 24-9]
터틀 객체를 소유하고 있는 Drawing 클래스의 정의

다음으로, 상속을 활용한 확장입니다

이렇게 한 번 생각하겠습니다. 우리가 필요한 것은 "그냥 터틀"이 아니라, "사각형을 그릴 줄 아는 (아주 특별한) 터틀"입니다. 이 터틀들은 그 자체로 터틀이면서 내가 필요로 하는 기능들을 추가로 가지고 있습니다. 이 세상에 없던 아주 특별한 터틀 객체입니다. 이런 형태의 접근에는 객체지향의 상속이 딱~입니다.

자, 이제 "사각형을 그릴 수 있는 터틀 객체"를 한 번 선언하겠습니다. Turtle을 상속받아 `MyTurtle` 클래스를 정의하겠습니다. 정말 중요해서 중언부언합니다만, 상속은 벤다이어그램을 연상하면 좋습니다. [그림 24-12]에서 ⓐ 객체는 `Turtle` 객체입니다. ⓑ 객체는 MyTurtle 객체이면서, (MyTurtle이라는 경계를 무시하면) Turtle 객체이기도 합니다. 여기 장미꽃 한송이가 있습니다. "이 장미는 노란색입니다"라고 말해도 되지만, "이 꽃은 노란색입니다"라고 말할 수도 있습니다. 똑같은 맥락입니다.

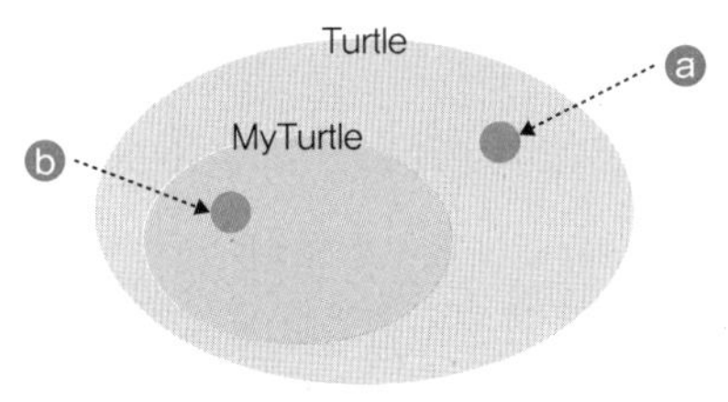

[그림 24-12] Turtle을 상속받은 MyTurtle 클래스 정의

[코드 24-10] 클래스 정의, 객체 생성 및 메서드 실행, 실행 결과

[클래스 정의]

```
import  turtle

class MyTurtle(turtle.Turtle):
    def __init__(self, col):
        super().__init__()
        self.color(col)

    def move(self, x, y):
        self.up()
        self.home()
        self.goto(x, y)
        self.down()

    def drawRect(self, x, y, angle, leng):
        self.move(x, y)
        self.left(angle)

        for k in range(4):
            self.forward(leng)
            self.left(90)
```

[객체 생성 및 메서드 실행]

```
t=MyTurtle('green')
t.drawRect(100, 50, 45, 100)
t.drawRect(100, 50, 60, 100)
```

[실행 결과]

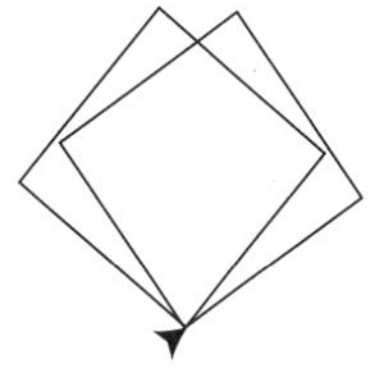

우리가 만든 t 객체는 MyTurtle 객체이기 때문에 당연히 `drawRect()`할 수 있습니다. [코드 24-10]의 [객체 생성 및 메서드 실행]에서 확인한 것과 같습니다. 하지만 t 객체는 그 자체로 Turtle 객체이기도 합니다. 그래서 `turtle.Turtle` 클래스에서 정의된 모든 메서드들을 호출할 수 있습니다. 실제로, `MyTurtle` 클래스의 `drawRect` 안에서 `self.forward`, `self.left`가 호출되고 있습니다. 그뿐만 아니라, 주피터 노트북에서 `t=MyTurtle('Green')`으로 객체를 만든 후에 `t.forward`, `t.left` 메서드를 호출해보면 (당연히 문제없이) 제대로 동작하는 것을 확인할 수 있습니다.

24장을 정리하겠습니다

파이썬에서 제공되는 라이브러리들은 그 자체로 하나의 도구입니다. 우리가 살펴봤던 터틀은 그림을 그리는 도구입니다. 앞으로 살펴볼 맷플롯립은 그래프를 그리는 도구이고, 판다스는 데이터를 분석하는 도구입니다. 도구를 능숙하게 잘 사용하는 것은 정말 큰 경쟁력이 됩니다. 그렇지만 객체기술의 개념을 활용하면 라이브러리의 기능을 확장할 수 있고, 그런 과정을 통해 보다 큰 가치를 만들어 낼 수 있습니다. 현대 정보기술을 관통하고 있는 딱 하나의 패러다임이 객체기술임을 결코 잊어서는 안 됩니다. 객체기술에 대한 이해 수준이 결국 개발자로서의 커리어의 성패를 결정하게 됩니다. 이 장도 공부하느라 수고가 많았습니다.

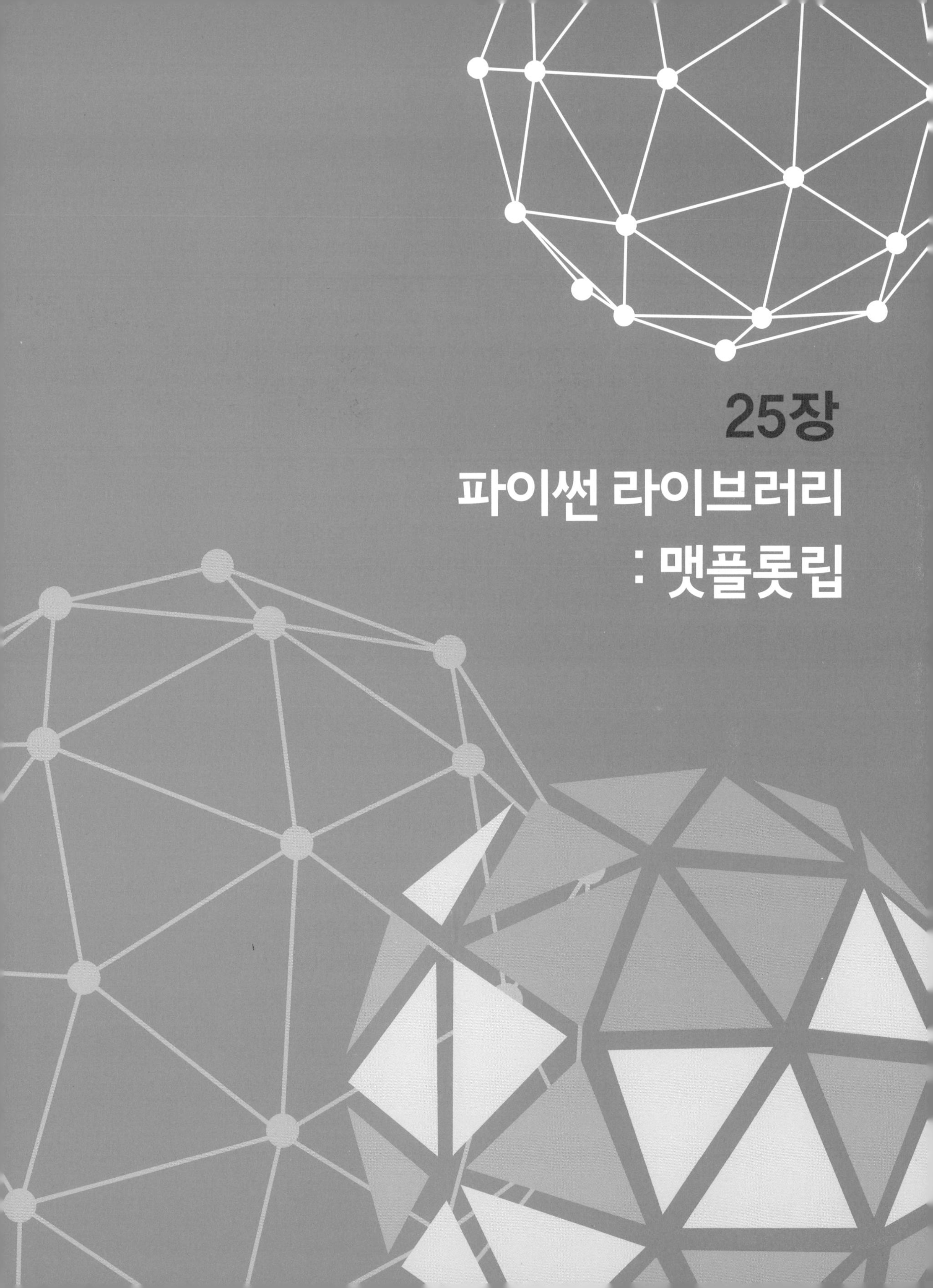

25장

파이썬 라이브러리 : 맷플롯립

25장에서는 그래픽의 정수라고 불리는 맷플롯립MatplotLib을 살펴보겠습니다. 데이터 분석에는 그래프 또는 차트가 많이 활용됩니다. 이를 데이터 시각화(Data Visualization)라고 부르는데, 원 데이터가 어떻게 생겼는지 (즉, 어떻게 분포하고 있는지) 또는 데이터 분석 결과가 어떠한지를 일목요연하게 보여줌으로써 데이터의 의미를 좀 더 분명하게 전달할 수 있다는 점에서 많은 관심을 받고 있습니다. 맷플롯립은 데이터 시각화를 위한 (아주 유명하고 유용한) 패키지 라이브러리입니다. 꽤 방대한 규모의 라이브러리지만 기본적인 구성과 맥락을 알고 있으면 활용하는 데 크게 어렵지는 않습니다. 범용 프로그래밍 언어인 파이썬이 데이터 과학 분야에서 크게 주목을 받고 사용되고 있는 이유도 (다음 장에서 살펴볼) 판다스Pandas와 맷플롯립에 있습니다.

실습을 위해, 먼저 MatplotLib 패키지를 설치하겠습니다. 주피터 노트북을 설치했던 것처럼, 지금 사용하고 있는 가상환경의 Scripts 폴더에서 (명령창을 열고, 가상환경을 활성화한 후에) `pip install matplotlib`을 실행하면 됩니다. 23장에서 소개한 바와 같이 가상환경에 설치되는 모든 외부 라이브러리는 가상환경 폴더 아래의 Lib\site-packages 폴더에 설치됩니다. 실제로 맷플롯립은 해당 폴더 아래의 matplotlib 폴더에 설치됩니다.

맷플롯립을 시작합니다

우리가 지금 살펴보고 있는 맷플롯립은 플로팅plotting(그림 그리는) 도구입니다. 다양한 형태의 그림을 그릴 수 있지만, 맷플롯립으로 그리는 가장 전형적인 형태는 우리가 보통 그래프Graph 또는 차트chart라고 부르는 그림입니다. 맷플롯립에서는 이런 그림을 Figure 객체라고 부릅니다. [그림 25-1]은 맷플롯립에서 그릴 수 있는 전형적인 Figure의 예를 보여주고 있습니다. 2020년의 어느 뉴스 기사에 포함되어 있던 도표를 맷플롯립으로 재구성하여 그려본 것입니다. 이 그림을 기본 모델로 삼아, 맷플롯립의 구성을 알아보겠습니다.

[그림 25-1] 맷플롯립의 Figure 예제

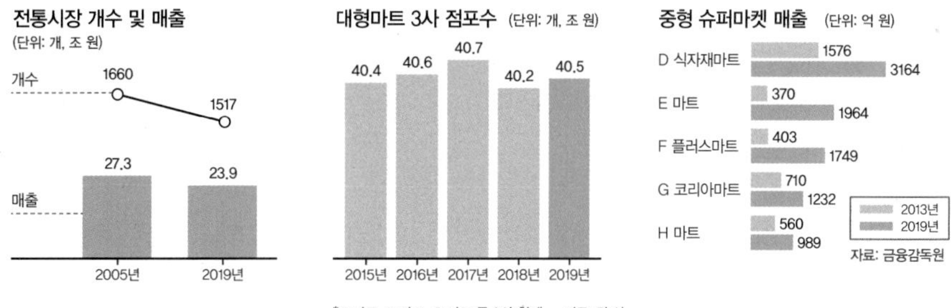

Figure 객체는 하나의 그림을 나타내는 객체로서, 맷플롯립에서 가장 상위에 있는 객체입니다(나머지 그림 요소는 모두 Figure 객체에 컴포지션(포함)되어 만들어지게 된다는 의미입니다). [그림 25-1]에 있는 예제를 보면 실제로는 세 개의 '작은' 그림이 모여서 만들어진 하나의 '큰' 그림인데, 여기서 각각의 작은 그림을 맷플롯립에서는 Axes 객체라고 부릅니다. Axes 객체가 한 개 이상 모여서 만들어진 큰 그림이 Figure 객체가 되는 셈입니다. 결국, Figure 객체는 Axes 객체들을 담는 그릇(보통 프레임(frame)이라고 부릅니다)의 역할을 수행합니다.

결국 핵심은 Axes 객체에 있습니다. 하나의 Axes 객체는 보통 x와 y의 두 개 축으로 만들어집니다. 여기서 각 축은 Axis 객체입니다. 앞서 하나의 차트가 Axes 객체가 된다고 했는데, 그 의미는 결국 두 개 이상의 축(axis)으로 만들어진다는 의미인 것으로 해석해도 좋겠습니다. [그림 25-2]에서 Axes의 구성을 개략적으로 나타내어 보았습니다.

[그림 25-2] Axes의 개략적인 구성

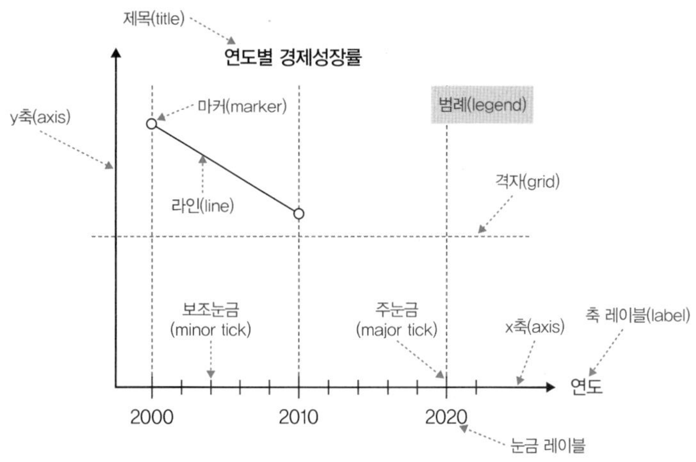

우리가 보통 접하게 되는 그림들은 축과 축이 만나서 어떤 영역이 만들어지고, 그 영역에 점(marker라고 부릅니다)이나 선, 또는 도형이 그려지게 됩니다. 각각의 축은 이름(label이라고 부릅니다)을 가지며, tick이라고 부르는 눈금을 가집니다. 각각의 눈금에도 레이블이 붙습니다(Tick Label이라고 부릅니다). 그림의 상단에 보통 제목(title이라고 부릅니다)이 위치하고, 그림에 포함된 여러 심볼들(점, 선, 도형 등)의 의미를 설명하는 범례(legend라고 부릅니다)가 붙습니다.

정리하자면 하나의 Figure 객체에는 한 개 이상의 Axes 객체가 포함되고, Axes 객체들은 축(axis), 눈금(tick), 레이블(label), 제목(title), 범례(legend), 점(marker) 등의 다양한 요소를 포함하게 됩니다. 각 요소에 해당하는 클래스들이 맷플롯립에 정의되어 있으며, 우리의 필요에 맞게 객체를 생성하고 각 객체의 속성값을 조정함으로써 Figure를 완성하게 됩니다. 맷플롯립 연습을 위해서 [표 25-1]의 데이터를 예제로 사용하겠습니다. 2013년부터 2019년까지 서울과 전국의 경제성장률 데이터입니다.

연도	2013	2014	2015	2016	2017	2018	2019
서울	1.6	1.5	2.9	2.8	2.3	3.6	2.6
전국	3.1	3.1	2.8	2.9	3.1	2.9	2.2

[표 25-1] 서울과 전국의 경제성장률(2013~2019년)

Figure와 Axes 객체를 생성합니다

먼저, 두 개의 모듈을 임포트합니다. `matplotlib`과 matplotlib의 서브 모듈인 `pyplot`을 임포트합니다. 보통 matplotlib은 `mpl`로, matplotlib.pyplot은 `plt`로 임포트합니다.

In [1]:
```
import matplotlib as mpl
import matplotlib.pyplot as plt
```

[코드 25-1] matplotlib 모듈과 matplotlib.pyplot 모듈을 임포트함

Figure 객체를 생성하는 가장 기본적인 명령문은 plt의 `subplots()` 함수를 호출하는 것입니다. `plt.subplots()` 함수는 Figure 객체의 참조자와 그 안에 포함되어 있는 Axes 객체의 참조자를 반환해 줍니다. [코드 25-2]와 같이 호출하면 새로 생성된 Figure 객체는 fig 변수로, Axes 객체는 ax 변수로 참조할 수 있습니다. `(fig, ax)`에서 튜플을 나타내는 괄호는 생략해도 됩니다.

[코드 25-2]
plt의 `subplots()` 함수
호출 및 결과

In [2]:
```
(fig, ax)=plt.subplots()
```

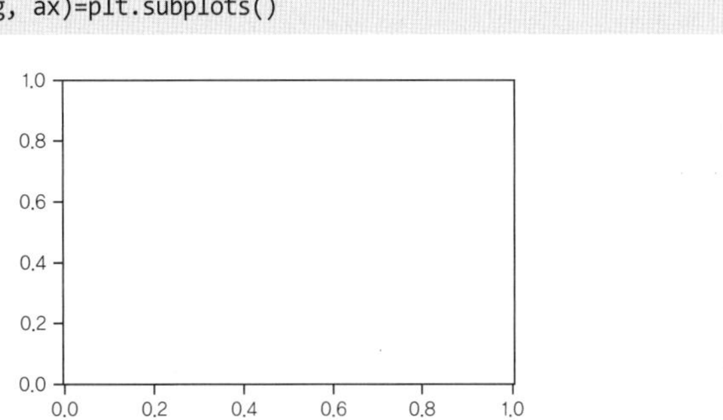

플롯팅할 데이터를 정의하고 선 그래프를 그려봅니다

In [2]가 문제없이 실행되어 주피터 화면에 그림이 나타나면, 도표에 플롯팅할 데이터를 정의해봅니다. [코드 25-3]에서 보는 바와 같이, 변수 `x`에는 연도의 리스트를, 변수 `y1`에는 서울의 경제성장률 데이터가 리스트로 저장되어 있습니다. 3~4행과 같이 데이터를 정의한 후에, 6행과 같이 ax 객체의 `plot()` 함수를 호출합니다. Axes의 `plot()` 함수는 인자로 입력된 데이터의 좌표를 선으로 연결한 그래프를 그려줍니다. 실제로 나타난 그래프를 보면, 우리가 정의한 `x`, `y1` 데이터의 순서쌍인 `(2013, 1.6)`, `(2014, 1.5)`, `(2015, 2.9)`, …, `(2019, 2.6)`에 해당하는 좌표를 선(line)으로 이은 그래프를 만들어서 보여줍니다. 한두 줄의 코드로 꽤 괜찮은 품질의 그래프를 정말 손쉽게 만들 수 있습니다. 맷플롯립은 주어진 데이터를 표현하는 데 가장 적절한 형태로 그림을 만들어줍니다.

In [3]:
```
(fig, ax)=plt.subplots()

x=[2013, 2014, 2015, 2016, 2017, 2018, 2019]
y1=[1.6, 1.5, 2.9, 2.8, 2.3, 3.6, 2.6]

ax.plot(x, y1)
```

[코드 25-3]
맷플롯립의 plot() 함수를 이용해서 선 그래프를 그릴 수 있음

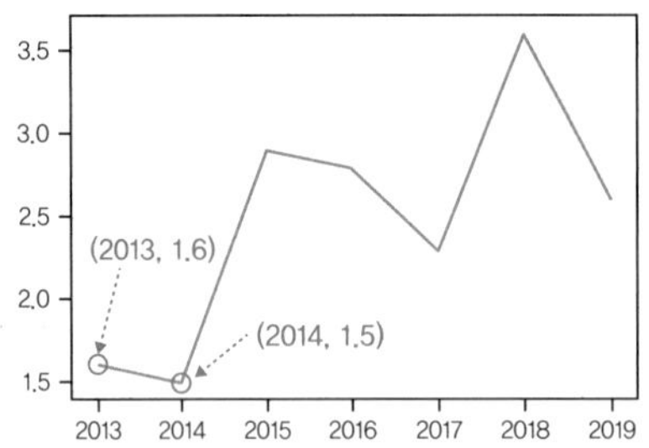

하지만 기본적인 코드로 만들어지는 그림들은 분석자 본인(사용자)의 다양한 아이디어를 마음껏 표현하는 데 적합하지 않을 수 있습니다. 당연하게도, 맷플롯립은 사용자들이 "자기 맘대로" 그림을 수정할 수 있도록 다양한 기능을 제공합니다. 이 기능을 제대로 활용하기 위해서는 맷플롯립에 어떤 객체들이 있는지, 그리고 각 객체는 어떤 메서드를 가지고 있고, 각 메서드를 호출하는 데는 어떤 인자들이 사용되는지를 알아야 합니다.

먼저, 가장 기본이 되는 ax.plot 함수의 '옵션(인자)'들을 살펴보겠습니다. 이런 옵션들을 통해 선의 스타일(직선인지 점선인지 등)을 지정한다거나, 좌표를 나타내는 심볼인 마커[marker]의 모양, 색깔, 크기 등을 조정할 수 있습니다. 이런 옵션들은 [코드 25-4]의 6행에서 보는 것과 같이, 키워드인자(Keyword Argument) 방식으로 전달할 수 있습니다.

키워드인자를 비롯해서 위치인자와 키워드-온리인자에 대해서는 이 장의 마지막에 부록으로 정리해 두었으니 참고하기 바랍니다.

[코드 25-4]에서 6~7행을 보면, ax.plot 메서드를 호출하는 데 사용할 수 있는 여러 옵션(인자)을 확인할 수 있습니다. 이런 옵션들을 이용해서 다양한 형태로 최적화할 수 있습니다. Axes.plot()을 통해 그려지는 그림은 기본적으로 점들을 선으로 연결하는 형태의 그래프이다 보니, 점(marker)의 속성을 위한 옵션들과 점들을 잇는 선(line)의 형태를 조정하는 데 필요한 인자들이 제공되고 있습니다.

[코드 25-4]
데이터 좌표의 심볼 조정

In [4]:
```
(fig, ax)=plt.subplots()

x=[2013, 2014, 2015, 2016, 2017, 2018, 2019]
y1=[1.6, 1.5, 2.9, 2.8, 2.3, 3.6, 2.6]

ax.plot(x, y1, linestyle='--', marker='o',
        markerfacecolor='w', markeredgecolor='r')
```

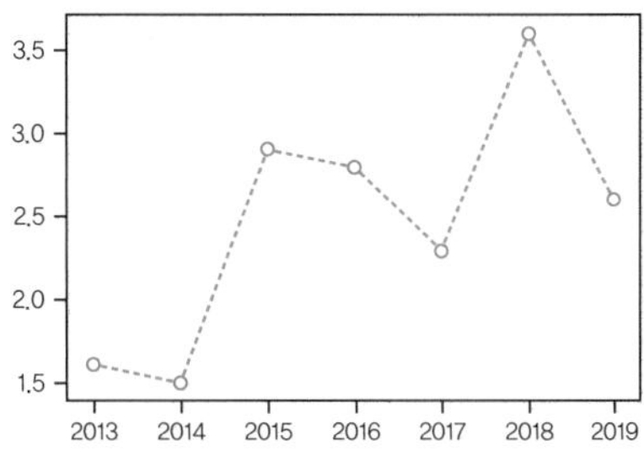

마커와 관련된 인자를 먼저 살펴보겠습니다. 마커의 모양을 선택하기 위한 marker 인자가 있습니다. 마커의 모양을 바꿀 수 있도록 점('.'), 픽셀(','), 서클('o'), 삼각형(방향에 따라 'v', '^', '<', '>'), 8각형('8'), 사각형('s'), 5각형 펜타곤('p'), 다이어몬드('D'), 별모양('*') 등을 비롯해서 다양한 옵션을 제공하고 있습니다. 마커의 에지 색깔과 내부를 채우는 색깔을 markeredgecolor와 markerfacecolor 인자를 이용해서 선택할 수 있습니다. 색상은 기본적으로 파란색('blue' 또는 'b'), 녹색('green' 또는 'g'), 빨간색('red' 또는 'r')을 비롯해서 8가지가 제공되고 있습니다. 물론, '24장. 터틀 라이브러리'에서 봤듯이 RGB 값을 이용해서 직접 지정할 수도 있습니다. 기본적인 형태는 16진수인 '#rrggbb'로 나타냅니다. 다음으로 선(line)의 경우에는 linestyle 인자를 통해 선의 모양을, linewidth 인자를 통해 선의 두께를 지정할 수 있습니다. 참고로 linestyle 인자에는 실선('-'), 대시('--'), 대시-점('-.'), 점(':') 등이 제공되고 있습니다.

마커와 관련해서 상세한 내용들은 ax.plot? 명령문을 통해 도움말(docstring)에서 확인하기 바랍니다.

다음으로, 앞서 그린 도표에 전국 데이터도 함께 나타내보겠습니다. 전국의 경제성장률 데이터는 y2 변수로 정의했습니다. [코드 25-5]의 5행을 참고하기 바랍니다. 전국의 경제성장률 데이터를 플롯팅하는 코드는 9~11행과 같습니다. 참고로 하나의 도표에 여러 개의 그래프를 겹쳐서 그리는 경우에는 마커나 선의 색깔이 서로 혼동되지 않도록 맷플롯립이 알아서 조정해 줍니다. 색상에 특별히 신경 쓸 필요는 없습니다.

[코드 25-5]
전국의 경제성장률 데이터 플로팅

In [5]:

```
(fig, ax)=plt.subplots()

x=[2013, 2014, 2015, 2016, 2017, 2018, 2019]
y1=[1.6, 1.5, 2.9, 2.8, 2.3, 3.6, 2.6]
y2=[3.1, 3.1, 2.8, 2.9, 3.1, 2.9, 2.2]

ax.plot(x, y1, linestyle='--', marker='o',
       markerfacecolor='w', markeredgecolor='r')
ax.plot(x, y2, linestyle=':', color='gray',
        marker='D',markerfacecolor='w',
        markeredgecolor='k')
```

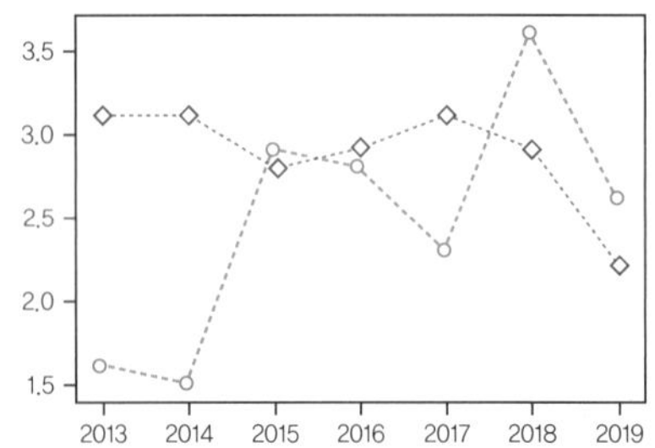

타이틀, 축 레이블, 범례를 추가해보겠습니다

앞서 기본적인 그래프 형태를 만들어 봤는데, 다음으로 그림의 제목과 축의 레이블, 그리고 범례 등의 요소를 추가하겠습니다. 그림의 제목(title)은 `Axes.set_title` 메서드, x축의 이름(label)은 `Axes.set_xlabel` 메서드, y축의 이름은 `Axes.set_ylabel` 메서드를 통해 지정할 수 있습니다. 인자는 제목 또는 이름으로 사용할 문자열을 넣어주면 됩니다. [코드 25-6]의 14~16행을 참고하기 바랍니다.

> 객체를 공부하면서 살펴봤던 세터 메서드네요. Axes.set_title을 보아하니 Axes 객체는 title 속성을 가지고 있고, 해당 속성의 값을 변경할 수 있도록 set_title 메서드를 제공하는 것이군요.

범례(legend)를 나타내려면, 먼저 Axes에 그려진 각각의 그래프에 이름(label)을 부여해야 합니다. [코드 25-6]의 예에서, 9행과 12행에 label 인자를 이용해 플로팅되는 선 그래프에 이름을 부여했습니다. 이 상태에서, `Axes.legend` 메서드를 호출하면 각 그래프에 부여된 레이블을 기준으로 범례를 만들어 줍니다. 범례의 위치는 맷플롯립이 가장 적절한 위치를 찾아서 보여주지만 (되도록 빈 공간이 많은 영역에 보여줍니다), 따로 "내 맘대로" 지정하고 싶은 경우에는 17행과 같이 `loc`(location의 줄임말입니다) 인자를 통해 지정할 수 있습니다.

[코드 25-6]
타이틀, 축 레이블, 범례 추가

In [6]:

```
(fig, ax)=plt.subplots()

x=[2013, 2014, 2015, 2016, 2017, 2018, 2019]
y1=[1.6, 1.5, 2.9, 2.8, 2.3, 3.6, 2.6]
y2=[3.1, 3.1, 2.8, 2.9, 3.1, 2.9, 2.2]

ax.plot(x, y1, linestyle='--', marker='o',
       markerfacecolor='w', markeredgecolor='r',
       label='Seoul')
ax.plot(x, y2, linestyle=':', color='gray',
        marker='D',markerfacecolor='w',
        markeredgecolor='k', label='nationwide')

ax.set_title('Rate of Economic Growth')
ax.set_xlabel('Year')
ax.set_ylabel('Growth Rate')
ax.legend(loc='lower right')
```

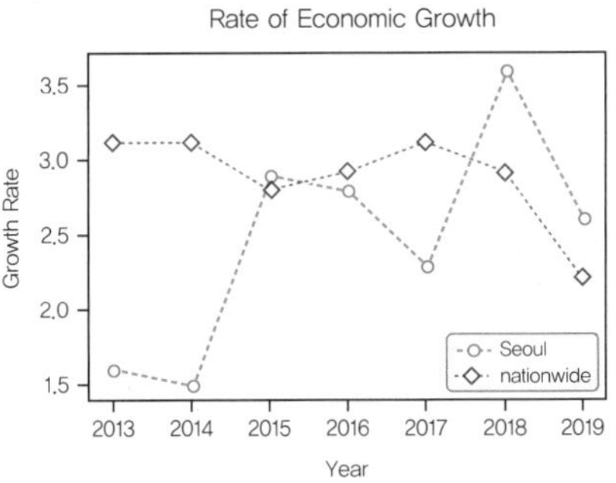

축의 눈금을 살펴보겠습니다

x축과 y축이 나타내는 값의 구간은 각각 `Axes.set_xlim()` 함수와 `Axes.set_ylim()` 함수를 사용해서 조정할 수 있습니다. 예를 들어, y 값의 범위를 0부터 4까지로 한다면 `ax.set_ylim(0, 4)`로 호출합니다. [코드 25-7]의 [코드 A]에서 확인해보기 바랍니다. 해당 범위를 맷플롯립이 '알아서' 일정 수의 구간으로 나누고 눈금(tick)을 나타내게 됩니다. 하지만 데이터의 의미를 좀 더 명확하게 나타내기 위해 눈금과 레이블을 조정해야 할 필요성은 늘 있습니다. 먼저, 각 축의 특정한 값에(만) 눈금이 나타나도록 하려면 `Axes.set_xticks`와 `Axes.set_yticks` 메서드를 사용합

니다. 예를 들어, 현재는 y축에 0.0부터 0.5 간격으로 4.0까지 눈금이 나타나 있습니다. [코드 A]의 결과화면을 참고하기 바랍니다. 그런데 특정한 값에서만, 예를 들어 0.0, 1.5, 2.0, 2.5, 3.0, 3.5에서만 눈금이 나타나도록 바꾸려면 해당 값들의 리스트를 `set_yticks` 메서드에 인자로 전달하면 됩니다. 아래의 [코드 B]에서 확인하기 바랍니다.

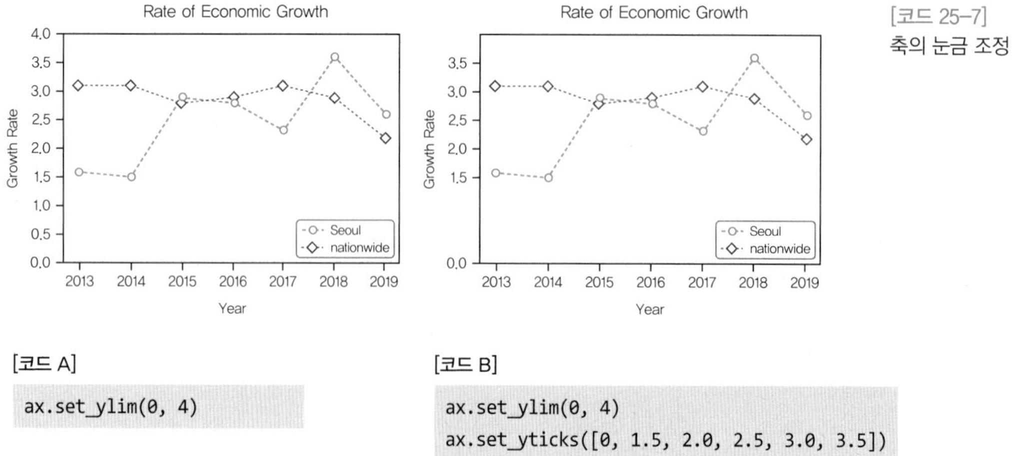

[코드 25-7]
축의 눈금 조정

[코드 A]

```
ax.set_ylim(0, 4)
```

[코드 B]

```
ax.set_ylim(0, 4)
ax.set_yticks([0, 1.5, 2.0, 2.5, 3.0, 3.5])
```

눈금이 나타나는 값을 조정한 경우에는 축의 눈금에 표시할 레이블을 따로 지정해 주어야 하는 경우가 생깁니다. 각 눈금마다 따로 특별한 문자열을 레이블로 사용하는 경우를 말합니다. 이런 경우에는 `Axes.set_xticklabels()`, `Axes.set_yticklabels` 메서드가 유용합니다. 내가 만든 눈금의 개수에 맞게, 각 눈금에 나타낼 레이블을 문자열의 리스트로 지정해 주면 됩니다. [코드 25-8]의 결과 화면을 참조하기 바랍니다. `ax.set_xticks(range(2003, 2020))` 메서드 호출로 만들어진 7개의 눈금에 `ax.set_xticklabels` 메서드를 이용해서, 차례대로 'Base Year(B)', 'B+1', 'B+2',…의 레이블을 부여하고 있습니다.

[코드 25-8]
축의 눈금에 표시할 레이블의 지정

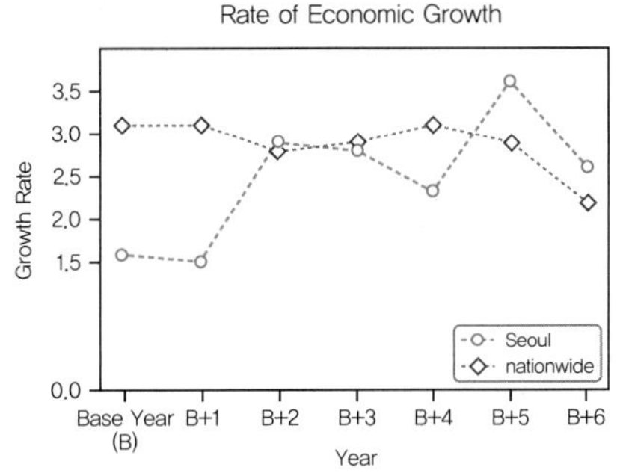


```
ax.set_xticks(range(2013, 2020))
ax.set_xticklabels(['Base Year\n(B)', 'B+1', 'B+2', 'B+3', 'B+4',
'B+5', 'B+6'])
```

참고로 우리 예제에서는 눈금을 만드는 `set_xticks` 메서드와 눈금에 레이블을 부여하는 `set_xticklabels` 메서드를 나누어서 사용했는데, `set_xtick` 메서드 하나로 묶어서 사용할 수도 있습니다. 예를 들어, [코드 25-8]은 `ax.set_xticks(range(2013, 2020), labels=['Base Year\n(B)', 'B+1', 'B+2', 'B+3', 'B+4', 'B+5', 'B+6'])`의 형태로도 호출할 수 있습니다.

맷플롯립에서 한글을 사용하려면 조금 준비가 필요합니다

맷플롯립에서 제목을 포함해서 범례, 축, 눈금 등의 레이블에 한글을 사용하는 경우에는 조금 준비가 필요합니다. 예를 들어서, 앞의 차트에서 그림의 제목을 "경제 성장률"과 같이 한글로 바꾸면 [그림 25-3]에서 보는 것처럼 "한글이 깨져서" 나오는 것을 발견할 수 있습니다.

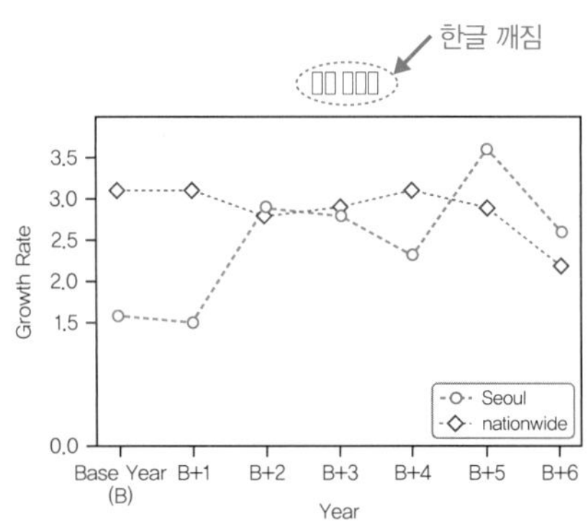

[그림 25-3] 맥플롯립에서의 한글 깨짐 현상

한글이 깨지는 문제를 해결하는 방법으로 matplotlib의 동작을 매개하는 환경변수들(Runtime Configuration Parameters)인 rcParams에서 폰트[font]를 설정하는 방법이 있습니다. rcParams를 이용해서 한글 폰트를 설정하는 방법을 살펴보기 전에 먼저 rcParams에 조금 익숙해질 필요가 있습니다. rcParams는 그 이름에서 알 수 있듯이 맷플롯립의 기본적인 설정값들이 정의되어 있는 딕셔너리 객체입니다. 그림 제목의 위치를 변경하는 문제를 중심으로 rcParams의 의의에 대해 알아보겠습니다.

[코드 25-9]를 활용해서 matplotlib의 rcParams를 확인합니다. `len(mpl.rcParams)` 명령어로 확인해 볼 수 있듯이, 환경변수들의 개수는 310개에 이릅니다. 이러한 값이 대부분은 "우리가 미처 (따로) 정의하지 않아도" matplotlib이 "알아서 잘" 그려주는 데 사용되는 파라미터값들입니다. 일단 중괄호 { … }로 묶여 있는 것을 보니 키-값(Key-Value) 쌍의 딕셔너리 데이터구조로 정의되어 있음을 알수 있습니다.

[코드 25-9] matplotlib의 rcParams 확인

```
In [10]: import matplotlib as mpl
         mpl.rcParams

Out[10]: RcParams({'_internal.classic_mode': False,
                   'agg.path.chunksize': 0,
                   'animation.avconv_args': [],
                   'animation.avconv_path': 'avconv',
                   'animation.bitrate': -1,
                   'animation.codec': 'h264',
         ...
```

내용들을 스크롤해서 'axes.titlelocation':'center'가 있는 부분을 찾아보기 바랍니다. 따로 사용자들이 정의하지 않으면 도표(axes)의 제목 위치는 중간(center)으로 한다는 의미입니다. 실제로 우리가 별다른 주문 없이 [코드 25-10]과 같이 `set_title`하면 타이틀이 그림의 중간에 나타나는 것을 확인할 수 있습니다.

[코드 25-10]
도표 제목은 중간 위치가 디폴트임

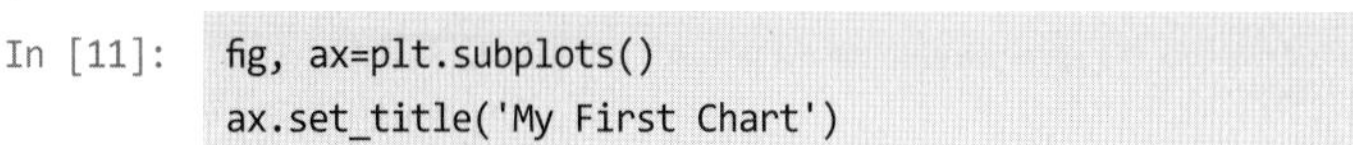

```
In [11]: fig, ax=plt.subplots()
         ax.set_title('My First Chart')
```

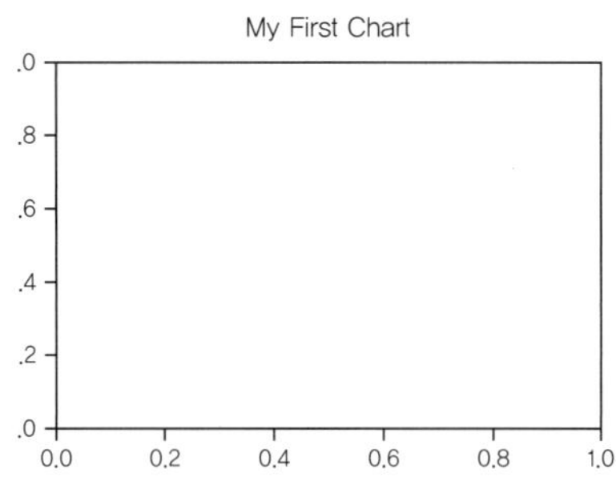

제목 위치는 `set_title` 메서드의 매개변수를 통해서 조정할 수 있습니다. `set_title` 메서드의 도움말은 [그림 25-12]를 참조하기 바랍니다. 우선 메서드의 시그니처를 보면, 제목의 문자열(label 인자) 외에도 `fontdict`, `loc`, `pad`, `y` 등의 인자가 선언되어 있는 것을 볼 수 있습니다. 이 중에서 `loc` 변수가 제목의 위치를 지정하는데 사용되는 인자입니다. 만약 그림의 왼쪽('left')에 제목을 보여주고 싶으면, `set_title` 메서드를 호출할 때 `loc` 인자에 `'left'` 값을 할당하면 됩니다.

[코드 25-11]
제목의 위치를 왼쪽으로 변경

```
In [12]: fig, ax=plt.subplots()
         ax.set_title('My First Chart', loc='left')
```

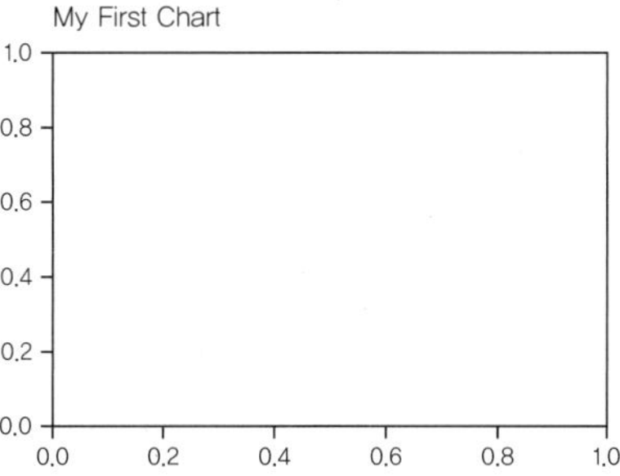

```
Signature: ax.set_title(label, fontdict=None, loc=None, pad=None, *, y=None, **kwargs)
Docstring:
Set a title for the Axes.

Set one of the three available Axes titles. The available titles
are positioned above the Axes in the center, flush with the left
edge, and flush with the right edge.

Parameters
----------
label : str
    Text to use for the title

fontdict : dict
    A dictionary controlling the appearance of the title text,
    the default *fontdict* is::

       {'fontsize': rcParams['axes.titlesize'],
        'fontweight': rcParams['axes.titleweight'],
        'color': rcParams['axes.titlecolor'],
        'verticalalignment': 'baseline',
        'horizontalalignment': loc}

loc : {'center', 'left', 'right'}, default: :rc:`axes.titlelocation`
    Which title to set.

y : float, default: :rc:`axes.titley`
    Vertical Axes loation for the title (1.0 is the top).  If
    None (the default), y is determined automatically to avoid
    decorators on the Axes.

pad : float, default: :rc:`axes.titlepad`
    The offset of the title from the top of the Axes, in points.
```

[코드 25-12]
Axes.set_title 메서드의 독스트링

Axes.set_title() 함수의 인자 중에서 label 인자는 디폴트값이 정의되어 있지 않습니다. 함수를 호출할 때 값을 전달하지 않으면 에러가 발생합니다. 다른 인자들은 디폴트값이 선언되어 있습니다. 호출할 때 인자값의 전달이 없으면 디폴트값이 사용된다는 의미입니다. 그런데 신기하게도 디폴트값이 모두 None으로 선언되어 있습니다. 왜 이렇게 해두었을까요? 실제로 Axes.set_title 메서드의 소스 코드를 열어보면, 함수 호출에서 loc가 None 값이면(즉, 인자로 전달된 값이 없으면), rcParms['axis.titleloaction'] 값이 할당되도록 코딩되어 있습니다.

```
In [13]:  if loc is None:
              loc = rcParams['axes.titlelocation']
```

[코드 25-13]
Axes.set_title 메서드에서 loc 값을 결정하는 로직

rcParams 딕셔너리에서 'axes.titlelocation'의 값은 'center'로 정의되어 있는 것을 앞서 이미 확인한 바 있습니다. 즉, 우리가 Axes.set_title 메서드를 호출할 때 따로 loc 매개변수에 값을 할당하지 않으면 기본으로 rcParms['axes.titlelocation'] 값인 'center'가 적용됩니다. 그래서 우리가 따로 정의하지 않았지만 그림의 제목이 그림의 중앙('center')에 나타나게 되는 것입니다. 제목 위치의 디폴트값을 아예 'left'로 바꾸어서 앞으로 (다시 'center'나 'right'로 바꾸지 않는 한) 계속 왼쪽에 나타나도록 하려면 rcParams['axes.titlelocation'] 값을 바꿔주면 됩니다. [코드 25-14]를 참고하기 바랍니다.

[코드 25-14]
제목 위치의 디폴트값 변경

```
In [14]:  mpl.rcParams['axes.titlelocation']='left'
```

잠시 rcParams 딕셔너리를 살펴보았는데, 맷플롯립을 사용하는 데 필요한 많은 옵션들의 디폴트값을 저장하고 있는 데이터구조인 것을 알겠습니다. 얘기가 조금 길어졌는데, 다시 한글 폰트 얘기로 돌아가겠습니다. 폰트에 관한 환경변수도 rcParams에 포함되어 있습니다. 맷플롯립의 rcParams를 아래로 스크롤하다 보면 font로 시작하는 여러 개의 키-값 쌍을 발견하게 되는데, 그중에서 우리가 관심을 둬야 하는 값은 `rcParams['font.family']`입니다. 기본은 `['sans-serif']` 값으로 설정되어 있습니다.

`rcParams['font.family']`에 적당한 한글 폰트의 이름을 할당해 주면 한글이 깨어지는 문제를 해결할 수 있습니다. 예를 들어, 다음의 In [15]와 같이 `rcParams['font.family']`에 `'Headline R'`이라는 값(폰트명입니다)을 할당한 후에 한글 제목을 사용해보면 아무 문제없이 정상적으로 동작하는 것을 확인할 수 있습니다. Headline R 폰트는 '휴먼둥근헤드라인'이란 이름의 폰트입니다. 만약에 이러저러한 여러 다양한 한글 폰트를 활용해보고자 한다면, 사용할 수 있는 폰트의 이름을 확인할 수 있는 방법이 있어야 하겠습니다.

[코드 25-15]
한글 폰트 적용

```
In [15]:  mpl.rcParams['font.family']='Headline R'
          fig, ax=plt.subplots()
          ax.set_title('경제성장률', loc='center')
Out[15]:  Text(0.5, 1.0, '경제성장률')
```

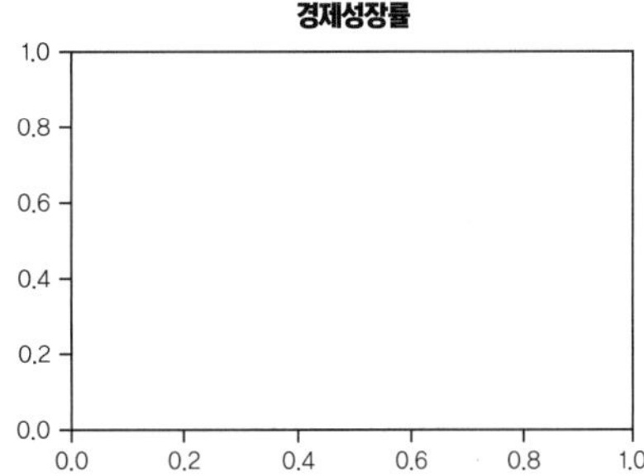

여기서 잠깐!!

윈도우즈의 시스템 폰트

윈도우즈에서 사용하는 모든 시스템 폰트는 C:\Windows의 Fonts 디렉터리에 저장되어 있습니다. 기본적으로 '숨긴 항목'으로 지정되어 있어 Windows 디렉터리를 방문하더라도 Fonts 디렉터리가 안 보일 수 있습니다. 그런 경우에는 파일 탐색기의 [보기] 메뉴에서 [숨긴항목] 체크박스를 체크하고 나면, Font 폴더와 그 내부의 내용을 볼 수 있습니다.

(조금 복잡해 보이는) [코드 25-16]은 폰트의 경로(fname 인자값)를 통해 해당 폰트명을 구할 수 있는 코드입니다. 실제로 fname 경로에 해당하는 폰트명을 `font` 변수를 통해서 확인할 수 있습니다. 실행 결과를 해석해보면, C:\Windows\Fonts\ 디렉터리에 HANBating.ttf라는 이름의 파일로 저장되어 있고 폰트의 이름은 'HCR Batang'이라는 의미입니다. 참고로 '함초롱바탕체'로 불리는 폰트입니다.

[코드 25-16]
폰트의 경로를 통해 구한 폰트명

```
In [16]:  font=mpl.font_manager.FontProperties(fname=
                 'C:\\Windows\\Fonts\\HANBatang.ttf').get_name()

In [17]:  font

Out[17]:  'HCR Batang'
```

그럼, 결국 내가 사용하려고 하는 폰트의 경로를 알아낸 후에, 그 경로에 해당하는 폰트명을 찾아서 `rcParams['font.family']` 변수에 저장하면 한글 문제는 해결할 수 있다는 뜻입니다. 따라서 내가 사용할 수 있는 폰트들의 경로를 찾아낼 수 있으면 모든 것이 해결됩니다. [코드 25-17]을 활용할 수 있습니다.

[코드 25-17]
모든 시스템 폰트의 경로를 찾는 방법

```
In [18]:  fonts=mpl.font_manager.findSystemFonts()
```

[코드 25-17]을 실행하면 `fonts` 변수에 맷플롯립에서 사용할 수 있는 모든 시스템 폰트의 경로가 리스트로 저장됩니다. [그림 25-18]과 같이 정렬한 후에 화면에 출력해서 확인해보기 바랍니다.

[코드 25-18] 모든 시스템 폰트의 경로 리스트

```
In [19]:  fonts.sort()
          fonts
```

```
...
 'C:\\Windows\\Fonts\\AGENCYB.TTF',
 'C:\\Windows\\Fonts\\AGENCYR.TTF',
 'C:\\Windows\\Fonts\\ALGER.TTF',
 'C:\\Windows\\Fonts\\ANTQUAB.TTF',
 'C:\\Windows\\Fonts\\ANTQUABI.TTF',
 'C:\\Windows\\Fonts\\ANTQUAI.TTF',
 'C:\\Windows\\Fonts\\ARIALN.TTF',
 'C:\\Windows\\Fonts\\ARIALNB.TTF',
...
```

여기서 잠깐!!

키워드-온리 인자

[코드 25-12]에서 set_title 메서드의 시그니처를 보면 낯선 기호가 하나 있습니다. 별표(*)가 그것인데, 편의를 위해 set_title() 함수의 시그니처를 다시 가져와 보겠습니다.

```
                                                  ↓
set_title(label, fontdict=None, loc=None, pad=None, *, y=None, **kwargs)
```

[코드 25-19] set_title() 함수의 시그니처

조금 생소한 표기법이긴 한데, 별표(*) 이후에 (만약 있다면, ** 앞까지) 정의된 매개변수를 키워드-온리 인자(Keyword-Only Argument)라고 부릅니다. set_title 메서드의 경우에는 y 변수가 키워드-온리 인자에 해당합니다. pyplot의 subplots() 함수에도 이와 같은 형태가 보입니다.

```
                               ↓
subplots (nrows=1, ncols=1, *, sharsx=False, sharey=False, squeeze=True,
                               subplot_kw=None, gridspec_kw=None, **fig_kw)
```

[코드 25-20] Subplots() 함수의 시그니처

pyplot.subplots() 함수에서는 별표(*) 기호 다음부터 **fig_kw 사이에 있는, sharex, sharey, sqeeze, subplot_kw, gridspec_kw가 키워드-온리 인자입니다. 사실, 여기저기서 많이 보게 되는 문법입니다(특히 라이브러리로 배포되는 패키지의 경우). 모듈이나 패키지를 효과적으로 활용하기 위해서 이런 표기법에 익숙해질 필요가 있습니다. 물론, 우리가 만드는 코드에 이런 테크닉들을 사용할 수 있다면 훨씬 유용한 코드를 만들어 낼 수 있습니다. 내용이 길어지니 키워드-온리 인자에 대한 상세한 설명은 이 장의 마지막에 있는 '부록'을 참고하기 바랍니다.

여기서 잠깐!!

자주 사용되는 한글 폰트

본인이 즐겨 사용하는 폰트의 이름을 미리 알아뒀다가 `mpl.rcParams['font .family']` 변수에 바로 할당하여 사용하면 편리합니다. 한글 폰트 몇 가지를 소개하면 다음과 같습니다.

[표 25-2] 자주 사용되는 한글 폰트

폰트 경로	폰트명	비고
C:\\Windows₩₩Fonts\\NGULIM.TTF	New Gulim	새굴림
C:\\Windows\\Fonts\\HMKMRHD.TTF	Headline R	휴먼둥근헤드라인
C:\\Windows\\Fonts\\HANBatang.ttf	HCR Batang	함초롱바탕체
C:\\Windows\\Fonts\\Hancom Gothic Regular.ttf	Hancom Gothic	한컴고딕

여러 개의 Axes를 포함하는 Figure 객체를 생성합니다

우리가 처음에 봤던 [그림 25-1]의 맷플롯립 예제는 하나의 Figure에 세 개의 Axes가 포함되어 있었습니다. 한 줄로 세 개의 Axes가 있는 형태입니다. 이 경우에는 pyplot의 `subplots` 메서드를 [코드 25-21]과 같이 호출하면 됩니다. 인자인 `nrows`는 줄의 개수이고, `ncols`는 열의 개수입니다(우리의 경우에는 3입니다).

nrows는 number of rows의 줄임말이고, 디폴트값은 1입니다.

[코드 25-21]
한 줄로 세 개의 Axes가 있는 형태의 Figure 객체 생성

```
In [20]:  fig, ax=plt.subplots(nrows=1, ncols=3)
```

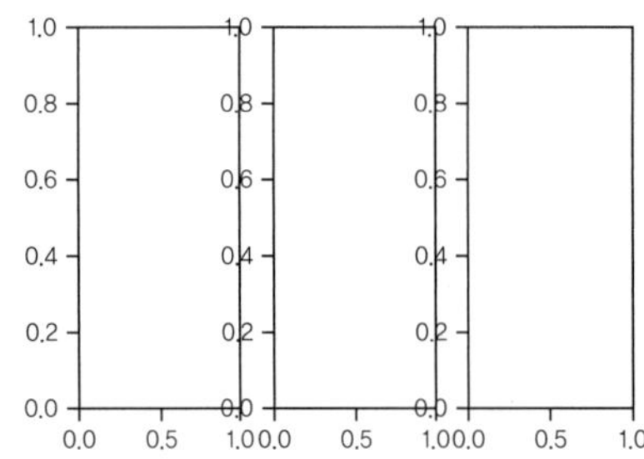

예상보다는 조금 답답하게 그려졌는데, 이는 Figure의 기본 크기가 가로 6.0, 세로 4.0의 크기라서 그렇습니다(단위는 인치(inch)입니다). [코드 25-22]에서 기본 크기를 확인할 수 있습니다.

[코드 25-22]
Figure 객체의
디폴트 크기 확인

```
In [21]:  mpl.rcParams['figure.figsize']
Out[21]:  [6.0, 4.0]
```

가로의 길이를 조금 크게 잡아주면 좋겠습니다.

[코드 25-23]
Figure 객체의
크기 조정

```
In [22]:  fig, ax=plt.subplots(nrows=1, ncols=3, figsize=(12.0, 4.0))
```

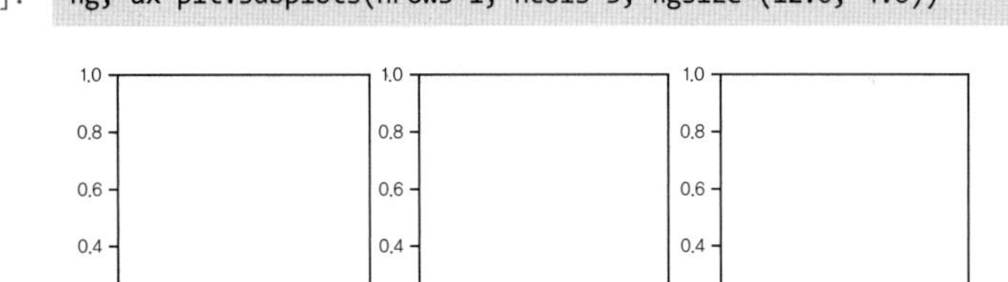

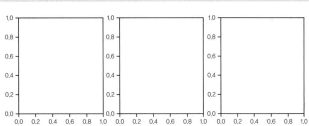

이렇게 여러 개의 Axes를 만들게 되면, pyplot의 `subplot()` 함수는 Figure를 구성하는 각각의 Axes 객체에 접근할 수 있는 참조자를 배열 객체로 반환해 줍니다(리스트 객체라고 생각하면 됩니다). 즉, 다음의 In [23]의 3행과 같이 `fig, [ax1, ax2, ax3] = plt.subplots(nrows=1, ncolos=3)`의 형태로 호출하면, 첫 번째 Axes의 참조자는 `ax1` 변수로, 두 번째 Axes 객체의 참조자는 `ax2` 변수로, 세 번째 Axes 객체의 참조자는 `ax3` 변수로 받게 됩니다. 실제로 [코드 25-24]에서 해당 Axes의 참조자를 사용하여 각각에 서로 다른 그래프를 그려보고 있습니다.

[코드 25-24]
Axes 객체의 참조자

```
In [23]:
1  import numpy as np
2
3  fig, [ax1, ax2, ax3]=plt.subplots(nrows=1, ncols=3, figsize=(12, 4))
4
5  x1=[1, 2, 3, 4]
6  y1=[10, 9, 3, 5]
7  ax1.plot(x1, y1, marker='o')
8
9  x2=np.arange(-1, 2, 0.1)
10 y2=[x**2 for x in x2]
11 ax2.plot(x2, y2)
12
13 x3=['A-Mart', 'B-Mart', 'C-Mart']
14 y3=[100, 63, 85]
15 ax3.bar(x3, y3, width=0.4)
Out[23]:  <BarContainer object of 3 artists>
```

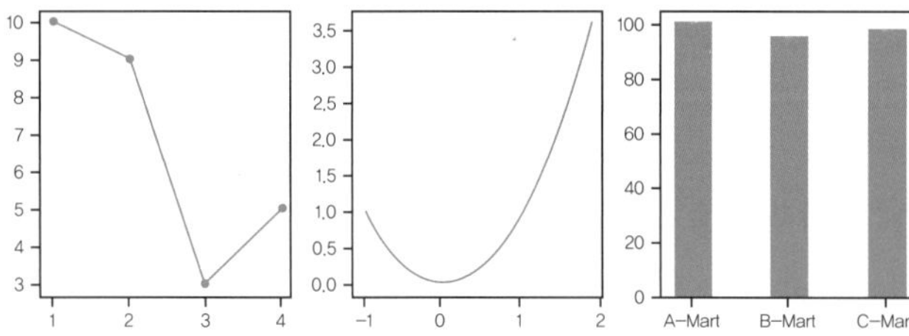

여기서 잠깐!!

컴퓨터에서 곡선은 어떻게 표현될까요?

[코드 25-24]의 In [23]에서 두 번째 Axes에서 포물선을 그려봤습니다. 실제로 컴퓨터에서 곡선은 어떻게 표현되는지 한 번 알아보겠습니다. 컴퓨터에서 곡선은 여러 개의 직선으로, 즉, 곡선상에 존재하는 점들을 직선으로 연결하여 표현합니다. 다음의 첫 번째 그래프는 점들 간에 간격이 너무 넓어서 곡선처럼 보이지 않습니다. 참고로 첫 번째 그래프에서 점들의 x 좌표는 1 간격입니다. 두 번째 그래프에서는 그 간격을 0.5로, 세 번째 그래프에서는 0.1로 줄여서 그려보았습니다. 세 번째 그래프는 꽤 포물선 같습니다. 만약에 만족스럽지 않다면 그 간격을 좀더 줄여주면 됩니다.

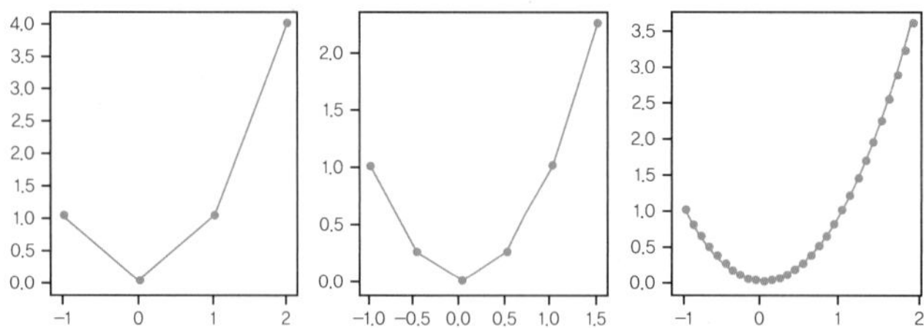

[그림 25-24] 곡선 그리기

이와 같이, 가끔은 등간격의 정수가 아니라 (예를 들어, −1, 0, 1, 2, 3…) 등간격의 실수 데이터가 (예를 들어, −0.01, 0.0, 0.01, 0.02, 0.03, …와 같은) 필요할 때가 있습니다. 잘 알다시피, 등간격의 정수는 `range()` 함수를 사용해서 만들 수 있습니다. 등간격의 실수는 In [23]의 9행에서와 같이 numpy 모듈의 `arange(start, stop, step)` 함수를 호출하여 만들 수 있습니다. 여기서 모든 인자는 `range()` 함수와는 다르게 실수(float) 값을 사용할 수 있습니다. 위의 그래프를 그리는 코드는 [코드 25-25]와 같습니다.

참고로 numpy는 아주 빠른 속도로 행렬 연산을 가능하게 하는 장점 때문에, 수치 계산이 필요한 여러 모듈들(예를 들어, 맷플롯립이나 판다스 등)에서 기본적으로 임포트하여 사용하고 있습니다. 그래서 보통은 따로 설치하지는 않고, 맷플롯립이나 판다스를 설치하면 함께 설치됩니다.

In [24]:

```
1  import numpy as np
2
3  fig, [ax1, ax2, ax3]=plt.subplots(nrows=1, ncols=3, figsize=(12, 4))
4
5  x1=[-1, 0, 1, 2]
6  y1=[x**2 for x in x1]
7  ax1.plot(x1, y1, marker='o')
8
9  x2=np.arange(-1, 2, 0.5)
10 y2=[x**2 for x in x2]
11 ax2.plot(x2, y2, marker='o')
12
13 x3=np.arange(-1, 2, 0.1)
14 y3=[x**2 for x in x3]
15 ax3.plot(x3, y3, marker='o')
```

[코드 25-25] [그림 25-24]의 코드

In [23]이나 In [24]에서 포물선의 함수값인 y 값을 만드는 데 조금은 특이해 보이는 문법을 사용하고 있습니다. 리스트 컴프리헨션(List Comprehension)이라고 부릅니다. 하나의 리스트로부터, "간단한 조작"을 통해 또 다른 리스트를 만드는 데 많이 사용됩니다. In [24]의 6행에 있는 `y1=[x**2 for x in x1]`이 리스트 컴프리헨션의 예입니다. 문장을 그대로 읽어보기 바랍니다. "아, y1은 어떤 값 x를 제곱한 값들의 리스트구나. 그럼 x는 어떤 값이지? 아, x1 리스트에 저장되어 있는 값들이구나"입니다. 즉, x1 리스트에 저장되어 있는 각 x 값을 제곱한 값들의 리스트를 y1에 할당하는 명령문이 됩니다. 꽤 요긴하게 사용되니 눈여겨 보기 바랍니다.

여기서 잠깐!!

subplot의 figsize 인자는 어디에서 찾을 수 있나요?

그런데 정작 `subplot` 메서드의 도움말에서는 `figsize` 인자를 찾을 수가 없습니다. 이런 경우에는, 도움말에서 **로 시작하는 키워드인자(sublplots의 경우에는 **fig_kw)의 코멘트를 봅니다. 그 내용을 보면, `subplot` 메서드 호출을 통해 전달된 인자들 중에 키워드인자들은 (`subplot` 함수 내에서는 사용하지 않고) pyplot의 `figure()` 함수로 전달되는것을 확인할 수 있습니다(`pyplot figure()` 함수는 Figure 객체를 생성해서 돌려주는 함수입니다). pyplot의 `figure` 함수의 도움말을 확인해봐야겠습니다(`Figure` 클래스와 다르니 오해 없기 바랍니다). pyplot의 `figure()` 함수의 인자를 보니 `figsize` 외에도 `dpi(dot per inch)`, `facecolor` 등의 인자도 사용할 수 있을 것 같습니다.

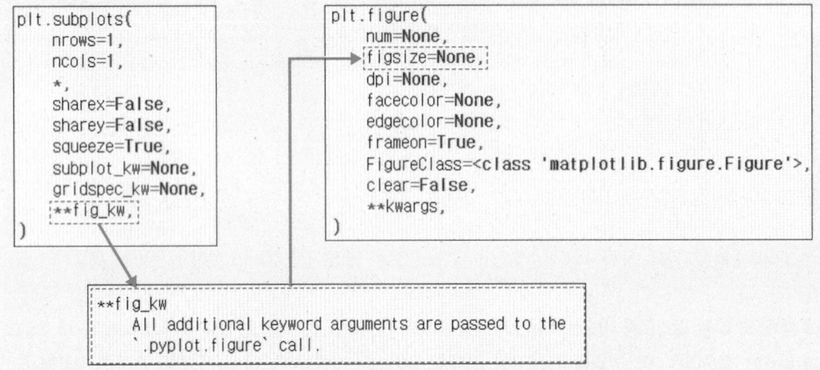

```
plt.subplots(
    nrows=1,
    ncols=1,
    *,
    sharex=False,
    sharey=False,
    squeeze=True,
    subplot_kw=None,
    gridspec_kw=None,
    **fig_kw,
)
```

```
plt.figure(
    num=None,
    figsize=None,
    dpi=None,
    facecolor=None,
    edgecolor=None,
    frameon=True,
    FigureClass=<class 'matplotlib.figure.Figure'>,
    clear=False,
    **kwargs,
)
```

```
**fig_kw
    All additional keyword arguments are passed to the
    `.pyplot.figure` call.
```

[코드 25-26] plt.subplots의 키워드인자

예를 들어, `fig, ax = plt.subplots(nrows=1, ncols=3, figsize=(12.0, 4.0), dpi=32, facecolor='yellow')`와 같은 형태로 호출할 수 있다는 뜻인데, 실제로 어떻게 그려지는지 한 번 확인해보기 바랍니다. 참고로 `dpi` 인자의 디폴트값은 72이고, facecolor는 'white'입니다. 같은 크기의 figure에 픽셀의 수를 반으로 줄이니 그림의 크기가 거의 반으로 줄어듭니다. 그래프를 캡처하는 데 좀 더 선명한 그림을 얻고 싶을 때에는 dpi 값을 큰 값으로 바꿔주면 큰 도움이 됩니다.

그 외에 다양한 차트를 그릴 수 있습니다

여태껏 선(line) 그래프를 위한 `Axes.plot` 메서드를 중심으로 살펴보았는데, 이 외에도 정말 다양한 차트를 그릴 수 있습니다. 가장 대표적인 것이 bar 차트, barh 차트, pie 차트입니다.첫 번째로 그렸던 선 그래프의 코드를 다시 가져와 보겠습니다. 1행에서 Figure와 Axes 객체를 만들고, 3~4행에서 그림으로 표현할 데이터를 정의하고, 6행에서 그 데이터를 플롯팅하였습니다.

[코드 25-27] 첫 번째로 그렸던 선 그래프의 코드

```
In [25]:
1  (fig, ax)=plt.subplots()
2
3  x=[2013, 2014, 2015, 2016, 2017, 2018, 2019]
4  y1=[1.6, 1.5,2.9, 2.8, 2.3, 3.6, 2.6]
5
6  ax.plot(x, y1)
```

여기서 6행의 `plot`을 `bar`로 바꿔 봅니다(즉, `ax.bar(x, y1)`으로 수정합니다). 바(bar) 차트가 그려집니다. 데이터는 똑같은데 그림의 표현만 달라지는 것입니다. 다음으로, `plot` 대신에 `barh`를 넣어보기 바랍니다. Barh는 Borizontal Bar 차트를 말합니다. 바bar 차트와는 x, y축이 서로 뒤바뀐 형태의 그림이 됩니다. 그 결과를 보이면 [그림 25-25]와 같습니다.

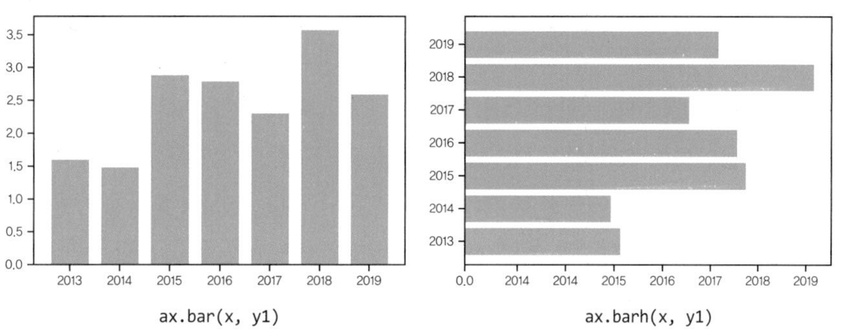

[그림 25-25] bar의 Barh 차트

우리가 다루고 있는 데이터와 의미상 맞지는 않지만, 이 데이터를 그대로 활용해서 간단한 조작으로 파이 차트도 그릴 수 있습니다. `Axes.pie()` 함수를 호출하면 되는데, 앞의 차트들과 비교해서 형태는 조금 다릅니다. 파이 차트를 만드는 코드인 `ax.pie(y1, labels=x)`는 "y1 값들의 백분율을 파이 차트로 만들어라. 파이를 구성하는 각 조각의 레이블은 연도(x 데이터)로 해라"는 의미입니다.

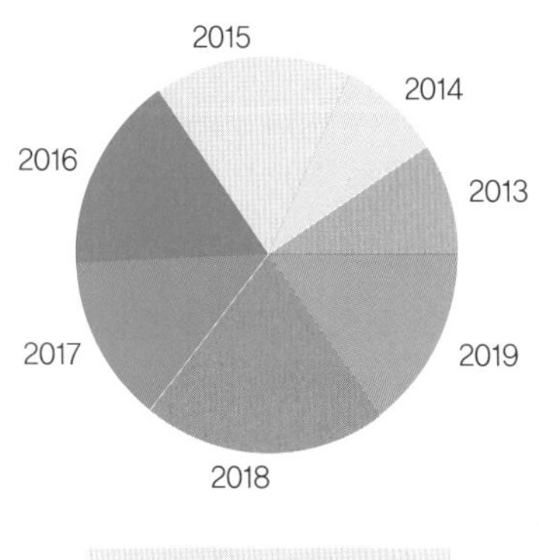

[그림 25-26] Axes.pie() 함수로 그린 파이 차트

```
ax.pie(y1, labels=x)
```

그림의 형태만 달라질 뿐, 기본적인 아이디어는 모두 같다고 보면 됩니다. 앞서 Axes.plot 메서드를 통해 살펴봤던 기본적인 문법을 그대로 사용하면 됩니다. 추가적으로, 그림을 좀 더 보기 좋게 만드는 데 필요한 메서드들을 뒤에서 조금 더 정리하겠습니다.

pyplot 모듈을 잠시 소개하겠습니다

맷플롯립을 공부하다 보면 pyplot 모듈에 대해 많이 보고 듣게 됩니다. 이 책에서는 모든 코드의 첫 줄에 있는 subplot() 함수를 호출하는데'만' 사용하고 있습니다. 일반적으로, 맷플롯립에 대한 소개는 두 가지 방향으로 이루어집니다. 하나의 방향은 이 책에서 살펴본 바와 같이 객체를 중심으로 접근하는 방식이고, 나머지 하나는 pyplot 모듈이 제공하는 기능을 중심으로 하는 접근입니다. pyplot 모듈을 사용하면 객체기술에 대한 기본 개념이 없더라도 (상대적으로) 쉽게 그림을 그려낼 수 있습니다. 하지만 조금 발전적인 형태로 맷플롯립을 활용하려면 아무래도 객체 기반의 접근이 추천되는 것이 사실입니다. 왜 그럴까요? 당연하게도, 맷플롯립 또한 객체기술을 기반으로 만들어져 있기 때문입니다. 즉, 맷플롯립을 좀더 완벽하게 활용하기 위해서는 객체에 대한 이해가 필요하다는 뜻입니다.

사실 pyplot 모듈만 활용해서도 웬만한 그림은 모두 그려낼 수 있을 정도로 다양한 메서드를 제공하고 있습니다. 하지만 pyplot 모듈에서 직접 그림을 그리는 것은 아니고, pyplot의 함수 호출은 결국 객체들의 메서드 호출로 연결되도록 만들어져 있습니다. 예를 들어, `pyplot.plot` 메서드를 호출하면 `pyplot.plot()` 함수 내부에서 `Axes.plot` 메서드를 호출하도록 만들어져 있습니다. pyplot 모듈을 활용한 예는 [코드 25-28]을 참조하기 바랍니다.

[코드 25-28]
pyplot 모듈을 활용한 예

```
In [26]:  (fig, ax)=plt.subplots()

          x=[2013, 2014, 2015, 2016, 2017, 2018, 2019]
          y1=[1.6, 1.5, 2.9, 2.8, 2.3, 3.6, 2.6]

          plt.plot(x, y1, linestyle='--', marker='o',
                markerfacecolor='w', markeredgecolor='r')

          plt.title('The Rate of Economic Growth', loc='center')
          plt.xlabel('Year')
          plt.ylabel('Growth Rate')
Out[26]:  Text(0, 0.5, 'Growth Rate')
```

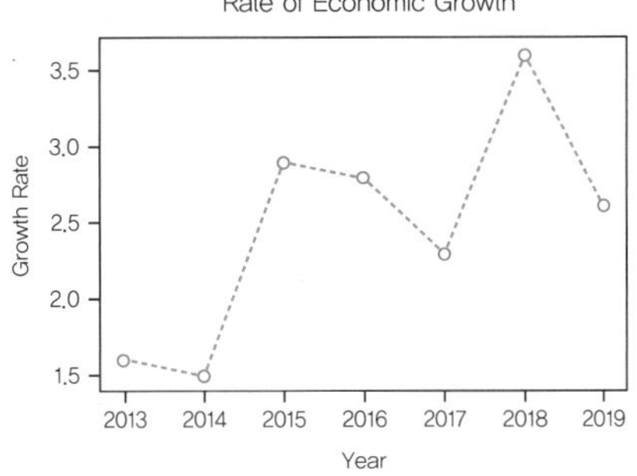

매직명령어 %matplotlib을 활용해봅시다

파이썬이 사람들에게 조금 더 친숙하게 느껴지는 이유는 대화형(interactive) 모드로도 사용할 수 있기 때문입니다. 마찬가지로, 맷플롯립도 대화형으로 동작할 수 있습니다. 여태껏 맷플롯립 코드를 실행하면 주피터 노트북 화면 안에서 (실행 코드 아래에서) 그림이 출력되었습니다. 인라인inline 방식이라고 해서, 맷플롯립의 기본 모드(방식)입니다. 맷플롯립이 출력되는 모드는 inline 이외에도 tk, notebook 모드가 있습니다. 맷플롯립의 모드를 `%matplotlib` 매직명령어를 사용해서 변경할 수 있습니다. 같이 한 번 해보겠습니다. 먼저, [코드 25-29]와 같이, 매직명령어 `%matplotlib tk`를 실행합니다. 맷플롯립을 대화형으로 동작시킬 수 있습니다.

```
In [27]:  import matplotlib as mpl
          import matplotlib.pyplot as plt

In [28]:  %matplotlib tk
```

[코드 25-29] %matplotlib tk를 실행하면 matplotlib을 대화형으로 동작시킴

여기서 잠깐!!

실습을 위한 코멘트

`%matplotlib` 매직명령어를 실행할 때 에러가 발생하는 경우가 있습니다. 그럼, 노트북을 새로 만들어서 다시 시도해보기 바랍니다(주피터 노트북을 다시 실행할 필요는 없습니다). 그래도 안 되는 경우에는 (파이썬 버전에 문제가 있는 경우입니다), IPython에서 실습을 진행해주기 바랍니다. 당연한 얘기일 수 있지만, IPython으로 맷플롯립을 사용하는 경우에는 (명령창에서 텍스트 모드로 동작하기 때문에) 대화형 모드로만 가능합니다.

이 상태에서 fig, `ax = plt.sublplots()` 명령어를 실행하면 [그림 25-7]과 같이 (터틀 그래픽 화면처럼) 그림 창이 따로 뜨는 것을 확인할 수 있습니다.

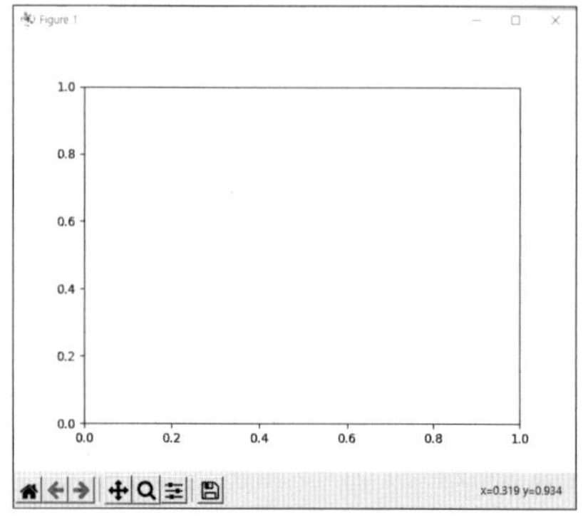

[그림 25-7] matplotlib tk의 윈도우

이제 주피터 노트북에서 대화형으로 이 그림창에 그림을 그릴 수 있습니다. 실제로 (예전처럼 모든 명령문을 하나의 셀에 넣을 필요가 없이) 아래와 같이 맷플롯립 명령문을 하나씩 하나씩 입력하면서 실제 그 결과가 그림창에 실시간으로 반영되는 것을 확인해보기 바랍니다.

[코드 25-30]
tk에서는 대화형으로 차트를 그릴 수 있음

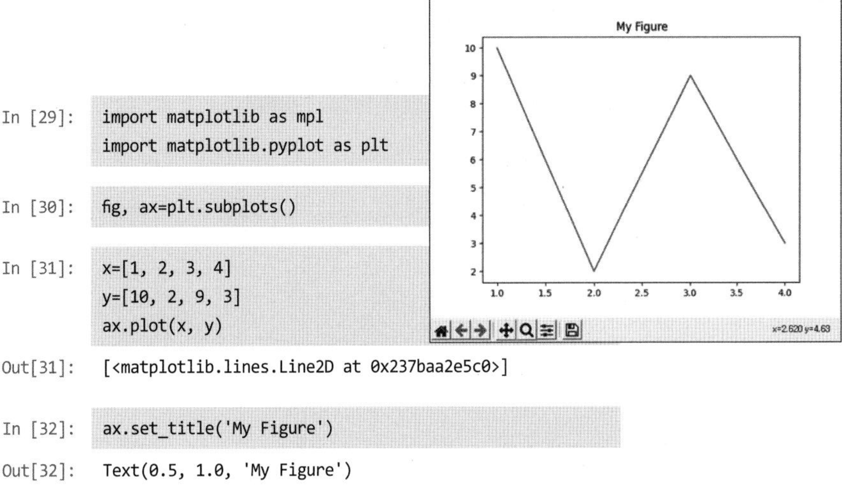


```
In [29]:  import matplotlib as mpl
          import matplotlib.pyplot as plt

In [30]:  fig, ax=plt.subplots()

In [31]:  x=[1, 2, 3, 4]
          y=[10, 2, 9, 3]
          ax.plot(x, y)

Out[31]:  [<matplotlib.lines.Line2D at 0x237baa2e5c0>]

In [32]:  ax.set_title('My Figure')

Out[32]:  Text(0.5, 1.0, 'My Figure')
```

그림창의 아래에 내비게이션 바가 있는데, 여기에 있는 아이콘들을 이용해 화면상에서 그래프의 위치를 움직이거나(4번째 아이콘)을 누른 후에 화면을 마우스 클릭한 채로 마우스를 움직이면 그래프가 움직이고 그에 따라 축의 눈금과 레이블도 같이 변하는 것을 확인할 수 있습니다), 아이콘을 이용해 그림을 확대할 수 있습니다(돋보기 아이콘을 선택한 후에 화면에 클릭-앤-드래그로 박스를 그리면 해당 부분이 확대되어 나타납니다). 그럼, 그림이 바뀌게 되는데, 그 효과를 없애고 싶을 때에는 아이콘을 클릭하면 됩니다(undo의 효과입니다). 없앤 효과를 다시 나타내고 싶을 때에는 아이콘을 클릭합니다(redo의 효과입니다). 내비게이션 바의 맨 앞에 있는 버튼은 그림을 원래대로 되돌려줍니다. 마지막 디스크 모양의 아이콘은 예상하는 바와 같이 저장 버튼입니다. 내비게이션 바는 조금 복잡한 그림을 "탐색"할 때 유용하게 사용할 수 있습니다.

마지막으로, %matplotlib notebook은 inline과 tk의 장점을 모은 형태입니다. [그림 25-31]은 inline으로 나타나지만, 내비게이션 바가 있어서 그림을 탐색할 수 있습니다. 실제로 실행해보면 [코드 25-31]과 같은 형태로 나타납니다. 특이하게, 그림의 오른쪽 상단에 전원 모양의 버튼(stop interaction 버튼)이 있는데, 클릭하면 내비게이션 바가 사라지고 inline 모드로 바뀌게 됩니다.

```
In [33]:  fig, ax=plt.subplots(figsize=(4, 3))
          ax.plot([1, 2, 3, 4], [10, 2, 9, 3], marker='D')
```

[코드 25-31] matplotlib의 notebook 모드

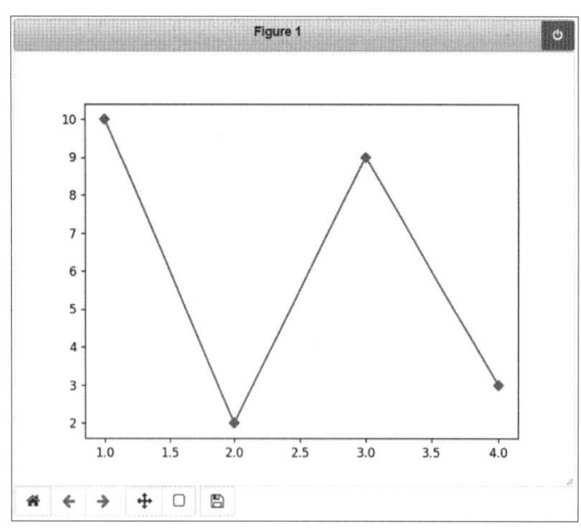

몇 가지 유용한 메서드를 소개하겠습니다

맷플롯립에 대한 공부를 시작하면서 맷플롯립을 이용하면 "이런 그림도 그릴 수 있다"라고 하면서 예제로 보여드린 그림([그림 25-1])이 있습니다. 그 그림을 다시 보면 아래와 같습니다.

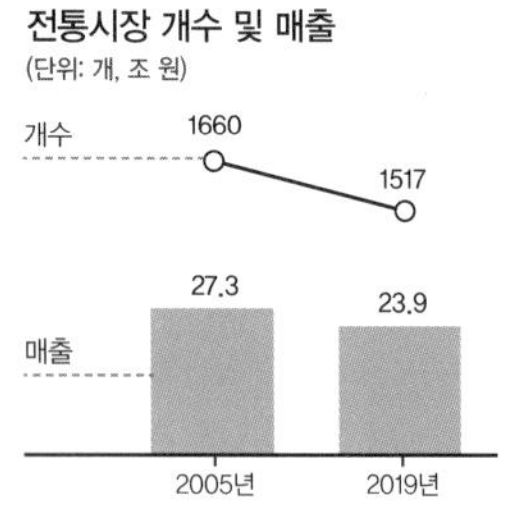

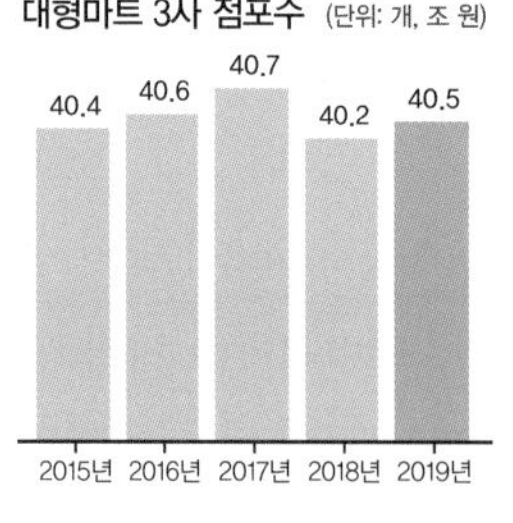

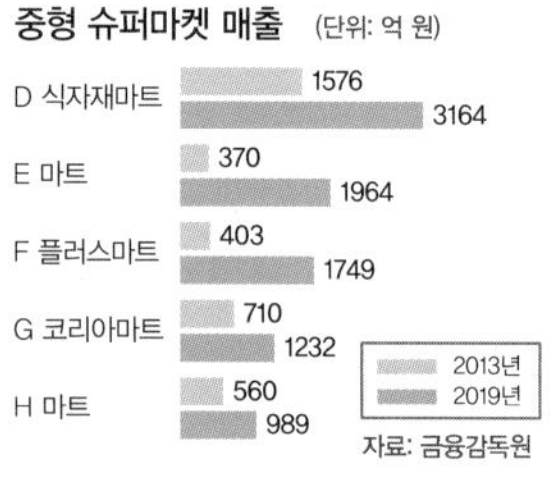

[그림 25-8] 맷플롯립 예제

이런 그림을 그리기 위해서는 약간의 데코레이션이 필요한 것 같습니다. 그림을 데코레이션하는 데 유용한 몇 가지 메서드를 소개하겠습니다. 몇 가지 연습을 같이 해볼텐데요. 이럴 경우에 대화형 모드가 딱입니다. `%matplotlib tk` 매직명령어를 실

행한 후에 대화형으로 연습해보기 바랍니다. 인라인이나 노트북 모드도 전혀 문제 없습니다.

Axes를 둘러싼 박스를 안 보이게 할 수 있습니다

[그림 25-8]을 보면 Axes를 둘러싸고 있는 박스가 안보입니다. 경우에 따라서 박스가 있으면 그림이 조금 답답하게 보이는 경우도 있는 것 같습니다. x, y축을 포함해서 Axes의 박스를 이루는 4개의 변은 spines 객체가 담당하고 있습니다. 각 spines 객체들은 그 위치에 따라, x축은 `spines['bottom']`으로 참조가 되고, y축은 `spines['left']`로, 위쪽의 spines는 `spines['top']`, 오른쪽 spines는 `spines['right']`로 참조합니다. spines 객체의 메서드 중에 `set_visible()` 메서드가 있는데, 인자가 `True`이면 해당 spines를 보이게, `False`이면 보이지 않게 만들어 줍니다. 디폴트는 당연히 True입니다. [코드 25-32]에서는 x축만 남겨두고 모두 보이지 않게 만들어 보았습니다.

[코드 25-32] Axes를 둘러싼 박스를 안보이게

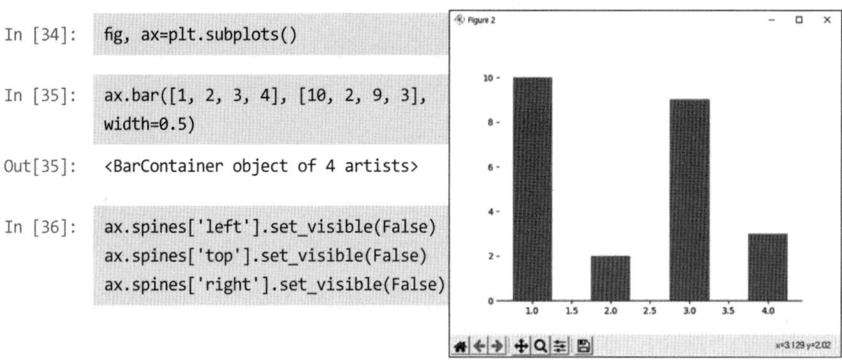

y축의 눈금과 레이블을 안 보이게 할 수 있습니다

항상 새로운 객체를 접하면, dir 메서드를 통해 속성의 목록을 확인해보기 바랍니다. 많은 것을 얻을 수 있습니다.

spines을 없애긴 했는데 y축에 있던 눈금(tick)들과 눈금 레이블들은 남아서 그림이 조금 이상해졌습니다. 눈금과 눈금 레이블도 보이지 않게 만들고 싶습니다. 그림(ax)을 구성하는 x축과 y축 객체는 `ax.axes.xaxis`와 `ax.axes.yaxis`로 참조할 수 있습니다. 실제로 속성을 확인해보면 역시 `set_visible` 메서드가 있는 것을 확인할 수 있습니다. [코드 25-33]과 같이 호출해보면 y축 눈금과 레이블이 숨겨진 것을 확인할 수 있습니다.

```
In [37]:  ax.axes.yaxis.set_visible(False)
```

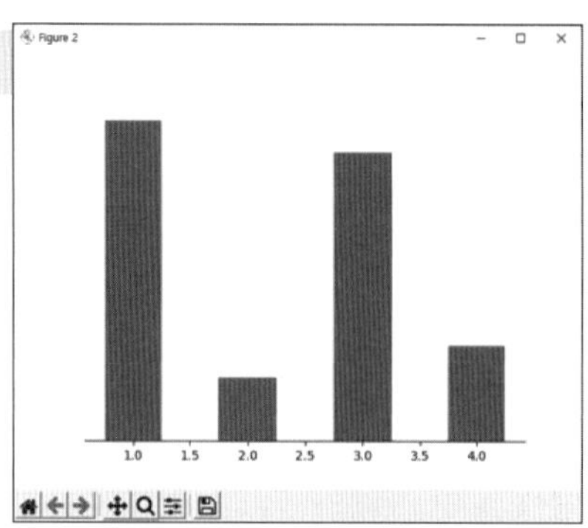

[코드 25-33] y축의 눈금과 레이블을 안 보이게 변경

화면에 텍스트를 출력할 수 있습니다

그림은 좀 깔끔해진 것 같은데 y축을 보이지 않게 했더니 바의 높이를 알 수가 없습니다. 바 상단에 바의 높이값(실제 데이터값)을 텍스트로 출력하면 좋을 것 같습니다. 화면(Axes)에 글자를 출력하는 메서드로 `ax.text()`가 있습니다. 인자는 글자를 출력할 x, y 좌표, 그리고 출력할 문자열을 넣어주면 됩니다. 예를 들어, 좌표 `(10, 20)`에 '320'이란 글자를 출력하려면 `ax.text(10, 20, '320')`으로 호출하면 됩니다.

텍스트 함수를 호출할 때, 실제로 해당 좌표에 텍스트가 어떻게 출력되는지를 알면 조금 더 깔끔하게 표현할 수 있습니다. 예를 들어, `ax.text(1, 10, 'TEXT')` 함수를 실행해보기 바랍니다. 그러면 [그림 25-9]에서 보는 바와 같이, 문자열이 차지하는 공간(문자열을 둘러싼 박스를 상상해보기 바랍니다)의 왼쪽 아래 코너가 해당 좌표인 (1, 10)이 되도록 화면에 나타납니다.

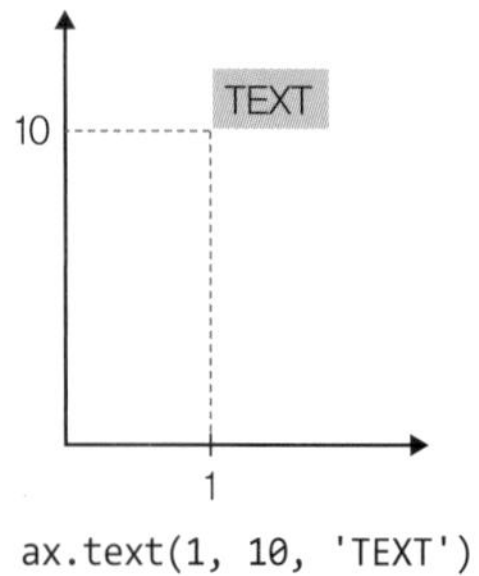

[그림 25-9] `ax.text()` 함수의 호출

다시 예제로 돌아가서, 각 바 상단에 숫자 데이터를 출력하는 것으로 하겠습니다. 수고스럽지만, "눈대중으로" 대략적인 위치를 정해서 각 바의 데이터를 화면에 출력해보기 바랍니다. 아래의 코드와 결과를 확인해보기 바랍니다. 텍스트의 크기와 색깔도 같이 지정해 보았습니다.

[코드 25-34]
화면에 텍스트 출력

각 바의 데이터를 조금은 "인텔리전트하게" 출력할 수 있는 방안이 있습니다. 예를 들어, 여러 문자를 반복적으로 출력해야 하니 for문을 쓸 수 있도록 코드를 만드는 것이 좋겠습니다. 또 하나, 텍스트가 차지하는 픽셀의 가로 길이를 알 수 있다면 텍스트의 중간과 바 차트의 중간이 일치하도록 위치를 잡아 줄 수도 있겠습니다.

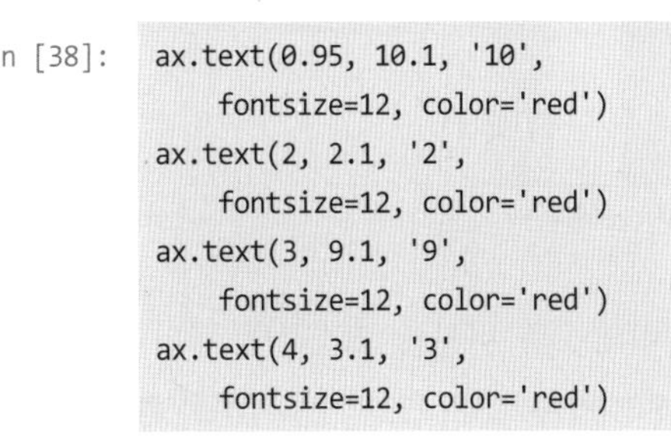

```
In [38]:  ax.text(0.95, 10.1, '10',
              fontsize=12, color='red')
          ax.text(2, 2.1, '2',
              fontsize=12, color='red')
          ax.text(3, 9.1, '9',
              fontsize=12, color='red')
          ax.text(4, 3.1, '3',
              fontsize=12, color='red')
```

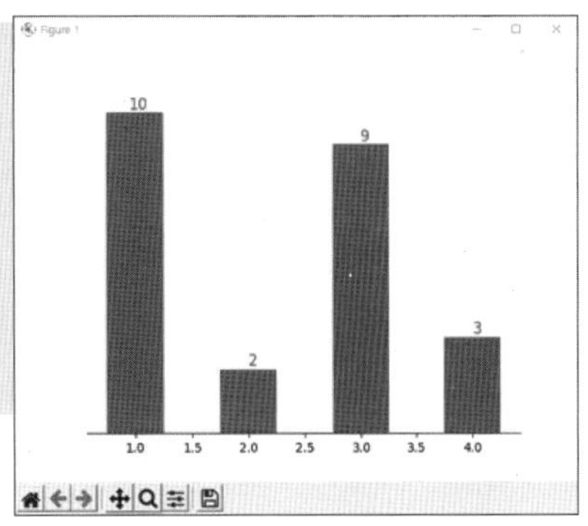

하나의 눈금에 여러 개의 바를 그리고 싶습니다

우리가 예제로 봤던 세 번째 그림에는 하나의 눈금에 두 개의 바(bar)가 그려집니다. 우리가 다루고 있는 예제에서는 조금 애매하지만 "2013년도(x 값입니다)에 서울의 경제성장률은 1.6인데, 전국의 경제성장률은 3.1"인 경우처럼, 하나의 x 값에 두 개 이상의 y값이 연관되는 경우입니다. 선 그래프로 플로팅하는 경우에는 별문제가 없는데, 바 차트를 그리는 경우에는 바가 겹치게 나타나다 보니 조정이 필요합니다. 예를 들어, 우리가 바 차트로 그려야 하는 데이터가 [코드 25-35]와 같다고 하겠습니다. 예를 들어, x가 1일 때 두 개의 바가 그려지는데 하나는 바의 높이가 10이고 나머지 하나는 8입니다.

[코드 25-35]
바 차트로 그려야 하는 데이터

```
In [39]:  x=[1, 2, 3, 4]
          y1=[10, 2, 9, 3]
          y2=[8, 2.5, 7, 5]
```

그냥 무작정 한 번 그려보면 아래와 같은 결과가 나옵니다. 두 개의 바(bar)가 서로 겹쳐서 나온 것입니다. 여기서 width 인자는 바의 폭을 조정하는 인자입니다(width 인자의 단위는 x 눈금의 단위와 같습니다).

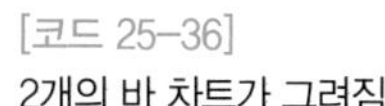
[코드 25-36]
2개의 바 차트가 그려짐

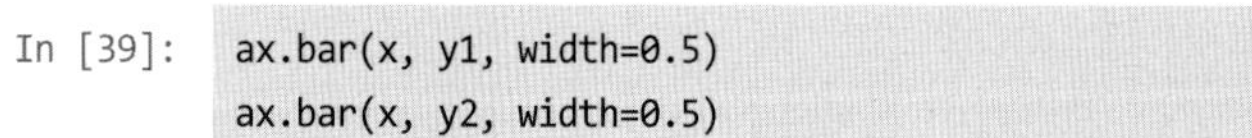

```
In [39]:  ax.bar(x, y1, width=0.5)
          ax.bar(x, y2, width=0.5)
```

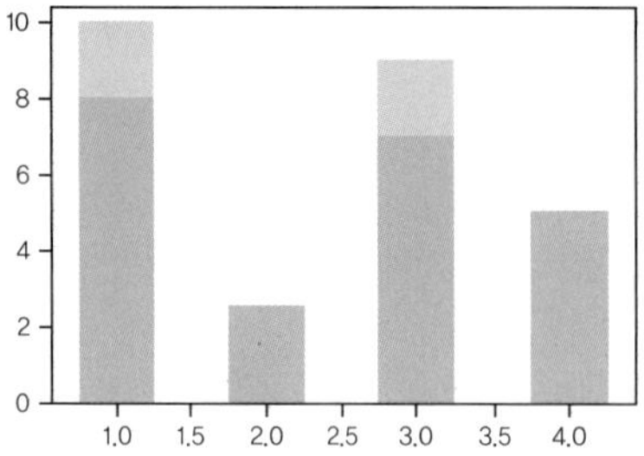

바가 서로 겹치지 않도록 하려면, 각 바의 x축 위치를 조정하면 됩니다. 실제로 `bar(x, y, width)` 명령어로 바 차트를 그리게 되면, [그림 25-10]의 ⓐ와 같이 x 좌표를 중심으로 주어진 폭(width)을 갖는 바를 y 값의 높이로 그려주게 됩니다. 만약 하나의 눈금에 두 개의 바를 그려야 한다면 ⓑ와 같이 바가 서로 겹치지 않도록 x 좌표와 폭을 조정하면 됩니다.

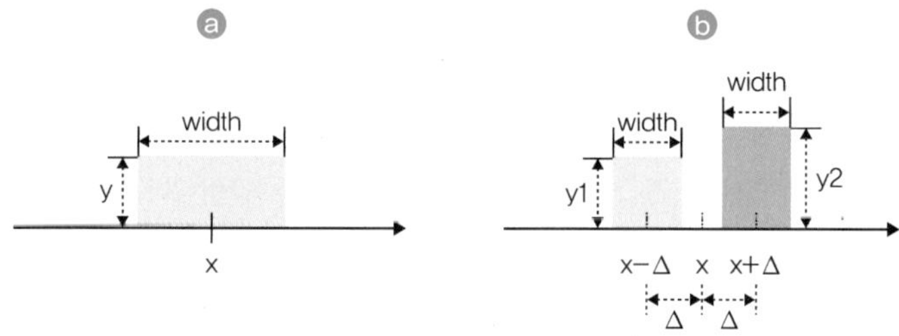

[그림 25-10] 서로 겹치지 않도록 x 좌표와 폭을 조정

[그림 25-10]의 ⓑ에서 델타값(Δ)과 width값만 적절하게 찾아주면 됩니다. 예를 들어서, 델타를 0.2, width를 0.3으로 해서 그려보면 [코드 25-37]과 같이 결과가 나옵니다. 기왕에, 1.5, 2.5, .. 이런 값들이 나오지 않도록 x축의 눈금도 조정을 했습니다([코드 25-37]의 In [42] 참조).

[코드 25-37]
델타를 0.2, width를 0.3으로 해서 그린 결과

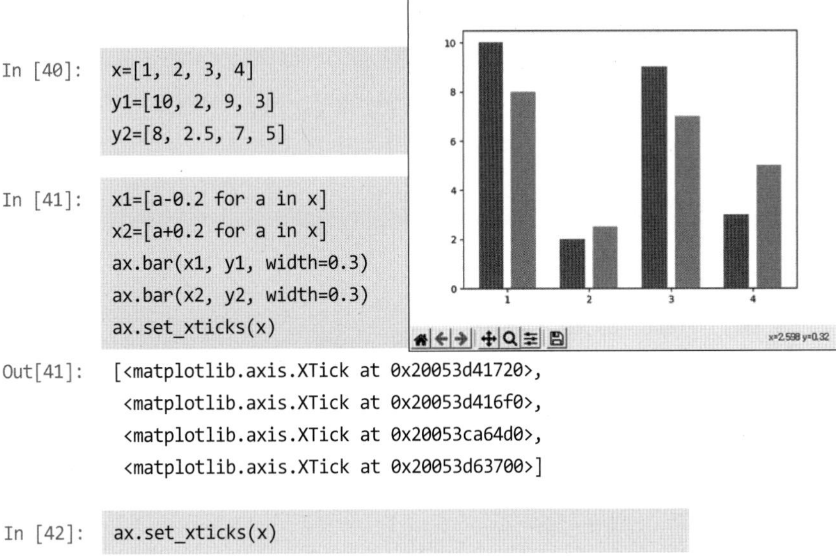

```
In [40]:  x=[1, 2, 3, 4]
          y1=[10, 2, 9, 3]
          y2=[8, 2.5, 7, 5]

In [41]:  x1=[a-0.2 for a in x]
          x2=[a+0.2 for a in x]
          ax.bar(x1, y1, width=0.3)
          ax.bar(x2, y2, width=0.3)
          ax.set_xticks(x)
Out[41]:  [<matplotlib.axis.XTick at 0x20053d41720>,
           <matplotlib.axis.XTick at 0x20053d416f0>,
           <matplotlib.axis.XTick at 0x20053ca64d0>,
           <matplotlib.axis.XTick at 0x20053d63700>]

In [42]:  ax.set_xticks(x)
```

눈금 레이블이 길어지면 레이블끼리 겹칩니다

눈금의 레이블이 길어지면 레이블끼리 겹쳐서 나타나기도 합니다. `ax.set_xticklabels` 메서드를 통해 눈금의 레이블을 셋(set)할 때 회전각도(rotation 인자)를 정해줄 수 있습니다. 예를 들어, [코드 25-38]과 같이 `ax.set_xticklabels(…, rotation=30)`을 호출하면 x축 레이블을 x축을 기준으로 30도만큼 반시계 방향으로 회전시켜 출력하게 됩니다. 각도의 크기는 도(degree) 단위입니다. 각도는 항상 x축을 기준으로 반시계 방향으로 재는 것이 표준입니다.

[코드 25-38]
x축 눈금 레이블을 x축을 기준으로 30도만큼 반시계 방향으로 회전시켜 출력

```
In [43]:  ax.set_xticks(x)
          ax.set_xticklabels(['Monday', 'Tuesday', 'Wednesday', 'Thirsday'],
                             rotation=30
Out[43]:  [Text(1, 0, 'Monday'),
           Text(2, 0, 'Tuesday'),
           Text(3, 0, 'Wednesday'),
           Text(4, 0, 'Thirsday')]
```

실제 그려진 결과를 보면 [그림 25-11]과 같습니다. 현재는 사실 레이블 간에 오버랩이 없어서 로테이션이 필요하지는 않습니다.

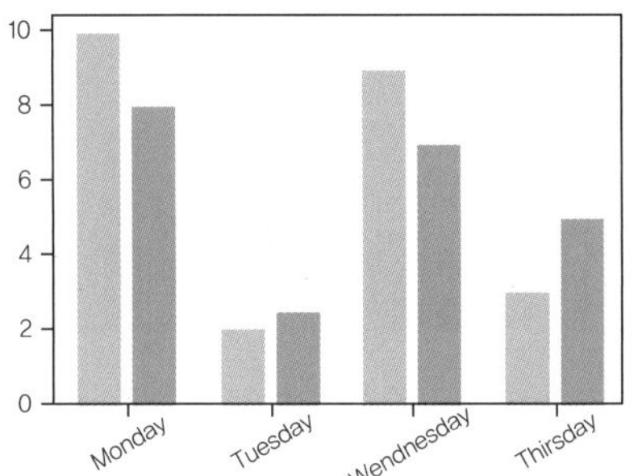

[그림 25-11] [코드 25-38]의 결과

25장을 정리하겠습니다

이 장에서는 데이터 시각화 도구인 맷플롯립에 대해 살펴보는 기회를 가졌습니다. 맷플롯립은 규모가 큰 라이브러리에 속합니다. 몇 페이지의 소개로 모든 내용을 담을 수는 없기에, 맷플롯립을 "시작"하는 데 필요한 기본적인 개념들 중심으로 빠뜨리지 않고 정리해 보려고 애를 썼습니다. 시작이 반입니다. 나머지는 '필요'한 것들을 찾아 스스로 채워 보기 바랍니다. 필요는 공부의 어머니입니다. 필요하지 않은 것을 공부하는 것만큼 고통스러운 일도 없는 것 같습니다. 반대로, 내게 필요한 것을 스스로 찾아내는 희열은 세상에 견줄만한 것이 별로 없지요.

혹시 이 장을 공부하면서, "이런 그림은 엑셀이나 파워포인트를 사용해도 충분히 그릴 수 있는데…"라는 생각은 안 해 봤나요? 한국은행에서 매년 발표하는 경제성장률 분석처럼, 보통의 의미 있는 데이터 분석 작업은 반복적으로 계속해서 이루어집니다. 물론, 그 안의 실제적인 데이터 수치는 달라지겠지만 시각화된 그림의 형태는 크게 달라지지 않습니다. 그림을 그리는 코드를 한 번만 제대로 만들어두면 필요할 때마다 한 번의 클릭으로 결과를 재생산할 수 있다는 뜻입니다. 민감도 분석이라는 이름으로 데이터를 이렇게 저렇게 조정하기도 하는데, 맷플롯립을 사용하면 그래프 수정도 정말 간단합니다. 결론적으로, 데이터 분석 업무의 생산성이 확 달라집니다.

게다가 그림까지 예쁘게 뽑아집니다. 맷플롯립에 관심을 가져야 하는 이유입니다. 그리고 또 하나, 맷플롯립을 공부하면서 "오, 의외로 딕셔너리 데이터구조의 활용도가 꽤 높아 보이는데… (그런데 이 책에서는 너무 도외시한 것 아냐?)"라는 생각을 해봤을 것 같습니다. 잘 알다시피, 데이터구조의 중심에는 리스트와 딕셔너리가 있습니다. 알고리즘을 공부할 때에는 리스트를 많이 강조했었는데(왜? 같은 타입의 데이터이니까요), 딕셔너리의 중요성도 그에 비해 모자라지 않는 것 같습니다. 딕셔너리는 다음 장에서 판다스를 소개하면서 좀 더 살펴보겠습니다. 이번 장은 특히 수고 많았습니다.

부록 C_ 위치인자와 키워드인자, 그리고 키워드-온리 인자

이 책의 '16장. 함수의 인자와 반환값'에서 인자(argument)의 유형에 대해 살펴본 바 있습니다. 키워드-온리keyword-only 인자라는 새로운 개념을 살펴보는 김에 복습을 위해 다시 한 번 정리하겠습니다. 처음 공부할 때 인자가 조금은 혼동되는 부분이 있습니다. 이번 기회에 명확하게 개념을 잡아보기 바랍니다. 일단 함수의 호출에서 인자는 위치(positional)인자이거나 키워드keyword인자입니다. 만약, 어떤 함수 `f()`를 다음과 같이 호출한다고 해봅시다.

```
f(1, 2, 3, x='hello', y=True)
```

앞의 세 개 인자, `1, 2, 3`은 위치인자이고 뒤의 두 개 인자, `x='hello', y=True`는 키워드인자입니다. 원래 모든 매개변수는 위치인자 또는 키워드인자로 값을 전달(pass) 할 수 있습니다. 예를 들어, 어떤 함수 `g()`의 시그니처가 `g(a, b, c)`일 때, `g(1, 2, 3)`으로 호출하면 `b` 인자에 2 값이 전달됩니다. 두 번째 매개변수인 `b`에 두 번째 위치에 있는 인자인 2 값이 전달된 것입니다. 위치인자입니다. 만약에, 이 함수를 `g(a=1, c=2, b=3)`으로 호출하게 되면, `b`에 3이란 값이 키워드인자로 전달되게 됩니다. 키워드를 사용하게 되면 인자의 순서(위치)를 지키지 않아도 됩니다.

키워드-온리 인자란 키워드인자 방식으로'만(only)' 인자를 전달할 수 있다는 점에서 다른 인자와 구별됩니다. 형태상으로는 함수의 정의에서 별표(*) 다음에 있는 인자들이 키워드-온리 인자에 해당합니다. 그럼 키워드-온리 인자는 왜 필요한 것일까요? 사실, 파이썬 2 버전에서는 없었는데 파이썬 3이 되면서 새롭게 도입된 문법입니다. 먼저 매개변수의 정의에 사용되는 별(*)과 별별(**)의 의미에 대해 제대로 알고 있어야 합니다.

먼저, 별(*)의 의미에 대해 알아보겠습니다. 위치인자로 전달되는 인자(들)는 인자들의 개수가 몇 개이든 상관없이 한 개의 매개변수 `*args`로 인자값을 전달받을 수 있습니다. 대표적인 예가 우리가 잘 알고 있는 `print()` 함수의 경우입니다. `print(1)`로도 동작하고, `print(1, 2)`로도 동작하고, `print(1, 2, 'hello')`로도 동작합니다. [코드 C-1]의 In [1]에서 `f()` 함수의 매개변수인 `args`에 여러 개의 위치인자를 할당할 수 있습니다. 변수명 앞에 사용된 별표(*)가 그러한 "능력"을 만들어 줍니다. 참고로 변수명이 굳이 args일 필요는 없습니다. 하지만 모든 개발자가 args라는 변수명을 사용하고 있으니 굳이 특별한 이름을 고안하지 않아도 되겠습니다. 이렇게 f() 함수를 정의하게 되면, In [2]에서와 같이 위치인자가 두 개인 경우에도, In [3]과 같이 위치인자가 4개인 경우에도 문제없이 인자값을 전달받을 수 있습니다. 실제로 args 변수에는 전달된 인자들로 만들어지는 튜플 데이터구조가 할당되게 됩니다. 따라서 In [4~5]에서 보다시피, 첫 번째 인자값은 args[0] 변수로, 그다음 인자값은 args[1] 변수로 참조할 수 있습니다.

[코드 C-1] *args의 활동

```
In [1]:  def f(*args):
             print(args)

In [2]:  f(1, 2)
         (1, 2)

In [3]:  f(1, 2, 3, 4)
         (1, 2, 3, 4)

In [4]:  def f(*args):
             for k in range(len(args)):
                 print(args[k])

In [5]:  f(1, 2, 3, 4)
         1
         2
         3
         4
```

그런데 전달되어진 인자가 함수 내에서 조금 더 의미있게 사용되려면 아무래도 이름이 갖는 것이 좋습니다. 즉, 인자값에 변수명을 할당할 필요가 있습니다. 만약에 [코드 C-1]을 [코드 C-2]와 같이 다시 적게 되면, 전달되어진 4개의 값 중에서 첫 번째 인자에는 "특별하게" a란 이름이 할당되고, f() 함수 내부에서도 "특별하게" a란 이름으로 참조하게 됩니다(In [6]의 2행을 참조하기 바랍니다). 예를 들어, "세 번째 인자값"보다는 "color값"이라고 부르는 게 훨씬 특별해 보입니다. 그렇지 않나요?

[코드 C-2]
인자값에 변수명 할당

In [6]:
```
def f(a, *args):
    print(a)
    for k in range(len(args)):
        print(args[k])
```

In [7]:
```
f(1, 2, 3, 4)
```
```
1
2
3
4
```

다음으로 별별(**)의 의미를 살펴보겠습니다. 위치인자를 받을 수 있도록 별표(*)가 있다면, 키워드인자를 받을 수 있도록 별별(**)이 있습니다. 별(*)과 똑같은 맥락입니다. [코드 C-3]에서 확인하기 바랍니다.

[코드 C-3]
가변적인 개수의 키워드 인자를 받을 수 있는 **

In [8]:
```
def g(**kwargs):
    print(kwargs)
```

In [9]:
```
g(a=1, b=2, c=3)
```
```
{'a': 1, 'b': 2, 'c': 3}
```

In [9]에서 g() 함수를 호출하는 데 사용된 세 개의 키워드인자는 g() 함수에서 한 개의 매개변수 kwargs로 전달됩니다. 여러 개의 키워드인자를 하나의 매개변수로 받을 수 있습니다. 매개변수 kwargs 앞에 사용된 별별(**)이 그러한 능력을 만들어 줍니다. 키워드인자들은 딕셔너리 데이터구조로 만들어져 kwargs 매개변수로 전달되게 됩니다. In [9]의 함수 호출 결과에서 이를 확인할 수 있습니다. 이렇게 하나로 묶여 전달된 딕셔너리 데이터구조에서 우리가 원하는 이름(키워드)의 인자가 있는지 찾아보기 위해서는 [코드 C-4]의 In [10]과 같은 형태의 코드가 사용됩니다. 예를 들어, a인자의 값을 찾는 경우에는 2행에서처럼 딕셔너리의 키 중에 내가 원하는 키(key)인 'a'가 있는지를 확인하고, 만약 있으면 해당 키의 값을 3행에서처럼 kwargs['a']로 참조하면 됩니다. 참고로 딕셔너리 데이터를 갖는 변수에 keys() 함수를 호출하면 키(key)의 리스트를 돌려줍니다.

[코드 C-4]
**kwargs로 전달된 인자값 참조

In [10]:
```
def g(**kwargs):
    if 'a' in kwargs.keys():
        print(kwargs['a'])
    if 'b' in kwargs.keys():
        print(kwargs['b'])
    if 'c' in kwargs.keys():
        print(kwargs['c'])
```

In [11]:
```
g(a=1, b=2, c=3)
```

```
1
2
3
```

g() 함수가 올바르게 동작하기 위해서는 세 개의 인자가 모두 필요합니다만, [코드 C−6]에서 보는 것처럼 a인자 하나만 전달되었다고 가정하겠습니다. 나머지 인자인 b와 c는 (즉, 사용자가 알려주지 않은 값들은) g() 함수가 "알아서" 정의해야겠습니다(당연히, 값이 없으면 함수가 정상적으로 동작할 수 없습니다. 값이 없어도 함수가 정상적으로 동작할 수 있다면 필요하지 않은 인자란 뜻입니다). 이런 목적으로 사용되는 값들이 디폴트값입니다. 보통은 [코드 C−5]의 2행과 같이 정의됩니다.

[코드 C−5]
키워드인자에서 디폴트값의 처리 로직

In [12]:
```
1  def g(**kwargs):
2      default={'a':0, 'b':0, 'c':0}
3      if 'a' not in kwargs.keys():
4          kwargs['a']=default['a']
5      if 'b' not in kwargs.keys():
6          kwargs['b']=default['b']
7      if 'c' not in kwargs.keys():
8          kwargs['c']=default['c']
9      print(kwargs)
```

코드에서 not in이 사용되는 것에 주의해 주세요.

3~4행에 있는 코드의 의미는, 전달받은 kwargs 매개변수에 'a'라는 이름의 키(key)가 없으면 내부적으로 정의한 디폴트값인 default['a'] 값을 대신 사용하겠다는 뜻입니다. 실제로 g() 함수를 [코드 C−6]과 같이 호출해보면, 'a' 키의 값은 전달된 값인 1로 할당되지만, 'b'와 'c' 키의 값은 내부에서 정의한 디폴트값인 0이 저장된 것을 확인할 수 있습니다. 맷플롯립의 rcParams과 In [12]의 default 변수는 같은 맥락입니다.

[코드 C-6]
[코드 C-5]의 함수 호출 예

```
In [13]:  g(a=1)
          {'a': 1, 'b': 0, 'c': 0}
```

좀 전에 *args를 살펴보면서 '특별한' 위치인자는 따로 특별한 변수명에 할당했습니다. 마찬가지로, **kwargs 중에 '특별한' 키워드인자는 따로 빼서 특별하게 다룰 필요가 있을 것 같습니다. [코드 C-7]의 In [14]에서 사용된 a인자가 키워드-온리 인자입니다. 실제로 g() 함수를 호출할 때 키워드인자(a=1)로 호출하고 있습니다. 여기서 a가 키워드-온리 인자가 되는 것은 a 매개변수 앞에 있는 별표(*) 때문입니다.

[코드 C-7]
키워드-온리 인자인 a

```
In [14]:  def g(*, a, **kwargs):
              print(a)
              print(kwargs)

In [15]:  g(a=1, b=2, c=3)
          1
          {'b': 2, 'c': 3}
```

In [14]에서 함수의 정의를 def g(a, **kwargs)로 바꾸게 되면 (즉, a 변수 앞의 별표를 빼게 되면) 이제 a는 키워드-온리 인자가 아니라 위치인자가 됩니다. 그렇게 되면, 실제로 함수 호출을 In [15]와 같이 해도 되고, g(1, b=2, c=3)과 같이 해도 됩니다.

만약에 키워드-온리 인자에 디폴트값이 있으면 [코드 C-8]처럼 정의해 주면 됩니다.

[코드 C-8]
키워드-온리 인자의 디폴트값 정의

```
In [16]:  def g(*, a=0, **kwargs):
              print(a)
              print(kwargs)

In [17]:  g(b=2, c=3)
          0
          {'b': 2, 'c': 3}

In [18]:  g(a=1, b=2, c=3)
          1
          {'b': 2, 'c': 3}
```

함수의 정의에 사용된 인자가 위치인자인지, 키워드인자인지, 키워드-온리 인자인지는 함수의 정의에서 인자의 위치를 살펴봄으로써 구별이 가능합니다. 먼저, 함수의 정의에 별표(*)가 있는지 살펴봅니다. 별표에 꼭 변수명 없이 혼자 쓰여도 됩니다. 별표 앞의 변수들은 모두 위치인자로 값을 전달받아야 하는 위치인자입니다. 디폴트인자들은 위치인자와 별표(*) 사이에 위치시켜주면 됩니다. 별(*) 다음부터 별별(**) 사이에 있는 (**이 없으면 마지막 인자까지) 인자들이 키워드-온리인자입니다. 다시 한 번 정리해보면, 함수의 인자들은 위치인자 → 디폴트인자 → *args → 키워드-온리인자 → **kwargs의 순서로 정의됩니다. 만약, args에 할당할 인자가 없는 경우에는 변수명을 생략하고 그냥 별표(*)만 남깁니다.

파이썬 · 알고리즘 · 객체지향 · 코딩의 기술

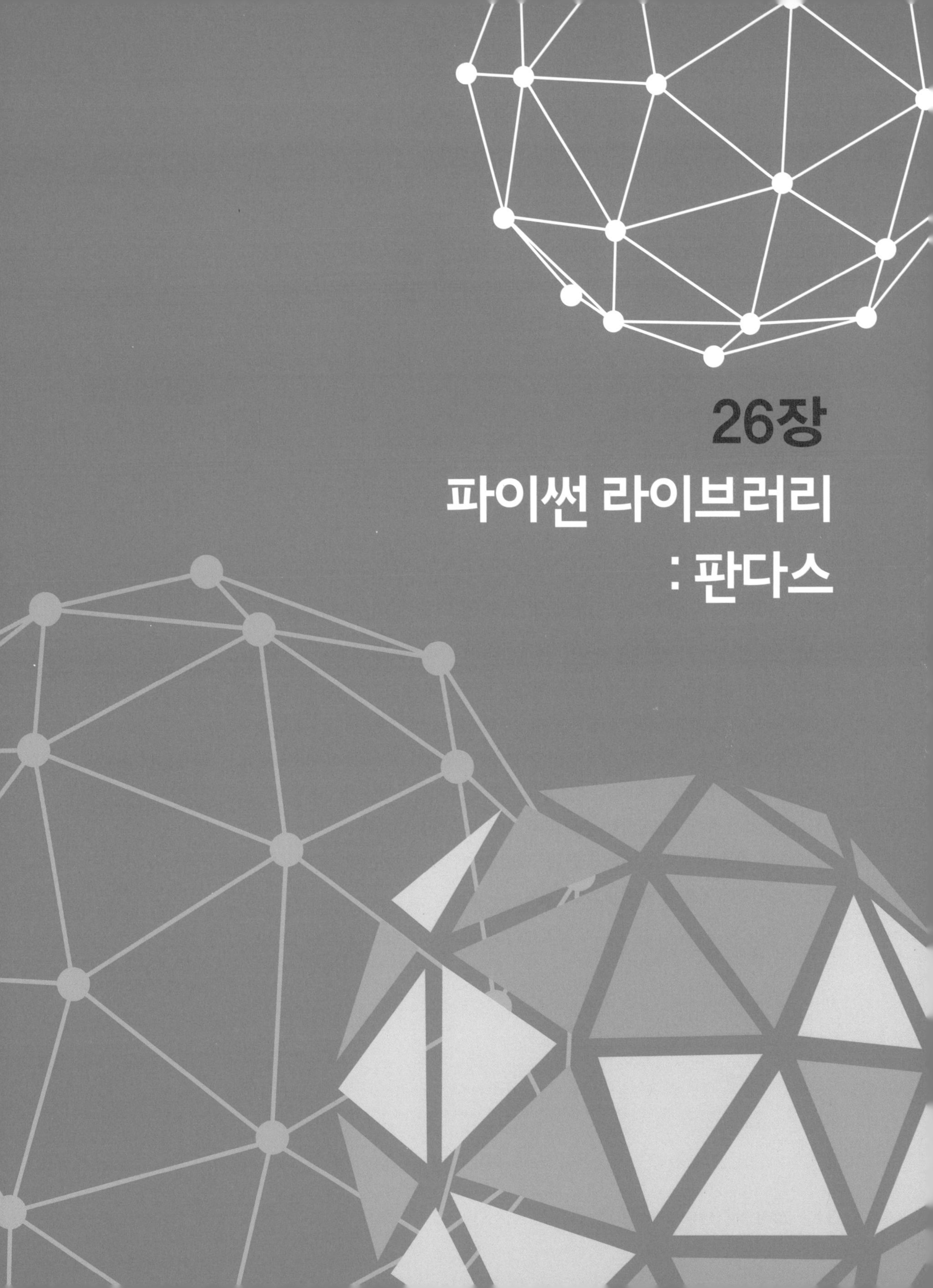

26장

파이썬 라이브러리 : 판다스

이 책의 마지막 장인 26장에서는 판다스Pandas를 알아보겠습니다. 판다스는 데이터를 저장, 관리, 분석하는 데 널리 사용되고 있는 라이브러리로서 데이터 과학 분야의 대표적인 도구 중 하나입니다. 판다스를 구성하는 두 가지 중요한 데이터 객체로서 '시리즈Series'와 '데이터프레임Data Frame'이 있습니다. 판다스를 공부한다는 것은 결국 시리즈와 데이터프레임을 탐구하는 것이라고 해도 과언이 아닙니다. 긴 여정이 될 수 있는 판다스 공부는 데이터 수명주기(Life Cycle)과 인덱스index의 의의를 살펴보는 것으로부터 시작하는 것이 좋을 것 같습니다.

여기서 잠깐!!

판다스 패키지의 설치와 임포트

판다스 패키지는 `pip install pandas`로 설치하면 되고, 일반적으로 `import pandas as pd`의 형태로 임포트합니다.

먼저, 데이터의 수명주기인 CRUD의 의의에 대해 알아보겠습니다

이전에 객체의 수명주기에 대해 살펴본 적이 있습니다. 사람이 태어나서 (자라고) 활동하다 (늙어지면) 죽는 것처럼 객체들도 똑같은 주기를 가진다고 설명한 바 있습니다. 데이터도 이와 마찬가지인데 (물론, 데이터도 하나의 객체입니다.) 데이터의 수명주기는 CRUD라는 용어로 자주 설명되고 있습니다. CRUD는 Create(생성)/Read(참조)/Update(수정)/Delete(삭제)의 줄임말입니다. 모든 데이터는 만들어진 후에(C), 참조되고(R), 값이 바뀌면 수정되었다가(U), 더 이상 필요하지 않으면 (즉, 더 이상 참조되지 않으면) 삭제되는(D) 주기를 가진다는 의미입니다. 어떤 정수 데이터의 수명주기를 CRUD 관점에서 한 번 살펴보겠습니다.

CRUD는 보통, '크루드'라고 읽기도 하고, 철자 그대로 '시알유디'라고 읽기도 합니다.

[코드 26-1]
CRUD 관점으로 살펴본 정수 데이터의 수명주기

```
In [1]:  a=25

In [2]:  print(a)
         25

In [3]:  a=a+10

In [4]:  del(a)
```

```
In [5]:  a

---------------------------------------------------------------------------
NameError                                 Traceback (most recent call last)
~\AppData\Local\Temp/ipykernel_8536/2167009006.py in <module>
----> 1 a

NameError: name 'a' is not defined
```

In [1]에서 새로운 정수 데이터 25를 생성하고 해당 데이터에 a라는 이름을 할당했습니다. 이제까지는 없던 a라는 이름으로 불리는 새로운 데이터가 만들어진 것입니다. CRUD의 Create입니다. In [2]에서는 해당 데이터(즉, a라는 이름으로 불리는 데이터)의 값이 참조되고 있습니다. 현재의 a 값은 25이군요. CRUD의 Read입니다. In [3]에서는 우변의 a+10을 연산하는 데 다시 a 값을 참조하고 있습니다. a 값을 참조한 후에 그 값에 10을 더해서 또 다른 새로운 값이 만들어집니다. 이렇게 만들어진 새로운 값에, 이전까지는 25라는 데이터를 가리키는 이름으로 사용되던 a라는 이름을 할당합니다. 이제부터 a라는 이름이 가리키는 값은 25가 아니라 35로 바뀌게 됩니다. CRUD의 Update입니다. 참조(R)와 업데이트(U)가 반복되어 이루어지다가 더 이상 해당 데이터가 필요하지 않으면 In [4]에서와 같이 삭제하게 됩니다. CRUD의 Delete입니다. 삭제된 후에는, In [5]에서 보다시피 더 이상 존재하지 않는 데이터가 됩니다.

너무 잘 알고 있는 얘기를 이렇게 다시 설명하는 이유는 어떤 형태의 데이터이든 CRUD의 관점에서 보면 좀 더 명확하게 그 의의를 찾아낼 수 있다는 것을 강조하고 싶어서입니다. 즉, 어떤 데이터 타입을 공부한다는 것은 결국 그 데이터 객체가 어떻게 Create되고, 어떻게 Read할 수 있으며, 어떻게 Update되고, 어떻게 Delete되는지를 파악하는 것과 같다는 뜻입니다.

다음으로, 인덱스의 의의를 살펴봅니다

계속 반복하는 얘기지만, 서로 연관된 데이터들은 '묶어서' 관리해야 합니다. 우리가 공부했던 리스트List, 튜플Tuple, 딕셔너리Dictionary가 좋은 예입니다. 판다스에서는 이를 확장하여(즉, 데이터의 저장과 분석에 적합하도록) 시리즈Series와 데이터프레임DataFrame이라는 두 가지 데이터 타입을 제공하고 있습니다. 시리즈와 데이터프레임의 이해를 위해서는 인덱스index에 대한 이해가 선행되어야 합니다.

예를 들어, 내가 이번에 치른 세 개의 과목에서 1교시에 치른 시험에서는 90점, 2교시에 치른 시험에서는 85점, 3교시에 치른 시험에서는 95점의 성적이 나왔다고 한다면, 이를 다음과 같이 리스트로 정의할 수 있겠습니다.

```
In [6]:   score=[90, 85, 95]
```

[코드 26-2]
3과목의 시험 점수를 리스트로 정의

그러면 이제 1교시 성적은 score[0]으로 참조할 수 있게 되고, 2교시와 3교시 성적은 각각 score[1], score[2] 변수로 참조할 수 있게 됩니다. 여기서 대괄호 [] 안의 인덱스는 여러 데이터가 한데 묶여 있는 데이터구조에서 개별 데이터 항목에 접근할 수 있도록 하는 수단이 됩니다.

그런데 만약에 내가 이번에 치른 시험 교과목이 1교시는 "국어", 2교시 "영어", 3교시 "수학"이라고 한다면 (즉, 인덱스가 숫자가 아니라 문자 레이블이라면) 위의 리스트 데이터구조로는 이러한 상황을 정확하게 표현할 수가 없습니다. 이를 직관적으로 표현할 수 있는 데이터구조로 딕셔너리가 있습니다. 앞의 상황은 다음과 같이 정의할 수 있겠습니다. 이제 국어 성적은 score['국어']로, 영어 성적은 score['영어']로, 수학 성적은 score['수학']으로 참조할 수 있게 됩니다.

```
In [7]:   score={'국어':90, '영어':85, '수학':95}
```

[코드 26-3]
3개 교과목의 성적을 딕셔너리 객체로 정의

리스트와 딕셔너리 둘 다 인덱스를 사용하고 있지만, 조금 차이가 있습니다. 리스트는 데이터 항목의 위치(즉, 순서)가 "저절로" 해당 항목의 인덱스가 됩니다. 예를 들어, score=[90, 85, 95]라고 하면 세 번째 항목인 95의 인덱스는 저절로 2가 됩니다. 이런 의미에서, 리스트의 인덱스는 "implicit하다"라고 표현합니다. implicit라는 것은 특별히 밝히지 않아도 내부의 규칙에 따라 저절로 (또는 암묵적으로) 정해진다는 뜻입니다. 반대로, 딕셔너리의 인덱스는 (딕셔너리에서는 key라고 부릅니다) "explicit하다"라고 합니다. Explicit란 implicit와는 반대로 외부에 "명백하게" 공표되어 있는 것을 가리킵니다. 예를 들어, score['국어']=90이라고 하면 90이란 데이터 항목은 '국어' 과목의 점수라는 것, 즉 해당 점수는 '국어'라는 인덱스를 통해서 참조할 수 있다는 것을 나타내게 됩니다.

앞으로 살펴볼 판다스의 시리즈와 데이터프레임은 모두 explicit하게 인덱스를 가지고 있는 데이터구조입니다. 이 중에서 시리즈를 1차원(1 dimensional) 데이터구조라고 부르는데, 이는 한 개의 인덱스로 시리즈 내의 모든 데이터 항목을 참조할 수 있다는 의미입니다. 복잡한 형태인 경우에는, 두 개 이상의 인덱스가 필요하게 되는데, 데이터프레임은 인덱스가 두 개인 2차원 데이터구조에 해당합니다. 참고로 파이썬 2까지는 인덱스가 세 개 또는 그 이상인 경우를 위해 패널Panel 데이터구조를 제공하고 있었으나 파이썬 3에서는 더 이상 사용하지 않는 것으로 변경되었습니다(이를 보통 "deprecated되었다"고 부릅니다).

시리즈 데이터 타입을 살펴보겠습니다

판다스에서 제공하는 시리즈Series 데이터 타입은 "인덱스를 가지고 있는" 1차원 데이터구조입니다. 시리즈 객체를 만드는 방법은 여럿이 있지만, 기본적으로는 [코드 26-4]의 In [8]에서 보는 바와 같이, "한 데 묶일" 데이터data의 리스트와 해당 데이터의 인덱스index를 인자로 해서 `pd.Series` 생성자 함수를 호출함으로써 생성할 수 있습니다.

[코드 26-4] 시리즈 데이터 객체의 생성

```
In [8]:  score=pd.Series(data=[90, 85, 95],
                        index=['국어', '영어', '수학'])

In [9]:  print(score)

         국어    90
         영어    85
         수학    95
         dtype: int64
```

시리즈 객체를 출력하면 In [9]의 결과와 같이 인덱스별로 데이터가 여러 줄(행, row)로 나타납니다. 시리즈를 1차원 데이터구조라고 했는데, 한 개 축이 아래 방향으로 쭉 전개되는 형태라고 보면 되겠습니다. 그런 의미에서, 시리즈를 구성하는 각 데이터를 '행 데이터'라고 부르기도 합니다. In [8]과 같이 시리즈 객체를 생성하게 되면, 첫 번째 데이터인 90의 인덱스는 '국어'가 되고, 두 번째 데이터인 85의 인덱스는 '영어'가 됩니다. 마찬가지로, 수학 점수도 아래와 같이 `score['수학']`으로 참조할 수 있습니다.

[코드 26-5] score['수학']으로 참조하는 수학 점수

```
In [10]:  score['수학']

Out[10]:  95
```

여기서 잠깐!!

시리즈 객체를 사용하는 이유

딕셔너리와 시리즈 객체는 형태상으로는 거의 차이가 없어 보이는데 굳이 시리즈 객체를 사용하는 이유가 있을까요? 먼저, pd.Series와 dict의 속성 목록을 비교해 봐도 알 수 있듯이 시리즈 객체는 여러 형태의 데이터 분석에 활용할 수 있도록 상당히 많은 메서드를 제공하고 있습니다. 또한 많은 양의 데이터를 처리, 분석하기 위해서는 속도가 매우 중요한 요인이 되는데, 시리즈는 내부적으로 numpy의 ndarray 데이터구조로 만들어져 있어 리스트 또는 딕셔너리에 비해 매우 빠른 처리 속도를 보여주기 때문입니다.

여기서 잠깐!!

판다스의 중심에는 데이터프레임이 있습니다

일반적으로 판다스에 대한 소개는 시리즈보다는 데이터프레임을 중심으로 이루어지는 경향이 있습니다. 하지만 데이터프레임도 내부적으로는 여러 개의 시리즈 데이터를 "쌓아서" 만들어지는 형태입니다. 시리즈에 대한 올바른 이해가 중요한 이유입니다.

이제부터 시리즈 객체의 CRUD와 사용법에 대해 구체적으로 살펴보겠습니다.

시리즈 객체의 생성

시리즈 객체를 생성하는 방법에는 여러 가지가 있습니다. 가장 기본적인 형태는, 우리가 앞서 살펴 본 것처럼, 리스트로 묶여 있는 데이터에 인덱스를 explicit하게 부여하는 방법입니다.

[코드 26-6] 리스트 데이터에 인덱스를 추가하여 시리즈 객체를 생성할 수 있음

```
In [11]:  d=[4, 5, 9, 7, 6]
          s1=pd.Series(d, index=['a', 'b', 'c', 'd', 'e'])

In [12]:  print(s1)

          a    4
          b    5
          c    9
          d    7
          e    6
          dtype: int64
```

이미 인덱스를 가지고 있는 딕셔너리의 경우에는 바로 시리즈 객체로 변환할 수 있습니다. [코드 26-7]의 In [13]과 같이 시리즈 객체를 생성한 후에 `print(s2)` 해보면, 위의 In [12]와 똑같은 결과를 확인할 수 있습니다.

[코드 26-7]
딕셔너리 객체로부터 바로 시리즈 객체를 생성할 수 있음

```
In [13]:  d={'a':4, 'b':5, 'c':9, 'd':7, 'e':6}
          s2=pd.Series(d)
```

In [11]에서 만약 index 인자를 생략하게 되면 디폴트로 0, 1, 2, … 로 시작하는 일련의 정수를 인덱스로 가지게 됩니다. 디폴트 인덱스는, 리스트의 인덱스와 마찬가지로, 항목의 위치(순서)에 해당합니다.

[코드 26-8]
시리즈의 디폴트 인덱스는 항목의 위치값임

```
In [14]:  d=[4, 5, 9, 7, 6]
          s1=pd.Series(d)

In [15]:  print(s1)

          0    4
          1    5
          2    9
          3    7
          4    6
          dtype: int64
```

시리즈 객체의 참조와 업데이트

시리즈 객체의 참조와 업데이트에 대해 알아보겠습니다. 시리즈 객체 s를 구성하는 각 항목은 해당 항목의 인덱스를 이용해서 s[인덱스]로 참조할 수 있습니다. 예를 들어 [코드 26-7]의 In [13]에서 만들어진 시리즈 객체 s2에서 인덱스가 'c'인 데이터 항목은 s2['c']로 참조 또는 업데이트될 수 있습니다. 딕셔너리의 경우와 다르지 않습니다.

[코드 26-9]
시리즈 항목의 참조와 업데이트

```
In [16]:  print(s2['a'], s2['c'])

          4 9

In [17]:  s2['c']=100

In [18]:  print(s2)

          a      4
          b      5
          c    100
          d      7
          e      6
          dtype: int64
```

위와 같이 특정 데이터 항목에 대한 접근(이를 보통 인덱싱(indexing)이라고 부릅니다.) 이외에도 어떤 범위에 속하는 여러 행의 데이터에 대한 접근(이를 슬라이싱(slicing)이라고 부릅니다)도 가능합니다. 기본적인 활용은 리스트에서 살펴봤던 것과 동일합니다. 예를 들어, [코드 26-10~11]과 같이 특정한 행 데이터를 지정할 수도 있고(In [19] 참조), 콜론(:)을 사용하여 "어디부터 어디까지"의 범위를 나타낼 수도 있습니다(In [20] 참조).

In [19]의 경우에는 인덱스가 `'a', 'c', 'd'`인 행 데이터를 참조하는 명령문입니다. 실제로 해당 인덱스를 갖는 데이터들로 구성된 시리즈 개체를 생성하여 반환해줍니다. 해당하는 인덱스들이 대괄호 `[]`로 묶여 있는 것에 주의해야 합니다. 대괄호 안에 또 대괄호가 들어가 있는 형태가 됩니다.

```
In [19]:  s2[['a', 'c', 'd']]
Out[19]:  a      4
          c    100
          d      7
          dtype: int64
```

[코드 26-10]
특정한 행 데이터 지정

콜론(:) 기호를 기준으로 앞과 뒤에 시작 인덱스와 마지막 인덱스를 넣어주면 해당 범위에 속하는 모든 행 데이터를 보여줍니다. 아래의 In [20]을 참고하기 바랍니다. 콜론을 중심으로 시작을 생략하면 처음부터, 끝을 생략하면 마지막까지라는 의미가 됩니다. 예를 들어, 마지막 인덱스가 생략된 형태인 `['b':]`는 인덱스가 `'b'`인 행 데이터로부터 마지막 행 데이터까지라는 의미를 나타냅니다.

```
In [20]:  s2['b':'d']
Out[20]:  b      5
          c    100
          d      7
          dtype: int64
```

[코드 26-11]
행 데이터의 범위 선택 가능

시리즈에서 데이터 항목(들)에 접근하기 위해서 `loc`과 `iloc`이라는 특별한 세터/게터를 제공하고 있습니다(데이터프레임에서도 똑같이 동작됩니다). `loc`은 location의 줄임말이며, `iloc`은 integer location의 줄임말입니다. 앞서 살펴봤던 `[]` 대신에 `loc`이나 `iloc`를 사용하여 시리즈 데이터 항목들을 인덱싱 또는 슬라이싱할 수 있습니다. 대괄호를 사용하는 방식과 loc, iloc를 사용하는 방식 간에 큰 차이는 없습니다.

먼저, loc에 대해 살펴보겠습니다. loc은 시리즈객체.loc[인덱스]의 형태로 사용됩니다. 인덱스에 레이블을 사용하고 있는 s2 시리즈에 대해서는 다음과 같이 동작합니다.

[코드 26-12]
loc을 이용한 접근

```
In [21]: s2.loc['a']
Out[21]: 4
```

디폴트 인덱스를 사용하고 있는 s1 시리즈에 대해서도 똑같이 동작합니다.

[코드 26-13]
디폴트 인덱스 사용

```
In [22]: s1.loc[0]
Out[22]: 4
```

loc을 사용해서 특정 데이터 항목을 업데이트하는 것도 당연히 가능합니다. [코드 26-14]를 참고하기 바랍니다.

[코드 26-14]
loc을 사용한 특정 데이터 항목의 업데이트

```
In [23]: s2.loc['a']=10
In [24]: s2
         a     10
         b      5
         c    100
         d      7
         e      6
         dtype: int64
```

iloc는 integer location의 줄임말이라는 이름에서 알 수 있는 것처럼 항목의 순서(위치)를 기준으로 인덱싱 또는 슬라이싱을 할 수 있도록 도와줍니다. 예를 들어, 앞의 시리즈 s2는 'a', 'b', 'c', …와 같은 레이블을 인덱스로 사용하고 있지만, [코드 26-15]처럼 s2.iloc[0]으로 첫 번째 행인 s2['a'] 값에, s2.iloc[3]으로 네 번째 행인 s2['d'] 값에 접근할 수 있습니다.

[코드 26-15]
iloc를 사용한 인덱싱

```
In [25]:  s2.iloc[0]
Out[25]:  10

In [26]:  s2.iloc[3]
Out[26]:  7
```

결국, 데이터에 접근하기 위한 키(key)가 되는 것이 인덱스입니다. 시리즈 객체의 인덱스에 어떤 값이 있는지를 확인할 필요가 있을 때에는, [코드 26-16]과 같이 index 속성 참조를 통해 (또는 keys 메서드 호출을 통해) 인덱스의 목록을 구할 수 있습니다.

[코드 26-16]
index 속성 참조를 통해 구한 인덱스 목록

```
In [27]:  s2.index
Out[27]:  Index(['a', 'b', 'c', 'd', 'e'], dtype='object')
```

데이터 항목의 추가와 삭제

항목 데이터의 추가와 삭제에 대해 살펴보겠습니다. 참고로 시리즈 객체 자체는 del() 함수를 통해 삭제할 수 있습니다. 물론, 참조자를 잃어버린 데이터 객체는 파이썬이 알아서 가비지 컬렉션을 하니 굳이 del() 함수를 호출할 필요는 없습니다.

[코드 26-17]의 In [29]에서 보는 바와 같이, 항목 변수에 값을 할당하는데, 인덱스로 사용된 레이블이 원래 존재하던 인덱스이면 해당 인덱스의 항목값을 업데이트하고, 그렇지 않으면 해당 인덱스의 항목을 행 데이터로 추가하게 됩니다. In [29]의 경우는 후자의 경우여서, Out[30]에서 보는 바와 같이 인덱스 레이블이 'z'인 새로운 행 데이터가 추가된 것을 확인할 수 있습니다. loc도 대괄호와 똑같이 동작합니다. 다만, iloc을 이용해서 항목을 추가하는 것은 허용되지 않습니다. 즉, iloc으로 기존에 있는 항목의 업데이트는 가능하지만 새로운 항목을 추가할 수는 없습니다. 예를 들어, 4개의 항목을 가지는 시리즈 객체 s에 대해 s.iloc[4]로 다섯 번째 항목을 추가할 수는 없다는 뜻입니다. iloc으로는 인덱스를 explicit하게 나타낼 수 없기 때문입니다.

[코드 26-17] 시리즈에서 행 데이터 추가

```
In [28]: d={'a':4, 'b':5}
         s2=pd.Series(d)

In [29]: s2['z']=100

In [30]: s2

Out[30]: a      4
         b      5
         z    100
         dtype: int64
```

데이터 항목을 삭제하기 위해서는 drop 메서드를 사용합니다. 예를 들어, 두 번째 항목인 s2['b']를 삭제하려고 하면, s2.drop('b')를 실행하면 됩니다. 시리즈 객체 s2로부터 인덱스가 'b'인 행을 삭제하라는 의미입니다. 하지만 [코드 26-18]의 In [31]에서의 s2 시리즈 객체에 대해 In [32]와 같이 실행하더라도, In [33]에서 보는 것처럼 실제로 업데이트는 이루어지지 않는 것을 확인할 수 있습니다.

[코드 26-18] drop 메서드를 사용한 데이터 항목 삭제

```
In [31]: s2

Out[31]: a      4
         b      5
         z    100
         dtype: int64

In [32]: s2.drop('b')

Out[32]: a      4
         z    100
         dtype: int64

In [33]: print(s2)

Out[33]: a      4
         b      5
         z    100
         dtype: int64
```

다만, Out[32]에서 보는 바와 같이 drop 메서드를 호출하면 수정된 새로운 시리즈 객체를 생성하여 반환하는 것을 확인할 수 있습니다. 따라서 다음의 In [34]와 같이 반환된 시리즈 객체에 변수를 할당함으로써 업데이트된 결과를 저장할 수 있습니다.

[코드 26-19]
drop 메서드를 사용한 데이터 항목 업데이트

```
In [34]:  s3=s2.drop('b')

In [35]:  print(s3)
Out[35]:  a      4
          z    100
          dtype: int64
```

데이터 항목을 추가할 때는 바로 업데이트가 되었는데, 데이터 항목을 삭제하는 경우에 원본 데이터를 남겨두는 이유는 자료의 리커버리(recovery, 원래대로 회복한다는 의미)와 연관이 있습니다. 항목을 추가하는 경우에는 에러가 있더라도 해당 항목을 삭제하면 원래대로 돌아갈 수 있지만, 항목을 삭제한 경우에는 지운 데이터를 다시 리커버리하는 것이 불가능하기 때문입니다. 그래서 이런 메서드의 경우에는 해당 변수에 직접 업데이트를 할 것인지, 결과를 새로운 변수에 할당할 것인지를 선택할 수 있도록 inplace 옵션을 인자로 가지고 있습니다. drop 메서드의 독스트링에서 확인해보기 바랍니다.

```
Series.drop(…, inplace=False, ….)
```

drop 메서드의 inplace 인자(기본은 False값입니다)를 True로 바꿔주면, drop() 메서드의 호출결과가 해당 시리즈 객체에 직접 업데이트됩니다. [코드 26-20]에서 그 결과를 확인해보기 바랍니다. In [36]에서 'b' 인덱스의 행 데이터를 삭제한 결과가 해당 시리즈 객체에 바로 반영되었음을 In [37]에서 확인할 수 있습니다.

판다스에서 inplace 옵션을 갖는 메서드가 꽤 많습니다. 모두 drop 메서드에서의 의미와 동일하게 사용됩니다.

[코드 26-20]
drop 메서드의 호출결과

```
In [36]:  s2.drop('b', inplace=True)

In [37]:  s2
Out[37]:  a      4
          z    100
          dtype: int64
```

시리즈 메서드 중 유용한 몇 가지를 살펴보겠습니다

시리즈 객체는 효과적인 데이터 관리와 분석을 위해 다양한 기능을 제공합니다. 그 중 몇 가지 중요한 메서드를 소개하겠습니다. 먼저, 테스트를 위해 아래와 같이 샘플 데이터를 하나 준비하겠습니다. 성적 데이터입니다. 예를 들어, 이름이 'a'인 학생의 점수는 90점입니다.

[코드 26-21] 데스트를 위한 샘플 시리즈 데이터

```
In [38]:  score=pd.Series([90, 85, 93, 91, 80, 75, 100, 81, 74],
                    index=['a','b','c','d','e','f','g','h','i'])

In [39]:  score

Out[39]:  a     90
          b     85
          c     93
          d     91
          e     80
          f     75
          g    100
          h     81
          i     74
          dtype: int64
```

데이터의 개수: size

시리즈 객체 안에 저장되어 있는 데이터 항목의 개수는 size 속성값을 참조해서 알 수 있습니다.

[코드 26-22] 데이터의 개수: size

```
In [40]:  score.size

Out[40]:  9
```

데이터의 합, 평균: sum, mean

데이터 항목들의 합과 평균은 sum과 mean 메서드를 호출하여 구할 수 있습니다.

[코드 26-23] 데이터의 합, 평균: sum, mean

```
In [41]:  score.sum()

Out[41]:  769

In [42]:  score.mean()

Out[42]:  85.44444444444444
```

메서드를 실행한 결과로 Out에 나타나는 값들은 당연히 변수에 할당하여 다음 연산에 활용할 수 있습니다(Out이 있다는 것은 반환값이 있다는 뜻입니다).

[코드 26-24]
시리즈 데이터를 연산한 결과를 변수에 저장한 후 다른 연산에 활용할 수 있음

```
In [43]: s=score.sum()

In [44]: print(s)
         769
```

데이터의 최댓값과 최솟값: max, min

시리즈 데이터의 항목값 중에서 최댓값과 최솟값을 구하고자 할 때에는 `max`와 `min` 메서드를 활용할 수 있습니다.

[코드 26-25]
데이터의 최댓값과 최솟값: max, min

```
In [45]: m1=score.max()
         m2=score.min()
         print('max:', m1, 'min:', m2)
         max: 100 min: 74
```

데이터의 분산과 표준편차: var, std

데이터의 기초통계량 중에 데이터가 얼마나 넓게 퍼져있는지를 나타내는 데 사용되는 값들이 있습니다. 이중 대표적인 것이 '분산'과 '표준편차'입니다. 이 값들이 크게 나타나면 상대적으로 데이터가 넓게 퍼져있다는 뜻이 됩니다. 참고로 표준편차값을 제곱하면 분산이 됩니다. `var` 메서드로 분산값을, `std` 메서드로 표준편차값을 구할 수 있습니다.

[코드 26-26]
데이터의 분산과 표준편차: var, std

```
In [46]: var=score.var()
         dev=score.std()
         print(var, dev)
         76.27777777777777 8.733715004382601
```

인덱스와 항목값: index, values

시리즈 객체는 인덱스와 항목값을 index와 values 속성으로 가지고 있습니다. 참고로 Out[48]에 있는 array라는 용어는 해당 객체가 numpy의 ndarray (n-dimensional array의 준말입니다.) 객체로 저장되어 있음을 나타내고 있습니다.

[코드 26-27] 인덱스와 항목값: index, values

```
In [47]:  score.index
Out[47]:  Index(['a', 'b', 'c', 'd', 'e', 'f', 'g', 'h', 'i'], dtype='object')

In [48]:  score.values
Out[48]:  array([ 90,  85,  93,  91,  80,  75, 100,  81,  74], dtype=int64)
```

인덱스와 항목 데이터의 정렬: sort_values, sort_index

시리즈 객체에 포함되어 있는 인덱스와 데이터 값들을 오름차순(또는 내림차순)으로 정렬할 수 있습니다. 항목값의 크기에 따라 정렬하는 경우에는 sort_values, 인덱스에 따라 정렬할 때에는 sort_index 메서드를 사용합니다. 오름차순이 기본입니다. 내림차순으로 정렬하고 싶은 경우에는 ascending 인자를 False로 바꿔주면 됩니다. 아래 코드는 시리즈 객체의 sort_values 메서드를 이용하여 데이터 항목을 내림차순으로 정렬하는 예를 보이고 있습니다. 인덱스 레이블이 'g'인 학생이 100점으로 1등이네요.

[코드 26-28] 시리즈 항목값을 내림차순으로 정렬

```
In [49]:  score.sort_values(ascending=False)
Out[49]:  g    100
          c     93
          d     91
          a     90
          b     85
          h     81
          e     80
          f     75
          i     74
          dtype: int64
```

sort_values 메서드의 시그니처를 한 번 살펴보겠습니다.

```
Series.sort_values(axis=0, ascending=True, inplace=False, kind='quicksort',
na_position=False, ignore_index=False, key=None)
```

sort_values 메서드도 (drop 메서드처럼) inplace 인자를 가지고 있습니다. 정렬의 결과를 해당 객체에 직접 업데이트해야 할 필요가 있을 때 떠올려서 사용할 수 있으면 좋겠습니다. 그리고 또 하나 기억할만한 옵션으로 ignore_index 인자가 있습니다. 판다스 라이브러리에서 인자로 자주 보이는 것 중 하나입니다. 말 그대로 원래의 인덱스를 무시하고 0부터 시작하는 디폴트 인덱스를 새로 부여합니다. 예를 들어, 위의 정렬 결과에서 내림차순으로 정렬된 순서에 디폴트 인덱스를 부여하고 싶다면 [코드 26-29]와 같이 호출하면 됩니다. 이렇게 보니, 5등인 학생의 점수(인덱스가 4인 점수)는 85점인 것을 알겠군요. 특히, 여러 개의 시리즈 객체를 하나로 합칠 때에 각 데이터의 인덱스가 서로 다르면 본인이 원하는 형태로 합치는 것이 까다로운 경우가 있는데, 그럴 경우에 유용하게 사용할 수 있습니다.

[코드 26-29]
ignore_index 인자

```
In [50]:  score.sort_values(ascending=False, ignore_index=True)
Out[50]:  0    100
          1     93
          2     91
          3     90
          4     85
          5     81
          6     80
          7     75
          8     74
          dtype: int64
```

인덱스의 정렬은 sort_index 메서드를 사용합니다. 예를 들어, 인덱스로 사용된 학생들의 이름을 알파벳 순으로 정렬할 때 유용하게 사용할 수 있겠습니다.

조건에 맞는 데이터 검색: where, mask

어떤 조건에 맞는 데이터 항목들을 선택하는 데 where와 mask 메서드가 사용됩니다. 예를 들어, 전체 성적 데이터 중에 90점보다 큰 데이터를 찾고 싶을 때에는 아래와 같이 where 메서드를 호출합니다. 인자로 데이터 항목을 선택하는 조건이 들어갑니다.

[코드 26-30]
시리즈의 where 메서드

```
In [51]:  score.where(score>90)
Out[51]:  a      NaN
          b      NaN
          c     93.0
          d     91.0
          e      NaN
          f      NaN
          g    100.0
          h      NaN
          i      NaN
          dtype: float64
```

실행 결과인 Out[51]을 보면, 주어진 조건에 맞는 값들은 그대로 나타나고, 조건에 맞지 않는 값들은 NaN으로 나타납니다. NaN은 Not a Number의 줄임말로 Missing Data(누락된 데이터 정도로 해석하면 좋겠습니다)를 나타냅니다. 한마디로, 나타내야 할 값이 정의되어 있지 않거나 어떤 이유로 값을 나타낼 수 없다는 뜻입니다.

만약 where 메서드의 호출 결과에 대해 해당 조건을 만족하는 행(데이터 항목)의 개수를 알고 싶을 때에는 count 메서드를 사용합니다. 아래 결과로부터 score 값 중에서 90보다 큰 값은 세 개가 있음을 알 수 있습니다.

[코드 26-31]
시리즈의 count 메서드

```
In [52]:  score.where(score>90).count()
Out[52]:  3
```

Series.where 메서드의 시그니처는 where(cond, other, inplace=False, …)입니다. 첫 번째 인자인 cond는 행을 선택할 수 있는 조건(condition)을 나타냅니다. 모든 비교 연산자(>, >=, <, <=, ==, != 등)를 사용할 수 있습니다. 다음으로 other는 조건식이 False일 때 (즉, 조건에 맞지 않는 행에 대해) 대체할 값이 들어갑니다. 예를 들어, 90보다 크지 않은 행에 대해서는 "Failed"라는 문자열값을 대체하고자 하는 경우에는 [코드 26-32]와 같이 나타내면 됩니다. 그 결과를 해당 시리즈 객체에 바로 업데이트하려면 inplace 인자를 True로 바꿔주면 됩니다. 실제로 실행해보고 결과를 확인해보기 바랍니다.

[코드 26-32]
Series.where 메서드의 other 옵션

```
In [53]:  score.where(score>90, 'Failed')
```

만약 조건에 맞는 데이터만 남겨두고 싶은 경우에는 dropna 메서드가 유용합니다. dropna 메서드는 원 데이터로부터 NaN과 같은 Missing Value들을 제거한 시리즈를 구해서 반환해 줍니다.

[코드 26-33]
시리즈의 dropna 메서드

```
In [54]:  sc1=score.where(score>90).dropna()

In [55]:  sc1

Out[55]:  c     93.0
          d     91.0
          g    100.0
          dtype: float64
```

score.where().dropna()는 사실 (score.where()).dropna()와 같습니다. 결국 score.where()의 결과로 반환될 시리즈 객체에 대해 dropna() 메서드가 호출되는 형태입니다.

[코드 26-33]의 In [54]를 보면, where와 dropna 메서드가 연달아 호출되고 있습니다. 조금 낯설게 느껴질 수 있는데, 이런 형태를 메서드 체인Method Chain이라고 부릅니다. In [54]는 실제로는 아래와 같이 나누어 실행되어야 하는 코드를 하나로 묶은 형태입니다.

[코드 26-34]
메서드 체인의 분해

```
In [56]:  sc1=score.where(score>90)

In [57]:  sc2=sc1.dropna()

In [57]:  sc2

Out[57]:  c     93.0
          d     91.0
          g    100.0
          dtype: float64
```

이런 형태의 코드는 앞서도 본적이 있는데, [코드 26-31]에서 where와 count 메서드를 연이어 호출한 형태입니다. 여러 메서드가 일련으로 호출되어야 하는 경우에는 나누어 실행하는 것보다 메서드 체인의 형태로 표현하는 것이 훨씬 가독성이 좋습니다.

where 메서드와는 정반대로, 주어진 조건을 만족하는 행에 대해 "특정한 값으로" 대체하고자 하는 경우에는 mask 메서드를 사용하면 됩니다. 예를 들어, score 값 중에서 90보다 작은 값들을 'Failed' 문자열로 대체하는 경우는 [코드 26-35]와 같습니다.

[코드 26-35]
mask 메서드

```
In [58]:  score.mask(score<=90, other='Failed')
Out[58]:  a    Failed
          b    Failed
          c        93
          d        91
          e    Failed
          f    Failed
          g       100
          h    Failed
          i    Failed
          dtype: object
```

시리즈 전체 데이터에 대한 연산: apply, map

앞서 실행해 본 mask 메서드의 조건문을 조금 유심히 살펴볼 필요가 있습니다. 조건식에서 사용된 score<=90에서 좌변은(여러 개 값이 묶여있는) 시리즈 객체이고 우변의 90은 하나의 숫자입니다. 서로 비교할 수 있는 형태가 아닙니다. 하지만 시리즈 객체가 비교 연산에 사용되는 경우에 시리즈 객체에 포함되어 있는 "모든 항목에 대하여" 개별적으로 비교 연산을 수행해 줍니다. 실제로 [코드 26-36]의 In [59]에서와 같이 비교 연산을 실행해보면 (반복을 위한 for 루프 없이도) 시리즈를 구성하는 각 행 데이터에 대하여 비교연산하고 그 결과를 반환해주는 것을 확인할 수 있습니다.

[코드 26-36]
시리즈 객체가 포함된
비교연산의 실행과 결과

```
In [59]:  score<=90
Out[59]:  a     True
          b     True
          c    False
          d    False
          e     True
          f     True
          g    False
          h     True
          i     True
          dtype: bool
```

Out[59]를 보면, 'a' 인덱스부터 'i' 인덱스까지 모두 9개의 행 데이터 중에서 'c', 'd', 'g'를 제외한 6개의 행 데이터가 주어진 조건에 만족하고 있음을 보여주고 있습니다. 리스트와의 차이점이 되기도 하는 이러한 기능은 데이터 분석에서 아주 강력한 수단이 됩니다.

비교연산 뿐만 아니라 산술연산에서도 똑같이 적용됩니다. [코드 26-37]의 In [60]에서와 같이 시리즈 변수인 score에 10을 더하게 되면, 시리즈의 모든 행 데이터에 대해 10을 더하게 됩니다. 결과는 Out[60]에서 확인해보기 바랍니다.

```
In [60]:  score+10

Out[60]:  a    100
          b     95
          c    103
          d    101
          e     90
          f     85
          g    110
          h     91
          i     84
          dtype: int64
```

[코드 26-37]
시리즈 객체가 포함된 산술연산의 실행과 결과

시리즈 객체에 비교연산이나 산술연산을 바로 적용할 수 있는 것을 보니, 사용자가 정의한 임의의 연산도 적용할 수 있을 것 같습니다. 이런 목적으로 만들어진 메서드가 apply입니다. 실습을 위해 시리즈 데이터를 하나 간단하게 정의하겠습니다. [코드 26-38]의 In [61]을 참고하기 바랍니다. 다음으로, 이 시리즈 객체에 적용(apply)할 함수를 하나 정의하겠습니다. 함수명은 f(x)입니다. 인자로 전달된 x 값을 화면에 출력하는 정말 간단한 함수입니다. In [62]에서 확인하기 바랍니다. 이 상태에서, In [63]에서 보는 바와 같이 score.apply(f)하게 되면, score의 모든 행 데이터에 대하여 f() 함수를 적용하게 됩니다. In [63]의 결과를 보면, 시리즈에 포함되어 있는 모든 행 데이터에 대해 f() 함수가 호출되고, 해당 데이터가 f() 함수에 x 인자로 전달되어 화면에 출력되는 것을 확인할 수 있습니다. 참고로 이와 같이 시리즈 객체에 적용되는 사용자정의 함수를 '커스텀 함수(Custom Function)'라고 부릅니다.

```
In [61]:  score=pd.Series([10, 20, 30], index=['a','b','c'])

In [62]:  def f(x):
              print(x)

In [63]:  score.apply(f)
```

[코드 26-38]
커스텀 함수(custom function)의 정의와 적용(apply)

```
10
20
30
```

```
Out[63]:  a    None
          b    None
          c    None
          dtype: object
```

Out[63]에 나타나 있는 None 값들은 전달된 각 항목값에 대해 함수 f()가 반환한 값입니다. apply() 함수는 그 값들을 시리즈 객체로 만들어서 반환하는 것을 확인할 수 있습니다. 다시 말해서 f() 함수가 어떤 값을 반환하도록 만들면, 그 반환값들로 구성된 새로운 시리즈 객체를 생성할 수 있다는 뜻입니다. 예를 들어, f(x) 함수를, 인자로 전달된 값(x)을 두 배로 하여 반환해 주도록 수정하겠습니다. [코드 26-39]의 Out[65]를 보면, score 객체의 모든 행 데이터에 대해, 동일한 인덱스에 원래 값을 두 배한 값으로 구성된 새로운 시리즈 객체가 생성되었음을 확인할 수 있습니다. 커스텀 함수를 적용한 결과를 저장하고 싶으면 apply() 함수가 반환하는 결과를 변수에 할당하면 됩니다. [코드 26-39]의 경우라면 score1=score.apply(f)의 형태로 호출하면 되겠습니다.

[코드 26-39] 반환값이 있는 커스텀 함수의 정의와 실행

```
In [64]:  def f(x):
              return x*2

In [65]:  score.apply(f)

Out[65]:  a    20
          b    40
          c    60
          dtype: int64
```

커스텀 함수에 추가로 전달해야 하는 인자값이 있는 경우에는 args 인자에 튜플값으로 전달할 수 있습니다(apply 메서드의 독스트링에서 확인해보기 바랍니다). f(x) 메서드에 하나의 인자를 전달할 때의 f() 함수의 정의와 apply 메서드의 호출을 보이면 [코드 26-40]과 같습니다. apply 메서드의 args 인자값 3이 커스텀 함수 f()의 a 인자로 전달되는 것을 확인할 수 있습니다.

```
In [66]:  def f(x, a):
              print(x, a)
```

[코드 26-40]
커스텀 함수에
인자가 있는 경우의
apply 메서드 호출

```
In [67]:  score.apply(f, args=(3,))

          10 3
          20 3
          30 3
Out[67]:  a    None
          b    None
          c    None
          dtype: object
```

만약, 두 개 이상의 값을 인자로 전달하고자 하는 경우에는 [코드 26-41]과 같이 활용하면 됩니다.

```
In [68]:  def f(x, a, b):
              return x*a+b
```

[코드 26-41]
커스텀 함수에 두 개 이상의 값을 인자로 전달하는 경우

```
In [69]:  score.apply(f, args=(3, 50))

Out[69]:  a     80
          b    110
          c    140
          dtype: int64
```

args 튜플의 첫 번째 항목값인 3이 f() 함수의 a 인자로, 두 번째 항목값인 50이 f() 함수의 b 인자로 전달되는 것을 확인할 수 있습니다. 참고로 In [68]의 f() 함수는 시리즈의 각 행에 대해 3을 곱한 후에 50을 더한 값을 구해서 반환하고 있습니다.

참고로 시리즈 객체 또한 map 메서드를 가지고 있습니다. 기본적인 동작은 내장함수 map()과 동일합니다. 실제로는 시리즈의 apply() 함수만으로 충분하므로 시리즈의 map 메서드에 대한 설명은 생략하겠습니다.

여기서 잠깐!!

iterable 객체와 map 함수

앞서 살펴본 apply() 함수는 시리즈 객체의 모든 행 데이터에 대해 사용자가 정의한 특별한 연산을 "한꺼번에" 실행할 수 있는 매우 유용한 함수입니다. 우리에게 친숙한 데이터구조인 리스트와 딕셔너리 객체에 대해서도 이와 비슷한 기능을 만들어주는 내장함수가 있습니다. 바로 map() 함수입니다. 파이썬에서 여러 항목이 어떤 순서에 따라 열거되어 있는 형태의 데이터구조를 iterable이라고 부릅니다. 우리가 알고 있는 리스트, 튜플, 딕셔너리, 문자열, 시리즈 등이 모두 iterable 객체입니다. 맵(map) 함수는 iterable 객체의 각 항목(x)에 대해 어떤 정해진 규칙(f)에 따라 다른 어떤 값(y)으로 매핑(mapping)해주는 함수입니다. 어떤 값 x를 또 다른 어떤 값 y로 변환(매핑)시켜주는 수학함수 y=f(x)가 떠오릅니다.

맵 함수가 활용될 수 있는 예제로서, 리스트의 각 항목에 대해 5 큰 값을 매핑한다거나, 3보다 큰 값인 경우에는 True를, 그렇지 않은 경우에는 False를 매핑하는 경우 등을 들 수 있겠습니다. 물론, 이러한 로직을 for 루프로 만들어도 됩니다. 하지만 map() 함수를 활용하는 것이 조금은 더 파이썬다운(단순을 강조하는) 스타일이긴 합니다. 물론, 둘 다 알아두면 좋겠습니다. 리스트 객체 a에 대해 a+5가 동작하도록 만들어 보겠습니다. [코드 26-42]의 진행을 참고하기 바랍니다.

```
In [70]:  a=[1, 5, 2, 4, 3]

In [71]:  def f(x):
              return x+5

In [72]:  map(f, a)
Out[72]:  <map at 0x1ab15440700>

In [73]:  b=list(map(f, a))

In [74]:  print(b)
          [6, 10, 7, 9, 8]
```

[코드 26-42] map() 함수의 실행 예

코드 In [70]에서 원 데이터 [1, 5, 2, 4, 3]을 리스트로 정의하였습니다. 다음으로 In [71]에서 매핑 규칙에 해당하는 f(x) 함수를 선언하였습니다. 인자로 전달된 x 값을 x+5값으로 변환(매핑)시켜주도록 만들어져 있습니다. In [72]에서 "iterable 객체 a에 대해, f() 함수에 따라 매핑"하도록 map() 함수를 실행했습니다. 내장함수 map()은 두 개의 인자를 받는데, 첫 번째 인자는 매핑에 사용되는 함수명, 두 번째 인자는 매핑될 iterable입니다. 맵 함수의 리턴값은 map 객체라고 나오는데(Out[72] 참고), 이를 In [73]에서 보는 것처럼 리스트 객체로 변환시킬 수 있습니다. In [74]의 결과를 보면, 예를 들어 원래 a[0]인 1이 매핑규칙인 +5에 의해 6(b[0]에 해당합니다)으로 바뀐 것을 확인할 수 있습니다. 나머지 a[1]~a[4] 항목도 동일합니다.

시리즈 데이터를 모아서 하나의 값으로 변환: agg, aggregate

앞서 시리즈 데이터에 어떤 연산을 적용(apply)하는 것을 살펴보았는데, 일반적으로는 시리즈 데이터 전체를 집계해서 하나의 값으로 구하는 경우가 많습니다. 이를 Data Aggregation이라고 부릅니다. 예를 들어, 시리즈 데이터로부터 합을 구하거나 평균을 구하는 경우입니다. 이런 경우에는 agg, aggregate 메서드가 아주 유용합니다. agg는 aggregate 함수의 별칭입니다. 줄임말인 agg를 사용하는 것이 추천되긴 합니다만 이 책에서는 (공부삼아) 풀-네임인 aggregate를 사용하겠습니다.

테스트를 위해 시리즈 데이터를 하나 만들고, aggregate() 함수를 통해 평균값을 구해보겠습니다. 비교삼아, [코드 26-43]의 In [76]에서는 우리가 앞서 살펴봤던 mean 메서드를 이용해서 시리즈 객체 s의 평균값을 구해보고 있습니다. 이를 In [77]과 같이 aggregate() 함수를 이용해서도 호출할 수 있습니다. aggregate 메서드의 인자로, 적용할 함수명을 문자열값으로 전달합니다.

[코드 26-43]
시리즈 객체의 aggregate 메서드 실행 예

```
In [75]:  s=pd.Series([4, 3, 6, 8, 7])

In [76]:  s.mean()

          5.6

In [77]:  s.aggregate('mean')

          5.6
```

둘 간에 특별한 차이는 없어 보이는데, aggregate 메서드는 하나의 시리즈 데이터에 대해 여러 개의 aggregation 함수를 한꺼번에 적용시킬 수 있다는 장점이 있습니다. [코드 26-44]의 In [78]에서는 시리즈 데이터 s에 대해 합, 평균, 최솟값, 최댓값을 한꺼번에 구하는 예를 보이고 있습니다. 데이터 애그리게이션에 사용할 함수명을 리스트로 묶어서 전달하고 있습니다. 실행 결과는 시리즈 객체로 생성되어 반환됩니다.

[코드 26-44]
합, 평균, 최솟값, 최댓값을 한꺼번에 구하는 예

```
In [78]:  s.aggregate(['sum', 'mean', 'min', 'max'])

Out[78]:  sum     28.0
          mean     5.6
          min      3.0
          max      8.0
          dtype: float64
```

두 개 시리즈의 사칙연산

두 개 시리즈의 객체 a와 b에 대해 a+b(덧셈), a−b(뺄셈), a*b(곱셈), a/b(나눗셈) 연산이 가능합니다. 테스트를 위해 두 개 시리즈 데이터를 [코드 26-45]와 같이 정의하겠습니다. 둘 다 디폴트 인덱스를 사용하고 있습니다. 단, a 시리즈의 데이터 개수는 4개이고, b 시리즈는 5개입니다.

[코드 26-45]
두 개 시리즈 데이터의 정의

```
In [79]: a=pd.Series([3, 4, 2, 5])
         b=pd.Series([10, 20, 15, 18, 32])
```

이 두 개 시리즈 객체에 대해 [코드 26-46]의 In [80]과 같이 덧셈 연산을 실행해보면, 결과인 c 시리즈의 c[0]에는 a[0]과 b[0]을 더한 값이, c[1]에는 a[1]과 b[1]을 더한 값이 할당되고 있음을 확인할 수 있습니다. 시리즈 두 개의 데이터를 더하면 인덱스가 같은 데이터끼리 더해주게 됩니다. 대신, c[4] 값의 경우에는 a[4] 값이 Missing Value이기 때문에 NaN으로 나오고 있습니다.

[코드 26-46]
두 개 시리즈 객체의 덧셈

```
In [80]: c=a+b

In [81]: c
Out[81]: 0    13.0
         1    24.0
         2    17.0
         3    23.0
         4     NaN
         dtype: float64
```

시리즈의 합을 구하는 데 add 메서드를 사용할 수도 있습니다. 이 메서드를 호출할 때에는 fill_value 인자를 통해 NaN 값 대신에 임의의 값을 할당할 수 있습니다. 보통의 경우에는 0 값이 되겠습니다. [코드 26-47]을 참고하기 바랍니다. 덧셈 기호(+)를 이용한 덧셈보다는 add 메서드를 활용하는 형태가 Missing Value에 대한 처리를 함께 할 수 있어서 훨씬 유용합니다. 참고로 덧셈을 위한 add 메서드 외에 뺄셈을 위한 sub, 곱셈을 위한 mul, 나눗셈을 위한 div 메서드가 함께 제공되고 있습니다.

[코드 26-47]
두 개 시리즈의 덧셈에 add 메서드를 사용한 경우

```
In [82]:  c=a.add(b, fill_value=0)

In [83]:  c

Out[83]:  0    13.0
          1    24.0
          2    17.0
          3    23.0
          4    32.0
          dtype: float64
```

이상으로 시리즈 데이터 타입에 대한 소개를 마치고, 다음으로 데이터프레임 타입에 대해 살펴보겠습니다. 이 장을 시작하면서 언급했듯이, 데이터프레임 객체는 데이터 분석에서 정말 중요한 데이터구조입니다. 하지만 데이터프레임도 결국은 시리즈를 여러 개 묶은(또는 쌓은) 형태이기 때문에, 기본적인 연산은 앞서 살펴본 시리즈 객체를 바탕으로 하고 있습니다.

데이터프레임을 살펴보겠습니다

데이터프레임은 2차원(2 Dimensional) 데이터구조입니다. 2차원 구조라는 것은 데이터프레임에 저장되어 있는 임의의 데이터 항목에 접근(즉, Read와 Update) 하기 위해서는 두 개의 인덱스가 필요하다는 뜻입니다. 실제로 2차원 구조인 데이터프레임은 1차원 구조인 시리즈를 여러 개 쌓아서 (또는 모아서) 만들어집니다.

데이터프레임은 테이블 구조를 가집니다

예를 들어 보겠습니다. 어떤 학생이 본인을 소개합니다. "내 이름은 홍길동입니다. 나이는 21세입니다. (대학교는) 한국대학교에 재학 중입니다. 장차 좋은 개발자가 되는 것이 꿈(희망진로)입니다". 여기서 '홍길동'은 데이터입니다. '이름'은 그 데이터를 가리키는 데 사용되는 인덱스입니다. 마찬가지로, 21은 데이터이고 '나이'는 그 데이터를 가리키는 데 사용되는 인덱스입니다.

이러한 개념은 객체로 설명됩니다. 홍길동은 학생(Student) 객체입니다. 학생을 설명하는 데 필요한 정보(속성)는 '이름' '나이' '학교명' '희망진로'가 있는데, 해당 학생의 '이름'은 '홍길동'이고, '나이'는 21이고, '학교명'은 '한국대학교', '희망진로'는 '소프트웨어 개발자'입니다. 이를 코드로 만들어보면 [코드 26-48]과 같습니다.

[코드 26-48]
객체는 여러 정보를 하나로 묶는 수단임

In [84]:
```
class Student:
    def __init__(self, a, b, c, d):
        self.name=a   # 이름
        self.age=b    # 나이
        self.univ=c   # 학교명
        self.job=d    # 희망진로

    def show(self):
        print(self.name, self.age, self.univ, self.job)
```

In [85]:
```
h=Student('홍길동', 21, '한국대학교', 'SW 개발자')
```

In [86]:
```
h.show()
```
```
홍길동 21 한국대학교 SW 개발자
```

여기서 '홍길동'이라는 데이터는 h라는 이름을 갖는 객체의 name 속성이 됩니다. 즉, '홍길동'이란 데이터에 접근하기 위해서는 h와 name이라는 두 개의 인덱스가 필요하다는 뜻입니다. 만약, j라는 또 다른 Student 객체를 [코드 26-49]의 In [87]과 같이 정의한다면, '장희원'이라는 이름 정보에 접근하기 위해서는 j와 name이라는 두 개의 인덱스가 필요하게 됩니다. 실제로 아래의 In [88]에서 확인해보기 바랍니다.

[코드 26-49]
j 학생과 name 속성

In [87]:
```
j=Student('장희원', 19, '한국대학교', 'SW 아키텍터')
```

In [88]:
```
j.name
```
Out[88]:
```
'장희원'
```

위와 같은 2차원 데이터구조는 행(row)과 열(column)이 있는 테이블[table](표) 구조로 표현하는 것이 가장 일반적입니다. 우리의 예제를 테이블로 표현해보면 [그림 26-1]과 같습니다.

열(Column)

	이름	나이	학교명	희망진로
h	홍길동	21	한국대학교	SW 개발자
j	장희원	19	한국대학교	SW 아키텍터

행(Row)

[그림 26-1] 테이블로 저장한 객체 데이터

판다스의 데이터프레임은 테이블 형태의 데이터구조를 가집니다.

학생 하나에 행 데이터 하나가 매핑됩니다. 학생이 많아질수록 행이 늘어나면서 테이블의 형태는 아래로 길어지게 됩니다. 새로운 학생이 생길 때마다 하나의 행이 추가된다는 점에서 하나의 행은 하나의 관측(observation)에 해당합니다. 객체기술적 관점에서는 인스턴스에 해당합니다. 열(column)은 이 테이블에 저장되는 각 인스턴스가 가지는 속성 정보들에 해당합니다. 이 테이블에 저장되는 각 인스턴스를 "설명하는 데" 필요한 정보입니다.

위의 테이블 구조는 사실 ① 여러 개의 행이 쌓여서 만들어진 것으로 해석할 수도 있고, ② 여러 개의 칼럼이 모여서 만들어진 것으로 해석할 수도 있습니다. 여기서 각각의 행과 열은 1차원적 데이터구조를 가지며, 시리즈 객체로 표현됩니다. (결국 데이터프레임은 여러 개의 시리즈 객체가 모여 있는 것으로 이해할 수 있습니다.)

2차원 데이터구조에서 인덱스의 의의를 좀 더 명확하게 나타내기 위해 위의 표를 하나의 2차원 평면 좌표계로 나타내어 보았습니다. [그림 26-2]를 참고하기 바랍니다. Row와 Column으로 표시한 두 개의 축이 보이고, 각 축에 인덱스에 해당하는 눈금들이 나타나 있습니다. 이 평면(테이블)상에 정의된 모든 데이터 항목은 두 개의 인덱스, 즉, Row의 눈금과 Column의 눈금이 결정되면 고유하게 결정됩니다. 예를 들어, Row의 눈금이 'j'이고 Column의 눈금이 '나이'이면, 그 좌표에 해당하는 정보는 'j의 나이'로 그 값은 19입니다.

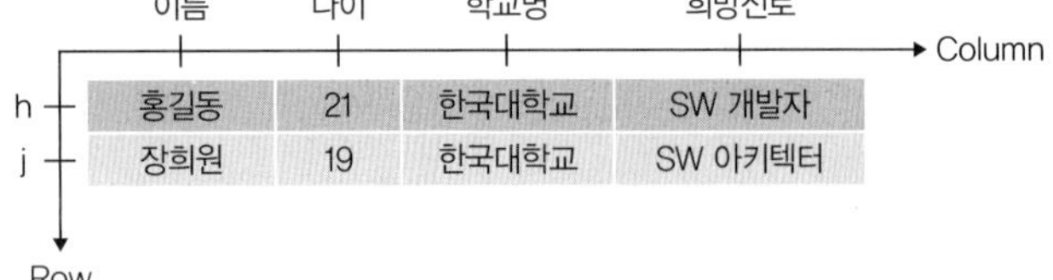

이름
나이
학교명
희망진로
Column
h
j
홍길동
21
한국대학교
SW 개발자
장희원
19
한국대학교
SW 아키텍터
Row

[그림 26-2] 2차원은 두 개의 축을 가짐

이런 형태로 테이블을 구성하게 되면 특별한 규칙들이 나타나게 되는데, 첫째로 칼럼의 인덱스는 한 번 결정되면 잘 바뀌지 않습니다. 반면에 행의 추가와 삭제는 아주 빈번하게(자연스럽게) 일어납니다. 둘째로, 하나의 열에 저장되는 데이터의 타입은 모두 같습니다. 예를 들어, '이름' 칼럼에 들어가는 정보들은 모두 문자열이고, '나이' 칼럼에 들어가는 정보들은 모두 숫자가 되어야 합니다. 데이터의 수집은 '행'으로 이루어지지만, 데이터의 분석은 '열'을 중심으로 이루어지는 이유입니다.

이제부터 데이터프레임 객체의 CRUD를 중심으로 몇 가지 유용한 메서드를 탐구하겠습니다.

데이터프레임 객체의 생성을 알아봅니다

데이터프레임 객체의 생성

비어 있는 데이터프레임을 만든 후에(칼럼의 인덱스를 결정하는 것과 같습니다.) 행을 추가하는 형태로 데이터프레임 객체를 한 번 만들어보겠습니다. 실습을 위해 [그림 26-3]과 같은 성적 테이블을 만들어보겠습니다.

[그림 26-3] 예제로 사용할 성적 테이블

	국어	수학	영어
홍길동	90	85	95
장희원	85	85	100
김보라	80	80	75
최하늘	90	80	85

데이터프레임을 다룰 때에는 항상 행과 열의 인덱스를 무엇으로 할 것인지를 먼저 생각해야 합니다. 특히, 열의 인덱스가 중요합니다. 테이블의 구조는 결국 열의 인덱스(칼럼의 이름)에 달려있습니다. 예제로 만들어 볼 성적 테이블에서 열의 인덱스는 국어, 영어, 수학으로 하고, 행의 인덱스는 학생의 이름인 경우로 생각하겠습니다. 먼저 칼럼의 인덱스를 결정해서 빈 테이블을 만듭니다.

[코드 26-50] 빈 데이블 생성

```
In [89]: df=pd.DataFrame(columns=['국어', '수학', '영어'])

In [90]: df
Out[90]:
```

국어	수학	영어

In [89]에서 데이터프레임 객체의 생성자 함수인 DataFrame()을 호출하여 데이터프레임 객체를 만들고 있습니다. 세 개의 칼럼 인덱스(칼럼의 레이블(label)로 부르기도 합니다)를 columns 인자를 통해 전달하면 해당 칼럼으로 구성된 빈 테이블을 만들어서 반환해 줍니다.

여기서 행을 하나 추가해 보도록 합니다. '홍길동' 학생의 국어 성적은 90, 수학은 85, 영어는 95입니다. 데이터프레임 객체의 항목(셀(cell)이라고 부르기도 합니다)을 접근할 때에도, 시리즈 객체와 마찬가지로, loc와 iloc가 유용합니다. loc를 이용해서 행의 인덱스가 '홍길동'인 행을 만들겠습니다. 과목의 점수는 칼럼 인덱스의 순서에 따라 국어–수학–영어로 입력합니다.

[코드 26–51]
행의 인덱스가 '홍길동'인 행 작성

```
In [91]: df.loc['홍길동']=[90, 85, 95]
```

```
In [92]: df
Out[92]:
```

	국어	수학	영어
홍길동	90	85	95

위의 과정을 반복하여, 예제로 제시된 테이블을 완성해보기 바랍니다. **연습문제 26-1**

앞서 제시된 테이블을 완성해보면, [코드 26–52]와 같습니다.

[코드 26–52]
완성된 테이블

```
In [93]: df
Out[93]:
```

	국어	수학	영어
홍길동	90	85	95
장희원	85	85	100
김보라	80	80	75
최하늘	90	80	85

테이블이 완성되면 loc(또는 iloc)를 이용해서 셀, 행, 열 등을 탐색해 보도록 합니다. 먼저, loc의 대괄호 [] 안에 행의 인덱스를 입력하면, 그에 해당하는 행 데이터를 참조할 수 있습니다.

[코드 26-53]
loc를 이용해서
행 데이터를 참조하는
경우

```
In [94]:  df.loc['홍길동']
Out[94]:  국어    90
          수학    85
          영어    95
          Name: 홍길동, dtype: object
```

다음으로, 임의의 셀을 참조하는 경우에는 셀에 해당하는 행 인덱스와 열 인덱스를 `loc`의 대괄호 `[]` 안에 콤마(,)로 구분하여 넣어줍니다. 예를 들어, '홍길동' 행에서 '수학' 열의 값은 [코드 26-54]와 같이 참조할 수 있습니다.

[코드 26-54]
loc를 이용해서
셀 데이터를 참조하는
경우

```
In [95]:  df.loc['홍길동', '수학']
Out[95]:  85
```

위 코드에서 행 인덱스 자리에 콜론(:)을 사용하면 모든 행을 가리킵니다(행은 따로 선택하지 않겠다는 뜻입니다). 따라서 하나의 열(예를 들어, 수학성적 칼럼)을 참조할 때에는 [코드 26-55]와 같이 사용할 수 있습니다. 참고로 `df['수학']`도 똑같은 결과를 보여줍니다.

[코드 26-55]
loc를 이용해서
하나의 열 데이터를
참조하는 경우

```
In [96]:  df.loc[:, '수학']
Out[96]:  홍길동    85
          장희원    85
          김보라    80
          최하늘    80
          Name: 수학, dtype: object
```

물론, 이와 같은 표기(notation)는 행을 참조할 때에도 사용할 수 있습니다([코드 26-56] 참조). [코드 26-53]의 In [94]와 비교해보기 바랍니다. 칼럼 인덱스에 콜론(:)이 들어가는 경우에는 이를 생략할 수 있다는 뜻입니다.

[코드 26-56]
loc를 이용한
행 데이터의 참조

```
In [97]:  df.loc['홍길동', :]
Out[97]:  국어    90
          수학    85
          영어    95
          Name: 홍길동, dtype: object
```

loc를 이용해서 전체 데이터 중에서 일부 행과 일부 열을 선택하여 전체 데이터프레임 중의 "부분이 되는" 데이터프레임 객체를 생성할 수도 있습니다. 선택된 행과 열의 인덱스가 각각 대괄호로 묶여 있음에 주의하기 바랍니다. 대괄호 안에 또 대괄호가 있는 형태입니다.

loc는 데이터 프레임의 데이터 참조에 아주 쓰임이 많습니다. 잘 활용할 수 있도록 문법에 익숙해지기 바랍니다.

[코드 26-57] "부분이 되는" 데이터프레임 객체 생성

```
In [98]: x=df.loc[['홍길동','최하늘'], ['국어','영어']]

In [99]: x
Out[99]:
```

	국어	영어
홍길동	90	95
최하늘	90	85

엑셀이나 CSV 파일로부터 데이터프레임 객체의 생성

사실 우리가 관심을 두고 있는 (빅)데이터는 대부분 하나의 데이터 파일file로 만들어져 있습니다. 꽤 큰 데이터를 앞서 살펴본 것처럼 일일이 키보드를 두드려 데이터를 입력하기에는 한계가 있겠습니다. 판다스는 여러 형태의 데이터 파일로부터 데이터를 읽어 들여 데이터프레임을 만들 수 있는 API들을 제공하고 있습니다. CSV Comma Separated Values 형태의 파일로부터 데이터를 읽어 들이기 위한 `read_csv` 메서드, 엑셀Excel 파일로부터 데이터를 읽어들 이기 위한 `read_excel` 메서드가 특히 유용하게 사용됩니다.

API는 Application Programming interface의 줄임말로, 라이브러리에서 제공되는 공개된(즉, 외부에서 호출할 수 있는) 함수 인터페이스를 말합니다.

먼저, `read_excel` 메서드를 이용해서 엑셀 파일을 읽어 보겠습니다. 우선 실습을 위해 엑셀 프로그램에서 [그림 26-4]와 같이 파일을 편집합니다. 편집이 끝나면, [파일] 메뉴의 [저장] 또는 [다른 이름으로 저장] 메뉴 항목을 실행시켜, 가상환경 폴더의 Scripts 디렉터리에 sample1.xlsx 파일명으로 저장합니다.

	A	B	C	D
1	이름	국어	수학	영어
2	홍길동	90	85	95
3	장희원	85	85	100
4	김보라	80	80	75
5	최하늘	90	85	85

[그림 26-4] 엑셀로 데이터 생성

파일을 저장했으면 주피터 노트북에서 현재 디렉터리(pwd)를 확인하고 방금 저장했던 엑셀 파일이 보이는지 확인해봅니다. 엑셀 파일이 확인되면, [코드 26-58]의 In [100]과 같이 'sample1.xlsx' 파일로부터 데이터를 읽어 들여 데이터프레임 객체를 만들고 df라는 이름을 할당합니다.

[코드 26-58] read_excel 메서드 사용 예

```
In [100]: df=pd.read_excel('sample1.xlsx')
```

위의 명령문을 실행할 때 (.xlsx 파일을 처음으로 읽는 것이라면) 아래와 같이 임포트 에러가 발생할 수 있습니다. 그런 경우에는, 에러 메시지에 나타나 있는 바와 같이, openpyxl 모듈을 설치합니다.

[그림 26-5] read_excel 메서드 사용 시 에러가 발생하는 경우

```
ImportError: Missing optional dependency 'openxl'.
Use pip or conda to install openpyxl.
```

주피터 노트북 내에서도 콘솔에서 실행하는 명령문들을 실행할 수 있습니다. 명령문 앞에 느낌표(!)를 붙이면 됩니다.

[코드 26-59] 주피터 노트북에서 pip 명령 실행

```
In [101]: !pip install openpyxl
```

다시 read_excel한 후에, 생성된 데이터프레임 객체를 화면에 출력해봅니다. 엑셀에서 만들어진 데이터가 문제없이 그대로 판다스 안으로 들어온 것을 확인할 수 있습니다.

[코드 26-60] read_excel 메서드 호출결과 확인

```
In [102]: df=pd.read_excel('sample1.xlsx')

In [103]: df

Out[103]:
```

	이름	국어	수학	영어
0	홍길동	90	85	95
1	장희원	85	85	100
2	김보라	80	80	75
3	최하늘	90	80	85

두 번째로, 외부에서 구하게 되는 데이터들은 CSV[Comma Separated Values] 포맷이라고 해서 데이터들이 콤마(,)로 분리된 형태의 텍스트 파일인 경우가 많습니다. 워드, 한글, 엑셀을 포함한 거의 모든 편집기에서 CSV 파일을 편집할 수 있습니다. 대

부분의 경우, 문서를 [다른 이름으로 저장]하는데, [파일 형식]에서 [(*.csv)]를 선택해 주면 됩니다. 만약 *.csv의 파일 형식이 보이지 않으면, [파일 형식]은 [All types(*.*)]로 하고, [파일명]에서 확장자를 csv로 만들어주면 됩니다. [그림 26-6]에서는 노트패드를 이용해서 CSV 파일을 만들고 있습니다. csv를 편집할 때에 특별히 조심해야 할 사항은 없습니다. 다만, 하나의 행에 속하는 데이터들은 한 줄에 적되, 데이터를 구분하기 위해 데이터 사이에 콤마(,)를 적어줍니다. 각 줄의 마지막 데이터 뒤에는 콤마가 필요하지 않습니다.

```
sample1.CSV
1 이름,국어,수학,영어
2 홍길동,90,85,95
3 장희원,85,85,100
4 김보라,80,80,75
5 최하늘,90,85,85
```

[그림 26-6] CSV 파일 생성

또한 데이터를 입력하는 데 (특히, 문자열의 경우) 불필요한 빈칸 문자를 넣으면 나중에 예기치 못한 문제들을 만나게 됩니다. 예를 들어, 첫 행에서 [이름,␣국어]와 같이 국어 문자열 앞에 빈칸을 넣으면 이제 해당 칼럼의 이름은 '국어'가 아니라 '␣국어'가 됩니다. 문자열을 다루는 경우에, 빈칸도 하나의 문자가 된다는 것을 꼭 염두에 두기 바랍니다.

CSV 파일을 만드는 데 불필요하게 빈칸 문자가 포함되지 않도록 조심합니다.

CSV 파일의 편집이 끝나면, 주피터 노트북에서 read_csv 메서드를 호출하여 해당 파일을 불러들입니다. 우리의 경우에는 df=pd.read_csv('sample1.csv')로 실행하면 되겠습니다. 혹시 CSV 파일을 읽어 들이는 도중에 다음과 같이 UnicodeDecodeError가 발생할 수 있습니다.

```
UnicodeDecodeError: 'utf-8' codec can't decode byte
0xc1 in position 0: invalid start byte
```

[그림 26-7] read_csv 실행 중에 UnicodeDecodeError가 발생할 수 있음

그러면 아래와 같이, read_csv 메서드의 encoding 인자에 'CP949'를 전달하면 해결됩니다.

```
In [104]: df2=pd.read_csv('sample.csv', encoding='cp949')
```

[코드 26-61] UnicodeDecodeError 해결

여기서 잠깐!!

인코딩과 CP949

컴퓨터를 공부하다 보면 (특히, 한글로 만들어진 문자 정보를 다루다 보면) 인코딩(encoding)이라는 용어를 자주 만나게 됩니다. 워낙에 중요한 용어이니 간단하게라도 살펴보고 지나가겠습니다. 인코딩에서 코드(code)란 정보교환을 위해 (외부로) 표현되어진 어떤 부호를 나타냅니다. 예를 들어, 내 머릿속에 어떤 정보가 있습니다. 이 정보는 외부로 표현되기 전까지는 아무도 알 수 없습니다. 이제 그 정보를 소리(말)로 표현합니다. 이제야 다른 사람들이 그 소리를 통해 내가 전달하려고 했던 정보를 전달받을 수 있습니다. 소리 외에 글자로도 표현할 수 있습니다. 그러고 보니, 사람의 언어체계, 지식체계는 모두 코드로 만들어진다고 해도 과언이 아니겠습니다.

컴퓨터에서 사용하는 코드도 이와 다르지 않습니다. 단, 컴퓨터는 0과 1의 두 개 부호만을 사용해서 모든 정보를 표현합니다. 2진수 부호(Binary Code)라고 부릅니다. 컴퓨터에서 사용하는 모든 문자(이것이 컴퓨터가 표현해야 할 정보입니다)마다 2진수 코드(정보의 표현입니다)를 부여하게 되는데, 이러한 코드체계는 결국 "어떤 문자는 어떤 2진수 부호로" 바꿀 것인지를 나타내게 됩니다. 중요한 몇 가지 코드체계를 들면 ASCII, EUC-KR, UTF-8, CP949 등이 있습니다.

사실 컴퓨터에서 한글을 (요즘처럼 이렇게나 편하게) 사용할 수 있게 된 것은 얼마 되지 않았습니다. 초창기의 컴퓨터에서는 오직 영어만 사용할 수 있었는데, 정보를 표현하는 데 사용되는 문자는 영어 대문자, 소문자, 숫자문자, 특수문자 등을 모두 포함해서 120여 개 정도 밖에 되지 않습니다. 1자리 2진수로는 0과 1, 두 가지 코드 밖에 만들 수 없습니다. 2자리 2진수로는 00, 01, 10, 11 등 4개(2^2)의 코드를 만들 수 있고, 3자리 2진수로는 000, 001, 010, 011, 100, 101, 110, 111 등 8개(2^3)의 코드를 만들 수 있습니다. 120여 개의 문자에 2진수 코드를 부여하기 위해서는 7자리 코드가 필요합니다. 7자리 2진수로 만들 수 있는 코드는 0000000, 0000001, 0000010으로 시작해서 1111111까지 총 128개입니다. 결과적으로, 아스키(ASCII)는 120여 개의 문자 각각에 7자리 2진수 코드 중 하나씩을 짝지어 놓은 것입니다. 예를 들어, A 글자는 1000001로, B는 A 코드보다 1 큰 1000010로 짝지어져 있습니다. 그래서 아스키 코드체계를 사용하는 컴퓨터에서 A라고 입력하면 그 문자는 1000001로 바뀌어져 저장됩니다. 이 과정을 인코딩이라고 부릅니다. 만약 컴퓨터에 저장되어 있는 정보를 읽어 들일 때에는 반대로 2진수 코드를 문자로 바꾸는 과정이 필요하게 됩니다. 이를 디코딩(decoding)이라고 부릅니다. 그러다보니 아스키 코드로 인코딩된 정보를 다른 코드체계로 읽어 들이게 되면 정보가 "깨져서" 보이게 됩니다.

1980년대 중반에 개인용 컴퓨터가 보급되면서 컴퓨터에서 한글을 효과적으로 표현하기 위한 다양한 논의가 있었습니다. 한글을 표현하는 방법은 완성형과 조합형의 두 가지로 나뉩니다. 먼저 조합형은 한글의 자모 조합 규칙에 따라 코드를 조합하는 방식입니다. 예를 들어, '강'이란 글자는 초성 'ㄱ'과 중성 'ㅏ', 그리고 종성 'ㅇ'을 조합한 글자입니다. 여기서 초 · 중 · 종성에 사용되는 각 문자에 코드를 주고 이 세 개 코드를 연결한 코드로 한글 글자의 코드를 나타내는 방식이 조합형입니다. 대표적으로 2바이트 조합형 한글은 초, 중, 종성에 5자리 2진수 코드를 할당하고 MSB(최상위 비트, Most Significant Bit) 1자리를 더해서 모두 16자리 2진수로 한글을 표현합니다. MSB가 0이면 영어로(아스키 코드로), MSB가 1이면 한글로 판단합니다. 전세계 모든 문자를 하나의 코드 체계로 만들고자 하는 유니코드(Unicode)도 한글을 조합형으로 표현합니다. 유니코드 중에 대표적으로 UTF-8은 한글을 3바이트로 표현하는데, 초성에 1바이트, 중성에 1바이트, 종성에 1바이트가 할당됩니다. 참고로 우리나라 글자에서 초성으로 사용 가능한 문자는 19개, 중성은 21개, 종성은 28개여서 조합 가능한 글자의 개수는 11,172가 됩니다.

이와 반대로, 완성형은 한글 글자마다 2진수 코드를 부여하는 방식입니다. 여기에 포함되는 코드체계로는 EUC-KR과 CP949가 있습니다. EUC-KR에서 아스키 문자 코드(영어, 숫자)는 1바이트로 표현하고, 한글 문자는 2바이트로 표현합니다. 우리나라에서 통용되는 한자를 함께 표현할 수 있습니다. EUC-KR에 포함되어 있는 한글 글자는 총 2,350자여서 일부 글자의 경우 제대로 표현되지 못하고 깨어지는 문제가 발견됩니다. 참고로 EUC-KR은 Extended Unix Code-Korea의 준말입니다. CP-949는 EUC-KR을 확장하여 모든 한글 문자를 표현할 수 있도록 만들어졌습니다. CP949는 Code Page 949의 준말로 윈도우즈 운영체제에서 기본적으로 사용되는 한글 코드체계입니다.

read_excel이나 read_csv 메서드는 다양한 상황에서 사용할 수 있도록 꽤 많은 인자를 제공하고 있습니다. 그중에서 header 인자는 데이터 파일의 첫 줄을 칼럼 인덱스로 사용할 것인지 말 것인지를 정해주는 데 사용하는 옵션입니다. 데이터 파일에 칼럼으로 사용할 레이블이 함께 포함되어 있는 경우에는 첫 줄에 위치하게 됩니다.

```
In [105]: df=pd.read_excel('sample1.xlsx', header=None)

In [106]: df
Out[106]:
```

	0	1	2	3
0	이름	국어	수학	영어
1	홍길동	90	85	90
2	징희원	85	85	100
3	김보라	80	80	75
4	최하늘	90	80	85

[그림 26-8] read_excel 메서드의 header 인자

첫 줄을 인덱스로 사용하는 경우에는 header 인자를 0으로, 첫 줄을 인덱스로 사용하지 않는 경우는 header를 None으로 설정합니다. 디폴트는 0입니다. 예를 들어, 우리가 만든 예제는 첫 번째 행에 칼럼의 인덱스가 나타나 있지만, header를 None으로 설정하게 되면 앞의 Out[106]과 같이 칼럼 인덱스가 values에 포함되는 결과가 나타납니다.

read_excel 메서드를 실행하는 데 엑셀 파일에 여러 개 sheet가 포함되어 있는 경우에는 어느 sheet를 읽어 올지를 지정할 수 있습니다. sheet 인자를 사용합니다. 엑셀 파일에 sheet가 하나밖에 없는 경우에는 따로 지정할 필요가 없습니다. 예를 들어,

"어제"와 "오늘"이란 이름으로 두 개의 sheet를 가지고 있는 "sampel3.xlsx" 파일에서 "오늘"이라는 이름의 sheet를 읽어 들이는 경우는 아래와 같이 호출합니다.

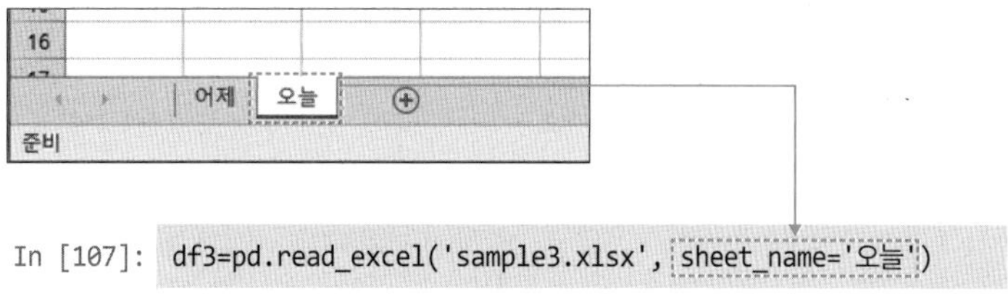

16
어제
오늘
준비
In [107]: df3=pd.read_excel('sample3.xlsx', sheet_name='오늘')

[그림 26-9] read_excel 메서드의 sheet_name 옵션

데이터프레임이 제공하는 기능을 알아봅니다

앞서 다루었던 성적 테이블을 이용해서 몇 가지 기능을 살펴보겠습니다. 편의를 위해 다시 가져와 봤습니다. 참고로 앞서 봤던 테이블과는 다르게 디폴트 인덱스를 사용하고 있습니다.

[그림 26-10] 예제 성적 테이블

	이름	국어	수학	영어
0	홍길동	90	85	95
1	장희원	85	85	100
2	김보라	80	80	75
3	최하늘	90	80	85

데이터의 구조와 형태

먼저 데이터의 전반적인 구조와 형태를 파악하는 데 유용한 메서드들이 있습니다. 우리가 가지고 있는 데이터는 한눈에 모두 파악될 만큼 간단한 형태입니다만, 열의 개수도 많고, 행의 개수도 천 개, 만 개 단위를 넘어가는 정말 큰 데이터의 경우에는 전반적인 데이터 구성을 파악하기가 만만하지는 않습니다.

우선, [코드 26-62]의 In [108]에서 보는 것처럼 `shape` 속성은 행과 열의 개수를 나타냅니다. 결괏값으로 나타나는 튜플에서 첫 번째 값이 행의 개수, 두 번째 값이 열의 개수입니다. 행 인덱스는 `index` 속성을 통해 참조가 가능하고(In [109] 참조), 열 인덱스는 `columns` 속성을 통해 참조할 수 있습니다(In [110] 참조).

[코드 26-62]
데이터 프레임 객체의 shape, index, columns 속성

```
In [108]: df.shape
Out[108]: (4, 4)

In [109]: df.index
Out[109]: RangeIndex(start=0, stop=4, step=1)

In [110]: df.columns
Out[110]: Index(['이름', '국어', '수학', '영어'], dtype='object')
```

다음으로, 전반적인 데이터의 구성을 파악하는 데 head와 tail 메서드가 아주 유용합니다. head 메서드는 첫 번째 행부터, 인자로 주어진 개수만큼의 행을 보여줍니다. 디폴트값은 5입니다. 반대로, tail 메서드는 마지막에 있는 행들을 인자로 전달된 개수만큼 보여줍니다. [코드 26-63]을 참고하기 바랍니다.

[코드 26-63]
데이터프레임의 head와 tail 메서드

```
In [111]: df.head(2)
Out[111]:
```

	이름	국어	수학	영어
0	홍길동	90	85	90
1	장희원	85	85	100

```
In [112]: df.tail(2)
Out[112]:
```

	이름	국어	수학	영어
2	김보라	80	80	75
3	최하늘	90	80	85

다음으로, describe 메서드를 활용하면 숫자로 만들어진 열에 대해서는 평균, 분산 등 기초 통계값을 구해서 보여줍니다. 숫자 값들이 전반적으로 어떤 형태로 분포하는지를 파악하는 데 도움이 됩니다. [코드 26-64]의 In [113]을 참고하기 바랍니다. 각 칼럼별로 행의 개수(count)와 평균값(mean), 표준편차값(std), 최솟값(min)과 최댓값(max)을 보여줍니다. 25%, 50%, 75%는 백분위수(percentile)라고 불리는 값입니다. 이중, 50% 값은 데이터를 오름차순으로 정렬했을 때 딱 중간에 있는 값을 나타

냅니다. 예를 들어, 101명의 성적 데이터가 있는 경우에 51등의 성적에 해당합니다. 아래로 50명, 위로 50명이 있어서 딱 중간에 있는 값입니다. 보통 중앙값(median)이라고도 부릅니다. 학생 수가 100명이면 딱 중간에 두 개의 데이터가 존재하게 되는데 이 경우에는 이 두 개 값을 평균한 값을 사용합니다. 25%는 하위 25%에 해당하는 값을 나타냅니다. 하위 50%에서 중간에 있는 값이 되겠습니다. 75%는 상위 25%에 해당하는 값을 나타냅니다. 예를 들어, 영어 성적의 경우, 데이터의 개수(count)는 4개, 평균값(mean)은 88.75, 표준편차(std)는 11.087이고, 최솟값(min), 25% 백분위수, 50% 백분위수, 75% 백분위수, 최댓값(max)은 차례대로, 75, 82.5, 90, 96.25, 100이 됩니다.

[코드 26-64] 데이터 프레임 객체의 describe 메서드 호출결과

```
In [113]: df.describe()
Out[113]:
```

	국어	수학	영어
count	4.000000	4.000000	4.00000
mean	86.250000	82.500000	87.50000
std	4.787136	2.886751	10.40833
min	80.000000	80.000000	75.00000
25%	83.750000	80.000000	82.50000
50%	87.500000	82.500000	87.50000
75%	90.000000	85.000000	92.50000
max	90.000000	85.000000	100.00000

여기서 잠깐!!

평균과 표준편차에 대하여

사실 데이터 분석의 중심에 통계가 있습니다. 통계를 이해하고, 제대로 활용할 수 있는 것은 큰 경쟁력이 됩니다. 이 통계의 중심에 (우리가 너무 잘 알고 있는) 평균과 표준편차가 있습니다. 말을 한 김에, 평균과 표준편차에 대해 조금만 깊게 이해해 보겠습니다.

본인 앞에 1,000개의 숫자 데이터가 쭉 나열되어 있습니다. 이런 데이터로부터 얻을 수 있는 아이디어는 극히 제한적입니다. 한 눈에 들어오지 않습니다. 그래서 이 값들을 하나의 축 위로 옮깁니다. 하나의 값이 축 위에서 하나의 점으로 표현됩니다. 그렇게 하면 점들의 '분포(distribution)'가 보이게 됩니다. [그림 26-11]을 참고하기 바랍니다.

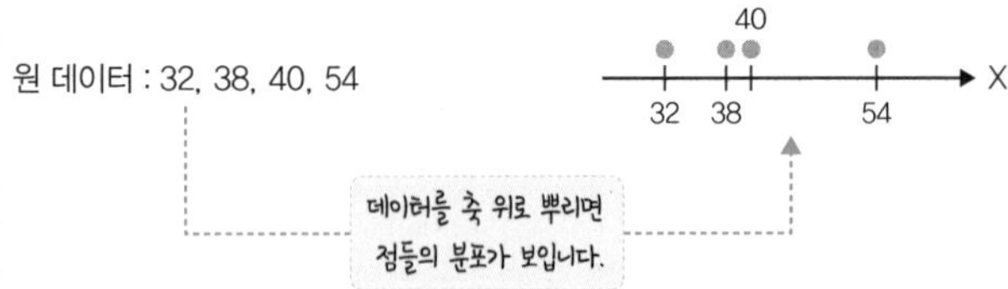

[그림 26-11] 점들의 분포

점들의 분포를 정량적으로 (숫자로 명확하게) 비교하는 데 사용되는 값으로 평균과, 분산(표준편차)이 있습니다. 평균은 데이터가 어느 값을 중심으로 퍼져 있는지(분포하고 있는지)를 가리키는 데 사용되는 값으로, 무게 중심이라고도 불립니다. 예를 들어, 데이터의 값에 해당하는 위치에 1g짜리 추를 놓는다고 생각하겠습니다. 이 추들이 균형을 이룰 수 있도록 받침대를 놓으려면 아래 그림의 ⓐ, ⓑ, ⓒ, ⓓ 중에 어디에 두어야 할까요? ⓐ 위치에 받침대를 두면 받침대의 오른쪽이 무거워서 좌우가 레벨(level)을 맞출 수 없을 것 같습니다. ⓓ 위치도 마찬가지입니다. ⓓ 위치의 경우에는 왼쪽이 무거워서 전체 레버는 왼쪽으로 기울어집니다.

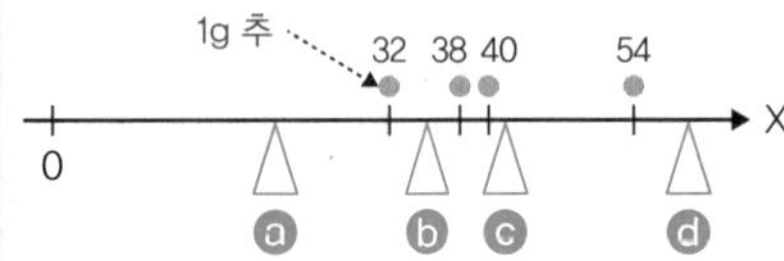

[그림 26-12] 무게 중심 찾기

답은 ⓒ인데, ⓒ 지점은 ⓒ 지점을 기준으로 왼쪽 데이터까지의 거리의 합과 오른쪽 데이터까지의 거리의 합이 같은 지점입니다. [그림 26-13]을 참고하겠습니다.

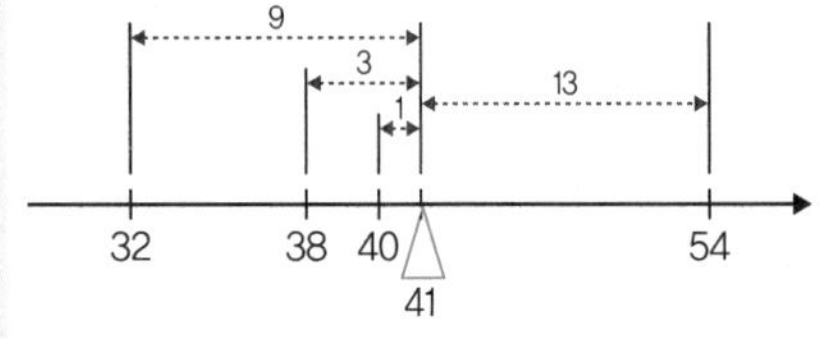

[그림 26-13] 좌우 균형을 맞춘 무게 중심

참고로, ⓒ 지점은 41의 위치입니다. 이 값을 기준으로 32 데이터는 왼쪽으로 9만큼 떨어져 있고, 38은 3만큼, 40은 1만큼 떨어져 있습니다. 왼쪽에 있는 데이터들과 무게중심 41과의 거리차를 모두 더한 값은 9+3+1=13이 됩니다. 오른쪽에는 54 데이터 하나만 있는데 무게중심 41을 기준으로 13만큼 떨어져 있습니다. 결국 왼쪽 거리의 합과 오른쪽 거리의 합이 13으로 같습니다. 이렇게 되면 받침대가 놓여있는 41 위치가 무게중심이 되고, 좌우 균형이 맞게 됩니다.

무게 중심을 계산하는 것은 정말 간단합니다. 데이터들을 모두 더한 후에 데이터의 개수로 나누어주면 됩니다. 우리 문제의 경우는 (32+38+40+54)/4로 구할 수 있습니다. 이렇게 주어진 데이터로부터 평균을 구하게 되면, 우리는 "아, 내가 다루고 있는 데이터들은 41값을 중심으로 그 근처에 있는 값들이구나" 라는 생각을 하게 됩니다.

이제 우리가 다루고 있는 값들이 41을 중심으로 퍼져있는 것은 알겠는데, 그럼 얼마나 넓게 퍼져 있는 걸까요? 그 퍼짐의 정도를 숫자로 정확하게 (즉, 정량적으로) 나타내고 싶습니다. 사실 이 부분에 대한 아이디어도 이미 위 그림에 나타나 있는데, 우리가 다루고 있는 데이터들은 중심으로부터, 9만큼, 3만큼, 1만큼(사실은 평균보다는 작으니까 –9만큼, –3만큼, –1만큼), 그리고 13만큼 떨어져 있습니다. 이런 차이 값들의 평균으로 퍼짐의 정도를 나타낼 수 있을 것 같습니다. 그런데 이 값들을 평균해보면 0이 나옵니다. 왜냐하면 왼쪽의 거리 합이 –13, 오른쪽 거리의 합이 13으로 더하면 0이 되기 때문입니다. 그래서 그냥 더해서는 안 되고 부호를 없앤 후에 더해주어야 합니다. 부호를 없애려면 절댓값을 쓰던지 값을 제곱하면 됩니다. 우리가 다룰 분산은 제곱을 사용합니다. 이제 거리의 합은(–9)*(–9)+(–3)*(–3)+(–1)*(–1)+(13*13)이 되어 260이 됩니다. 이 값을 제곱합(Sum of Square, 제곱값들의 합이란 의미)이라고 부릅니다. 그런데 어쨌든 평균의 의미로 어떤 값으로 나누어줘야 할 텐데, 데이터 개수인 4가 아닌 그 보다 1 작은 3으로 나누어 줍니다. 이 값을 자유도(DoF, Degree of Freedom)라고 부릅니다.

결국, 분산을 구하는 식은 [그림 26–14]와 같이, 분자에 있는 제곱합을 제곱합의 자유도로 나누어서 구합니다. 분산에서 자유도는 데이터의 개수에서 1을 뺀 값입니다.

분자 : 제곱합(Sum of Square)

$$\text{분산}(S^2) = \frac{(-9)*(-9) + (-3)*(-3) + (-1)*(-1) + (13)*(13)}{4-1}$$

분모 : 제곱합의 자유도

[그림 26–14] 분산을 구하는 식

우리가 실제 다루는 값들은 모두 표본(샘플, sample) 데이터입니다. 표본의 반대말은 모집단(population)입니다. 모집단은 전체 데이터를 말하고, 표본은 전체 모집단 중에서 뽑아낸(우연히 내가 가지게 된) 일부의 데이터를 가리킵니다. 그럼 위의 성적 데이터는 모집단 데이터일까요, 아니면 샘플 데이터일까요? 올해 성적이랑 작년 성적이 다르고, 내년 성적이 다릅니다. 전체 데이터인 모집단은 변하지 않습니다. 왜? 전체를 모두 모아놓은 것이기 때문입니다. 그래서 평균과 분산도 절대 변할 수 없습니다. 보통의 경우에 모집단은 무한 집합이 됩니다. 평균과 분산값이 분명히 존재하긴 하는데, 결코 계산해 낼 수는 없을 것 같습니다. 어쨌든, 매번 달라지는 성적 데이터는 샘플 데이터입니다. 이런 구분이 왜 중요하냐면, 모집단의 분산은 제곱합을 구한 후에 데이터의 개수로 나누어 주지만, 표본 데이터의 분산은 제곱합을 구한 후에 제곱합의 자유도로 나누어 주기 때문입니다. 그렇지만 모집단의 분산은 구할 수가 없으니 분산을 구하는데 전체 데이터의 개수로 나누는 경우는 없다고 봐도 무방하겠습니다.

참고로 자유도란 n개의 샘플 데이터 중에서 자유로운(다른 값에 의존하지 않는) 데이터의 개수입니다. 데이터가 자유롭다 또는 자유롭지 않다는 구분이 왜 생기는가 하면 데이터로부터 평균값을 계산한 후에는 전체 데이터 중에 한 개의 데이터는 다른 데이터의 값이 결정되면 저절로 결정되는 (즉, 자유롭지 않은) 값이 되기 때문입니다. 예를 들어 보겠습니다. 이번에 국어, 영어, 수학 등 세 개 과목 시험을 봤는데 평균이 90점입니다. 국어점수는 95점이고, 영어점수는 90점이었습니다. 그러면 수학 점수는 저절로 85점이 됩니다. 수학점수가 85점이 아니면 평균이 90이 될 수가 없습니다. 평균이 90이 되기 위해서는 수학점수는 어쩔 수 없이 85점이 되어야 합니다. 예로는 수학점수를 들었지만, 결국 평균 점수를 알면(계산하고 나면) 전체(세 개 과목) 중에 한 개 과목은 다른 과목의 점수가 결정되면 저절로 결정된다는 의미입니다. 정리해보면, 세 개 중에 두 개만 자유롭다는 의미가 되고 이 값이 이 데이터들의 자유도가 됩니다. 앞서 분산을 구할 때의 식을 다시 가만히 보면 표본 데이터의 평균값이 사용되고 있습니다. 자유도에 제한이 있겠습니다.

보통의 경우 분산은 S^2으로 나타냅니다. 이 값은 원래 거리값이 아니라 거리값의 제곱값으로부터 구한 값이기 때문에 각 데이터가 평균으로부터 얼마나 떨어져 있는지를 알고 싶다면 분산값의 제곱근을 구해야 합니다. 이를 표준편차(Standard Deviation)이라고 부르고 S라고 나타냅니다. 글이 조금 길어졌는데, 평균과 분산(표준편차)에 대해 다시 한 번 생각해 보는 시간이 되었기를 바랍니다.

행과 열의 연산

이제 실제로 성적 데이터를 처리해보겠습니다. 만약, 본인이 담당 교사라면 위의 성적 데이터를 어떻게 처리하고 싶을까요? 아마 학생별 총점과 평균값을 계산하는 것이 필요할 테고, 각 과목의 평균값을 구하는 것도 필요할 것 같습니다. 이런 기본적인 연산이 끝나면 점수에 따라 등수를 부여하는 연산도 필요하겠습니다.

우선, 과목별, 학생별 평균점수를 먼저 구해보겠습니다. 일단 [그림 26-15]와 같은 테이블을 만드는 것이 목표입니다. 학생별로 점수의 합계와 평균값을 구해서 두 개의 열을 추가하고, 과목별로 평균 점수를 구해서 한 개의 행을 추가해서 나타내도록 하겠습니다.

번호	이름	국어	영어	수학	합계	평균
0	홍길동	90	85	90		
1	장희원	85	85	100		
2	김보라	80	80	75		
3	최하늘	90	80	85		
과목 평균						

원래의 테이블에 이 두 부분을
추가하고 싶습니다.

[그림 26-15] 과목별, 학생별 평균점수 구하기

데이터프레임을 구성하는 행과 열은 그 자체로 하나의 시리즈 객체입니다. 그래서 데이터프레임은 행이 여러 개 쌓인 형태로 볼 수도 있고, 열이 여러 개 모여진 형태로 볼 수도 있습니다. 예를 들어, df['국어']는 칼럼의 인덱스가 '국어'인 열을 가리킵니다. 시리즈 객체입니다. 우리가 앞서 살펴보았던 시리즈 객체의 연산을 그대로 적용할 수 있습니다. 그렇다 보니, 아래와 같이 학생별로 국어와 수학점수를 더한 값을 계산할 수 있습니다.

[코드 26-65]
학생별로 국어와 수학 점수를 더한 값을 계산

```
In [114]: s=df['국어']+df['수학']

In [115]: print(s)
          0    175
          1    170
          2    160
          3    170
          dtype: int64
```

행도 시리즈 객체입니다. 예를 들어, df.loc[0]은 행 인덱스가 0인 행을 가리킵니다. 이 또한 시리즈 객체입니다. 그래서 0번 학생과 1번 학생의 성적을 다음의 [코드 26-66]과 같이 할 수 있습니다.

[코드 26-66]
0번 학생과 1번 학생의 성적을 더한 값을 계산

```
In [116]: s=df.loc[0, ['국어','수학','영어']]+df.loc[1,
                  ['국어','수학','영어']]

In [117]: s

Out[117]: 국어    175
          수학    170
          영어    190
          dtype: object
```

하지만 일반적으로, 앞서 보인 경우보다는, "모든 학생에 대해" 여러 개 과목의 성적을 더한다거나, 또는 "모든 과목에 대해" 여러 학생의 성적을 더하는 경우가 훨씬 많을 것입니다. 이를 위해 sum() 함수가 사용됩니다. 막무가내로 그냥 한 번 실행해보겠습니다.

```
In [118]: df.sum()
Out[118]: 이름    홍길동 장희원 김보라 최하늘
          국어               345
          수학               330
          영어               350
          dtype: object
```

[코드 26-67]
sum 함수 실행

어떻게 계산되었나요? 열별로 (즉, 모든 과목에 대해) 모든 학생의 성적이 더해졌습니다. 실제로 [그림 26-16]과 같이 연산되었습니다. 연산의 방향이 "행을 따라서" 이루어지고 있습니다. 이 방향을 axis 0이라고 부릅니다. axis는 0이 디폴트값입니다.

번호	이름	국어	영어	수학
0	홍길동	90	85	90
1	장희원	85	85	100
2	김보라	80	80	75
3	최하늘	90	80	85

국어=90+85+80+90 수학=90+100+75+85

이름=홍길동+장희원+김보라+최하늘 영어=85+85+80+80

[그림 26-16] axis 0: 데이터 프레임의 행을 따라서 연산이 이루어짐

과목별 평균점수를 구할 때에 사용하면 되겠습니다(물론, 이름 칼럼을 더할 필요는 없으니 국어, 영어, 수학 칼럼에 대해서만 연산을 해야겠습니다). 반대로, 학생별로 성적 합계와 평균을 구하려고 한다면 연산의 방향은 [그림 26-17]과 같아야 합니다. 이 방향을 axis 1이라고 부릅니다.

번호	이름	국어	영어	수학	
0	홍길동	90	85	90	홍길동=90+85+90
1	장희원	85	85	100	장희원=85+85+100
2	김보라	80	80	75	김보라=80+80+75
3	최하늘	90	80	85	최하늘=90+80+85

[그림 26-17] axis 1 연산

axis 1 방향으로 연산이 이루어지게 하려면 sum() 함수의 axis 인자에 1을 전달해 주어야 합니다. [코드 26-68]을 참고하기 바랍니다. 물론, 에러가 발생합니다. 왜냐하면 0번 행을 모두 더하면 사실은 [홍길동+90+85+90]을 연산하게 되는데 문자와 숫자는 서로 더할 수 없기 때문입니다. 다시 한 번 강조합니다. 데이터프레임에

서 하나의 열에는 같은 타입의 값들이 모여 있지만, 행에는 여러 타입의 값들이 섞이게 됩니다.

[코드 26-68]
'열을 따라서' sum 연산을 실행하는 경우

```
In [119]: df.sum(axis=1)
```

이제 실제로 과목별, 학생별 성적 평균을 구해서 원래의 데이터프레임에 추가하겠습니다. [코드 26-69]를 참고하기 바랍니다. In [120]에서 df['합계']=을 통해 df 데이터프레임에 '합계'라는 이름의 새로운 열을 추가하고자 하고 있습니다. 그 값은 ['국어','영어','수학'] 칼럼값을 (코드에서는 df[['국어', '영어', '수학']]으로 표현됩니다.) 열을 따라서 (axis=1로 표현되고 있습니다.) 더한 값으로 하도록 하고 있습니다.

[코드 26-69]
합계 칼럼을 추가

```
In [120]: df['합계']=df[['국어','수학','영어']].sum(axis=1)
```

```
In [121]: df
```

Out[121]:

	이름	국어	수학	영어	합계
0	홍길동	90	85	90	265
1	장희원	85	85	100	270
2	김보라	80	80	75	235
3	최하늘	90	80	85	255

다음으로, 평균 칼럼을 추가해 보도록 합니다. 평균값은 합계 값을 과목의 개수인 3으로 나눠주면 되겠습니다. In [122]에서 '평균' 칼럼에는 '합계' 칼럼값을 3으로 나눈 후에, 소수점 아래 1자리 수만 보이도록 반올림한 값을 저장하도록 하고 있습니다.

[코드 26-70]
평균 칼럼을 추가

```
In [122]: df['평균']=round(df['합계']/3, 1)
```

```
In [123]: df
```

Out[123]:

	이름	국어	수학	영어	합계	평균
0	홍길동	90	85	90	265	88.3
1	장희원	85	85	100	270	90.0
2	김보라	80	80	75	235	78.3
3	최하늘	90	80	85	255	85.0

이제 과목별로 성적 평균을 구해보겠습니다. [코드 26-71]에서, '과목평균'이라는 이름의 행을 하나 추가하고 있습니다.

```
In [124]: df.loc['과목평균']=['',
                         df['국어'].sum()/len(df),
                         df['수학'].sum()/len(df),
                         df['영어'].sum()/len(df),
                         '', '']
```

[코드 26-71]
'과목평균'이라는 이름의 행을 하나 추가

'과목평균' 행에 들어갈 값으로 첫 번째 셀에는 빈칸('')을 넣습니다. 첫 번째 열인 '이름' 칼럼의 값은 비워두겠다는 뜻입니다. 두 번째 칼럼에는 '국어' 칼럼을 더한 값(df['국어'].sum())을 행의 개수(len(df))로 나눈 값을 넣습니다. 국어 과목의 평균값이 되겠습니다. 세 번째는 '영어', 네 번째는 '수학' 과목의 평균값을 넣습니다. '합계' 칼럼과 '평균' 칼럼의 값은 비워두었습니다. 그 결과를 보면 아래와 같습니다. 참고로 axis=0 대신에 axis='index'를 사용할 수 있고, axis=1 대신에 axis='columns'를 사용할 수 있습니다.

```
In [125]: df
```

[코드 26-72]
'과목평균' 행이 완성된 모습

Out[125]:

	이름	국어	수학	영어	합계	평균
0	홍길동	90.00	85.0	90.0	265	88.3
1	장희원	85.00	85.0	100.0	270	90.0
2	김보라	80.00	80.0	75.0	235	78.3
3	최하늘	90.00	80.0	85.0	255	85.0
과목평균		86.25	82.5	87.5		

행 또는 열의 삭제

앞에서는 행이나 열을 추가하는 예제를 다루었는데, 행이나 열을 삭제해야 하는 경우에는 drop 메서드를 사용합니다. drop 메서드의 인자에는 삭제할 행이나 열의 이름(label)과 축(axis)이 있습니다. 예를 들어, 위 테이블에서 '이름' 칼럼을 삭제하고자 하는 경우에는 아래와 같이 호출할 수 있습니다. In [126]은 열 중에서 (axis='columns') 레이블이 '이름'인 칼럼을 삭제하게 됩니다. 결과는 Out[127]에서 확인해보기 바랍니다.

[코드 26-73]
drop 메서드로 칼럼 삭제

```
In [126]: df1=df.drop('이름', axis='columns')
```

```
In [127]: df1
```

Out[127]:

	국어	수학	영어	합계	평균
0	90.00	85.0	90.0	265	88.3
1	85.00	85.0	100.0	270	90.0
2	80.00	80.0	75.0	235	78.3
3	90.00	80.0	85.0	255	85.0
과목평균	86.25	82.5	87.5		

행을 삭제하는 경우도 마찬가지입니다. 아래의 In [128]에서는 행의 인덱스 중에서 (axis=0), 인덱스가 2인 행을 삭제합니다. 그 결과는 Out[128]에서 확인하기 바랍니다.

[코드 26-74]
drop 메서드로 행 삭제

```
In [128]: df.drop(2, axis=0)
```

Out[128]:

	이름	국어	수학	영어	합계	평균
0	홍길동	90.00	85.0	90.0	265	88.3
1	장희원	85.00	85.0	100.0	270	90.0
3	최하늘	90.00	80.0	85.0	255	85.0
과목평균		86.25	82.5	87.5		

테이블 단위에서 이루어지는 주요한 연산을 살펴봅니다

테이블 형태의 데이터를 다루다 보면, 전체 데이터 중에 내가 필요한 부분만을 찾아내거나, 그룹으로 나누어 분석하거나, 피봇 테이블을 만드는 등의 다양한 작업을 하게 됩니다. 이와 관련해서, query, groupby, pivot, pivot_table 등의 메서드를 살펴보겠습니다.

테이블로부터 필요한 정보를 추려낼 수 있습니다: query

query 메서드는 문자열로 만들어진 조건문을 인자로 갖습니다. 예를 들어, 우리의 성적 테이블(원 데이터)에서 영어 점수가 80점보다 큰 행을 구하고자 하면 [코드 26-75]의 In [129]와 같이 호출합니다. 실행 결과를 보면, 영어 성적이 조건에 맞는 (즉, 80보다 큰) 행들이 추려져 반환된 것을 확인할 수 있습니다. 비교연산자로 〉 이외에도 〉=, 〈, 〈=, ==, != 등이 모두 사용 가능합니다. 단, 조건문은 문자열로 표현되어야 합니다.

```
In [129]: df.query('영어>80')
Out[129]:
```

	이름	국어	수학	영어
0	홍길동	90	85	90
1	장희원	85	85	100
3	최하늘	90	80	85

[코드 26-75]
영어 점수가 80점보다 큰 행 찾기

조건문 안에서 변숫값을 참조할 수 있습니다. @ 기호를 사용합니다. 예를 들어, 다음과 같이 활용할 수 있습니다.

```
In [130]: cut=90
          df.query('영어>@cut')
Out[130]:
```

	이름	국어	수학	영어
1	장희원	85	85	100

[코드 26-76]
@ 기호로 변숫값 참조

조건문 앞에 not을 쓰게 되면 조건식에 맞지 않는 행을 선별하여 반환해 줍니다. 예를 들어, 아래에서는 "영어 점수가 90보다 크지 않은" 행을 찾아 줍니다. 예제에서는 조건문을 괄호로 묶었으나 괄호 없이 사용해도 정상적으로 동작합니다.

```
In [131]: cut=90
          df.query('not(영어>@cut)')
Out[131]:
```

	이름	국어	수학	영어
0	홍길동	90	85	90
2	김보라	80	80	75
3	최하늘	90	80	85

[코드 26-77]
조건식에 맞지 않는 행을 선별

조건식에 문자열값이 사용되는 경우에는, 전체 조건식을 홑따옴표로 묶은 경우에는 해당 문자열값은 겹따옴표로 나타냅니다. 이 반대의 경우도 가능합니다만, 둘 다 홑따옴표로 묶거나 겹따옴표로 묶으면 (당연히) 에러가 발생합니다. 아래의 예를 참고하기 바랍니다.

[코드 26-78] 조건식에 문자열 값이 사용되는 경우

```
In [132]: df.query('이름=="홍길동"')
Out[132]:
```

	이름	국어	수학	영어
0	홍길동	90	85	90

여러 조건들을 and 또는 or로 조합할 수 있습니다. 예를 들어, "국어 성적도 90 이상이고, 영어 성적도 90 이상"인 학생들을 찾고자 한다면 아래와 같이 호출합니다.

[코드 26-79] and 또는 or로 조합한 조건

```
In [133]: df.query('국어>85 and 영어>85')
Out[133]:
```

	이름	국어	수학	영어
0	홍길동	90	85	90

이름이 '홍길동'이거나 '최하늘'인 학생의 성적을 보고 싶다면 두 개의 조건식을 or로 묶어서 표현해도 되겠지만, in을 사용하는 것이 추천됩니다.

[코드 26-80] 두 개의 조건식으로 구하기

```
In [134]: df.query('이름 in ["홍길동", "최하늘"]')
Out[134]:
```

	이름	국어	수학	영어
0	홍길동	90	85	90
3	최하늘	90	80	85

앞서 본 예제들은 칼럼의 레이블에 빈칸이 없는 경우에만 제대로 동작합니다. 칼럼의 레이블에 빈칸이 있는 경우에는 백틱(, 키보드의 숫자 1 앞의 키〈~ 키〉에 있습니다)으로 칼럼의 레이블을 묶어줘야 합니다. 예를 들어, 원 데이터에서 고의로 "총 합계"라는 이름의 칼럼을 하나 추가해 보았습니다('총'과 '함께' 사이에 빈칸이 하나 있습니다). 조건문 안에서 칼럼 레이블(총 합계)앞뒤로 백틱이 씌어져 '총 합계'로 표현되어 있는 것을 확인하기 바랍니다.

```
In [135]: df
```

Out[135]:

	이름	국어	수학	영어	총 합계
0	홍길동	90	85	90	265
1	장희원	85	85	100	270
2	김보라	80	80	75	235
3	최하늘	90	80	85	255

[코드 26-81]
백틱으로 칼럼의 레이블 묶기(칼럼 레이블에 빈칸이 있는 경우)

```
In [136]: df.query('`총 합계`>260')
```

Out[136]:

	이름	국어	수학	영어	총 합계
0	홍길동	90	85	90	265
1	장희원	85	85	100	270

query 메서드와 똑같은 결과를 얻을 수 있는 방법이 하나 더 있어서 소개합니다. 결국 쿼리라는 것이 조건에 맞는 (조건이 True가 되는) 행을 찾는 것인데, 실제로 True와 False 값을 이용해서 본인이 원하는 행을 "강제로" 선택할 수도 있습니다. 예를 들어, 다음과 같이 사용할 수 있습니다. 만약에 True와 False를 어떤 로직에 따라 만들 수 있다면 아주 유용한 형태가 될 것 같습니다.

```
In [137]: df[[True, True, False, False]]
```

Out[137]:

	이름	국어	수학	영어
0	홍길동	90	85	90
1	장희원	85	85	100

[코드 26-82]
True와 False 값을 이용한 행의 선택

우리가 이미 알다시피, 시리즈를 조건식에 넣으면 각 행 데이터에 대해 조건식이 맞으면 True를, 조건식에 맞지 않으면 False를 반환해 줍니다.

```
In [138]: tf=df['영어']>=90

In [139]: tf

Out[139]: 0     True
          1     True
          2    False
          3    False
          Name: 영어, dtype: bool
```

[코드 26-83]
조건식에 따른 값 반환

자, 이제 위의 In [137]과 In [138]을 조합해봅니다. 앞서 봤던 query() 함수 대신에 충분히 사용할 수 있는 형태가 됩니다. 어쩌면 query()보다 더 유용하게 사용될 수도 있으니 한 번 곰곰이 파악해보기 바랍니다.

[코드 26-84]
query의 대안적 방법

```
In [140]: df[df['영어']>=90]
Out[140]:
```

	이름	국어	수학	영어
0	홍길동	90	85	90
1	장희원	85	85	100

테이블 데이터를 여러 개의 그룹으로 나누어서 분석합니다: groupby

데이터 분석 중에서 가장 유용하게 사용되는 형태는 "고객별로" "연도별로" "지역별로" "도시별로" 등의 형태처럼 유형별로 나누어 분석하는 경우입니다. 분석의 절차는 보통 그룹으로 나누고(split), 나누어진 각 그룹별로 분석한 후에(apply), 각 그룹의 분석 결과를 모으는(combine) 형태로 이루어집니다. 예제는 학생들의 성적을 계속 사용하는데, 대신에 '평가' 칼럼을 추가하여 중간시험인지 기말시험인지를 나타내도록 해 보았습니다. 분석에 사용한 데이터는 [코드 26-85]의 왼쪽에 있는 표와 같습니다.

```
In [141]: df
Out[141]:
```

	이름	평가	국어	수학	영어
0	홍길동	중간	90	85	90
1	홍길동	기말	95	83	95
2	장희원	중간	85	85	100
3	장희원	기말	90	87	100
4	김보라	중간	80	80	75
5	김보라	기말	82	85	77
6	최하늘	중간	90	80	85
7	최하늘	기말	85	90	83

→

```
In [142]: df.groupby('평가').mean()
Out[142]:
```

	국어	수학	영어
평가			
기말	88.00	86.25	88.75
중간	86.25	82.50	87.50

[코드 26-85]
데이터프레임의
groupby의 사용 예

원 데이터로부터, 평가별 과목 평균을 구하고 싶습니다. [코드 26-85]의 오른쪽에 있는 표와 같은 결과를 구하고 싶은 것입니다. 실제로 결과를 보면 모든 과목에서 기말시험의 성적이 좋아진 것이 보입니다. 특히, 수학성적의 경우는 많은 발전이 있었네요.

이러한 분석은 일단 원 데이터를 중간과 기말로 나누는 것으로부터 시작합니다. 큰 테이블을 여러 개의 작은 테이블로 나누는 것입니다. 이 단계를 split이라고 부릅니다. 그룹으로 나눴으면, 각 그룹별로 (즉, 각 평가별로) 과목 평균값을 구합니다. 이 단계를 apply라고 부릅니다. 분석하는 함수를 적용(apply)한다는 의미입니다. 그러고 나서, 중간시험 결과와 기말시험 결과를 [코드 26-85]에서 보는 것처럼 묶어서 (combine 단계라고 부릅니다.) 보여주면 되겠습니다.

이 절차의 핵심은 groupby 메서드에 있습니다. groupby 메서드를 올바르게 사용할 수 있는 것이 관건입니다. 같이 살펴보겠습니다. 일단 원 데이터를 '평가' 칼럼의 값에 따라 나누려고 합니다. '평가' 칼럼의 값은 '중간'이거나 '기말'입니다. 아래의 In [143]과 같이 groupby 메서드를 호출하면, '평가' 칼럼의 값에 따라 '중간'인 행들과 '기말'인 행들이 각각 하나의 그룹으로 나누어지게 됩니다. groupby 메서드의 호출 결과로 groupby 객체가 반환됩니다. 그룹바이 객체를 요모조모 살펴보기 위해 우선 In [144]에서처럼 g 변수에 할당해 보았습니다.

[코드 26-86]
groupby 메서드로 그룹 나누기

```
In [143]:  df.groupby('평가')
Out[143]:  <pandas.core.groupby.generic.DataFrameGroupBy object at
           0x00000295C3437730>

In [144]:  g=df.groupby('평가')
```

각 그룹의 특성들을 살펴보겠습니다. 우선 groups 속성을 통해 어떤 그룹으로 나누어졌는지를 파악할 수 있습니다. 이름이 '기말'인 그룹과 '중간'인 그룹으로 나누어져 있으며, '기말' 그룹의 경우 원 데이터의 인덱스가 1, 3, 5, 7인 행이 속해 있고, '중간' 그룹에는 0, 2, 4, 6인 행들이 포함되어 있는 것을 확인할 수 있습니다.

[코드 26-87]
나누어진 그룹과 각 그룹에 속해 있는 행 인덱스

```
In [145]:  g.groups
Out[145]:  {'기말': [1, 3, 5, 7], '중간': [0, 2, 4, 6]}
```

size 메서드를 통해 그룹별 행의 개수를 파악할 수 있습니다. '기말' 그룹에 4개 행, '중간' 그룹에 4개 행으로 나누어져 있는 것을 확인할 수 있습니다.

[코드 26-88]
그룹별 행 데이터의 개수 확인

```
In [146]: g.size()
Out[146]: 평가
          기말    4
          중간    4
          dtype: int64
```

get_group 메서드를 활용하면, 각 그룹에 포함되어 있는 데이터들을 직접 살펴볼 수 있습니다. 아래에서 보다시피 데이터프레임 객체가 반환됩니다.

[코드 26-89]
그룹에 속한 행 데이터 확인

```
In [147]: df1=g.get_group('기말')
In [148]: df1
Out[148]:
```

	이름	평가	국어	수학	영어
1	홍길동	기말	95	83	95
3	장희원	기말	90	87	100
5	김보라	기말	82	85	77
7	최하늘	기말	85	90	83

그룹으로 나눈 후에, 앞서 봤던 mean 메서드를 비롯해서 여러 연산을 실행할 수 있습니다.

[코드 26-90]
그룹별 연산 실행

```
In [149]: g.mean()
Out[149]:
```

평가	국어	수학	영어
기말	88.00	86.25	88.75
중간	86.25	82.50	87.50

참고로, 시리즈 객체에서 사용해 보았던 agg(aggregate), apply 메서드를 데이터프레임 객체에 대해서도 사용할 수 있습니다. 데이터프레임을 구성하는 각 칼럼에 대해 반복적으로 적용된다고 생각하면 좋겠습니다.

피봇 테이블을 만듭니다: pivot, pivot_table

데이터의 구조와 형태를 바꾸는 것을 리셰이핑reshaping이라고 부릅니다. 리셰이핑에 몇 가지 종류가 있지만, 피봇 테이블이 유용하게 사용됩니다. 우리의 성적 데이터를 다시 보겠습니다. 이 데이터로부터, 예를 들어, "학생별, 평가별로 국어 점수를 보고 싶다"는 요구가 있다면 이런 사용자의 요구(needs)에 맞도록 표를 새롭게 만들 필요가 있습니다. 아래의 오른쪽에 있는 표를 말하는 것입니다. 이런 형태의 표를 피봇 테이블이라고 부르며, pivot 메서드를 통해 손쉽게 만들어낼 수 있습니다.

[그림 26-10] 피봇 테이블

	이름	평가	국어	수학	영어
0	홍길동	중간	90	85	90
1	홍길동	기말	95	83	95
2	장희원	중간	85	85	100
3	장희원	기말	90	87	100
4	김보라	중간	80	80	75
5	김보라	기말	82	85	77
6	최하늘	중간	90	80	85
7	최하늘	기말	85	90	83

→

[국어 성적]	중간	기말
홍길동	90	95
장희원	85	90
김보라	80	82
최하늘	90	85

피봇 테이블의 특징을 보면, 학생들의 '이름'이 행 인덱스로 사용되고 있고, '평가' 칼럼에 들어있던 값들('중간'과 '기말')이 열 인덱스로 사용되고 있습니다. 그리고 해당 인덱스에 맞는 '국어' 칼럼의 값들이 바뀌어진 행 인덱스와 열 인덱스에 맞게 재배치된 형태가 됩니다.

실제로 pivot 메서드의 독스트링을 보면 index, columns, 그리고 values를 지정하도록 되어 있습니다. 우리 문제의 경우, index는 '이름', columns는 '평가', values는 '국어' 칼럼으로 지정하면 되겠습니다. 실제 한 번 실행하겠습니다. pivot 메서드는 하나의 셀에 해당하는 값(values)이 두 개 이상 존재하면 안 된다는 제한이 있습니다.

[코드 26-91] pivot 메서드

```
In [150]: df1=df.pivot(index='이름', columns='평가', values='국어')
```

```
In [151]: df1
```

Out[151]:

평가	기말	중간
이름		
김보라	82	80
장희원	90	85
최하늘	85	90
홍길동	95	90

예를 들어, '홍길동'의 국어 '중간' 점수가 두 개 이상 되면 에러가 발생합니다. 실제로 확인해보기 위해 성적 테이블에 아래와 같이, '학년' 칼럼을 추가하고, 데이터 중복을 위해 마지막에 홍길동 학생의 '중간' 성적을 하나 더 추가하였습니다. '학년'은 2입니다.

[그림 26-19] 수정된 성적 테이블

	이름	학년	평가	국어	수학	영어
0	홍길동	1	중간	90	85	90
1	홍길동	1	기말	95	83	95
2	장희원	1	중간	85	85	100
3	장희원	1	기말	90	87	100
4	김보라	1	중간	80	80	75
5	김보라	1	기말	82	85	77
6	최하늘	1	중간	90	80	85
7	최하늘	1	기말	85	90	83
8	홍길동	2	중간	85	85	85

실제 위의 테이블에 대해 In [150]의 pivot 메서드를 호출하면 아래와 같이 에러(ValueError)가 발생합니다.

```
ValueErroe: Index contains Duplicate entries, cannot reshape
```

이 문제는 데이터의 중복 때문에 발생하는 문제로, 멀티 인덱스를 사용하면 값의 중복을 없앨 수 있습니다. 예를 들어, 다음의 [코드 26-92]와 같이 호출합니다. 위의 pivot과 다른 점은 행 인덱스로 '이름'과 '학년'의 두 개를 사용한다는 점입니다. 이를 멀티 인덱스multi index라고 부릅니다.

여기서 잠깐!!

멀티 인덱스와 스태킹, 언스태킹

멀티 인덱스란 말 그대로, 행이나 칼럼에 사용된 인덱스가 두 개 이상이란 의미입니다. 예를 들어, 우리가 만들었던 성적 테이블('평가' 칼럼은 없는 데이터)을 다음 그림의 오른쪽 표와 같이 만들게 되면, 각각의 행 데이터에 대한 인덱스로 '이름'과 '과목'이 사용됩니다. 성적 칼럼의 값은 학생의 이름과 과목이 결정되어야 참조될 수 있습니다. 이것이 멀티 인덱스입니다.

	이름	국어	수학	영어
0	홍길동	90	85	90
1	장희원	85	85	100
2	김보라	80	80	75
3	최하늘	90	80	85

=

		성적
홍길동	**국어**	90
	수학	85
	영어	90
장희원	**국어**	85
	수학	85
	영어	100
김보라	**국어**	80
	수학	80
	영어	75
최하늘	**국어**	90
	수학	80
	영어	85

[그림 26-20] 멀티 인덱스의 예

그러고 보니, 같은 내용을 담는 테이블도 구성에 따라 아주 다양하게 만들 수 있을 것 같습니다. 테이블의 목적에 알맞도록 구성을 찾아내는 것이 중요해 보입니다. 참고로 왼쪽의 표를 오른쪽과 같이 바꾸는 것을 스태킹(stacking, 쌓는다는 의미입니다)이라고 부릅니다. 스태킹을 하면 원래의 표에 비해서 아래로 길어집니다. 이를 long 포맷이라고 부릅니다. 반대로, 오른쪽 표를 왼쪽 표처럼 만들게 되면 표가 좌우로 넓어지는 모양(wide 포맷이라고 부릅니다)이 나옵니다. 이 과정을 언스태킹(unstacking)이라고 부릅니다.

[코드 26-92]
멀티 인덱스를 사용한
pivot 메서드

In [151]:
```
df.pivot(index=['이름', '학년'], columns='평가', values='국어')
```

Out[151]:

	평가	기말	중간
이름	학년		
김보라	1	82.0	80.0
장희원	1	90.0	85.0
최하늘	1	85.0	90.0
홍길동	1	95.0	90.0
	2	NaN	85.0

피봇테이블을 만드는데, pivot 대신에 pivot_table 메서드가 훨씬 좋은 선택이 될 수 있습니다. 실제로 pivot_table 메서드의 독스트링을 보면 느낌이 옵니다. pivot_table은 pivot 메서드와 마찬가지로 피봇 테이블을 구성하기 위한 index, columns, values 인자 외에도 aggfunc라는 이름의 인자를 추가적으로 가지고 있습니다. aggfunc 인자는 한 셀에 해당하는 값(value)이 두 개 이상일 때 그 값들을 하나의 값으로 어떻게 aggregation할 것인지를 결정해 줍니다. 기본은 'mean'입니다. 아래의 결과를 보면, '홍길동' 학생의 국어 중간 점수가 1학년 때의 90점과 2학년 때의 85점의 평균값으로 나타나는 것을 확인할 수 있습니다.

[코드 26-93]
pivot_table 메서드로
만드는 피벗 테이블

In [152]:
```
df.pivot_table(index='이름', columns='평가', values='국어')
```

Out[152]:

평가	기말	중간
이름		
김보라	82.0	80.0
장희원	90.0	85.0
최하늘	85.0	90.0
홍길동	95.0	87.5

26장을 정리하겠습니다

판다스는 그 자체로 하나의 방대한 분석 도구입니다. 알고리즘을 중심으로 파이썬을 탐구해보고자 했던 이 책의 목적상 제대로 다루기에는 지면의 한계가 있었습니다. 그나마 위안이 되는 것은 아무리 까다로운 도구라도 기본적인 맥락만 이해하고 있으면 금세 익숙해진다는 것입니다. 그래도 한 가지 조심스러운 것은 있습니다. 이 책에서 다룬 데이터는 정말 "작은" 데이터입니다. 본인의 조작이 잘되었는지 잘못되었는지를 금세 파악해서 수정할 수 있다는 뜻입니다. 하지만 정말 큰 데이터는 그렇지 못합니다. 내가 실행한 분석이 제대로 수행되어 올바른 결과에 도달했는지를 파악하기가 어렵습니다. 그래서 본인이 사용하려고 하는 메서드에 대해 "정말 제대로" 알고 있어야 합니다. 사전에 충분한 이해가 있어야 "당당하게" 활용할 수 있게 되는 것입니다. 이 책에서 소개한 내용을 시작점으로 해서 많은 탐구가 이루어지기를 바랍니다. 감사합니다.

기호/숫자

_ _ 164, 353

: 122

? 91

* 278

*args 278

** 278

**kwargs 278

₩ 316

₩₩ 316

₩n 147

% 315

%cd 317

%load 321

%ls 316

%matplotlib 494

%matplotlib notebook 495

%mkdir 319

%pwd 31

%pycat 322

%% 315

%%writefile 320

@classmethod 384, 391

@staticmethod 383, 391

@ 기호 558

_ _doc_ _ 449

_ _init_ _ 353

_ _init_ _.cpython-39.pyc 446

_ _init_ _.py 445

_ _main_ _ 335

_ _main_ _.py 445, 448

_ _name_ _ 334

_ _pycache_ _ 446

= 80

= = 80

2진수 74

10진법 73

A

Absolute Path 314

abstraction 346

action 362

'address': 'Seoul' 172

'age': 31 173

agg 534

aggregate 534

algorithm 65, 67

apply 530

arange(start) 488

arange(stop) 488

arange(step) 488

arc 412

argument 91, 93, 254

ASCII 545

Atomic Condition 114

attribute 171, 345

Augmented Method 403

Axes.legend 476

Axes.pie( ) 491
Axes.set_title 476
Axes.set_xlabel 476
Axes.set_xlim( ) 477
Axes.set_xticklabels( ) 478
Axes.set_xticks 477
Axes.set_ylabel 476
Axes.set_ylim( ) 477
Axes.set_yticklabels 478
Axes.set_yticks 477
Axes 객체 471
axis 0 554
axis 1 554

B

backward 458
bar 491
barh 491
Binary Code 284
Black Box Testing 297
body 360
bool 100
Boundary Value 299
branch 111
break 146
Brute Force 302
bug 284
Building Block 282
Built-In 270
Byte Code 285, 446

C

call 249
callee 251
caller 251
Camel Notation 84
cardinality 394
Case-Sensitive 83
Cell Magic 315
Child Directory 313
class 344
Class Method 384
Class Variable 385
clear( ) 459
client 254, 361
code 26, 74
code reuse 401
coding 67
Coding=List+for 208
colon 122
color( ) 460
columns 540, 547
Command-Mode 56
Comma Separated Values 542, 543
comments 59
compile 284

compiler 36, 95, 284
Composite Condition 114
composition 392
Condition 363
Console 40
constant 82
constructor 349
continue 146
Control Flow 108, 109
copy.copy( ) 238
count 527
CP949 545
CRUD 512
CSV 542, 543
Custom Function 530

D

Data Aggregation 534
Data Flow 67, 109
Data Frame 512
Dataframe.query( ) 558
Dataframe.groupby( ) 562
Dataframe.pivote( ) 564
Dataframe.pivot_table( ) 567
Data Structure 156
Data Visualization 440, 470
debugging 89, 284
decision 110
decoding 545
deepcopy( ) 237, 238
Default Argument 274
Degree of Freedom 551
delegation 396
delimiter 90
del( ) 내장함수 187
describe 메서드 548
Dijkstra 412
dir( ) 164, 274
dir(_ _builtin_ _) 274
directory 311
dir( ) 함수 187
Divide and Conquer 26, 397
dll 311
docstring 91, 449
DoF 551
DOS Shell 40
Double Underscore 164
down( ) 459
drop 521, 556
dunder 353
dynamic link library 311

E

ECA 362
edge 412
Edit-Mode 56
editor 95
elif 133

else 128
Encapsulation 360
Entry Point 331
Equivalence Class 299
escape 147, 316
EUC-KR 545
Event-Condition-Action 362
Exception Hndling 292
exclusive 127
exe 311
External Library 442

F

Factory Method 385
Figure 객체 470
File Structure 32
Final State 206, 303
Fist-Class Citizen 387
Fixed Point 102
float 100
Floating Point 102
for each 루프 140
for 루프 140
from ~ import 326
function 70, 248

G

garbage 82
Garbage Collection 82
Generalization 409
getter 371, 373
Global Variables 270
goto( ) 460
grammar 28, 64
graph 412
groupby.groups( ) 562
groupby.size( ) 563
groupby.get_group( ) 563

H

Hard Coding 95
has-a 관계 392
head 메서드 548
help( ) 92
home( ) 460

I

id( ) 233
identifier 79, 83
IDLE 37
if 111
if~elif~else문 129
if~else문 126
ignore_index 526

iloc 540
immutable 166, 235
implement 343
implementation 249, 360, 361
import 86, 324
import ~ as 326
In [ ] 150
In [*] 150
indent 122
indentation 46
index 160, 424, 525
IndexError 290
indexing 214, 518
index 속성 547
Infinite Loop 150
information 72
Inheritance 360
Inherited Method 403
initialization 82
Initial State 206, 303
inline 493
Inner Loop 219
inplace 526
inplace 옵션 522
input( ) 66, 95
Input-Process-Output 66
instance 345
Instance Method 380
Instance Variable 345
instructions 29
int( ) 100, 101
Integrated Development Environment 32, 37
interaction 392
Interactive Mode 308
interface 361
interpreter 35, 36, 95, 285
interrupt 151
IPO 66
IPython 43
is-a 관계 399
iterable 533

J

Jupyter Lab 33
Jupyter Notebook 33, 50

K

KeyError 290
key:value 171
keyword 83, 504
Keyword Argument 274, 474
knowledge 72

L

left( ) 458
len( ) 내장함수 160
library 334, 441

Life Cycle 268, 270
Line Magic 315
list( ) 244
list.append( ) 164
list.copy 238
loc 540
Local Variables 270
Logic Error 284, 296
long 포맷 566
loop 112

M

Machine Code 284
Magic Commands 51
Magic Method 353
map( ) 533
Markdown 50
Markup 50
mask 526
math 327
MatplotLib 470
max( ) 187, 524
mean 523
Member Operator 69
Message Flow 109
method 248, 360
min 524
Modular Design 324
module 68, 308, 441
multi index 565

N

NameError 288
Name Space 268, 269
NaN 527
Neighbor Node 415
Nested Loop 219
network 412
node 412, 421
None 191
Normal Flow 112
notebook 493
numpy 모듈 488

O

object 171, 345
Object–Oriented Technology 30
openpyxl 모듈 543
operand 24, 77
Operating System 285
operator 24, 77
Outer Loop 219
output 66
Overridden Method 403
Overriding 403

P

package 441, 442

Pandas 512

parameter 93, 255

Parent Directory 313

Pass by Assignment 268

Pass by Reference 266

Pass by Value 266

path 300, 314, 413

percentile 548

pip 43, 442

pixel 456, 457

plot( ) 473

Polymorphism 360, 403, 404, 405

positional 504

Positional Argument 274

post-processing 389

pow( ) 199

Precedence Matrix 426

pre-processing 389

Present Directory 313

print( ) 87

procedure 248

process 66

program 26

programming 67

prompt 36

pyc 446

PyPI 43

pyplot.subplots 486

python.exe 308

Python Package Index 43

R

range( ) 144

rcParams 480

read_csv 544

read_excel 542

re-assignment 82

reference 79, 349

reference to class 385

Relative Path 314

Reserved Word 83

reshaping 564

return 252, 257

Return Value 254

right( ) 458

Root Directory 313

Runtime Error 284

S

scope 268

script 308

Script Mode 308

self 350, 360

Semantic Error 296

Series 512

server 254, 361
service 349, 361
set( ) 242, 244
setter 371, 373
set_visible( ) 497
Shallow Copy 237
shape 547
signature 92, 249, 360
site-packages 44, 51, 442, 470
size 523
slicing 518
sort_index 525
sort_values 525
Source Code 95, 284
Specialization 409
Special Method 164, 353
spines 객체 497
sqrt( ) 203
stacking 566
Standard Library 441
state 355
statements 64
step( ) 488
stop 488
str( ) 100, 103
stream 94
Sub Directory 312
Sub-Routine 248
Sufficiently Small Value 191
sum 523
Sum of Square 551
swap 212
Symbol Table 158
syntax 65
Syntax Error 284, 287
sys.path 337

T

table 537
tail 548
Test Case 299
testing 297
t.forward(100) 456
tk 493
token 107
t.pos( ) 457
Traceback 287
Truth Table 115
try-except 292
tuple( ) 244
Turtle 454
turtle.bye( ) 461
Turtle Graphics 454
type( ) 78, 99

U

UML 393

Unicode 545

Unified Modeling Language 393

unstacking 566

up( ) 459

User–Defined Identifier 83

UTF–8 545

Utility Class 384

V

values 525

variable 69, 82

Variable Name 79

venv 모듈 41

Virtual Environment 32, 39

Virtual Machine 285

Visited Node 415

VM 285

W

where 526

while 루프 149

White Box Testing 297

whole–part 관계 392

Working Directory 313

wrapping 389

Z

ZeroDivisionError 288

ㄱ

가비지 82

가비지 컬렉션 82

가상머신 285

가상환경 32, 39

가상환경 활성화 42

객체 171, 345

객체 간의 상호작용 392

객체=변수+함수 345

객체의 캡슐화 406

객체지향 기술 30

게터 371, 373

경계값 299

경로 300, 413

고정소수점 102

구문 65

구문에러 284, 286

구분자 90

구현 343, 360, 361

그래프 412

그래프의 구현 428

글로벌변수 270

기계어 95, 284

깊은 복사 237

ㄴ

나머지 연산 78
내장 이름공간 270
내장함수 86
네스티드 루프 219
네트워크 412
노드 412, 421
노트패드++ 331, 339
논리에러 284, 286, 296

ㄷ

다이어그램 120
다익스트라 알고리즘 412, 414
다중 루프 219
다형성 360, 403, 404, 405
단순조건 114
대화형 모드 308
더블언더스코어 164
던더 353
데이터구조 156
데이터 시각화 440, 470
데이터 파일 311
데이터프레임 512, 536
데이터 플로우 67, 109
데코레이터 391
도스 셸 40
독립변수 281
독스트링 91, 449, 450
동치류 299
들여쓰기 46, 122
디렉터리 311, 312
디버깅 89, 284, 302
디시전 110
디코딩 545
디폴트 88
디폴트인자 274
딕셔너리 171, 290
딕셔너리 데이터구조 506

ㄹ

라이브러리 334, 441
라인매직 315
래핑 389
런타임에러 284, 286, 287
로컬변수 270
루트 디렉터리 313
루프 112
리세이핑 564
리스트 159
리어사인먼트 82

ㅁ

마크다운 50
마크업 50
매개변수 93, 255
매직 메서드 353
매직명령어 51, 315

맷플롯립 470, 479
머신코드 284
멀티 인덱스 565
메서드 248, 360
메시지 플로우 109
메인(main)함수 331
메인함수 331
멤버 오퍼레이터 69
명령모드 56
명령문 29
모듈 68, 308, 441
모듈라 디자인 324
몫 연산 78
무한루프 150
문법 28, 64
문자열 168
문장 64
물음표(?) 91, 328

ㅂ

바디 360
바이트코드 285, 446
반복 111
반환 252
반환값 254
방문 노드 415
배타적 127
백분위수 548
백틱 559
버그 284
변수 28, 64, 69, 79, 82
변수명 79
변수의 범위 268
변수의 초기화 82
별(*) 504
별별(**) 504
복합조건 114
부동소수점 102
부모(Parent) 클래스 398
부모 디렉터리 313
분기 110, 111
분산 200
분할과 정복 26, 397
불리언 75
블랙박스 테스팅 297, 298
블록 29
비교(comparison)연산 78
비교연산 78, 113
빌딩 블록 282
빌트인 270

ㅅ

사용자 정의 식별자 83
산술(arithmetic)연산 78
산술연산 78
상대 경로 314, 318
상속 360, 398
상속된 메서드 403

상수 82
상태 355
생성자 349
생수 자판기 366
서버 254, 361
서브 디렉터리 312
서브루틴 248
서브 패키지 442
서비스 349, 361
세만틱에러 296
세터 371, 373
세트 242
셀매직 315
소스코드 95, 284
소프트웨어 테스팅 297
속성 171, 345
수명주기 268
숫자 데이터 73
스왑 212
스크립트 308, 309
스크립트 모드 308
스크립트 파일 441
스태킹 566
스트림 94
스페셜 메서드 164, 353
슬라이싱 518
시그니처 92, 249, 360
시리즈 512
시리즈 데이터 타입 515
식별자 79, 83
실행 파일 311
심볼 테이블 158

ㅇ

아우터 루프 219
아크 412
알고리즘 65, 67, 176
액션 362
얕은 복사 237
어사인먼트 280
언더스코어 353
언스태킹 566
에디트모드 56
에지 412
에지의 표현 425
엔트리 포인트 331
역슬래시 두 개 316
연관관계 380
연산자 24, 77
예약어 83
예외상황 291
예외상황 처리 292
오버라이딩 403, 404
완성형 545
외부 라이브러리 442
운영체제 285
위임 396
위치 504

위치인자 274
유니코드 545
유틸리티 클래스 384
응용프로그램 311
이너 루프 219
이름공간 268, 269, 444
이벤트 362
이스케이프 147, 316
이웃 노드 415
인덱스 160, 424
인덱싱 214, 518
인덴트 122
인라인 493
인스턴스 345
인스턴스 메서드 380
인스턴스 변수 345, 352, 363
인자 91, 93, 254
인코딩 545
인터럽트 151
인터페이스 361
인터프리터 36, 95, 285
일급 객체 387
일반화 409
임포트 86, 443
임플리멘테이션 249
입력 66

ㅈ

자식(Child) 클래스 398
자식 디렉터리 313
자유도 551
작업 디렉터리 313
전역변수 270
전처리 389
절대 경로 314
정보 72
정의한 메서드 403
제곱합 551
조건식 113
조합형 545
종속변수 281
주피터 노트북 33, 50
주피터 랩 33, 61
중첩 루프 219
지식 72
지역변수 270
진리표 115

ㅊ

참조자 79, 349, 424
초기상태 206, 303
최단경로 문제 412, 413
최단경로 알고리즘 414
최종상태 206, 303
추가한 메서드 403

추상화 346
출력 66
충분히 작은 값 191

ㅋ

카디널리티 394
캐멀 노테이션 84
캡슐화 360, 377
커맨드모드 56
커스텀 함수 530
컨트롤 플로우 108, 109
컴파일 284
컴파일러 36, 95, 284
컴포지션 392
케이스 센서티브 83
코드 26, 74
코드의 재사용 401
코딩 67
코멘트 59
곤솔창 40
콜러 251
콜리 251
클라이언트 254, 361
클래스 344
클래스 메서드 384
클래스 변수 385
키워드 83, 504
키워드–온리 인자 504
키워드인자 274, 474

ㅌ

타입 78, 100
터틀 454
터틀 그래픽스 454
테스트 케이스 299
테스팅 297
테이블 537
토큰 107
토큰의 흐름 107
통합개발환경 32
튜플 166
튜플 데이터구조 505
특수화 409

ㅍ

파이썬 라이브러리 440
파이썬 인터프리터 35, 308
파일 308
파일구조 32
판다스 512
패키지 329, 441, 442
팩토리 메서드 385
편집기 95
편집모드 56
평균 200
폴더 312
표준 라이브러리 441
풀네임 314
프레시던스 매트릭스 426

프로그래밍 67
프로그램 26
프로세스 66
프로시저 248
프롬프트 36
플로우차트 106
피봇 테이블 564
피연산자 24, 77
픽셀 456, 457

ㅎ

하드코딩 95
한글을 사용하는 경우 479
함수 28, 64, 68, 69, 248
함수의 수명주기 270
함수의 호출 93, 264
현재 디렉터리 313
호출 249
홈 포지션 456
화이트박스 테스팅 297, 300
효과적인 알고리즘 25
후처리 389

파이썬 · 알고리즘 · 객체지향 · 코딩의 기술